유튜브 선생님에게 배우는

유·선·배 GTQ 포토샵
1급 합격노트 (ver. Adobe CC)

저자 직강 무료 동영상 강의 제공

빠른 합격을 위한 맞춤 학습 전략을
무료로 경험해 보세요.

| 혼자 하기 어려운 공부, 도움이 필요할 때 | 체계적인 커리큘럼으로 공부하고 싶을 때 | 온라인 강의를 무료로 듣고 싶을 때 |

조인명 선생님의 쉽고 친절한 강의,
지금 바로 확인하세요!

 스마일컴쌤

2026 시대에듀 유선배 GTQ 포토샵 1급 합격노트
(ver. Adobe CC)

Always with you

사람의 인연은 길에서 우연하게 만나거나 함께 살아가는 것만을 의미하지는 않습니다.
책을 펴내는 출판사와 그 책을 읽는 독자의 만남도 소중한 인연입니다.
시대에듀는 항상 독자의 마음을 헤아리기 위해 노력하고 있습니다. 늘 독자와 함께하겠습니다.

저 자 **조 인 명**

경력사항
- 現 대학교, 직업훈련기관, 기업체, 공무원 강의
- 「스마일컴쌤」 유튜브 채널 운영

자격사항
직업능력개발훈련교사, GTQ 포토샵 1급, GTQ 일러스트 1급,
웹디자인개발기능사, 컴퓨터활용능력 1급, 전자출판기능사 등

  자격증·공무원·금융/보험·면허증·언어/외국어·검정고시/독학사·기업체/취업
이 시대의 모든 합격! 시대에듀에서 합격하세요!
www.youtube.com ➡ '스마일컴쌤' 검색 ➡ 구독

편집진행 노윤재 · 유형곤   **표지디자인** 김도연   **본문디자인** 김예슬 · 고현준

PREFACE 머리말

우물 안 개구리의 Jump Up! 그래픽 툴 초석 마련의 기회

본 교재는 실무에 사용할 수 있는 기능들을 모아 예제는 물론 자격증 문제를 풀어보는 방식으로 접근했습니다.

'자격증은 자격증일 뿐, 실무는 다시 배워야 해.'라는 통념을 깨 보고자 실무에서 많이 사용하는 방법을 실어 보려 노력하였습니다.

그로 인해 '똑같은 문제인데 왜 다르게 풀지?'라는 의문을 가질 수 있기에, 회차마다 앞부분에 사용한 기능을 안내해 놓았으니 참고 바랍니다.

이 책을 통해 그래픽 프로그램도 따라 해 보며 어렵지 않게 익히고, 자격증 취득까지 이루어 낼 수 있기를 바랍니다.

우물 안 개구리가 바다를 논할 수 없듯, 그래픽 프로그램의 대표주자인 포토샵 학습을 통해 꿈을 향한 항해의 초석을 다져나가기를 바랍니다.

이 교재가 빛을 볼 수 있도록 도움을 주신 시대에듀 관계자분들께 심심한 감사를 드리며 '나'라는 존재 자체를 있는 그대로 이해해 주는 가족, 친구, 동료들 모두 사랑합니다.

스마일컴쌤 조인명

이 책의 구성과 특징

▶ 본격적인 문제 풀이 전 포토샵의 핵심 기능들을 자세한 설명과 함께 학습할 수 있습니다.

▶ Plus α를 통해 기본 학습 중 추가적인 궁금증까지 해결할 수 있습니다.

▶ Warming Up 예제를 통해 학습한 툴을 직접 활용해 볼 수 있습니다.

주관 및 시행처 한국생산성본부

2026

유튜브 선생님에게 배우는

BEST SELLER 1위
산출근거 후면 표기

예제 파일 및
부록 실습 자료
제공

저자 ― 조인명

저자직강 무료강의!

Graphic Technology Qualification

GTQ 포토샵
|1급| 합격노트
1권 핵심 기능

ver. Adobe CC
────────────
따라 하기 쉽게 풀어쓴 상세한 설명
저자 직강 유튜브 무료 동영상 강의 제공

본 도서는 **항균잉크**로 인쇄하였습니다.

시대에듀

합격생 후기 언급량 1위
수험생들이 가장 많이 검색한 시대에듀

전과목 전강좌 0원

전 교수진 최신 강의 · 100% 무료

지금 바로 1위 강의 100% 무료 수강하기 GO ▶

*노무사 합격 후기 / 수강 후기 게시판 김희향 언급량 기준
*네이버 DataLab 검색어 트렌드 조회 결과(주제어: 업체명+법무사 / 3개 업체 비교 / 2016.05.~2025.05.)

합격의 공식 Formula of pass | 시대에듀 www.sdedu.co.kr

사용 기능	
혼합모드	Overlay(오버레이)
색상 조정	[Image(이미지)]-[Adjustment(조정)]-[Hue/Saturation(색조/채도)](Ctrl + U)
필터	• [Filter(필터)]-[Filter Gallery(필터 갤러리)]-[Texture(텍스처)]-[Texturizer(텍스처화)] • [Filter(필터)]-[Filter Gallery(필터 갤러리)]-[Artistic(예술 효과)]-[Film Grain(필름 그레인)]
이미지 추출	• Quick Selection Tool(빠른 선택, 🖌) • Magnetic Lasso Tool(자석 올가미, 🧲)
레이어 마스크	Add layer mask(레이어 마스크 추가, ⬚)
클리핑 마스크	Create Clipping Mask(클리핑 마스크 만들기, Alt + Ctrl + G)
이미지 사이즈	[Image(이미지)]-[Image Size(이미지 크기)](Alt + Ctrl + I)

▶ 본격적인 문제 풀이 전 사용할 기능을 미리 확인해 볼 수 있습니다.

▶ 포토샵 기능을 잘 몰라도 자세한 설명과 함께라면 걱정 없습니다.

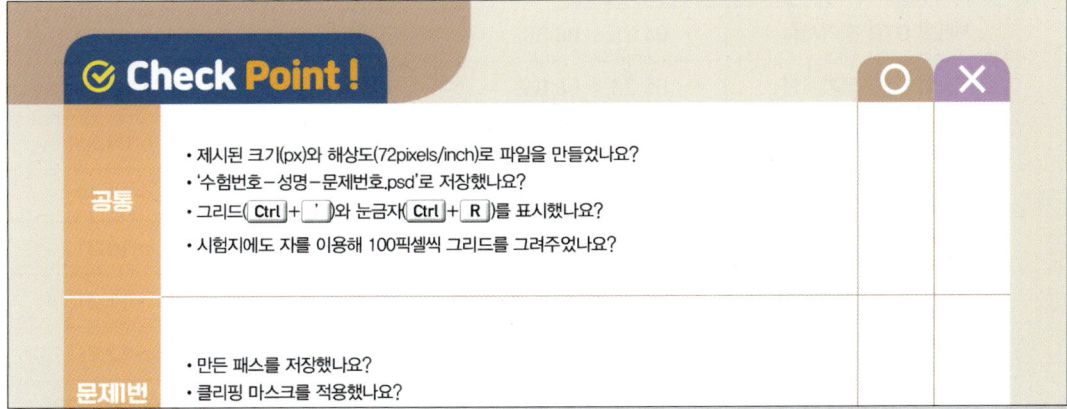

▶ 문제를 풀어본 후 Check Point를 확인하며 스스로의 작업 과정을 검토할 수 있습니다.

시험안내

※ 정확한 시험 일정 및 세부사항에 대해서는 시행처에서 반드시 확인하시기 바랍니다.

🔲 응시료 및 응시자격

구분	1급	2급	3급	응시자격
일반접수	31,000원	22,000원	15,000원	제한 없음
군장병접수	25,000원	18,000원	12,000원	

🔲 검정방법

문항 및 시험방법	시험시간	합격기준	프로그램 버전
❶ 고급 Tool(도구) 활용 20점 ❷ 사진편집 응용 20점 ❸ 포스터 제작 25점 ❹ 웹 페이지 제작 35점	90분	100점 만점 70점 이상	Adobe Photoshop CS6, CC(한글, 영문)

🔲 시험일정(2025년 기준)

회차	온라인 원서접수	시험일	성적공고
제1회 GTQ 정기시험	(24.)12.26.~01.02.	01.25.	02.21.~02.28.
제2회 GTQ 정기시험	01.22.~01.31.	02.22.	03.14.~03.21.
제3회 GTQ 정기시험	02.19.~02.26.	03.22.	04.11.~04.18.
제4회 GTQ 정기시험	03.26.~04.02.	04.26.	05.16.~05.23.
제5회 GTQ 정기시험	04.23.~04.30.	05.24.	06.20.~06.27.
제6회 GTQ 정기시험	05.28.~06.04.	06.28.	07.18.~07.25.
제7회 GTQ 정기시험	06.25.~07.02.	07.26.	08.18.~08.25.
제8회 GTQ 정기시험	07.23.~07.30.	08.23.	09.12.~09.19.
제9회 GTQ 정기시험	08.27.~09.03.	09.27.	10.24.~10.31.
제10회 GTQ 정기시험	09.24.~10.02.	10.25.	11.14.~11.21.
제11회 GTQ 정기시험	10.22.~10.29.	11.22.	12.19.~12.26.
제12회 GTQ 정기시험	11.26.~12.03.	12.27.	(26.)01.16.~01.23.

이 책의 차례

1권 핵심 기능

PART 1 | GTQ 포토샵 시험 소개

- CHAPTER 01 수험자 유의사항 및 답안 작성요령 · · · · · · 3
- CHAPTER 02 전송은 이렇게 합니다 · · · · · · 5
- CHAPTER 03 문항별 상세 분석 · · · · · · 6
- CHAPTER 04 시험 관련 Q&A 완벽 대비 · · · · · · 12

PART 2 | 포토샵 필수 기능

- CHAPTER 01 화면구성 및 저장 · · · · · · 17
- CHAPTER 02 도구와 패널 · · · · · · 30
- CHAPTER 03 이동과 선택 · · · · · · 41
- CHAPTER 04 변형과 자르기 · · · · · · 50
- CHAPTER 05 색 채우기 · · · · · · 54
- CHAPTER 06 리터칭과 보정 · · · · · · 59
- CHAPTER 07 문자 · · · · · · 75
- CHAPTER 08 레이어 · · · · · · 82
- CHAPTER 09 필터 · · · · · · 100
- CHAPTER 10 패스 · · · · · · 106

PART 3 | 기출유형 따라하기

- CHAPTER 01 기출유형 따라하기 · · · · · · 125

이 책의 차례

2권 기출 공략

PART 4 | 최신 기출유형

CHAPTER 01 제1회 기출유형문제 · · · · · · · · · · · 3

CHAPTER 02 제2회 기출유형문제 · · · · · · · · · · · 42

CHAPTER 03 제3회 기출유형문제 · · · · · · · · · · · 81

CHAPTER 04 제4회 기출유형문제 · · · · · · · · · · · 119

CHAPTER 05 제5회 기출유형문제 · · · · · · · · · · · 157

PART 5 | 실전 모의고사

CHAPTER 01 제1회 실전 모의고사 · · · · · · · · · · · 195

CHAPTER 02 제2회 실전 모의고사 · · · · · · · · · · · 235

CHAPTER 03 제3회 실전 모의고사 · · · · · · · · · · · 276

CHAPTER 04 제4회 실전 모의고사 · · · · · · · · · · · 314

CHAPTER 05 제5회 실전 모의고사 · · · · · · · · · · · 352

예제 파일 다운로드

예제 파일 및 부록 실습 자료는 시대에듀 사이트 (www.sdedu.co.kr/book/)의 [프로그램]에서 「유선배 GTQ 포토샵」을 검색한 후 첨부파일을 다운로드해 주세요.

유튜브 선생님에게 배우는
유선배

PART 1
GTQ 포토샵 시험소개

CHAPTER 01 수험자 유의사항 및 답안 작성요령
CHAPTER 02 전송은 이렇게 합니다
CHAPTER 03 문항별 상세 분석
CHAPTER 04 시험 관련 Q & A 완벽 대비

유선배 GTQ 포토샵 1급 합격노트
이 시대의 모든 합격! 무료 동영상 강의와 함께 합격하세요!
www.youtube.com ➔ '스마일컴쌤' 검색 ➔ 구독

CHAPTER 01 수험자 유의사항 및 답안 작성요령

수험자 유의사항

- 수험자는 문제지를 받는 즉시 응시하고자 하는 **과목 및 급수가 맞는지 확인**한 후 수험번호와 성명을 작성합니다.
- 파일명은 본인의 "수험번호-성명-문제번호"로 공백 없이 정확히 입력하고 답안폴더(내 PC₩문서₩GTQ)에 jpg 파일과 psd 파일의 2가지 포맷으로 저장해야 하며, jpg 파일과 psd 파일의 내용이 상이할 경우 0점 처리됩니다. 답안문서 파일명이 "수험번호-성명-문제번호"와 일치하지 않거나, 답안 파일을 전송하지 않아 미제출로 처리될 경우 불합격 처리됩니다.
- 문제의 세부조건은 '영문(한글)' 형식으로 표기되어 있으니 유의하시기 바랍니다.
- 수험자 정보와 저장한 파일명, 저장 위치가 다를 경우 전송이 되지 않으므로, 주의하시기 바랍니다.
- 답안 작성 중에도 주기적으로 '저장'과 '답안 전송'을 이용하여 감독위원 PC로 답안을 전송하셔야 합니다.
  (※ 작업한 내용을 저장하지 않고 전송할 경우 이전의 저장내용이 전송되오니 이점 반드시 유념하시기 바랍니다.)
- 답안문서는 지정된 경로 외의 다른 보조기억장치에 저장하는 행위, 지정된 시험 시간 외에 작성된 파일을 활용한 행위, 기타 허용되지 않은 프로그램(이메일, 메신저, 게임, 네트워크 등) 이용 시 부정행위로 간주되어 **자격기본법 제32조에 의거 본 시험 및 국가공인 자격시험을 2년간 응시할 수 없습니다.**
- 시험 중 부주의 또는 고의로 시스템을 파손한 경우와 〈수험자 유의사항〉에 기재된 방법대로 이행하지 않아 생기는 불이익은 수험자의 책임임을 알려 드립니다.
- 시험을 완료한 수험자는 최종적으로 저장한 답안 파일이 전송되었는지 확인한 후 감독위원의 지시에 따라 문제지를 제출하고 퇴실합니다.

❶ 시험 당일 반드시 수험표, 신분증, 필기구를 지참한다.
❷ 입실 시 수험자 PC의 포토샵 프로그램을 실행시킨 후 키보드, 마우스, 모니터 등의 작동 여부를 살펴본다.
❸ 시험 10분 전부터 감독관의 안내에 따라 'KOAS 수험자용'을 실행시켜 절차에 따라 접속한다.
❹ 시험지를 받으면 수험번호와 이름을 기입한다.
❺ 파일명은 내 PC₩문서₩GTQ 폴더에 문제당 .jpg, .psd 파일의 2가지 포맷으로 수험번호-성명-문제번호를 공백 없이 입력한 후 저장과 전송까지 실행한다.
❻ 중요한 작업이 끝날 때마다 [File]-[Save] 또는 Ctrl + S 를 눌러 수시로 저장한다.
❼ 최종 .psd 파일은 1/10 크기로 줄여 저장과 전송까지 실행한다.
❽ 메모장은 사용하지 않는다.

답안 작성요령

- 온라인 답안 작성 절차
  수험자 등록 ⇒ 시험 시작 ⇒ 답안 파일 저장 ⇒ 답안 전송 ⇒ 시험 종료
- 내 PC₩문서₩GTQ₩Image 폴더에 있는 그림 원본파일을 사용하여 답안을 작성하시고 최종답안을 답안폴더(내 PC₩문서 ₩GTQ)에 저장하여 답안을 전송하시고, 이미지의 크기가 다른 경우 감점 처리됩니다.
- 배점은 총 100점으로 이루어지며, 점수는 각 문제별로 차등 배분됩니다.
- 각 문제는 주어진 〈조건〉에 따라 작성하고, 언급하지 않은 조건은 《출력형태》와 같이 작성합니다.
- 배치 등의 편의를 위해 주어진 눈금자의 단위는 '픽셀'입니다.
- 그 외는 출력형태(효과, 이미지, 문자, 색상, 레이아웃, 규격 등)와 같게 작업하십시오.
- 문제 조건에 서체의 지정이 없을 경우 한글은 굴림이나 돋움, 영문은 Arial로 작업하십시오(단, 그 외에 제시되지 않은 문자 속성을 기본값으로 작성하지 않은 경우는 감점 처리됩니다).
- Image Mode(이미지 모드)는 별도의 처리조건이 없을 경우에는 RGB(8비트)로 작업하십시오.
- 모든 답안 파일은 해상도 72 Pixels/Inch 로 작업하십시오.
- Layer(레이어)는 각 기능별로 분할해야 하며, 임의로 합칠 경우나 각 기능에 대한 속성을 해지할 경우 해당 요소는 0점 처리됩니다.

❶ [File(파일)]-[New(새로 만들기)](Ctrl + N)를 선택한 후 다음의 조건으로 설정하고 [Create(만들기)]를 누른다.
- PRESET DETAILS(사전 설정 세부 정보)
   : 수험번호-성명-1
- 단위 : Pixels
- Width(폭) : 400
- Height(높이) : 500
- Resolution(해상도) : 72 Pixels/Inch
- Color Mode(색상모드) : RGB Color
- Backgound Contents(배경색) : White

❷ 그림의 원본파일은 내 PC₩문서₩GTQ 폴더에 있으니 경로를 잘 확인하여 사용한다.

❸ 시험에 제시된 서체는 한글은 굴림/돋움/궁서/바탕, 영문은 Arial/Times New Roman으로 되어 있다. 만약 문제 조건에 서체의 지정이 없을 경우 한글은 굴림이나 돋움, 영문은 Arial로 작업한다.

❹ Layer(레이어)는 각 기능별로 분할해 작업한다. 임의로 합칠 경우 채점자가 확인할 수 없기 때문에 0점 처리된다.

CHAPTER 02 전송은 이렇게 합니다

① 시험시간 10분 전부터 감독관의 지시에 따라 바탕화면의 'Koas 수험자용'을 실행하여 수험번호를 입력하여 접속한다.

② 유의사항을 안내받고 시험지를 배부받으면 시험지에 수험번호와 성명을 기입한다.

③ 시험이 시작되면 .psd 파일 또는 .jpg 파일을 만들어 모니터 하단의 작업표시줄에 'Koas 수험자용'을 클릭한 후 답안 전송 을 누른다.

④ 그림과 같이 제시된 파일이름으로 정확히 저장되었는지 확인 후 체크한 다음 하단의 답안 전송 을 누른다.

⑤ 닫기 를 눌러 계속 작업을 이어간다. ★

⑥ 저장 후 최종 전송된 답안으로 채점이 이루어진다.

Plus⍺

- 닫기 를 누르지 않고 작업하면 최종 수정한 내용이 반영되지 않는다.
- 존재 부분에 '없음'으로 나오면 파일이름이나 경로에 오류가 있으니 다시 한번 확인하여 제대로 저장 후 전송해본다.

CHAPTER 03 문항별 상세 분석

문제 1 [기능평가] 고급 Tool(도구) 활용   20점

다음의 《조건》에 따라 아래의 《출력형태》와 같이 작업하시오.

조건

원본 이미지	문서₩GTQ₩Image문서₩GTQ₩1급-1.jpg, 1급-2.jpg, 1급-3.jpg		
파일 저장 규칙	JPG	파일명	문서₩GTQ₩수험번호-성명-1.jpg
		크기	400 × 500 pixels
	PSD	파일명	문서₩GTQ₩수험번호-성명-1.psd
		크기	40 × 50 pixels

1. 그림 효과
   ① 1급-1.jpg : 필터 - Texturizer(텍스처화)
   ② Save Path(패스 저장) : 배 모양
   ③ Mask(마스크) : 물결 모양, 1급-2.jpg를 이용하여 작성
     레이어 스타일 - Stroke(선/획)(3px, 그레이디언트(#ffff33, #cc33cc)), Inner Shadow(내부 그림자)
   ④ 1급-3.jpg : 레이어 스타일 - Outer Glow(외부 광선)
   ⑤ Shape Tool(모양 도구) :
     - 물결 모양 (#99ff89, #33ffff, 레이어 스타일 - Drop Shadow(그림자 효과))
     - 타깃 모양 (#666699, 레이어 스타일 - Stroke(선/획)(2px, #ffffff))
2. 문자 효과
   ① Play Ocean (Arial, Regular, 50pt, 레이어 스타일 - 그레이디언트 오버레이 (#660066, #336633), Stroke(선/획)(3px, #ffffcc))

출력형태

❶ 이미지 3개를 이용해 작업한다(1급-1.jpg ~ 1급-3.jpg).

❷ 배경 이미지(1급-1.jpg)에 필터를 적용한다.

❸ 패스를 펜 툴이나 Shape(모양)을 사용해 그린 후 Save Path(패스 저장)한다.

❹ 그린 패스에 이미지(1급-2.jpg)를 클리핑 마스크 한 후 레이어 스타일을 적용한다.

❺ 이미지(1급-3.jpg)를 추출해 배치 후 레이어 스타일을 적용한다.

❻ Shape(모양)를 2~3개 삽입한 후 레이어 스타일을 적용한다.

❼ 텍스트를 삽입한 후 레이어 스타일과 텍스트 뒤틀기를 적용한다.

❽ 최종 수험번호-성명-1.jpg, 1/10로 줄인 수험번호-성명-1.psd 2개의 파일을 저장/전송한다.

※ ❸, ❹번을 제외하고는 2급 공통

문제 2 [기능평가] 사진편집 응용 　20점

다음의 《조건》에 따라 아래의 《출력형태》와 같이 작업하시오.

조건

원본 이미지	문서\GTQ\Image\1급-4.jpg, 1급-5.jpg, 1급-6.jpg		
파일 저장 규칙	JPG	파일명	문서\GTQ\수험번호-성명-2.jpg
		크기	400 × 500 pixels
	PSD	파일명	문서\GTQ\수험번호-성명-2.psd
		크기	40 × 50 pixels

1. 그림 효과
   ① 1급-4.jpg : 필터 - Angled Strokes(각진 획)
   ② 색상 보정 : 1급-5.jpg - 녹색 계열로 보정
   ③ 1급-5.jpg : 레이어 스타일 - Outer Glow(외부 광선)
   ④ 1급-6.jpg : 레이어 스타일 - Drop Shadow(그림자 효과)
   ⑤ Shape Tool(모양 도구) :
     - 발바닥 모양 (#cc9966, #996633, 레이어 스타일 - Outer Glow(외부 광선), Opacity(불투명도)(80%))
     - 철로 모양 (#cccccc, 레이어 스타일 - Drop Shadow(그림자 효과))

2. 문자 효과
   ① Check! Carbon Footprint (Arial, Bold, 30pt, 레이어 스타일 - 그레이디언트 오버레이(#ff9900, #ffff33, #00cccc), Drop Shadow(그림자 효과))

출력형태

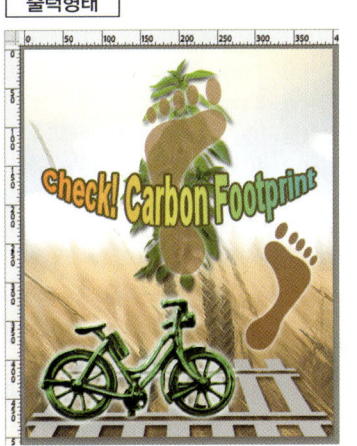

❶ 이미지 3개를 이용해 작업한다(1급-4.jpg ~ 1급-6.jpg).

❷ 배경 이미지(1급-4.jpg)에 필터를 적용한다.

❸ 이미지(1급-5.jpg)에 색상 보정 후 레이어 스타일을 적용한다.

❹ 이미지(1급-6.jpg)를 추출해 레이어 스타일을 적용한다.

❺ Shape(모양)를 2~3개 삽입한 후 레이어 스타일을 적용한다.

❻ 텍스트를 삽입한 후 레이어 스타일과 텍스트 뒤틀기를 적용한다.

❼ 최종 수험번호-성명-2.jpg 저장/전송 후 1/10로 줄여 수험번호-성명-2.psd로 저장/전송한다.

※ 2급 공통

문제 3 [실무응용] 포스터 제작 (25점)

다음의 《조건》에 따라 아래의 《출력형태》와 같이 작업하시오.

[조건]

원본 이미지	문서₩GTQ₩Image₩1급-7.jpg, 1급-8.jpg, 1급-9.jpg, 1급-10.jpg, 1급-11.jpg		
파일 저장 규칙	JPG	파일명	문서₩GTQ₩수험번호-성명-3.jpg
		크기	600 × 400 pixels
	PSD	파일명	문서₩GTQ₩수험번호-성명-3.psd
		크기	60 × 40 pixels

1. 그림 효과
   ① 배경 : #cc9966
   ② 1급-7.jpg : Blending Mode(혼합모드) - Multiply(곱하기), Opacity(불투명도)(80%)
   ③ 1급-8.jpg : 필터 - Texturizer(텍스처화), 레이어 마스크 - 가로 방향으로 흐릿하게
   ④ 1급-9.jpg : 필터 - Wind(바람), 레이어 스타일 - Inner Shadow(내부 그림자)
   ⑤ 1급-10.jpg : 레이어 스타일 - Stroke(선/획)(5px, 그레이디언트(#ffcc66, 투명으로))
   ⑥ 1급-11.jpg : 색상 보정 - 녹색, 파란색 계열로 보정, 레이어 스타일 - Drop Shadow(그림자 효과)
   ⑦ 그 외 《출력형태》 참조
2. 문자 효과
   ① 두근두근 인생여행 (궁서, 30pt, 45pt, 레이어 스타일 - 그레이디언트 오버레이(#3300ff, #339966, #ff6600), Stroke(선/획)(2px, #ffffff), Drop Shadow(그림자 효과))
   ② Enjoy Your Life (Times New Roman, Bold, 23pt, #993300, 레이어 스타일 - Stroke(선/획)(2px, #ffffcc))
   ③ 공항 체크인 꿀팁! (돋움, 16pt, #ffffff, 레이어 스타일 - Stroke(선/획)(2px, #993366))
   ④ GO! (Arial, Bold, 30pt, 레이어 스타일 - 그레이디언트 오버레이(#333333, #ff0066), Stroke(선/획)(2px, #ffffcc))

[출력형태]

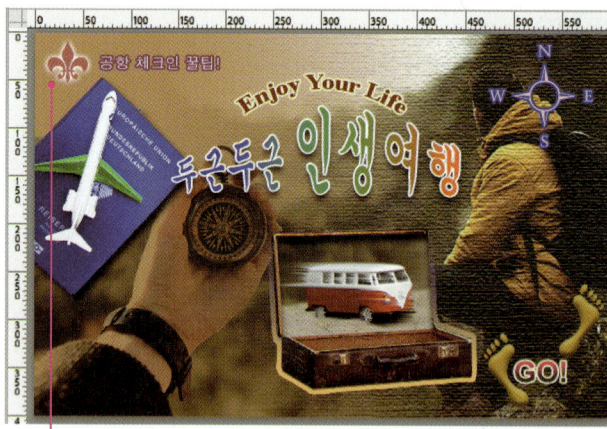

Shape Tool(모양 도구) 사용
#ffcccc, 레이어 스타일 -
Stroke(선/획)(2px, #0033cc)

Shape Tool(모양 도구) 사용
#cc9900, 레이어 스타일 -
Bevel and Emboss
(경사와 엠보스)

Shape Tool(모양 도구) 사용
#cc6666, 레이어 스타일 -
Outer Glow(외부 광선)

❶ 이미지 5개를 이용해 작업한다(1급-7.jpg ~ 1급-11.jpg).
❷ 배경을 제시된 색으로 채운다.
❸ 이미지(1급-7.jpg)에 필터나 혼합모드 또는 불투명도를 적용한다.
❹ 이미지(1급-8.jpg)에 필터와 레이어 마스크를 적용한다.
❺ 이미지(1급-9.jpg, 1급-10.jpg)에 필터와 레이어 스타일을 적용한다.
　이 두 이미지는 '클리핑 마스크'나 '안쪽에 붙여넣기' 기능을 이용해야 할 경우가 많다.
❻ 이미지(1급-11.jpg)를 추출해 색상 보정과 레이어 스타일을 적용한다.
❼ Shape(모양)를 3~4개 삽입한 후 레이어 스타일을 적용한다.
❽ 텍스트를 4개 삽입한 후 레이어 스타일과 텍스트 뒤틀기(2개에 해당)를 적용한다.
❾ 최종 수험번호-성명-3.jpg, 1/10로 줄인 수험번호-성명-3.psd 2개의 파일을 저장/전송한다.

※ 2급 공통

문제 4 [실무응용] 웹 페이지 제작 (35점)

다음의 《조건》에 따라 아래의 《출력형태》와 같이 작업하시오.

조건

원본 이미지	문서\GTQ\Image\1급-12.jpg, 1급-13.jpg, 1급-14.jpg, 1급-15.jpg, 1급-16.jpg, 1급-17.jpg		
파일 저장 규칙	JPG	파일명	문서\GTQ\수험번호-성명-4.jpg
		크기	600 × 400 pixels
	PSD	파일명	문서\GTQ\수험번호-성명-4.psd
		크기	60 × 40 pixels

1. 그림 효과
   ① 배경 : #ffffcc
   ② 패턴(장식, 별 모양) : #336699, #ffffff
   ③ 1급-12.jpg : Blending Mode(혼합모드) – Multiply(곱하기), 레이어 마스크 – 대각선 방향으로 흐릿하게
   ④ 1급-13.jpg : 필터 – Angled Strokes(각진 획), 레이어 마스크 – 세로 방향으로 흐릿하게
   ⑤ 1급-14.jpg : 레이어 스타일 – Bevel and Emboss(경사와 엠보스), Outer Glow(외부 광선)
   ⑥ 1급-15.jpg : 필터 – Film Grain(필름 그레인), 레이어 스타일 – Drop Shadow(그림자 효과)
   ⑦ 1급-16.jpg : 색상 보정 – 파란색 계열로 보정, 레이어 스타일 – Drop Shadow(그림자 효과)
   ⑧ 그 외 《출력형태》 참조

2. 문자 효과
   ① 유네스코 음악창의 도시 (궁서, 40pt, 레이어 스타일 – 그레이디언트 오버레이(#ffff99, #33cc99), Stroke(선/획)(2px, #0066cc))
   ② Music and Creativity (Arial, Regular, 24pt, 40pt, #0066cc, 레이어 스타일 – Stroke(선/획)(2px, #ffcc33))
   ③ 최근 활동 영상 (궁서, 18pt, #0066cc, 레이어 스타일 – Stroke(선/획)(2px, #ccffff))
   ④ 정책안내 커뮤니티 관련뉴스 (굴림, 18pt, #000000, 레이어 스타일 – Stroke(선/획)(2px, #33cccc, #ff9999))

출력형태

Shape Tool(모양 도구) 사용
#ccffcc, 레이어 스타일 –
Stroke(선/획)(2px, #6699ff)

Pen Tool(펜 도구) 사용
레이어 스타일 –
그레이디언트 오버레이
(#ff3300, #ffcc33),
Drop Shadow(그림자 효과)

Shape Tool(모양 도구) 사용
레이어 스타일 – 그레이디언트 오버레이(#ffffff, #99cccc),
Stroke(선/획)(2px, #33cccc, #ff3300)

❶ 이미지 6개를 이용해 작업한다(1급-12.jpg ~ 1급-17.jpg).

❷ 배경을 제시된 색으로 채운다.

❸ Shape(모양)를 이용해 패턴을 만들어 정의한다.

❹ 이미지(1급-12.jpg)에 혼합모드와 레이어 마스크를 적용한다.

❺ 이미지(1급-13.jpg)에 필터와 레이어 마스크를 적용한다.

❻ 이미지(1급-14.jpg)를 추출해 레이어 스타일을 적용한다.

❼ 이미지(1급-15.jpg)를 추출해 필터와 레이어 스타일을 적용한다.

❽ 이미지(1급-16.jpg)를 추출해 색상 보정과 레이어 스타일을 적용한다.

❾ 이미지(1급-17.jpg)는 그 외 출력형태로 이미지를 추출해 배치한다.
 (※ 제시조건이 없다고 생각해 놓치는 경우가 많다)

❿ 패스를 펜 툴이나 Shape(모양)을 사용해 그린 후 정의해 놓은 패턴을 이용해 채우고 레이어 스타일을 적용한다.

⓫ Shape(모양)를 5~6개 삽입한 후 레이어 스타일을 적용한다.

⓬ 텍스트를 4개 삽입한 후 레이어 스타일과 텍스트 뒤틀기(2개에 해당)를 적용한다.

⓭ 최종 수험번호-성명-4.jpg, 1/10로 줄인 수험번호-성명-4.psd 2개의 파일을 저장/전송한다.

※ ❸, ❿번을 제외하고는 2급 공통

CHAPTER 04 시험 관련 Q & A 완벽 대비

Q 갑자기 패널과 도구상자와 옵션 바가 동시에 사라졌어요.

A 키보드의 탭(Tab)을 누르면 캔버스만 보인답니다. 다시 한번 탭(Tab)을 눌러보세요. 혹시나 그래도 돌아오지 않는다면 [Window(창)] 메뉴에서 옵션 바와 도구상자에 체크해 보세요.

Q 갑자기 파일의 제목탭이 사라졌어요.

A 키보드의 F를 누르면 Full Screen Mode로 전환되지요. 한 번씩 누를 때마다 변경되니 다시 한번 눌러보세요. 기존화면으로 돌아올 것이랍니다.

Q 브러시 툴을 선택했는데 브러시의 크기를 알 수 없어요.

A Caps Lock 이 켜져 있으면 +로 표시되어 브러시의 크기를 알 수 없답니다. 다시 한번 눌러보세요.

Q 레이어 스타일의 그림자 위치를 움직이면 다른 이미지에 적용된 그림자도 같이 움직여요.

A Drop Shadow(그림자 효과)의 Use Global Light(전체 조명 사용)를 해제하고 설정하면 독립적으로 적용된답니다.

Q 레이어 패널에 텍스트 레이어만 나오고 다른 레이어가 갑자기 사라졌어요.

A 레이어가 많이 생성된 경우 필터링하여 필요한 레이어만 나타낼 수 있는데, 이 그림에서는 텍스트 레이어만 보이게 설정이 되어 있었네요. 해제하면 전체가 보인답니다.

▲ 오류   ▲ 문제해결

Q 레이어 스타일 중 [Pattern Overlay]와 [Gradient Overlay]가 동시에 적용되지 않아요.

A 오버레이 효과들은 하나만 적용이 됩니다. 그러므로 동시에 넣고 싶다면 레이어를 복제해 하나씩 오버레이 효과를 넣거나 다른 방법(기출유형 4회 4번 참고)으로 패턴을 적용하면 됩니다.

Ⓠ [Filter(필터)]-[Filter Gallery(필터 갤러리)]가 비활성화되어 있어요.

Ⓐ Color Mode가 CMYK로 설정된 경우 비활성화 됩니다. [Image(이미지)]-[Mode(모드)]-'RGB Color'를 선택합니다. 레이어를 병합할지 여부를 묻는 메시지가 나오면 'Don't Flatten(배경으로 병합 안 함)'을 선택하면 됩니다.

Ⓠ 편집 중 이미지가 갑자기 한 톤 어두운 느낌이 들어요.

Ⓐ 크기 조정을 하기 위해 Ctrl + T 를 누를 때 Ctrl + Y 를 누르는 경우가 종종 발생하지요. Ctrl + Y 는 CMYK로 컬러모드가 변경되기 때문에 색이 탁해져 보입니다. 그럴 경우 다시 한번 Ctrl + Y 를 눌러주면 되돌아옵니다.

Ⓠ 한글 폰트가 영어로 보여요.

Ⓐ 환경설정(Ctrl + K) 창에서 [Type] 탭의 'Show Font Names in English(글꼴 이름을 영어로 표시)'에 체크 해제합니다.

Ⓠ 16진수 색상 값이 입력되지 않아요.

Ⓐ 숫자가 한 칸씩 벌어지거나 전혀 입력되지 않을 경우는 반각/전각을 전환하는 단축키 Alt + + 가 잘못 눌린 경우랍니다. 다시 한번 Alt + + 를 누르면 입력이 됩니다.

Ⓠ 영단어를 입력하면 모두 대문자로 입력돼요.

Ⓐ [Character(문자)] 패널에서 Bold를 누르다 All Caps(모두 대문자)를 잘못 누르는 경우가 많아 생기는 실수입니다. 해제하면 대소문자 입력이 가능합니다.

Ⓠ 영문을 세로 쓰기하면 90도로 회전되어 입력돼요. 영문도 세로 쓰기가 가능할까요?

Ⓐ 물론 가능합니다. Character(문자) 패널의 메뉴(≡)를 눌러 Standard Vertical Roman Alignment(표준 세로 로마 정렬)에 체크해 보세요.

Ⓠ 텍스트를 지시사항의 크기로 설정 후 입력했는데 갑자기 커졌어요.

Ⓐ 새 파일을 만들 때 해상도를 72ppi가 아닌 300ppi로 설정한 경우 대부분 텍스트가 커지는데요. [Image(이미지)]-[Image Size(이미지 크기)]에서 확인 가능하며 300ppi인 경우 72ppi로 변경 후 Width(폭)/Height(높이)를 다시 제시된 규격으로 수정해주면 됩니다. 다른 방법으로는 72ppi로 맞춘 새 파일을 만들어 레이어를 모두 선택 후 이동하면 됩니다.

PART 2
포토샵 필수 기능

CHAPTER 01 화면구성 및 저장
CHAPTER 02 도구와 패널
CHAPTER 03 이동과 선택
CHAPTER 04 변형과 자르기
CHAPTER 05 색 채우기
CHAPTER 06 리터칭과 보정
CHAPTER 07 문자
CHAPTER 08 레이어
CHAPTER 09 필터
CHAPTER 10 패스

본 교재에 사용된 폰트와 이미지 출처

- 상업적으로 이용가능한 무료폰트(나눔고딕체, 나눔손글씨붓체, 나눔스퀘어네오체, 땅스부대찌개체, G마켓산스체, 레시피코리아체, 평창평화체)를 사용하였습니다.
- 상업적으로 이용 가능한 무료 이미지와 저자 본인의 이미지를 사용하였습니다.

유선배 GTQ 포토샵 1급 합격노트
이 시대의 모든 합격! 무료 동영상 강의와 함께 합격하세요!
www.youtube.com ➡ '스마일컴쌤' 검색 ➡ 구독

CHAPTER 01 화면구성 및 저장

01 시작화면 둘러보기

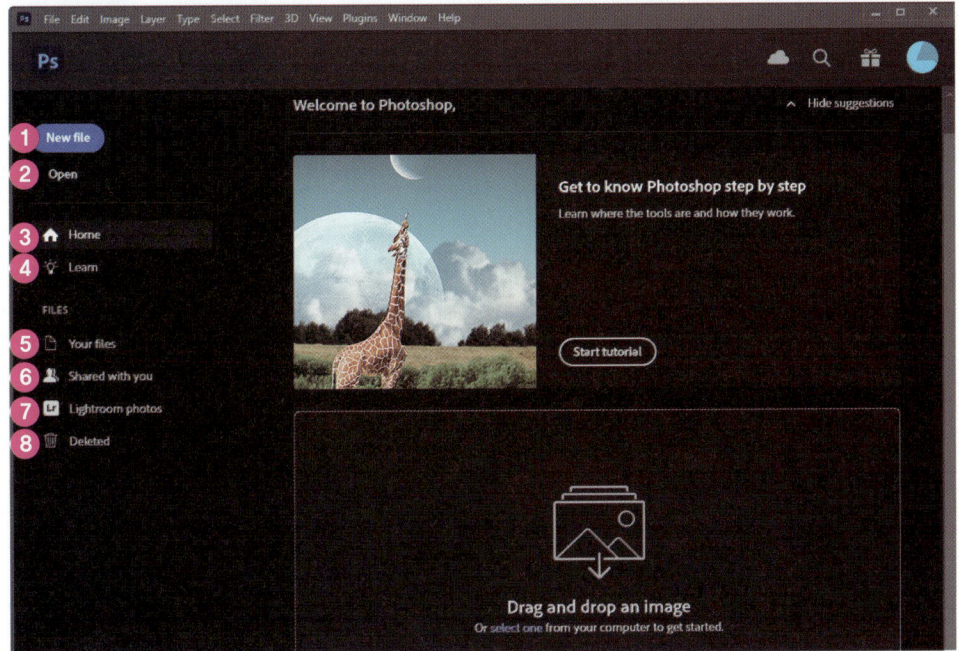

❶ New File(새로 만들기) : New Document를 만들 수 있는 창을 표시한다(Ctrl + N).
❷ Open(열기) : 저장되어 있는 일러스트 파일 등을 열 수 있다(Ctrl + O).
❸ Home(홈) : 시작페이지인 홈 화면이 나타난다.
❹ Learn(학습) : Step-by step으로 따라 할 수 있는 학습지원 영상을 표시한다.
❺ Your files(내 파일) : 어도비 클라우드에서 사용했던 최근 파일을 볼 수 있다.
❻ Shared with you(나와 공유됨) : 어도비 클라우드에서 나와 공유된 파일을 볼 수 있다.
❼ Lightroom photos(라이트룸 사진) : 라이트룸을 이용해 작업한 파일들을 볼 수 있다.
❽ Deleted(삭제된 항목) : 어도비 클라우드에서 삭제된 작업을 볼 수 있다.

Plus@

작업파일 종료 시 최근 작업파일을 볼 수 있는 [Home] 화면을 나타내고 싶다면 [Edit(편집)]-[Preferences(환경설정)]-[General(일반)](Ctrl + K)을 클릭해 'Auto Show the Home Screen(홈 화면 자동 표시)'에 체크를 한다.

02 New Document

[File(파일)]-[New(새로 만들기)](Ctrl + N)

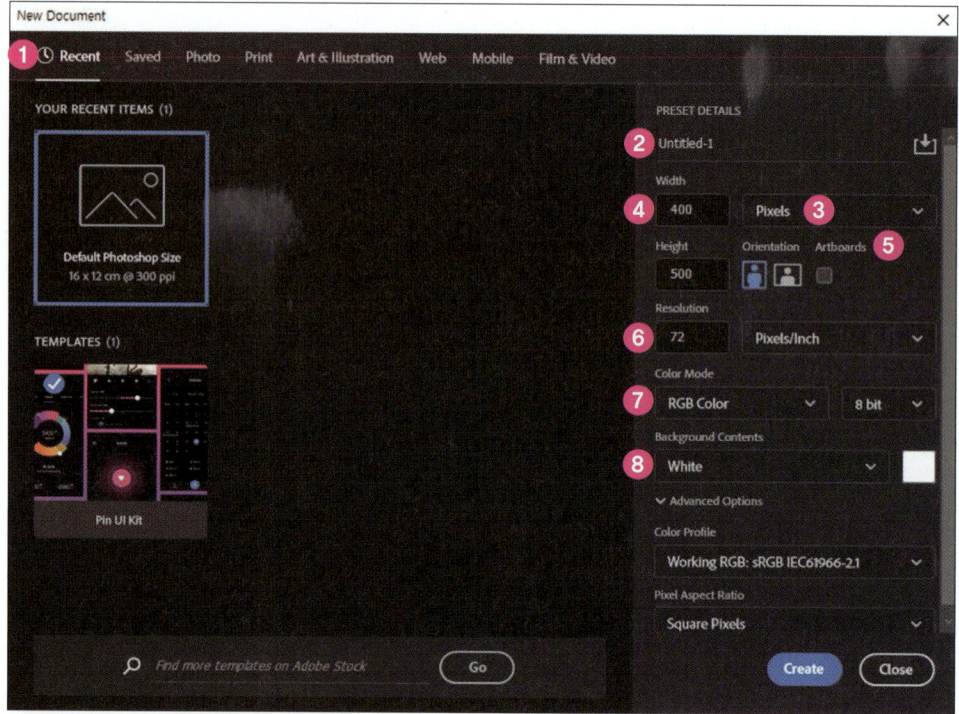

❶ Recent(최근) : 최근 작업화면뿐만 아니라 Web, Mobile 등 정형화된 작업이 가능한 작업화면을 선택할 수 있다.

❷ PRESET DETAILS(사전 설정 세부 정보) : 파일의 이름을 입력한다. 입력하지 않고 저장하면 Untitled-1의 Default 이름으로 저장된다.

❸ 단위를 설정한다. 시험에서는 Pixels로 선택한다.

❹ Width(폭) / Height(높이) : 정해진 사이즈를 입력한다.

❺ Artboards(아트보드) : 작업영역을 여러 개 추가할 수 있다.

❻ Resolution(해상도) : 웹용은 72 Pixels/Inch, 인쇄용은 150 또는 300 Pixels/Inch로 설정한다.

❼ Color Mode(색상 모드) : RGB / CMYK / Grayscale / Bitmap / Lap Color

❽ Background Contents(배경색) : White(흰색) / Black(검정색) / Background Color(배경색) / Transparent(투명) 등을 선택할 수 있다.

Plus @

Bitmap(비트맵) vs Vector(벡터)

- **Bitmap(비트맵)**
  1. 픽셀(화소)이라는 작은 사각형의 입자로 표현된 이미지를 말한다.
  2. 비트맵 이미지를 확대하면 픽셀들이 계단이나 모자이크 형태를 이루고 있다.
  3. 주로 웹상에서 이루어지는 디지털 디자인에 사용된다.
  4. 대표 확장자는 png, jpg, bmp, gif, psd 등이 있다.
  5. 해상도의 영향을 받으며 이미지의 크기를 늘릴수록 깨진다.
  6. 사용되는 프로그램은 포토샵이 대표적이다.

- **Vector(벡터)**
  1. 수학적 계산에 의해 만들어지는 이미지로 확대해도 깨짐 없이 깔끔하다.
  2. 대표 확장자는 eps, ai, svg 등이 있다.
  3. 주로 디자인이나 인쇄, CI, 캐릭터 디자인 등에 사용된다.
  4. 사용되는 프로그램은 일러스트레이터, 코렐드로우 등이 있다.

- **Resolution(해상도)**

  가로/세로 1inch 사각형 안에 몇 개의 픽셀로 이루어졌는가에 따라 해상도가 결정된다.
  디지털 이미지는 PPI(Pixels per Inch), 출력용 이미지는 DPI(Dot per Inch)로 나타낸다.
  해상도가 클수록 이미지는 선명해지지만 용량이 증가하니 용도에 따라 적절한 해상도를 설정하고 작업해야 한다.

  웹 표준 해상도는 72ppi, 인쇄용 해상도는 300ppi

▲ 72 ppi   ▲ 300 ppi

글자 크기를 30pt로 입력했을 경우 고해상도일수록 글자가 커진다.
GTQ 포토샵 시험 중 해상도를 정확히(72ppi)로 입력하지 않으면 텍스트가 커질 수 있으니 주의하여 작업해야 한다.

Plus@

RGB vs CMYK

컬러모드 색을 혼합하는 방식에는 빛을 더해서 혼합하는 '가산 혼합'과 사진이나 회화에서 사용하는 '감산 혼합'의 2가지 종류가 있다.

- RGB
    1. 빛의 3원색으로 색을 섞으면 섞을수록 밝아지는 가산 혼합 방식을 사용한다.
    2. RGB는 Red, Green, Blue 3가지 색상으로 색을 만든다.
    3. 주로 포토샵에서 웹용 이미지를 제작할 때 사용한다.

- CMYK
    1. 색의 3원색으로 색을 섞으면 섞을수록 어두워지는 감산 혼합 방식을 사용한다.
    2. CMYK는 Cyan, Magenta, Yellow, Black 4가지 색상으로 색을 만든다.
    3. 주로 일러스트레이터에서 인쇄나 출력용 이미지를 만들 때 사용한다.

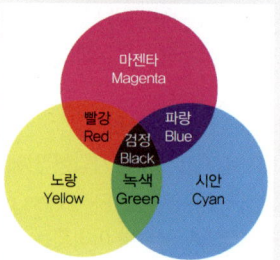

03 이미지를 불러오는 다양한 방법

1 [File(파일)]-[Open(열기)](Ctrl + O)를 선택한 후 해당 경로를 지정하여 이미지를 선택해 불러온다. 연속적 파일은 Shift 와 비연속적 파일은 Ctrl 과 함께 클릭하여 선택한 다음 열기 를 누른다.

2 파일 탐색기에서 해당 경로의 이미지를 포토샵 화면으로 드래그하여 불러온다.

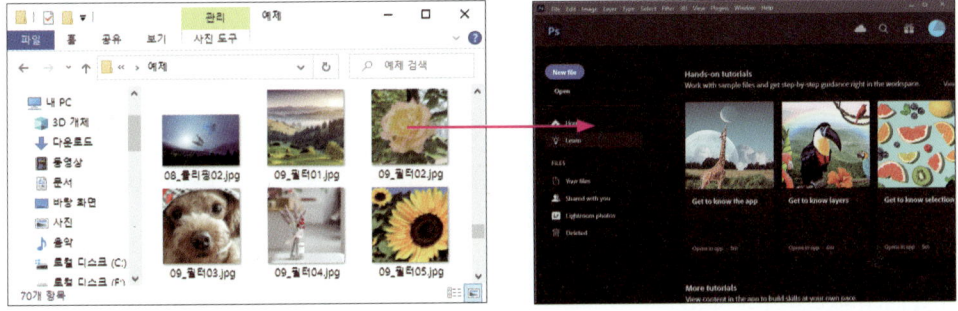

> **Plus@**
>
> [File(파일)]-[Brower in Bridge(Bridge에서 찾아보기)](Alt + Ctrl + O)를 이용해 이미지를 선택할 수 있다.

04 화면구성

❶ Menu(메뉴표시줄) : 기능별로 분류되어 해당 메뉴를 누르면 하위메뉴에서 선택할 수 있다.

❷ Options(옵션 바) : 도구상자에서 선택한 도구들의 다양한 옵션들을 설정할 수 있다([Window(창)]-[Options(옵션 바)]로 표시하거나 숨길 수 있다).

❸ Toolbars(도구상자) : '툴 바'라고도 하며 자주 사용하는 도구들을 종류별로 모아놓았다([Window(창)]-[Tools(도구)]로 표시하거나 숨길 수 있다).

❹ Panel(패널) : 레이어, 패스, 속성, 조정 등 다양한 기능을 패널의 형태로 종류별로 모아놓았다. 모든 패널은 [Window(창)] 메뉴에서 관리한다.

❺ Canvas(캔버스) : 실질적인 작업이 이루어지는 공간이다.

❻ Contextual Task Bar(상황별 작업 표시줄) CC2023 : 상황에 맞는 작업표시줄이 생겨 메뉴를 찾지 않고 빠른 작업이 가능하다. [Window(창)]-[Contextual Task Bar(상황별 작업 표시줄)]로 표시하거나 숨길 수 있다.

❼ Status Bar(상태 표시줄) : 작업 중인 문서의 비율, 해상도, 크기 등의 정보를 표시한다.

05 이미지 크기 줄이기

1 이미지 크기를 줄이기 위해 [Image(이미지)]-[Image Size(이미지 크기)](Alt + Ctrl + I)를 선택한다.

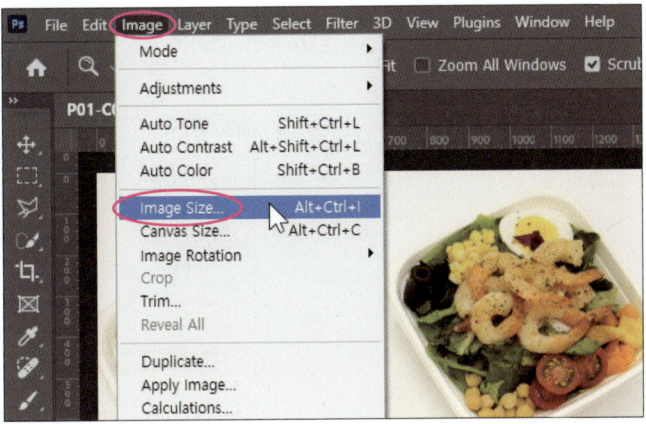

2 단위를 Pixels로 변경한 후 Width(폭)를 800으로 입력하면 높이는 자동으로 변경된다. 만약 링크( )가 해제되어 있다면 가로세로 비율이 다르게 설정될 수 있다.

❶ Constrain Proportions(종횡비를 제한하지 않음) : 해제하면 폭/높이를 독립적으로 조절한다. 기본은 체크되어 있다.
❷ Resolution(해상도) : 웹 표준 해상도는 72ppi, 인쇄용 해상도는 300ppi이다.
❸ Resample(리샘플링) : 체크하면 해상도를 늘려야 할 때 이미지의 훼손을 최대한 줄일 수 있다.

06 포토샵에서의 다양한 저장 방법

1 psd 편집 파일 저장

작업을 마친 후 [File(파일)]-[Save(저장)](Ctrl + S) 또는 [Save as(다른 이름으로 저장)](Shift + Ctrl + S)를 선택한다.

내 PC₩문서₩GTQ 폴더에 '수험번호-성명-문제번호'로 입력한 후 [저장]을 누른다.

저장 시 다른 버전에서도 충돌 없이 열 수 있도록 설정한다는 메시지로서 '다시 표시 안 함'에 체크한 후 (OK)를 누른다.

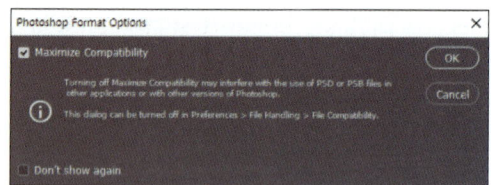

> **Plus @**
>
> CC2020 이상에서는 내 컴퓨터(Save on Your Computer)나 클라우드 공간(Save to Cloud Documents)의 저장을 선택할 수 있다. 클라우드에 저장하면 장소의 제약 없이 파일을 편집할 수 있다.
> - 내 컴퓨터에 저장하였을 경우(파일 이름 : main_img) 'main_img.psd' 확장자로 저장된다.
> - 클라우드에 저장하였을 경우(파일 이름 : main_img) 'main_img.psdc' 확장자로 저장된다.
> - 포토샵 앱을 구입할 경우 100GB의 클라우드 스토리지를 제공하며, 클라우드 공간을 이용하면 공동 작업자들이 유용하게 활용할 수 있다.

2 jpg 이미지 파일 저장 [방법 1]

[File(파일)]−[Export(내보내기)]−[Save for Web (Legacy)(웹용으로 저장(레거시))](Alt + Shift + Ctrl + S)를 선택한다.

❶ 파일 옵션을 JPG로 선택한 후 ❷ 품질을 High로 변경하고 ❸ [저장]을 누른다.

Plus@

- 4−UP 탭에서 다양한 옵션을 미리보기 창을 이용하여 이미지의 용량과 화질을 비교해 보고 확장자를 선택하여 저장할 수 있다.
- CS6에서의 경로는 [File(파일)]−[Save for Web (Legacy)(웹용으로 저장(레거시))]이다.

3 jpg 이미지 파일 저장 [방법 2]

작업을 마친 후 [File(파일)]-[Save(저장)](Ctrl + S) 또는 [Save as(다른 이름으로 저장)](Shift + Ctrl + S)를 선택한다.

하단의 '파일 형식'을 선택하고 'JPEG' 형식을 선택한 후 '파일 이름'을 입력하고 저장한다.

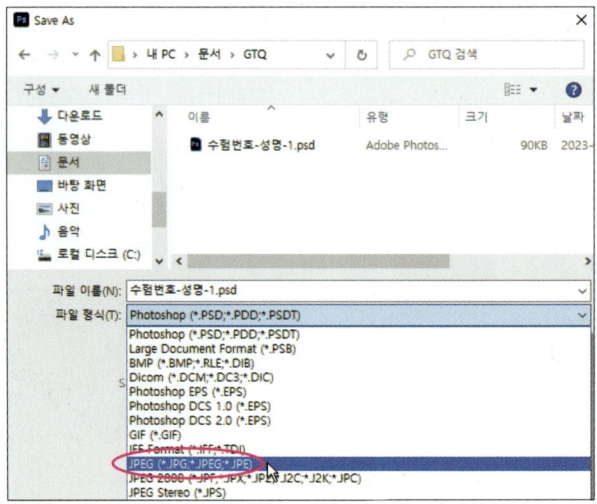

Plus α

[파일 형식]에 'JPEG' 형식이 없다면 [Edit(편집)]-[Preferences(환경설정)]-[File Handling(파일 처리)](Ctrl + K)를 선택한 후 'Enable legacy "Save As"(기존 "다른 이름으로 저장" 활성화)'에 체크한 다음 (OK)를 클릭하고 다시 저장한다.

Plus α

포토샵에서 지원하는 대표적인 파일 종류

- PSD(Photoshop Documents)
  포토샵의 기본 파일 형식으로 레이어, 필터, 채널 등의 작업한 환경이 그대로 저장되므로 다른 이미지 파일 형식에 비해 용량이 상대적으로 크다.
- PSB(Photoshop Big)
  대용량의 디지털 이미지를 저장할 수 있는 PSD 파일의 확장된 파일 형식이다. Smart Object(스마트 오브젝트) 생성 시 자동으로 만들어지는 파일로, PSB 파일에서 편집하면 연결된 원본 PSD 파일에서도 자동으로 변경된다.
- JPEG(Joint Photographic Expert Group)
  손실 압축 방식으로 이미지의 용량을 줄이는데 높은 효율을 보여준다. 단, 이미지를 저장하면 할수록 손실이 누적된다. 24비트에서 8비트까지 색상영역을 선택할 수 있으며 24비트 이미지는 원본의 색상 정보를 그대로 보여줄 수 있으므로 화질 면에서 뛰어나다.
- GIF(Graphics Interchange Format)
  그래픽(애니메이션)을 압축해 빠르게 전송하려는 목적으로 2^8(256) 가지의 색상 표현이 가능하다. 용량이 작고 애니메이션과 투명도 설정이 가능한 파일 포맷이다.
- PNG(Portable Network Graphics)
  무손실 그래픽 파일 포맷으로 배경을 투명하게 설정할 수 있다. GIF와 JPEG 포맷의 장점을 가진 파일로, 깨지기 쉬운 문자나 경계가 날카로운 그림을 PNG 파일로 저장하면 원본의 손상이 적다. 24비트에 해당하는 색인 트루컬러를 지원하여 2^{24}(16,777,216) 가지의 색상을 표현할 수 있다.
- BMP(Basic Multilingual Plane)
  비트맵으로 불리며, 윈도우와 같은 운영 체제를 위해 개발된 비트맵 그래픽 포맷으로 구조가 단순하여 다른 그래픽 포맷에 비해 용량이 크다.

07 알아두면 유익한 환경설정

[Edit(편집)]-[Preferences(환경설정)](Ctrl + K)
* 일부 환경설정은 변경한 후 포토샵을 다시 시작해야 적용된다.

1 작업 환경 색상

[Interface(인터페이스)] 탭 : Color Theme에서 원하는 작업 환경의 색상을 선택할 수 있다.

2 CS6의 '새 문서 열기' 대화상자로 전환

[General(일반)] 탭 : 'Use Legacy "New Document" Interface(레거시 "새 문서" 인터페이스 사용)'에 체크한다.

3 예전 방식과 같이 Shift 와 함께 종횡비 유지를 하고 싶다면

[General(일반)] 탭 : 'Use Legacy Free Transform(레거시 자유 변형)'에 체크한다.

4 파일을 열 경우 [탭]에서 분리하고 싶다면

[Workspace(작업영역)] 탭 : 'Open Documents as Tabs(탭으로 문서 열기)' 체크 해제한다.

5 분리된 창을 위쪽의 탭 부분으로 이동하려 할 때 붙지 않게 하려면

[Workspace(작업영역)] 탭 : 'Enable Floating Document Window Docking(유동 문서 창 및 도킹 사용)'에 체크 해제한다.

6 다른 이름으로 저장 시 파일 형식에 'JPEG' 저장이 없다면

[File Handling(파일 처리)] 탭 : 'Enable legacy "Save As"(기존 "다른 이름으로 저장" 활성화)'에 체크한다.

7 되돌리기(Ctrl + Z)의 횟수를 조절하고 싶다면

[Performance(성능)] 탭 : History States(작업 내역 상태)가 기본 50으로 설정되어 있으며 수치를 조절하면 History States의 횟수가 늘어난다. 단, 100 이상으로 늘리면 작업이 느려지는 원인이 되기도 하니 적절한 수치를 사용하는 것을 권장한다.

8 영문으로 보이는 한글 폰트를 한글로 표시하길 원한다면 (Gulim → 굴림)

[Type(문자)] 탭 : 'Show Font Names in English(글꼴 이름을 영어로 표시)'에 체크 해제한다.

9 Type Tool(수평 문자) 사용 시 'Lorem Ipsum'으로 채우지 않게 하려면

Fill new type layers with placeholder text(문자 자동 채우기)를 체크 해제한다.

CHAPTER 02 도구와 패널

01 도구 알아보기

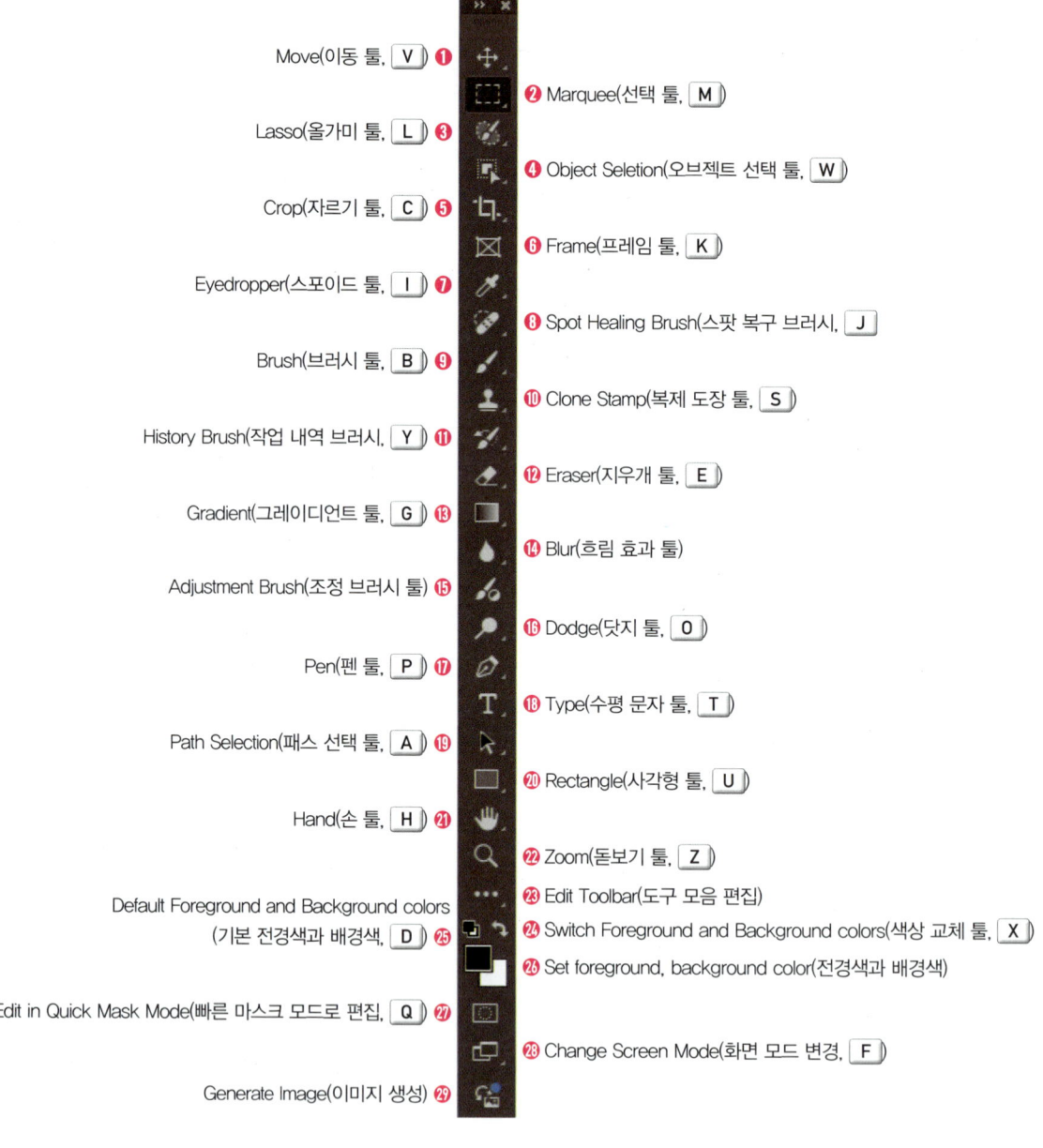

- Move(이동 툴, V) ❶
- ❷ Marquee(선택 툴, M)
- Lasso(올가미 툴, L) ❸
- ❹ Object Seletion(오브젝트 선택 툴, W)
- Crop(자르기 툴, C) ❺
- ❻ Frame(프레임 툴, K)
- Eyedropper(스포이드 툴, I) ❼
- ❽ Spot Healing Brush(스팟 복구 브러시, J)
- Brush(브러시 툴, B) ❾
- ❿ Clone Stamp(복제 도장 툴, S)
- History Brush(작업 내역 브러시, Y) ⓫
- ⓬ Eraser(지우개 툴, E)
- Gradient(그레이디언트 툴, G) ⓭
- ⓮ Blur(흐림 효과 툴)
- Adjustment Brush(조정 브러시 툴) ⓯
- ⓰ Dodge(닷지 툴, O)
- Pen(펜 툴, P) ⓱
- ⓲ Type(수평 문자 툴, T)
- Path Selection(패스 선택 툴, A) ⓳
- ⓴ Rectangle(사각형 툴, U)
- Hand(손 툴, H) ㉑
- ㉒ Zoom(돋보기 툴, Z)
- ㉓ Edit Toolbar(도구 모음 편집)
- Default Foreground and Background colors (기본 전경색과 배경색, D) ㉕
- ㉔ Switch Foreground and Background colors(색상 교체 툴, X)
- ㉖ Set foreground, background color(전경색과 배경색)
- Edit in Quick Mask Mode(빠른 마스크 모드로 편집, Q) ㉗
- ㉘ Change Screen Mode(화면 모드 변경, F)
- Generate Image(이미지 생성) ㉙

❶ Move Tool(이동,   V) : 선택한 이미지를 드래그하여 이동한다.
- Artboard Tool(아트보드, ⬚, V) : 옵션 바의 Size(크기)에서 모바일 등 화면크기를 선택한 후 Add New Artboard(새 대지 추가, ⬚)를 선택해 캔버스를 클릭하면 아트보드가 생성된다.

❷ Rectangular Marquee Tool(사각 선택, ▭, M) : 사각형 모양으로 선택영역을 지정한다.
- Elliptical Marquee Tool(원형 선택, ◯, M) : 원형 모양으로 선택영역을 지정한다.
- Single Row Marquee Tool(가로선 선택, ┅) : 높이 1px의 가로 영역을 선택영역으로 지정한다.
- Single Column Marquee Tool(세로선 선택, ┋) : 너비 1px의 세로 영역을 선택영역으로 지정한다.

❸ Lasso Tool(올가미, ◯, L) : 자유곡선의 형태로 드래그해 영역을 지정한다.
- Polygonal Lasso Tool(다각형 올가미, ▱, L) : 원하는 형태를 클릭, 클릭으로 선택영역을 지정한다. 잘못 선택된 경우 Delete 나 Back Space 로 한 단계씩 뒤로 되돌릴 수 있다.
- Magnetic Lasso Tool(자석 올가미, ▱, L) : 시작 지점을 클릭한 후 이미지의 형태를 따라 움직이면 자석의 형태로 선택영역이 지정된다.

❹ Object Selection Tool(개체 선택, ▱, W) : 추출할 개체보다 크게 드래그하거나 마우스를 개체 위에 놓으면 자동으로 인식하여 선택영역으로 지정해 준다.
- Quick Selection Tool(빠른 선택, ▱, W) : 브러시 크기를 조절해 추출할 개체 안쪽을 드래그하면 빠르게 가장자리를 따라 지정해준다.
- Magic Wand Tool(자동 선택, ▱, W) : 클릭한 곳을 기준으로 인접한 색상을 빠르게 선택해 준다. 주로 단색 배경을 선택할 때 자주 사용한다.

❺ Crop Tool(자르기, ▢, C) : 사각형 형태로 자르기 할 수 있고 반대로 빈 영역을 생성할 수 있다.

- Perspective Crop Tool(원근 자르기, ▢, C) : 전체를 드래그하여 꼭짓점에서 변형하거나 다각형 형태로 선택해 Enter 를 누르면 원근감의 형태로 변형된다.
- Slice Tool(분할, ▢, C) : 분할시킬 형태로 드래그하여 자른 다음 각각 저장할 수 있다.
- Slice Select Tool(분할 선택, ▢, C) : 이미 분할된 영역을 복사, 이동, 저장한다.

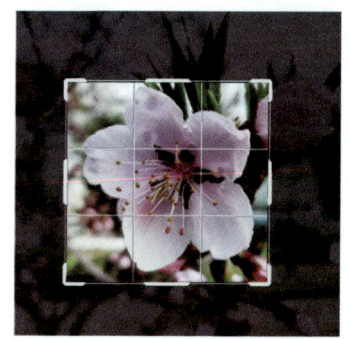

Plus @

Slice(분할 영역)의 표시를 숨기려면 [View(보기)]-[Show(표시)]-'Slices(분할 영역)'를 선택한다.

❻ Frame Tool(프레임, ▢, K) : 사각과 원형의 프레임 안에 이미지를 삽입할 수 있다. Background Layer가 잠겨 있다면 열쇠 모양을 선택해 해제한 다음 적용해본다.

❼ Eyedropper Tool(스포이드, ▢, I) : 이미지에서 클릭한 지점의 색상을 추출한다.

- 3D Material Eyedropper Tool(3D 재질 스포이드, ▢, I) : 3D 개체에서 색상을 추출한다.
- Color Sampler Tool(색상 샘플러, ▢, I) : 선택한 샘플 색상들을 [Window]-[Info] 패널에서 참고할 수 있다.
- Ruler Tool(눈금자, ▢, I) : 원하는 거리, 각도 등을 알기 위해 드래그하여 확인한다.
- Note Tool(메모, ▢, I) : 중요한 부분을 클릭해 간단한 메모를 입력할 수 있다.
- Count Tool(카운트, ▢, I) : 원하는 부분의 개수를 셀 때 사용한다.

❽ Spot Healing Brush Tool(스팟 복구 브러시, ⌦, J) : 점과 같은 잡티를 제거한다.

- Remove Tool(제거, ⌦, J) : CC2023의 신기능으로 특정 영역을 드래그로 지정하면 자연스럽게 지워준다.
- Healing Brush Tool(복구 브러시, ⌦, J) : Alt 로 선택한 복제 기준점을 원본 이미지를 고려해 복구한다.
- Patch Tool(패치, ⌦, J) : 특정 영역을 드래그로 지정해 원하는 영역으로 이동하여 복구, 또는 복제한다.
- Content-Aware Move Tool(내용 인식 이동, ⌦, J) : 선택영역을 원하는 위치로 자연스럽게 이동한다.
- Red Eye Tool(적목 현상, ⌦, J) : 어두운 배경에서 빨갛게 나온 눈동자를 제거한다.

❾ Brush Tool(브러시, ⌦, B) : 브러시 획과 속성을 설정하여 자유롭게 드로잉할 수 있다.

- Pencil Tool(연필, ⌦, B) : 연필의 느낌으로 드로잉한다.
- Color Replacement Tool(색상 대체, ⌦, B) : 옵션 바의 모드에 따라 브러시로 드로잉하는 부분의 색상을 변경한다.
- Mixer Brush Tool(혼합 브러시, ⌦, B) : 기존 이미지의 색상과 혼합하여 표현한다.

❿ Clone Stamp Tool(복제 도장, ⌦, S) : Alt 로 선택한 복제 기준점을 그대로 복제한다.

- Pattern Stamp Tool(패턴 도장, ⌦, S) : 등록된 패턴을 그대로 복제한다.

⓫ History Brush Tool(작업 내역 브러시, ▨, Y) : 원본 이미지로 되돌릴 경우 사용한다.
- Art History Brush Tool(아트 작업 내역 브러시, ▨, Y) : 옵션 바의 스타일의 종류를 달리해 회화적인 기법으로 복구할 수 있다.

⓬ Eraser Tool(지우개, ▨, E) : 이미지를 지울 때 사용한다.
- Background Eraser Tool(배경 지우개, ▨, E) : 드래그한 부분을 투명하게 만든다.
- Magic Eraser Tool(자동 지우개, ▨, E) : 클릭한 부분을 기준으로 주변영역을 인식해 자동으로 지워준다.

⓭ Gradient Tool(그레이디언트, ▨, G)(CC2023 업데이트) : 두 가지 이상의 색상을 점진적으로 펼쳐준다.
- Paint Bucket Tool(페인트 통, ▨, G) : 전경색이나 패턴으로 비슷한 색상영역을 인식해 채워준다.
- 3D Material Drop Tool(3D 재질 놓기, ▨, G) : 3D 개체에 색상이나 패턴을 채울 때 사용한다.

⓮ Blur Tool(흐림 효과, ▨) : 이미지의 초점을 흐릿하게 만든다.
- Sharpen Tool(샤픈, ▨) : 이미지를 선명하게 만든다.
- Smudge Tool(스머지, ▨) : 이미지를 드래그한 방향으로 뭉갤 때 사용한다.

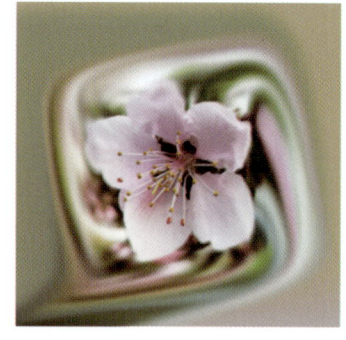

⓯ Adjustment Brush Tool(조정 브러시,) : CC2025의 신기능으로 Contextual Task Bar에서 선택한 보정 기능을, 브러시를 칠하듯 적용할 수 있다. 기존의 조정 레이어＋마스크 작업을 한 번에 처리할 수 있다.

⓰ Dodge Tool(닷지, , O) : 이미지를 밝게 만든다.
  • Burn Tool(번, , O) : 이미지를 어둡게 만든다.
  • Sponge Tool(스펀지, , O) : 이미지의 채도를 낮춘다.

⓱ Pen Tool(펜, , P) : 패스를 만들어 모양을 만들거나 이미지를 세밀하게 지정할 때 사용한다.
  • Freeform Pen Tool(프리폼 펜, , P) : 자유롭게 패스 선을 그린다.
  • Curvature Pen Tool(곡률 펜, , P) : 곡선의 패스를 쉽게 만든다.
  • Add Anchor Point Tool(앵커 포인트 추가,) : 기준점을 추가해 준다.
  • Delete Anchor Point Tool(앵커 포인트 삭제,) : 기준점을 삭제한다.
  • Convert Point Tool(포인트 변환,) : 기준점을 곡선, 꼭짓점으로 변형한다.

❶⑧ Horizontal Type Tool(수평 문자, T, T) : 가로 방향으로 문자를 입력한다.
- Vertical Type Tool(수직 문자, IT, T) : 세로 방향으로 문자를 입력한다.
- Horizontal Type Mask Tool(수평 문자 마스크, T, T) : 가로 문자형태의 선택영역을 만든다.
- Vertical Type Mask Tool(수직 문자 마스크, IT, T) : 세로 문자형태의 선택영역을 만든다.

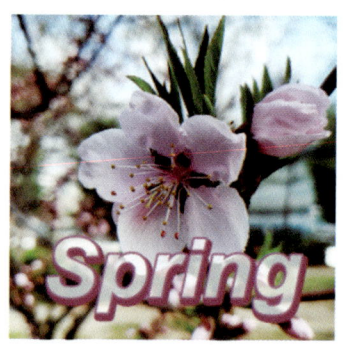

❶⑨ Path Selection Tool(패스 선택, ▶, A) : 패스를 선택할 때 사용한다.
- Direct Selection Tool(직접 선택, ▶, A) : 특정 기준점을 수정할 때 사용한다.

❷⓪ Rectangle Tool(사각형, ▢, U) : 사각형 모양의 도형을 만든다.
- Ellipse Tool(타원, ●, U) : 타원 모양의 도형을 만든다.
- Triangle Tool(삼각형, △, U) : 삼각형 모양의 도형을 만든다.
- Polygon Tool(다각형, ⬡, U) : 다각형 모양의 도형을 만든다.
- Line Tool(선, ╱, U) : 선을 만든다.
- Custom Shape Tool(사용자 정의 모양, ✦, U) : 다양한 모양의 도형을 [Window(창)]-[Shape(모양)] 패널에서 추가할 수 있다.

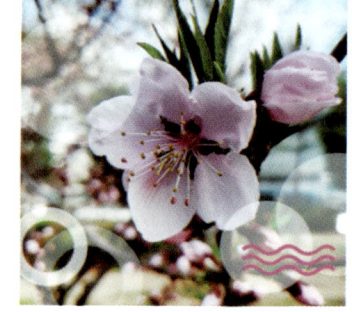

❷① Hand Tool(손, ✋, H) : 작업화면을 이동할 수 있다. 더블클릭하면 Fit Screen(화면에 맞추어 보기) 할 수 있다. Space Bar 로 대체할 수 있다.
- Rotate View Tool(회전 보기, ✋, H) : 작업화면을 좌우로 드래그하며 회전할 수 있다.

㉒ Zoom Tool(돋보기, 🔍, Z) : 작업화면을 확대/축소할 수 있다. 더블클릭하면 100%로 볼 수 있다.

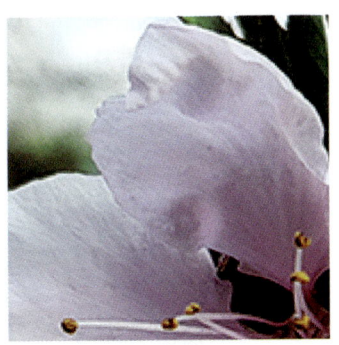

㉓ Edit Toolbar(도구 모음 편집, ⋯) : 편집자의 방식에 맞게 사용하는 툴을 재편집할 수 있다(CC 2015 이상).

㉔ Default Foreground and Background Colors(기본 전경색과 배경색, ⬛, D) : 흑과 백의 기본색으로 변경해 준다.

㉕ Switch Foreground and Background Colors Tool(색상 교체, ↻, X) : 전경색과 배경색을 교체해 준다.

㉖ Set Foreground, Background Color(전경색과 배경색) : 텍스트나 브러시를 이용할 때 사용하는 색이다. 단축키는 Alt + Delete 이다.

㉗ Edit in Quick Mask Mode(빠른 마스크 모드로 편집, Q) : 선택 관련 툴과 브러시 툴을 이용해 섬세하게 선택영역을 지정할 수 있다. 다시 한번 누르면 표준 모드로 변경된다.

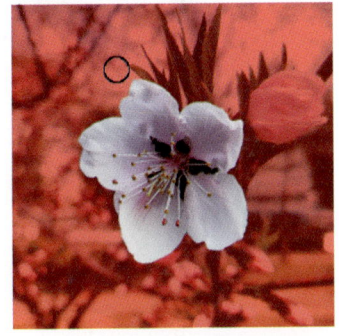

㉘ Change Screen Mode(화면 모드 변경, F) : Full Screen Mode로 전환할 수 있으며, F를 2회 누르면 표준 모드로 돌아온다.

㉙ Generate Image Tool(이미지 생성, 🖼) : CC2025의 신기능으로 Firefly 이미지 3 모델을 기반으로 텍스트 프롬프트를 입력하면 AI가 이미지를 생성해 주는 생성형 AI 도구이다. 기존의 Contextual Task Bar에서 사용할 수 있다.

Plus α

Prompt :
A skincare bottle with a soft plant shadow in the background

02 자주 사용하는 패널 알아보기

Layers(레이어) 패널 (F7)
이미지를 층으로 관리해 복제, 레이어 스타일, 마스크 등 다방면으로 활용할 수 있다.

Paths(패스) 패널
선택영역을 패스로 저장하거나 패스로 그린 것을 다양하게 활용할 수 있다.

History(작업 내역) 패널
작업 내역을 순차적으로 살펴볼 수 있으며 되돌리기를 빠르게 할 수 있다.

Adjustments(조정) 패널
색 보정 레이어를 별도로 추가해 관리할 수 있다.

Gradients(그레이디언트) 패널
다양한 그레이디언트가 색상 계열별로 담겨있다.

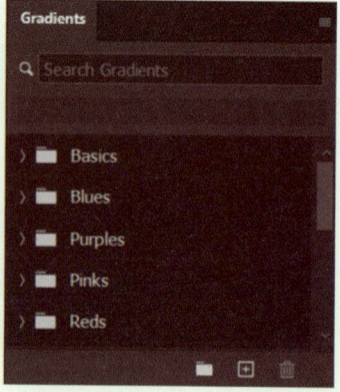

Character(문자) / Paragraph(단락) 패널
문자나 단락을 설정할 수 있다.

Properties(속성) 패널
현재 문서에 대해 기본 설정을 포함하고 있는 선택한 레이어의 세부적인 속성을 담고 있다.

Shapes(모양) 패널
다양한 모양을 카테고리별로 정리해 놓았다.

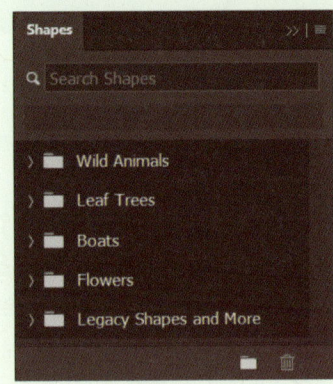

Libraries(라이브러리) 패널
자주 사용하는 작업물 등을 등록해 필요한 경우 재사용할 수 있으며 사용자를 추가해 공유할 수 있다.

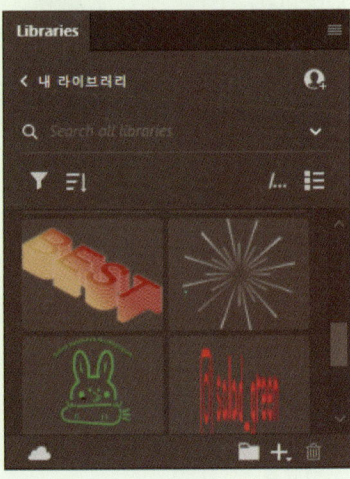

Patterns(패턴) 패널
내가 만든 패턴 등을 등록해 언제든지 적용할 수 있다.

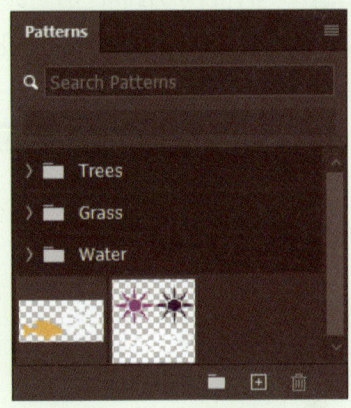

> **Plus α**
>
> **작업화면 초기화**
> [Window(창)]-[Workspace(작업 영역)]-[Reset Essentials(필수 재설정)]를 클릭한다.
> 자주 사용하지 않는 패널은 우측 상단의 패널 메뉴(≡)에서 Close를 클릭하여 닫는다.

03 화면의 확대 축소 이동

1 확대/축소

❶ Zoom Tool(돋보기,)을 선택하고 작업화면으로 마우스 포인터를 가져가면 ＋모양으로 변경된다. 클릭, 클릭으로 화면을 확대해 본다. 반대로 축소하고 싶다면 옵션 바의 빼기를 선택하거나 Alt 를 누르면 －모양으로 변경된다. 클릭, 클릭으로 화면을 축소해 본다. Zoom Tool(돋보기,)을 더블클릭하면 100%로 보인다. Zoom Tool(돋보기,)을 선택하고 작업화면에 마우스 포인터를 가져가서 좌측 상단부터 우측 하단으로 대각선으로 드래그하면 확대되고 반대로 하면 축소된다.

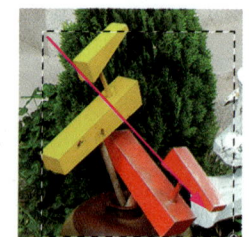

❷ Zoom Tool(돋보기,)을 선택한 상태에서 옵션 바의 'Scrubby Zoom(스크러비 확대/축소)' 체크를 해제한다. 확대하려는 부분을 드래그하면 그 부분만 집중적으로 확대된다. Scrubby Zoom(스크러비 확대/축소) 기능은 OpenGL 기능을 지원하는 그래픽카드가 장착된 경우만 활성화되어 있다.

❸ 화면 맞추기(Ctrl + O)
긴 쪽을 화면에 맞춘다. Hand Tool(손,)을 더블클릭해도 된다.

❹ 화면 채우기
짧은 쪽을 화면에 꽉 차게 맞춘다.

2 화면 이동

확대된 상태에서 화면을 이동하려면 Hand Tool(손,)을 선택하고 원하는 곳으로 드래그하거나 Space Bar 를 누르는 동안 마우스 포인터가 Hand Tool로 변하면 드래그하여 이동할 수 있다.

> **화면 관련 단축키**
> - 확대 Ctrl + +
> - 축소 Ctrl + −
> - Alt +마우스 휠 위/아래 스크롤
> - 확대 Ctrl + Space Bar +클릭
> - 축소 Ctrl + Alt + Space Bar +클릭
> - 100% 보기 Ctrl + 1
> - 화면 맞추기 Ctrl + 0

CHAPTER 03 이동과 선택

01 이동하기

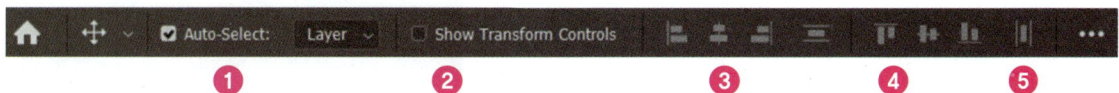

❶ Auto-Select(자동 선택) : 레이어 패널을 이용하지 않아도 캔버스에서 직접 선택하여 이동하거나 드래그하여 복수로 선택해 이동할 수 있다. 기본은 체크되어 있다.

❷ Show Transform Controls(변형 컨트롤 표시) : Ctrl + T 를 이용하지 않아도 선택만으로 크기를 조절할 수 있다. 기본은 체크 해제되어 있다.

❸ Align left edges(왼쪽 정렬) : 두 개 이상의 레이어를 왼쪽으로 정렬한다.
  • Align horizontal centers(수평 중앙 정렬) : 두 개 이상의 레이어를 가운데로 정렬한다.
  • Align right edges(오른쪽 정렬) : 두 개 이상의 레이어를 오른쪽으로 정렬한다.

❹ Align top edges(위쪽 가장자리 정렬) : 두 개 이상의 레이어를 위쪽으로 정렬한다.
  • Align vertical centers(수직 가운데 정렬) : 두 개 이상의 레이어를 중간으로 정렬한다.
  • Align bottom edges(하단 가장자리 정렬) : 두 개 이상의 레이어를 아래쪽으로 정렬한다.

❺ Align and Distribute(정렬과 배분) : 두 개 이상의 레이어를 가로/세로 기준으로 배분하거나 Align to(정렬 기준)를 Selection(선택)이나 Canvas(캔버스)로 설정할 수 있다.

> **Warming Up** 정렬/배분
>
> 📁 예제₩03_정렬.psd
>
> 예제파일을 열어 Move Tool(이동, ✥)을 이용해 Shift 와 함께 복수의 레이어를 선택하거나 드래그하여 모두 선택한 다음 정렬/배분해 본다.
>
>

1 파일 탭 이용

❶ Move Tool(이동, ✥)을 선택한 후 작업화면의 이미지를
❷ 파일 탭으로 드래그해 마우스를 놓지 않은 상태에서
❸ 작업화면 중앙으로 드래그하여 마우스를 놓는다.

2 이동 툴 이용

❶ 파일 탭에서 분리하고 Move Tool(이동, ✥)을 선택한 후
❷ 작업화면으로 드래그하여 마우스를 놓는다.

3 단축키 이용

활성화된 작업화면에서 [Select(선택)]-[All(모두)](Ctrl + A)를 클릭한 후 [Edit(편집)]-[Copy(복사)](Ctrl + C)를 누른다. 이동할 탭을 선택하고 [Edit(편집)]-[Paste(붙여넣기)](Ctrl + V)를 누른다.

> **Plus @**
> 레이어가 분리된 편집 중인 파일의 일부분을 선택 툴을 이용하여 복사하려면 [Edit]-[Copy Merged(병합하여 복사)](Shift + Ctrl + C)를 이용하면 레이어에 상관없이 선택영역으로 지정된 부분만 복사된다.

4 기존 파일에 새로운 이미지 추가

탐색기에서 파일을 선택하여 기존 파일 탭이나 기존 작업영역으로 드래그한다. 가져온 이미지에 X자 모양이 표시되며 열리면 Enter 를 누른다.

> **Plus ⓐ**
>
> X자 모양의 이미지를 'Smart Object(스마트 오브젝트)'라고 부르며 원본 이미지를 보존하며 작업이 가능하다. 단, 전체적인 .psd 편집 파일 용량은 늘어난다. 만약 스마트 오브젝트를 일반 레이어로 변경하려면 [Layers(레이어)] 패널에서 마우스 오른쪽 클릭한 후 'Rasterize Layer(레이어 레스터화)'를 클릭한다.

02 선택하기

1 선택 툴 옵션 바

❶ New selection(새 선택영역) : 새로운 선택영역을 지정한다.

❷ Add to selection(선택영역에 추가)(Shift) : 기존의 선택영역에서 지정한 만큼 추가한다.

❸ Subtract from selection(선택영역에서 빼기)(Alt) : 기존의 선택영역에서 지정한 만큼 뺀다.

❹ Intersect with selection(선택영역과 교차)(Alt + Shift) : 영역의 교차하는 부분만 선택한다.

❺ Feather(페더) : 선택영역 가장자리를 흐리게 한다.

❻ Anti-alias(앤티 앨리어스) : 이미지 가장자리의 계단 현상을 부드럽게 처리한다.

❼ Style(스타일) : 선택영역의 스타일을 지정한다.
- Normal(표준) : 원하는 만큼 선택영역을 지정한다.
  (아래 두 가지로 지정된 경우 반드시 Normal(표준)로 변경 후 지정해야 함)
- Fixed Ratio(고정비) : 비율을 입력한 후 선택하면 비율에 맞게 지정된다.
- Fixed Size(크기 고정) : 수치를 입력한 후 선택하면 정해진 크기만큼 선택영역으로 지정된다.

❽ Select and Mask(가장자리 다듬기) : 가장자리 인식, 가장자리의 부드러운 정도 등의 설정을 할 수 있다. CS6의 Refine Edge의 기능과 같다.

② Contexture Task Bar(상황별 작업 표시줄) CC2023

❶ 내용을 인식해 피사체를 선택영역으로 지정해 준다.

❷ 내용을 인식해 배경을 삭제해 준다.

❸ [Adjustment(조정)] 패널을 연다.

❹ 추가 옵션으로 Bar를 숨기기/리셋/고정할 수 있다.

❺ Properties(속성) 패널을 연다.

선택 관련 단축키
- 정원, 정사각형 `Shift`
- 중심에서부터 선택 가능 `Alt`
- 선택영역 추가 `Shift`
- 선택영역 제외 `Alt`
- 선택영역 반전 `Shift` + `Ctrl` + `I`
- 선택영역 해제 `Ctrl` + `D`
- 병합하여 복사 `Shift` + `Ctrl` + `C`
- 안쪽에 붙여넣기 `Alt` + `Shift` + `Ctrl` + `V`

3 자주 사용하는 선택 관련 툴

Rectangular Marquee Tool(사각 선택, [ ])로 사각형 형태의 선택영역을 지정한다. 정사각형은 Shift 와 함께, 중심에서부터 지정하려면 Alt 와 함께 지정한다.

① '03_선택01.jpg'를 열고 Rectangular Marquee Tool(사각 선택, [ ])을 선택한다.
② 첫 번째 액자를 선택영역으로 지정한 후 Shift 와 함께 나머지 액자를 복수의 선택영역으로 지정한다.
③ Ctrl + C 로 복사한 후 '03_선택02.jpg'를 열어 Ctrl + V 로 붙여 넣는다. Ctrl + T 로 크기/위치를 조정한 후 Enter 를 눌러 마무리한다.

Plus α

복수의 선택영역을 정사각형으로 선택하려면?

사각 선택 툴로 Shift 와 함께 정사각형을 그린다. 복수의 선택영역도 Shift 와 함께 그리기 시작하며, 그리는 동안 Shift 를 잠깐 놓았다가 다시 Shift 를 누르며 그리면 복수의 정사각형으로 그려진다.

④ Object Selection Tool(개체 선택,) CC2020

추출할 개체보다 크게 드래그하거나 마우스를 개체 위에 놓으면 자동으로 인식하여 선택영역으로 지정해 준다.

Warming Up 동물 털 추출하기

📁 예제\03_선택03.jpg, 03_선택04.jpg

▲ 준비

▲ 완성

① '03_선택03.jpg'를 열어 개체 선택 툴로 강아지를 선택한다.
② 털 부분까지 세밀하게 추출되지 않았으므로 옵션 바의 [Select and Mask(선택과 마스크)]를 클릭한다.
③ View(보기) : Overlay(오버레이)로 선택한 후 Refine Edge Brush(가장자리 다듬기)를 선택해 털의 바깥 부분을 드래그한다.

④ 우측 하단의 Output To(출력 설정)를 Selection(선택)으로 지정한 후 OK 를 누른다.
⑤ Ctrl + C 로 복사하고 '03_선택04.jpg'를 열어 Ctrl + V 로 붙여넣기 한다.
⑥ Ctrl + T 로 크기/위치를 조정한 후 Enter 를 눌러 마무리한다.

5 Magic Wand Tool(자동 선택,)

❶ **Sample Size(샘플 크기)** : 선택의 범위를 설정한다.

❷ **Tolerance(허용치)** : 색상 범위의 값을 설정하는 항목으로서 0~255까지 설정할 수 있으며 수치가 커질수록 범위가 넓어지고 0에 가까울수록 범위가 좁아진다. 기본값은 32이다.

❸ **Contiguous(인접)** : 체크하고 선택하면 인접한 영역만 선택되며, 체크 해제하고 선택하면 인접하지 않은 영역도 함께 선택된다.

❹ **Sample All Layers(모든 레이어 샘플링)** : 여러 개의 레이어에서 샘플 설정 가능 여부를 지정할 수 있다.

① '03_선택05.jpg'를 열고 Magic Wand Tool(자동 선택,)을 선택한 후 옵션 바의 Tolerance(허용치)를 50, Contiguous(인접)에 체크 해제하고 하늘을 클릭한다.
② 선택영역을 반전하기 위해 [Select(선택)]-[Inverse(반전)](Shift + Ctrl + I)를 누른다.
③ Ctrl + C 로 복사한 후 '03_선택06.jpg'을 열어 Ctrl + V 로 붙여넣기 한다.
④ Ctrl + T 로 회전/크기/위치를 조절하고 Enter 를 누른다.

Plus @

- [Select(선택)]-[Transform Selection(선택영역 변형)] : 선택영역을 변형한다.
- [Select(선택)]-[Grow(선택영역 확장)] : 선택영역의 주변이 확장된다.
- [Select(선택)]-[Similar(유사 영역 선택)] : 선택영역과 비슷한 영역으로 확장한다.

6 Paste Into(안쪽에 붙여넣기)

선택영역의 안쪽에 다른 이미지를 마스크의 형태로 보이게 하는 기능이다.

Warming Up 액자 안에 사진 채우기

예제₩03_선택07.jpg ~ 03_선택10.jpg

▲ 준비   ▲ 완성

① '03_선택07.jpg'를 열고 Polygonal Lasso Tool(다각형 올가미,)을 이용해 첫 번째 액자의 안쪽 부분을 선택영역으로 지정한다. 직선으로 선택하기 위해서는 Shift를 누르고 그 다음 지점을 클릭한다.

② '03_선택08.jpg'를 열고 Ctrl + A 로 전체 선택한다. Ctrl + C 로 복사한 후 '03_선택07.jpg'을 선택하고 [Edit(편집)]-[Paste Special(특수 붙여넣기)]-[Paste Into(안쪽에 붙여넣기)](Alt + Shift + Ctrl + V)를 선택한다.

③ Ctrl + T 로 크기/위치를 조정한 후 Enter 를 눌러 마무리한다.

④ 나머지 액자도 이와 같은 방법으로 채운다.

Plus α

[Edit(편집)] 메뉴에 [Paste Special(특수 붙여넣기)]가 비활성화되어 있다면?
마스크 안에 넣을 이미지가 먼저 복사되어 있지 않으면 붙여넣기가 비활성화되어 있다.

7 [Selete(선택)] – [Modify(수정)]

Border(테두리) : 선택영역에 테두리의 두께를 설정한다.

Smooth(매끄럽게) : 선택영역의 모서리를 주어진 Pixel만큼 둥글게 설정한다. ※ GTQ2급

Expand(확대) : 선택영역이 주어진 Pixel만큼 확장된다.

Contract(축소) : 선택영역이 주어진 Pixel만큼 축소된다.

Feather(페더) : 선택영역을 부드럽게 설정해 준다.

Warming Up 모서리가 둥근 테두리

① '03_선택11.jpg'를 열고 Ctrl + A 로 전체 선택한 후 선택영역을 축소하기 위해 [Selete(선택)]-[Modify(수정)]-[Contract(축소)]를 클릭해 70px, Apply effect at canvas bounds(캔버스 테두리에 효과 적용)에 체크한 후 OK 를 누른다.

② 모서리를 둥글게 하기 위해 [Selete(선택)]-[Modify(수정)]-[Smooth(매끄럽게)]를 클릭한 후 10px을 입력하고 OK 를 누른다.

③ 테두리를 적용하기 위해 새 레이어 추가( ) 후 [Edit(편집)]-[Stroke(획)]를 선택해 값을 적용한 후 OK 를 누른다.

Width : 5px, Color : #33ff66, Location : Center

④ 불투명도를 조정하기 위해 [Layers(레이어)] 패널 상단의 Opacity(불투명도)를 50%로 설정한다.

Plus @

옵션 바의 Feather(페더) vs [Selete(선택)]-[Modify(수정)]-[Feather(페더)]
옵션 바의 Feather(페더)는 미리 수치를 입력하고 선택영역을 지정해야 부드러워지는 반면, [Selete(선택)]-[Modify(수정)]-[Feather(페더)]를 이용하면 이미 선택영역이 지정된 후에도 수치를 변경할 수 있는 장점이 있다.

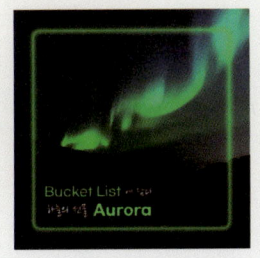

CHAPTER 04

변형과 자르기

01 변형과 왜곡

[Edit(편집)]-[Transform(변형)] 메뉴 또는 Ctrl + T 를 이용하여 레이어 패널의 이미지나 텍스트, 패스 등을 자유롭게 변형하거나 왜곡할 수 있다. 크기 조절 후 완료는 안쪽 부분을 더블클릭하거나 Enter 를 누르며, 취소는 Esc 를 누른다.

Warming Up 종이컵 왜곡시키기

📁 예제₩04_왜곡.psd

① 꼭짓점에서 크기를 줄이고 늘릴 수 있다. Alt 를 이용하면 중심을 기준으로 조절할 수 있다.

② 조절점 바깥쪽에서 커브 모양이 나오면 회전 가능하다. Shift 를 이용하면 15°씩 회전할 수 있다.

③ 가운데 조절점에서 가로/세로만 조절하고 싶다면 Shift 와 함께 조절할 수 있다.

④ 마우스 오른쪽 클릭 후 Flip Horizontal(가로로 뒤집기)을 선택하면 좌우대칭된다.

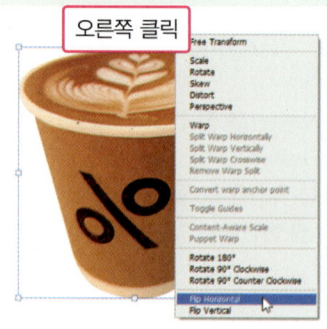

⑤ 마우스 오른쪽 클릭 후 Skew(기울기)를 선택하고 중간 조절점을 이용하여 이미지를 기울일 수 있다.

⑥ 마우스 오른쪽 클릭 후 Distort(왜곡)를 선택하고 꼭짓점을 이용하여 왜곡할 수 있다. Ctrl + T 를 누른 후 꼭짓점에서 Ctrl 을 이용하여 왜곡할 수 있다.

⑦ 마우스 오른쪽 클릭 후 Perspective(원근감)를 선택하고 꼭짓점을 이용하여 원근감을 표현할 수 있다.

⑧ 마우스 오른쪽 클릭 후 Warp(뒤틀기)를 선택하고 격자 포인트 부분에서 임의로 뒤틀기를 할 수 있다. 옵션 바에서 '텍스트 뒤틀기'와 같은 옵션을 설정할 수 있다(예 Inflate(부풀리기)).

Plus α

CC2020 이상 버전에서는 Shift 와 함께 크기 조절을 하지 않아도 종횡비를 유지할 수 있다.
이전 버전에서와 같이 사용하려면 [환경설정](Ctrl + K)-General(일반) 탭의 'Use Legacy Free Transform(레거시 자유 변형 사용)'에 체크하면 된다.

02 Crop Tool(자르기,)

이미지를 원하는 크기나 비율에 맞추어 자를 수 있고 캔버스의 크기를 확장할 수도 있다.

❶ Select a preset aspect ratio or crop size(크기 및 비율) : 자주 사용하는 비율이나 크기를 선택한다.
❷ Select the aspect ratio for the crop box(자르기 상자에 대한 종횡비 설정) : 가로/세로 크기를 직접 입력한다.
❸ Clear(지우기) : 수치를 초기화한다.
❹ Straighten(똑바르게 하기) : 영역을 감안하여 기울어진 이미지를 똑바르게 변경해 준다.
❺ Set the overlay options for the crop box(오버레이 옵션) : 자르기 전 원하는 구도를 선택할 수 있다.
❻ Set additional Crop options(추가 자르기 옵션) : Use Classic Mode(클래식 모드 사용)에 체크하면 예전 방식대로 드래그로 영역을 선택하여 자를 수 있다.
❼ Delete Cropped Pixels(자른 픽셀 삭제) : 잘려진 픽셀의 삭제 여부를 선택한다.
❽ Content-Aware(내용 인식 채우기) CC2015 : 선택하면 Straighten(똑바르게 하기) 기능 등으로 생긴 잘려 나갈 부분까지 내용을 인식하여 복구해준다.

Warming Up · 모니터 안에 이미지가 쏘~옥

📁 예제\04_왜곡01.jpg, 04_왜곡02.jpg

▲ 준비

▲ 완성

① 준비 파일을 모두 열고 '04_왜곡01.jpg'를 Ctrl + A 로 전체 선택한다. Ctrl + C 로 복사한 후 '04_왜곡02.jpg'를 선택하고 Ctrl + V 로 붙여넣기 한다.
② 원본이 훼손되지 않게 레이어에서 마우스 오른쪽 클릭 후 Convert to Smart Object(고급 개체로 변환)를 누른다.
③ Ctrl + T 하여 마우스 오른쪽 클릭 후 Distort(왜곡)를 선택해 꼭짓점을 이용하여 모니터에 맞게 왜곡한 후 Enter 를 누른다.

Warming Up · 내용 인식하여 똑바르게 하기

📁 예제\04_자르기02.jpg

▲ 준비

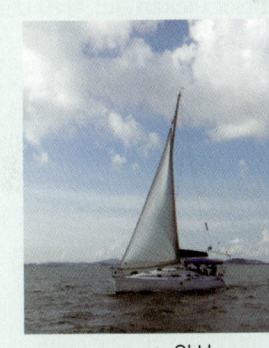
▲ 완성

① '04_자르기02.jpg'를 열고 Crop Tool(자르기,)을 선택한 후 옵션 바에서 Straighten(똑바르게 하기,)를 선택한다.
② 수평으로 하고 싶은 부분을 드래그하고 Content-Aware(내용 인식 채우기)에 체크한 후 적용하면 회전되어 비어있는 여백까지 내용 인식으로 자동으로 채워준다.

CHAPTER 04 변형과 자르기

CHAPTER 05

색 채우기

[Edit(편집)]−[Fill(칠)]로 전경색/배경색 등 다양한 옵션으로 채울 수 있고 브러시 툴이나 연필 툴로도 색을 채울 수 있다.

01 색상 선택

❶ Default Foreground and Background Colors(기본 전경색과 배경색, , D) : 흑과 백의 기본색으로 변경해 준다.
❷ Switch Foreground and Background Colors(색상 교체 툴, , X) : 전경색과 배경색을 교체해 준다.
❸ Set foreground color(전경색) : 텍스트나 브러시를 이용할 때 나타나는 색이다.
❹ Set background color(배경색) : 지우개 툴 등을 이용할 때 나타나는 색이다.

02 Color Picker(컬러 픽커) 대화상자

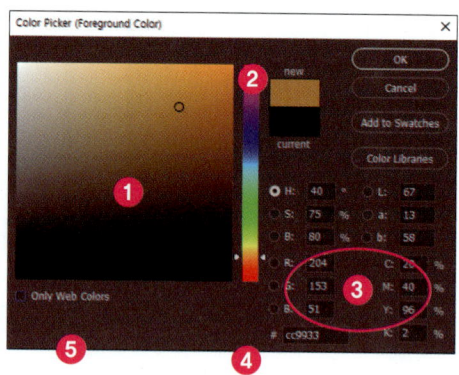

❶ 원하는 색을 스포이드로 지정한다.
❷ 색상 슬라이더로 다른 색상 계열로 선택할 수 있다.
❸ HSB / Lab / RGB / CMYK 등 각 컬러 모드별 색상 값이 표시된다. 기본은 HSB의 H에 체크되어 있다.
❹ 16진수 색상 값으로 #CC9933 → #C93으로 생략하여 입력할 수 있다.
❺ Only Web Colors(웹 색상 전용)에 체크하면 웹에 적합한 색상으로 선택할 수 있다.

03 [Edit(편집)]-[Fill(칠)] 메뉴

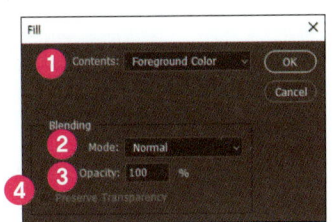

❶ Contents(내용) : 전경색, 배경색, 내용 인식, 패턴, 회색, 검은색 등으로 채운다.

❷ Mode(모드) : 혼합모드를 선택해 함께 채운다.

❸ Opacity(불투명도) : 불투명도를 적용해 채운다. 0~100%까지 설정한다.

❹ Preserve Transparency(투명도 유지) : 체크할 경우 투명 영역에는 색이 채워지지 않는다.

채우기 관련 단축키
- [Edit(편집)]-[Fill(칠)] : Shift + F5
- Foreground Color : Alt + Delete
- Background Color : Ctrl + Delete

04 Brush Tool(브러시,)

❶ Brush Picker(브러시 종류와 크기) : 브러시의 종류와 크기 설정, 부드러움의 정도를 조절할 수 있다.

❷ Brush Setting Panel(브러시 설정 패널) : 다양한 브러시의 설정을 조절할 수 있는 패널을 나타낸다.

❸ Painting Mode(페인팅 모드) : 브러시로 채색할 때 다양한 혼합모드로 독특한 효과를 적용할 수 있다.

❹ Opacity(불투명도) : 불투명도를 조절한다. 0~100%까지 설정할 수 있으며 값이 작을수록 투명하게 채색된다.

❺ Pressure for Opacity(태블릿 펜 불투명도 압력) : 태블릿을 이용해 채색할 때 압력에 따라 펜의 불투명도를 제어할 수 있다.

❻ Flow(흐름) : 브러시의 색 번짐 정도를 조절할 수 있다. 1~100%까지 설정할 수 있으며 값이 작을수록 번짐이 연하게 적용된다.

❼ Airbrush Effect(에어브러시 효과) : 에어브러시의 형태로 색을 칠할 수 있다.

❽ Smoothing(보정) : 0~100%까지 설정할 수 있으며 값이 클수록 브러시 획을 부드럽게 보정해 준다.

❾ Brush Angle(브러시 각도) : 브러시의 각도를 설정할 수 있다.

❿ Pressure for Size(압력 크기) : 태블릿의 브러시 압력 크기를 제어할 수 있다.

Plus @

Brush Tool의 옵션 바에서의 Opacity(불투명도) vs Flow(흐름)

▲ Opacity(20%), Flow(100%)

▲ Opacity(100%), Flow(20%)

Opacity(불투명도)
전체적인 투명도를 나타내며 이어서 그리면 중첩 효과가 없다.

Flow(흐름)
중첩 효과로 농도를 조절할 때 사용하며 이어서 그리면 중첩 효과가 나타난다.

Plus @

옵션 바의 값을 초기화시키려면 'Current Tool(현재 도구)' 아이콘에서 마우스 오른쪽 클릭 후 'Reset Tool(도구 재설정)' 또는 'Reset All Tools(모든 도구 재설정)'을 선택하고 다음과 같은 대화상자가 뜨면 OK 를 누른다.

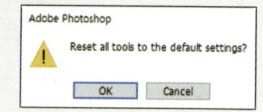

Plus @

브러시의 크기는 [(작게),] (크게)로 조절할 수 있다.

Warming Up 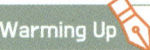 나만의 브러시를 등록해 돌출문자 만들기

📁 예제\05_돌출문자(완성).psd

① [File(파일)]-[New(새로 만들기)](Ctrl + N)를 선택한 후 600 × 300px, 72ppi로 설정하고 [Create(만들기)]를 누른다.
② Type Tool(수평 문자, T)을 선택하고 지구를 부탁해를 입력한 후 Ctrl + Enter 로 마무리한다.
③ 옵션 바너 [Character(문자)] 패널에서 레시피코리아체, 70pt, #000000로 설정한다.
④ 레이어 스타일을 적용하기 위해 [Layers(레이어)] 패널 하단의 fx.를 누르고 Stroke(획)를 선택해 값을 변경한다.

> Size(크기) : 2px, Position(위치) : Outside(바깥쪽), Fill Type(칠 유형) : Color(색상), 색상값 : #000000

⑤ 나만의 브러시로 등록하기 위해 [Edit(편집)]-[Define Brush Preset(브러시 사전 설정 정의)]를 눌러 확인 후 (OK)를 누른다.
⑥ [Layers(레이어)] 패널을 선택한 후 하단의 Create a new layer(새 레이어, ➕ , Shift + Ctrl + N)를 클릭해 추가한다.
⑦ Brush Tool(브러시, 🖌)을 누르면 직전에 정의된 브러시가 지정된 것을 확인할 수 있다.
⑧ 그림자를 부드럽게 만들기 위해 [Window(창)]-[Brush Settings(브러시 설정)](F5)를 클릭해 하단의 Spacing(간격)을 1로 설정한다.
⑨ 그림을 참고해 글자 부분을 클릭한 다음 우측 하단의 여백에서 Shift 와 함께 클릭해 연속적인 그림자를 만든다.
⑩ [Layers(레이어)] 패널에서 그림자를 글자 레이어 아래로 이동한 다음 글자의 색을 #cccccc로 변경해 마무리한다.

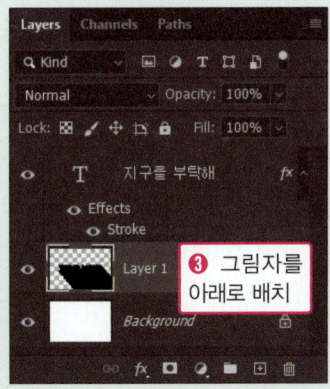

05 Gradient Tool(그레이디언트,)

두 가지 이상의 색을 점진적으로 펼쳐 자연스럽게 혼합하여 채색한다. 미리 설정된 그레이디언트 채우기를 이용하거나 직접 편집해 만들 수 있다.

Classic Gradient(클래식 그레이디언트)

Gradient(그레이디언트)

❶ **Gradient(그레이디언트) CC2023** : 그레이디언트 레이어가 생성되어 별도로 관리할 수 있다. 기존 방식은 Classic Gradient(클래식 그레이디언트)로 선택한다.

❷ **Gradient Editor(그레이디언트 편집)** : 기존 방식과 같이 직접 편집할 수 있다.

❸ **Gradient Preset(그레이디언트 사전 설정)** : 포토샵에서 제공하는 기본 그레이디언트가 색상별로 제공되어 있다.

❹ **Gradient Style(그레이디언트 스타일)**

Linear(선형) Radial(원형) Angle(각진형) Reflected(반사형) Diamond(다이아몬드형)

❺ **Mode(모드)** : 그레이디언트를 적용할 경우 다양한 혼합모드로 독특한 효과를 적용할 수 있다.

❻ **Opacity(불투명도)** : 불투명도를 조절한다. 0~100%까지 설정할 수 있으며 값이 작을수록 투명하게 채색된다.

❼ **Reverse(반전)** : 그레이디언트의 방향을 반대로 적용할 수 있다.

❽ **Dither(디더)** : 그레이디언트의 색의 경계를 부드럽게 처리한다. 기본적으로 체크한다.

❾ **Transparency(투명도)** : 그레이디언트의 투명도를 적용할 수 있도록 설정한다. 기본적으로 체크한다.

❿ **Method(방식) CC2022** : 실제 빛을 육안으로 가장 가깝게 표현하기 위해 더욱 부드럽고 자연스럽게 향상되었다. 기본은 Perceptual(가시 범위)이며 기존 방식은 Classic(클래식)이다.

Perceptual(가시 범위)   Linear(선형)   Classic(클래식)

CHAPTER 06 리터칭과 보정

01 Healing Brush Tool(복구 브러시, J)

피부의 잡티나 주름, 먼지 등을 보정할 때 원본 이미지의 속성을 최대한 유지한 채 보정해 준다. Alt 와 함께 복제하고자 하는 부분을 클릭한 후 잡티 등이 있는 부분에 클릭 또는 드래그로 복제한다.

❶ Brush Options(브러시 옵션) : 브러시의 크기와 부드러움의 정도, 원의 간격 등을 조절할 수 있다.

❷ Source(소스)
  • Sampled(샘플) : Alt +클릭한 부분을 샘플 이미지로 추출해 다른 곳에 복제해 준다.
  • Pattern(패턴) : 선택한 패턴으로 다른 곳에 리터칭된다.

❸ Aligned(정렬) : 해제한 상태에서 복제하면 시작 위치를 기억해 계속 그 지점을 시작점으로 복제해 준다. 만약 체크 후 복제하면 시작 위치를 기준으로 중간에 이어서 복제하더라도 시작 위치부터 상대적인 거리를 유지하며 복제해 준다. 기본은 체크 해제되어 있다.

❹ Sample Mode(샘플 모드) : 현재 레이어에서 샘플 이미지를 추출할 것인지의 여부를 선택한다.

02 보정의 Contexture Task Bar(작업 표시줄) CC2023

보정을 위해 선택영역을 지정한 후

❶ [Select(선택)]−[Modify(수정)]과 같다.

❷ [Select(선택)]−[Inverse(반전)]과 같다.

❸ [Select(선택)]−[Transform Selection(선택영역 반전)]과 같다.

❹ 선택영역을 마스크 처리한다.

❺ [Adjustment(조정)] 패널을 연다.

❻ [Edit(편집)]−[Fill(칠)]과 같다.

❼ 선택을 해제한다.

03 Remove Tool(제거, ,) CC2023

📁 예제₩06_보정01.jpg

CC2023의 신기능으로 특정 영역을 드래그로 지정하면 주변의 내용을 인식해 자연스럽게 지워준다. 영역을 넉넉히 지정해 주어야 주변을 정확히 인식하여 제거해 준다.

Plus@

더욱 빠르게 잡티 등을 제거할 수 있는 기능

선택 관련 툴로 영역을 설정하고 마우스 오른쪽 클릭 후 기존의 Content-Aware Fill(내용 인식 채우기)의 아래 쪽에 새롭게 추가된 Delete and Fill Selection(선택영역 삭제 및 채우기) CC2023를 선택하면 번거롭지 않고 간단하게 제거되는 것을 볼 수 있다. 단, 매끄럽지 않은 것은 추가적인 보정 툴을 사용해야 한다.

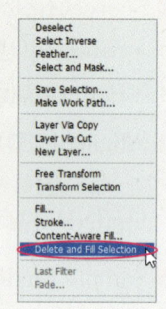

04 Content-Aware Move Tool(내용 인식 이동, , J)

📁 예제₩06_보정02.jpg

이동할 부분을 올가미 툴의 사용법과 같이 드래그하여 선택한 후 안쪽에서 원하는 곳으로 이동한 다음 Enter 를 누르면 자연스럽게 이동시킨다.

05 Clone Stamp Tool(복제 도장,)

Alt 와 함께 클릭한 소스 포인트를 복제하고자 하는 부분에 클릭 또는 드래그로 복제하면 소스 포인트와 똑같은 이미지가 복제된다. 잡티 등을 지우는 경우로도 사용된다.

❶ **Brush Options(브러시 옵션)** : 브러시의 크기와 부드러움의 정도 등을 조절할 수 있다.

❷ **Aligned(정렬)** : 체크한 후 복제하면 시작 위치를 기준으로 중간에 이어서 복제하더라도 시작 위치부터 상대적인 거리를 유지하며 복제해 준다. 기본은 체크되어 있다.

❸ **Sample(샘플)** : All Layers(모든 레이어)를 선택한 경우 모든 레이어에 있는 이미지를 샘플로 지정해 복제할 수 있다. 기본은 Current Layer(현재 레이어)이다.

Warming Up | 선택 브러시 + 생성형 채우기로 목줄 제거(CC2024)

📁 예제\06_보정03.jpg

▲ 준비   ▲ 완성

① 예제 파일을 열어 새 레이어를 추가(Shift + Alt + Ctrl + N)한다.
② Selection Brush Tool(선택 브러시,)을 선택한 후 브러시 크기를 조절하여 그림과 같이 칠한다.

③ [Edit(편집)]-[Generative Fill(생성형 채우기)]을 선택한 후 프롬프트 입력 창이 나오면 입력 없이 [Generate(생성)]를 누른다.
④ [Properties(속성)] 패널에서 원하는 장면을 선택할 수 있다.

⑥ 나머지 목줄도 이웃하는 부분을 Alt +클릭, 복제할 부분 드래그를 반복하여 목줄을 없앤다.

Plus α

Generative Fill(생성형 채우기) 메뉴는 실시간 업데이트가 가능한 개인 사용자에게만 활성화될 수 있다.

06 Pattern Stamp Tool(패턴 도장, 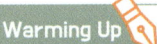)

등록된 패턴을 이용해 드래그하며 채색한다.

Warming Up — 줄무늬 패턴 적용

📁 예제₩06_보정04.jpg

▲ 준비   ▲ 완성

① Pattern(패턴)을 만들기 위해 [File(파일)]-[New(새로 만들기)](Ctrl + N)를 선택하여 아래의 조건으로 설정한 다음 [Create(만들기)]를 누른다.

> 단위 : Pixels, Width(폭) : 50, Height(높이) : 50,
> Resolution(해상도) : 72 Pixels/Inch, Color Mode(색상모드) : RGB,
> Backgound Contents(배경색) : Transparent(투명)

② Rectangular Marquee Tool(사각 선택, ▭)로 그림과 같이 선택영역 설정 후 [Edit(편집)]-[Fill(칠)]을 클릭해 Contents(내용)를 White(흰색)로 선택한 다음 (OK)를 누른다.

 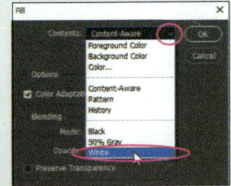

③ Ctrl + D 로 선택영역을 해제한다.

④ 패턴을 정의하기 위해 [Edit(편집)]-[Define Pattern(패턴 정의)]를 눌러 확인 후 (OK)를 누른다.

⑤ 예제 파일을 열어 새 레이어를 추가(Shift + Alt + Ctrl + N)한다.

⑥ Pattern Stamp Tool(패턴 도장, 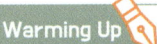)을 선택한 후 옵션 바에서 패턴 선택을 눌러 등록된 패턴을 선택하고 크기를 200px로 설정한 후 원하는 부분에 드래그로 칠한다.

⑦ 레이어의 불투명도를 40%로 설정한다.

 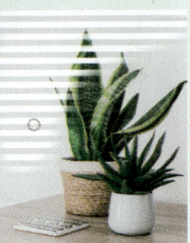

07 리터칭 툴

이미지의 일부분을 흐릿하게, 날카롭게, 밝게, 어둡게 등 부족한 부분을 보정하는 데 손색이 없다. 한 가지 툴로 모두 보정하는 것이 아니라 여러 가지 툴을 이용해 조금씩 보정해야 자연스럽다.

Warming Up Blur · Sharpen · Smudge

📁 예제₩06_보정05.jpg

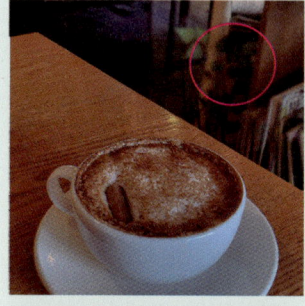

- 뒷배경을 흐리게 하고 싶다면 Blur Tool(흐림 효과,)로 드래그한다.
- [Filter(필터)]-[Blur(흐림)]과 유사

- 찻잔 가장자리 부분을 선명하게 하고 싶다면 Shapen Tool(선명 효과, ▲)로 드래그한다.
- [Filter(필터)]-[Sharpen(선명 효과)]과 유사

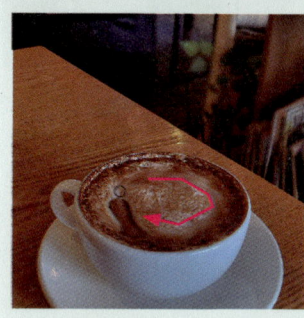

- 거품 부분을 뭉개고 싶다면 Smudge Tool(손가락, 👆)로 드래그한다.

Warming Up — Dodge · Burn · Sponge

📁 예제₩06_보정06.jpg

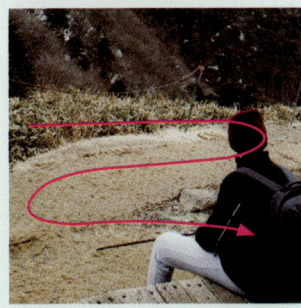

- 일부분만 밝게 하고 싶다면 Dodge Tool(닷지, 🔍)로 드래그한다.

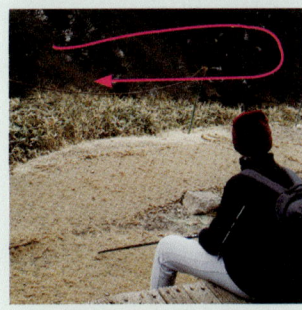

- 뒷배경만 어둡게 하고 싶다면 Burn Tool(번, ✊)로 드래그한다.

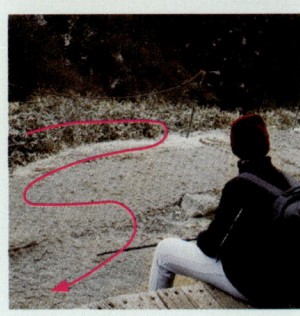

- 흑백으로 만들고 싶다면 Sponge Tool(스폰지, 🧽)로 드래그한다.
  ([Image(이미지)]-[Adjustment(조정)]-[Desaturate(채도 감소)]와 유사)

08 보정메뉴 사용하기, [Image(이미지)]-[Adjustment(조정)] 메뉴

사진의 밝기와 선명도, 채도 등을 보정할 수 있으며 특정 부분의 색만 변경하거나 사진에 독특한 필름의 효과 등을 적용할 수 있는 특수한 보정을 손쉽게 할 수 있다.

보정 관련 단축키

- Auto Tone(자동 톤) Shift + Ctrl + L
- Auto Contrast(자동 대비) Alt + Shift + Ctrl + L
- Auto Color(자동 색상) Shift + Ctrl + B
- Levels(레벨) Ctrl + L
- Curves(곡선) Ctrl + M
- Hue/Satulation(색조/채도) Ctrl + U
- Color Balance(색상 균형) Ctrl + B
- Black & White(흑백) Alt + Shift + Ctrl + B
- Invert(반전) Ctrl + I
- Desaturate(채도 감소) Shift + Ctrl + U

09 Adjustments layer(조정 레이어, ⬤)

[Image(이미지)]−[Adjustment(조정)] 메뉴의 방법과 동일하나 원본 이미지를 유지하며 별도의 레이어가 생성되어 관리할 수 있으므로 언제든지 수정이 용이하다. [Layers(레이어)] 패널 하단의 조정 레이어(⬤) 아이콘을 이용하거나 [Adjustments(조정)] 패널을 이용할 수 있다.

10 Adjustments Presets(조정 사전 설정) CC2023

CC2023의 신기능으로 미리 설정된 다양한 보정 효과를 선보이며 마우스를 올려놓는 것만으로 보정 효과를 미리 볼 수 있다. 전체적인 편집작업을 마친 후반부 작업에 용이하다.

📁 예제₩06_보정07.jpg

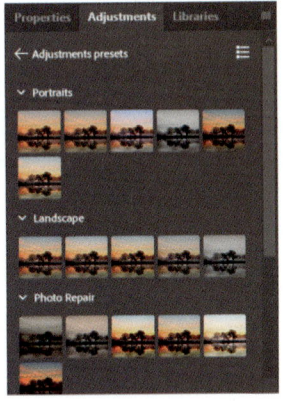

More(더 보기)를 눌러 더 많은 효과를 확인할 수 있다.

▲ 원본   ▲ Creative(창조적인) Color Pop(색상 살리기)   ▲ Creative(창조적인) Cross Process (크로스 프로세스)   ▲ Cinematic(시네마틱) Split Tone(톤 분할)

11 사용 빈도 높은 보정 기능 - Brightness/Contrast(명도/대비)

이미지의 밝기와 선명도를 조절해 깊이 있고 선명한 이미지로 보정할 수 있다.

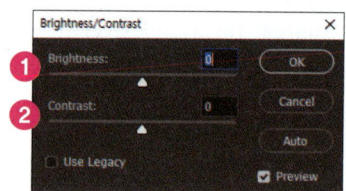

❶ Brightness(명도) : 이미지를 밝고 어둡게 조정한다. -150~+150까지 조정할 수 있다.

❷ Contrast(대비) : 이미지의 선명도를 조정한다. -50~+100까지 조정할 수 있다.

Warming Up Brightness/Contrast를 이용한 이미지 보정

📁 예제₩06_보정08.jpg

[Image]-[Adjustments]-[Brightness/Contrast]로 명도/대비 창을 열고 Brightness(명도) : -20, Contrast(대비) : 80으로 설정한다.

▲ 보정 전   ▲ 보정 후

12 사용 빈도 높은 보정 기능 - Levels(레벨, Ctrl + L)

이미지의 명도와 대비를 조절할 수 있으며 해당 채널별 보정도 가능하다.

❶ Preset(사전 설정) : 사전에 설정된 효과를 적용한다.

❷ Channel(채널) : 작업이 이루어질 채널을 선택한다.

❸ Input Levels(입력 레벨) : '어두운/중간/밝은' 톤의 색상 대비를 조절한다.

❹ Output Levels(출력 레벨) : 전체적인 이미지의 명도(밝기)를 조절한다.

❺ '어두운/중간/밝은' 톤의 스포이드를 이용해 이미지의 해당 톤 부분을 선택하면 선택한 지점을 기준으로 모두 밝게 보정된다(White Point(흰색 점)의 경우).

Warming Up — Levels를 이용한 이미지 보정

📁 예제₩06_보정09.jpg

Ctrl + L 을 눌러 [Levels] 창이 뜨면 표시한 부분의 양 끝을 안쪽으로 조금씩 조절해 보정하거나 White Point(흰색 점)로 가장 밝은 부분을 클릭하고 Black Point(검은 점)로 가장 어두운 부분을 클릭하면 밝고 선명하게 보정된다.

▲ 보정 전　　▲ 보정 후

13 사용 빈도 높은 보정 기능 - Curves(곡선, Ctrl + M)

Levels(레벨)와 유사하며, 선을 위쪽으로 올리면 전체적으로 밝게, 아래로 내리면 전체적으로 어둡게 보정된다.

❶ 곡선/직선을 이용해 보정한다.

❷ '어두운/중간/밝은' 톤을 곡선으로 조절한다.

❸ '어두운/중간/밝은' 톤을 스포이드로 선택해 보정한다.

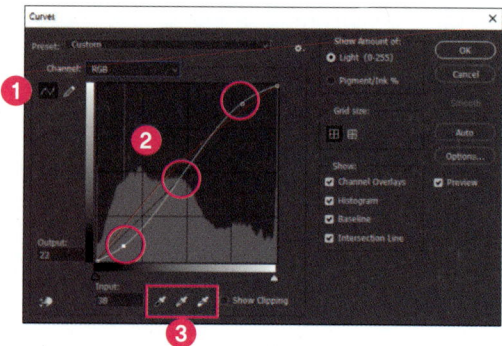

Warming Up Curves를 이용한 이미지 보정

📁 예제\06_보정10.jpg

Ctrl + M 을 눌러 [Curves] 창을 열고, S라인으로 설정한다. 단풍의 붉은 느낌을 조금 더하기 위해 Channel(채널)을 Red로 설정 후 위쪽으로 살짝 올린다.

▲ 보정 전   ▲ 보정 후

Plus α

Curves 설정 시 곡선을 S라인 모양으로 조절하면 밝고 선명하게 보정할 수 있다.

14 사용 빈도 높은 보정 기능 – Hue/Satulation(색조/채도, Ctrl + U) ★

색의 3요소에 해당하는 색상, 명도, 채도를 가장 손쉽게 조절할 수 있는 기능이다.

❶ Preset(사전 설정) : 사전에 설정된 효과들을 적용한다.

❷ Edit(편집) : 조정할 색상 계열을 선택한다.

❸ 클릭한 다음 이미지에서 좌우로 드래그하면 Saturation(채도)을, Ctrl +드래그는 Hue(색상)를 조절할 수 있다.

❹ 색상 슬라이더 : Hue(색상) / Saturation(채도) / Lightness(명도)의 값을 조절한다.

❺ Colorize(색상화) 항목을 체크하면 단색 계열을 보정할 수 있다.

❻ 색상 보정을 아래 레이어에만 적용할 수 있다(클리핑 마스크와 같음).

❼ 이미 적용된 효과를 초기화한다.

Warming Up 컬러풀한 마카롱

📁 예제\06_보정11.jpg

▲ 보정 전

▲ 보정 후

① 준비된 이미지를 열어 분홍색 계열로 보정하기 위해 Quick Selection Tool(빠른 선택,)로 맨 위의 마카롱을 선택한다.

② [Layers(레이어)] 패널 하단의 [Create new fill or adjustment layer(조정 레이어)]( )를 클릭해 [Hue/Saturation(색조/채도)]을 선택한다.

③ Colorize(색상화)에 체크한 후 Hue(색조) : 300, Saturation(채도) : 50으로 값을 변경하고 OK 를 누른다.

④ 두 번째 마카롱을 하늘색 계열로 보정하기 위해 마카롱 레이어를 선택한 후 ②, ③을 참고해 Hue(색조) : 180, Saturation(채도) : 30으로 값을 변경하고 OK 를 누른다.

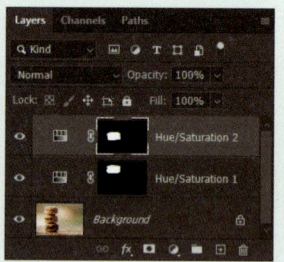

15 사용 빈도 높은 보정 기능 - Color Balance(색상 균형, Ctrl + B)

이미지에서 전체적인 색상을 가감하거나 특정 부분의 색을 강조시킬 때 사용한다.

❶ 슬라이더를 조절하여 색상을 조절한다.

❷ 이미지 톤을 선택한다. 기본은 Midtome(중간톤)이다.

Warming Up ✎ 파란 하늘로 보정

📁 예제\06_보정12.jpg

Ctrl + B 를 누른 후 [Color Balance] 창이 뜨면 파란 하늘로 보정하기 위해 Color Levels : -30, 0, +70으로 설정하고 OK 를 누른다.

▲ 보정 전　　　　　▲ 보정 후

16 사용 빈도 높은 보정 기능 - Black & White(흑백, Alt + Shift + Ctrl + B)

흑백 이미지를 만들 수 있으며 Tint 기능을 이용해 세피아 톤 느낌으로 보정할 수 있다. 또한 특정 채널의 색을 흑과 백으로 만들 수 있어 독특한 보정 효과를 낼 수 있다.

❶ 각 채널별로 조금 더 밝게, 조금 더 어둡게 조절한다.

❷ Tint 옵션으로 Hue(색조)와 Saturation(채도)을 조절한다.

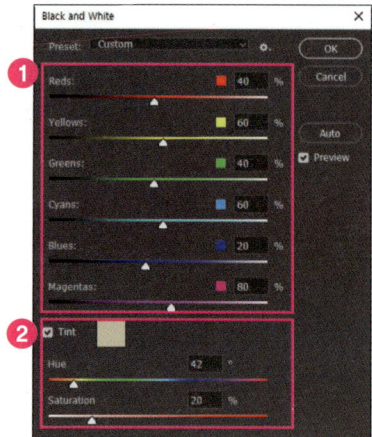

Warming Up — 하늘은 깊이 있게, 다리는 어둡게 보정

예제₩06_보정13.jpg

원본 | Reds(-30), Blues(-30), Tint에 체크, Hue(40) | Reds(-30), Blues(-30), Tint에 체크, Hue(200), Saturation(40)

CHAPTER 07 문자

Type Tool(수평 문자, T)을 선택하여 빈 공간에 클릭, 또는 드래그로 영역을 설정해 입력하면 Lorem ipsum으로 시작하는 샘플 텍스트(CC2019)가 나타난다. Shape(모양)와 마찬가지로 문자는 벡터 기반이므로 별도의 레이어로 분리된다.

01 문자 옵션 바

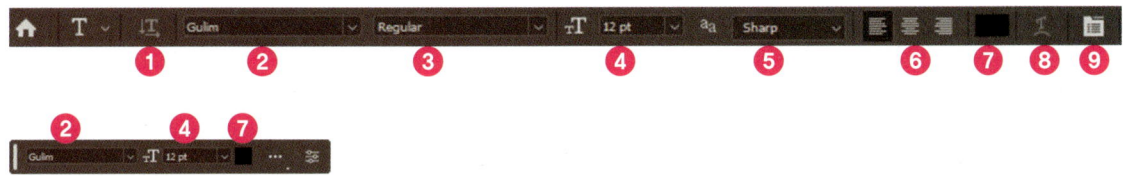

▲ 문자의 Contexture Task Bar(작업 표시줄) CC2023

❶ Change the Text Orientation(텍스트 방향) : 가로쓰기/세로쓰기 설정을 변경한다.
❷ Font Family(글꼴) : 문자의 종류를 변경할 수 있다.
❸ Font Style(글꼴 스타일) : 주로 영문 글꼴에 Regular, Italic, Bold 등의 스타일을 지원한다.
❹ Font Size(글꼴 크기) : 문자의 크기를 변경한다.
❺ Anti-aliasing(앤티 앨리어싱) : 문자의 외곽선 처리 방법을 설정한다.
❻ Align(정렬) : 문자의 정렬 방식을 설정한다.
❼ Font Color(글꼴 색) : 문자의 색을 설정한다.
❽ Create warped text(뒤틀어진 텍스트 만들기) : 원하는 스타일을 선택해 구부리거나 왜곡시켜 변형한다.
❾ Character and Paragraph panel(문자와 단락 패널) : [Character(문자)]와 [Paragraph(단락)] 패널을 열어 크기, 줄 간격, 자간, 정렬 등 다양한 옵션을 설정한다.

> **Plus @**
>
> Lorem ipsum은 CC2019부터 디자인적 관점에서 시각적 연출을 위한 의미 없는 텍스트로 여러 가지 디자인 요소들을 적용해 결과를 빠르게 예측하기 유용하다.
>
> 만약 나타나지 않게 하려면 [Edit(편집)]-[Preferences(속성)](Ctrl+K)를 선택한 후 [Type(문자)] 탭의 Fill new type layers with placeholder text(자리 표시자 텍스트로 새로운 문자 레이어 채우기)에 체크 해제한다.

02 Character and Paragraph Panel(문자와 단락 패널)

❶ Font Family(글꼴)
❷ Font Style(글꼴 스타일)
❸ Font Size(글꼴 크기)
❹ Leading(행간) : 행과 행 사이의 간격을 설정한다.
❺ Kerning(커닝) : 커서 앞의 문자와의 간격을 세밀하게 설정한다.
❻ Tracking(자간) : 문자와 문자 사이의 간격을 설정한다.
❼ Vertical Scale(세로 비율) : 문자의 세로 길이를 설정한다.
❽ Horizontal Scale(가로 비율) : 문자의 가로 길이를 설정한다.
❾ Baseline Shift(기준선 설정) : 주로 첨자를 만들 때 사용한다.
❿ Font Color(글꼴 색) : 글자 색을 설정한다.
⓫ 진하게, 기울기, 모두 대문자 등의 속성을 설정한다.
⓬ Open Type 글꼴의 추가 옵션을 설정한다.
⓭ 하이픈과 맞춤법 선택을 위한 언어를 설정한다.

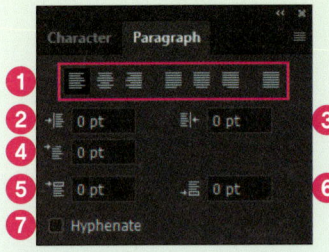

❶ Align(정렬) : 클릭해서 입력한 경우는 문자의 시작 위치가 기준이며, 드래그로 영역을 설정해 입력한 경우는 영역 자체가 기준이다.
❷ Left Margin(왼쪽 여백) : 왼쪽 여백을 의미한다.
❸ Right Margin(오른쪽 여백) : 오른쪽 여백을 의미한다.
❹ First Line(첫 줄 들여쓰기) : 영역을 지정하여 입력한 문자에서의 첫 줄 들여쓰기를 의미한다.
❺ Add Space Before Paragraph(단락 위쪽 여백) : 영역을 지정하여 입력한 문자에서의 단락 위쪽 여백을 의미한다.
❻ Add Space After Paragraph(단락 아래쪽 여백) : 영역을 지정하여 입력한 문자에서의 단락 위쪽 여백을 의미한다.
❼ Hyphenate(하이픈 넣기) : 긴 영어 단어에서의 줄바꿈 시 하이픈 표시 여부를 설정한다.

Plus α

영문(Gulim)으로 보이는 한글 글꼴을 한글(굴림)로 변경하는 방법
[Edit(편집)]-[Preferences(속성)](Ctrl + K)를 선택한 후 [Type(문자)] 탭의 Show Font Names in English(글꼴 이름을 영어로 표시)에 체크 해제한다.

단축키
- 행간 : 블록 설정 후 Alt + ↑ ↓ 5pt씩 증가/감소 Alt + Ctrl + ↑ ↓
- 자간 : 블록 설정 후 Alt + ← → 100씩 증가/감소 Alt + Ctrl + ← →
- 커닝 : 커서 위치에서 Alt + ← → 100씩 증가/감소 Alt + Ctrl + ← →
- 굵게 : Shift + Ctrl + B
- 밑줄 : Shift + Ctrl + U
- 기울임 : Shift + Ctrl + I

Warming Up 문자 입력하고 속성 변경하기

📁 예제₩07_문자01.jpg, 07_문자01(완성).psd

▲ 준비

▲ 완성

① 준비된 이미지를 열고, 제목을 입력하기 위해 Type Tool(수평 문자, T)을 선택한다. 빈 공간을 클릭한 후 치유가 되는 Healing Oil을 입력하고 Ctrl + Enter 를 눌러 완료한다.

② [Character(문자)] 패널이나 [Properties(속성)] 패널에서 G마켓 산스체, Medium, #333333, 48pt, 왼쪽 정렬로 설정한다.

③ 내용에 자연 유래 성분을 담다. 피부를 매끄럽고 탄력있게 지금 바로 경험해 보세요!를 입력한 후 제목을 참조하여 G마켓 산스체, Light, 36pt으로 설정한다.

④ 해당 부분만 드래그하여 다음과 같이 수정한다.

- 자연 유래 성분 : Gmarket Sans, Medium
- 매끄럽고 탄력있게 : Gmarket Sans, Medium
- 경험 : Gmarket Sans, Medium, 40pt, #cc0000
- 전체 Leading(행간) : 50pt
- 전체 Tracking(자간) : -25
- ※ Gmarket Sans 무료 폰트 사용 : https://corp.gmarket.com/fonts/

Plus@

[Character(문자)] 패널의 설정값을 초기화시키려면 [Window(창)]-[Character(문자)] 패널을 열고 우측 상단의 메뉴(≡)를 클릭한 후 Reset Character(문자 재설정)를 클릭한다.

03 Warped Text(텍스트 뒤틀기) 대화상자

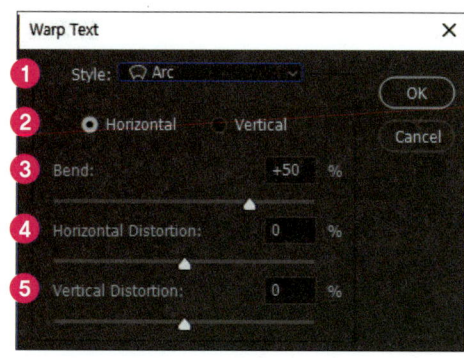

❶ Style(스타일) : Arc, Flag 등 다양한 뒤틀기 스타일을 선택한다.

❷ Horizontal(가로)/Vertical(세로) : 구부릴 방향을 선택한다.

❸ Bend(구부리기) : 휘어짐의 정도를 조절한다(-100~+100).

❹ Horizontal Distortion(가로 왜곡) : 가로 기준의 왜곡 값을 설정한다(-100~+100).

❺ Vertical Distortion(세로 왜곡) : 세로 기준의 왜곡 값을 설정한다(-100~+100).

Warming Up

📁 예제₩07_문자02.jpg, 07_문자02(완성).psd

▲ 준비   ▲ 완성

① 준비된 이미지를 열고 Type Tool(수평 문자, T)로 다양해진을 입력한다.
② [Character(문자)] 패널이나 [Properties(속성)] 패널에서 입력한 문자에 땅스부대찌개체, Medium, 60pt, #cc3399를 설정한다(무료 폰트 사용 : https://tsbudae.com/brand/).
③ Create Warped Text(뒤틀어진 텍스트 만들기, 🅣) 값을 변경한다.
　Style(스타일) : Arc Upper(위 부채꼴), Bend(구부리기) : +50%
④ Move Tool(이동, ✣)로 Alt 와 함께 드래그하여 복제한다.
⑤ 텍스트 레이어(T)를 더블클릭한 후 추가혜택을 입력한다.
⑥ Create Warped Text(뒤틀어진 텍스트 만들기, 🅣) 값을 변경한다.
　Style(스타일) : Arc Lower(아래 부채꼴), Bend(구부리기) : +50%
⑦ Type Tool(수평 문자, T)로 서프라이즈 세일 이벤트를 입력한다.
　땅스부대찌개체, Medium, 26pt, #006699
⑧ Create Warped Text(뒤틀어진 텍스트 만들기, 🅣) 값을 변경한다.
　Style(스타일) : Flag(깃발), Bend(구부리기) : +40%
⑨ Ctrl + T 로 회전/위치를 조절하고 Enter 를 눌러 마무리한다.

04 Warped Text(텍스트 뒤틀기) 유형 알아보기

- Arc(부채꼴)
- Arc Lower(아래 부채꼴)
- Arc Upper(위 부채꼴)
- Arch(아치)
- Bulge(돌출)
- Shell Lower(아래가 넓은 조개)
- Shell Upper(위가 넓은 조개)
- Flag(깃발)
- Wave(파도)
- Fish(물고기)
- Rise(상승)
- FishEye(물고기 눈 모양)
- Inflate(부풀리기)
- Squeeze(양쪽 누르기)
- Twist(비틀기)

CHAPTER 08 레이어

01 레이어란

투명한 셀로판지에 그려진 이미지들을 모두 포개어 위에서 보았을 때 하나의 이미지처럼 겹쳐놓은 층을 나타내는 포토샵의 대표기능이다. 대부분의 오류 해결은 레이어에서부터 출발한다고 해도 과언이 아니기 때문에 꼼꼼하게 기능을 익히는 것이 중요하다.

📁 예제₩08_레이어01.psd

❶ Filter Layers by Type(유형별 레이어 필터) : 유형(픽셀, 보정, 문자 등)별로 필터링해 보여준다.

❷ Blending Mode(혼합모드) : 하위 레이어와의 다양한 혼합모드로 독특한 효과를 나타낸다.

❸ Lock(잠금) : 선택 레이어의 투명 영역, 브러시, 위치, 아트보드, 모두 잠금을 선택할 수 있다.

❹ Opacity(불투명도) : 선택 레이어의 투명도를 조절한다.

❺ Fill(채우기) : 레이어 스타일의 속성은 그대로 남겨둔 채 레이어의 투명도를 조절한다.

❻ Layer Visibility(가시성) : 감추고 싶은 레이어의 눈 아이콘을 선택한다.

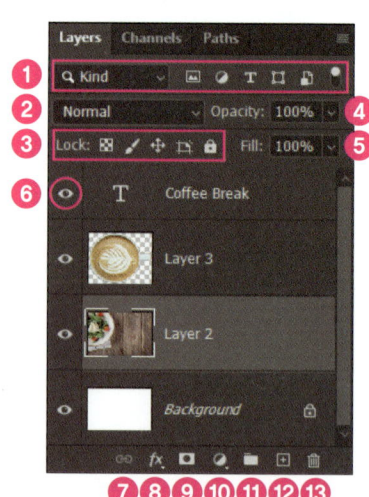

❼ Link Layers(링크) : 두 개 이상의 레이어를 연결한다. Ctrl 은 비연속적, Shift 는 연속된 레이어를 선택한다.

❽ Layer Style(레이어 스타일) : 그림자, 획, 외부 광선 등 다양한 스타일을 제공한다.

❾ Layer Mask(레이어 마스크) : 해당 레이어 또는 선택영역만 흑(숨김)과 백(보임)의 마스크로 관리할 수 있다.

❿ Adjustment Layer(보정 레이어) : 색상, 명도, 채도를 별도의 레이어로 보정할 수 있다.

⓫ New Group(새 그룹) : 레이어를 폴더별로 관리하고 싶을 때 사용한다.

⓬ New Layer(레이어 추가) : 투명한 새 레이어를 생성한다.

⓭ Delect(삭제) : 선택 레이어를 삭제한다.

※ 대부분의 기능들이 [Layer(레이어)] 메뉴에 포함되어 있다.

Plus@
레이어의 다양한 복제 방법
- 방법 1 : 복제하고 싶은 레이어에서 마우스 오른쪽 클릭 후 'Duplicate Layer(레이어 복제)'를 선택한다.
- 방법 2 : 복제하고 싶은 레이어를 ⓬의 'Create a New Layer(새 레이어 생성)'로 드래그해 복제한다.
- 방법 3 : 이동 툴을 선택한 후 복제하고 싶은 레이어를 Alt 와 함께 드래그한다.
- 방법 4 : 복제하고 싶은 레이어를 선택한 후 Ctrl + J 를 누른다.

02 작업 중 레이어의 다양한 유형

❶ 문자 레이어로 Create Warped Text(뒤틀어진 텍스트 만들기)가 설정된 모습이다.

❷ Clipping Mask(클리핑 마스크) : 하위 레이어의 모양만큼만 보이게 하는 기능으로 똑같은 틀에 원하는 이미지들을 넣을 때 유용하다.

❸ Shape(모양) 레이어가 삽입된 모습이다.

❹ 하위 레이어의 모양만큼만 Adjustment Layer(보정 레이어)가 적용된 모습이다.

❺ Layer Style(레이어 스타일)이 적용된 모습이다. Effects(효과)에서 확인할 수 있다.

❻ Smart Object(고급 개체) : 원본 이미지를 별도로 관리해 해상도에 지장 없이 편집할 수 있다. 해당 레이어에서 마우스 오른쪽 클릭해 만들 수 있다.

❼ Layer Mask(레이어 마스크)가 적용된 모습으로 검은색 부분만큼만 화면에서 가려진다.

Plus α

해당 레이어 섬네일에서 마우스 오른쪽 클릭해 두 가지 유형으로 나타낼 수 있다.

- Clip Thumbnails to Layer Bounds(레이어 경계에 축소판 클립)

- Clip Thumbnails to Document Bounds(문서 경계에 축소판 클릭)

그 외 섬네일의 크기(Medium)와 레이어의 색을 변경할 수 있다.

03 Layer Style(레이어 스타일)

📁 예제₩08_레이어스타일01.psd

이미지, 텍스트, 모양 등의 레이어에 그림자, 선, 그레이디언트, 패턴 등의 다양한 스타일을 적용할 수 있다. 적용된 레이어는 우측의 fx로 표시되며 하위에 레이어 스타일이 나열되어 수정이 용이하고 별도로 관리할 수 있다.

1 레이어 스타일 적용 방법

- 방법 1 : 해당 레이어 우측의 회색 부분을 더블클릭한다.
- 방법 2 : [Layers(레이어)] 패널 하단의 fx 를 클릭해 해당 스타일을 선택한다.
- 방법 3 : [Layers(레이어)] 메뉴-[Layer Style(레이어 스타일)]을 클릭해 해당 스타일을 선택한다.

2 레이어 스타일 - 수정, 복제, 삭제

- 수정 1 : 수정하고 싶은 레이어 스타일 이름을 더블클릭한다.
- 복제 2 : 먼저 Alt 를 누른 상태에서 fx 를 복제 대상 레이어에 드래그한다. 특정 레이어 스타일만 이름 부분을 Alt 와 함께 복제할 수도 있다.
- 삭제 3 : fx 를 🗑 로 드래그한다.

CHAPTER 08 레이어

레이어 관련 단축키
- 복제 `Ctrl` + `J`
- 그룹 `Ctrl` + `G`
- 그룹 해제 `Ctrl` + `Shift` + `G`
- 한 단계 아래로 `Ctrl` + `[`
- 한 단계 위로 `Ctrl` + `]`
- 맨 아래로 `Shift` + `Ctrl` + `[`
- 맨 위로 `Shift` + `Ctrl` + `]`
- 병합 `Ctrl` + `E`
- 보이는 레이어 병합 `Shift` + `Ctrl` + `E`
- 빈 레이어 추가 `Shift` + `Alt` + `Ctrl` + `N`

3 Layer Style(레이어 스타일) 대화상자

❶ 사전 설정된 레이어 스타일을 적용할 수 있다. [Window(윈도우)]-[Style(스타일)] 메뉴와 동일하다.

❷ 원하는 레이어 스타일을 선택한다.

❸ 다양한 옵션값을 조정한다.

❹ 레이어 스타일을 중복 적용(CC2015)할 수 있어 이중 테두리 효과를 손쉽게 표현할 수 있다(이하 버전에서는 레이어를 복제해 효과를 적용하였음).

❺ 레이어 스타일을 삭제한다.

❻ 잘못 삭제된 레이어 스타일을 Reset to Default List(기본 목록으로 재설정)을 선택해 초기화할 수 있으며 레이어 스타일의 순서도 변경할 수 있다.

❼ Make Default(기본값 설정) : 현재의 설정을 기본값으로 저장한다.

❽ Reset to Default(기본값으로 재설정) : 기본값으로 복원해준다.

> **Plus @**
>
> 배경이나 잠겨 있는 레이어에는 레이어 스타일을 적용할 수 없다.

> **Plus @**
>
> Bevel & Emboss(경사와 엠보스), Inner Shadow(내부 그림자), Drop Shadow(그림자 효과)는 모든 레이어 효과에 사용할 수 있도록 하나의 '마스터' 조명 각도로 설정되어 있다. 해당 레이어에만 효과를 적용하고 싶다면 Use Global Light(전체 조명 사용)을 해제한 후 적용한다.

4 Layer Style(레이어 스타일) 적용 예

Bevel & Emboss(경사와 엠보스)
입체효과를 주며 기본 스타일은 Inner Bevel(내부 경사)이다. Pillow Bevel(쿠션 엠보스)이 출제된 적이 있다.

Stroke(획)
외곽선을 설정해 주며 유형은 선, 그레이디언트, 패턴이 있다. Position이 Inside로 되어 있어 반드시 Outside로 수정하고 작업해야 한다.

Inner Shadow(내부 그림자)
가장자리 안쪽에 내부 그림자를 설정해 주며 효과가 약하게 나타날 경우 Opacity(불투명도) 등을 조절한다.

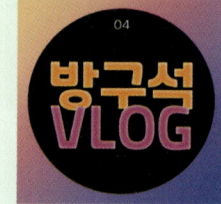

Inner Glow(내부 광선)
내부 광선 효과로 간혹 적용이 안 된다면 Blend Mode(합성 모드)가 'Screen(스크린)'인지 확인한다.

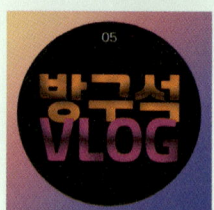

Satin(광택 내기)
메탈 느낌의 매끈한 윤이 나는 광택 효과로 Contour(윤곽선)을 조정해 효과를 수정한다.

Color Overlay(색상 오버레이)
기존 색은 그대로 유지한 채 다른 색을 적용할 때 유용하다.

Gradient Overlay(그레이디언트 오버레이)
기존 색은 그대로 유지한 채 그레이디언트를 적용하며 다른 오버레이 스타일과 동시에 적용할 수 없다.

Pattern Overlay(패턴 오버레이)
사전 정의된 패턴을 적용할 수 있다. 패턴의 각도와 비율 조정이 가능하다.

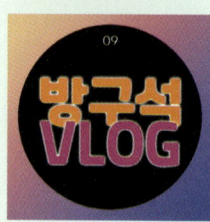

Outer Glow(외부 광선)
외부 광선의 효과로 간혹 적용이 안 된다면 Blend Mode(합성 모드)가 'Screen(스크린)'인지 확인한다.

Drop Shadow(그림자 효과)
그림자 효과를 적용하며 그림자의 색도 변경할 수 있다.

Warming Up 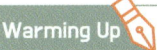 따로 또 같이

📁 예제₩08_레이어스타일02.jpg, 08_레이어스타일02(완성).psd

▲ 준비

▲ 완성

① '08_레이어스타일02.jpg'를 열고 Quick Selection(빠른 선택,) Tool로 선택영역을 지정한다.
② 거친 가장자리를 매끄럽게 하기 위해 [Selete(선택)]-[Modify(수정)]-[Smooth(부드럽게)]를 선택해 7px 정도 값을 준다.
③ Ctrl + J 를 눌러 복제한다.
④ [Layers(레이어)] 패널 하단의 fx 를 눌러 Stroke(획)를 선택한 후 값을 변경한다.
Size(크기) : 7px, Position(위치) : Outside(바깥쪽), Fill Type(칠 유형) : Color(색상), 색상값 : #ffffff
⑤ Drop Shadow(그림자 효과)를 선택해 적용하고 OK 를 누른다.
Opacity(불투명도) : 70%, Distance(거리) : 0px, Spread(스프레드) : 0%, Size(크기) : 30px
⑥ Type Tool(수평 문자, T)로 충실한 집사가 되실 준비 되었나요!를 입력하고 [Character(문자)] 패널이나 [Properties(속성)] 패널에서 다음과 같이 설정한다.
나눔스퀘어네오체, Bold, 65pt, #993366
⑦ Create warped text(뒤틀어진 텍스트 만들기, T) 값을 변경한다.
Style(스타일) : Flag(깃발), Bend(구부리기) : +50%, Horizontal Distortion(가로 왜곡) : +30%
⑧ [Layers(레이어)] 패널 하단의 fx 를 눌러 Stroke(획)를 선택한 후 값을 변경한다. Size(크기) : 3px, Position(위치) : Outside(바깥쪽), Fill Type(칠 유형) : Color(색상), 색상값 : #ffffff
⑨ 나머지 텍스트도 알맞게 입력하여 배치한다(무료 폰트 사용 : https://hangeul.naver.com/font/).

5 Blend Mode(혼합모드) 📁 예제₩08_블랜딩모드.psd

하위 레이어와의 다양한 혼합모드로 독특한 효과를 적용할 수 있다. 표현이 강할 경우 Opacity(불투명도) 값을 함께 조절하면 효과적으로 사용할 수 있다.

적용 전

적용 후

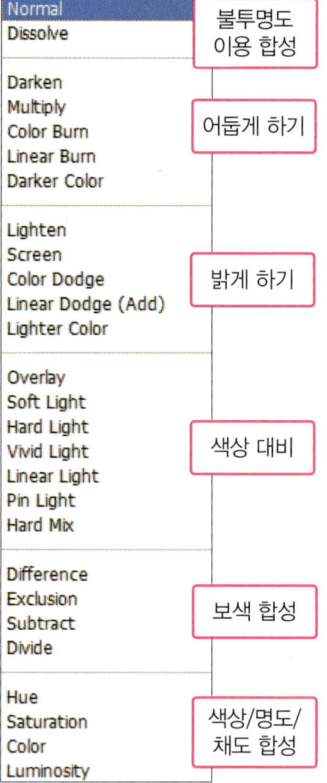

(각 레이어에 알맞은 혼합모드 적용)

❶ Dissolve(디졸브) 모드

Opacity(불투명도) 값을 조정해 거칠게 표현하는 합성 방식으로 노이즈 효과에 적합하다.

❷ Darken(어둡게) 모드

두 레이어 중 어두운 부분을 더욱 강조하여 합성하는 방식이다.

❸ Multiply(곱하기) 모드 ★

두 레이어의 색상을 곱하는 방식으로 합성하며 밝은색은 투명하게 처리하여 전체적으로 농도 짙은 어두운 이미지로 표현된다. 100% 흰색은 투명하게 해 준다.

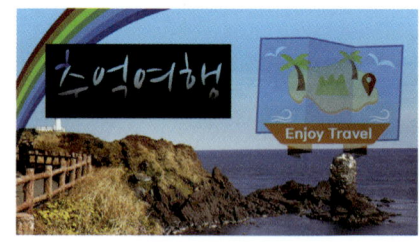

❹ Color Burn(색상 번) 모드

Multiply(곱하기)보다 어둡게 합성되며 Color Dodge(컬러 닷지)의 반대되는 합성 모드로 하위 레이어가 번 툴을 적용한 듯 상위 레이어의 색상을 어둡게 만들어 준다.

❺ **Linear Burn(선형 번) 모드**
　두 레이어 중 더 어두운 부분을 표현해 주는 합성 방식으로 Color Burn(컬러 번)보다 어둡게 표현한다.

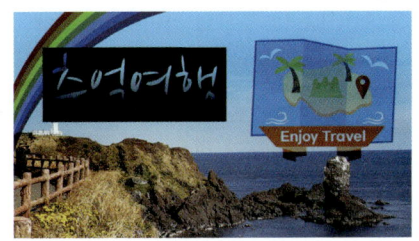

❻ **Lighten(밝게) 모드**
　두 레이어 중 밝은 부분만 표현해 주는 합성 방식이다.

❼ **Screen(스크린) 모드 ★**
　Multiply(곱하기)의 반대 개념으로 색상이 겹치는 부분은 전체적으로 밝은 효과를 나타내며 100% 검은색은 투명하게 해준다.

원본 레이어 복제(Ctrl + J)　　복제된 레이어에 Gaussian Blur(가우시안 흐림)(3) 필터 적용　　Screen(스크린) 모드 적용

❽ **Color Dodge(색상 닷지) 모드**
　상위 레이어의 색상을 밝게 만든다. 닷지 툴의 특성과 동일하게 이미지의 명도를 점점 밝게 해준다.

❾ **Linear Dodge(리니어 닷지) 모드**
　검정색 부분은 변하지 않고 주변 색이 점점 밝아지는 방식의 합성이다.

❿ **Overlay(오버레이) 모드 ★**
　Screen + Multiply 모드를 합해 레이어의 색상을 합성한다. 상위 레이어의 가장 어두운 부분과 밝은 부분은 유지한 채 레이어가 합성된다. 명암 대비가 큰 이미지 제작에 효과적이다.

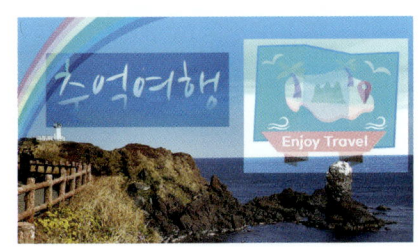

⓫ Soft Light(소프트 라이트) 모드 ★
회색을 기준으로 밝은 영역은 더 밝게, 어두운 영역은 더 어둡게 합성해 준다. 전체적으로 흐릿하게 보이고 Overlay(오버레이) 보다 약하게 적용되어 보인다.

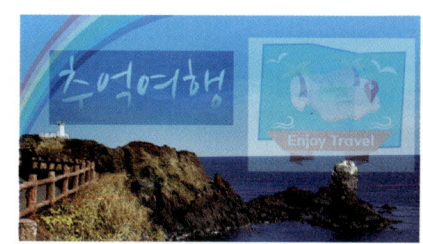

⓬ Hard Light(하드 라이트) 모드
Screen + Multiply 모드를 합하여 합성하나 더욱 강렬한 색상으로 변화된다. 그림자를 띈 이미지 제작 시 효과적이다.

Warming Up 색을 단순화 한 웹툰 효과(혼합모드 + 필터)

예제\08_블랜딩모드02.jpg

원본 레이어 복제(Ctrl + J) | 복제된 레이어에 Cutout(오려내기)과 Poster Edges(포스터 가장자리) 필터 적용 | Hard Light(하드 라이트) 모드 적용, Opacity(불투명도) 적절히 조정

⓭ Vivid Light(선명한 라이트) 모드
명도차를 이용한 대비를 조절해 더욱 선명한 효과를 줄 수 있다.

Warming Up 테두리 강조하며 대비를 높게(혼합모드 + 필터)

예제\08_블랜딩모드02.jpg

원본 레이어 복제(Ctrl + J) | 복제된 레이어에 Poster Edges(포스터 가장자리) 필터 적용 | Vivid Light(선명한 라이트) 모드 적용

⓮ Linear Light(선형 라이트) 모드
밝기를 조절하는 합성 모드이다.

⓯ Pin Light(핀 라이트) 모드
혼합 색상에 따라 색상을 합성하며 특수효과 추가에 사용한다.

⓰ Hard Mix(하드 혼합) 모드
빨강, 파랑, 녹색, 노랑, 흑/백의 색으로만 표현하는 강한 대비의 이미지 합성에 효과적이다.

⓱ Difference(차이) 모드
두 레이어를 비교해 밝은 부분은 보색으로 합성되어 반전효과에 사용된다. 흰색이 아닌 영역은 상위 레이어에서 하위 레이어 색상을 빼는 방식으로 합성해 준다.

⓲ Exclusion(제외) 모드
Difference 모드와 비슷하며 대비차가 작고 부드럽게 합성되어 반전 효과에 사용된다.

⓳ Divede(나누기) 모드
위 레이어의 이미지의 명도를 반전시켜서 하단의 이미지와 혼합하며 흰색은 숨긴다.

⓴ Hue(색조) 모드
두 레이어 간의 밝은 쪽의 채도가 적용되어 합성된다.

㉑ Saturation(채도) 모드
하위 레이어의 채도/명도를 사용하고 상위 레이어의 채도를 이용해 두 레이어를 합성해 준다. 채도 값이 0인 경우 흑백 이미지가 표현된다.

㉒ Color(색상) 모드
하위 레이어의 명도를 사용하고 상위 레이어의 색상/채도를 이용해 합성한다. 상위 레이어가 흑백 이미지이고 하위 레이어가 컬러일 때 적용하면 효과적이다.

Warming Up 이미지를 듀오톤 모드로(혼합모드 + 단색)

원본 레이어 위에 새 레이어 추가
(Shift + Alt + Ctrl + N)

전경색에 파란색 계열 색상 추가
(예) #0066cc)

Color(색상) 모드 적용

㉓ Luminosity(광도) 모드
Color(색상) 모드의 반대 효과로 하위 레이어의 배경색이 합성된다.

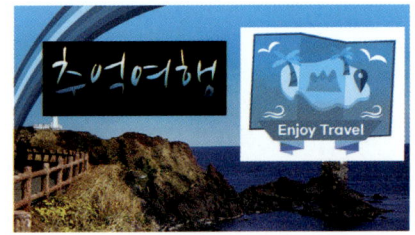

6 Layer Mask(레이어 마스크)

원본 레이어에 손상 없이 마스크를 적용해 일부분을 가려 합성하는 기법을 말하며, [Layers(레이어)] 패널 하단의 ◉를 클릭하면 원본 레이어에 흰색 마스크가 적용된다. 마스크의 색은 검은색으로 칠해진 부분은 감추고 흰색으로 칠해진 부분은 보이게 된다. 자연스러운 합성을 위해 흑과 백으로 이루어진 그레이디언트를 적용하기도 한다.

Warming Up 선의 일부분만 감추기

📁 예제₩08_레이어마스크.jpg, 08_레이어마스크(완성).psd

▲ 준비   ▲ 완성

① '08_레이어마스크.jpg'를 열고 [Rulers(눈금자)] Ctrl + R)를 나타낸 후 눈금자에서 드래그하여 가이드를 가로/세로 중간으로 맞춘다.

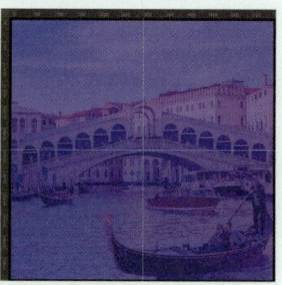

② 그림과 같이 텍스트를 입력한다.
- 가고 싶은 여행지 1위 : 나눔고딕체, 30pt, 가운데 정렬, #ffffff
- #이탈리아 #안심자유여행 : 나눔고딕체, 30pt, 가운데 정렬, #ffffff
- 인생여행 이탈리아 가이드북 : 레시피코리아체, 95pt, 가운데 정렬, #ffffff, #ffcc66

③ Rectangular Marquee Tool(사각 선택, [::])로 가이드 중심에서부터 Alt + Shift 와 함께 드래그해 선택영역을 설정하고 [Layers(레이어)] 패널 하단의 ⊞를 클릭해 새 레이어를 추가한다.

④ [Edit(편집)]-[Stroke(획)]를 선택해 5pt, #ffffff으로 변경한 후 (OK)를 누른다.
⑤ Ctrl + D 를 눌러 선택을 해제한다.

⑥ [Layers(레이어)] 패널 하단의 를 클릭한다.

⑦ Rectangular Marquee Tool(사각 선택,)로 Alt 와 함께 세로 가이드 중심에서 드래그해 선택영역을 설정한다.

⑧ 전경색 ■을 클릭해 #000000으로 입력한 뒤 Alt + Delete 한다.
⑨ Ctrl + D 로 선택을 해제한다.

⑩ 나머지도 이와 같이 완성한다.
⑪ 가이드 라인을 숨기기 위해 Ctrl + ; 을 누른다.

Plus @

Layer Mask(레이어 마스크)를 없애고 싶다면 레이어 마스크를 휴지통으로 드래그한다.
메시지가 나타나면 Delete(삭제)를 누른다. 만약 Apply(적용)를 누르면 지우개로 지운 것과 같은 결과가 나타나 수정이 어렵다.

CHAPTER 08 레이어

7 Clipping Mask(클리핑 마스크)

크기가 같은 사각형이나 원 모양, 또는 글자에 이미지 등을 채우는 기능으로 쇼핑몰의 상세페이지 제작 시 상품 배치를 위해 실무에서 많이 사용한다.

❶ 클리핑 마스크 적용 방법

- 방법 1 : 이미지 레이어에서 마우스 오른쪽 클릭해 'Create Clipping Mask(클리핑 마스크 만들기)'를 누른다.
- 방법 2 : [Layers(레이어)]-[Create Clipping Mask(클리핑 마스크 만들기)](Alt + Ctrl + G)를 선택한다.
- 방법 3 : [Layers(레이어)] 패널의 두 레이어 경계에서 Alt +클릭한다.

❷ 클리핑 마스크 해제 방법

- 방법 1 : 이미지 레이어에서 마우스 오른쪽 클릭 후 'Release Clipping Mask(클리핑 마스크 해제)'를 누른다.
- 방법 2 : [Layers(레이어)]-[Release Clipping Mask(클리핑 마스크 해제)]를 선택한다.
- 방법 3 : [Layers(레이어)] 패널의 두 레이어 경계에서 Alt +클릭한다.

Warming Up 모양을 병합해 클리핑 마스크

예제₩08_클리핑01.jpg, 08_클리핑01(완성).psd

▲ 완성

① [File(파일)]-[New(새로 만들기)](Ctrl + N)를 선택하고 600×800px, 72ppi로 설정한 후 [Create(만들기)]를 누른다.
② [Edit(편집)]-[Fill(칠)]을 클릭해 Contents를 Color(색상)로 선택하고 #663300으로 채운 후 (OK)를 눌러 창을 닫는다.
③ Ellipse Tool(타원, ⬤)을 선택하고 옵션 바에서 Pick Tool Mode(선택 도구 모드) : Shape(모양), Stroke(획) : 색상 없음(⬜)으로 설정한 후 그린다.
④ Ctrl + T 로 회전한 다음 Enter 를 누른다.

⑤ Move Tool(이동, ✥)로 Alt 와 함께 아래로 2번 복제한다.

⑥ 하나로 병합하기 위해 Shift 와 함께 세 개의 모양을 선택한 후 Ctrl + E 를 눌러 하나의 모양으로 병합한다.

⑦ '08_클리핑01.jpg'를 열어 Ctrl + A 로 전체 선택하고 Ctrl + C 로 복사한 후 작업파일에 Ctrl + V 로 붙여넣기 한다.
⑧ Ctrl + T 로 크기/위치를 조절한다.
⑨ 클리핑 마스크를 적용하기 위해 [Layers(레이어)] 패널의 두 레이어 경계에서 Alt + 클릭해 Clipping Mask(클리핑 마스크)(Alt + Ctrl + G)를 적용한다.

CHAPTER 08 레이어 **97**

텍스트에 클리핑 마스크

📁 예제₩08_클리핑02.jpg, 08_클리핑02(완성).psd

▲ 완성

① [File(파일)]-[New(새로 만들기)](Ctrl + N)를 선택하고 600×600px, 72ppi로 설정한 후 [Create(만들기)]를 누른다.
② Background color(배경색, ▪)를 클릭한 후 #6699cc로 설정하고 Ctrl + Delete 로 색을 채운다.
③ Type Tool(수평 문자, T)을 선택하고 빈 공간을 클릭한 후 꿈을 입력하고 Ctrl + Enter 을 눌러 완료한다.
④ [Character(문자)] 패널이나 [Properties(속성)] 패널에서 다음과 같이 설정한다(무료 폰트 사용 : https://www.pc.go.kr/portal/intro/intro-summary/pcFont).
평창 평화체, Bold, 650pt
⑤ '예제₩08_클리핑02.jpg'를 열고 Ctrl + A 로 전체 선택한 후 Ctrl + C 로 복사하고 작업파일에 Ctrl + V 로 붙여넣기 한다.
⑥ 필터의 수정이 용이하게 레이어에서 마우스 오른쪽 클릭 후 Convert to Smart Object(고급 개체로 변환)를 누른다(시험에서는 생략 가능).
⑦ Ctrl + T 로 크기/위치를 조절한다.
⑧ [Filter(필터)]-[Noise(노이즈)]-[Add Noise(노이즈 추가)]를 클릭해 Amount(양) 7%, Monochromatic(단색)에 체크한 후 OK 를 누른다.
⑨ 클리핑 마스크를 적용하기 위해 [Layers(레이어)] 패널의 두 레이어 경계에서 Alt +클릭한다.
⑩ 텍스트 레이어를 선택한 후 [Layers(레이어)] 패널 하단의 fx 를 눌러 Inner Glow(내부 광선)를 선택해 적용하고 OK 를 누른다.
Opacity(불투명도) : 50%, Choke(경계 감소) : 0%, Size(크기) : 10px

레이어 마스크 + 클리핑 마스크

📁 예제₩08_레이어마스크+클리핑마스크.psd, 08_레이어마스크+클리핑마스크(완성).psd

▲ 준비

▲ 완성

① '08_레이어마스크+클리핑마스크.psd'를 열어 레이어를 확인해 본다.
② 기타 바디, 커피 머신, 커피 원두 각각의 경계에서 Alt +클릭해 클리핑 마스크를 적용한다.
③ '커피 원두' 레이어를 선택해 레이어 마스크를 적용한다.

④ Gradient Tool(그레이디언트, ▬)을 선택한 후 옵션 바에서 ▬을 클릭하고 Basics(기본 사항)-'Black & White(검정, 흰색)'을 선택한다.

⑤ FOLK SONG을 입력한 후 다음과 같이 설정한다.
　Arial, 20pt, #333333
⑥ 옵션 바의 ▬를 클릭하여 값을 변경하고 OK 를 누른다.
　Style(스타일) : Arc(부채꼴), Bend(구부리기) : +50%
⑦ 나머지 텍스트도 이와 같이 작업한다.

CHAPTER 09 필터

이미지에 예술적인 효과나 브러시의 획 등 특수한 효과를 줄 경우 사용하며, 유화 효과 등은 더욱 견고하게 업그레이드되었다. 대부분의 필터는 [Filter(필터)]-[Filter Gallary(필터 갤러리)]에 미리보기를 확인하며 적용할 수 있으나 일부 필터는 [Filter(필터)] 메뉴 하위에 배치되어 있다.

01 필터 갤러리 미리보기

❶ 필터 미리보기
❹ 누적 적용된 필터
❷ 필터 범주
❺ 추가 필터
❸ 선택한 필터의 옵션
❻ 선택 필터 삭제

Plus@

필터를 적용할 때 고해상도 이미지의 경우 더 많은 RAM을 필요로 하여 실행이 안 될 경우가 있으니 일부분에 적용해 보거나 해상도를 줄여 적용해 볼 것을 권장한다.

> **Plus α**
> 이미지 레이어에 필터를 적용할 경우 먼저 레이어에서 마우스 오른쪽 클릭 후 Convert to Smart Object(고급 개체로 변환)로 변경하고 필터를 적용하면 언제든지 수정이 용이하게 별도의 필터 레이어로 관리할 수 있다.

02 자주 사용하는 [Filter(필터)]-[Filter Gallary(필터 갤러리)] 효과 ★

예제₩09_필터01.jpg

1 Artistic(예술효과)

이미지에 회화적이고 예술적인 효과를 표현할 수 있다. 필터의 각 옵션을 조절하면 더욱 다양한 결과를 얻을 수 있다.

원본

Colored Pencil(색연필)

Cutout(오려내기)

Dry Brush(드라이 브러시)

Film Grain(필름 그레인)

Fresco(프레스코)

Paint Daubs(페인트 바르기)

Plastic Wrap(비닐랩)

Poster Edges(포스터 가장자리)

Rough Pastels(거친 파스텔 효과)

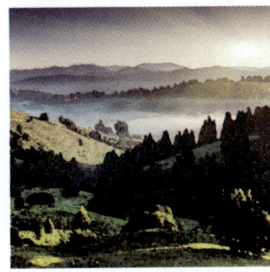
Watercolor(수채화 효과)

2 Brush Strokes(브러시 획)

📁 예제₩09_필터02.jp

이미지에 다양한 브러시의 터치와 잉크의 획 효과를 표현할 수 있다.

3 Distort(왜곡)

📁 예제₩09_필터03.jpg

이미지를 기하학적으로 왜곡시켜 나타내는 효과로 바다 물결이나 유리에 비친 모습을 표현할 수 있다. 필터 갤러리뿐만 아니라 [Filter(필터)] 메뉴 하위에도 다양한 왜곡 효과가 있다.

4 Sketch(스케치 효과)

📁 예제₩09_필터04.jpg

전경색과 배경색을 필터에 적용하며 손으로 그린 듯한 미술 효과를 나타낸다. Halftone Pattern(하프톤 패턴)은 Dot, Line, Circle 등의 패턴을 쉽게 만들 수 있다.

원본

Halftone Pattern(하프톤 패턴)

Stamp(도장)

Water Paper(물 종이)

5 Texture(텍스처)

📁 예제₩09_필터05.jpg

이미지에 여러 형태의 질감을 표현하는 필터로 전경색을 사용하는 Stained Glass(스테인드 글라스)와 바위의 표현 질감을 표현해주는 텍스처화 필터 등이 있다.

원본

Craquelure(균열)

Grain(그레인)

Mossic Tiles(모자이크 타일)

Patchwork(패치워크)

Stained Glass
(스테인드 글라스)

Texturizer(텍스처화)
질감(Canvas)

Texturizer(텍스처화)
질감(Brick)

03 자주 사용하는 [Filter(필터)] 메뉴

📁 예제₩09_필터06.jpg

배경의 초점을 흐릿하게
[Filter(필터)]-[Blur(흐림)]-[Gaussian Blur(가우시안 흐림 효과)]

시선 집중의 역동적 효과
[Filter(필터)]-[Blur(흐림)]-[Radial Blur(방사형 흐림)]

속도감을 표현
[Filter(필터)]-[Blur(흐림)]-[Motion Blur(동작 흐림 효과)]

잡티(흑백) 추가 ★
[Filter(필터)]-[Noise(노이즈)]-[Add Noise(노이즈 추가)]-'Monochromatic'에 체크

픽셀 블럭으로 뭉친 효과 ★
[Filter(필터)]-[Pixelate(픽셀화)]-[Facet(단면화)]

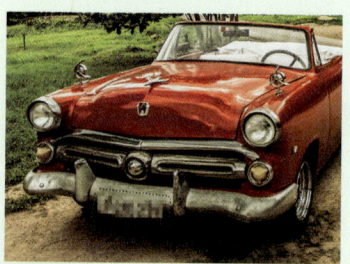

민감한 부분(번호판)만 모자이크 처리
[Filter(필터)]-[Pixelate(픽셀화)]-[Mosaic(모자이크)]

자연광의 빛을 표현 ★
[Filter(필터)]-[Render(렌더)]-[Lens Flare(렌즈 플레어)]

유화 느낌을 표현
[Filter(필터)]-[Stylize(스타일화)]-[Oil Paint(유화)]

바람이 부는 효과 ★
[Filter(필터)]-[Stylize(스타일화)]-[Wind(바람)]

Warming Up 내 삶에 쉼표를 주다

📁 예제₩09_필터07.jpg, 09_필터07(완성).psd

▲ 완성

① [File(파일)]-[New(새로 만들기)]([Ctrl]+[N])를 선택한 후 600×750px, 72ppi로 설정하고 [Create(만들기)]를 누른다.
② Gradient Tool(그레이디언트, ▭)을 선택한 후 옵션 바에서 Gradient를 Class Gradient로 변경한 후 ▭을 클릭한다. Color Stop(색상 정지점)을 더블클릭하여 변경하고 [OK]를 누른 다음 수직으로 드래그한다.
  좌측 : #003366, 우측 : #cc99ff
③ 필터의 수정이 용이하게 레이어에서 마우스 오른쪽 클릭 후 Convert to Smart Object(고급 개체로 변환)를 누른다(시험에서는 생략 가능).
④ [Filter(필터)]-[Noise(노이즈)]-[Add Noise(노이즈 추가)]를 클릭해 Amount(양)(7%), Monochromatic(단색)에 체크한 후 [OK]를 누른다(시험에서는 생략 가능).
⑤ '09_필터07.jpg'을 열고 Magic Wand Tool(자동 선택, ▭)을 선택한 후 옵션 바의 Tolerance(허용치)를 32, Contiguous(인접)에 체크를 해제한 다음 검은 부분을 클릭한다.
⑥ [Ctrl]+[C]로 복사하고 작업파일을 선택한 후 [Ctrl]+[V]로 붙여넣기 한다.
⑦ [Ctrl]+[T]로 크기/위치를 조절하고 [Enter]를 누른다.
⑧ Vertical Type Tool(수직 문자, ▭)을 선택한 후 내 삶에 쉼표를 주다.로 입력하고 [Ctrl]+[Enter]를 눌러 마무리한다.
⑨ 옵션 바나 [Character(문자)] 패널에서 궁서, 24pt, #ffffff로 설정한다.
⑩ [Ctrl]+[J]를 눌러 복제한다.
⑪ [Ctrl]+[T]로 좌우대칭을 하기 위해 조절점 안쪽에서 마우스 오른쪽 클릭 후 Flip Horizontal(가로로 뒤집기)을 선택한다. 크기/위치를 조절하고 [Enter]를 누른다.
⑫ 불투명도를 조정하기 위해 Opacity(불투명도)를 30%로 설정한다.

CHAPTER 10 패스

포토샵에서는 펜 툴, 모양 툴, 타입 툴이 백터 기반의 툴이다. 이 중 펜 툴은 이미지에서 피사체의 외곽선을 따라 곡선과 직선으로 섬세하게 추출하는 툴로 일명 '누끼 따기'라고도 부른다. 백터 형태의 패스로 이루어져 있으므로 패스의 기준점을 편집해 변형이 자유롭다.

01 패스 툴 옵션 바

❶ Pick Tool Mode(선택 도구 모드)

　❶ Shape(모양) : 별도의 모양 레이어가 만들어지며 주로 색이 채워진 모양을 만들 때 사용한다. 이동, 크기 조정, 정렬이 편리하며 모양의 윤곽선은 언제든 수정 가능하고 [Path(패스)] 패널에서 확인할 수 있다.

　❷ Path(패스) : 패스로 드로잉되며 Work Path(작업 패스)로 저장하기 전까지는 임시패스이다. [Path(패스)] 패널에서 저장할 수 있다.

　❸ Pixels(픽셀) : 브러시를 사용해 그린 것처럼 일반 레이어에 나타나며 백터가 아닌 레스터 이미지로 만들어진다. 비활성화되었다면 현재 선택된 레이어가 일반 레이어가 아니기 때문이다.

❷ 그려진 패스를 선택영역/마스크/모양 중 어떤 유형으로 만들지 선택 가능

❸ Path Operations(패스 작업)

　❶ 패스 영역에 추가 : 기존 패스 영역에 새 영역을 추가한다.

　❷ 패스 영역에서 빼기 : 기존 패스 영역에 새 영역을 뺀다.

　❸ 패스 영역 교차 : 기존 패스 영역과 새 영역의 교차 부분으로 제한한다.

　❹ 패스 영역 오버랩 제외 : 패스가 겹치는 부분은 제외시킨다.

　❺ 모양 병합 구성 요소 : 복수의 패스를 하나의 패스로 병합해 준다.

❹ Path Alignment(패스 정렬) : 복수의 패스를 정렬하고 배분한다.
❺ Path Arrangement(패스 배열) : 패스들의 쌓는 순서를 설정한다.
❻ 패스의 화면 표시 폭과 색상을 설정하며 Rubber Band(고무 밴드)는 그 다음 진행 패스를 미리 볼 것인가의 여부를 선택할 수 있다.

02 패스의 구조

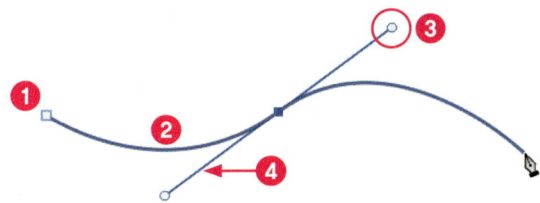

❶ Anchor Point(기준점) : 패스를 고정하는 기준이 되는 점이다.
❷ Segment(선분) : 기준점과 기준점 사이를 잇는 선분이다.
❸ Direction Point(방향점) : 방향선을 움직여 곡선의 형태를 조정한다.
❹ Direction Line(방향선) : 선분의 기울기를 조정한다.

03 패스를 그리는 다양한 방법

기준점 변환에서 방향선 삭제

패스 복제
Path Selection Tool(패스 선택, ▶)로 복제할 패스를 선택한 후 Alt 와 함께 드래그한다.

패스 수정
Direct Selection Tool(직접 선택, ▶)로 수정할 기준점을 선택하거나 방향선을 이용해 수정한다.

Plus α

- 펜 툴 작업을 마치고 싶을 경우 이동 툴을 클릭하거나 Ctrl 과 함께 캔버스를 클릭하면 작업이 마무리된다.
- CC 이상 버전에서 펜 툴 작업 중 기준점을 추가하고 싶은 경우 패스선 위에서 바로 기준점 추가와 삭제까지 가능하다.
- 펜 툴 사용 중 Alt 와 함께 기준점을 곡선으로, 또는 꼭짓점으로 변환한다.

Warming Up — 펜 툴로 누끼 따기

📁 예제₩10_패스01.jpg, 10_패스01(완성).psd

① 예제 파일을 연다.

② Pen Tool(펜, ✏️)을 선택한 후 옵션 바에서 Pick Tool Mode(선택 도구 모드) : Path(패스, `Path`), Path operations(패스 작업) : Exclude Overlapping Shapes(모양 오버랩 제외, ⬛)로 지정한다.

③ 귀 부분부터 클릭, 드래그로 출력형태와 같이 패스를 그린다.

④ 패스의 유실을 방지하기 위해 [Path(패스)] 패널을 선택한 후 Work Path(작업 패스) 이름 부분을 더블클릭하고 Save Path(패스 저장)가 나오면 (OK)를 누른다.

⑤ 패스를 선택영역으로 지정하기 위해 [Path(패스)] 패널 하단의 Load as a selection(패스를 선택영역으로 지정, ⬤)을 클릭한다.

Plus @

- [Path(패스)] 패널의 Path thumbnail(패스 축소판)을 Ctrl 과 함께 클릭해도 선택영역으로 지정된다.
- 단축키 : Ctrl + Enter

⑥ Ctrl + C 로 복사하여 원하는 곳에 붙여 넣는다.

04 Rectangle Tool(사각 도형, ▭)

백터 기반의 도형 툴은 일러스트레이터와 유사한 기능이 제공된다. CC2022 이상 버전에서 모서리 둥근 사각형은 사라졌으며, 기존 사각형의 [Properties(속성)] 패널에서 모퉁이 반경을 설정하거나 직접 도형에서 모퉁이를 조절할 수 있는 조절점이 추가되어 변경할 수 있게 되었다.

모퉁이 조절점을 Alt 와 함께 조절하면 독립적으로 모퉁이가 조절된다.

그리기 전 옵션 바에서 모퉁이 값을 먼저 입력한 후 그릴 수 있다.

Plus @

기본적으로 Shape(모양)를 그리면 선이 검은색으로 채워져 있다. GTQ 시험에서는 Shape(모양)에 선이 없는 경우가 많기 때문에 옵션 바나 [Properties(속성)] 패널에서 선의 색을 None(없음)으로 지정해야 한다.

05 Custom Shape Tool(사용자 정의 모양,)

기본 도형 이외의 다양한 모양을 만들기 위해 필요한 툴로 CC2020 이상 버전에서 추가 경로가 변경되었다.

Custom Shape(사용자 정의 모양) 추가 방법 CC2020
① [Window(윈도우)]-[Shapes(모양)] 패널을 선택한다.
② 우측 상단 메뉴( )를 클릭한 후 'Legacy Shapes and More(레거시 모양 및 기타)'를 선택한다.

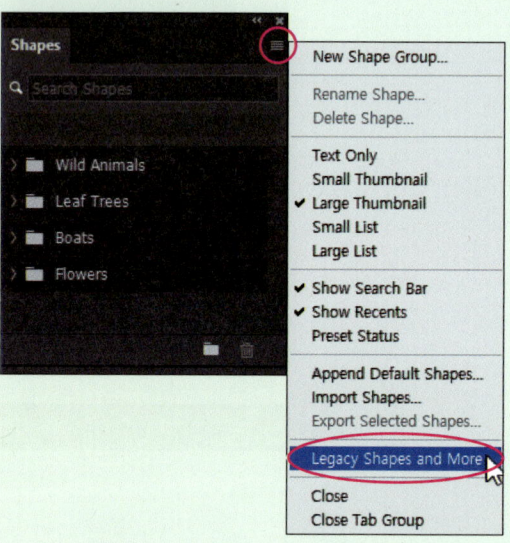

③ Custom Shape Tool(사용자 정의 모양,)을 선택한다.
④ 옵션 바의 모양 선택을 클릭한 후 Legacy Shapes and More(레거시 모양 및 기타) - All Legacy Default Shapes(모든 레거시 기본 모양) 경로를 선택한다.

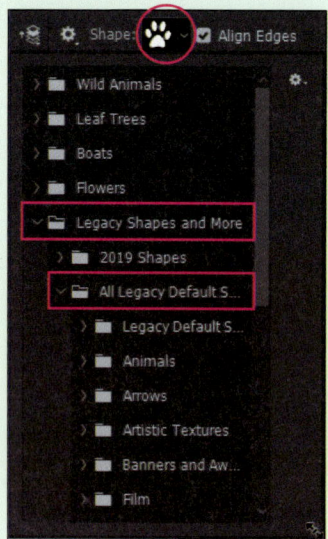

Plus α

이전 버전에서는 옵션 바의 모양 선택을 클릭한 후 우측의 설정(⚙)을 클릭해 'All(모두)'을 선택한다.

Warming Up 라인을 참고해 펜 툴로 그리기

📁 예제₩10_패스02(완성).psd

다음 아이콘을 그려 패스로 저장해 보세요.

① [File(파일)]-[New(새로 만들기)](Ctrl + N)를 선택한 후 500×500px, 72ppi로 설정하고 [Create(만들기)]를 누른다.

② Pen Tool(펜, ✎)을 선택한 후 옵션 바에서 Pick Tool Mode(선택 도구 모드) : Path(패스, Path), Path operations(패스 작업) : Exclude Overlapping Shapes(모양 오버랩 제외, ▣)로 지정한다.

③ 패스의 유실을 방지하기 위해 [Path(패스)] 패널을 선택한 후 Work Path(작업 패스) 이름 부분을 더블클릭하고 Save Path(패스 저장)가 나오면 (OK)를 누른다.

④ 타원을 그리기 위해 Ellipse Tool(타원, ⬤)을 선택한 후 옵션 바에서 Pick Tool Mode(선택 도구 모드) : Path(패스, Path), Path operations(패스 작업) : Exclude Overlapping Shapes(모양 오버랩 제외, ▣)로 지정한 후 그린다.

⑤ 만약 작업 중인 패스가 사라지면 [Path(패스)] 패널에서 현재 패스를 선택하면 나타난다.

⑥ 패스를 선택영역으로 지정하기 위해 [Path(패스)] 패널 하단의 Load as a selection(패스를 선택영역으로 지정, ▣)을 클릭한다.

⑦ [Layers(레이어)] 패널을 선택한 후 하단의 Create a new layer(새 레이어, ➕, Shift + Ctrl + N)를 클릭해 추가한다.

⑧ 전경색(▣)을 클릭하고 #000000을 입력한 후 Alt + Delete 를 눌러 추가한다.

⑨ Ctrl + D 로 선택영역을 해제한다.

Plus@

중심에서부터 시작하는 정원을 그리려면 먼저 드래그하면서 Alt + Shift 를 누르며 그린다.

Warming Up 패스의 변형

📁 예제\10_패스03(완성).psd

다음 아이콘을 그려 패스로 저장해 보세요.

① [File(파일)]-[New(새로 만들기)](Ctrl + N)를 선택한 후 500×500px, 72ppi로 설정하고 [Create(만들기)]를 누른다.

② 타원을 그리기 위해 Ellipse Tool(타원, ⬤)을 선택한 후 옵션 바에서 Pick Tool Mode(선택 도구 모드) : Path(패스, Path), Path operations(패스 작업) : Exclude Overlapping Shapes(모양 오버랩 제외, ▢)로 지정한 후 그린다.

③ Convert Point Tool(기준점 변환, ▷)로 아래의 기준점을 클릭해 꼭짓점으로 만든다.

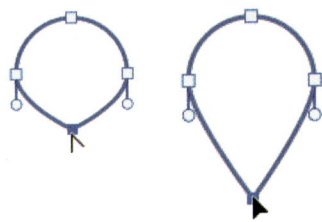

④ Direct Selection Tool(직접 선택, ▷)을 선택한 후 아래의 기준점을 클릭하고 아래 방향으로 드래그해 늘린다.

⑤ Ellipse Tool(타원, ⬤)로 안쪽에 작은 원도 그린다.

⑥ Pen Tool(펜, ✒)을 선택하여 클릭, 클릭으로 그림과 같이 한쪽만 그린다.

⑦ Path Selection Tool(패스 선택, ▷)로 좌측 부분만 모두 선택한 후 Alt 와 함께 우측으로 드래그해 복제한다. 이때 Shift 까지 살짝 잡아주면 수평으로 이동된다.

⑧ Ctrl + T 로 좌우대칭하기 위해 조절점 안쪽에서 마우스 오른쪽 클릭 후 Flip Horizontal(가로로 뒤집기)을 선택하고 크기/위치를 조절한 후 Enter 를 누른다.
⑨ 패스를 저장하기 위해 [Path(패스)] 패널을 선택한 후 Work Path(작업 패스) 이름 부분을 더블클릭한다. Save Path(패스 저장)가 나오면 OK 를 누른다.
⑩ 114페이지의 Warming up ⑥~⑧을 참고해 패스 저장 후 색을 채워 마무리한다.

Plus α

패스를 그리는 방법을 Shape(모양)가 아닌 Path(패스)로 선택 후 그리는 이유는 Shape(모양)로 그리면 면이 채워져 있어 복잡한 패스의 경우 그 다음 위치를 클릭할 때 가려질 수 있기 때문이다. 따라서 Path(패스)로 지정하고 그린 다음 면을 채우는 방식으로 진행하였다.

Warming Up [부록] 기출 따라잡기 '패스'

📁 예제₩최신기출2023년7월 B형1번 자전거.psd

▲ 완성

① [File(파일)]-[New(새로 만들기)](Ctrl + N)를 선택한 후 400×500px, 72ppi로 설정하고 [Create(만들기)]를 누른다.

② Ellipse Tool(타원, ⬤)을 선택한 후 옵션 바에서 Pick Tool Mode(선택 도구 모드) : Path(패스, Path ∨), Path Operations(패스 작업) : Exclude Overlapping Shapes(모양 오버랩 제외)로 지정한다.

③ 그림과 같이 원 2개를 그려 Path Selection Tool(패스 선택, ▶) 로 좌측 부분만 모두 선택한 후 Alt 와 함께 우측으로 드래그 해 복제한다. 이때 Shift 를 잡아주면 수평으로 이동된다.

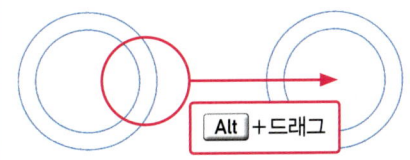

④ [Path(패스)] 패널의 Path Thumbnail(패스 축소판)을 Ctrl 과 함께 클릭하여 선택영역을 확인한다.

⑤ Rectangle Tool(사각 도형, ▪)을 선택한다.

⑥ 복잡하게 얽혀있는 패스의 경우 옵션 바에서 Pick Tool Mode(선택 도구 모드) : Path(패스, Path ∨), Path Operations(패스 작업) : Exclude Overlapping Shapes(모양 오버랩 제외)가 아닌 Combine Shapes(모양 결합)로 변경한다.

⑦ 하나를 그려 Path Selection Tool(패스 선택, ▶)로 Alt 와 함 께 복제하고 크기 조정을 반복해 모양을 만들어 준다. 만약 기존 패스가 사라졌다면 [Path(패스)] 패널을 선택한 후 Work Path(작업 패스) 레이어를 클릭하면 패스가 나타난다.

⑧ Pen Tool(펜, ）을 선택한 후 옵션 바에서 Pick Tool Mode(선택 도구 모드) : Path(패스, Path), Path Operations(패스 작업) : Combine Shapes(모양 결합)로 지정해 그림을 참고해 그린다.

⑨ 패스를 저장하기 위해 [Path(패스)] 패널을 선택해 Work Path(작업 패스) 이름 부분을 더블클릭한 다음 Save Path(패스 저장)가 나오면 (OK)를 누른다.
⑩ 레이어로 지정하기 위해 [Path(패스)] 패널 하단의 Load as a selection(패스를 선택영역으로 지정, ）을 클릭한다.
⑪ [Layers(레이어)] 패널로 이동해 하단의 Create a new layer(새 레이어, , Ctrl + Shift + N)를 클릭해 추가한다.
⑫ 임의의 색을 채우기 위해 Alt + Delete 를 눌러 전경색( )을 채운다.
⑬ 선택영역을 해제하기 위해 [Select(선택)]-[Deselect(해제)](Ctrl + D)를 누른다.

Plus α

[Path(패스)] 패널의 Path Thumbnail(패스 축소판)을 Ctrl 과 함께 클릭해도 선택영역으로 지정된다.

Warming Up [부록] 기출 따라잡기 '패스+패턴'

📁 예제₩최신기출2023년7월 A형4번 수상스키.psd

▲ 완성

패턴 제작 및 등록

① [File(파일)]-[New(새로 만들기)](Ctrl + N)를 선택한 후 600×400px, 72ppi로 설정하고 [Create(만들기)]를 누른다.

② Pattern(패턴)을 만들기 위해 [File(파일)]-[New(새로 만들기)](Ctrl + N)를 선택한다. 다음과 같은 조건으로 설정한 후 [Create(만들기)]를 누른다.
- 단위 : Pixels
- Width(폭) : 40
- Height(높이) : 40
- Resolution(해상도) : 72Pixels/Inch
- Color Mode(색상모드) : RGB
- Backgound Contents(배경색) : White

③ Custom Shape Tool(사용자 정의 모양,)을 선택한 후 옵션 바에서 Pick Tool Mode(선택 도구 모드) : Shape(모양, Shape), Stroke(획) : 색상 없음( )으로 설정하고 Shape(모양) – 얼룩 1( ) 모양을 찾아 그린다.

④ 색을 적용하기 위해 [Layers(레이어)] 패널의 Layer Thumbnail(레이어 축소판,)을 더블클릭해 #ff9900을 입력하고 (OK)를 누른다.

⑤ [Layers(레이어)] 패널 하단의 Background(배경)의 눈 아이콘( )을 클릭해 해제한다.

⑥ 모양을 추가하기 위해 Nature(자연) – 물결( )을 찾아 그린다.

⑦ 색을 적용하기 위해 [Layers(레이어)] 패널의 Layer Thumbnail(레이어 축소판,)을 더블클릭한 후 #333399를 입력하고 (OK)를 누른다.

⑧ 패턴을 정의하기 위해 [Edit(편집)]-[Define Pattern(패턴 정의)]를 눌러 확인 후 (OK)를 누른다.

패스 그리고 패턴 적용하기

① 기준이 되는 부분을 가이드로 지정한 후 그리면 도움이 된다.

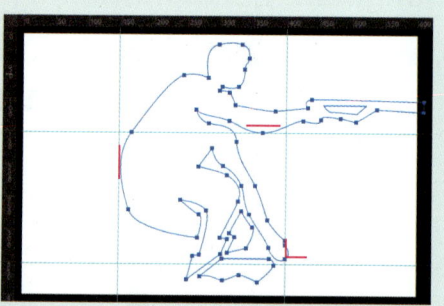

② Pen Tool(펜,)을 선택한 후 옵션 바에서 Pick Tool Mode(선택 도구 모드) : Path(패스, Path), Path Operations(패스 작업) : Exclude Overlapping Shapes(모양 오버랩 제외)로 지정한다.

③ 짧게 클릭과 드래그를 이용해 다음과 같이 그린다.

④ 수정할 부분은 Direct Selection Tool(직접 선택,)로 기준점을 선택해 방향선 등을 수정한다.
⑤ 패스의 유실을 방지하기 위해 [Path(패스)] 패널을 선택한 후 Work Path(작업 패스) 이름 부분을 더블클릭하고 Save Path(패스 저장)가 나오면 OK 를 누른다.
⑥ 패턴을 적용할 부분만 레이어로 지정하기 위해 [Path(패스)] 패널에서 Path Selection Tool(패스 선택,)로 드래그하거나 Shift 와 함께 선택한 후 [Path(패스)] 패널 하단의 Load as a selection(패스를 선택영역으로 지정,)을 클릭한다.
⑦ [Layers(레이어)] 패널로 이동해 하단의 Create a new layer(새 레이어, , Ctrl + Shift + N)를 클릭해 추가한다.

⑧ 전경색(■)에 #ccffff를 입력하고 OK 를 누른 후 Alt + Delete 를 눌러 색을 채운다.

⑨ 선택영역을 해제하기 위해 [Select(선택)]-[Deselect(해제)](Ctrl + D)를 누른다.
⑩ 레이어 스타일을 적용하기 위해 Drop Shadow(그림자 효과)를 선택해 적용한다.
  Opacity(불투명도) : 60~70%, Angle(각도) : 90~120°, Distance(거리) : 5~7px, Spread(스프레드) : 0~10%, Size(크기) : 5~7px
⑪ Pattern Overlay(패턴 오버레이)를 선택한 후 Pattern(패턴)의 목록 단추를 클릭해 정의한 패턴을 선택한다.
  패턴의 크기를 조절하고 싶다면 Scale(비율)을 조정한 후 출력 형태를 참고해 맞춘다.

⑫ 나머지 부분도 ⑤, ⑥을 참고해 선택하고 전경색(■)에 #339999를 입력하고 OK 를 누른 후 Alt + Delete 를 눌러 색을 채운다.
⑬ 선택영역을 해제하기 위해 [Select(선택)]-[Deselect(해제)](Ctrl + D)를 누른다.
⑭ 레이어 스타일 중 Drop Shadow(그림자 효과)만 복제하기 위하여 Alt 와 함께 Layer 2에 드래그한다.
⑮ 가이드를 해제하기 위해 Ctrl + ; 을 누른다.

CHAPTER 10 패스 **121**

유튜브 선생님에게 배우는
유선배

PART 3
기출유형 따라하기

CHAPTER 01 기출유형 따라하기

합격의 공식 시대에듀

유선배 GTQ 포토샵 1급 합격노트
이 시대의 모든 합격! 무료 동영상 강의와 함께 합격하세요!
www.youtube.com ➜ '스마일컴쌤' 검색 ➜ 구독

CHAPTER 01 기출유형 따라하기 [S/W:포토샵]

급수	문제유형	시험시간	수험번호	성명
1급	A	90분		

수험자 유의사항

- 수험자는 문제지를 받는 즉시 응시하고자 하는 과목 및 급수가 맞는지 확인한 후 수험번호와 성명을 작성합니다.
- 파일명은 본인의 "수험번호-성명-문제번호"로 공백 없이 정확히 입력하고 답안폴더(내 PC₩문서₩GTQ)에 jpg 파일과 psd 파일의 2가지 포맷으로 저장해야 하며, jpg 파일과 psd 파일의 내용이 상이할 경우 0점 처리됩니다. 답안문서 파일명이 "수험 번호-성명-문제번호"와 일치하지 않거나, 답안 파일을 전송하지 않아 미제출로 처리될 경우 불합격 처리됩니다.
- 문제의 세부조건은 '영문(한글)' 형식으로 표기되어 있으니 유의하시기 바랍니다.
- 수험자 정보와 저장한 파일명, 저장 위치가 다를 경우 전송이 되지 않으므로, 주의하시기 바랍니다.
- 답안 작성 중에도 주기적으로 '저장'과 '답안 전송'을 이용하여 감독위원 PC로 답안을 전송하셔야 합니다(※ 작업한 내용을 저장하지 않고 전송할 경우 이전의 저장내용이 전송되오니 이점 반드시 유념하시기 바랍니다).
- 답안문서는 지정된 경로 외의 다른 보조기억장치에 저장하는 행위, 지정된 시험 시간 외에 작성된 파일을 활용한 행위, 기타 허용되지 않은 프로그램(이메일, 메신저, 게임, 네트워크 등) 이용 시 부정행위로 간주되어 자격기본법 제32조에 의거 본 시험 및 국가공인 자격시험을 2년간 응시할 수 없습니다.
- 시험 중 부주의 또는 고의로 시스템을 파손한 경우와 〈수험자 유의사항〉에 기재된 방법대로 이행하지 않아 생기는 불이익은 수험자의 책임임을 알려 드립니다.
- 시험을 완료한 수험자는 최종적으로 저장한 답안 파일이 전송되었는지 확인한 후 감독위원의 지시에 따라 문제지를 제출하고 퇴실합니다.

답안 작성요령

- 온라인 답안 작성 절차
  수험자 등록 ⇒ 시험 시작 ⇒ 답안 파일 저장 ⇒ 답안 전송 ⇒ 시험 종료
- 내 PC₩문서₩GTQ₩Image 폴더에 있는 그림 원본파일을 사용하여 답안을 작성하시고 최종답안을 답안폴더(내 PC₩문서 ₩GTQ)에 저장하여 답안을 전송하시고, 이미지의 크기가 다른 경우 감점 처리됩니다.
- 배점은 총 100점으로 이루어지며, 점수는 각 문제별로 차등 배분됩니다.
- 각 문제는 주어진 〈조건〉에 따라 작성하고, 언급하지 않은 조건은 《출력형태》와 같이 작성합니다.
- 배치 등의 편의를 위해 주어진 눈금자의 단위는 '픽셀'입니다.
- 그 외는 출력형태(효과, 이미지, 문자, 색상, 레이아웃, 규격 등)와 같게 작업하십시오.
- 문제 조건에 서체의 지정이 없을 경우 한글은 굴림이나 돋움, 영문은 Arial로 작업하십시오(단, 그 외에 제시되지 않은 문자 속성을 기본값으로 작성하지 않은 경우는 감점 처리됩니다).
- Image Mode(이미지 모드)는 별도의 처리조건이 없을 경우에는 RGB(8비트)로 작업하십시오.
- 모든 답안 파일은 해상도 72Pixels/Inch로 작업하십시오.
- Layer(레이어)는 각 기능별로 분할해야 하며, 임의로 합칠 경우나 각 기능에 대한 속성을 해지할 경우 해당 요소는 0점 처리됩니다.

문제 1 [기능평가] 고급 Tool(도구) 활용
20점

다음의 《조건》에 따라 아래의 《출력형태》와 같이 작업하시오.

조건

원본이미지	문서₩GTQ₩Image₩1급-1.jpg, 1급-2.jpg, 1급-3.jpg		
파일 저장 규칙	JPG	파일명	문서₩GTQ₩수험번호-성명-1.jpg
		크기	400 × 500 pixels
	PSD	파일명	문서₩GTQ₩수험번호-성명-1.psd
		크기	40 × 50 pixels

1. 그림 효과
   ① 1급-1.jpg : 필터 - Cutout(오려내기)
   ② Save Path(패스 저장) : 화장품 모양
   ③ Mask(마스크) : 화장품 모양, 1급-2.jpg를 이용하여 작성
      레이어 스타일 - Stroke(선/획)(4px, 그레이디언트(#ffff00, #66ccff)), Inner Shadow(내부 그림자)
   ④ 1급-3.jpg : 레이어 스타일 - Bevel and Emboss(경사와 엠보스)
   ⑤ Shape Tool(모양 도구) :
      - 꽃잎 모양 (#ffff66, 레이어 스타일 - Drop Shadow(그림자 효과))
      - 화살표 모양 (#ffffff, #ccff00, 레이어 스타일 - Outer Glow(외부 광선))

2. 문자 효과
   ① Spring Cosmetic (Times New Roman, Bold, 50pt, 그레이디언트 오버레이(#cc00ff, #0033ff), Stroke(선/획)(2px, #ffffff))

출력형태

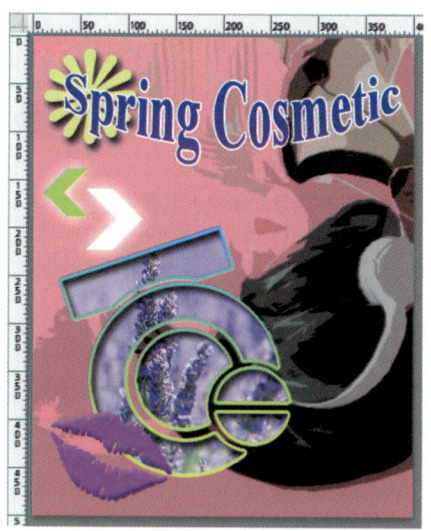

문제 2 [기능평가] 사진편집 응용
20점

다음의 《조건》에 따라 아래의 《출력형태》와 같이 작업하시오.

조건

원본이미지	문서₩GTQ₩Image₩1급-4.jpg, 1급-5.jpg, 1급-6.jpg		
파일 저장 규칙	JPG	파일명	문서₩GTQ₩수험번호-성명-2.jpg
		크기	400 × 500 pixels
	PSD	파일명	문서₩GTQ₩수험번호-성명-2.psd
		크기	40 × 50 pixels

1. 그림 효과
   ① 1급-4.jpg : 필터 – Texturizer(텍스처화)
   ② 색상 보정 : 1급-5.jpg – 녹색 계열로 보정
   ③ 1급-5.jpg : 레이어 스타일 – Drop Shadow(그림자 효과)
   ④ 1급-6.jpg : 레이어 스타일 – Outer Glow(외부 광선)
   ⑤ Shape Tool(모양 도구) :
     – 장식 모양 (#993366, #333366, 레이어 스타일 – Stroke(선/획)(2px, #ffff99))
     – 폭발 모양 (#66cc33, 레이어 스타일 – Inner Shadow(내부 그림자))

2. 문자 효과
   ① Makeup Artist (Times New Roman, Bold, 48pt, 레이어 스타일 –그레이디언트 오버레이(#cc00cc, #ffff00), Drop Shadow(그림자 효과)

출력형태

문제 3 [실무응용] 포스터 제작
25점

다음의 《조건》에 따라 아래의 《출력형태》와 같이 작업하시오.

조건

원본이미지	문서₩GTQ₩Image₩1급-7.jpg, 1급-8.jpg, 1급-9.jpg, 1급-10.jpg, 1급-11.jpg		
파일 저장 규칙	JPG	파일명	문서₩GTQ₩수험번호-성명-3.jpg
		크기	600 × 400 pixels
	PSD	파일명	문서₩GTQ₩수험번호-성명-3.psd
		크기	60 × 40 pixels

1. 그림 효과
① 배경 : #ffcccc
② 1급-7.jpg : Blending Mode(혼합모드) – Darker Color(어두운 색상), Opacity(불투명도)(70%)
③ 1급-8.jpg : 필터 – Water Paper(물 종이/젖은 종이), 레이어 마스크 – 가로 방향으로 흐릿하게
④ 1급-9.jpg : 필터 – Wind(바람), 레이어 스타일 – Inner Shadow(내부 그림자)
⑤ 1급-10.jpg : 레이어 스타일 – Outer Glow(외부 광선), Drop Shadow(그림자 효과)
⑥ 1급-11.jpg : 색상 보정 – 파란색 계열로 보정, 레이어 스타일 – Stroke(선/획)(5px, 그레이디언트(#ff6699, 투명으로))
⑦ 그 외 《출력형태》 참조

2. 문자 효과
① 헤어 스타일링 박람회 (궁서, 42pt, 60pt, 레이어 스타일 – 그레이디언트 오버레이(#ff33cc, #339999, #ff9933), Stroke(선/획)(2px, #ffffff), Drop Shadow(그림자 효과))
② Hair Styling Expo (Arial, Regular, 18pt, #003366, 레이어 스타일 – Stroke(선/획)(2px, #ffffff))
③ 11월 3일(월) – 7일(금) / 킨텍스 제2전시장 (굴림, 18pt, 레이어 스타일 – 그레이디언트 오버레이(#006633, #cc0099), Stroke(선/획)(2px, #ffffff))
④ 헤어 스타일 / 메이크업 시연 (굴림, 17pt, #6633cc, #cc0000, 레이어 스타일 – Stroke(선/획)(2px, #ffffff))

출력형태

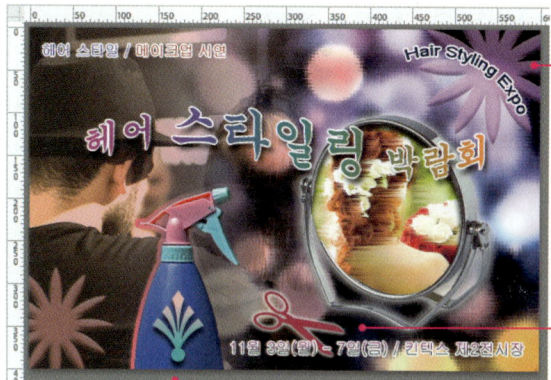

Shape Tool(모양 도구) 사용
#ff99ff, #ff9999, 레이어 스타일 –
Bevel and Emboss
(경사와 엠보스),
Opacity(불투명도)(60%)

Shape Tool(모양 도구) 사용
#cc3366, 레이어 스타일 –
Outer Glow(외부 광선)

Shape Tool(모양 도구) 사용
레이어 스타일 – 그레이디언트 오버레이
(#33cccc, #ffcccc),
Drop Shadow(그림자 효과)

문제 4 [실무응용] 웹 페이지 제작
35점

다음의 《조건》에 따라 아래의 《출력형태》와 같이 작업하시오.

조건

원본이미지	문서₩GTQ₩Image₩1급-12.jpg, 1급-13.jpg, 1급-14.jpg, 1급-15.jpg, 1급-16.jpg, 1급-17.jpg		
파일 저장 규칙	JPG	파일명	문서₩GTQ₩수험번호-성명-4.jpg
		크기	600 × 400 pixels
	PSD	파일명	문서₩GTQ₩수험번호-성명-4.psd
		크기	60 × 40 pixels

1. 그림 효과
   ① 배경 : #cccccc
   ② 패턴(꽃 모양) : #ff9999, #ffffff
   ③ 1급-12.jpg : Blending Mode(혼합모드) - Hard Light(하드 라이트), 레이어 마스크 - 대각선 방향으로 흐릿하게
   ④ 1급-13.jpg : 필터 - Dry Brush(드라이 브러시), 레이어 마스크 - 가로 방향으로 흐릿하게
   ⑤ 1급-14.jpg : 레이어 스타일 - Bevel and Emboss(경사와 엠보스), 레이어 스타일 - Drop Shadow(그림자 효과)
   ⑥ 1급-15.jpg : 필터 - Film Grain(필름 그레인), 레이어 스타일 - Outer Glow(외부 광선)
   ⑦ 1급-16.jpg : 색상 보정 - 빨간색 계열로 보정, 레이어 스타일 - Bevel and Emboss(경사와 엠보스)
   ⑧ 그 외 《출력형태》 참조

2. 문자 효과
   ① Beauty Design Expo (Times New Roman, Bold, 36pt, 24pt, #6666ff, 레이어 스타일 - Stroke(선/획)(2px, #ffffff))
   ② 뷰티 디자인 엑스포 (굴림, 45pt, 레이어 스타일 - 그레이디언트 오버레이(#6633ff, #ff33ff, #cc6633), Stroke(선/획)(3px, #ffffff))
   ③ 추천코스 바로가기 (궁서, 18pt, #cc0000, #333333, 레이어 스타일 - Stroke(선/획)(2px, #ffcccc))
   ④ 참가신청 컨퍼런스 부대행사 (돋움, 18pt, #000000, 레이어 스타일 - Stroke(선/획)(2px, #ffcccc, #cc99ff))

출력형태

Shape Tool(모양 도구) 사용
레이어 스타일 - 그레이디언트 오버레이
(#993333, #ffcccc),
Inner Shadow(내부 그림자)

Shape Tool(모양 도구) 사용
#cc9999,
레이어 스타일 - Inner Glow(내부 광선)

Shape Tool(모양 도구) 사용
레이어 스타일 - 그레이디언트 오버레이
(#ffffff, #ffcccc),
Stroke(선/획)(2px, #ff9999, #cc99ff)

Pen Tool(펜 도구) 사용
#ffcccc, #006699, #6666ff,
레이어 스타일 - Drop Shadow(그림자 효과)

문제 1 [기능평가] 고급 Tool(도구) 활용   20점

사용 이미지 미리보기

1급-1.jpg

1급-2.jpg

1급-3.jpg

사용자 정의 모양 미리보기

사용 기능

필터	[Filter(필터)]-[Filter Gallery(필터 갤러리)]-[Artistic(예술 효과)]-[Cutout(오려내기)]
클리핑 마스크	Create Clipping Mask(클리핑 마스크 만들기, Alt + Ctrl + G)
이미지 추출	Magic Wand Tool(자동 선택,)
이미지 사이즈	[Image(이미지)]-[Image Size(이미지 크기)](Alt + Ctrl + I)

01 새 캔버스 생성 및 필터

① [File(파일)]-[New(새로 만들기)](Ctrl + N)를 선택한 후 다음과 같이 설정하고 [Create(만들기)]를 누른다.
 • PRESET DETAILS(사전 설정 세부 정보) : 수험번호-성명-1
 • 단위 : Pixels
 • Width(폭) : 400
 • Height(높이) : 500
 • Resolution(해상도) : 72Pixels/Inch
 • Color Mode(색상모드) : RGB
 • Backgound Contents(배경색) : White

② [Edit(편집)]-[Preferences(속성)]-[Guides, Grid & Slices(안내선, 격자 및 분할 영역)](Ctrl + K)를 선택한 후 'Grid(격자)'의 Gridline Every(격자 간격) : 100Pixels, Subdivisions(세분) : 1로 설정하고 OK 를 누른다.

③ [View(보기)]-[Show(표시)]-[Grid(격자)](Ctrl + ')와 [View(보기)]-[Rulers(눈금자)](Ctrl + R)를 나타낸다.

Plus @
CS6 이하에서는 눈금자에서 마우스 오른쪽 클릭 후 단위를 px로 변경한다.

④ [File(파일)]-[Save as(다른 이름으로 저장)](Shift + Ctrl + S)를 클릭하고 '내 PC₩문서₩GTQ' 폴더에 '수험번호-성명-1.psd'로 입력한 후 [저장]을 누른다.

⑤ [File(파일)]-[Open(열기)](Ctrl + O)을 선택한 후 '1급-1.jpg'를 불러온다.

⑥ Ctrl + A 로 전체 선택한 후 Ctrl + C 로 복사하고 작업파일을 선택한 후 Ctrl + V 로 붙여넣기 한다.

7 Ctrl + T 로 좌우대칭하기 위해 조절점 안쪽에서 마우스 오른쪽 클릭해 Flip Horizontal(가로로 뒤집기)을 선택한 후 크기/위치를 조절하고 Enter 를 누른다.

8 [Filter(필터)]-[Filter Gallery(필터 갤러리)]-[Artistic(예술 효과)]-[Cutout(오려내기)] 필터를 적용하고 OK 를 누른다.

02 패스 제작 및 패스 저장

1 Ellipse Tool(타원, ◯)을 선택한 후 옵션 바에서 Pick Tool Mode(선택 도구 모드) : Path(패스, Path ▽), Path operations(패스 작업) : Combine Shapes(모양 결합, ▣)로 지정한다.

2 Layer 1(배경 이미지)의 눈 아이콘(👁)을 클릭해 숨긴 후 패스를 그리기 위해 [Path(패스)] 패널을 누른다. (선택사항)

3 임의의 중심에서부터 드래그하면서 Alt + Shift 를 누르며 정원을 그린다. 이와 같은 방법으로 안쪽에 두 개의 원을 더 그린다.

4 Path Selection Tool(패스 선택, ▶)을 선택한 후 두 번째 원을 선택하고 옵션 바에서 Path Operations을 클릭해 Subtract Front Shape(전면 모양 빼기)를 선택한다.

5 [Path(패스)] 패널에서 Ctrl+Path Thumbnail(패스 축소판)을 클릭해 중간중간 모양을 확인한다.

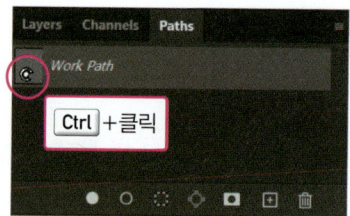

6 선택영역을 해제하기 위해 [Select(선택)]−[Deselect(해제)](Ctrl+D)를 누른다.

Plus @

만약 기존 패스가 사라졌을 경우 Work Path(작업 패스) 레이어를 클릭하면 패스가 나타난다.

7 작은 원 부분을 만들기 위해 Ellipse Tool(타원,)을 선택한 후 그림을 참고하여 그린다. 안쪽 원도 이어서 하나 더 만든다.

8 Path Selection Tool(패스 선택,)을 선택한 후 처음 그린 작은 원1을 선택하고 옵션 바에서 Path operations을 클릭해 Subtract Front Shape(전면 모양 빼기)를 선택한다.

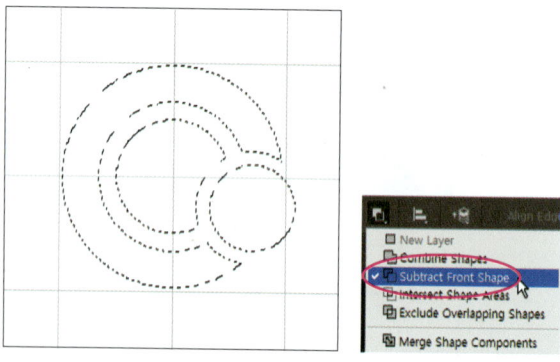

9 Rectangle Tool(사각 도형, ▩)을 선택한 후 작은 원을 가로지르는 사각형을 그리고 옵션 바에서 Path operations을 클릭해 Subtract Front Shape(전면 모양 빼기)를 선택한다.

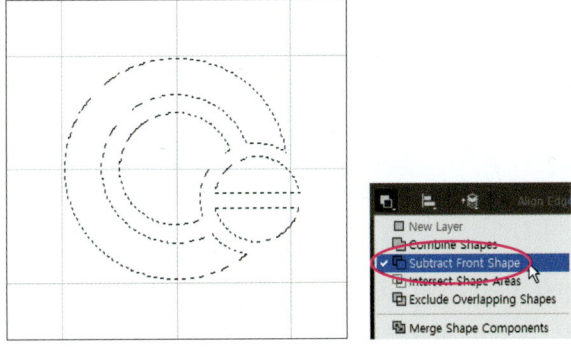

10 Pen Tool(펜, ✒)을 선택한 후 그림과 같이 그린다. Path Selection Tool(패스 선택, ▶)을 선택한 후 옵션 바에서 Path Operations을 Combine Shapes(모양 결합)으로 선택한다.

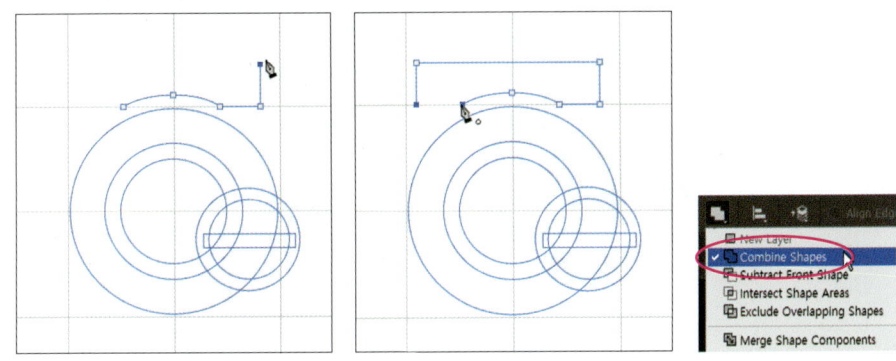

11 Path Selection Tool(패스 선택, ▶)로 전체 드래그한 후 Ctrl + T 로 회전/크기/위치를 조절하고 Enter 를 누른다.

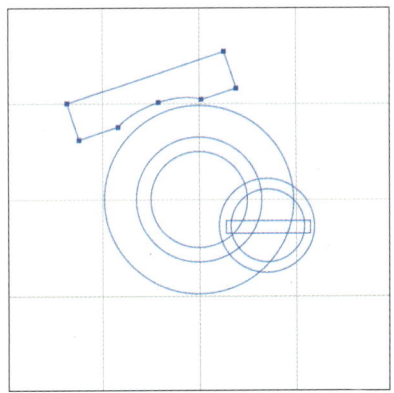

12 패스를 저장하기 위해 [Path(패스)] 패널의 Work Path(작업 패스) 이름 부분을 더블클릭한 후 Save Path(패스 저장) 대화상자가 나오면 화장품 모양을 입력하고 OK 를 누른다.

13 패스를 선택영역으로 지정하기 위해 Ctrl + Path Thumbnail(패스 축소판)을 클릭한 후 선택영역이 생기면 [Layers(레이어)] 패널을 선택하여 하단의 Create a new layer(새 레이어, ➕, Shift + Ctrl + N)를 클릭해 추가한다.

14 임의의 색을 채우기 위해 Alt + Delete 를 눌러 전경색(■)을 채운다.

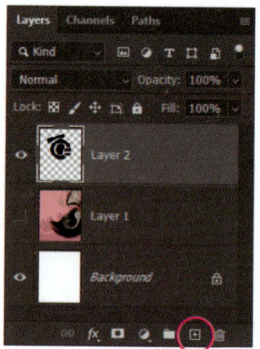

Plus @

[Path(패스)] 패널 하단의 Load path as a Selection(패스를 선택영역으로 불러오기)을 클릭해 선택영역으로 지정할 수 있다.

15 Ctrl + D 로 선택영역을 해제한 후 배경 이미지의 눈 아이콘(👁)을 클릭해 보이게 한다.

16 레이어 스타일을 적용하기 위해 [Layers(레이어)] 패널 하단의 Add a layer style(레이어 스타일 추가, fx.)을 누르고 Stroke(획)를 선택해 값을 변경한다.
- Size(크기) : 4px
- Position(위치) : Outside(바깥쪽)
- Fill Type(칠 유형) : Gradient(그레이디언트)
- Style(스타일) : Linear(선형)
- Angle(각도) : 90°

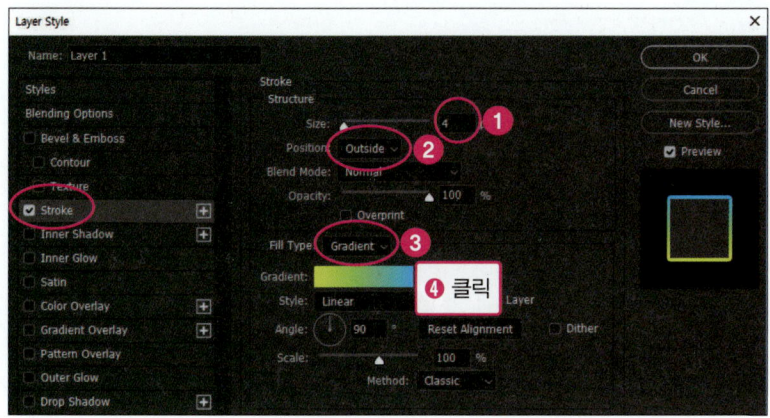

Plus@

[Layers(레이어)] 패널에서 해당 레이어의 회색 영역을 더블클릭해도 적용할 수 있다.

17 Gradient(그레이디언트) 편집 창( )을 클릭한 후 Color Stop(색상 정지점)을 더블클릭하여 변경하고 OK 를 누른다.
- 좌측 : #ffff00
- 우측 : #66ccff

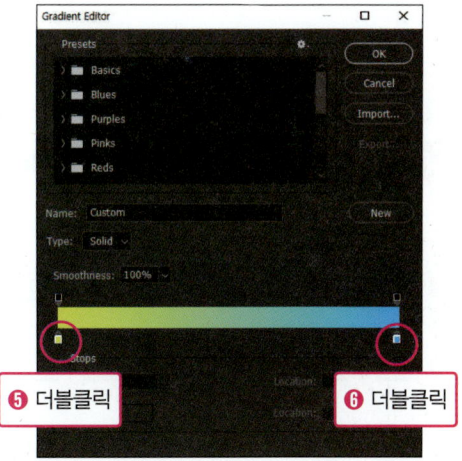

Plus@

색이 반대로 적용된 경우 Reverse(반전)에 체크하거나 Angle(각도)을 반대로 적용한다.

⑱ 레이어 스타일을 추가하기 위해 Inner Shadow(내부 그림자)를 선택해 값을 변경하고 OK 를 누른다.
- Opacity(불투명도) : 60~70%
- Angle(각도) : 90~120°
- Distance(거리) : 5~7px
- Choke(경계 감소) : 0%
- Size(크기) : 5~7px

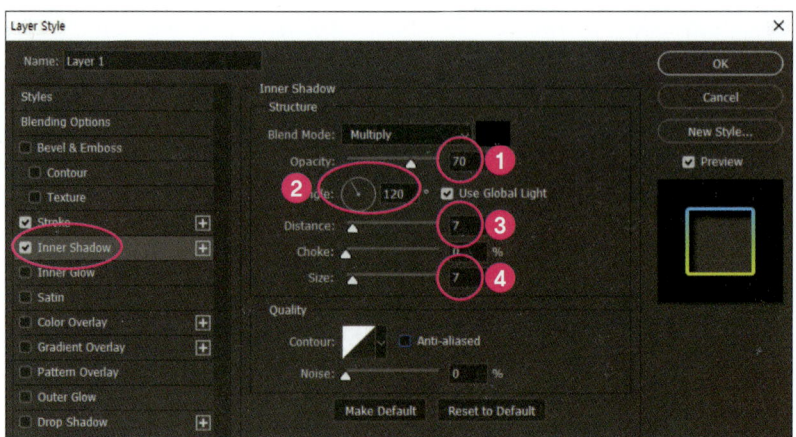

Plus @

레이어 스타일 적용
- 방법 1 : [Layers(레이어)]-[Layer Style(레이어 스타일)] 메뉴를 선택해 적용할 수 있다.
- 방법 2 : [Layers(레이어)] 패널에서 해당 레이어의 회색 영역을 더블클릭하여 적용할 수 있다.

03 클리핑 마스크 및 레이어 스타일 적용

① [File(파일)]-[Open(열기)](Ctrl + O)을 선택한 후 '1급-2.jpg'를 불러온다.

② Ctrl + A 로 전체 선택한 후 Ctrl + C 로 복사하고 작업파일을 선택한 후 Ctrl + V 로 붙여넣기 한다.

③ Ctrl + T 로 크기/위치를 조절하고 Enter 를 누른다.

4 클리핑 마스크를 적용하기 위해 [Layers(레이어)] 패널의 Layer 3(꽃)에서 마우스 오른쪽 클릭 후 Create Clipping Mask(클리핑 마스크 만들기, Alt + Ctrl + G)를 선택한다.

Plus@

클리핑 마스크 적용
- 방법 1 : [Layers(레이어)]−[Create Clipping Mask(클리핑 마스크 만들기)]를 선택한다.
- 방법 2 : [Layers(레이어)] 패널의 두 레이어 경계에서 Alt +클릭한다.

클리핑 마스크 해제
- 방법 1 : [Layers(레이어)]−[Release Clipping Mask(클리핑 마스크 해제)]를 선택한다.
- 방법 2 : [Layers(레이어)] 패널의 두 레이어 경계에서 Alt +클릭한다.

5 [File(파일)]−[Open(열기)](Ctrl + O)을 선택하여 '1급−3.jpg'를 불러온다.

6 Magic Wand Tool(자동 선택,)로 배경을 선택영역으로 지정한 후 반전하기 위해 [Select(선택)]− [Inverse(반전)](Shift + Ctrl + I)를 누른다.

7 Ctrl + C 로 복사하고 작업파일을 선택한 후 Ctrl + V 로 붙여넣기 한다.

8 Ctrl + T 로 회전/크기/위치를 조절하고 Enter 를 누른다.

⑨ 레이어 스타일을 적용하기 위하여 [Layers(레이어)] 패널 하단의 Add a layer style(레이어 스타일 추가, fx)을 선택한다. Bevel and Emboss(경사와 엠보스)를 선택해 값을 Depth(깊이) : 100%, Size(크기) : 7px로 변경하고 OK 를 누른다.

Plus@

레이어 스타일 값을 기본값으로 되돌리려면 각 스타일 하단의 Reset to Default(기본값으로 재설정)을 누른다.

04 모양 지정 및 레이어 스타일

1 Custom Shape Tool(사용자 정의 모양, ♣)을 선택한 후 옵션 바에서 Pick Tool Mode(선택 도구 모드) : Shape(모양, Shape), Stroke(획) : 색상 없음(∅)으로 설정하고 모양 선택(Shape: →)을 눌러 아래의 모양을 찾아 그린다.

 • 기본 경로 : Legacy Shapes and More(레거시 모양 및 기타) – All Legacy Default Shapes(모든 레거시 기본 모양)
 • Nature(자연) – 꽃7(✺)

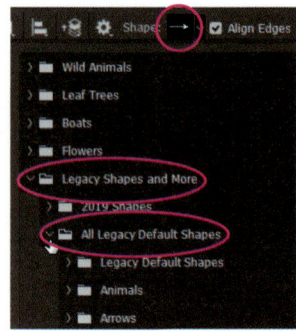

2 색을 적용하기 위해 [Layers(레이어)] 패널의 Layer Thumbnail(레이어 축소판,)을 더블클릭한 후 #ffff66을 입력하고 OK 를 누른다.

> **Q : Shape(모양)를 그렸으나 그림과 같이 패스로만 표시가 되네요.**
>
> **A :** Shape(모양)를 그리기 전 옵션 바의 Pick Tool Mode(선택 도구 모드)에서 Path(패스)와 Shape(모양)으로 선택할 수 있어요. 이 경우 색을 채우기 위해 Shape(모양)으로 선택한 후 그리면 됩니다.

3 레이어 스타일을 적용하기 위해 [Layers(레이어)] 패널 하단의 Add a layer style(레이어 스타일 추가, fx)을 선택한 후 Drop Shadow(그림자 효과)를 선택해 값을 변경하고 OK 를 누른다.
- Opacity(불투명도) : 60~70%
- Angle(각도) : 90~120°
- Distance(거리) : 5~7px
- Spread(스프레드) : 0~10%
- Size(크기) : 5~7px

4 다른 모양을 추가하기 위해 Arrows(화살표) - 화살표2(▶)를 찾아 그린다.

5 색을 적용하기 위해 [Layers(레이어)] 패널의 Layer Thumbnail(레이어 축소판,)을 더블클릭해 #ffffff 를 입력하고 OK 를 누른다.

6 레이어 스타일을 적용하기 위해 [Layers(레이어)] 패널 하단의 Add a layer style(레이어 스타일 추가, fx)을 선택한 후 Outer Glow(외부 광선)를 선택해 값을 변경하고 OK 를 누른다.
- Opacity(불투명도) : 60~70%
- Spread(스프레드) : 0~10%
- Size(크기) : 10~15px

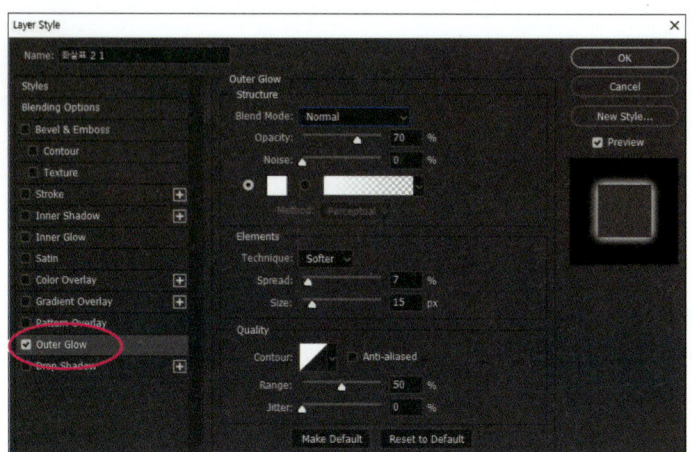

7 Ctrl + J 를 눌러 복제한다.

Plus@

Move Tool(이동)을 선택하여 Shape(모양)를 Alt 와 함께 드래그하여 이동복사할 수 있다.

8 Ctrl + T 로 좌우대칭하기 위해 조절점 안쪽에서 마우스 오른쪽 클릭 후 Flip Horizontal(가로로 뒤집기)을 선택한다. 크기/위치를 조절하고 Enter 를 누른다.

9 색을 적용하기 위해 [Layers(레이어)] 패널의 화살표2 복사 Layer Thumbnail(레이어 축소판,)을 더블클릭 후 #ccff00를 입력하고 OK 를 누른다.

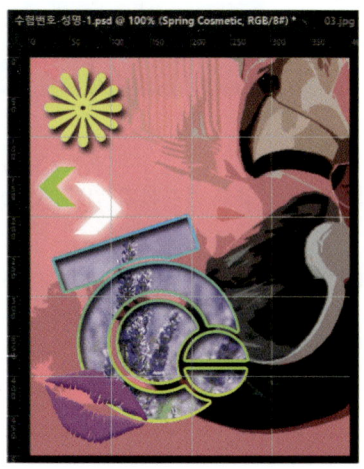

142 PART 3 기출유형 따라하기

05 ▸ 문자 효과

1 Type Tool(수평 문자)을 선택한 후 빈 캔버스를 클릭하고 Spring Cosmetic을 입력하고 Ctrl + Enter 를 눌러 완료한다.

2 옵션 바나 [Character(문자)] 패널에서 Times New Roman, Bold, 50pt로 설정한다.
[텍스트를 입력한 후 Ctrl + A 를 눌러 전체 선택 후 Ctrl + T 를 눌러 [Character(문자)] 패널을 이용해도 된다]

3 레이어 스타일을 추가하기 위해 Gradient Overlay(그레이디언트 오버레이)를 선택해 값을 변경한다.
- Opacity(불투명도) : 100%
- Style : Linear(선형)
- Angle(각도) : 90°
- Scale(비율) : 100%

4 Gradient(그레이디언트) 편집 창(　　)을 클릭한 후 Color Stop(색상 정지점)을 더블클릭하여 변경하고 OK 를 누른다.
- 좌측 : #cc00ff
- 우측 : #0033ff

> **Plus@**
> 색이 반대로 적용된 경우 Reverse(반전)에 체크하거나 Angle(각도)을 반대로 적용한다.

5 레이어 스타일을 적용하기 위해 [Layers(레이어)] 패널 하단의 Add a layer style(레이어 스타일 추가, fx.)를 눌러 Stroke(획)를 선택해 값을 변경한다.
- Size(크기) : 2px
- Position(위치) : Outside(바깥쪽)
- Fill Type(칠 유형) : Color(색상)
- 색상값 : #ffffff

> **Plus@**
> 레이어 스타일을 추가하기 위해 체크박스에 체크만 하면 속성 부분이 보이지 않기 때문에 이름 부분을 선택해야 한다.

6 텍스트를 뒤틀기 위해 Type Tool(수평 문자, T)을 선택한다. 옵션 바의 Create warped text(뒤틀어진 텍스트 만들기,)를 클릭한 후 아래와 같이 값을 변경하고 (OK)를 누른다.
- Style(스타일) : Arc Lower(아래 부채꼴)
- Bend(구부리기) : +40%

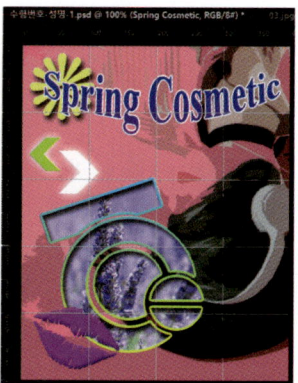

Plus α
- 방법 1 : [Type(문자)]−[Warp text(텍스트 뒤틀기)]를 눌러 설정할 수 있다.
- 방법 2 : [Layers(레이어)] 패널의 Indicates text layer(텍스트 레이어, T)를 더블클릭한 후 옵션 바에서 Create warped text(뒤틀어진 텍스트 만들기,)를 클릭하여 설정할 수 있다.

06 PSD, JPG 형식으로 저장하기

1 [File(파일)]−[Save(저장)](Ctrl + S)를 선택한 후 기존 파일에 덮어쓰기 한다.

2 JPG 파일 형식으로 저장하기 위해 [File(파일)]−[Save as(다른 이름으로 저장)](Shift + Ctrl + S)를 선택한 후 파일 형식을 클릭해 JPEG로 선택한다. '내 PC₩문서₩GTQ' 폴더에 '수험번호−성명−1'로 입력한 후 [저장]을 누른다.

Q & A

Q : [File(파일)]-[Save as(다른 이름으로 저장)](Shift + Ctrl + S)를 이용해 저장할 경우 파일 형식에 JPEG 포맷이 보이지 않아요.

A : 방법 1 우측의 [Save a copy(사본 저장)]을 클릭해 파일 형식을 'JPEG(*.JPG, *.JPEG, *.JPE)'로 선택한다. 파일이름을 모두 지운 후 '수험번호-성명-1'로 입력하고 [저장]을 누른다.

방법 2 [Edit(편집)]-[Preferences(속성)]-[File Handling(파일 처리)](Ctrl + K)를 선택해 'Enable legacy "Save As"(기존 "다른 이름으로 저장" 활성화)'에 체크하고 저장한다.

③ PSD 파일의 사이즈를 1/10로 줄이기 위해 [Image(이미지)]-[Image Size(이미지 크기)](Alt + Ctrl + I)를 선택하여 단위 : Pixel, Width(폭) : 40px, Height(높이) : 50px, Resolution(해상도) : 72Pixels/nch로 설정 후 (OK)를 누른다.

④ [File(파일)]-[Save(저장)](Ctrl + S)를 선택한 후 작은 사이즈로 최종 저장한다.

⑤ 완성된 파일을 확인하기 위해 파일 탐색기를 열어 '내 PC\문서\GTQ' 폴더에서 확인한다.

⑥ 시험장의 작업표시줄에 나타나는 'Koas 수험자용'을 클릭해 우측의 답안 전송 을 클릭한 후 해당하는 번호에 체크한다. 하단의 답안 전송 을 클릭한 후 닫기 를 누르면 최종 전송된 답안으로 채점이 이루어진다.

Q : JPG로 저장했으나 파일 탐색기에서 확인하면 그림과 같이 미리보기 되지 않고 더블클릭하면 '지원되지 않는 형식'으로 뜨네요.

A : 수험생들이 가장 많이 하는 실수 중 하나로, '다른 이름으로 저장' 시 파일 형식을 '.psd'로 유지한 채 '수험번호-성명-1.jpg'로 입력한 경우 발생하는 에러입니다.

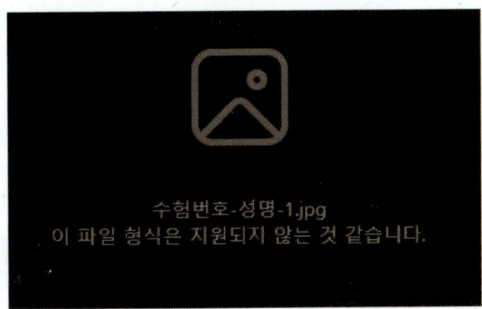

문제 2 [기능평가] 사진편집 응용 20점

사용 이미지 미리보기

1급-4.jpg   1급-5.jpg   1급-6.jpg

사용자 정의 모양 미리보기

사용 기능

필터	[Filter(필터)]-[Filter Gallery(필터 갤러리)]-[Texture(텍스처)]-[Texturizer(텍스처화)]
색상 조정	[Image(이미지)]-[Adjustment(조정)]-[Hue/Saturation(색조/채도)](Ctrl + U)
이미지 추출	Quick Selection Tool(빠른 선택,)
이미지 사이즈	[Image(이미지)]-[Image Size(이미지 크기)](Alt + Ctrl + I)

01 새 캔버스 생성 및 필터

1 [File(파일)]−[New(새로 만들기)](Ctrl + N)를 선택한 후 아래의 조건으로 설정하고 [Create(만들기)]를 누른다.
- PRESET DETAILS(사전 설정 세부 정보) : 수험번호−성명−2
- 단위 : Pixels
- Width(폭) : 400
- Height(높이) : 500
- Resolution(해상도) : 72Pixels/Inch
- Color Mode(색상모드) : RGB
- Backgound Contents(배경색) : White

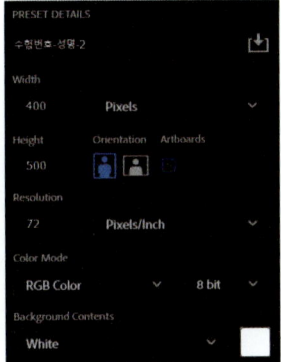

2 [Edit(편집)]−[Preferences(속성)]−[Guides, Grid & Slices(안내선, 격자 및 분할 영역)](Ctrl + K)를 선택해 'Grid(격자)'의 Gridline Every(격자 간격) : 100Pixels, Subdivisions(세분) : 1로 설정한 다음 OK 를 누른다.

3 [View(보기)]−[Show(표시)]−[Grid(격자)](Ctrl + ')와 [View(보기)]−[Rulers(눈금자)](Ctrl + R)를 나타낸다.

4 [File(파일)]−[Save as(다른 이름으로 저장)](Shift + Ctrl + S)를 클릭한 후 '내 PC₩문서₩GTQ' 폴더에 '수험번호−성명−2.psd'로 입력하고 [저장]을 누른다.

5 [File(파일)]−[Open(열기)](Ctrl + O)를 선택한 후 '1급−4.jpg'를 불러온다.

6 Ctrl + A 로 전체 선택한 후 Ctrl + C 로 복사하고 작업파일을 선택한 후 Ctrl + V 로 붙여넣기 한다.

7 Ctrl + T 로 크기/위치를 조절하고 Enter 를 누른다.

8 [Filter(필터)]-[Filter Gallery(필터 갤러리)]-[Texture(텍스처)]-[Texturizer(텍스처화)] 필터를 적용하고 OK 를 누른다.

02 이미지 추출 및 색상 보정

1 [File(파일)]-[Open(열기)](Ctrl + O)을 선택한 후 '1급-5.jpg'를 불러온다.

2 Quick Selection Tool(빠른 선택,)을 선택한 후 선택영역을 지정한다. 수정할 부분은 Lasso Tool(올가미,)이나 Polygonal Lasso Tool(다각형 올가미,) 등을 이용해 Shift 와 함께 영역을 추가할 수 있고 Alt 와 함께 영역을 제외할 수 있다.

Plus@

브러시의 크기는 [,] 를 이용해 조정할 수 있으며 Caps Lock 키가 켜져 있다면 브러시의 크기를 알 수 없다.

3 Ctrl + C 를 눌러 복사하고 작업파일을 선택한 후 Ctrl + V 를 눌러 붙여넣기 한다.

4 Ctrl + T 로 좌우대칭하기 위해 조절점 안쪽에서 마우스 오른쪽 클릭 후 Flip Horizontal(가로로 뒤집기)을 선택한다. 크기/위치를 조절한 후 Enter 를 누른다.

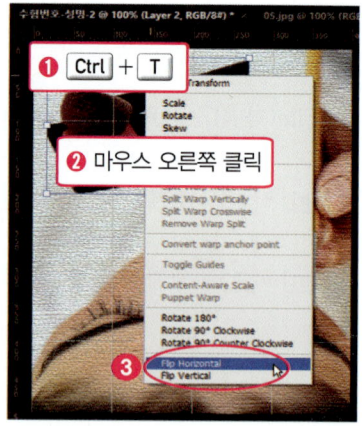

5 팔레트 부분만 녹색 계열로 보정하기 위해 Quick Selection Tool(빠른 선택,)로 지정한 후 [Image(이미지)]-[Adjustment(조정)]-[Hue/Saturation(색조/채도)](Ctrl + U)를 선택한다.

6 Colorize(색상화)에 체크 후 아래와 같이 값을 변경하고 (OK)를 누른다.
- Hue(색조) : 110
- Saturation(채도) : 50

Plus@

선택영역으로 지정한 후 [Layers(레이어)] 패널 하단의 Create new fill or adjustment layer(조정 레이어,)를 이용해 색상을 변경하면 별도의 레이어가 생성되어 차후에 수정이 용이하다.

7 선택영역을 해제하기 위해 [Select(선택)]-[Deselect(해제)](Ctrl + D)를 누른다.

8 레이어 스타일을 적용하기 위해 [Layers(레이어)] 패널 하단의 fx 를 눌러 Drop Shadow(그림자 효과)를 선택해 값을 변경하고 (OK)를 누른다.
- Opacity(불투명도) : 60~70%
- Angle(각도) : 90~120°
- Distance(거리) : 5~7px
- Spread(스프레드) : 0~10%
- Size(크기) : 5~7px

03 이미지 추출 및 레이어 스타일

1 [File(파일)]-[Open(열기)](Ctrl + O)을 선택한 후 '1급-6.jpg'를 불러온다.

2 Quick Selection Tool(빠른 선택,)로 선택한 후 제외할 부분은 Alt 와 함께 선택한다.

3 Ctrl + C 로 복사하고 작업파일을 선택한 후 Ctrl + V 로 붙여넣기 한다.

4 Ctrl + T 로 크기/위치를 조절하고 Enter 를 누른다.

5 레이어 스타일을 적용하기 위해 [Layers(레이어)] 패널 하단의 Add a layer style(레이어 스타일 추가, fx)를 선택한 후 Outer Glow (외부 광선)를 선택해 아래와 같이 값을 변경하고 OK 를 누른다.
- Opacity(불투명도) : 60~70%
- Spread(스프레드) : 0~10%
- Size(크기) : 10~15px

04 모양 지정 및 레이어 스타일

1 Custom Shape Tool(사용자 정의 모양,)을 선택한 후 옵션 바에서 Pick Tool Mode(선택 도구 모드) : Shape(모양, Shape), Stroke(획) : 색상 없음( )으로 설정하고 모양 선택(Shape:)을 눌러 아래의 모양을 찾아 그린다.
- 기본 경로 : Legacy Shapes and More(레거시 모양 및 기타) - All Legacy Default Shapes(모든 레거시 기본 모양)
- Ornaments(장식) - 장식 1( )

2 Ctrl + T 로 회전/크기/위치를 조절하고 Enter 를 누른다.

3 색을 적용하기 위해 [Layers(레이어)] 패널의 Layer Thumbnail(레이어 축소판, ▦)을 더블클릭한 후 #993366을 입력하고 OK 를 누른다.

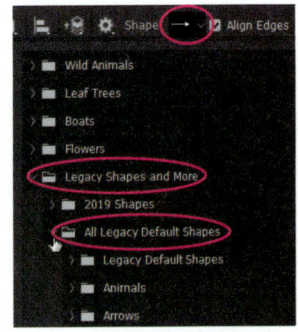

4 레이어 스타일을 적용하기 위해 [Layers(레이어)] 패널 하단의 Add a layer style(레이어 스타일 추가, fx.)을 눌러 Stroke(획)를 선택해 값을 변경하고 OK 를 누른다.
- Size(크기) : 2px
- Position(위치) : Outside(바깥쪽)
- Fill Type(칠 유형) : Color(색상)
- 색상값 : #ffff99

5 Ctrl + J 를 눌러 복제한다.

> **Plus @**
> Move Tool(이동)을 선택한 후 Shape(모양)를 Alt 와 함께 드래그하여 이동복사할 수 있다.

6 Ctrl + T 로 좌우대칭하기 위해 조절점 안쪽에서 마우스 오른쪽 클릭 후 Flip Horizontal(가로로 뒤집기)을 선택한다. 크기/위치를 조절한 후 Enter 를 누른다.

7 색을 적용하기 위해 [Layers(레이어)] 패널의 장식1 복사 Layer Thumbnail(레이어 축소판, ▦)을 더블클릭한 후 #333366을 입력하고 OK 를 누른다.

CHAPTER 01 기출유형 따라하기 153

⑧ 다른 모양을 추가하기 위해 Symbols(기호) - 폭발 1(★)을 찾아 그린다.

⑨ 색을 적용하기 위해 [Layers(레이어)] 패널의 Layer Thumbnail(레이어 축소판, ▦)을 더블클릭한 후 #66cc33을 입력하고 OK 를 누른다.

⑩ 레이어 스타일을 적용하기 위해 [Layers(레이어)] 패널 하단의 Add a layer style(레이어 스타일 추가, fx.)을 눌러 Inner Shadow(내부 그림자)를 선택한 후 아래와 같이 값을 변경하고 OK 를 누른다.
- Opacity(불투명도) : 60~70%
- Angle(각도) : 90~120°
- Distance(거리) : 5~7px
- Choke(경계 감소) : 0%
- Size(크기) : 5~7px

05 문자 효과

① Type Tool(수평 문자, T)을 선택한 후 빈 공간을 클릭한다. Makeup Artist를 입력한 후 Ctrl + Enter 를 눌러 완료한다.

② 옵션 바나 [Character(문자)] 패널에서 Times New Roman, Bold, 48pt로 설정한다.

③ 레이어 스타일을 적용하기 위해 [Layers(레이어)] 패널 하단의 Add a layer style(레이어 스타일 추가, fx.)을 누른 후 Gradient Overlay(그레이디언트 오버레이)를 선택해 아래와 같이 값을 변경한다.
- Opacity(불투명도) : 100%
- Style : Linear(선형)
- Angle(각도) : 90°
- Scale(비율) : 100%

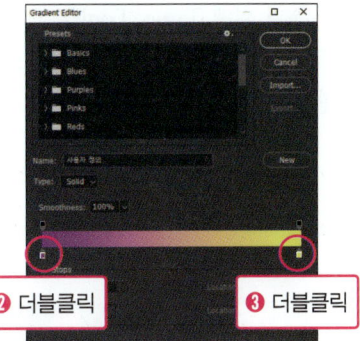

❷ 더블클릭   ❸ 더블클릭

4 Gradient(그레이디언트) 편집 창()을 클릭한 후 Color Stop(색상 정지점)을 더블클릭하여 좌측 : #cc00cc, 우측 : #ffff00으로 변경하고 OK 를 누른다.

> **Plus@**
> 색이 반대로 적용된 경우 Reverse(반전)에 체크하거나 Angle(각도)을 반대로 적용한다.

5 레이어 스타일을 추가하기 위해 Drop Shadow(그림자 효과)를 선택한 후 아래와 같이 값을 변경하고 OK 를 누른다.
- Opacity(불투명도) : 60~70%
- Angle(각도) : 90~120°
- Distance(거리) : 5~7px
- Spread(스프레드) : 0~10%
- Size(크기) : 5~7px

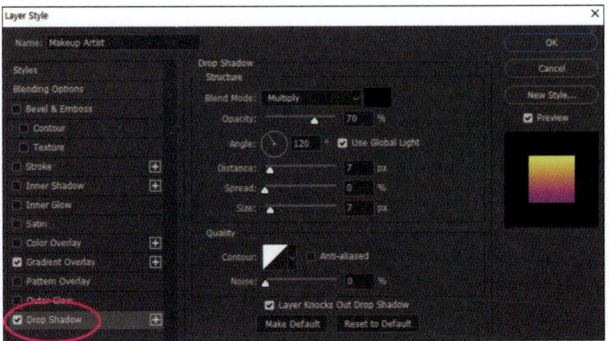

> **Plus@**
> 레이어 스타일을 추가하기 위해 체크박스에 체크만 하면 속성 부분이 보이지 않기 때문에 이름 부분을 선택해야 한다.

6 텍스트를 뒤틀기 위해 Type Tool(수평 문자, T)을 선택한 후 옵션 바의 Create warped text(뒤틀어진 텍스트 만들기, T)를 클릭한다. Style(스타일) : Bulge(돌출), Bend(구부리기) : +50%로 값을 변경하고 OK 를 누른다.

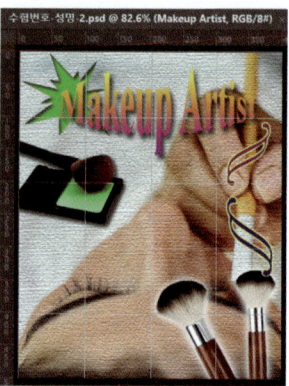

06 ▶ PSD, JPG 형식으로 저장하기

1 [File(파일)]-[Save(저장)](Ctrl + S)를 선택한 후 기존 파일에 덮어쓰기 한다.

2 JPG 파일 형식으로 저장하기 위해 [File(파일)]-[Save as(다른 이름으로 저장)](Shift + Ctrl + S)를 선택한 후 파일 형식을 클릭해 JPEG로 선택한다. '내 PC₩문서₩GTQ' 폴더에 '수험번호-성명-2'로 입력한 후 [저장]을 누른다.

③ PSD 파일의 사이즈를 1/10로 줄이기 위해 [Image(이미지)]-[Image Size(이미지 크기)](Alt + Ctrl + I)를 선택한 후 단위 : Pixel, Width(폭) : 40px, Height(높이) : 50px, Resolution(해상도) : 72Pixels/Inch로 설정 후 OK 를 누른다.

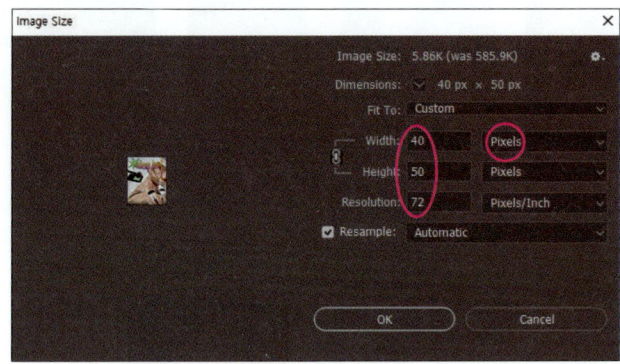

④ [File(파일)]-[Save(저장)](Ctrl + S)를 선택한 후 작은 사이즈로 최종 저장한다.

⑤ 완성된 파일을 확인하기 위해 파일 탐색기를 열어 '내 PC\문서\GTQ' 폴더에서 확인한다.

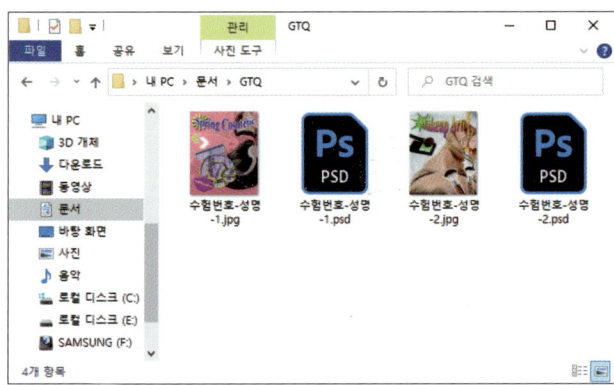

⑥ 시험장의 작업표시줄에 나타나는 'Koas 수험자용'을 클릭해 우측의 답안 전송 을 클릭한 후 해당하는 번호에 체크한다. 하단의 답안 전송 을 클릭한 후 닫기 를 누르면 최종 전송된 답안으로 채점이 이루어진다.

문제 3 [실무응용] 포스터 제작 25점

사용 이미지 미리보기

1급-7.jpg

1급-8.jpg

1급-9.jpg

1급-10.jpg

1급-11.jpg

사용자 정의 모양 미리보기

사용 기능

혼합모드	Darker Color(어두운 색상)
색상 조정	[Image(이미지)]-[Adjustment(조정)]-[Hue/Saturation(색조/채도)](Ctrl + U)
필터	• [Filter(필터)]-[Filter Gallery(필터 갤러리)]-[Sketch(스케치 효과)]-[Water Paper(물 종이/젖은 종이)] • [Filter(필터)]-[Stylize(스타일화)]-[Wind(바람)]
이미지 추출	Quick Selection Tool(빠른 선택,)
레이어 마스크	Add layer mask(레이어 마스크 추가,)
선택영역 안쪽에 붙여넣기	[Edit(편집)]-[Paste Special(특수 붙여넣기)]-[Paste Into(안쪽에 붙여넣기)](Alt + Ctrl + Shift + V)
이미지 사이즈	[Image(이미지)]-[Image Size(이미지 크기)](Alt + Ctrl + I)

01 새 캔버스 생성 및 배경에 색 채우기

1 [File(파일)]−[New(새로 만들기)](Ctrl+N)를 선택한 후 아래의 조건으로 설정하고 [Create(만들기)]를 누른다.
- PRESET DETAILS(사전 설정 세부 정보) : 수험번호−성명−3
- 단위 : Pixels
- Width(폭) : 600
- Height(높이) : 400
- Resolution(해상도) : 72Pixels/Inch
- Color Mode(색상모드) : RGB
- Backgound Contents(배경색) : White

2 [Edit(편집)]−[Preferences(속성)]−[Guides, Grid & Slices(안내선, 격자 및 분할 영역)](Ctrl+K)를 선택한 후 'Grid(격자)'의 Gridline Every(격자 간격) : 100Pixels, Subdivisions(세분) : 1로 설정하고 OK 를 누른다.

3 [View(보기)]−[Show(표시)]−[Grid(격자)](Ctrl+')와 [View(보기)]−[Rulers(눈금자)](Ctrl+R)를 나타낸다.

4 [File(파일)]−[Save as(다른 이름으로 저장)](Shift+Ctrl+S)를 클릭한 후 '내 PC₩문서₩GTQ' 폴더에 '수험번호−성명−3.psd'로 입력하고 [저장]을 누른다.

5 배경에 색을 채우기 위해 도구상자의 Set foreground color(전경색, ■)을 클릭한 후 #ffcccc를 입력하고 OK 를 누른다. 전경색을 채우기 위해 Alt + Delete 를 누른다.

Plus@
- Set background color(배경색)에 색을 넣어 채우려면 Ctrl + Delete 를 누른다.
- 색상 값을 입력할 경우 #ffcccc → #fcc로 줄여 입력할 수 있다.

02 혼합모드 및 레이어 마스크

1 [File(파일)]-[Open(열기)](Ctrl + O)를 선택한 후 '1급-7.jpg'를 불러온다.

2 Ctrl + A를 눌러 전체 선택하고 Ctrl + C로 복사한다. 작업파일을 선택한 후 Ctrl + V를 눌러 붙여넣기 한다.

3 Ctrl + T로 크기/위치를 조절하고 Enter를 누른다.

4 혼합모드를 적용하기 위해 [Layers(레이어)] 패널의 Blending Mode(혼합모드, Normal)를 Darker Color(어두운 색상)로 선택한 후 Opacity(불투명도)를 70%로 변경한다.

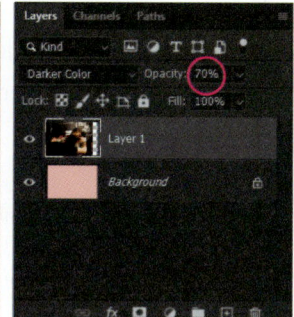

5 [File(파일)]-[Open(열기)](Ctrl + O)을 선택한 후 '1급-8.jpg'를 불러온다.

6 Ctrl + A를 눌러 전체 선택하고 Ctrl + C로 복사한다. 작업파일을 선택한 후 Ctrl + V를 눌러 붙여넣기 한다.

7 Ctrl + T로 크기/위치를 조절하고 Enter를 누른다.

8 [Filter(필터)]-[Filter Gallery(필터 갤러리)]-[Sketch(스케치 효과)]-[Water Paper(물 종이/젖은 종이)] 필터를 적용하고 OK를 누른다.

9 레이어 마스크를 적용하기 위해 [Layers(레이어)] 패널 하단의 Add layer mask(레이어 마스크 추가, ▢)를 클릭한다.

10 도구상자에서 Gradient Tool(그레이디언트, ▢)을 선택한 후 옵션 바에서 Gradient Presets(그레이디언트 사전 설정)을 클릭해 Basics(기본 사항)—'Black & White(검정, 흰색)'을 선택한다.

11 그림과 같이 가로 방향으로 드래그한다.

CHAPTER 01 기출유형 따라하기 **161**

03 선택영역 안에 붙여넣기 및 필터

1 [File(파일)]-[Open(열기)](Ctrl + O)을 선택한 후 '1급-9.jpg', '1급-10.jpg'를 불러온다.

2 먼저 '1급-10.jpg' 파일에서 Quick Selection Tool(빠른 선택,)로 거울 전체를 선택한 다음 제외할 부분은 Alt 와 함께 선택한다.

> **Plus α**
>
> 그리드로 인해 선택에 지장이 있다면 Ctrl + ' 를 눌러 숨기거나 [View(보기)]-[Snap To(스냅 옵션)]-[Grid(그리드)]의 선택을 해제하면 그리드의 영향을 받지 않는다.

> **Plus α**
>
> 거칠어진 선택영역을 정리하고 싶다면 [Select(선택)]-[Modify(수정)]-[Smooth(매끄럽게)]를 선택해 2px 정도의 값을 입력하고 OK 를 누른다.

3 Ctrl + C 를 눌러 복사하고 작업파일을 선택한 후 Ctrl + V 를 눌러 붙여넣기 한다.

4 Ctrl + T 로 좌우대칭하기 위해 조절점 안쪽에서 마우스 오른쪽 클릭 후 Flip Horizontal(가로로 뒤집기)을 선택한다. 크기/위치를 조절한 후 Enter 를 누른다.

5 '1급-9.jpg'를 선택영역의 안쪽에 붙이기 위해 '1급-10.jpg'의 해당 부분을 Quick Selection Tool(빠른 선택,)로 선택한다.

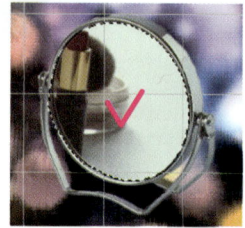

6 '1급-9.jpg'로 이동해 Ctrl + A 로 전체 선택한 후 Ctrl + C 로 복사한다. 작업파일을 선택한 후 [Edit(편집)]-[Paste Special(특수 붙여넣기)]-[Paste Into(안쪽에 붙여넣기)](Alt + Ctrl + Shift + V)를 누른다.

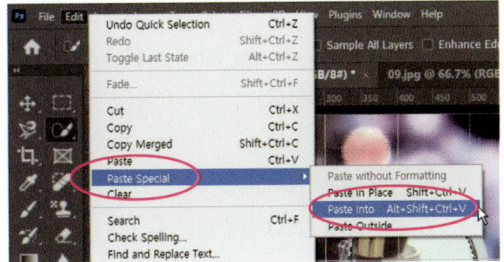

7 Ctrl + T 로 크기/위치를 조절하고 Enter 를 누른다.

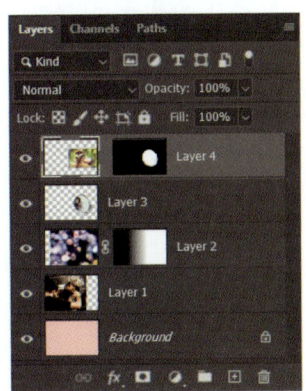

8 [Filter(필터)]-[Stylize(스타일화)]-[Wind(바람)] 필터를 적용한 다음 OK 를 누른다.

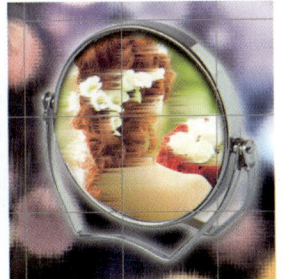

⑨ 레이어 스타일을 적용하기 위해 [Layers(레이어)] 패널 하단의 Add a layer style(레이어 스타일 추가, fx)를 선택한다. Inner Shadow(내부 그림자)를 선택한 후 아래와 같이 값을 변경하고 OK 를 누른다.
- Opacity(불투명도) : 60~70%
- Angle(각도) : 90~120°
- Distance(거리) : 5~7px
- Choke(경계 감소) : 0%
- Size(크기) : 5~7px

⑩ '1급-10.jpg' 레이어를 선택한 후 레이어 스타일을 적용하기 위해 [Layers(레이어)] 패널 하단의 Add a layer style(레이어 스타일 추가, fx)를 선택한다. Outer Glow(외부 광선)를 선택한 후 아래와 같이 값을 변경한다.
- Opacity(불투명도) : 60~70%
- Spread(스프레드) : 0~10%
- Size(크기) : 10~15px

⑪ 레이어 스타일을 추가하기 위해 Drop Shadow(그림자 효과)를 선택한 후 아래와 같이 값을 변경하고 OK 를 누른다.
- Opacity(불투명도) : 60~70%
- Angle(각도) : 90~120°
- Distance(거리) : 5~7px
- Spread(스프레드) : 0~10%
- Size(크기) : 5~7px

04 이미지 추출 및 색상 보정

① [File(파일)]-[Open(열기)](Ctrl + O)을 선택한 후 '1급-11.jpg'를 불러온다.

② Quick Selection Tool(빠른 선택,)로 배경을 선택한 후 안쪽 배경도 추가로 선택한다.

3 선택영역을 반전하기 위해 [Select(선택)]-[Inverse(반전)](Shift + Ctrl + I)를 누른다.

4 Ctrl + C 로 복사한 후 작업파일을 선택하고 Ctrl + V 를 눌러 붙여넣기 한다.

5 Ctrl + T 로 크기/위치를 조절하고 Enter 를 누른다.

6 물조리개 바디 부분만 파란색 계열로 보정하기 위해 Quick Selection Tool(빠른 선택,)로 지정한 후 [Image(이미지)]-[Adjustment(조정)]-[Hue/Saturation(색조/채도)](Ctrl + U)을 선택한다.

7 Colorize(색상화)에 체크 후 값을 Hue(색조) : 220, Saturation(채도) : 50으로 변경하고 (OK)를 누른다.

8 선택영역을 해제하기 위해 [Select(선택)]-[Deselect(해제)](Ctrl + D)를 누른다.

9 레이어 스타일을 적용하기 위해 [Layers(레이어)] 패널 하단의 Add a layer style(레이어 스타일 추가, fx)를 눌러 Stroke(획)를 선택한다. 아래와 같이 값을 변경한 후 (OK)를 누른다.
- Size(크기) : 5px
- Position(위치) : Outside(바깥쪽)
- Fill Type(칠 유형) : Gradient(그레이디언트)
- Style(스타일) : Linear(선형)
- Angle(각도) : 0°

⓾ Gradient(그레이디언트) 편집 창(　　　)을 클릭한 후 Color Stop(색상 정지점)을 더블클릭한다. 좌측 : #ff6699, 우측 Opacity Stop(불투명도 정지점) : 0%로 변경하고 OK 를 누른다.

05 모양 지정 및 레이어 스타일

❶ Custom Shape Tool(사용자 정의 모양, 　　)을 선택한 후 옵션 바에서 Pick Tool Mode(선택 도구 모드) : Shape(모양, 　Shape　), Stroke(획) : 색상 없음(　　)으로 설정한다. 모양 선택(Shape:　　)을 눌러 아래의 모양을 찾아 그린다.

- 기본 경로 : Legacy Shapes and More(레거시 모양 및 기타) – All Legacy Default Shapes(모든 레거시 기본 모양)
- Ornaments(장식) – 장식7(　　)

❷ Ctrl + T 로 회전/크기/위치를 조절하고 Enter 를 누른다.

❸ 레이어 스타일을 적용하기 위해 [Layers(레이어)] 패널 하단의 Add a layer style(레이어 스타일 추가, fx)을 눌러 Gradient Overlay(그레이디언트 오버레이)를 선택한 후 아래와 같이 값을 변경한다.
- Opacity(불투명도) : 100%
- Style(스타일) : Linear(선형)
- Angle(각도) : 90°
- Scale(비율) : 100%

④ Gradient(그레이디언트) 편집 창(▬▬▬)을 클릭한 후 Color Stop(색상 정지점)을 더블클릭하여 좌측 : #33cccc, 우측 : #ffcccc으로 변경하고 OK 를 누른다.

⑤ 레이어 스타일을 추가하기 위해 Drop Shadow(그림자 효과)를 선택한 후 아래와 같이 값을 변경하고 OK 를 누른다.
- Opacity(불투명도) : 60~70%
- Angle(각도) : 90~120°
- Distance(거리) : 5~7px
- Spread(스프레드) : 0~10%
- Size(크기) : 5~7px

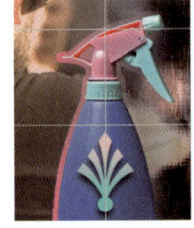

⑥ 다른 모양을 추가하기 위해 다음의 모양을 찾아 그린다.
Nature(자연) - 꽃 5(✹)

⑦ 색을 적용하기 위해 [Layers(레이어)] 패널의 Layer Thumbnail(레이어 축소판, ▦)을 더블클릭한 후 #ff99ff를 입력하고 OK 를 누른다.

⑧ 레이어 스타일을 적용하기 위해 [Layers(레이어)] 패널 하단의 Add a layer style(레이어 스타일 추가, fx.)을 눌러 Bevel and Emboss(경사와 엠보스)를 선택한 후 Depth(깊이) : 100%, Size(크기) : 7px로 값을 변경한다.

⑨ 불투명도를 조정하기 위해 [Layers(레이어)] 패널의 Opacity(불투명도)를 60%로 설정한다.

⑩ Ctrl + J 를 눌러 복제한다.

Plus @
Move Tool(이동)을 선택하여 Shape(모양)를 Alt 와 함께 드래그하여 이동복사 할 수 있다.

⑪ Ctrl + T 로 크기/위치를 조절하고 Enter 를 누른다.

⑫ 색을 적용하기 위해 [Layers(레이어)] 패널의 '꽃 5 복사' Layer Thumbnail(레이어 축소판, ▦)을 더블클릭한 후 #ff9999를 입력하고 OK 를 누른다.

⑬ 다른 모양을 추가하기 위해 다음의 모양을 찾아 그린다.
Object(물건) - 가위 1(✂)

⑭ 색을 적용하기 위해 [Layers(레이어)] 패널의 Layer Thumbnail(레이어 축소판,)을 더블클릭한 후 #cc3366를 입력하고 OK 를 누른다.

⑮ 레이어 스타일을 적용하기 위해 [Layers(레이어)] 패널 하단의 Add a layer style(레이어 스타일 추가, fx)을 눌러 Outer Glow(외부 광선)를 선택한 후 아래와 같이 값을 변경하고 OK 를 누른다.
- Opacity(불투명도) : 60~70%
- Spread(스프레드) : 0~10%
- Size(크기) : 10~15px

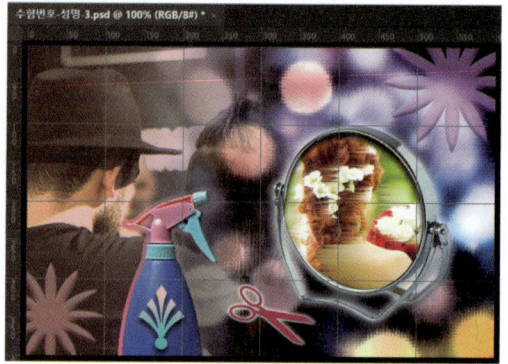

06 문자 효과

1 Type Tool(수평 문자, T)을 선택한 후 빈 공간을 클릭한다. 헤어 스타일링 박람회를 입력한 후 Ctrl + Enter 를 눌러 완료한다.

2 옵션 바나 [Character(문자)] 패널에서 궁서, 42pt로 설정한다. 스타일링 텍스트만 선택한 후 60pt로 변경한다.

3 레이어 스타일을 적용하기 위해 [Layers(레이어)] 패널 하단의 Add a layer style(레이어 스타일 추가, fx)을 눌러 Gradient Overlay(그레이디언트 오버레이)를 선택한 후 아래와 같이 값을 변경한다.
- Opacity(불투명도) : 100%
- Style(스타일) : Linear(선형)
- Angle(각도) : 0°, Scale(비율) : 100%

4 Gradient(그레이디언트) 편집 창(▬▬▬)을 클릭한 후 Color Stop(색상 정지점)을 더블클릭하여 좌측 : #ff33cc, 중간 : #339999, 우측 : #ff9933으로 변경하고 OK 를 누른다.

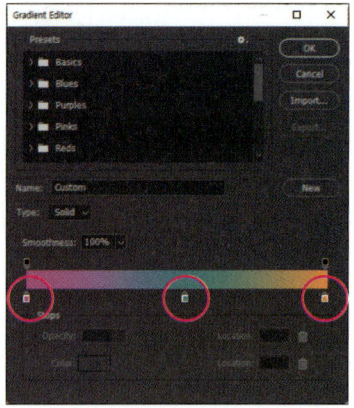

5 레이어 스타일을 추가하기 위해 Stroke(획)를 선택한 후 아래와 같이 값을 변경하고 OK 를 누른다.
- Size(크기) : 2px
- Position(위치) : Outside(바깥쪽)
- Fill Type(칠 유형) : Color(색상)
- 색상값 : #ffffff

6 레이어 스타일을 추가하기 위해 Drop Shadow(그림자 효과)를 선택한 후 아래와 같이 값을 변경하고 OK 를 누른다.
- Opacity(불투명도) : 60~70%
- Angle(각도) : 90~120°
- Distance(거리) : 5~7px
- Spread(스프레드) : 0~10%
- Size(크기) : 5~7px

7 텍스트를 뒤틀기 위해 Type Tool(수평 문자, T)을 선택한 후 옵션 바의 Create warped text(뒤틀어진 텍스트 만들기, T)를 클릭하여 Style(스타일) : Flag(깃발), Bend(구부리기) : +50%로 값을 변경하고 OK 를 누른다.

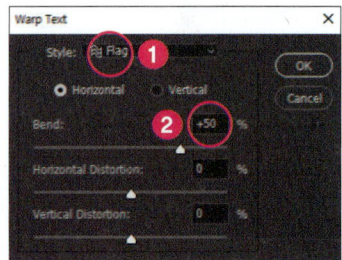

8 Type Tool(수평 문자, T)을 선택한 후 빈 공간을 클릭한다. Hair Styling Expo를 입력한 후 Ctrl + Enter 를 눌러 완료한다.

⑨ 옵션 바나 [Character(문자)] 패널에서 Arial, Regular, 18pt, #003366로 설정한다.

⑩ 레이어 스타일을 적용하기 위해 [Layers(레이어)] 패널 하단의 Add a layer style(레이어 스타일 추가, fx)을 눌러 Stroke(획)를 선택한다. 아래와 같이 값을 변경한 후 OK 를 누른다.
- Size(크기) : 2px
- Position(위치) : Outside(바깥쪽)
- Fill Type(칠 유형) : Color(색상)
- 색상값 : #ffffff

⑪ 텍스트를 뒤틀기 위해 Type Tool(수평 문자, T)을 선택한 후 옵션 바의 Create warped text(뒤틀어진 텍스트 만들기,)를 클릭한다. Style(스타일) : Arc(부채꼴), Bend(구부리기) : +50%로 값을 변경한 후 OK 를 누른다.

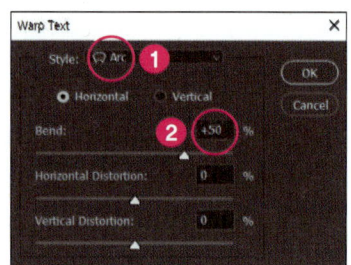

⑫ Type Tool(수평 문자, T)을 선택한 후 빈 공간을 클릭한다. 11월 3일(월) − 7일(금) / 킨텍스 제2전시장을 입력한 후 Ctrl + Enter 를 눌러 완료한다.

⑬ 옵션 바나 [Character(문자)] 패널에서 굴림, 18pt로 설정한다.

⑭ 레이어 스타일을 적용하기 위해 [Layers(레이어)] 패널 하단의 Add a layer style(레이어 스타일 추가, fx)을 누르고 Gradient Overlay(그레이디언트 오버레이)를 선택한 후 아래와 같이 값을 변경한다.
- Opacity(불투명도) : 100%
- Style(스타일) : Linear(선형)
- Angle(각도) : 90°
- Scale(비율) : 100%

⑮ Gradient(그레이디언트) 편집 창( )을 클릭한 후 Color Stop(색상 정지점)을 더블클릭하여 좌측 : #006633, 우측 : #cc0099로 값을 변경하고 OK 를 누른다.

⑯ 레이어 스타일을 추가하기 위해 Stroke(획)를 선택한다. 아래와 같이 값을 변경한 후 OK 를 누른다.
- Size(크기) : 2px
- Position(위치) : Outside(바깥쪽)
- Fill Type(칠 유형) : Color(색상)
- 색상값 : #ffffff

⑰ Type Tool(수평 문자, T)을 선택한 후 빈 공간을 클릭한다. 헤어 스타일 / 메이크업 시연을 입력한 후 Ctrl + Enter 를 눌러 완료한다.

⑱ 옵션 바나 [Character(문자)] 패널에서 굴림, 17pt, #6633cc로 설정한다. 메이크업 시연 텍스트만 선택하여 #cc0000로 변경한 후 Ctrl + Enter 를 눌러 완료한다.

⑲ 레이어 스타일을 적용하기 위해 [Layers(레이어)] 패널 하단의 Add a layer style(레이어 스타일 추가, fx)을 눌러 Stroke(획)를 선택한다. 아래와 같이 값을 변경한 후 OK 를 누른다.
- Size(크기) : 2px
- Position(위치) : Outside(바깥쪽)
- Fill Type(칠 유형) : Color(색상)
- 색상값 : #ffffff

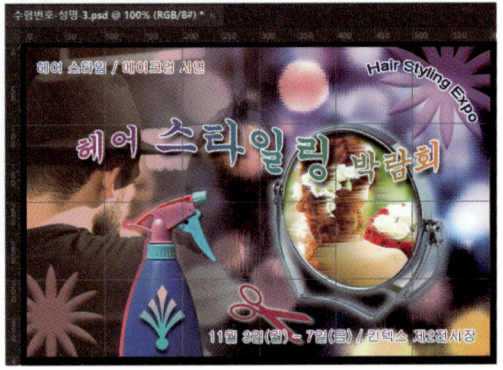

07 PSD, JPG 형식으로 저장하기

1 [File(파일)]−[Save(저장)](Ctrl + S)를 선택한 후 기존 파일에 덮어쓰기 한다.

2 JPG 파일 형식으로 저장하기 위해 [File(파일)]−[Save as(다른 이름으로 저장)](Shift + Ctrl + S)를 선택한 후 파일 형식을 클릭해 JPEG로 선택한다. '내 PC₩문서₩GTQ' 폴더에 '수험번호−성명−3'으로 입력한 후 [저장]을 누른다.

❸ PSD 파일의 사이즈를 1/10로 줄이기 위해 [Image(이미지)]-[Image Size(이미지 크기)](Alt + Ctrl + I)를 선택한 후 단위 : Pixel, Width(폭) : 60px, Height(높이) : 40px, Resolution(해상도) : 72Pixels/Inch로 설정하고 OK 를 누른다.

❹ [File(파일)]-[Save(저장)](Ctrl + S)를 선택한 후 작은 사이즈로 최종 저장한다.

❺ 완성된 파일을 확인하기 위해 파일 탐색기를 열고 '내 PC₩문서₩GTQ' 폴더에서 확인한다.

❻ 시험장의 작업표시줄에 나타나는 'Koas 수험자용'을 클릭해 우측의 답안 전송 을 클릭한 후 해당하는 번호에 체크한다. 하단의 답안 전송 을 클릭한 후 닫기 를 누르면 최종 전송된 답안으로 채점이 이루어진다.

문제 4 [실무응용] 웹 페이지 제작 35점

사용 이미지 미리보기

1급-12.jpg   1급-13.jpg   1급-14.jpg

1급-15.jpg   1급-16.jpg   1급-17.jpg

사용자 정의 모양 미리보기

사용 기능

패턴 정의 및 적용	• [Edit(편집)]-[Define Pattern(패턴 정의)] • 레이어 스타일 : Pattern Overlay(패턴 오버레이)
혼합모드	Hard Light(하드 라이트)
색상 조정	[Image(이미지)]-[Adjustment(조정)]-[Hue/Saturation(색조/채도)](Ctrl + U)
필터	• [Filter(필터)]-[Filter Gallery(필터 갤러리)]-[Artistic(예술효과)]-[Dry Brush(드라이 브러시)] • [Filter(필터)]-[Filter Gallery(필터 갤러리)]-[Artistic(예술 효과)]-[Film Grain(필름 그레인)]
이미지 추출	• Magic Wand Tool(자동 선택,) • Magnetic Lasso Tool(자석 올가미,) • Quick Selection Tool(빠른 선택,)
레이어 마스크	Add layer mask(레이어 마스크 추가,)
이미지 사이즈	[Image(이미지)]-[Image Size(이미지 크기)](Alt + Ctrl + I)

01 새 캔버스 생성 및 배경에 색 채우기

1 [File(파일)]－[New(새로 만들기)](Ctrl+N)를 선택한 후 아래와 같이 설정하고 [Create(만들기)]를 누른다.
- PRESET DETAILS(사전 설정 세부 정보) : 수험번호－성명－4
- 단위 : Pixels
- Width(폭) : 600
- Height(높이) : 400
- Resolution(해상도) : 72Pixels/Inch
- Color Mode(색상모드) : RGB
- Backgound Contents(배경색) : White

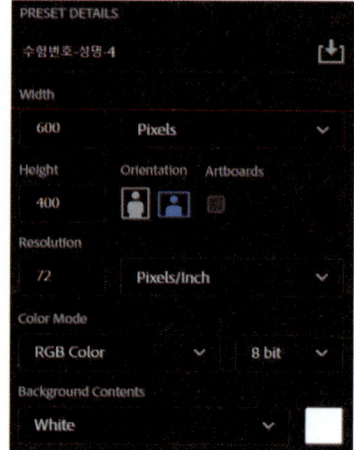

2 [Edit(편집)]－[Preferences(속성)]－[Guides, Grid & Slices(안내선, 격자 및 분할 영역)](Ctrl+K)를 선택한 후 'Grid(격자)'의 Gridline Every(격자 간격) : 100Pixels, Subdivisions(세분) : 1로 설정하고 OK를 누른다.

3 [View(보기)]－[Show(표시)]－[Grid(격자)](Ctrl+')와 [View(보기)]－[Rulers(눈금자)](Ctrl+R)를 나타낸다.

4 [File(파일)]－[Save as(다른 이름으로 저장)](Shift+Ctrl+S)를 클릭한 후 '내 PC₩문서₩GTQ' 폴더에 '수험번호－성명－4.psd'로 입력하고 [저장]을 누른다.

5 배경에 색을 채우기 위해 도구상자의 Set foreground color(전경색, ■)를 클릭한 후 #cccccc를 입력하고 OK를 누른다. 전경색을 채우기 위해 Alt+Delete를 누른다.

02 패턴 제작 및 등록

1 Pattern(패턴)을 만들기 위해 [File(파일)]–[New(새로 만들기)](Ctrl + N)를 선택한 후 아래와 같이 설정하고 [Create(만들기)]를 누른다.
- 단위 : Pixels
- Width(폭) : 40
- Height(높이) : 40
- Resolution(해상도) : 72Pixels/Inch
- Color Mode(색상모드) : RGB
- Backgound Contents(배경색) : White

2 Custom Shape Tool(사용자 정의 모양,)을 선택한 후 옵션 바에서 Pick Tool Mode(선택 도구 모드) : Shape(모양, Shape), Stroke(획) : 색상 없음( )으로 설정하고 아래의 모양을 찾아 그린다.
- 기본 경로 : Legacy Shapes and More(레거시 모양 및 기타) – All Legacy Default Shapes(모든 레거시 기본 모양)
- Shapes(모양) – 얼룩 2( )

3 색을 적용하기 위해 [Layers(레이어)] 패널의 Layer Thumbnail(레이어 축소판,)을 더블클릭한 후 #ff9999을 입력하고 OK 를 누른다.

4 다른 모양을 추가하기 위해 다음의 모양을 찾아 그린다.
Shapes(모양) – 얼룩 2 프레임( )

5 색을 적용하기 위해 [Layers(레이어)] 패널의 Layer Thumbnail(레이어 축소판,)을 더블클릭한 후 #ffffff을 입력하고 OK 를 누른다.

6 [Layers(레이어)] 패널 하단 Background(배경)의 눈 아이콘( )을 클릭해 해제한다.

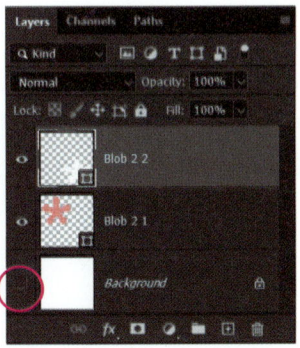

7 패턴을 정의하기 위해 [Edit(편집)]−[Define Pattern(패턴 정의)]을 눌러 확인한 후 OK 를 누른다.

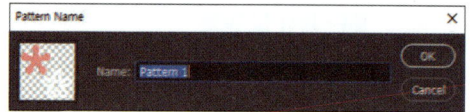

> **Plus α**
>
> 처음부터 배경색을 투명하게 지정하기 위해 Backgound Contents(배경색)를 Transparent(투명)으로 선택하여 작업할 수 있다.
> 다음 작업을 하기 위해 새 파일 지정 시 Backgound Contents(배경색)가 Transparent(투명)으로 선택되어 있다면 White로 수정해 준다.

> **Plus α**
>
> 만약 일부분만 선택영역이 잡혀 있다면 패턴을 정의할 경우 선택영역만 정의되니 주의해야 한다.

03 혼합모드 및 레이어 마스크

1 [File(파일)]−[Open(열기)](Ctrl + O)을 선택한 후 '1급−12.jpg'를 불러온다.

2 Ctrl + A 로 전체 선택한 후 Ctrl + C 로 복사하고 작업파일을 선택한 후 Ctrl + V 로 붙여넣기 한다.

3 Ctrl + T 로 크기/위치를 조절하고 Enter 를 누른다.

4 혼합모드를 적용하기 위해 [Layers(레이어)] 패널의 Blending Mode(혼합모드, Normal)를 'Hard Light(하드 라이트)'로 선택한다.

5 레이어 마스크를 적용하기 위해 [Layers(레이어)] 패널 하단의 Add layer mask(레이어 마스크 추가, ◯)를 클릭한다.

6 도구상자에서 Gradient Tool(그레이디언트, ▢)을 선택한 후 옵션 바에서 Gradient Presets(그레이디언트 사전 설정)을 클릭해 Basics(기본 사항)−'Black & White(검정, 흰색)'을 선택한다.

7 그림과 같이 대각선 방향으로 드래그한다.

8 [File(파일)]-[Open(열기)](Ctrl + O)을 선택한 후 '1급-13.jpg'를 불러온다.

9 Ctrl + A 로 전체 선택한 후 Ctrl + C 로 복사하고 작업파일을 선택한 후 Ctrl + V 로 붙여넣기 한다.

10 Ctrl + T 로 크기/위치를 조절하고 Enter 를 누른다.

11 [Filter(필터)]-[Filter Gallery(필터 갤러리)]-[Artistic(예술효과)]-[Dry Brush(드라이 브러시)] 필터를 적용한 후 (OK)를 누른다.

12 5, 6을 참고해 레이어 마스크를 적용하여 가로 방향으로 드래그한다.

04 이미지 추출 및 색상 보정

1 [File(파일)]−[Open(열기)](Ctrl + O)을 선택한 후 '1급−14.jpg'를 불러온다.

2 Magic Wand Tool(자동 선택,)을 선택한 후 옵션 바의 Tolerance(허용치)를 10으로 변경한 다음 배경을 클릭한다.

3 Lasso Tool(올가미,)을 선택한 후 Alt 와 함께 제외할 영역을 지정한 다음 선택영역을 반전하기 위해 [Select(선택)]−[Inverse(반전)](Shift + Ctrl + I)를 누른다.

> **Plus@**
>
> 옵션 바의 값을 초기화시키려면 'Current Tool(현재 도구)' 아이콘에서 마우스 오른쪽 클릭 후 'Reset Tool(도구 재설정)' 또는 'Reset All Tools(모든 도구 재설정)'을 선택하여 그림과 같이 대화상자가 뜨면 OK 를 누른다.
>
>

4 Ctrl + C 로 복사하고 작업파일을 선택한 후 Ctrl + V 로 붙여넣기 한다.

5 Ctrl + T 로 크기/위치를 조절하고 Enter 를 누른다.

6 레이어 스타일을 적용하기 위해 [Layers(레이어)] 패널 하단의 Add a layer style(레이어 스타일 추가, fx)을 눌러 Bevel and Emboss(경사와 엠보스)를 선택한 후 Depth(깊이) : 100%, Size(크기) : 7px로 값을 변경한다.

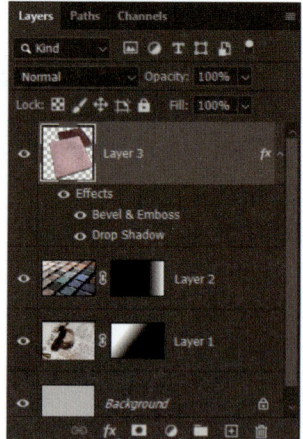

7 레이어 스타일을 추가하기 위해 Drop Shadow(그림자 효과)를 선택한 후 아래와 같이 값을 변경하고 OK 를 누른다.
- Opacity(불투명도) : 60~70%
- Angle(각도) : 90~120°
- Distance(거리) : 5~7px
- Spread(스프레드) : 0~10%
- Size(크기) : 5~7px

8 [File(파일)]-[Open(열기)](Ctrl + O)을 선택한 후 '1급-15.jpg'를 불러온다.

9 Magnetic Lasso Tool(자석 올가미,)을 선택한 후 옵션 바의 Frequency를 100으로 설정하고 첫 점을 클릭하여 이미지의 형태를 따라 추출한다.

10 Ctrl + C 로 복사한 후 작업파일을 선택하고 Ctrl + V 로 붙여넣기 한다.

11 Ctrl + T 로 크기/위치를 조절하고 Enter 를 누른다.

12 [Filter(필터)]-[Filter Gallery(필터 갤러리)]-[Artistic(예술 효과)]-[Film Grain(필름 그레인)] 필터를 적용한 후 OK 를 누른다.

13 레이어 스타일을 적용하기 위해 [Layers(레이어)] 패널 하단의 Add a layer style(레이어 스타일 추가, fx)을 눌러 Outer Glow(외부 광선)를 선택한다. 아래와 같이 값을 변경하고 OK 를 누른다.
- Opacity(불투명도) : 60~70%
- Spread(스프레드) : 0~10%
- Size(크기) : 10~15px

14 [File(파일)]-[Open(열기)](Ctrl + O)을 선택한 후 '1급-16.jpg'를 불러온다.

15 Quick Selection Tool(빠른 선택,)로 선택영역을 지정한다.

16 Ctrl + C 로 복사한 후 작업파일을 선택하고 Ctrl + V 로 붙여넣기 한다.

17 Ctrl + T 로 크기/위치를 조절하고 Enter 를 누른다.

18 빨간색 계열로 보정하기 위해 Quick Selection Tool(빠른 선택,)로 선택영역(라벨 부분)을 지정한 후 [Image(이미지)]-[Adjustment(조정)]-[Hue/Saturation(색조/채도)](Ctrl + U)을 선택한다.

19 Colorize(색상화)에 체크 후 Hue(색조) : 0, Saturation(채도) : 50으로 값을 변경하고 OK 를 누른다.

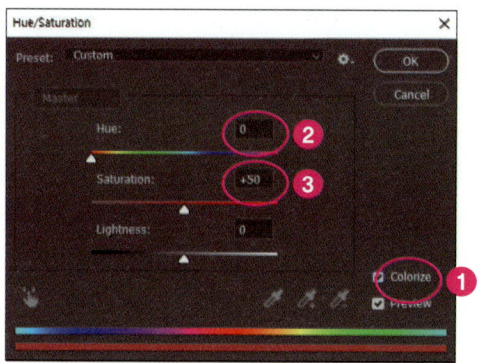

20 선택영역을 해제하기 위해 [Select(선택)]-[Deselect(해제)](Ctrl + D)를 누른다.

21 레이어 스타일을 적용하기 위해 [Layers(레이어)] 패널 하단의 Add a layer style(레이어 스타일 추가, fx)을 눌러 Bevel and Emboss(경사와 엠보스)를 선택한 후 Depth(깊이) : 100%, Size(크기) : 7px로 값을 변경하고 OK 를 누른다.

22 [File(파일)]-[Open(열기)](Ctrl + O)을 선택한 후 '1급-17.jpg'를 불러온다.

23 Quick Selection Tool(빠른 선택,)로 배경을 선택영역으로 지정한 다음 반전하기 위해 [Select(선택)]-[Inverse(반전)](Shift + Ctrl + I)를 누른다.

24 Ctrl + C 로 복사한 후 작업파일을 선택하고 Ctrl + V 로 붙여넣기 한다.

25 Ctrl + T 로 회전/크기/위치를 조절하고 Enter 를 누른다.

05 패스 제작 및 패턴 적용

1 Pen Tool(펜, ✎)을 선택한 후 옵션 바에서 Pick Tool Mode(선택 도구 모드) : Path(패스, `Path`), Path Operations(패스 작업) : Exclude Overlapping Shapes(모양 오버랩 제외, ▢)이나 Combine Shapes(모양 결합, ▢)로 지정한다.

2 배경 레이어만 눈을 켜고 나머지 레이어의 눈을 끄기 위해 배경 레이어의 눈 아이콘(👁)에서 마우스 오른쪽 클릭 후 'Show/hide all other layers(다른 모든 레이어 표시/숨기기)'를 선택한다. (선택사항)

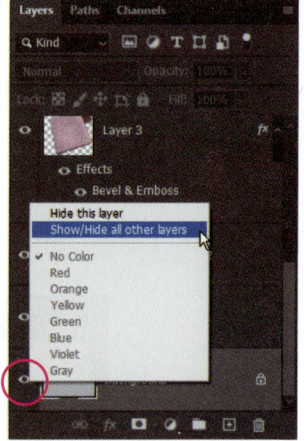

3 손 모양을 그린 후 패스의 유실을 방지하기 위해 [Path(패스)] 패널을 선택하고 Work Path(작업 패스) 이름 부분을 더블클릭한다. Save Path(패스 저장)가 나오면 `OK`를 누른다.

> **Tip**
> 패스의 수정은 Direct Selection Tool(직접 선택, ▶)로 기준점을 선택하여 수정한다.

4 레이어로 지정하기 위해 [Path(패스)] 패널 하단의 'Load as a selection(패스를 선택영역으로 지정, ⦿)'을 클릭한다.

> **Plus@**
> [Path(패스)] 패널의 Path Thumbnail(패스 축소판)을 `Ctrl`과 함께 클릭해도 선택영역으로 지정된다.

5 [Layers(레이어)] 패널로 이동한 후 하단의 Create a new layer(새 레이어, ➕, Ctrl + Shift + N)를 클릭해 추가한다.

6 색을 채우기 위해 도구상자의 Set foreground color(전경색, ◧)을 클릭한 후 #ffcccc를 입력하고 OK 를 누른다. 전경색을 채우기 위해 Alt + Delete 를 누른다.

7 레이어를 맨 위로 올리기 위해 Alt + Shift +] 를 누른다.

8 매니큐어 병을 그리기 위해 [Path(패스)] 패널로 이동한 후 하단의 Create new path(새 패스, ➕)를 클릭한다. Pen Tool(펜, ✒)을 선택한 후 매니큐어 병을 그린다.

9 4~6를 반복하여 색(#6666ff)을 채운다.

10 이와 같은 방법으로 '매니큐어 뚜껑'을 그린 후 색(#006699)을 채운다.

11 패턴을 적용하기 위해 [Layers(레이어)] 패널에서 손 모양 레이어를 선택한 후 [Layers(레이어)] 패널 하단의 Add a layer style(레이어 스타일 추가, fx)을 눌러 Pattern Overlay(패턴 오버레이)를 선택하고 Pattern(패턴)의 목록 단추를 클릭해 정의한 패턴을 선택한다.

> **Plus@**
> 패턴의 크기를 조절하고 싶다면 Scale(비율)을 조정해 출력 형태를 참고하여 맞춘다.

12 레이어 스타일을 추가하기 위해 Drop Shadow(그림자 효과)를 선택한 후 아래와 같이 값을 변경하고 OK 를 누른다.
- Opacity(불투명도) : 60~70%
- Angle(각도) : 90~120°
- Distance(거리) : 5~7px
- Spread(스프레드) : 0~10%
- Size(크기) : 5~7px

13 매니큐어 병과 뚜껑 레이어에도 레이어 스타일을 복제하기 위해 [Layers(레이어)] 패널의 Drop Shadow(그림자 효과)만 Alt 를 먼저 누른 상태에서 해당 레이어로 드래그하여 각각 복제한다.

> **Plus@**
> 세 개의 레이어를 Shift 와 함께 선택한 후 Ctrl + E 로 병합하여 레이어 스타일을 한 번만 설정할 수 있다. 단, 이 경우는 패턴의 수정이 어렵다.

14 모든 레이어의 눈을 켜기 위해 레이어의 눈 아이콘( )에서 마우스 오른쪽 클릭 후 'Show/hide all other layers(다른 모든 레이어 표시/숨기기)'를 클릭한다.

06 모양 지정 및 레이어 스타일

1 Custom Shape Tool(사용자 정의 모양,)을 선택한 후 옵션 바에서 Pick Tool Mode(선택 도구 모드) : Shape(모양, Shape), Stroke(획) : 색상 없음( )으로 설정한 다음 모양 선택(Shape:)을 눌러 아래의 모양을 찾아 그린다.
- 기본 경로 : Legacy Shapes and More(레거시 모양 및 기타) – All Legacy Default Shapes(모든 레거시 기본 모양)
- Shapes(모양) – 얼룩 1( )

2 레이어 스타일을 적용하기 위해 [Layers(레이어)] 패널 하단의 Add a layer style(레이어 스타일 추가, fx)을 눌러 Gradient Overlay(그레이디언트 오버레이)를 선택한 후 아래와 같이 값을 변경한다.
- Opacity(불투명도) : 100%
- Style(스타일) : Linear(선형)
- Angle(각도) : 90°
- Scale(비율) : 100%

3 Gradient(그레이디언트) 편집 창( )을 클릭한 후 Color Stop(색상 정지점)을 더블클릭하여 좌측 : #993333, 우측 : #ffcccc로 변경하고 OK 를 누른다.

4 레이어 스타일을 추가하기 위해 Inner Shadow(내부 그림자)를 선택한 후 아래와 같이 값을 변경하고 OK 를 누른다.
- Opacity(불투명도) : 60~70%
- Angle(각도) : 90~120°
- Distance(거리) : 5~7px
- Choke(경계 감소) : 0%
- Size(크기) : 5~7px

5 다른 모양을 추가하기 위해 다음의 모양을 찾아 그린다.
Nature(자연) − 구름 1( )

6 색을 적용하기 위해 [Layers(레이어)] 패널의 Layer Thumbnail(레이어 축소판,)을 더블클릭한 후 #cc9999를 입력하고 OK 를 누른다.

7 레이어 스타일을 적용하기 위해 [Layers(레이어)] 패널 하단의 Add a layer style(레이어 스타일 추가, fx)를 눌러 Inner Glow(내부 광선)를 선택한 후 아래와 같이 값을 변경하고 OK 를 누른다.
- Opacity(불투명도) : 60~70%
- Choke(경계 감소) : 0%
- Size(크기) : 10~15px

8 메뉴 부분을 만들기 위해 다음의 모양을 찾아 그린다.
Shapes(모양) − Hexagon(육각형,)

9 레이어 스타일을 적용하기 위해 [Layers(레이어)] 패널 하단의 Add a layer style(레이어 스타일 추가, fx)을 눌러 Gradient Overlay(그레이디언트 오버레이)를 선택한 후 아래와 같이 값을 변경한다.
- Opacity(불투명도) : 100%
- Style(스타일) : Reflected(반사)
- Angle(각도) : 90°
- Scale(비율) : 100%

10 Gradient(그레이디언트) 편집 창( )을 클릭한 후 Color Stop(색상 정지점)을 더블클릭하여 좌측 : #ffffff, 우측 : #ffcccc로 변경하고 OK 를 누른다.

11 레이어 스타일을 추가하기 위해 Stroke(획)를 선택한 후 아래와 같이 값을 변경하고 OK 를 누른다.
- Size(크기) : 2px
- Position(위치) : Outside(바깥쪽)
- Fill Type(칠 유형) : Color(색상)
- 색상값 : #ff9999

12 메뉴에 텍스트를 입력하기 위해 Type Tool(수평 문자, T)을 선택한 후 Shift +클릭하여 참가신청을 입력하고 Ctrl + Enter 하여 완료한다.

13 옵션 바나 [Character(문자)] 패널에서 돋움, 18pt, 왼쪽 정렬, #000000으로 설정한다.

> **Plus α**
> Shift +클릭 후 입력하는 이유는 모양이 선택된 상태에서 텍스트를 입력하면 영역 안에 글자가 입력되기 때문이다.

14 Move Tool(이동, ✥)을 이용하여 메뉴 안쪽으로 배치한다.

15 레이어 스타일을 적용하기 위해 [Layers(레이어)] 패널 하단의 Add a layer style(레이어 스타일 추가, fx)을 눌러 Stroke(획)를 선택한 후 아래와 같이 값을 변경하고 OK 를 누른다.
- Size(크기) : 2px
- Position(위치) : Outside(바깥쪽)
- Fill Type(칠 유형) : Color(색상)
- 색상값 : #ffcccc

16 메뉴를 복제하기 위해 배너 모양과 텍스트 레이어를 Shift 로 클릭한다. Move Tool(이동, ✥)을 선택한 후 Alt 와 함께 아래 방향으로 드래그하여 두 번 복제한다.

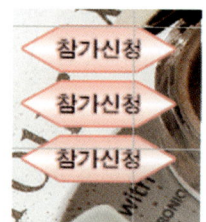

17 두 번째의 텍스트를 수정하기 위해 [Layers(레이어)] 패널의 Indicates text layer(텍스트 레이어, T)를 더블클릭한 후 컨퍼런스를 입력하고 Ctrl + Enter 하여 완료한다.

18 세 번째 텍스트도 17과 같은 방법으로 부대행사로 수정한다.

⑲ 레이어 스타일을 수정하기 위해 컨퍼런스 레이어의 Stroke(획) 부분을 더블클릭한 후 아래와 같이 값을 변경하고 OK 를 누른다.
- Size(크기) : 2px
- Position(위치) : Outside(바깥쪽)
- Fill Type(칠 유형) : Color(색상)
- 색상값 : #cc99ff

⑳ 레이어 스타일을 수정하기 위해 두 번째 모양의 Stroke(획) 부분을 더블클릭한 후 아래와 같이 값을 변경한다.
- Size(크기) : 2px
- Position(위치) : Outside(바깥쪽)
- Fill Type(칠 유형) : Color(색상)
- 색상값 : #cc99ff

07 문자 효과

❶ Type Tool(수평 문자, T)을 선택한 후 빈 공간을 클릭하고 Beauty Design Expo를 입력하고 Ctrl + Enter 를 눌러 완료한다.

❷ 옵션 바나 [Character(문자)] 패널에서 Times New Roman, Bold, 24pt, #6666ff로 설정한다. B, D, E만 선택한 후 36pt로 변경한다.

❸ 레이어 스타일을 적용하기 위해 [Layers(레이어)] 패널 하단의 Add a layer style(레이어 스타일 추가, fx.)을 눌러 Stroke(획)를 선택한 후 아래와 같이 값을 변경하고 OK 를 누른다.
- Size(크기) : 2px
- Position(위치) : Outside(바깥쪽)
- Fill Type(칠 유형) : Color(색상)
- 색상값 : #ffffff

4 텍스트를 뒤틀기 위해 Type Tool(수평 문자, T)을 선택한 후 옵션 바의 Create warped text(뒤틀어진 텍스트 만들기)를 클릭하여 Style(스타일) : Arc(부채꼴), Bend(구부리기) : +40%로 값을 변경하고 OK 를 누른다.

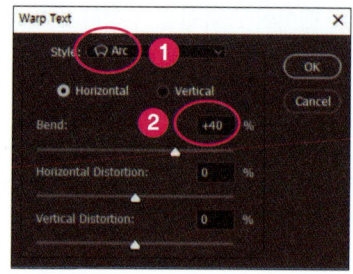

5 Type Tool(수평 문자, T)을 선택한 후 빈 공간을 클릭한다. 뷰티 디자인 엑스포를 입력한 후 Ctrl + Enter 를 눌러 완료한다.

6 옵션 바나 [Character(문자)] 패널에서 굴림, 45pt로 설정한 후 Ctrl + Enter 를 눌러 완료한다.

7 레이어 스타일을 적용하기 위해 [Layers(레이어)] 패널 하단의 Add a layer style(레이어 스타일 추가, fx.)을 눌러 Gradient Overlay(그레이디언트 오버레이)를 선택한 후 아래와 같이 값을 변경한다.
- Opacity(불투명도) : 100%
- Style(스타일) : Linear(선형)
- Angle(각도) : 0°
- Scale(비율) : 100%

8 Gradient(그레이디언트) 편집 창(▬▬)을 클릭한 후 Color Stop(색상 정지점)을 더블클릭하여 좌측 : #6633ff, 중간 : ff33ff, 우측 : #cc6633으로 변경하고 OK 를 누른다.

9 텍스트를 뒤틀기 위해 Type Tool(수평 문자, T)을 선택한 후 옵션 바의 Create warped text(뒤틀어진 텍스트 만들기, I)를 클릭한다. 아래와 같이 값을 변경한 후 OK 를 누른다.
- Style(스타일) : Flag(깃발)
- Bend(구부리기) : −50%
- Horizontal Distortion(가로 왜곡) : −40%

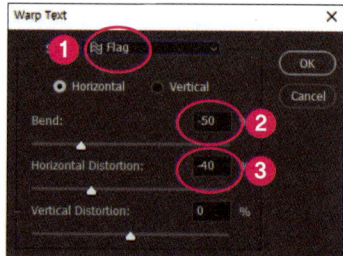

Plus@

CS 버전의 경우 속성값이 상위버전과 다를 수 있으니 출력형태를 참고하여 설정해 주시기를 바랍니다.

10 레이어 스타일을 추가하기 위해 Stroke(획)를 선택해 값을 변경하고 OK 를 누른다.
- Size(크기) : 3px
- Position(위치) : Outside(바깥쪽)
- Fill Type(칠 유형) : Color(색상)
- 색상값 : #ffffff

⑪ Type Tool(수평 문자, T)을 선택한 후 빈 공간을 클릭한다. 추천코스 바로가기를 입력한 후 Ctrl
+ Enter 를 눌러 완료한다.

⑫ 옵션 바나 [Character(문자)] 패널에서 궁서, 18pt,
#cc0000로 설정한 후 바로가기만 선택하여 #333333으로
변경하고 Ctrl + Enter 를 눌러 완료한다.

⑬ 레이어 스타일을 적용하기 위해 [Layers(레이어)] 패널 하
단의 Add a layer style(레이어 스타일 추가, fx)을 눌러
Stroke(획)를 선택한 후 아래와 같이 값을 변경하고 OK
를 누른다.
- Size(크기) : 2px
- Position(위치) : Outside(바깥쪽)
- Fill Type(칠 유형) : Color(색상)
- 색상값 : #ffcccc

08 PSD, JPG 형식으로 저장하기

① [File(파일)]−[Save(저장)](Ctrl + S)를 선택한 후 기존 파일에 덮어쓰기 한다.

② JPG 파일 형식으로 저장하기 위해 [File(파일)]−[Save as(다른 이름으로 저장)](Shift + Ctrl + S)를
선택한 후 파일 형식을 클릭해 JPEG로 선택한다. '내 PC₩문서₩GTQ' 폴더에 '수험번호−성명−4'로 입
력한 후 [저장]을 누른다.

③ PSD 파일의 사이즈를 1/10로 줄이기 위해 [Image(이미지)]-[Image Size(이미지 크기)](Alt + Ctrl + I)를 선택한 후 단위 : Pixel, Width(폭) : 60px, Height(높이) : 40px, Resolution(해상도) : 72pixels/inch로 설정 후 (OK)를 누른다.

④ [File(파일)]-[Save(저장)](Ctrl + S)를 선택한 후 작은 사이즈로 최종 저장한다.

⑤ 완성된 파일을 확인하기 위해 파일 탐색기를 열어 '내 PC₩문서₩GTQ' 폴더에서 확인한다.

⑥ 시험장의 작업표시줄에 나타나는 'Koas 수험자용'을 클릭해 우측의 답안 전송 을 클릭한 후 해당하는 번호에 체크한다. 하단의 답안 전송 을 클릭한 후 닫기 를 누르면 최종 전송된 답안으로 채점이 이루어진다.

Check Point !

		O	X
공통	• 제시된 크기(px)와 해상도(72pixels/inch)로 파일을 만들었나요? • '수험번호-성명-문제번호.psd'로 저장했나요? • 그리드(Ctrl + ')와 눈금자(Ctrl + R)를 표시했나요? • 시험지에도 자를 이용해 100픽셀씩 그리드를 그려주었나요?		
문제1번	• 만든 패스를 저장했나요? • 클리핑 마스크를 적용했나요? • 각 이미지와 Shape(모양)에 레이어 스타일과 필터를 적용했나요?		
문제2번	• 제시된 색상으로 보정했나요? • 각 이미지와 Shape(모양)에 레이어 스타일과 필터를 적용했나요?		
문제3번	• 배경에 색을 적용했나요? • Blending Mode(혼합모드)를 적용했나요? • 레이어 마스크의 방향을 맞게 적용했나요? • 제시된 색상으로 보정했나요? • 각 이미지와 Shape(모양)에 레이어 스타일과 필터를 적용했나요?		
문제4번	• 배경에 색을 적용했나요? • 패턴을 제작하여 등록하였나요? • Blending Mode(혼합모드)를 적용했나요? • 레이어 마스크의 방향을 맞게 적용했나요? • 제시된 색상으로 보정했나요? • 1급-17.jpg를 제외한 이미지와 Shape(모양)에 레이어 스타일과 필터를 적용했나요? • 펜 도구를 이용하여 오브젝트를 그려 패턴으로 적용하였나요?		
공통	• '수험번호-성명-문제번호.jpg'로 저장했나요? • 1/10로 줄여 '수험번호-성명-문제번호.psd'로 저장했나요?		

※ 시험장에서는 반드시 전송까지 실행해 주세요.

유튜브 선생님에게 배우는

유선배 GTQ 포토샵
|1급| 합격노트

상세하게 설명해 주셔서 반복해서 보고 많은 도움을 받았습니다. **구독자 @user-fr5yj5pl8h**

설명과 스킬 등을 정확히 알기 쉽게 설명하시는 것 같습니다. 늘 순서와 기술을 명료하게 제시해 주셔서 설명 보면서 유레카를 외칩니다. **구독자 @user-kz7rh8eh2g**

단축키 최강! 단축키를 통해 속도가 많이 빨라졌어요. **구독자 @user-mm6tr8zj8v**

가장 중요하고 핵심적인 사항들을 알려주시는군요! 정말 큰 도움이 되었습니다. **구독자 @dowondong**

학원에서도 안 가르쳐 주는 꿀팁 감사합니다. **구독자 @khs9799**

말씀하시는 속도가 느리지도 빠르지도 않게 템포가 딱이에요. 오늘도 귀에 쏙쏙 들어오는 강의 따라 해 보고 작업 속도가 많이 빨라졌어요! **구독자 @user-by6tz2id3m**

스마일컴쌤 수업은 최고의 명강의입니다. 실습을 하지 못하는 상황에서도 영상을 보면 이해가 쏙쏙 됩니다. **구독자 @user-wx8jv2ov1l**

도움이 많이 됐어요. 선생님 덕분에 시험에 대한 걱정을 덜었습니다. **구독자 @user-iu3cx6ly6b**

주관 및 시행처 한국생산성본부

2026

YouTube 무료 동영상 강의 제공

스마일컴쌤 검색!

BEST seller 1위
산출근거 후면 표기

예제 파일 및 부록 실습 자료 제공

유튜브 선생님에게 배우는

저자 ― 조인명

저자직강 무료강의!

Graphic Technology Qualification

GTQ 포토샵
|1급| 합격노트
2권 기출 공략

ver. Adobe CC

따라 하기 쉽게 풀어쓴 상세한 설명

저자 직강 유튜브 무료 동영상 강의 제공

본 도서는 항균잉크로 인쇄하였습니다.

시대에듀

합격생 후기 언급량 1위
수험생들이 가장 많이 검색한 시대에듀

전과목 전강좌 0원

전 교수진 최신 강의 — 100% 무료

지금 바로 1위 강의 100% 무료 수강하기 GO »

*노무사 합격 후기 / 수강 후기 게시판 김희향 언급량 기준

*네이버 DataLab 검색어 트렌드 조회 결과(주제어: 업체명+법무사 / 3개 업체 비교 / 2016.05.~2025.05.)

유튜브 선생님에게 배우는

유·선·배 GTQ 포토샵 1급 합격노트(ver. Adobe CC)

저자 직강 무료 동영상 강의 제공

빠른 합격을 위한 맞춤 학습 전략을
무료로 경험해 보세요.

| 혼자 하기 어려운 공부, 도움이 필요할 때 | 체계적인 커리큘럼으로 공부하고 싶을 때 | 온라인 강의를 무료로 듣고 싶을 때 |

 조인명 선생님의 쉽고 친절한 강의,
지금 바로 확인하세요!

 스마일컴쌤

이 책의 차례

2권 기출 공략

PART 4 | 최신 기출유형

CHAPTER 01 제1회 기출유형문제 · · · · · · · · · · · 3

CHAPTER 02 제2회 기출유형문제 · · · · · · · · · · · 42

CHAPTER 03 제3회 기출유형문제 · · · · · · · · · · · 81

CHAPTER 04 제4회 기출유형문제 · · · · · · · · · · · 119

CHAPTER 05 제5회 기출유형문제 · · · · · · · · · · · 157

PART 5 | 실전 모의고사

CHAPTER 01 제1회 실전 모의고사 · · · · · · · · · · · 195

CHAPTER 02 제2회 실전 모의고사 · · · · · · · · · · · 235

CHAPTER 03 제3회 실전 모의고사 · · · · · · · · · · · 276

CHAPTER 04 제4회 실전 모의고사 · · · · · · · · · · · 314

CHAPTER 05 제5회 실전 모의고사 · · · · · · · · · · · 352

예제 파일 다운로드

예제 파일 및 부록 실습 자료는 시대에듀 사이트 (www.sdedu.co.kr/book/)의 [프로그램]에서 「유선배 GTQ 포토샵」을 검색한 후 첨부파일을 다운로드해 주세요.

유튜브 선생님에게 배우는

유선배

PART 4
최신 기출유형

CHAPTER 01 제1회 기출유형문제
CHAPTER 02 제2회 기출유형문제
CHAPTER 03 제3회 기출유형문제
CHAPTER 04 제4회 기출유형문제
CHAPTER 05 제5회 기출유형문제

※ 본문에서는 일부 레이어 스타일의 값을 아래와 같이 적용하였으니 참고하시기 바랍니다.

Bevel and Emboss(경사와 엠보스)
- Style(스타일) : Inner Bevel(내부 경사)
- Depth(깊이) : 100%
- Size(크기) : 7px

Plus@

Style(스타일) : Pillow Emboss(쿠션 엠보스)의 효과가 출제될 경우도 있으니 출력형태를 반드시 확인하고 적용한다.

▲ Inner Bevel   ▲ Pillow Emboss

Inner Shadow(내부 그림자)
- Opacity(불투명도) : 60~70%
- Angle(각도) : 90~120°
- Distance(거리) : 5~7px
- Choke(경계 감소) : 0%
- Size(크기) : 5~7px

Inner Glow(내부 광선)
- Opacity(불투명도) : 60~70%
- Choke(경계 감소) : 0%
- Size(크기) : 10~15px

Outer Glow(외부 광선)
- Opacity(불투명도) : 60~70%
- Spread(스프레드) : 0~10%
- Size(크기) : 10~15px

Drop Shadow(그림자 효과)
- Opacity(불투명도) : 60~70%
- Angle(각도) : 90~120°
- Distance(거리) : 5~7px
- Spread(스프레드) : 0~10%
- Size(크기) : 5~7px

Plus@

Angle(각도) 부분이 기존의 각도와 다를 수 있으니 출력형태를 반드시 확인하고 적용한다.

▲ 기본 Angle(각도) : 120°

▲ Angle(각도) : 45°,
Use Global Light(전체 조명 사용) 체크 해제

CHAPTER 01

제1회 기출유형문제 [S/W:포토샵]

급수	문제유형	시험시간	수험번호	성명
1급	A	90분		

수험자 유의사항

- 수험자는 문제지를 받는 즉시 응시하고자 하는 과목 및 급수가 맞는지 확인한 후 수험번호와 성명을 작성합니다.
- 파일명은 본인의 "수험번호-성명-문제번호"로 공백 없이 정확히 입력하고 답안폴더(내 PC₩문서₩GTQ)에 jpg 파일과 psd 파일의 2가지 포맷으로 저장해야 하며, jpg 파일과 psd 파일의 내용이 상이할 경우 0점 처리됩니다. 답안문서 파일명이 "수험번호-성명-문제번호"와 일치하지 않거나, 답안 파일을 전송하지 않아 미제출로 처리될 경우 불합격 처리됩니다.
- 문제의 세부조건은 '영문(한글)' 형식으로 표기되어 있으니 유의하시기 바랍니다.
- 수험자 정보와 저장한 파일명, 저장 위치가 다를 경우 전송이 되지 않으므로, 주의하시기 바랍니다.
- 답안 작성 중에도 주기적으로 '저장'과 '답안 전송'을 이용하여 감독위원 PC로 답안을 전송하셔야 합니다.
  (※ 작업한 내용을 저장하지 않고 전송할 경우 이전의 저장내용이 전송되오니 이점 반드시 유념하시기 바랍니다.)
- 답안문서는 지정된 경로 외의 다른 보조기억장치에 저장하는 행위, 지정된 시험 시간 외에 작성된 파일을 활용한 행위, 기타 허용되지 않은 프로그램(이메일, 메신저, 게임, 네트워크 등) 이용 시 부정행위로 간주되어 자격기본법 제32조에 의거 본 시험 및 국가공인 자격시험을 2년간 응시할 수 없습니다.
- 시험 중 부주의 또는 고의로 시스템을 파손한 경우와 〈수험자 유의사항〉에 기재된 방법대로 이행하지 않아 생기는 불이익은 수험자의 책임임을 알려 드립니다.
- 시험을 완료한 수험자는 최종적으로 저장한 답안 파일이 전송되었는지 확인한 후 감독위원의 지시에 따라 문제지를 제출하고 퇴실합니다.

답안 작성요령

- 온라인 답안 작성 절차
  수험자 등록 ⇒ 시험 시작 ⇒ 답안 파일 저장 ⇒ 답안 전송 ⇒ 시험 종료
- 내 PC₩문서₩GTQ₩image 폴더에 있는 그림 원본파일을 사용하여 답안을 작성하시고 최종답안을 답안폴더(내 PC₩문서₩GTQ)에 저장하여 답안을 전송하시고, 이미지의 크기가 다른 경우 감점 처리됩니다.
- 배점은 총 100점으로 이루어지며, 점수는 각 문제별로 차등 배분됩니다.
- 각 문제는 주어진 〈조건〉에 따라 작성하고, 언급하지 않은 조건은 《출력형태》와 같이 작성합니다.
- 배치 등의 편의를 위해 주어진 눈금자의 단위는 '픽셀'입니다.
- 그 외는 출력형태(효과, 이미지, 문자, 색상, 레이아웃, 규격 등)와 같게 작업하십시오.
- 문제 조건에 서체의 지정이 없을 경우 한글은 굴림이나 돋움, 영문은 Arial로 작업하십시오. (단, 그 외에 제시되지 않은 문자 속성을 기본값으로 작성하지 않은 경우는 감점 처리됩니다.)
- Image Mode(이미지 모드)는 별도의 처리조건이 없을 경우에는 RGB(8비트)로 작업하십시오.
- 모든 답안 파일은 해상도 72pixels/inch로 작업하십시오.
- Layer(레이어)는 각 기능별로 분할해야 하며, 임의로 합칠 경우나 각 기능에 대한 속성을 해지할 경우 해당 요소는 0점 처리됩니다.

문제 1 [기능평가] 고급 Tool(도구) 활용
20점

다음의 《조건》에 따라 아래의 《출력형태》와 같이 작업하시오.

조건

원본이미지	문서₩GTQ₩Image₩1급-1.jpg, 1급-2.jpg, 1급-3.jpg		
파일 저장 규칙	JPG	파일명	문서₩GTQ₩수험번호-성명-1.jpg
		크기	400 × 500 pixels
	PSD	파일명	문서₩GTQ₩수험번호-성명-1.psd
		크기	40 × 50 pixels

1. 그림 효과
   ① 1급-1.jpg : 필터 - Poster Edges(포스터 가장자리)
   ② Save Path(패스 저장) : VR 모양
   ③ Mask(마스크) : VR 모양, 1급-2.jpg를 이용하여 작성
      레이어 스타일 - Stroke(선/획)(4px, 그레이디언트(#ffcc00, #339933)), Inner Shadow(내부 그림자)
   ④ 1급-3.jpg : 레이어 스타일 - Outer Glow(외부 광선)
   ⑤ Shape Tool(모양 도구) :
      - 전구 모양 (#336666, 레이어 스타일 - Outer Glow(외부 광선))
      - 검색 모양 (#ffffff, #ffcc33, 레이어 스타일 - Drop Shadow(그림자 효과))

2. 문자 효과
   ① Metaverse Platform (Times New Roman, Regular, 42pt, 레이어 스타일 - 그레이디언트 오버레이(#99ff33, #ff9900), Stroke(선/획)(2px, #663366))

출력형태

문제 2 [기능평가] 사진편집 응용
20점

다음의 《조건》에 따라 아래의 《출력형태》와 같이 작업하시오.

[조건]

원본이미지			문서₩GTQ₩Image₩1급-4.jpg, 1급-5.jpg, 1급-6.jpg
파일 저장 규칙	JPG	파일명	문서₩GTQ₩수험번호-성명-2.jpg
		크기	400 × 500 pixels
	PSD	파일명	문서₩GTQ₩수험번호-성명-2.psd
		크기	40 × 50 pixels

1. 그림 효과
   ① 1급-4.jpg : 필터 - Dry Brush(드라이 브러시)
   ② 색상 보정 : 1급-5.jpg - 파란색, 노란색 계열로 보정
   ③ 1급-5.jpg : 레이어 스타일 - Outer Glow(외부 광선)
   ④ 1급-6.jpg : 레이어 스타일 - Bevel and Emboss(경사와 엠보스)
   ⑤ Shape Tool(모양 도구) :
      - 격자 모양 (#99ccff, 레이어 스타일 - Stroke(선/획)(2px, #ffffff), Opacity(불투명도)(70%))
      - 비행기 모양 (#ffffcc, 레이어 스타일 - Inner Shadow(내부 그림자))

2. 문자 효과
   ① Digital Media Tech (Arial, Regular, 30pt, 48pt, 레이어 스타일 - 그레이디언트 오버레이(#00ccff, #ffff99, #cc66cc), Stroke(선/획)(2px, #000033))

[출력형태]

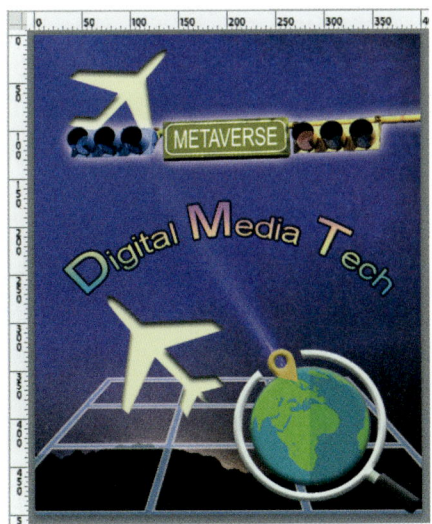

문제 3 [실무응용] 포스터 제작
25점

다음의 《조건》에 따라 아래의 《출력형태》와 같이 작업하시오.

조건

원본이미지	문서₩GTQ₩Image₩1급-7.jpg, 1급-8.jpg, 1급-9.jpg, 1급-10.jpg, 1급-11.jpg		
파일 저장 규칙	JPG	파일명	문서₩GTQ₩수험번호-성명-3.jpg
		크기	600 × 400 pixels
	PSD	파일명	문서₩GTQ₩수험번호-성명-3.psd
		크기	60 × 40 pixels

1. 그림 효과
   ① 배경 : #6699cc
   ② 1급-7.jpg : Blending Mode(혼합모드) - Overlay(오버레이), 레이어 마스크 - 가로 방향으로 흐릿하게
   ③ 1급-8.jpg : 필터 - Texturizer(텍스처화), 레이어 마스크 - 세로 방향으로 흐릿하게
   ④ 1급-9.jpg : 필터 - Film Grain(필름 그레인), 레이어 스타일 - Stroke(선/획)(4px, 그레이디언트(#003300, #ffffff))
   ⑤ 1급-10.jpg : 레이어 스타일 - Inner Glow(내부 광선), Drop Shadow(그림자 효과)
   ⑥ 1급-11.jpg : 색상 보정 - 녹색 계열로 보정, 레이어 스타일 - Drop Shadow(그림자 효과)
   ⑦ 그 외 《출력형태》 참조

2. 문자 효과
   ① 알파세대 메타버스 시대의 주역 (굴림, 42pt, 33pt, 레이어 스타일 - 그레이디언트 오버레이(#ff9900, #006666, #cc33ff), Stroke(선/획)(2px, #ffffff), Drop Shadow(그림자 효과))
   ② Metaverse Alpha Generation (Arial, Regular, 18pt, #003366, 레이어 스타일 - Stroke(선/획)(2px, #cccccc))
   ③ 또 다른 일상의 기록 '라이프로깅' (돋움, 16pt, #3300ff, 레이어 스타일 - Stroke(선/획)(2px, 그레이디언트(#66ffff, #ff6633)))
   ④ AR / VR / XR (Times New Roman, Regular, 20pt, #ffffff, #ff9900, 레이어 스타일 - Stroke(선/획)(2px, #330066))

출력형태

Shape Tool(모양 도구) 사용
레이어 스타일 - 그레이디언트
오버레이(#99ff33, #ff6600),
Drop Shadow(그림자 효과)

Shape Tool(모양 도구) 사용
#0099ff, 레이어 스타일 -
Outer Glow(외부 광선)

Shape Tool(모양 도구) 사용
#ffff00, #ffffff, 레이어 스타일 -
Drop Shadow(그림자 효과),
Opacity(불투명도)(60%)

문제 4 [실무응용] 웹 페이지 제작
35점

다음의 《조건》에 따라 아래의 《출력형태》와 같이 작업하시오.

조건

원본이미지			문서\GTQ\Image\1급-12.jpg, 1급-13.jpg, 1급-14.jpg, 1급-15.jpg, 1급-16.jpg, 1급-17.jpg
파일 저장 규칙	JPG	파일명	문서\GTQ\수험번호-성명-4.jpg
		크기	600 × 400 pixels
	PSD	파일명	문서\GTQ\수험번호-성명-4.psd
		크기	60 × 40 pixels

1. 그림 효과
① 배경 : #99cccc
② 패턴(전구, 장식 모양) : #ffffff, #336699
③ 1급-12.jpg : Blending Mode(혼합모드) – Hard Light(하드 라이트), 레이어 마스크 – 대각선 방향으로 흐릿하게
④ 1급-13.jpg : 필터 – Paint Daubs(페인트 덥스/페인트 바르기), 레이어 마스크 – 세로 방향으로 흐릿하게
⑤ 1급-14.jpg : 레이어 스타일 – Inner Shadow(내부 그림자), Outer Glow(외부 광선)
⑥ 1급-15.jpg : 필터 – Poster Edges(포스터 가장자리), 레이어 스타일 – Inner Glow(내부 광선)
⑦ 1급-16.jpg : 색상 보정 – 녹색 계열로 보정, 레이어 스타일 – Bevel and Emboss(경사와 엠보스)
⑧ 그 외 《출력형태》 참조

2. 문자 효과
① 또 하나의 세상, 메타버스 세계 (굴림, 20pt, 레이어 스타일 – 그레이디언트 오버레이(#3300ff, #ff6600), Stroke(선/획)(2px, #ffff99))
② https://science.seoul.go.kr (Times New Roman, Bold, 16pt, #330066, 레이어 스타일 – Stroke(선/획)(2px, #ccffff))
③ 메타버스 게더타운 스페이스 (궁서, 15pt, 27pt, #993300, #003333, 레이어 스타일 – Stroke(선/획)(2px, #ffffcc))
④ 관람안내 고객소통 체험행사 (돋움, 18pt, #000000, 레이어 스타일 – Stroke(선/획)(2px, #ffffff, #ff9900))

출력형태

Shape Tool(모양 도구) 사용
#33ff99, 레이어 스타일 –
Bevel and Emboss(경사와 엠보스)

Pen Tool(펜 도구) 사용
#99cccc, #ffcccc,
레이어 스타일 –
Drop Shadow(그림자 효과)

Shape Tool(모양 도구) 사용
레이어 스타일 – 그레이디언트
오버레이(#996699, #ff9900,
#ffffff), Stroke(선/획)
(2px, #663366, #cc6600)

Shape Tool(모양 도구) 사용
#cc6699, Opacity(불투명도)(70%),
레이어 스타일 – Drop Shadow(그림자 효과)

문제 1 [기능평가] 고급 Tool(도구) 활용   20점

사용 이미지 미리보기

1급-1.jpg

1급-2.jpg

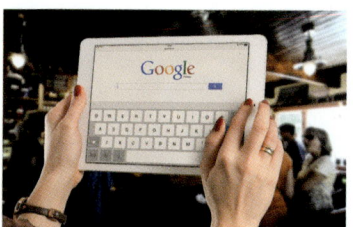
1급-3.jpg

사용자 정의 모양 미리보기

사용 기능

필터	[Filter(필터)]-[Filter Gallery(필터 갤러리)]-[Artistic(예술효과)]-[Poster Edges(포스터 가장자리)]
클리핑 마스크	Create Clipping Mask(클리핑 마스크 만들기, Alt + Ctrl + G)
이미지 추출	Quick Selection Tool(빠른 선택,)
이미지 사이즈	[Image(이미지)]-[Image Size(이미지 크기)](Alt + Ctrl + I)

01 새 캔버스 생성 및 필터

1 [File(파일)]-[New(새로 만들기)]([Ctrl]+[N])를 선택한 후 아래의 조건으로 설정하고 [Create(만들기)]를 누른다.
- PRESET DETAILS(사전 설정 세부정보)
  : 수험번호-성명-1
- 단위 : Pixels
- Width(폭) : 400
- Height(높이) : 500
- Resolution(해상도) : 72Pixels/Inch
- Color Mode(색상모드) : RGB
- Backgound Contents(배경색) : White

2 [Edit(편집)]-[Preferences(속성)]-[Guides, Grid & Slices(안내선, 격자 및 분할 영역)]([Ctrl]+[K])를 선택한 후 'Grid(격자)'의 Gridline Every(격자 간격) : 100Pixels, Subdivisions(세분) : 1로 설정하고 [OK]를 누른다.

3 [View(보기)]-[Show(표시)]-[Grid(격자)]([Ctrl]+[']])와 [View(보기)]-[Rulers(눈금자)]([Ctrl]+[R])를 나타낸다.

4 [File(파일)]-[Save as(다른 이름으로 저장)]([Shift]+[Ctrl]+[S])를 클릭한 후 '내 PC₩문서₩GTQ' 폴더에 '수험번호-성명-1.psd'로 입력하고 [저장]을 누른다.

5 [File(파일)]-[Open(열기)]([Ctrl]+[O])을 선택한 후 '1급-1.jpg'를 불러온다.

6 [Ctrl]+[A]로 전체 선택한 후 [Ctrl]+[C]로 복사하고 작업파일을 선택한 후 [Ctrl]+[V]로 붙여넣기 한다.

7 [Ctrl]+[T]로 크기/위치를 조절하고 [Enter]를 누른다.

8 [Filter(필터)]-[Filter Gallery(필터 갤러리)]-[Artistic(예술효과)]-[Poster Edges(포스터 가장자리)] 필터를 적용한 후 [OK]를 누른다.

02 패스 제작 및 패스 저장

1 Pen Tool(펜,)을 선택한 후 옵션 바에서 Pick Tool Mode(선택 도구 모드) : Path(패스, Path), Path operations(패스 작업) : Exclude Overlapping Shapes(모양 오버랩 제외,)로 지정한다.

2 Layer 1(배경 이미지)의 눈 아이콘( )을 클릭해 숨기게 한 다음 패스를 그리기 위해 [Path(패스)] 패널을 누른다. (선택사항)

③ 다음과 같이 Pen Tool(펜,)로 그린다.

④ 곡선을 그리다 직선으로 변경하고 싶은 경우 기준점에서 Alt +클릭으로 방향선을 끊은 후 그린다.

⑤ 두 번째 파트를 복사한 후 작게 줄이기 위해 Path Selection Tool(패스 선택,)을 선택한다. 그림과 같이 Alt +드래그해 복사하고 Ctrl + T 로 크기/위치를 조절한 후 Enter 를 누른다.

⑥ Pen Tool(펜,)을 선택한 후 VR 모양을 완성한다.

⑦ 패스를 저장하기 위해 [Path(패스)] 패널의 Work Path(작업 패스) 이름 부분을 더블클릭한 후 Save Path(패스 저장) 대화상자가 나오면 VR 모양을 입력하고 OK 를 누른다.

⑧ 패스를 선택영역으로 지정하기 위해 Ctrl +Path Thumbnail(패스 축소판)을 클릭한 후 선택영역이 생기면 [Layers(레이어)] 패널을 선택하고 하단의 Create a new layer(새 레이어, , Shift + Ctrl + N)를 클릭해 추가한다.

⑨ 임의의 색을 채우기 위해 Alt + Delete 를 눌러 전경색( )을 채운다.

⑩ 배경 이미지의 눈 아이콘( )을 클릭해 보이게 한다.

⑪ 레이어 스타일을 적용하기 위해 [Layers(레이어)] 패널 하단의 fx 를 눌러 Stroke(획)를 선택한 후 아래와 같이 값을 변경한다.
- Size(크기) : 4px
- Position(위치) : Outside(바깥쪽)
- Fill Type(칠 유형) : Gradient(그레이디언트)
- Style(스타일) : Linear(선형)
- Angle(각도) : 90°

Plus@
[Layers(레이어)] 패널에서 해당 레이어의 회색 영역을 더블클릭해도 적용할 수 있다.

⑫ Gradient(그레이디언트) 편집 창( )을 클릭하고 Color Stop(색상 정지점)을 더블클릭한 후 좌측 : #ffcc00, 우측 : #339933으로 값을 변경하고 OK 를 누른다.

⑬ 레이어 스타일을 추가하기 위해 Inner Shadow(내부 그림자)를 선택해 적용하고 OK 를 누른다.

Plus@
만약 레이어를 이동할 때 그림과 같이 패스의 흔적이 남아있다면 [Path(패스)] 패널을 선택해 아래의 여백을 클릭하면 사라진다.

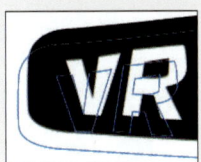

03 클리핑 마스크 및 레이어 스타일 적용

❶ [File(파일)]-[Open(열기)](Ctrl + O)을 선택한 후 '1급-2.jpg'를 불러온다.

❷ Ctrl + A 로 전체 선택한 후 Ctrl + C 로 복사하고 작업파일을 선택한 후 Ctrl + V 로 붙여넣기 한다.

❸ Ctrl + T 로 크기/위치를 조절하고 Enter 를 누른다.

❹ 클리핑 마스크를 적용하기 위해 [Layers(레이어)] 패널의 Layer 3(물감)에서 마우스 오른쪽 클릭 후 Create Clipping Mask(클리핑 마스크 만들기, Alt + Ctrl + G)를 선택한다.

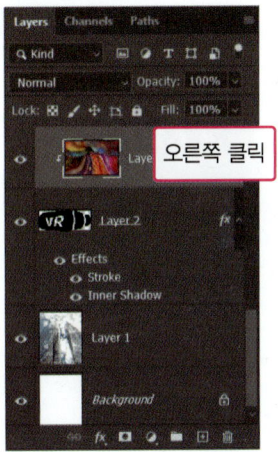

> **Plus α**
> Layer 2와 Layer 3의 위치를 조절하고 싶다면 Shift 와 함께 선택한 후 Ctrl + T 로 크기/위치를 조절하고 Enter 를 누른다.

5 [File(파일)]−[Open(열기)](Ctrl + O)을 선택한 후 '1급−3.jpg'를 불러온다.

6 Quick Selection Tool(빠른 선택,)로 선택영역을 지정한다.

7 Ctrl + C 로 복사하고 작업파일을 선택한 후 Ctrl + V 로 붙여넣기 한다.

8 Ctrl + T 로 크기/위치를 조절하고 Enter 를 누른다.

9 레이어 스타일을 적용하기 위해 [Layers(레이어)] 패널 하단의 fx 를 눌러 Outer Glow(외부광선)를 선택해 적용하고 OK 를 누른다.

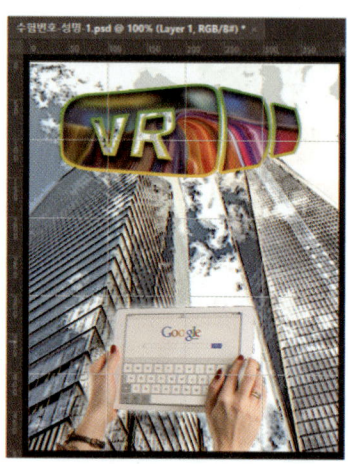

04 모양 지정 및 레이어 스타일

1 Custom Shape Tool(사용자 정의 모양,)을 선택한 후 옵션 바에서 Pick Tool Mode(선택 도구 모드) : Shape(모양), Stroke(획) : 색상 없음( )으로 설정하고 모양 선택( )을 눌러 아래의 모양을 찾아 그린다.
- 기본 경로 : Legacy Shapes and More(레거시 모양 및 기타) − All Legacy Default Shapes (모든 레거시 기본 모양)
- Object(물건) − 전구 2( )

2 색을 적용하기 위해 [Layers(레이어)] 패널의 Layer Thumbnail(레이어 축소판,)을 더블클릭한 후 #336666를 입력하고 OK 를 누른다.

3 레이어 스타일을 적용하기 위해 [Layers(레이어)] 패널 하단의 fx 를 눌러 Outer Glow(외부광선)를 선택해 적용하고 OK 를 누른다.

4 다른 모양을 추가하기 위해 다음의 모양을 찾아 그린다.
Web(웹) − 웹 검색( )

5 색을 적용하기 위해 [Layers(레이어)] 패널의 Layer Thumbnail(레이어 축소판,)을 더블클릭한 후 #ffcc33를 입력하고 OK 를 누른다.

6 레이어 스타일을 적용하기 위해 [Layers(레이어)] 패널 하단의 fx 를 눌러 Drop Shadow(그림자 효과)를 선택해 적용하고 OK 를 누른다.

7 Ctrl + J 를 눌러 복제한다.

> **Plus α**
> Move Tool(이동)을 선택한 후 Shape(모양)를 Alt 와 함께 드래그하여 이동복사할 수 있다.

8 Ctrl + T 로 좌우대칭하기 위해 조절점 안쪽에서 마우스 오른쪽 클릭 후 Flip Horizontal(가로로 뒤집기)을 선택한다. 크기/위치를 조절하고 Enter 를 누른다.

9 색을 적용하기 위해 [Layers(레이어)] 패널의 Layer Thumbnail(레이어 축소판, ▦)을 더블클릭한 후 #ffffff를 입력하고 OK 를 누른다.

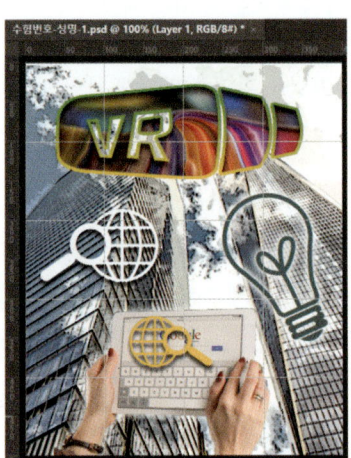

05 문자 효과

1 Type Tool(수평 문자, T)을 선택한 후 빈 캔버스를 클릭한다. Metaverse Platform을 입력한 후 Ctrl + Enter 를 눌러 완료한다.

2 옵션 바나 [Character(문자)] 패널에서 Times New Roman, Regular, 42pt로 설정한다.

3 레이어 스타일을 적용하기 위해 Gradient Overlay(그레이디언트 오버레이)를 선택해 값을 변경한다.
 • Opacity(불투명도) : 100%
 • Style(스타일) : Linear(선형)
 • Angle(각도) : 0°
 • Scale(비율) : 100%
 • Reverse(반전) : 체크

4 Gradient(그레이디언트) 편집 창(▭)을 클릭한 후 Color Stop(색상 정지점)을 더블클릭하여 좌측 : #99ff33, 우측 : #ff9900으로 값을 변경하고 OK 를 누른다.

5 레이어 스타일을 적용하기 위해 [Layers(레이어)] 패널 하단의 fx 를 눌러 Stroke(획)를 선택한 후 아래와 같이 값을 변경한다.
 • Size(크기) : 2px
 • Position(위치) : Outside(바깥쪽)
 • Fill Type(칠 유형) : Color(색상)
 • 색상값 : #663366

6 텍스트를 뒤틀기 위해 Type Tool(수평 문자, T)을 선택한 후 옵션 바의 Create warped text(뒤틀어진 텍스트 만들기,) 를 클릭하여 아래와 같이 값을 변경하고 OK 를 누른다.
- Style(스타일) : Rise(상승)
- Bend(구부리기) : -50%

3 PSD 파일의 사이즈를 1/10로 줄이기 위해 [Image(이미지)]-[Image Size(이미지 크기)](Alt + Ctrl + I)를 선택한 후 단위 : Pixel, Width(폭) : 40px, Height(높이) : 50px, Resolution(해상도) : 72Pixels/Inch로 설정 후 OK 를 누른다.

4 [File(파일)]-[Save(저장)](Ctrl + S)를 선택한 후 작은 사이즈로 최종 저장한다.

5 완성된 파일을 확인하기 위해 파일 탐색기를 열어 '내 PC₩문서₩GTQ' 폴더에서 확인한다.

6 시험장의 작업표시줄에 나타나는 'Koas 수험자용'을 클릭해 우측의 답안 전송 을 클릭한 후 해당하는 번호에 체크한다. 하단의 답안 전송 을 클릭한 후 닫기 를 누르면 최종 전송된 답안으로 채점이 이루어진다.

06 PSD, JPG 형식으로 저장하기

1 [File(파일)]-[Save(저장)](Ctrl + S)를 선택한 후 기존 파일에 덮어쓰기 한다.

2 JPG 파일 형식으로 저장하기 위해 [File(파일)]-[Save as(다른 이름으로 저장)](Shift + Ctrl + S)를 선택한 후 파일 형식을 클릭해 JPEG로 선택한다. '내 PC₩문서₩GTQ' 폴더에 '수험번호-성명-1'로 입력한 후 [저장]을 누른다.

문제 2 [기능평가] 사진편집 응용 20점

사용 이미지 미리보기

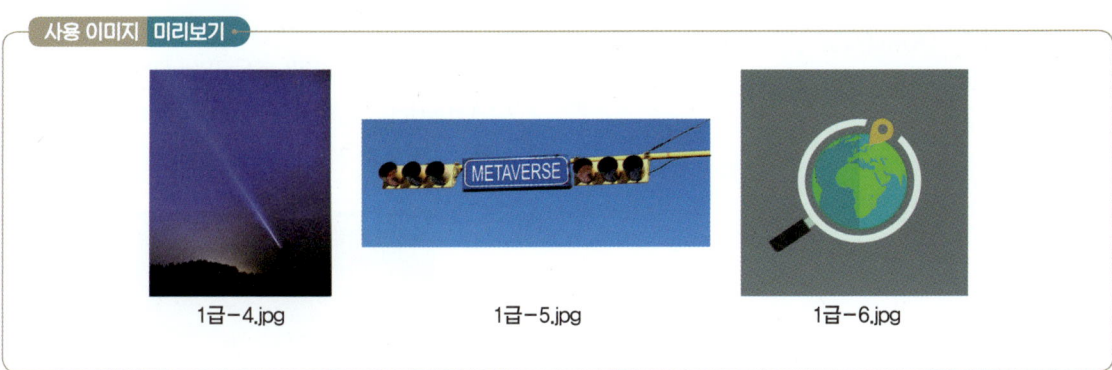

1급-4.jpg   1급-5.jpg   1급-6.jpg

사용자 정의 모양 미리보기

사용 기능

필터	[Filter(필터)]-[Filter Gallery(필터 갤러리)]-[Artistic(예술효과)]-[Dry Brush(드라이 브러시)]
색상 조정	[Image(이미지)]-[Adjustment(조정)]-[Hue/Saturation(색조/채도)](Ctrl + U)
이미지 추출	• Quick Selection Tool(빠른 선택,) • Magic Wand Tool(자동 선택,)
이미지 사이즈	[Image(이미지)]-[Image Size(이미지 크기)](Alt + Ctrl + I)

01 새 캔버스 생성 및 필터

1 [File(파일)]−[New(새로 만들기)](Ctrl+N)를 선택한 후 아래와 같이 설정하고 [Create(만들기)]를 누른다.
- PRESET DETAILS(사전 설정 세부정보)
  : 수험번호−성명−2
- 단위 : Pixels
- Width(폭) : 400
- Height(높이) : 500
- Resolution(해상도) : 72Pixels/Inch
- Color Mode(색상모드) : RGB
- Backgound Contents(배경색) : White

2 [Edit(편집)]−[Preferences(속성)]−[Guides, Grid & Slices(안내선, 격자 및 분할 영역)](Ctrl+K)를 선택한 후 'Grid(격자)'의 Gridline Every(격자 간격) : 100Pixels, Subdivisions(세분) : 1로 설정한 다음 OK 를 누른다.

3 [View(보기)]−[Show(표시)]−[Grid(격자)](Ctrl+')와 [View(보기)]−[Rulers(눈금자)](Ctrl+R)를 나타낸다.

4 [File(파일)]−[Save as(다른 이름으로 저장)](Shift+Ctrl+S)를 클릭한 후 '내 PC₩문서₩GTQ' 폴더에 '수험번호−성명−2.psd'로 입력한 후 [저장]을 누른다.

5 [File(파일)]−[Open(열기)](Ctrl+O)을 선택한 후 '1급−4.jpg'를 불러온다.

6 Ctrl+A로 전체 선택한 후 Ctrl+C로 복사하고 작업파일을 선택한 후 Ctrl+V로 붙여넣기 한다.

7 Ctrl+T로 크기/위치를 조절하고 Enter 를 누른다.

8 [Filter(필터)]−[Filter Gallery(필터 갤러리)]−[Artistic(예술효과)]−[Dry Brush(드라이 브러시)] 필터를 적용한 후 OK 를 누른다.

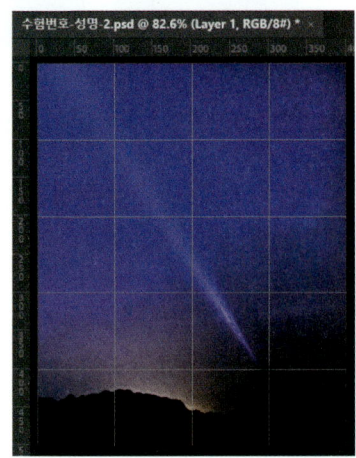

02 이미지 추출 및 색상 보정

1 [File(파일)]−[Open(열기)](Ctrl+O)을 선택한 후 '1급−5.jpg'를 불러온다.

2 Quick Selection Tool(빠른 선택,)로 배경을 선택영역으로 지정한 후 반전하기 위해 [Select(선택)]−[Inverse(반전)](Shift+Ctrl+I)를 누른다.

> **Plus@**
> 수정할 부분은 Lasso Tool(올가미,)이나 Polygonal Lasso Tool(다각형 올가미,) 등을 이용해 Shift 와 함께 영역을 추가할 수 있고 Alt 와 함께 영역을 제외할 수 있다.

> **Plus@**
> 그리드로 인해 선택에 지장이 있다면 Alt + ' 하여 숨기거나 [View(보기)]-[Snap To(스냅 옵션)]-[Grid(그리드)]의 선택을 해제하면 그리드의 영향을 받지 않는다.

③ Ctrl + C 로 복사하고 작업파일을 선택한 후 Ctrl + V 로 붙여넣기 한다.

④ Ctrl + T 로 크기/위치를 조절하고 Enter 를 누른다.

⑤ 왼쪽 신호등 부분만 파란색 계열로 보정하기 위해 Quick Selection Tool(빠른 선택,)로 지정한 후 [Image(이미지)]-[Adjustment(조정)]-[Hue/Saturation(색조/채도)](Ctrl + U)를 선택한다.

⑥ Colorize(색상화)에 체크한 후 Hue(색조) : 220, Saturation(채도) : 50으로 값을 변경하고 OK 를 누른다.

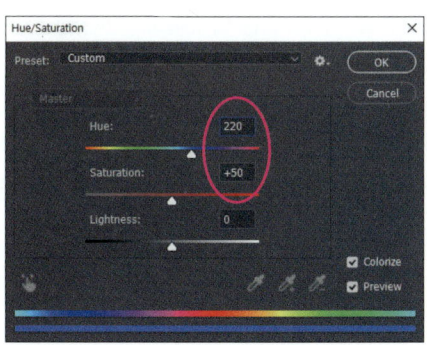

⑦ 선택영역을 해제하기 위해 [Select(선택)]-[Deselect(해제)](Ctrl + D)를 누른다.

⑧ METAVERSE 부분만 노란색 계열로 보정하기 위해 Quick Selection Tool(빠른 선택,)로 지정한 후 [Image(이미지)]-[Adjustment(조정)]-[Hue/Saturation(색조/채도)](Ctrl + U)를 선택한다.

⑨ Colorize(색상화)에 체크한 후 Hue(색조) : 60, Saturation(채도) : 70으로 값을 변경하고 OK 를 누른다.

⑩ 선택영역을 해제하기 위해 [Select(선택)]-[Deselect(해제)](Ctrl + D)를 누른다.

⑪ 레이어 스타일을 적용하기 위해 [Layers(레이어)] 패널 하단의 *fx* 를 눌러 Outer Glow(외부 광선)를 선택해 적용하고 OK 를 누른다.

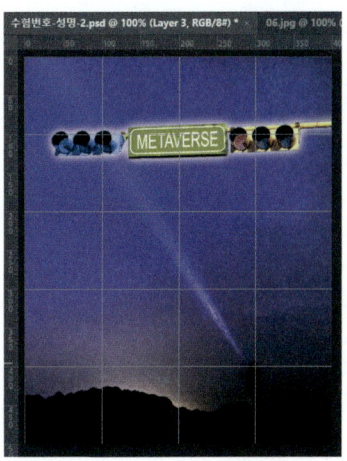

03 이미지 추출 및 레이어 스타일

1 [File(파일)]-[Open(열기)](Ctrl + O)을 선택한 후 '1급-6.jpg'를 불러온다.

2 Magic Wand Tool(자동 선택,)을 선택한 후 옵션 바의 Tolerance(허용치)를 32로 변경하고 배경을 클릭한다.

> **Plus@**
> 옵션 바의 contiquous(인접)에 체크가 해제되어 있다면 모든 이미지에 걸쳐 추출되니 확인해야 한다.

3 선택영역을 반전하기 위해 [Select(선택)]-[Inverse(반전)](Shift + Ctrl + I)를 누른다.

4 Ctrl + C로 복사하고 작업파일을 선택한 후 Ctrl + V로 붙여넣기 한다.

5 Ctrl + T로 좌우대칭하기 위해 조절점 안쪽에서 마우스 오른쪽 클릭 후 Flip Horizontal(가로로 뒤집기)을 선택한다. 크기/위치를 조절하고 Enter를 누른다.

6 레이어 스타일을 적용하기 위해 [Layers(레이어)] 패널 하단의 fx를 눌러 Bevel and Emboss(경사와 엠보스)를 선택해 적용한 후 OK를 누른다.

04 모양 지정 및 레이어 스타일

1 Custom Shape Tool(사용자 정의 모양,)을 선택한 후 옵션 바에서 Pick Tool Mode(선택 도구 모드) : Shape(모양), Stroke(획) : 색상 없음( )으로 설정한다. 모양 선택( )을 눌러 다음의 모양을 찾아 그린다.
Tiles(타일) - 격자( )

2 Ctrl + T로 원근감을 주기 위해 조절점 안쪽에서 마우스 오른쪽 클릭 후 Perspective(원근)를 선택한다. 그림과 같이 안쪽으로 드래그한 후 Enter를 누른다.

3 색을 적용하기 위해 [Layers(레이어)] 패널의 Layer Thumbnail(레이어 축소판,)을 더블 클릭한 후 #99ccff를 입력하고 OK를 누른다.

4 레이어 스타일을 적용하기 위해 [Layers(레이어)] 패널 하단의 fx를 눌러 Stroke(획)를 선택한 후 아래와 같이 값을 변경하고 OK를 누른다.
- Size(크기) : 2px
- Position(위치) : Outside(바깥쪽)
- Fill Type(칠 유형) : Color(색상)
- 색상값 : #ffffff

5 불투명도를 조정하기 위해 [Layers(레이어)] 패널의 Opacity(불투명도)를 70%로 설정한다.

6 지구본 레이어를 선택한 후 맨 위로 배치하기 위해 Ctrl + Shift +]를 누른다.

7 다른 모양을 추가하기 위해 다음의 모양을 찾아 그린다.
Symbols(기호) - 비행기

8 색을 적용하기 위해 [Layers(레이어)] 패널의 Layer Thumbnail(레이어 축소판,)을 더블클릭한 후 #ffffcc를 입력하고 OK 를 누른다.

9 레이어 스타일을 적용하기 위해 [Layers(레이어)] 패널 하단의 fx를 눌러 Inner Shadow(내부 그림자)를 선택해 적용하고 OK 를 누른다.

10 Ctrl + J 를 눌러 복제한다.

Plus@
Move Tool(이동)을 선택한 후 Shape(모양)를 Alt 와 함께 드래그하여 이동복사할 수 있다.

11 Ctrl + T 로 좌우대칭하기 위해 조절점 안쪽에서 마우스 오른쪽 클릭 후 Flip Horizontal(가로로 뒤집기)을 선택한다. 크기/위치를 조절하고 Enter 를 누른다.

12 신호등 레이어를 선택한 후 맨 위로 배치하기 위해 Ctrl + Shift +] 를 누른다.

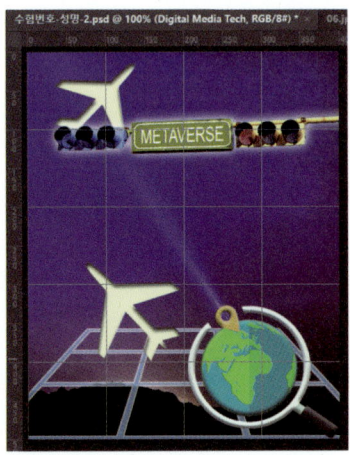

05 문자 효과

1 Type Tool(수평 문자, T)을 선택한 후 빈 공간을 클릭한다. Digital Media Tech을 입력한 후 Ctrl + Enter 하여 완료한다.

2 옵션 바나 [Character(문자)] 패널에서 Arial, Regular, 30pt로 설정한다.

3 D, M, T만 선택한 후 48pt로 변경한다.

4 레이어 스타일을 적용하기 위해 [Layers(레이어)] 패널 하단의 fx를 눌러 Gradient Overlay(그레이디언트 오버레이)를 선택한 후 아래와 같이 값을 변경한다.
- Opacity(불투명도) : 100%
- Style(스타일) : Linear(선형)
- Angle(각도) : 90°
- Scale(비율) : 100%

5 Gradient 편집 창( )을 클릭한 후 Color Stop(색상 정지점)을 더블클릭하여 좌측 : #00ccff, 중간 : #ffff99, 우측 : #cc66cc로 값을 변경하고 OK 를 누른다.

6 레이어 스타일을 추가하기 위해 Stroke(획)를 선택한 후 아래와 같이 값을 변경하고 OK 를 누른다.
- Size(크기) : 2px
- Position(위치) : Outside(바깥쪽)
- Fill Type(칠 유형) : Color(색상)
- 색상값 : #000033

7 텍스트를 뒤틀기 위해 Type Tool(수평 문자, T)을 선택한 후 옵션 바의 Create warped text(뒤틀어진 텍스트 만들기,)를 클릭한다. Style(스타일) : Arc(부채꼴), Bend(구부리기) : +50%로 값을 변경한 후 OK 를 누른다.

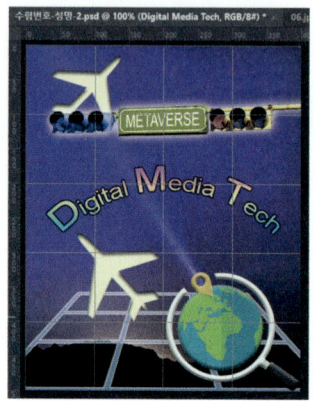

4 [File(파일)]-[Save(저장)](Ctrl + S)를 선택한 후 작은 사이즈로 최종 저장한다.

5 완성된 파일을 확인하기 위해 파일 탐색기를 열어 '내 PC₩문서₩GTQ' 폴더에서 확인한다.

6 시험장의 작업표시줄에 나타나는 'Koas 수험자용'을 클릭해 우측의 답안 전송 을 클릭한 후 해당하는 번호에 체크한다. 하단의 답안 전송 을 클릭한 후 닫기 를 누르면 최종 전송된 답안으로 채점이 이루어진다.

06 ▶ PSD, JPG 형식으로 저장하기

1 [File(파일)]-[Save(저장)](Ctrl + S)를 선택한 후 기존 파일에 덮어쓰기 한다.

2 JPG 파일 형식으로 저장하기 위해 [File(파일)]-[Save as(다른 이름으로 저장)](Shift + Ctrl + S)를 선택한 후 파일 형식을 클릭해 JPEG로 선택한다. '내 PC₩문서₩GTQ' 폴더에 '수험번호-성명-2'로 입력한 후 [저장]을 누른다.

3 PSD 파일의 사이즈를 1/10로 줄이기 위해 [Image(이미지)]-[Image Size(이미지 크기)] (Alt + Ctrl + I)를 선택한 후 단위 : Pixel, Width(폭) : 40px, Height(높이) : 50px, Resolution(해상도) : 72Pixels/Inch로 설정하고 OK 를 누른다.

문제 3 [실무응용] 포스터 제작   25점

사용 이미지 미리보기

1급-7.jpg

1급-8.jpg

1급-9.jpg

1급-10.jpg

1급-11.jpg

사용자 정의 모양 미리보기

사용 기능

혼합모드	Overlay(오버레이)
색상 조정	[Image(이미지)]-[Adjustment(조정)]-[Hue/Saturation(색조/채도)](Ctrl + U)
필터	• [Filter(필터)]-[Filter Gallery(필터 갤러리)]-[Texture(텍스처)]-[Texturizer(텍스처화)] • [Filter(필터)]-[Filter Gallery(필터 갤러리)]-[Artistic(예술 효과)]-[Film Grain(필름 그레인)]
이미지 추출	• Quick Selection Tool(빠른 선택,) • Magnetic Lasso Tool(자석 올가미,)
레이어 마스크	Add layer mask(레이어 마스크 추가,)
클리핑 마스크	Create Clipping Mask(클리핑 마스크 만들기, Alt + Ctrl + G)
이미지 사이즈	[Image(이미지)]-[Image Size(이미지 크기)](Alt + Ctrl + I)

01 새 캔버스 생성 및 배경에 색 채우기

1 [File(파일)]−[New(새로 만들기)](Ctrl+N)를 선택한 후 아래와 같이 설정하고 [Create(만들기)]를 누른다.
- PRESET DETAILS(사전 설정 세부정보)
  : 수험번호−성명−3
- 단위 : Pixels
- Width(폭) : 600
- Height(높이) : 400
- Resolution(해상도) : 72Pixels/Inch
- Color Mode(색상모드) : RGB
- Backgound Contents(배경색) : White

2 [Edit(편집)]−[Preferences(속성)]−[Guides, Grid & Slices(안내선, 격자 및 분할 영역)](Ctrl+K)를 선택한 후 Grid(격자)의 Gridline Every(격자 간격) : 100Pixels, Subdivisions(세분) : 1로 설정하고 OK를 누른다.

3 [View(보기)]−[Show(표시)]−[Grid(격자)](Ctrl+')와 [View(보기)]−[Rulers(눈금자)](Ctrl+R)를 나타낸다.

4 [File(파일)]−[Save as(다른 이름으로 저장)](Shift+Ctrl+S)를 클릭한 후 '내 PC₩문서₩GTQ' 폴더에 '수험번호−성명−3.psd'로 입력하고 [저장]을 누른다.

5 배경에 색을 채우기 위해 도구상자의 Set foreground color(전경색, ■)를 클릭한 후 #6699cc를 입력하고 OK를 누른다. 전경색을 채우기 위해 Alt+Delete를 누른다.

02 혼합모드 및 레이어 마스크

1 [File(파일)]−[Open(열기)](Ctrl+O)을 선택한 후 '1급−7.jpg'를 불러온다.

2 Ctrl+A로 전체 선택한 후 Ctrl+C로 복사하고 작업파일을 선택한 후 Ctrl+V로 붙여넣기 한다.

3 Ctrl+T로 크기/위치를 조절하고 Enter를 누른다.

4 혼합모드를 적용하기 위해 [Layers(레이어)] 패널의 Blending Mode(혼합모드, Normal)를 'Overlay(오버레이)'로 선택한다.

5 레이어 마스크를 적용하기 위해 [Layers(레이어)] 패널 하단의 Add layer mask(레이어 마스크 추가, ●)를 클릭한다.

6 도구상자에서 Gradient Tool(그레이디언트, ▭)을 선택한 후 옵션 바에서 Gradient Presets(그레이디언트 사전 설정)을 클릭해 Basics(기본 사항)-'Black & White(검정, 흰색)'를 선택한다.

7 그림과 같이 가로 방향으로 드래그한다.

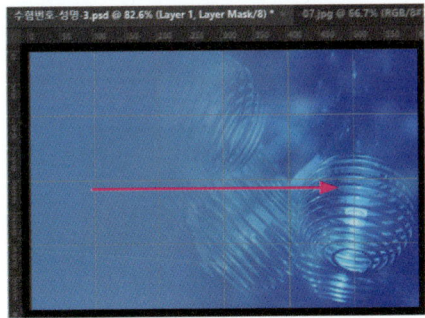

8 [File(파일)]-[Open(열기)](Ctrl+O)을 선택한 후 '1급-8.jpg'를 불러온다.

9 Ctrl+A로 전체 선택한 후 Ctrl+C로 복사하고 작업파일을 선택한 후 Ctrl+V로 붙여넣기 한다.

10 Ctrl+T로 크기/위치를 조절하고 Enter를 누른다.

11 [Filter(필터)]-[Filter Gallery(필터 갤러리)]-[Texture(텍스처)]-[Texturizer(텍스처화)] 필터를 적용하고 OK를 누른다.

12 레이어 마스크를 적용하기 위해 [Layers(레이어)] 패널 하단의 Add layer mask(레이어 마스크 추가, ▣)를 클릭한다.

13 5~6을 참고해 레이어 마스크를 적용하여 세로 방향으로 드래그한다.

03 클리핑 마스크 및 필터

1 Custom Shape Tool(사용자 정의 모양, ▨)을 선택한 후 옵션 바에서 Pick Tool Mode(선택 도구 모드) : Shape(모양, Shape ▾), Stroke(획) : 색상 없음(⃠)으로 설정한다. 모양 선택(Shape: ▭)을 눌러 다음의 모양을 찾아 그린다.
Nature(자연) - 구름 1(☁)

② 레이어 스타일을 적용하기 위해 [Layers(레이어)] 패널 하단의 fx를 눌러 Stroke(획)를 선택한 후 아래와 같이 값을 변경하고 OK 를 누른다.
• Size(크기) : 4px
• Position(위치) : Outside(바깥쪽)
• Fill Type(칠 유형) : Gradient(그레이디언트)
• Style(스타일) : Linear(선형)
• Angle(각도) : 90°

③ Gradient(그레이디언트) 편집 창( )을 클릭한 후 Color Stop(색상 정지점)을 더블클릭하여 좌측 : #003300, 우측 : #ffffff로 값을 변경하고 OK 를 누른다.

④ [File(파일)]-[Open(열기)](Ctrl + O)을 선택한 후 '1급-9.jpg'를 불러온다.

⑤ Ctrl + A 로 전체 선택한 후 Ctrl + C 로 복사하고 작업파일을 선택한 후 Ctrl + V 로 붙여넣기 한다.

⑥ Ctrl + T 로 좌우대칭하기 위해 조절점 안쪽에서 마우스 오른쪽 클릭 후 Flip Horizontal(가로로 뒤집기)을 선택한다. 크기/위치를 조절하고 Enter 를 누른다.

⑦ [Filter(필터)]-[Filter Gallery(필터 갤러리)]-[Artistic(예술 효과)]-[Film Grain(필름 그레인)] 필터를 적용한 후 OK 를 누른다.

⑧ 클리핑 마스크를 적용하기 위해 [Layers(레이어)] 패널의 Layer 3(여성)에서 마우스 오른쪽 클릭 후 Create Clipping Mask(클리핑 마스크 만들기, Alt + Ctrl + G)를 선택한다.

⑨ [File(파일)]-[Open(열기)](Ctrl + O)을 선택한 후 '1급-10.jpg'를 불러온다.

⑩ Magic Wand Tool(자동 선택,)을 선택한 후 옵션 바의 Tolerance(허용치)를 40으로 변경하고 배경을 클릭한다.

⑪ 선택영역을 반전하기 위해 [Select(선택)]-[Inverse(반전)](Shift + Ctrl + I)를 누른다.

⑫ Ctrl + C 로 복사하고 작업파일을 선택한 후 Ctrl + V 로 붙여넣기 한다.

⑬ Ctrl + T 로 좌우대칭하기 위해 조절점 안쪽에서 마우스 오른쪽 클릭 후 Flip Horizontal(가로로 뒤집기)을 선택한다. 크기/위치를 조절하고 Enter 를 누른다.

⑭ 레이어 스타일을 적용하기 위해 [Layers(레이어)] 패널 하단의 fx 를 눌러 Inner Glow(내부광선)를 선택한 후 적용한다.

⑮ 레이어 스타일을 추가하기 위해 Drop Shadow(그림자 효과)를 선택해 적용하고 OK 를 누른다.

04 이미지 추출 및 색상 보정

① [File(파일)]−[Open(열기)](Ctrl + O)을 선택한 후 '1급−11.jpg'를 불러온다.

② Magnetic Lasso Tool(자석 올가미,)을 선택한 후 옵션 바의 Frequency를 100으로 설정하고 첫 점을 클릭하여 이미지의 형태를 따라 추출한다.

③ Ctrl + C 로 복사하고 작업파일을 선택한 후 Ctrl + V 로 붙여넣기 한다.

④ Ctrl + T 로 크기/위치를 조절하고 Enter 를 누른다.

⑤ 액정부분만 녹색 계열로 보정하기 위해 Quick Selection Tool(빠른 선택,)로 지정한 후 [Image(이미지)]−[Adjustment(조정)]−[Hue/Saturation(색조/채도)](Ctrl + U)을 선택한다.

⑥ Colorize(색상화)에 체크한 후 Hue(색조) : 110, Saturation(채도) : 50으로 값을 변경하고 OK 를 누른다.

⑦ 선택영역을 해제하기 위해 [Select(선택)]−[Deselect(해제)](Ctrl + D)를 누른다.

⑧ 레이어 스타일을 적용하기 위해 [Layers(레이어)] 패널 하단의 fx 를 눌러 Drop Shadow(그림자 효과)를 선택해 적용하고 OK 를 누른다.

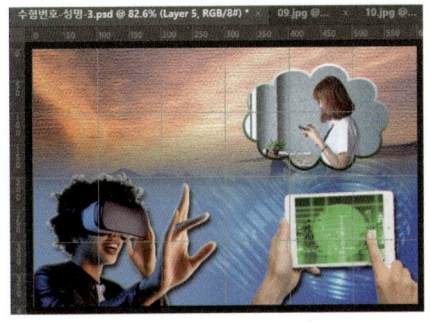

05 모양 지정 및 레이어 스타일

1 Custom Shape Tool(사용자 정의 모양,)을 선택한 후 옵션 바에서 Pick Tool Mode(선택 도구 모드) : Shape(모양, Shape), Stroke(획) : 색상 없음()으로 설정한다. 모양 선택()을 눌러 다음의 모양을 찾아 그린다.
Nature(자연) - 구름 2()

2 Ctrl + T 로 회전/크기/위치를 조절하고 Enter 를 누른다.

3 색을 적용하기 위해 [Layers(레이어)] 패널의 Layer Thumbnail(레이어 축소판,)을 더블클릭한 후 #ffff00를 입력하고 OK 를 누른다.

4 불투명도를 조정하기 위해 [Layers(레이어)] 패널의 Opacity(불투명도)를 60%로 설정한다.

5 레이어 스타일을 적용하기 위해 [Layers(레이어)] 패널 하단의 fx 를 눌러 Drop Shadow(그림자 효과)를 선택해 적용하고 OK 를 누른다.

6 Ctrl + J 를 눌러 복제한다.

7 Ctrl + T 로 크기/위치를 조절하고 Enter 를 누른다.

8 색을 적용하기 위해 [Layers(레이어)] 패널의 '구름 2 복사' Layer Thumbnail(레이어 축소판,)을 더블클릭한 후 #ffffff를 입력하고 OK 를 누른다.

9 다른 모양을 추가하기 위해 다음의 모양을 찾아 그린다.
Symbols(기호) - 자동차 1()

10 레이어 스타일을 적용하기 위해 [Layers(레이어)] 패널 하단의 fx 를 눌러 Gradient Overlay(그레이디언트 오버레이)를 선택한 후 아래와 같이 값을 변경한다.
• Opacity(불투명도) : 100%
• Style(스타일) : Linear(선형)
• Angle(각도) : 90°
• Scale(비율) : 100%

11 Gradient(그레이디언트) 편집 창()을 클릭한 후 Color Stop(색상 정지점)을 더블클릭하여 좌측 : #99ff33, 우측 : #ff6600으로 값을 변경하고 OK 를 누른다.

12 레이어 스타일을 추가하기 위해 Drop Shadow(그림자 효과)를 선택해 적용하고 OK 를 누른다.

13 다른 모양을 추가하기 위해 다음의 모양을 찾아 그린다.
Web(웹) - 동영상()

14 색을 적용하기 위해 [Layers(레이어)] 패널의 Layer Thumbnail(레이어 축소판,)을 더블클릭한 후 #0099ff를 입력하고 OK 를 누른다.

15 레이어 스타일을 적용하기 위해 [Layers(레이어)] 패널 하단의 fx 를 눌러 Outer Glow(외부 광선)를 선택해 적용하고 OK 를 누른다.

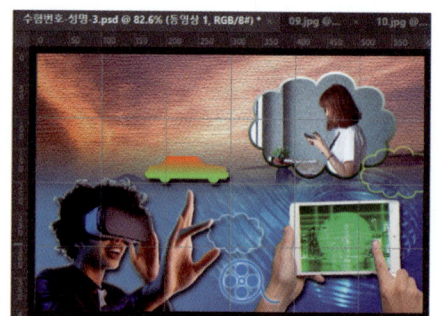

06 문자 효과

1. Type Tool(수평 문자, T)을 선택한 후 빈 공간을 클릭한다. 알파세대 메타버스 시대의 주역을 입력한 후 Ctrl + Enter 하여 완료한다.

2. 옵션 바나 [Character(문자)] 패널에서 굴림, 42pt, 왼쪽 정렬로 설정한 후 메타버스 시대의 주역만 선택하고 33pt로 변경한다.

3. 레이어 스타일을 적용하기 위해 [Layers(레이어)] 패널 하단의 fx.를 눌러 Gradient Overlay(그레이디언트 오버레이)를 선택한 후 아래와 같이 값을 변경한다.
   - Opacity(불투명도) : 100%
   - Style(스타일) : Linear(선형)
   - Angle(각도) : 90°
   - Scale(비율) : 100%

4. Gradient 편집 창(　　　)을 클릭한 후 Color Stop(색상 정지점)을 더블클릭하여 좌측 : #ff9900, 중간 : #006666, 우측 : #cc33ff로 값을 변경하고 OK 를 누른다.

5. 레이어 스타일을 적용하기 위해 [Layers(레이어)] 패널 하단의 fx.를 눌러 Stroke(획)를 선택한 후 아래와 같이 값을 변경한다.
   - Size(크기) : 2px
   - Position(위치) : Outside(바깥쪽)
   - Fill Type(칠 유형) : Color(색상)
   - 색상값 : #ffffff

6. 레이어 스타일을 추가하기 위하여 Drop Shadow(그림자 효과)를 선택해 적용하고 OK 를 누른다.

7. 텍스트를 뒤틀기 위해 Type Tool(수평 문자, T)을 선택한 후 옵션 바의 Create warped text(뒤틀어진 텍스트 만들기,)를 클릭하여 Style(스타일) : Fish(물고기), Bend(구부리기) : +50%로 값을 변경하고 OK 를 누른다.

8. Type Tool(수평 문자, T)을 선택한 후 빈 공간을 클릭하고 Metaverse Alpha Generation을 입력하고 Ctrl + Enter 하여 완료한다.

9. 옵션 바나 [Character(문자)] 패널에서 Arial, Regular, 18pt, #003366로 설정한다.

10. 레이어 스타일을 적용하기 위해 [Layers(레이어)] 패널 하단의 fx.를 눌러 Stroke(획)를 선택한 후 아래와 같이 값을 변경하고 OK 를 누른다.
    - Size(크기) : 2px
    - Position(위치) : Outside(바깥쪽)
    - Fill Type(칠 유형) : Color(색상)
    - 색상값 : #cccccc

11. 텍스트를 뒤틀기 위해 Type Tool(수평 문자, T)을 선택한 후 옵션 바의 Create warped text(뒤틀어진 텍스트 만들기,)를 클릭하여 Style(스타일) : Arc(부채꼴), Bend(구부리기) : −30%로 값을 변경하고 OK 를 누른다.

12. Type Tool(수평 문자, T)을 선택한 후 빈 공간을 클릭한다. 또 다른 일상의 기록 '라이프로깅'을 입력한 후 Ctrl + Enter 하여 완료한다.

13. 옵션 바나 [Character(문자)] 패널에서 돋움, 16pt, #3300ff로 설정한다.

⑭ 레이어 스타일을 적용하기 위해 [Layers(레이어)] 패널 하단의 fx를 눌러 Stroke(획)를 선택한 후 아래와 같이 값을 변경하고 OK 를 누른다.
- Size(크기) : 2px
- Position(위치) : Outside(바깥쪽)
- Fill Type(칠 유형) : Gradient(그레이디언트)
- Style(스타일) : Linear(선형)
- Angle(각도) : 90°

⑮ Gradient 편집 창(　　　)을 클릭한 후 Color Stop(색상 정지점)을 더블클릭하여 좌측 : #66ffff, 우측 : #ff6633으로 값을 변경하고 OK 를 누른다.

⑯ Type Tool(수평 문자, T)을 선택한 후 빈 공간을 클릭한다. AR / VR / XR을 입력한 후 Ctrl + Enter 하여 완료한다.

⑰ 옵션 바나 [Character(문자)] 패널에서 Times New Roman, Regular, 20pt, #ffffff로 설정한 후 XR만 선택하여 #ff9900으로 변경한다.

⑱ 레이어 스타일을 적용하기 위해 [Layers(레이어)] 패널 하단의 fx를 눌러 Stroke(획)를 선택한 후 아래와 같이 값을 변경하고 OK 를 누른다.
- Size(크기) : 2px
- Position(위치) : Outside(바깥쪽)
- Fill Type(칠 유형) : Color(색상)
- 색상값 : #330066

07 PSD, JPG 형식으로 저장하기

① [File(파일)]-[Save(저장)](Ctrl + S)를 선택한 후 기존 파일에 덮어쓰기 한다.

② JPG 파일 형식으로 저장하기 위해 [File(파일)]-[Save as(다른 이름으로 저장)](Shift + Ctrl + S)를 선택한 후 파일 형식을 클릭해 JPEG로 선택한다. '내 PC\문서\GTQ' 폴더에 '수험번호-성명-3'으로 입력한 후 [저장]을 누른다.

③ PSD 파일의 사이즈를 1/10로 줄이기 위해 [Image(이미지)]-[Image Size(이미지 크기)](Alt + Ctrl + I)를 선택한 후 단위 : Pixel, Width(폭) : 60px, Height(높이) : 40px, Resolution(해상도) : 72Pixels/Inch로 설정 후 OK 를 누른다.

④ [File(파일)]-[Save(저장)](Ctrl + S)를 선택한 후 작은 사이즈로 최종 저장한다.

⑤ 완성된 파일을 확인하기 위해 파일 탐색기를 열어 '내 PC\문서\GTQ' 폴더에서 확인한다.

⑥ 시험장의 작업표시줄에 나타나는 'Koas 수험자용'을 클릭해 우측의 답안 전송 을 클릭한 후 해당하는 번호에 체크한다. 하단의 답안 전송 을 클릭한 후 닫기 를 누르면 최종 전송된 답안으로 채점이 이루어진다.

문제 4 [실무응용] 웹 페이지 제작 35점

사용 이미지 미리보기

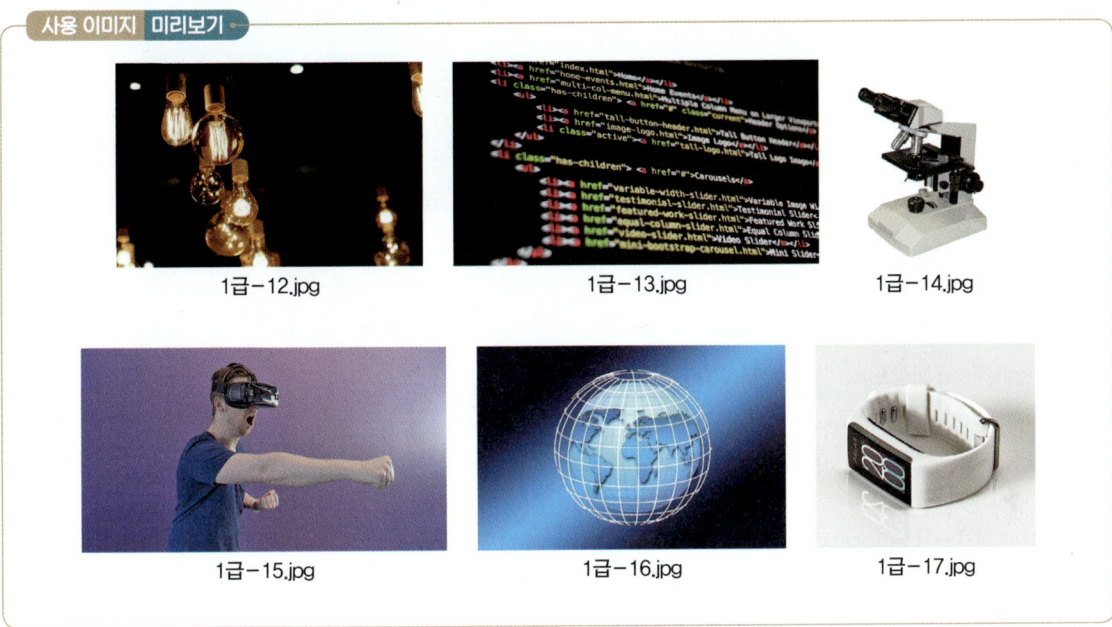

1급-12.jpg 1급-13.jpg 1급-14.jpg

1급-15.jpg 1급-16.jpg 1급-17.jpg

사용자 정의 모양 미리보기

사용 기능

패턴 정의 및 적용	• [Edit(편집)]-[Define Pattern(패턴 정의)] • 레이어 스타일 : Pattern Overlay(패턴 오버레이)
혼합모드	Hard Light(하드 라이트)
색상 조정	[Image(이미지)]-[Adjustment(조정)]-[Hue/Saturation(색조/채도)](Ctrl + U)
필터	• [Filter(필터)]-[Filter Gallery(필터 갤러리)]-[Artistic(예술효과)]-[Paint Daubs(페인트 덥스/페인트 바르기)] • [Filter(필터)]-[Filter Gallery(필터 갤러리)]-[Artistic(예술 효과)]-[Poster Edges(포스터 가장자리)]
이미지 추출	• Magic Wand Tool(자동 선택,) • Quick Selection Tool(빠른 선택,) • Elliptical Marquee Tool(원형 선택,) • Magnetic Lasso Tool(자석 올가미,)
레이어 마스크	Add layer mask(레이어 마스크 추가,)
이미지 사이즈	[Image(이미지)]-[Image Size(이미지 크기)](Alt + Ctrl + I)

01 새 캔버스 생성 및 배경에 색 채우기

1 [File(파일)]−[New(새로 만들기)](Ctrl + N)를 선택한 후 아래와 같이 설정하고 [Create(만들기)]를 누른다.
- PRESET DETAILS(사전 설정 세부정보)
  : 수험번호−성명−4
- 단위 : Pixels
- Width(폭) : 600
- Height(높이) : 400
- Resolution(해상도) : 72Pixels/Inch
- Color Mode(색상모드) : RGB
- Backgound Contents(배경색) : White

2 [Edit(편집)]−[Preferences(속성)]−[Guides, Grid & Slices(안내선, 격자 및 분할 영역)](Ctrl + K)를 선택한 후 'Grid(격자)'의 Gridline Every(격자 간격) : 100Pixels, Subdivisions(세분) : 1로 설정하고 OK 를 누른다.

3 [View(보기)]−[Show(표시)]−[Grid(격자)](Ctrl + ')와 [View(보기)]−[Rulers(눈금자)](Ctrl + R)를 나타낸다.

4 [File(파일)]−[Save as(다른 이름으로 저장)](Shift + Ctrl + S)를 클릭한 후 '내 PC₩문서₩GTQ' 폴더에 '수험번호−성명−4.psd'로 입력하고 [저장]을 누른다.

5 배경에 색을 채우기 위해 도구상자의 Set foreground color(전경색, ■)를 클릭한 후 #99cccc를 입력하고 OK 를 누른다. 전경색을 채우기 위해 Alt + Delete 를 누른다.

02 패턴 제작 및 등록

1 Pattern(패턴)을 만들기 위해 [File(파일)]−[New(새로 만들기)](Ctrl + N)를 선택한 후 아래와 같이 설정하고 [Create(만들기)]를 누른다.
- 단위 : Pixels
- Width(폭) : 40
- Height(높이) : 40
- Resolution(해상도) : 72Pixels/Inch
- Color Mode(색상모드) : RGB
- Backgound Contents(배경색) : White

2 Custom Shape Tool(사용자 정의 모양, ▨)을 선택한 후 옵션 바에서 Pick Tool Mode(선택 도구 모드) : Shape(모양, Shape ▾), Stroke(획) : 색상 없음(▨)으로 설정하고 다음의 모양을 찾아 그린다.
Object(물건) − 백열전구 1(▨)

3 색을 적용하기 위해 [Layers(레이어)] 패널의 Layer Thumbnail(레이어 축소판, ▨)을 더블 클릭한 후 #ffffff을 입력하고 OK 를 누른다.

4 [Layers(레이어)] 패널 하단의 Background(배경)의 눈 아이콘(◉)을 클릭해 해제한다.

⑤ 다른 모양을 추가하기 위해 다음의 모양을 찾아 그린다.
Ornaments(장식) — 장식 4(✦)

⑥ 색을 적용하기 위해 [Layers(레이어)] 패널의 Layer Thumbnail(레이어 축소판,)을 더블 클릭한 후 #336699을 입력하고 OK 를 누른다.

⑦ 패턴을 정의하기 위해 [Edit(편집)]-[Define Pattern(패턴 정의)]을 눌러 확인 후 OK 를 누른다.

03 혼합모드 및 레이어 마스크

① [File(파일)]-[Open(열기)](Ctrl + O)을 선택한 후 '1급-12.jpg'를 불러온다.

② Ctrl + A 로 전체 선택한 후 Ctrl + C 로 복사하고 작업파일을 선택한 후 Ctrl + V 로 붙여넣기 한다.

③ Ctrl + T 로 크기/위치를 조절하고 Enter 를 누른다.

④ 혼합모드를 적용하기 위해 [Layers(레이어)] 패널의 Blending Mode(혼합모드, Normal)를 'Hard Light(하드 라이트)'로 선택한다.

⑤ 레이어 마스크를 적용하기 위해 [Layers(레이어)] 패널 하단의 Add layer mask(레이어 마스크 추가, ◉)를 클릭한다.

⑥ 도구상자에서 Gradient Tool(그레이디언트, ▮)을 선택한 후 옵션 바에서 Gradient Presets(그레이디언트 사전 설정)을 클릭하고 Basics(기본 사항)-'Black & White(검정, 흰색)'를 선택한다.

⑦ 그림과 같이 대각선 방향으로 드래그한다.

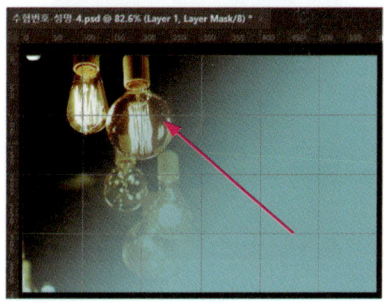

⑧ [File(파일)]-[Open(열기)](Ctrl + O)을 선택한 후 '1급-13.jpg'를 불러온다.

⑨ Ctrl + A 로 전체 선택한 후 Ctrl + C 로 복사하고 작업파일을 선택한 후 Ctrl + V 로 붙여넣기 한다.

⑩ Ctrl + T 로 크기/위치를 조절하고 Enter 를 누른다.

11 [Filter(필터)]-[Filter Gallery(필터 갤러리)]-[Artistic(예술효과)]-[Paint Daubs(페인트 덥스/페인트 바르기)] 필터를 적용한 다음 OK 를 누른다.

12 5~6을 참고해 레이어 마스크를 적용하여 세로 방향으로 드래그한다.

04 이미지 추출 및 색상 보정

1 [File(파일)]-[Open(열기)](Ctrl + O)을 선택한 후 '1급-14.jpg'를 불러온다.

2 Magic Wand Tool(자동 선택, 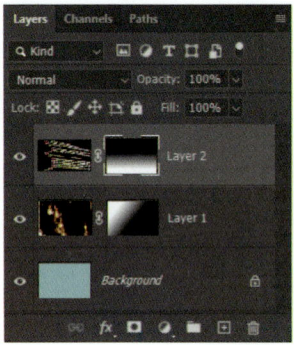)을 선택한 후 옵션 바의 Tolerance(허용치)를 32로 변경하고 배경을 클릭한다.

3 안쪽 부분은 Shift 와 함께 추가로 선택한 다음 반전하기 위해 [Select(선택)]-[Inverse(반전)](Shift + Ctrl + I)를 누른다.

Plus@

옵션 바의 contiquous(인접)에 체크가 해제되어 있다면 모든 이미지에 걸쳐 추출되니 확인해야 한다.

4 Ctrl + C 로 복사하고 작업파일을 선택한 후 Ctrl + V 로 붙여넣기 한다.

5 Ctrl + T 로 크기/위치를 조절하고 Enter 를 누른다.

6 레이어 스타일을 적용하기 위해 [Layers(레이어)] 패널 하단의 fx 를 눌러 Inner Shadow(내부 그림자)를 선택해 적용한다.

7 레이어 스타일을 추가하기 위하여 Outer Glow(외부 광선)를 선택해 적용하고 OK 를 누른다.

8 [File(파일)]-[Open(열기)](Ctrl + O)을 선택한 후 '1급-15.jpg'를 불러온다.

9 Quick Selection Tool(빠른 선택,)로 선택영역을 지정한다.

Plus@

선택영역의 거친 부분을 완만하게 하고 싶다면 [Select(선택)]-[Modify(수정)]-[Smooth(부드럽게)]를 이용해 2px 정도의 값을 준다.

10 Ctrl + C 로 복사하고 작업파일을 선택한 후 Ctrl + V 로 붙여넣기 한다.

⑪ Ctrl + T 로 좌우대칭하기 위해 조절점 안쪽에서 마우스 오른쪽 클릭 후 Flip Horizontal(가로로 뒤집기)을 선택한다. 크기/위치를 조절하고 Enter 를 누른다.

⑫ [Filter(필터)]-[Filter Gallery(필터 갤러리)]-[Artistic(예술효과)]-[Poster Edges(포스터 가장자리)] 필터를 적용한 후 OK 를 누른다.

⑬ 레이어 스타일을 적용하기 위해 [Layers(레이어)] 패널 하단의 fx 를 눌러 Inner Glow(내부 광선)를 선택해 적용하고 OK 를 누른다.

⑭ [File(파일)]-[Open(열기)](Ctrl + O)을 선택한 후 '1급-16.jpg'를 불러온다.

⑮ Elliptical Marquee Tool(원형 선택, ○)로 지구본의 임의의 중심에서부터 Alt + Shift 와 함께 드래그하며 정원의 형태로 선택영역을 지정한다.

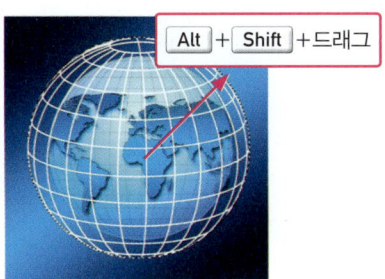

> **Plus@**
> 그리드로 인해 선택에 지장이 있다면 Alt + ' 하여 숨기거나 [View(보기)]-[Snap To(스냅 옵션)]-[Grid(그리드)]의 선택을 해제하면 그리드의 영향을 받지 않는다.

> **Plus@**
> • 선택영역을 키보드의 방향키로 이동하여 맞출 수 있다.
> • 이미 지정된 선택영역의 크기를 조절하고 싶다면 [Select(선택)]-[Transform Selection(선택영역 변형)]을 이용한다.

⑯ Ctrl + C 로 복사하고 작업파일을 선택한 후 Ctrl + V 로 붙여넣기 한다.

⑰ Ctrl + T 로 크기/위치를 조절하고 Enter 를 누른다.

⑱ 녹색 계열로 보정하기 위해 [Image(이미지)]-[Adjustment(조정)]-[Hue/Saturation(색조/채도)](Ctrl + U)을 선택한다.

⑲ Colorize(색상화)에 체크한 후 Hue(색조) : 110, Saturation(채도) : 50으로 값을 변경하고 OK 를 누른다.

⑳ 레이어 스타일을 적용하기 위해 [Layers(레이어)] 패널 하단의 fx 를 눌러 Bevel and Emboss(경사와 엠보스)를 선택해 적용하고 OK 를 누른다.

㉑ [File(파일)]-[Open(열기)](Ctrl + O)을 선택한 후 '1급-17.jpg'를 불러온다.

㉒ Magnetic Lasso Tool(자석 올가미,)을 선택한 후 옵션 바의 Frequency(빈도수)를 100으로 설정하고 첫 점을 클릭하여 이미지의 형태를 따라 추출한다.

> **Plus@**
>
> 수정할 부분은 Shift 와 함께 영역을 추가할 수 있고, Alt 와 함께 영역을 제외할 수 있다.

㉓ Ctrl + C 로 복사하고 작업파일을 선택한 후 Ctrl + V 로 붙여넣기 한다.

㉔ Ctrl + T 로 크기/위치를 조절하고 Enter 를 누른다.

05 패스 제작 및 패턴 적용

❶ Pen Tool(펜,)을 선택한 후 옵션 바에서 Pick Tool Mode(선택 도구 모드) : Path(패스, Path), Path Operations(패스 작업) : Combine Shapes(모양 결합,)로 지정한다.

❷ 배경 레이어의 눈 아이콘( )을 Alt +클릭해 나머지 레이어의 눈을 끈다. (선택사항)

> **Plus@**
>
> 배경 레이어를 선택하지는 않는다. 새 레이어 추가 시 맨 위로 생성되지 않기 때문이다.

❸ 그림을 참고해 반만 그린 다음 패스의 유실을 방지하기 위해 [Path(패스)] 패널을 선택한 후 Work Path(작업 패스) 이름 부분을 더블클릭한다. Save Path(패스 저장)가 나오면 OK 를 누른다. (선택사항)

❹ Path Selection Tool(패스 선택,)로 모두 드래그하여 선택한 후 Alt 와 함께 드래그해 복제한다.

❺ Ctrl + T 로 조절점 안쪽에서 마우스 오른쪽 클릭 후 Flip Horizontal(가로로 뒤집기)을 선택하여 배치하고 Enter 를 누른다.

6 안경 부분만 레이어로 지정하기 위해 Path Selection Tool(패스 선택,)로 바깥쪽에서 드래그하여 모두 선택한다. [Path(패스)] 패널 하단의 'Load as a selection(패스를 선택영역으로 지정,)'을 클릭하여 선택영역으로 지정한다.

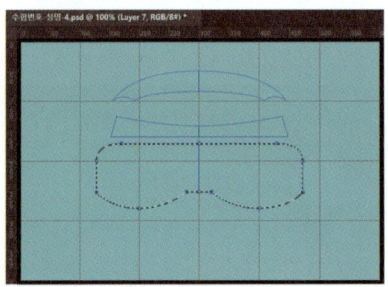

7 [Layers(레이어)] 패널로 이동한 후 하단의 Create a new layer(새 레이어, , Ctrl + Shift + N)를 클릭해 추가한다.

8 색을 채우기 위해 도구상자의 Set foreground color(전경색,)를 클릭한 후 #ffcccc를 입력하고 OK 를 누른다. 전경색을 채우기 위해 Alt + Delete 를 누른다.

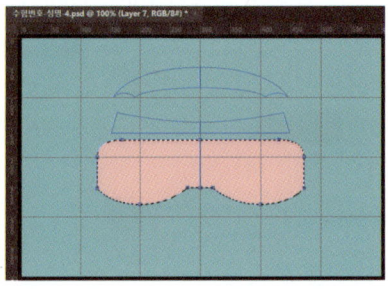

9 나머지 부분을 레이어로 지정하기 위해 Path Selection Tool(패스 선택,)로 바깥쪽에서 드래그하여 모두 선택한 후 [Path(패스)] 패널 하단의 'Load as a selection(패스를 선택영역으로 지정,)'을 클릭한다.

10 [Layers(레이어)] 패널로 이동한 후 하단의 Create a new layer(새 레이어, , Ctrl + Shift + N)를 클릭해 추가한다.

11 색을 채우기 위해 도구상자의 Set foreground color(전경색,)를 클릭한 후 #99cccc를 입력하고 OK 를 누른다. 전경색을 채우기 위해 Alt + Delete 를 누른다.

12 선택영역을 해제하기 위해 [Select(선택)]-[Deselect(해제)](Ctrl + D)를 누른다.

13 배경색과 같아 구분이 되지 않으므로 모든 레이어의 눈을 켜기 위해 레이어의 눈 아이콘( )에서 마우스 오른쪽 클릭 후 'Show/hide all other layers(다른 모든 레이어 표시/숨기기)'를 클릭한다.

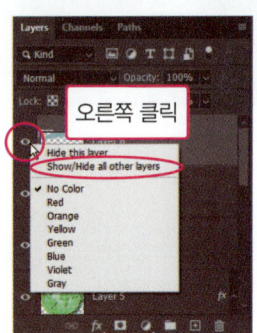

14 패스의 흔적을 숨기기 위해 [Path(패스)] 패널에서 회색의 빈 영역을 클릭하면 숨겨진다.

15 패턴을 적용하기 위해 [Layers(레이어)] 패널에서 안경 모양 레이어를 선택한 후 [Layers(레이어)] 패널 하단의 fx를 눌러 Pattern Overlay(패턴 오버레이)를 선택한다. Pattern(패턴)의 목록 단추를 클릭한 후 정의한 패턴을 선택한다.

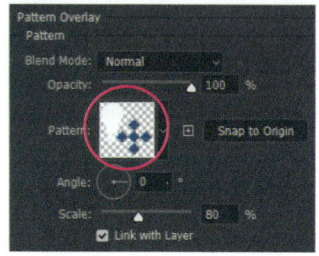

Plus α

패턴의 크기를 조절하고 싶다면 Scale(비율)을 조정한 후 출력형태를 참고하여 맞춘다.

16 레이어 스타일을 추가하기 위해 Drop Shadow(그림자 효과)를 선택해 적용하고 OK 를 누른다.

17 나머지 레이어에 스타일을 복제하기 위해 [Layers(레이어)] 패널의 'Drop Shadow(바깥 그림자)'만 Alt 를 먼저 누른 상태에서 해당 레이어로 드래그하여 각각 복제한다.

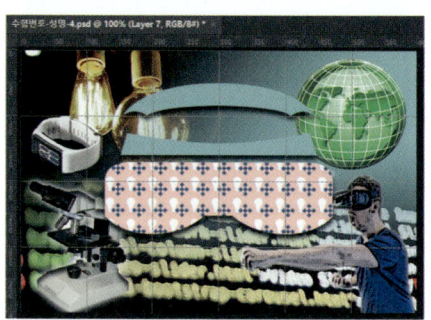

06 모양 지정 및 레이어 스타일

1 Custom Shape Tool(사용자 정의 모양,)을 선택한 후 옵션 바에서 Pick Tool Mode(선택 도구 모드) : Shape(모양, Shape), Stroke(획) : 색상 없음( )으로 설정한다. 모양 선택(Shape:)을 누르고 다음의 모양을 찾아 그린다.
Objects(물건) - 모래시계( )

2 색을 적용하기 위해 [Layers(레이어)] 패널의 Layer Thumbnail(레이어 축소판,)을 더블 클릭한 후 #33ff99를 입력하고 OK 를 누른다.

3 레이어 스타일을 적용하기 위해 [Layers(레이어)] 패널 하단의 fx를 눌러 Bevel and Emboss(경사와 엠보스)를 선택해 적용한 후 OK 를 누른다.

4 다른 모양을 추가하기 위해 다음의 모양을 찾아 그린다.
Nature(자연) - 파형(〰)

5 색을 적용하기 위해 [Layers(레이어)] 패널의 Layer Thumbnail(레이어 축소판, ▣)을 더블클릭한 후 #cc6699를 입력하고 OK 를 누른다.

6 불투명도를 조정하기 위해 [Layers(레이어)] 패널의 Opacity(불투명도)를 70%로 설정한다.

7 레이어 스타일을 추가하기 위해 Drop Shadow(그림자 효과)를 선택해 적용하고 OK 를 누른다.

8 메뉴 부분을 만들기 위해 다음의 모양을 찾아 그린다.
Banners and Awards(배너 및 상장) - 배너 3 (▬)

9 레이어 스타일을 적용하기 위해 [Layers(레이어)] 패널 하단의 fx 를 눌러 Gradient Overlay(그레이디언트 오버레이)를 선택한 후 아래와 같이 값을 변경한다.
- Opacity(불투명도) : 100%
- Style(스타일) : Reflected(반사)
- Angle(각도) : 90°
- Scale(비율) : 100%

10 Gradient(그레이디언트) 편집 창(▭)을 클릭한 후 Color Stop(색상 정지점)을 더블클릭하여 좌측 : #ffffff, 우측 : #996699로 값을 변경하고 OK 를 누른다.

11 레이어 스타일을 추가하기 위해 Stroke(획)를 선택한 후 아래와 같이 값을 변경하고 OK 를 누른다.
- Size(크기) : 2px
- Position(위치) : Outside(바깥쪽)
- Fill Type(칠 유형) : Color(색상)
- 색상값 : #663366

12 메뉴에 텍스트를 입력하기 위해 Type Tool(수평 문자, T)을 선택한 후 Shift +클릭하여 관람안내를 입력하고 Ctrl + Enter 하여 완료한다.

Plus@

Shift +클릭 후 입력하는 이유는 모양이 선택된 상태에서 텍스트를 입력하면 영역 안에 글자가 입력되기 때문이다.

13 옵션 바나 [Character(문자)] 패널에서 돋움, 18pt, #000000으로 설정한다.

14 레이어 스타일을 적용하기 위해 [Layers(레이어)] 패널 하단의 fx 를 눌러 Stroke(획)를 선택한 후 아래와 같이 값을 변경하고 OK 를 누른다.
- Size(크기) : 2px
- Position(위치) : Outside(바깥쪽)
- Fill Type(칠 유형) : Color(색상)
- 색상값 : #ffffff

⓯ 메뉴를 복제하기 위해 배너 모양과 텍스트 레이어를 Shift 로 클릭한 다음 Move Tool(이동, ✥)을 선택해 Alt 와 함께 오른쪽 방향으로 드래그하여 두 번 복제한다.

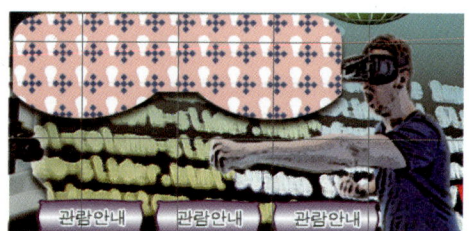

⓰ 두 번째의 텍스트를 수정하기 위해 [Layers(레이어)] 패널의 Indicates text layer(텍스트 레이어, T)를 더블클릭한 후 고객소통을 입력하고 Ctrl + Enter 하여 완료한다.

⓱ 세 번째 텍스트도 ⓰과 같은 방법으로 체험행사로 수정한다.

⓲ 고객소통 레이어의 Stroke(획) 부분을 더블클릭한 후 아래와 같이 값을 변경하고 OK 를 누른다.
 • Size(크기) : 2px
 • Position(위치) : Outside(바깥쪽)
 • Fill Type(칠 유형) : Color(색상)
 • 색상값 : #ff9900

⓳ 두 번째 모양의 Stroke(획) 부분을 더블클릭한 후 아래와 같이 값을 변경한다.
 • Size(크기) : 2px
 • Position(위치) : Outside(바깥쪽)
 • Fill Type(칠 유형) : Color(색상)
 • 색상값 : #cc6600

⓴ Gradient Overlay(그레이디언트 오버레이)를 선택한 후 Gradient(그레이디언트) 편집 창(▭)을 클릭한다. Color Stop(색상 정지점)을 더블클릭한 후 우측 : #ff9900으로 값을 변경하고 OK 를 누른다.

07 ▶ 문자 효과

❶ Type Tool(수평 문자, T)을 선택한 후 빈 공간을 클릭한다. 또 하나의 세상, 메타버스 세계를 입력한 후 Ctrl + Enter 하여 완료한다.

❷ 옵션 바나 [Character(문자)] 패널에서 굴림, 20pt로 설정한다.

❸ 레이어 스타일을 적용하기 위해 [Layers(레이어)] 패널 하단의 fx.를 눌러 Gradient Overlay(그레이디언트 오버레이)를 선택한 후 아래와 같이 값을 변경한다.
 • Opacity(불투명도) : 100%
 • Style(스타일) : Linear(선형)
 • Angle(각도) : 0°
 • Scale(비율) : 100%

❹ Gradient 편집 창(▭)을 클릭한 후 Color Stop(색상 정지점)을 더블클릭하여 좌측 : #3300ff, 우측 : #ff6600으로 값을 변경하고 OK 를 누른다.

5 레이어 스타일을 추가하기 위해 Stroke(획)를 선택해 값을 변경하고 OK 를 누른다.
- Size(크기) : 2px
- Position(위치) : Outside(바깥쪽)
- Fill Type(칠 유형) : Color(색상)
- 색상값 : #ffff99

6 텍스트를 뒤틀기 위해 Type Tool(수평 문자, T)을 선택한 후 옵션 바의 Create warped text(뒤틀어진 텍스트 만들기, T)를 클릭하여 Style(스타일) : Arc(부채꼴), Bend(구부리기) : -30%로 값을 변경하고 OK 를 누른다.

7 Type Tool(수평 문자, T)을 선택한 후 빈 공간을 클릭한다. https://science.seoul.go.kr을 입력한 후 Ctrl + Enter 하여 완료한다.

8 옵션 바나 [Character(문자)] 패널에서 Times New Roman, Bold, 16pt, #330066로 설정한다.

9 레이어 스타일을 적용하기 위해 Stroke(획)를 선택한 후 아래와 같이 값을 변경하고 OK 를 누른다.
- Size(크기) : 2px
- Position(위치) : Outside(바깥쪽)
- Fill Type(칠 유형) : Color(색상)
- 색상값 : #ccffff

10 Type Tool(수평 문자, T)을 선택한 후 빈 공간을 클릭한다. 메타버스 게더타운 스페이스를 입력한 후 Ctrl + Enter 하여 완료한다.

11 옵션 바나 [Character(문자)] 패널에서 궁서, 15pt, #993300으로 설정한 후 게더타운만 선택하여 27pt, #003333으로 변경한다.

12 레이어 스타일을 적용하기 위해 Stroke(획)를 선택한 후 아래와 같이 값을 변경하고 OK 를 누른다.
- Size(크기) : 2px
- Position(위치) : Outside(바깥쪽)
- Fill Type(칠 유형) : Color(색상)
- 색상값 : #ffffcc

13 텍스트를 뒤틀기 위해 Type Tool(수평 문자, T)을 선택한 후 옵션 바의 Create warped text(뒤틀어진 텍스트 만들기, T)를 클릭한다. Style(스타일) : Arc(부채꼴), Bend(구부리기) : +20%로 값을 변경한 후 OK 를 누른다.

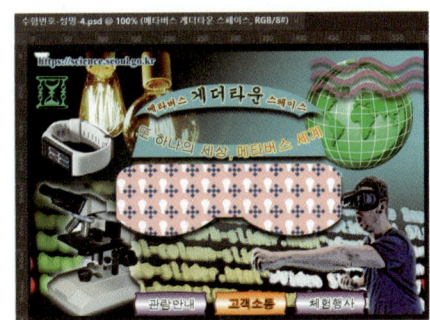

08 PSD, JPG 형식으로 저장하기

1 [File(파일)]-[Save(저장)](Ctrl + S)를 선택한 후 기존 파일에 덮어쓰기 한다.

2 JPG 파일 형식으로 저장하기 위해 [File(파일)]-[Save as(다른 이름으로 저장)](Shift + Ctrl + S)를 선택한 후 파일 형식을 클릭해 JPEG로 선택한다. '내 PC\문서\GTQ' 폴더에 '수험번호-성명-4'로 입력한 후 [저장]을 누른다.

3 PSD 파일의 사이즈를 1/10로 줄이기 위해 [Image(이미지)]−[Image Size(이미지 크기)](Alt + Ctrl + I)를 선택한 후 단위 : Pixel, Width(폭) : 60px, Height(높이) : 40px, Resolution(해상도) : 72Pixels/Inch로 설정한 후 OK 를 누른다.

4 [File(파일)]−[Save(저장)](Ctrl + S)를 선택한 후 작은 사이즈로 최종 저장한다.

5 완성된 파일을 확인하기 위해 파일 탐색기를 열어 '내 PC₩문서₩GTQ' 폴더에서 확인한다.

6 시험장의 작업표시줄에 나타나는 'Koas 수험자용'을 클릭해 우측의 답안 전송 을 클릭한 후 해당하는 번호에 체크한다. 하단의 답안 전송 을 클릭한 후 닫기 를 누르면 최종 전송된 답안으로 채점이 이루어진다.

✅ Check Point !

		O	X
공통	• 제시된 크기(px)와 해상도(72pixels/inch)로 파일을 만들었나요? • '수험번호-성명-문제번호.psd'로 저장했나요? • 그리드(Ctrl + ')와 눈금자(Ctrl + R)를 표시했나요? • 시험지에도 자를 이용해 100픽셀씩 그리드를 그려주었나요?		
문제1번	• 만든 패스를 저장했나요? • 클리핑 마스크를 적용했나요? • 각 이미지와 Shape(모양)에 레이어 스타일과 필터를 적용했나요?		
문제2번	• 제시된 색상으로 보정했나요? • 각 이미지와 Shape(모양)에 레이어 스타일과 필터를 적용했나요?		
문제3번	• 배경에 색을 적용했나요? • Blending Mode(혼합모드)를 적용했나요? • 레이어 마스크의 방향을 맞게 적용했나요? • 제시된 색상으로 보정했나요? • 각 이미지와 Shape(모양)에 레이어 스타일과 필터를 적용했나요?		
문제4번	• 배경에 색을 적용했나요? • 패턴을 제작하여 등록하였나요? • Blending Mode(혼합모드)를 적용했나요? • 레이어 마스크의 방향을 맞게 적용했나요? • 제시된 색상으로 보정했나요? • 1급-17.jpg를 제외한 이미지와 Shape(모양)에 레이어 스타일과 필터를 적용했나요? • 펜 도구를 이용하여 오브젝트를 그려 패턴으로 적용하였나요?		
공통	• '수험번호-성명-문제번호.jpg'로 저장했나요? • 1/10로 줄여 '수험번호-성명-문제번호.psd'로 저장했나요?		

※ 시험장에서는 반드시 전송까지 실행해 주세요.

CHAPTER 02

제2회 기출유형문제 [S/W:포토샵]

급수	문제유형	시험시간	수험번호	성명
1급	A	90분		

수험자 유의사항

- 수험자는 문제지를 받는 즉시 응시하고자 하는 과목 및 급수가 맞는지 확인한 후 수험번호와 성명을 작성합니다.
- 파일명은 본인의 "수험번호-성명-문제번호"로 공백 없이 정확히 입력하고 답안폴더(내 PC₩문서₩GTQ)에 jpg 파일과 psd 파일의 2가지 포맷으로 저장해야 하며, jpg 파일과 psd 파일의 내용이 상이할 경우 0점 처리됩니다. 답안문서 파일명이 "수험번호-성명-문제번호"와 일치하지 않거나, 답안 파일을 전송하지 않아 미제출로 처리될 경우 불합격 처리됩니다.
- 문제의 세부조건은 '영문(한글)' 형식으로 표기되어 있으니 유의하시기 바랍니다.
- 수험자 정보와 저장한 파일명, 저장 위치가 다를 경우 전송이 되지 않으므로, 주의하시기 바랍니다.
- 답안 작성 중에도 주기적으로 '저장'과 '답안 전송'을 이용하여 감독위원 PC로 답안을 전송하셔야 합니다.
  (※ 작업한 내용을 저장하지 않고 전송할 경우 이전의 저장내용이 전송되오니 이점 반드시 유념하시기 바랍니다.)
- 답안문서는 지정된 경로 외의 다른 보조기억장치에 저장하는 행위, 지정된 시험 시간 외에 작성된 파일을 활용한 행위, 기타 허용되지 않은 프로그램(이메일, 메신저, 게임, 네트워크 등) 이용 시 부정행위로 간주되어 자격기본법 제32조에 의거 본 시험 및 국가공인 자격시험을 2년간 응시할 수 없습니다.
- 시험 중 부주의 또는 고의로 시스템을 파손한 경우와 〈수험자 유의사항〉에 기재된 방법대로 이행하지 않아 생기는 불이익은 수험자의 책임임을 알려 드립니다.
- 시험을 완료한 수험자는 최종적으로 저장한 답안 파일이 전송되었는지 확인한 후 감독위원의 지시에 따라 문제지를 제출하고 퇴실합니다.

답안 작성요령

- 온라인 답안 작성 절차
  수험자 등록 ⇒ 시험 시작 ⇒ 답안 파일 저장 ⇒ 답안 전송 ⇒ 시험 종료
- 내 PC₩문서₩GTQ₩Image 폴더에 있는 그림 원본파일을 사용하여 답안을 작성하시고 최종답안을 답안폴더(내 PC₩문서 ₩GTQ)에 저장하여 답안을 전송하시고, 이미지의 크기가 다른 경우 감점 처리됩니다.
- 배점은 총 100점으로 이루어지며, 점수는 각 문제별로 차등 배분됩니다.
- 각 문제는 주어진 〈조건〉에 따라 작성하고, 언급하지 않은 조건은 《출력형태》와 같이 작성합니다.
- 배치 등의 편의를 위해 주어진 눈금자의 단위는 '픽셀'입니다.
- 그 외는 출력형태(효과, 이미지, 문자, 색상, 레이아웃, 규격 등)와 같이 작업하십시오.
- 문제 조건에 서체의 지정이 없을 경우 한글은 굴림이나 돋움, 영문은 Arial로 작업하십시오. (단, 그 외에 제시되지 않은 문자 속성을 기본값으로 작성하지 않은 경우는 감점 처리됩니다.)
- Image Mode(이미지 모드)는 별도의 처리조건이 없을 경우에는 RGB(8비트)로 작업하십시오.
- 모든 답안 파일은 해상도 72pixels/inch로 작업하십시오.
- Layer(레이어)는 각 기능별로 분할해야 하며, 임의로 합칠 경우나 각 기능에 대한 속성을 해지할 경우 해당 요소는 0점 처리됩니다.

문제 1 [기능평가] 고급 Tool(도구) 활용
20점

다음의 《조건》에 따라 아래의 《출력형태》와 같이 작업하시오.

조건

원본 이미지			문서₩GTQ₩Image₩1급-1.jpg, 1급-2.jpg, 1급-3.jpg
파일 저장 규칙	JPG	파일명	문서₩GTQ₩수험번호-성명-1.jpg
		크기	400 × 500 pixels
	PSD	파일명	문서₩GTQ₩수험번호-성명-1.psd
		크기	40 × 50 pixels

1. 그림 효과
   ① 1급-1.jpg : 필터 - Paint Daubs(페인트 덥스/페인트 바르기)
   ② Save Path(패스 저장) : 아이스크림
   ③ Mask(마스크) : 아이스크림 모양, 1급-2.jpg를 이용하여 작성
      레이어 스타일 - Stroke(선/획)(4px, 그레이디언트(#663333, #66ff66)), Inner Shadow(내부 그림자)
   ④ 1급-3.jpg : 레이어 스타일 - Bevel and Emboss(경사와 엠보스)
   ⑤ Shape Tool(모양 도구) :
      - 음표 모양 (#ffff66, #6699cc, 레이어 스타일 - Bevel and Emboss(경사와 엠보스))
      - 잎 모양 (#66ffcc, 레이어 스타일 - Drop Shadow(그림자 효과))

2. 문자 효과
   ① Sweet Time (Arial, Bold, 38pt, 레이어 스타일 - 그레이디언트 오버레이(#ff0066, #3366ff), Stroke(선/획)(2px, #ccccff))

출력형태

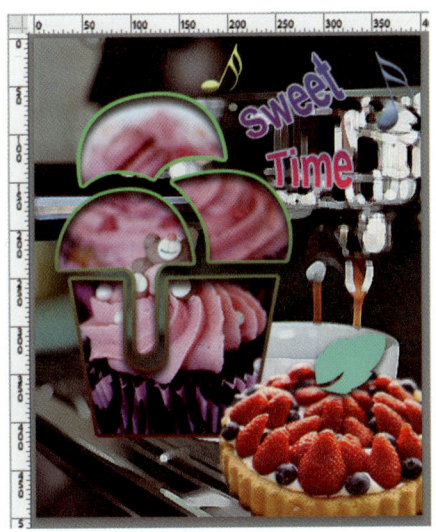

문제 2 [기능평가] 사진편집 응용
20점

다음의 《조건》에 따라 아래의《출력형태》와 같이 작업하시오.

조건

원본이미지	문서₩GTQ₩Image₩1급-4.jpg, 1급-5.jpg, 1급-6.jpg			
파일 저장 규칙	JPG	파일명	문서₩GTQ₩수험번호-성명-2.jpg	
		크기	400 × 500 pixels	
	PSD	파일명	문서₩GTQ₩수험번호-성명-2.psd	
		크기	40 × 50 pixels	

1. 그림 효과
   ① 1급-4.jpg : 필터 - Texturizer(텍스처화)
   ② 색상 보정 : 1급-5.jpg - 녹색, 빨간색 계열로 보정
   ③ 1급-5.jpg : 레이어 스타일 - Drop Shadow(그림자 효과)
   ④ 1급-6.jpg : 레이어 스타일 - Outer Glow(외부 광선)
   ⑤ Shape Tool(모양 도구) :
      - 꽃 장식 모양 (#ffccff, 레이어 스타일 - Stroke(선/획)(1px, #660000))
      - 잎 장식 모양 (#99ff99, #ffff99, 레이어 스타일 - Drop Shadow(그림자 효과))

2. 문자 효과
   ① Brunch Time (Times New Roman, Regular, 52pt, 레이어 스타일 - 그레이디언트 오버레이(#cc6633, #ffff99), Stroke(선/획)(3px, #330000))

출력형태

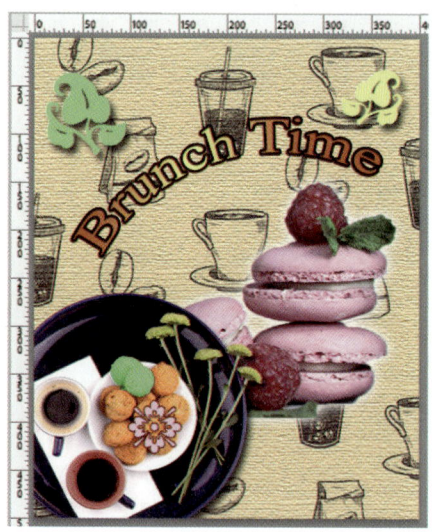

문제 3 [실무응용] 포스터 제작
25점

다음의 《조건》에 따라 아래의 《출력형태》와 같이 작업하시오.

조건

원본이미지			문서₩GTQ₩Image₩1급-7.jpg, 1급-8.jpg, 1급-9.jpg, 1급-10.jpg, 1급-11.jpg
파일 저장 규칙	JPG	파일명	문서₩GTQ₩수험번호-성명-3.jpg
		크기	600 × 400 pixels
	PSD	파일명	문서₩GTQ₩수험번호-성명-3.psd
		크기	60 × 40 pixels

1. 그림 효과
   ① 배경 : #ff6600
   ② 1급-7.jpg : Blending Mode(혼합모드) – Luminosity(광도), Opacity(불투명도)(80%)
   ③ 1급-8.jpg : 필터 – Paint Daubs(페인트 덥스/페인트 바르기), 레이어 마스크 – 가로 방향으로 흐릿하게
   ④ 1급-9.jpg : 필터 – Wind(바람), 레이어 스타일 – Bevel and Emboss(경사와 엠보스)
   ⑤ 1급-10.jpg : 레이어 스타일 – Stroke(선/획)(3px, 그레이디언트(#ffff33, #00cc33))
   ⑥ 1급-11.jpg : 색상 보정 – 녹색 계열로 보정, 레이어 스타일 – Drop Shadow(그림자 효과)
   ⑦ 그 외 《출력형태》 참조

2. 문자 효과
   ① 틴에이저 디저트 대회 (궁서, 42pt, 60pt, 레이어 스타일 – 그레이디언트 오버레이(#ff9900, #9966cc, #339933), Stroke(선/획)(2px, #ccffcc), Drop Shadow(그림자 효과))
   ② Latte Art Pouring Guide (Arial, Regular, 18pt, #993300, 레이어 스타일 – Stroke(선/획)(2px, #ffffcc))
   ③ 꿀조합 레시피 콘테스트 (돋움, 18pt, 레이어 스타일 – 그레이디언트 오버레이(#ff99ff, #ffff00), Stroke(선/획)(2px, #333333))
   ④ RTD음료 부문 | 디저트 메뉴개발 (돋움, 16pt, #99ff99, #ffff66, 레이어 스타일 – Stroke(선/획)(2px, #663300))

출력형태

Shape Tool(모양 도구) 사용
#ff6600, #ffff33,
레이어 스타일 –
Drop Shadow(그림자 효과),
Opacity(불투명도)(80%)

Shape Tool(모양 도구) 사용
레이어 스타일 – 그레이디언트
오버레이(#ff0000, #6666ff),
Outer Glow(외부 광선)

Shape Tool(모양 도구) 사용
#66cc66, 레이어 스타일 –
Stroke(선/획)(3px, #ccffcc),
Opacity(불투명도)(50%)

문제 4 [실무응용] 웹 페이지 제작
35점

다음의 《조건》에 따라 아래의 《출력형태》와 같이 작업하시오.

조건

원본 이미지		문서₩GTQ₩Image₩1급-12.jpg, 1급-13.jpg, 1급-14.jpg, 1급-15.jpg, 1급-16.jpg, 1급-17.jpg	
파일 저장 규칙	JPG	파일명	문서₩GTQ₩수험번호-성명-4.jpg
		크기	600 × 400 pixels
	PSD	파일명	문서₩GTQ₩수험번호-성명-4.psd
		크기	60 × 40 pixels

1. 그림 효과
   ① 배경 : #ff6633
   ② 패턴(꽃 모양) : #ffcc00, #ff0099
   ③ 1급-12.jpg : Blending Mode(혼합모드) - Screen(스크린), 레이어 마스크 - 대각선 방향으로 흐릿하게
   ④ 1급-13.jpg : 필터 - Dry Brush(드라이 브러시), 레이어 마스크 - 가로 방향으로 흐릿하게
   ⑤ 1급-14.jpg : 레이어 스타일 - Bevel and Emboss(경사와 엠보스), Outer Glow(외부 광선)
   ⑥ 1급-15.jpg : 필터 - Poster Edges(포스터 가장자리), 레이어 스타일 - Drop Shadow(그림자 효과)
   ⑦ 1급-16.jpg : 색상 보정 - 빨간색 계열로 보정, 레이어 스타일 - Drop Shadow(그림자 효과)
   ⑧ 그 외 《출력형태》 참조

2. 문자 효과
   ① Seoul Dessert Fair (Arial, Regular, 22pt, 35pt, #ff66cc,
      레이어 스타일 - Stroke(선/획)(2px, 그레이디언트(#ccffff, #ffff00)))
   ② 서울 디저트 페어 (굴림, 48pt, 레이어 스타일 - 그레이디언트 오버레이(#0000cc, #006600, #ff6600), Stroke(선/획)(2px, #ccffff))
   ③ 참가 신청 (궁서, 18pt, #993333, 레이어 스타일 - Stroke(선/획)(2px, #ffffff))
   ④ 한과 디저트 플레이팅 (바탕, 18pt, #000000, 레이어 스타일 - Stroke(선/획)(2px, #ffffff))

출력형태

Shape Tool(모양 도구) 사용
#cc6600, 레이어 스타일 -
Inner Shadow(내부 그림자),
Opacity(불투명도)(70%)

Pen Tool(펜 도구) 사용
#003300, 레이어 스타일 -
그레이디언트 오버레이
(#006633, #ffff99),
Drop Shadow(그림자 효과)

Shape Tool(모양 도구) 사용
#993333, 레이어 스타일 -
Stroke(선/획)(2px, #ffffff)

Shape Tool(모양 도구) 사용
레이어 스타일 - 그레이디언트 오버레이
(#996699, #669966, #ffffff), Stroke(선/획)(2px,
#663366, #336633)

문제 1 [기능평가] 고급 Tool(도구) 활용   20점

사용 이미지 미리보기

1급-1.jpg

1급-2.jpg

1급-3.jpg

사용자 정의 모양 미리보기

사용 기능

필터	[Filter(필터)]-[Filter Gallery(필터 갤러리)]-[Artistic(예술효과)]-[Paint Daubs(페인트 덥스/페인트 바르기)]
클리핑 마스크	Create Clipping Mask(클리핑 마스크 만들기, Alt + Ctrl + G)
이미지 추출	Quick Selection Tool(빠른 선택,)
이미지 사이즈	[Image(이미지)]-[Image Size(이미지 크기)](Alt + Ctrl + I)

01 새 캔버스 생성 및 필터

1 [File(파일)]-[New(새로 만들기)](Ctrl + N)를 선택한 후 아래의 조건으로 설정하고 [Create(만들기)]를 누른다.
- PRESET DETAILS(사전 설정 세부정보)
  : 수험번호-성명-1
- 단위 : Pixels
- Width(폭) : 400
- Height(높이) : 500
- Resolution(해상도) : 72Pixels/Inch
- Color Mode(색상모드) : RGB
- Backgound Contents(배경색) : White

2 [Edit(편집)]-[Preferences(속성)]-[Guides, Grid & Slices(안내선, 격자 및 분할 영역)](Ctrl + K)를 선택한 후 'Grid(격자)'의 Gridline Every(격자 간격) : 100Pixels, Subdivisions(세분) : 1로 설정한 다음 OK 를 누른다.

3 [View(보기)]-[Show(표시)]-[Grid(격자)] (Ctrl + ')와 [View(보기)]-[Rulers(눈금자)](Ctrl + R)를 나타낸다.

4 [File(파일)]-[Save as(다른 이름으로 저장)] (Shift + Ctrl + S)를 클릭한 다음 '내 PC\문서\GTQ' 폴더에 '수험번호-성명-1.psd'로 입력한 후 [저장]을 누른다.

5 [File(파일)]-[Open(열기)](Ctrl + O)을 선택한 후 '1급-1.jpg'를 불러온다.

6 Ctrl + A 로 전체 선택한 후 Ctrl + C 로 복사하고 작업파일을 선택한 후 Ctrl + V 로 붙여넣기 한다.

7 Ctrl + T 로 크기/위치를 조절하고 Enter 를 누른다.

8 [Filter(필터)]-[Filter Gallery(필터 갤러리)]-[Artistic(예술효과)]-[Paint Daubs(페인트 덥스/페인트 바르기)] 필터를 적용한 다음 OK 를 누른다.

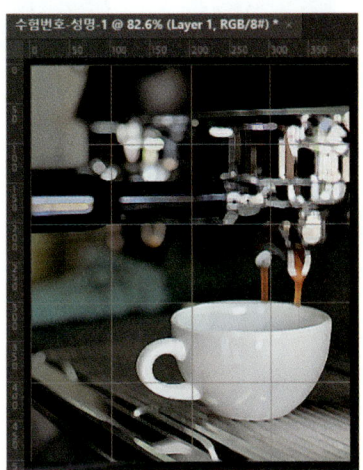

02 패스 제작 및 패스 저장

1 Pen Tool(펜, ⌀)을 선택한 후 옵션 바에서 Pick Tool Mode(선택 도구 모드) : Path(패스, Path), Path operations(패스 작업) : Exclude Overlapping Shapes(모양 오버랩 제외)로 지정한다.

2 Layer 1(배경 이미지)의 눈 아이콘(◉)을 클릭해 숨기게 한 다음 패스를 그리기 위해 [Path(패스)] 패널을 누른다. (선택사항)

3 다음과 같이 Pen Tool(펜, 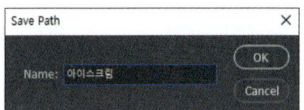)로 그린다. 수직, 수평선은 Shift +클릭으로 그릴 수 있다.

4 곡선을 그리다 방향선을 끊고 싶다면 기준점을 Alt +클릭한다.

5 사이 사이를 넉넉하게 간격을 두어 그려야 출력형태와 유사하다.

6 패스를 저장하기 위해 [Path(패스)] 패널의 Work Path(작업 패스) 이름을 더블클릭한 후 Save Path(패스 저장) 대화상자가 나오면 아이스크림을 입력하고 OK 를 누른다.

7 패스를 선택영역으로 지정하기 위해 Ctrl +Path Thumbnail(패스 축소판)을 클릭한 후 선택영역이 생기면 [Layers(레이어)] 패널을 선택하여 하단의 Create a new layer(새 레이어, , Shift + Ctrl + N)를 클릭해 추가한다.

8 임의의 색을 추가하기 위해 Alt + Delete 를 눌러 전경색( )을 추가한다.

9 선택영역을 해제하기 위해 [Select(선택)]-[Deselect(해제)](Ctrl + D)를 누른다.

10 배경 이미지의 눈 아이콘( )을 클릭해 보이게 한다.

⓫ 레이어 스타일을 적용하기 위해 [Layers(레이어)] 패널 하단의 fx.를 눌러 Stroke(획)를 선택한 후 아래와 같이 값을 변경한다.
- Size(크기) : 4px
- Position(위치) : Outside(바깥쪽)
- Fill Type(칠 유형) : Gradient(그레이디언트)
- Style(스타일) : Linear(선형)
- Angle(각도) : 90°

> **Plus@**
> [Layers(레이어)] 패널에서 해당 레이어의 회색 영역을 더블클릭해도 적용할 수 있다.

⓬ Gradient(그레이디언트) 편집 창(　)을 클릭한 후 Color Stop(색상 정지점)을 더블클릭하여 좌측 : #663333, 우측 : #66ff66으로 값을 변경하고 OK 를 누른다.

⓭ 레이어 스타일을 추가하기 위해 Inner Shadow(내부 그림자)를 선택해 적용하고 OK 를 누른다.

03 클리핑 마스크 및 레이어 스타일 적용

❶ [File(파일)]-[Open(열기)](Ctrl + O)을 선택한 후 '1급-2.jpg'를 불러온다.

❷ Ctrl + A 로 전체 선택한 후 Ctrl + C 로 복사하고 작업파일을 선택해 Ctrl + V 로 붙여넣기한다.

❸ Ctrl + T 로 크기/위치를 조절하고 Enter 를 누른다.

❹ 클리핑 마스크를 적용하기 위해 [Layers(레이어)] 패널의 Layer 3에서 마우스 오른쪽 클릭 후 [Create Clipping Mask(클리핑 마스크 만들기)](Alt + Ctrl + G)를 선택한다.

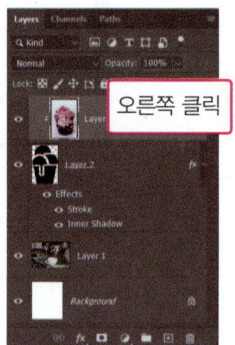

> **Plus@**
> Layer 2와 Layer 3의 위치를 조절하고 싶다면 Shift 와 함께 선택한 후 Ctrl + T 로 크기/위치를 조절하고 Enter 를 누른다.

❺ [File(파일)]-[Open(열기)](Ctrl + O)을 선택한 후 '1급-3.jpg'를 불러온다.

❻ Quick Selection Tool(빠른 선택, 　)로 선택영역을 지정한다.

❼ Ctrl + C 로 복사하고 작업파일을 선택한 후 Ctrl + V 로 붙여넣기 한다.

❽ Ctrl + T 로 크기/위치를 조절하고 Enter 를 누른다.

9 레이어 스타일을 적용하기 위해 [Layers(레이어)] 패널 하단의 fx 를 눌러 Bevel and Emboss (경사와 엠보스)를 선택해 적용하고 OK 를 누른다.

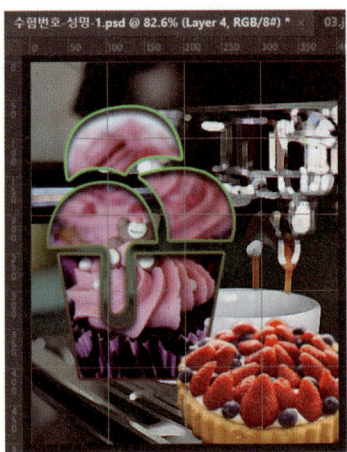

04 모양 지정 및 레이어 스타일

1 Custom Shape Tool(사용자 정의 모양,)을 선택한 후 옵션 바에서 Pick Tool Mode(선택 도구 모드) : Shape(모양, Shape), Stroke(획) : 색상 없음( )으로 설정한다. 모양 선택(Shape:)을 눌러 아래의 모양을 찾아 그린다.
   - 기본 경로 : Legacy Shapes and More(레거시 모양 및 기타) – All Legacy Default Shapes (모든 레거시 기본 모양)
   - Music(음악) – 16분 음표( )

2 Ctrl + T 로 회전/크기/위치를 조절하고 Enter 를 누른다.

3 색을 적용하기 위해 [Layers(레이어)] 패널의 Layer Thumbnail(레이어 축소판,)을 더블클릭한 후 #ffff66를 입력하고 OK 를 누른다.

4 레이어 스타일을 적용하기 위해 [Layers(레이어)] 패널 하단의 fx 를 눌러 Bevel and Emboss (경사와 엠보스)를 선택해 적용하고 OK 를 누른다.

5 Ctrl + J 를 눌러 복제한다.

> **Plus@**
> Move Tool(이동)을 선택한 후 Shape(모양)를 Alt 와 함께 드래그하여 이동복사할 수 있다.

6 Ctrl + T 로 회전/크기/위치를 조절하고 Enter 를 누른다.

7 색을 적용하기 위해 [Layers(레이어)] 패널의 '16분 음표' copy Layer Thumbnail(레이어 축소판,)을 더블클릭한 후 #6699cc를 입력하고 OK 를 누른다.

8 다른 모양을 추가하기 위해 아래의 모양을 찾아 그린다.
Nature(자연) – 나뭇잎 1( )

9 색을 적용하기 위해 [Layers(레이어)] 패널의 Layer Thumbnail(레이어 축소판,)을 더블클릭한 후 #66ffcc를 입력하고 OK 를 누른다.

❿ 레이어 스타일을 적용하기 위해 Drop Shadow(그림자 효과)를 선택해 적용하고 OK 를 누른다.

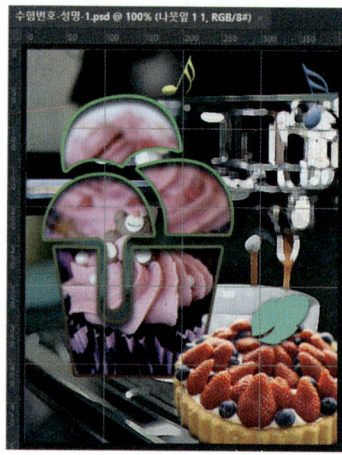

05 ▶ 문자 효과

❶ Type Tool(수평 문자)을 선택한 후 빈 캔버스를 클릭한다. Sweet Time을 입력한 후 Ctrl + Enter 를 눌러 완료한다.

❷ 옵션 바나 [Character(문자)] 패널에서 Arial, Bold, 38pt로 설정한다.

❸ 레이어 스타일을 추가하기 위해 Gradient Overlay(그레이디언트 오버레이)를 선택한 후 아래와 같이 값을 변경한다.
- Opacity(불투명도) : 100%
- Style(스타일) : Linear(선형)
- Angle(각도) : 90°
- Scale(비율) : 100%

❹ Gradient(그레이디언트) 편집 창( )을 클릭한 후 Color Stop(색상 정지점)을 더블클릭하여 좌측 : #ff0066, 우측 : #3366ff로 값을 변경하고 OK 를 누른다.

❺ 레이어 스타일을 적용하기 위해 [Layers(레이어)] 패널 하단의 fx 를 눌러 Stroke(획)를 선택한 후 아래와 같이 값을 변경한다.
- Size(크기) : 2px
- Position(위치) : Outside(바깥쪽)
- Fill Type(칠 유형) : Color(색상)
- 색상값 : #ccccff

❻ 텍스트를 뒤틀기 위해 Type Tool(수평 문자, T)을 선택한 후 옵션 바의 Create warped text(뒤틀어진 텍스트 만들기,)를 클릭하여 Style(스타일) : Arc, Vertical, Bend(구부리기) : −30%로 값을 변경하고 OK 를 누른다.

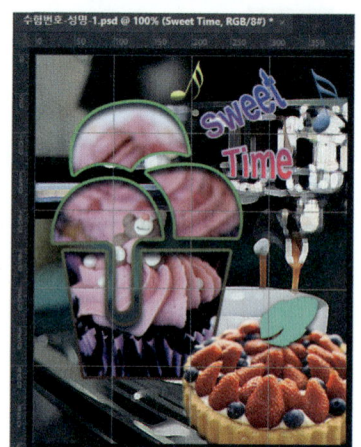

06 ▶ PSD, JPG 형식으로 저장하기

1 [File(파일)]−[Save(저장)] `Ctrl`+`S`를 선택한 후 기존 파일에 덮어쓰기 한다.

2 JPG 파일 형식으로 저장하기 위해 [File(파일)]−[Save as(다른 이름으로 저장)](`Shift`+`Ctrl`+`S`)를 선택한 후 파일 형식을 클릭해 JPEG로 선택한다. '내 PC₩문서₩GTQ' 폴더에 '수험번호−성명−1'로 입력한 후 [저장]을 누른다.

3 PSD 파일의 사이즈를 1/10로 줄이기 위해 [Image(이미지)]−[Image Size(이미지 크기)](`Alt`+`Ctrl`+`I`)를 선택한 후 단위 : Pixel, Width(폭) : 40px, Height(높이) : 50px, Resolution(해상도) : 72Pixels/Inch로 설정하고 `OK`를 누른다.

4 [File(파일)]−[Save(저장)](`Ctrl`+`S`)를 선택한 후 작은 사이즈로 최종 저장한다.

5 완성된 파일을 확인하기 위해 파일 탐색기를 열어 '내 PC₩문서₩GTQ' 폴더에서 확인한다.

6 시험장의 작업표시줄에 나타나는 'Koas 수험자용'을 클릭해 우측의 `답안 전송`을 클릭한 후 해당하는 번호에 체크한다. 하단의 `답안 전송`을 클릭한 후 `닫기`를 누르면 최종 전송된 답안으로 채점이 이루어진다.

문제 2 [기능평가] 사진편집 응용 20점

사용 이미지 미리보기

1급-4.jpg

1급-5.jpg

1급-6.jpg

사용자 정의 모양 미리보기

사용 기능

필터	[Filter(필터)]-[Filter Gallery(필터 갤러리)]-[Texture(텍스처)]-[Texturizer(텍스처화)]
색상 조정	[Create new fill or adjustment layer(조정 레이어, ◐)]-[Hue/Saturation(색조/채도)]
이미지 추출	Quick Selection Tool(빠른 선택, ▦)
이미지 사이즈	[Image(이미지)]-[Image Size(이미지 크기)](Alt + Ctrl + I)

01 새 캔버스 생성 및 필터

1 [File(파일)]-[New(새로 만들기)](Ctrl+N)를 선택한 후 아래의 조건으로 설정한 다음 [Create(만들기)]를 누른다.
- PRESET DETAILS(사전 설정 세부정보)
  : 수험번호-성명-2
- 단위 : Pixels
- Width(폭) : 400
- Height(높이) : 500
- Resolution(해상도) : 72Pixels/Inch
- Color Mode(색상모드) : RGB
- Backgound Contents(배경색) : White

2 [Edit(편집)]-[Preferences(속성)]-[Guides, Grid & Slices(안내선, 격자 및 분할 영역)](Ctrl+K)를 선택한 후 'Grid(격자)'의 Gridline Every(격자 간격) : 100Pixels, Subdivisions(세분) : 1로 설정한 다음 OK 를 누른다.

3 [View(보기)]-[Show(표시)]-[Grid(격자)](Ctrl+')와 [View(보기)]-[Rulers(눈금자)](Ctrl+R)를 나타낸다.

4 [File(파일)]-[Save as(다른 이름으로 저장)](Shift+Ctrl+S)를 클릭한 다음 '내 PC\문서\GTQ' 폴더에 '수험번호-성명-2.psd'로 입력한 후 [저장]을 누른다.

5 [File(파일)]-[Open(열기)](Ctrl+O)을 선택한 후 '1급-4.jpg'를 불러온다.

6 Ctrl+A로 전체 선택한 후 Ctrl+C로 복사하고 작업파일을 선택한 후 Ctrl+V로 붙여넣기 한다.

7 Ctrl+T로 크기/위치를 조절하고 Enter 를 누른다.

8 [Filter(필터)]-[Filter Gallery(필터 갤러리)]-[Texture(텍스처)]-[Texturizer(텍스처화)] 필터를 적용하고 OK 를 누른다.

02 이미지 추출 및 색상 보정

1 [File(파일)]-[Open(열기)](Ctrl+O)을 선택한 후 '1급-5.jpg'를 불러온다.

2 Magic Wand Tool(자동 선택,)을 선택한 후 옵션 바의 Tolerance(허용치)를 40으로 변경하고 배경을 클릭한다.

3 [Select(선택)]-[Similar(유사 영역 선택)]로 선택영역을 확장해 준다. 선택이 안 된 부분은 Shift 와 함께 클릭하여 선택해 준다.

> **Plus α**
> 그리드로 인해 선택에 지장이 있다면 Alt + ' 를 눌러 숨기거나 [View(보기)]-[Snap To(스냅 옵션)]-[Grid(그리드)]의 선택을 해제하면 그리드의 영향을 받지 않는다.

4 선택영역을 반전하기 위해 [Select(선택)]-[Inverse(반전)](Shift + Ctrl + I)를 누른다.

5 Ctrl + C 로 복사하고 작업파일을 선택한 후 Ctrl + V 로 붙여넣기 한다.

6 Ctrl + T 로 크기/위치를 조절하고 Enter 를 누른다.

7 커피잔을 빨간색 계열로 보정하기 위해 Elliptical Marquee Tool(원형 선택, ◯)을 선택한 후 중심에서부터 Alt + Shift 와 함께 드래그하여 정원의 선택영역을 지정한다.

8 [Layers(레이어)] 패널 하단의 [Create new fill or adjustment layer(조정 레이어, ◐)]를 클릭한 후 [Hue/Saturation(색조/채도)]를 선택한다.

9 Colorize(색상화)에 체크한 후 아래와 같이 값을 변경하고 OK 를 누른다.
- Hue(색조) : 0
- Saturation(채도) : 50
- Lightness(밝기) : −30

10 쿠키를 녹색 계열로 보정하기 위해 Layer 2를 선택한 후 Quick Selection Tool(빠른 선택, ✏)로 선택영역을 지정한다. [Layers(레이어)] 패널 하단의 [Create new fill or adjustment layer(조정 레이어, ◐)]를 클릭한 후 [Hue/Saturation(색조/채도)]를 선택한다.

11 Colorize(색상화)에 체크한 후 아래와 같이 값을 변경하고 OK 를 누른다.
- Hue(색조) : 110
- Saturation(채도) : 50
- Lightness : 0

Plus@

제시된 색상 계열로 보이면 되므로 값은 조절 가능하다.

12 레이어 스타일을 적용하기 위해 [Layers(레이어)] 패널의 Layer 2를 선택하고 하단의 fx를 눌러 Drop Shadow(그림자 효과)를 선택해 적용하고 OK를 누른다.

03 이미지 추출 및 레이어 스타일

1 [File(파일)]-[Open(열기)](Ctrl + O)을 선택한 후 '1급-6.jpg'를 불러온다.

2 Quick Selection Tool(빠른 선택,)로 선택영역을 지정한 후 제외할 부분은 Alt 와 함께 선택한다.

3 Ctrl + C 로 복사하고 작업파일을 선택한 후 Ctrl + V 로 붙여넣기 한다.

4 Ctrl + T 로 좌우대칭하기 위해 조절점 안쪽에서 마우스 오른쪽 클릭해 Flip Horizontal(가로로 뒤집기)을 선택한 후 크기/위치를 조절하고 Enter 를 누른다.

5 레이어 스타일을 적용하기 위해 [Layers(레이어)] 패널 하단의 fx 를 눌러 Outer Glow(외부광선)를 선택해 적용하고 OK 를 누른다.

6 레이어를 아래로 보내기 위해 Ctrl + [를 3회 실행해도 되고, 그림과 같이 Layer 2보다 아래로 드래그하여 이동한다.

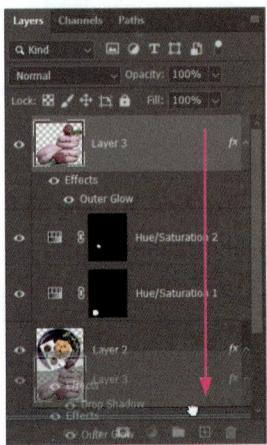

04 모양 지정 및 레이어 스타일

1 Custom Shape Tool(사용자 정의 모양,)을 선택한 후 옵션 바에서 Pick Tool Mode(선택 도구 모드) : Shape(모양, Shape), Stroke(획) : 색상 없음( )으로 설정한다. 모양 선택(Shape: →)을 눌러 아래의 모양을 찾아 그린다.
Ornaments(장식) – 꽃 장식 2( )

2 색을 적용하기 위해 [Layers(레이어)] 패널의 Layer Thumbnail(레이어 축소판,)을 더블클릭한 후 #ffccff를 입력하고 OK 를 누른다.

3 레이어 스타일을 적용하기 위해 [Layers(레이어)] 패널 하단의 fx 를 눌러 Stroke(획)를 선택한 후 아래와 같이 값을 변경하고 OK 를 누른다.
- Size(크기) : 1px
- Position(위치) : Outside(바깥쪽)
- Fill Type(칠 유형) : Color(색상)
- 색상값 : #660000

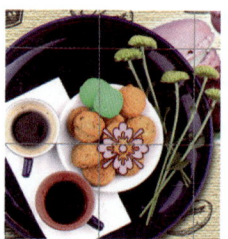

4 다른 모양을 추가하기 위해 아래의 모양을 찾아 그린다.
Ornaments(장식) – 잎 장식 3( )

5 색을 적용하기 위해 [Layers(레이어)] 패널의 Layer Thumbnail(레이어 축소판,)을 더블클릭한 후 #99ff99를 입력하고 OK 를 누른다.

6 레이어 스타일을 적용하기 위해 [Layers(레이어)] 패널 하단의 fx 를 눌러 Drop Shadow(그림자 효과)를 선택해 적용하고 OK 를 누른다.

7 Ctrl + J 를 눌러 복제한다.

8 색을 적용하기 위해 [Layers(레이어)] 패널의 '잎 장식 4 copy' Layer Thumbnail(레이어 축소판,)을 더블클릭한 후 #ffff99를 입력하고 OK 를 누른다.

9 Ctrl + T 로 좌우대칭하기 위해 조절점 안쪽에서 마우스 오른쪽 클릭 후 Flip Horizontal(가로로 뒤집기)을 선택한다. 회전/크기/위치를 조절하고 Enter 를 누른다.

05 문자 효과

1 Type Tool(수평 문자, T)을 선택한 후 빈 공간을 클릭한다. Brunch Time을 입력하고 Ctrl + Enter 를 눌러 완료한다.

2 옵션 바나 [Character(문자)] 패널에서 Times New Roman, Regular, 52pt로 설정한다.

3 레이어 스타일을 적용하기 위해 [Layers(레이어)] 패널 하단의 fx를 눌러 Gradient Overlay(그레이디언트 오버레이)를 선택한 후 아래와 같이 값을 변경한다.
- Opacity(불투명도) : 100%
- Style(스타일) : Reflected(반사)
- Angle(각도) : 0°
- Scale(비율) : 100%
- Reverse(반전) : 체크

4 Gradient(그레이디언트) 편집 창(　　　　)을 클릭한 후 Color Stop(색상 정지점)을 더블클릭하여 좌측 : #cc6633, 우측 : #ffff99로 값을 변경하고 OK 를 누른다.

5 레이어 스타일을 추가하기 위해 Stroke(획)를 선택한 후 아래와 같이 값을 변경하고 OK 를 누른다.
- Size(크기) : 3px
- Position(위치) : Outside(바깥쪽)
- Fill Type(칠 유형) : Color(색상)
- 색상값 : #330000

6 텍스트를 뒤틀기 위해 Type Tool(수평 문자, T)을 선택한 후 옵션 바의 Create warped text(뒤틀어진 텍스트 만들기, 　)를 클릭하여 Style(스타일) : Arc(부채꼴), Bend(구부리기) : +50%로 값을 변경하고 OK 를 누른다.

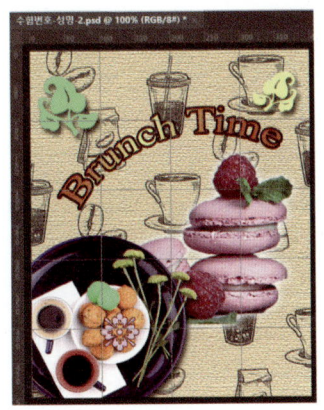

06 PSD, JPG 형식으로 저장하기

1 [File(파일)]−[Save(저장)](Ctrl + S)를 선택한 후 기존 파일에 덮어쓰기 한다.

2 JPG 파일 형식으로 저장하기 위해 [File(파일)]−[Save as(다른 이름으로 저장)](Shift + Ctrl + S)를 선택한 후 파일 형식을 클릭해 JPEG로 선택한다. '내 PC₩문서₩GTQ' 폴더에 '수험번호−성명−2'로 입력한 후 [저장]을 누른다.

3 PSD 파일의 사이즈를 1/10로 줄이기 위해 [Image(이미지)]−[Image Size(이미지 크기)](Alt + Ctrl + I)를 선택한 후 단위 : Pixel, Width(폭) : 40px, Height(높이) : 50px, Resolution(해상도) : 72Pixels/Inch로 설정하고 OK 를 누른다.

4 [File(파일)]−[Save(저장)](Ctrl + S)를 선택한 후 작은 사이즈로 최종 저장한다.

5 완성된 파일을 확인하기 위해 파일 탐색기를 열어 '내 PC₩문서₩GTQ' 폴더에서 확인한다.

6 시험장의 작업표시줄에 나타나는 'Koas 수험자용'을 클릭해 우측의 답안 전송 을 클릭한 후 해당하는 번호에 체크한다. 하단의 답안 전송 을 클릭한 후 닫기 를 누르면 최종 전송된 답안으로 채점이 이루어진다.

문제 3 [실무응용] 포스터 제작 — 25점

사용 이미지 미리보기

1급-7.jpg

1급-8.jpg

1급-9.jpg

1급-10.jpg

1급-11.jpg

사용자 정의 모양 미리보기

사용 기능

혼합모드	Luminosity(광도)
색상 조정	[Create new fill or adjustment layer(조정 레이어, ◐)]-[Hue/Saturation(색조/채도)]
필터	• [Filter(필터)]-[Filter Gallery(필터 갤러리)]-[Artistic(예술효과)]-[Paint Daubs(페인트 덥스/페인트 바르기)] • [Filter(필터)]-[Stylize(스타일화)]-[Wind(바람)]
이미지 추출	• Magic Wand Tool(자동 선택, ◐) • Magnetic Lasso Tool(자석 올가미, ◐)
레이어 마스크	Add layer mask(레이어 마스크 추가, ◐)
선택영역 안쪽에 붙여넣기	[Edit(편집)]-[Paste Special(특수 붙여넣기)]-[Paste Into(안쪽에 붙여넣기)](Alt + Ctrl + Shift + V)
이미지 사이즈	[Image(이미지)]-[Image Size(이미지 크기)](Alt + Ctrl + I)

01 새 캔버스 생성 및 배경에 색 채우기

1. [File(파일)]-[New(새로 만들기)](Ctrl+N)를 선택한 후 아래의 조건으로 설정하고 [Create(만들기)]를 누른다.
   - PRESET DETAILS(사전 설정 세부정보)
     : 수험번호-성명-3
   - 단위 : Pixels
   - Width(폭) : 600
   - Height(높이) : 400
   - Resolution(해상도) : 72Pixels/Inch
   - Color Mode(색상모드) : RGB
   - Backgound Contents(배경색) : White

2. [Edit(편집)]-[Preferences(속성)]-[Guides, Grid & Slices(안내선, 격자 및 분할 영역)](Ctrl+K)를 선택한 후 'Grid(격자)'의 Gridline Every(격자 간격) : 100Pixels, Subdivisions(세분) : 1로 설정하고 OK를 누른다.

3. [View(보기)]-[Show(표시)]-[Grid(격자)](Ctrl+')와 [View(보기)]-[Rulers(눈금자)](Ctrl+R)를 나타낸다.

4. [File(파일)]-[Save as(다른 이름으로 저장)](Shift+Ctrl+S)를 클릭한 후 '내 PC\문서\GTQ' 폴더에 '수험번호-성명-3.psd'로 입력하고 [저장]을 누른다.

5. 배경에 색을 채우기 위해 도구상자의 Set foreground color(전경색, ■)을 클릭한 후 #ff6600를 입력하고 OK를 누른다. 전경색을 채우기 위해 Alt+Delete를 누른다.

02 혼합모드 및 레이어 마스크

1. [File(파일)]-[Open(열기)](Ctrl+O)을 선택한 후 '1급-7.jpg'를 불러온다.

2. Ctrl+A로 전체 선택한 후 Ctrl+C로 복사하고 작업파일을 선택한 후 Ctrl+V로 붙여넣기 한다.

3. Ctrl+T로 좌우대칭하기 위해 조절점 안쪽에서 마우스 오른쪽 클릭 후 Flip Horizontal(가로로 뒤집기)을 선택한다. 크기/위치를 조절하고 Enter를 누른다.

4. 혼합모드를 적용하기 위해 [Layers(레이어)] 패널의 Blending Mode(혼합모드, Normal)를 'Luminosity(광도)'로 선택한다.

5. 불투명도를 조정하기 위해 [Layers(레이어)] 패널 상단의 Opacity(불투명도)를 80%로 설정한다.

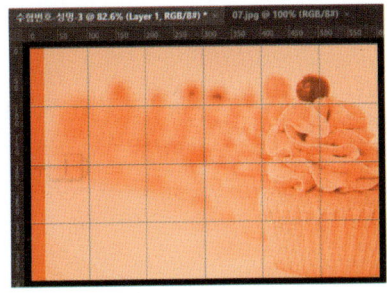

6 [File(파일)]-[Open(열기)](Ctrl + O)을 선택한 후 '1급-8.jpg'를 불러온다.

7 Ctrl + A 로 전체 선택한 후 Ctrl + C 로 복사하고 작업파일을 선택한 후 Ctrl + V 로 붙여넣기 한다.

8 Ctrl + T 로 크기/위치를 조절하고 Enter 를 누른다.

9 [Filter(필터)]-[Filter Gallery(필터 갤러리)]-[Artistic(예술효과)]-[Paint Daubs(페인트 덥스/페인트 바르기)] 필터를 적용한 다음 OK 를 누른다.

10 레이어 마스크를 적용하기 위해 [Layers(레이어)] 패널 하단의 Add layer mask(레이어 마스크 추가, ▢)를 클릭한다.

11 도구상자에서 Gradient(그레이디언트, ▢)를 선택한 후 옵션 바에서 Gradient Presets(그레이디언트 사전 설정)을 클릭해 Basics(기본 사항)-'Black & White(검정, 흰색)'를 선택한다.

12 그림과 같이 가로 방향으로 드래그한다.

03 ▶ 선택영역 안에 붙여넣기 및 필터

1 [File(파일)]-[Open(열기)](Ctrl + O)을 선택한 후 '1급-9.jpg', '1급-10.jpg'를 불러온다.

2 먼저 '1급-10.jpg'에서 Magic Wand Tool(자동 선택, 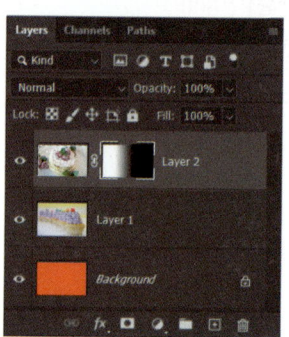)을 선택한 후 옵션 바의 Tolerance(허용치)를 32로 변경하고 배경을 클릭한다.

3 [Select(선택)]-[Similar(유사 영역 선택)]로 선택영역을 확장해 준다.

Plus@

그리드로 인해 선택에 지장이 있다면 Alt + ' 를 눌러 숨기거나 [View(보기)]-[Snap To(스냅 옵션)]-[Grid(그리드)]의 선택을 해제하면 그리드의 영향을 받지 않는다.

4️⃣ 선택영역을 반전하기 위해 [Select(선택)]-[Inverse(반전)](Shift+Ctrl+I)를 누른다.

5️⃣ Ctrl+C로 복사하고 작업파일을 선택한 후 Ctrl+V로 붙여넣기 한다.

6️⃣ Ctrl+T로 크기/위치를 조절하고 Enter를 누른다.

7️⃣ 레이어 스타일을 적용하기 위해 [Layers(레이어)] 패널 하단의 fx를 눌러 Stroke(획)를 선택한 후 아래와 같이 값을 변경한다.
  • Size(크기) : 3px
  • Position(위치) : Outside(바깥쪽)
  • Fill Type(칠 유형) : Gradient(그레이디언트)
  • Style(스타일) : Linear(선형)
  • Angle(각도) : 0°

8️⃣ Gradient(그레이디언트) 편집 창( )을 클릭한 후 Color Stop(색상 정지점)을 더블클릭하여 좌측 : #ffff33, 우측 : #00cc33으로 값을 변경하고 OK를 누른다.

9️⃣ Magic Wand Tool(자동 선택,)을 선택한 후 옵션 바의 Tolerance(허용치)를 32로 변경한 다음 라떼아트 부분을 Shift와 함께 복수로 선택한다.

🔟 '1급-9.jpg'로 이동한 후 Ctrl+A로 전체 선택하고 Ctrl+C로 복사한다. 작업파일을 선택한 후 [Edit(편집)]-[Paste Special(특수 붙여넣기)]-[Paste Into(안쪽에 붙여넣기)](Alt+Ctrl+Shift+V)를 누른다.

1️⃣1️⃣ Ctrl+T로 크기/위치를 조절하고 Enter를 누른다.

1️⃣2️⃣ [Filter(필터)]-[Stylize(스타일화)]-[Wind(바람)] 필터를 적용한 다음 OK를 누른다.

⓭ 레이어 스타일을 적용하기 위해 [Layers(레이어)] 패널 하단의 fx를 눌러 Bevel and Emboss (경사와 엠보스)를 선택해 적용하고 OK 를 누른다.

04 이미지 추출 및 색상 보정

❶ [File(파일)]-[Open(열기)](Ctrl + O)을 선택한 후 '1급-11.jpg'를 불러온다.

❷ Magnetic Lasso Tool(자석 올가미,)을 선택한 후 옵션 바의 Frequency를 100으로 설정한 다음 첫 점을 클릭하여 이미지의 형태를 따라 추출한다.

❸ Ctrl + C 로 복사하고 작업파일을 선택한 후 Ctrl + V 로 붙여넣기 한다.

❹ Ctrl + T 로 좌우대칭하기 위해 조절점 안쪽에서 마우스 오른쪽 클릭 후 Flip Horizontal(가로로 뒤집기)을 선택한다. 크기/위치를 조절하고 Enter 를 누른다.

❺ 마카롱을 녹색 계열로 보정하기 위해 Quick Selection Tool(빠른 선택,)로 선택영역을 지정한다. [Layers(레이어)] 패널 하단의 [Create new fill or adjustment layer(조정 레이어,)]를 클릭한 후 [Hue/Saturation(색조/채도)]을 선택한다.

❻ Colorize(색상화)에 체크한 후 Hue(색조) : 110, Satulation(채도) : 50으로 값을 변경하고 OK 를 누른다.

❼ 레이어 스타일을 적용하기 위해 [Layers(레이어)] 패널의 Layer 5(마카롱)를 선택한 후 하단의 fx를 눌러 Drop Shadow(그림자 효과)를 선택해 적용하고 OK 를 누른다.

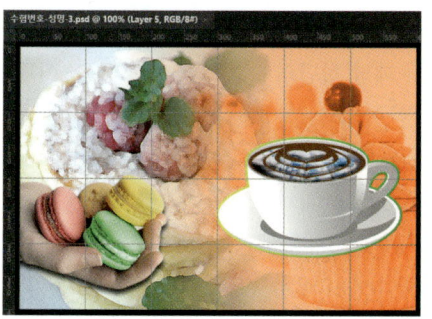

05 모양 지정 및 레이어 스타일

❶ Custom Shape Tool(사용자 정의 모양,)을 선택한 후 옵션 바에서 Pick Tool Mode(선택 도구 모드) : Shape(모양, Shape), Stroke(획) : 색상 없음( )으로 설정한다. 모양 선택(Shape: →)을 눌러 아래의 모양을 찾아 그린다.
Objects(물건) - 나비매듭 리본( )

❷ Ctrl + T 로 회전/크기/위치를 조절하고 Enter 를 누른다.

❸ 색을 적용하기 위해 [Layers(레이어)] 패널의 Layer Thumbnail(레이어 축소판,)을 더블 클릭한 후 #ff6600을 입력하고 OK 를 누른다.

④ 불투명도를 조정하기 위해 [Layers(레이어)] 패널의 Opacity(불투명도)를 80%로 설정한다.

⑤ 레이어 스타일을 적용하기 위해 Drop Shadow(그림자 효과)를 선택해 적용하고 OK 를 누른다.

⑥ Ctrl + J 를 눌러 복제한다.

⑦ Ctrl + T 로 크기/위치를 조절하고 Enter 를 누른다.

⑧ 색을 적용하기 위해 [Layers(레이어)] 패널의 '리본 copy' Layer Thumbnail(레이어 축소판,)을 더블클릭한 후 #ffff33을 입력하고 OK 를 누른다.

Plus @

만약 모양이 그림과 같이 겹친 경우는 어떻게 할까?

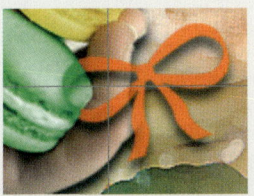

→ 색상 조정을 Adjustment Layer(조정 레이어)를 이용하다 보면 새로운 레이어가 생기는데, 모양 레이어보다 위쪽에 생성되는 경우 그림과 같이 보인다. 모양 레이어를 맨 위로 이동해 주면 해결된다.

⑨ 다른 모양을 추가하기 위해 아래의 모양을 찾아 그린다.
Ornaments(장식) − 나뭇잎 장식 3( )

⑩ Ctrl + T 로 회전/크기/위치를 조절하고 Enter 를 누른다.

⑪ 색을 적용하기 위해 [Layers(레이어)] 패널의 Layer Thumbnail(레이어 축소판,)을 더블클릭한 후 #66cc66을 입력하고 OK 를 누른다.

⑫ 불투명도를 조정하기 위해 [Layers(레이어)] 패널의 Opacity(불투명도)를 50%로 설정한다.

⑬ 레이어 스타일을 적용하기 위해 [Layers(레이어)] 패널 하단의 fx 를 눌러 Stroke(획)를 선택한 후 아래와 같이 값을 변경하고 OK 를 누른다.
- Size(크기) : 3px
- Position(위치) : Outside(바깥쪽)
- Fill Type(칠 유형) : Color(색상)
- 색상값 : #ccffcc

⑭ 컵과 마카롱 레이어보다 아래로 이동한다.

⑮ 다른 모양을 추가하기 위해 아래의 모양을 찾아 그린다.
Objects(물건) − 클립( )

⑯ Ctrl + T 로 회전/크기/위치를 조절하고 Enter 를 누른다.

⑰ 레이어 스타일을 적용하기 위해 [Layers(레이어)] 패널 하단의 fx 를 눌러 Gradient Overlay(그레이디언트 오버레이)를 선택한 후 아래와 같이 값을 변경한다.
- Opacity(불투명도) : 100%
- Style(스타일) : Linear(선형)
- Angle(각도) : 0°
- Scale(비율) : 100%

⑱ Gradient(그레이디언트) 편집 창( )을 클릭한 후 Color Stop(색상 정지점)을 더블클릭하여 좌측 : #ff0000, 우측 : #6666ff로 값을 변경하고 OK 를 누른다.

⑲ 레이어 스타일을 적용하기 위해 [Layers(레이어)] 패널 하단의 fx.를 눌러 Outer Glow(외부광선)를 선택해 적용하고 OK 를 누른다.

06 문자 효과

① Type Tool(수평 문자, T)을 선택한 후 빈 공간을 클릭한다. 틴에이저 디저트 대회를 입력한 후 Ctrl + Enter 를 눌러 완료한다.

② 옵션 바나 [Character(문자)] 패널에서 궁서, 42pt로 설정한 후 디저트만 선택하여 60pt로 변경한다.

③ 레이어 스타일을 적용하기 위해 [Layers(레이어)] 패널 하단의 fx.를 눌러 Gradient Overlay(그레이디언트 오버레이)를 선택한 후 아래와 같이 값을 변경한다.
  • Opacity(불투명도) : 100%
  • Style(스타일) : Linear(선형)
  • Angle(각도) : 0°
  • Scale(비율) : 100%

④ Gradient(그레이디언트) 편집 창(　)을 클릭한 후 Color Stop(색상 정지점)을 더블클릭하여 좌측 : #ff9900, 중간 : #9966cc, 우측 : #339933으로 값을 변경하고 OK 를 누른다.

⑤ 레이어 스타일을 추가하기 위해 Stroke(획)를 선택한 후 아래와 같이 값을 변경한다.
  • Size(크기) : 2px
  • Position(위치) : Outside(바깥쪽)
  • Fill Type(칠 유형) : Color(색상)
  • 색상값 : #ccffcc

⑥ 레이어 스타일을 추가하기 위해 Drop Shadow(그림자 효과)를 선택해 적용하고 OK 를 누른다.

⑦ 텍스트를 뒤틀기 위해 Type Tool(수평 문자, T)을 선택한 후 옵션 바의 Create warped text(뒤틀어진 텍스트 만들기, 　)를 클릭하여 Style(스타일) : Flag(깃발), Bend(구부리기) : −30%로 값을 변경하고 OK 를 누른다.

⑧ Type Tool(수평 문자, T)을 선택한 후 빈 공간을 클릭한다. Latte Art Pouring Guide을 입력한 후 Ctrl + Enter 를 눌러 완료한다.

⑨ 옵션 바나 [Character(문자)] 패널에서 Arial, Regular, 18pt, #993300으로 설정한다.

⑩ 레이어 스타일을 적용하기 위해 [Layers(레이어)] 패널 하단의 fx를 눌러 Stroke(획)를 선택한 후 아래와 같이 값을 변경하고 OK 를 누른다.
- Size(크기) : 2px
- Position(위치) : Outside(바깥쪽)
- Fill Type(칠 유형) : Color(색상)
- 색상값 : #ffffcc

⑪ 텍스트를 뒤틀기 위해 Type Tool(수평 문자, T)을 선택한 후 옵션 바의 Create warped text(뒤틀어진 텍스트 만들기,)를 클릭하여 Style(스타일) : Arc(부채꼴), Bend(구부리기) : −30%로 값을 변경하고 OK 를 누른다.

⑫ Type Tool(수평 문자, T)을 선택한 후 빈 공간을 클릭한다. 꿀조합 레시피 콘테스트를 입력한 후 Ctrl + Enter 를 눌러 완료한다.

⑬ 옵션 바나 [Character(문자)] 패널에서 돋움, 18pt로 설정한다.

⑭ 레이어 스타일을 적용하기 위해 [Layers(레이어)] 패널 하단의 fx를 눌러 Gradient Overlay(그레이디언트 오버레이)를 선택한 후 아래와 같이 값을 변경한다.
- Opacity(불투명도) : 100%
- Style(스타일) : Linear(선형)
- Angle(각도) : 0°
- Scale(비율) : 100%

⑮ Gradient 편집 창( )을 클릭한 후 Color Stop(색상 정지점)을 더블클릭하여 좌측 : #ff99ff, 우측 : #ffff00으로 값을 변경하고 OK 를 누른다.

⑯ 레이어 스타일을 적용하기 위해 [Layers(레이어)] 패널 하단의 fx를 눌러 Stroke(획)를 선택한 후 아래와 같이 값을 변경한다.
- Size(크기) : 2px
- Position(위치) : Outside(바깥쪽)
- Fill Type(칠 유형) : Color(색상)
- 색상값 : #333333

⑰ Type Tool(수평 문자, T)을 선택한 후 빈 공간을 클릭한다. RTD음료 부문 | 디저트 메뉴개발을 입력한 후 Ctrl + Enter 를 눌러 완료한다.

⑱ 옵션 바나 [Character(문자)] 패널에서 돋움, 16pt, #99ff99로 설정한 후 디저트 메뉴개발만 선택하여 #ffff66로 변경한다.

⑲ 레이어 스타일을 적용하기 위해 [Layers(레이어)] 패널 하단의 fx를 눌러 Stroke(획)를 선택한 후 아래와 같이 값을 변경한다.
- Size(크기) : 2px
- Position(위치) : Outside(바깥쪽)
- Fill Type(칠 유형) : Color(색상)
- 색상값 : #663300

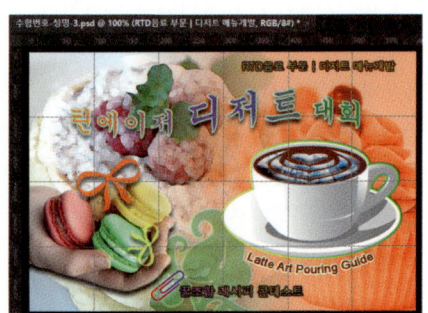

07 PSD, JPG 형식으로 저장하기

1 [File(파일)]−[Save(저장)](Ctrl + S)를 선택한 후 기존 파일에 덮어쓰기 한다.

2 JPG 파일 형식으로 저장하기 위해 [File(파일)]−[Save as(다른 이름으로 저장)](Shift + Ctrl + S)를 선택한 후 파일 형식을 클릭해 JPEG로 선택한다. '내 PC₩문서₩GTQ' 폴더에 '수험번호−성명−3'로 입력한 후 [저장]을 누른다.

3 PSD 파일의 사이즈를 1/10로 줄이기 위해 [Image(이미지)]−[Image Size(이미지 크기)](Alt + Ctrl + I)를 선택한 후 단위 : Pixel, Width(폭) : 60px, Height(높이) : 40px, Resolution(해상도) : 72Pixels/Inch로 설정 후 OK 를 누른다.

4 [File(파일)]−[Save(저장)](Ctrl + S)를 선택한 후 작은 사이즈로 최종 저장한다.

5 완성된 파일을 확인하기 위해 파일 탐색기를 열어 '내 PC₩문서₩GTQ' 폴더에서 확인한다.

6 시험장의 작업표시줄에 나타나는 'Koas 수험자용'을 클릭해 우측의 답안 전송 을 클릭한 후 해당하는 번호에 체크한다. 하단의 답안 전송 을 클릭한 후 닫기 를 누르면 최종 전송된 답안으로 채점이 이루어진다.

문제 4 [실무응용] 웹 페이지 제작   35점

사용 이미지 미리보기

1급-12.jpg

1급-13.jpg

1급-14.jpg

1급-15.jpg

1급-16.jpg

1급-17.jpg

사용자 정의 모양 미리보기

사용 기능

패턴 정의 및 적용	• [Edit(편집)]-[Define Pattern(패턴 정의)] • 레이어 스타일 : Pattern Overlay(패턴 오버레이)
혼합모드	Screen(스크린)
색상 조정	[Create new fill or adjustment layer(조정 레이어, ⬤)]-[Hue/Saturation(색조/채도)]
필터	• [Filter(필터)]-[Filter Gallery(필터 갤러리)]-[Artistic(예술효과)]-[Dry Brush(드라이 브러시)] • [Filter(필터)]-[Filter Gallery(필터 갤러리)]-[Artistic(예술효과)]-[Poster Edges(포스터 가장자리)]
이미지 추출	• Quick Selection Tool(빠른 선택, 🖌) • Magic Wand Tool(자동 선택, 🪄) • Magnetic Lasso Tool(자석 올가미, 🧲)
레이어 마스크	Add layer mask(레이어 마스크 추가, ⬛)
이미지 사이즈	[Image(이미지)]-[Image Size(이미지 크기)](Alt + Ctrl + I)

01 새 캔버스 생성 및 배경에 색 채우기

1 [File(파일)]−[New(새로 만들기)](Ctrl + N)를 선택한 후 아래의 조건으로 설정한 다음 [Create(만들기)]를 누른다.
- PRESET DETAILS(사전 설정 세부정보)
  : 수험번호−성명−4
- 단위 : Pixels
- Width(폭) : 600
- Height(높이) : 400
- Resolution(해상도) : 72Pixels/Inch
- Color Mode(색상모드) : RGB
- Backgound Contents(배경색) : White

2 [Edit(편집)]−[Preferences(속성)]−[Guides, Grid & Slices(안내선, 격자 및 분할 영역)] (Ctrl + K)를 선택한 후 'Grid(격자)'의 Gridline Every(격자 간격) : 100Pixels, Subdivisions(세분) : 1로 설정한 다음 OK 를 누른다.

3 [View(보기)]−[Show(표시)]−[Grid(격자)] (Ctrl + ')와 [View(보기)]−[Rulers(눈금자)](Ctrl + R)를 나타낸다.

4 [File(파일)]−[Save as(다른 이름으로 저장)] (Shift + Ctrl + S)를 클릭한 후 '내 PC\문서\GTQ' 폴더에 '수험번호−성명−4.psd'로 입력하고 [저장]을 누른다.

5 배경에 색을 채우기 위해 도구상자의 Set foreground color(전경색, ▰)를 클릭한 후 #ff6633을 입력하고 OK 를 누른다. 전경색을 채우기 위해 Alt + Delete 를 누른다.

02 패턴 제작 및 등록

1 Pattern(패턴)을 만들기 위해 [File(파일)]−[New(새로 만들기)](Ctrl + N)를 선택한 후 아래의 조건으로 설정한 다음 [Create(만들기)]를 누른다.
- 단위 : Pixels
- Width(폭) : 40
- Height(높이) : 40
- Resolution(해상도) : 72Pixels/Inch
- Color Mode(색상모드) : RGB
- Backgound Contents(배경색) : White

2 Custom Shape Tool(사용자 정의 모양, ▰)을 선택한 후 옵션 바에서 Pick Tool Mode(선택 도구 모드) : Shape(모양, Shape), Stroke(획) : 색상 없음▰으로 설정한 다음 아래의 모양을 찾아 그린다.
Nature(자연) − 꽃 1(▰)

3 색을 적용하기 위해 [Layers(레이어)] 패널의 Layer Thumbnail(레이어 축소판, ▰)을 더블 클릭한 후 #ffcc00을 입력하고 OK 를 누른다.

4 [Layers(레이어)] 패널 하단 Background(배경)의 눈 아이콘(▰)을 클릭해 해제한다.

5 다른 모양을 추가하기 위해 아래의 모양을 찾아 그린다.
Nature(자연) – 꽃 4( )

6 색을 적용하기 위해 [Layers(레이어)] 패널의 Layer Thumbnail(레이어 축소판,)을 더블 클릭한 후 #ff0099를 입력하고 OK 를 누른다.

7 패턴을 정의하기 위해 [Edit(편집)]−[Define Pattern(패턴 정의)]를 눌러 확인 후 OK 를 누른다.

03 혼합모드 및 레이어 마스크

1 [File(파일)]−[Open(열기)](Ctrl + O)을 선택한 후 '1급−12.jpg'를 불러온다.

2 Ctrl + A 로 전체 선택한 후 Ctrl + C 로 복사하고 작업파일을 선택한 후 Ctrl + V 로 붙여넣기 한다.

3 Ctrl + T 로 크기/위치를 조절하고 Enter 를 누른다.

4 혼합모드를 적용하기 위해 [Layers(레이어)] 패널의 Blending Mode(혼합모드, Normal)를 'Screen(스크린)'으로 선택한다.

5 레이어 마스크를 적용하기 위해 [Layers(레이어)] 패널 하단의 Add layer mask(레이어 마스크 추가,)를 클릭한다.

6 도구상자에서 Gradient Tool(그레이디언트,)을 선택한 후 옵션 바에서 Gradient Presets(그레이디언트 사전 설정)을 클릭해 Basics(기본 사항)−'Black & White(검정, 흰색)'를 선택한다.

7 그림과 같이 대각선 방향으로 드래그한다.

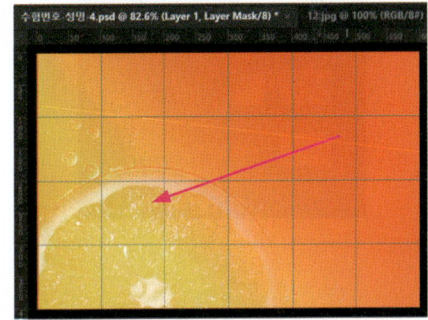

8 [File(파일)]−[Open(열기)](Ctrl + O)을 선택한 후 '1급−13.jpg'를 불러온다.

9 Ctrl + A 로 전체 선택한 후 Ctrl + C 로 복사하고 작업파일을 선택한 후 Ctrl + V 로 붙여넣기 한다.

10 Ctrl + T 로 크기/위치를 조절하고 Enter 를 누른다.

⑪ [Filter(필터)]−[Filter Gallery(필터 갤러리)]−[Artistic(예술효과)]−[Dry Brush(드라이 브러시)] 필터를 적용한 후 OK 를 누른다.

⑫ ⑤~⑥을 참고해 레이어 마스크를 적용하여 가로 방향으로 드래그한다.

04 이미지 추출 및 색상 보정

① [File(파일)]−[Open(열기)](Ctrl + O)을 선택한 후 '1급−14.jpg'를 불러온다.

② Quick Selection Tool(빠른 선택,)로 선택영역을 지정한다.

③ Ctrl + C 로 복사하고 작업파일을 선택한 후 Ctrl + V 로 붙여넣기 한다.

④ Ctrl + T 로 크기/위치를 조절하고 Enter 를 누른다.

⑤ 레이어 스타일을 적용하기 위해 [Layers(레이어)] 패널 하단의 fx 를 눌러 Bevel and Emboss(경사와 엠보스)를 선택해 적용한다.

⑥ 레이어 스타일을 추가하기 위해 Outer Glow(외부 광선)를 선택해 적용하고 OK 를 누른다.

⑦ [File(파일)]−[Open(열기)](Ctrl + O)을 선택한 후 '1급−15.jpg'를 불러온다.

⑧ Quick Selection Tool(빠른 선택,)로 배경을 선택한 후 제외할 부분은 Alt 와 함께 선택한다.

⑨ 선택영역을 반전하기 위해 [Select(선택)]−[Inverse(반전)](Shift + Ctrl + I)를 누른다.

⑩ Ctrl + C 로 복사하고 작업파일을 선택한 후 Ctrl + V 로 붙여넣기 한다.

⑪ Ctrl + T 로 크기/위치를 조절하고 Enter 를 누른다.

⑫ [Filter(필터)]−[Filter Gallery(필터 갤러리)]−[Artistic(예술효과)]−[Poster Edges(포스터 가장자리)] 필터를 적용한 후 OK 를 누른다.

⑬ 레이어 스타일을 추가하기 위해 Drop Shadow(그림자 효과)를 선택해 적용하고 OK 를 누른다.

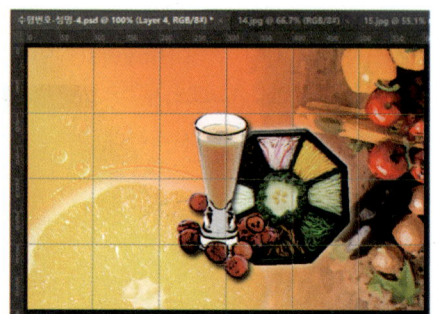

⑭ [File(파일)]-[Open(열기)](Ctrl + O)을 선택한 후 '1급-16.jpg'를 불러온다.

⑮ Magic Wand Tool(자동 선택,)을 선택한 후 옵션 바의 Tolerance(허용치)를 32로 변경한 다음 배경을 클릭한다.

⑯ 선택영역을 반전하기 위해 [Select(선택)]-[Inverse(반전)](Shift + Ctrl + I)를 누른다.

⑰ Ctrl + C 로 복사하고 작업파일을 선택한 후 Ctrl + V 로 붙여넣기 한다.

⑱ Ctrl + T 로 크기/위치를 조절하고 Enter 를 누른다.

⑲ 빨간색 계열로 보정하기 위해 Quick Selection Tool(빠른 선택,)로 선택영역(빵)을 지정한 후 [Layers(레이어)] 패널 하단의 [Create new fill or adjustment layer(조정 레이어,)]를 클릭해 [Hue/Saturation(색조/채도)]을 선택한다.

⑳ Colorize(색상화)에 체크한 후 Hue(색조) : 0, Satulation(채도) : 50으로 값을 변경하고 OK 를 누른다.

㉑ 레이어 스타일을 적용하기 위해 [Layers(레이어)]패널의 Layer 5(빵)을 선택한 후 하단의 fx 를 눌러 Drop Shadow(그림자 효과)를 선택해 적용하고 OK 를 누른다.

㉒ [File(파일)]-[Open(열기)](Ctrl + O)을 선택한 후 '1급-17.jpg'를 불러온다.

㉓ Magnetic Lasso Tool(자석 올가미,)을 선택한 후 옵션 바의 Frequency를 100으로 설정한 다음 첫 점을 클릭하여 이미지의 형태를 따라 추출한다.

Plus ⓐ

수정할 부분은 Shift 와 함께 영역을 추가할 수 있고 Alt 와 함께 영역을 제외할 수 있다.

㉔ Ctrl + C 로 복사하고 작업파일을 선택한 후 Ctrl + V 로 붙여넣기 한다.

㉕ Ctrl + T 로 크기/위치를 조절하고 Enter 를 누른다.

05 ▶ 패스 제작 및 패턴 적용

1. Pen Tool(펜, ✒)을 선택한 후 옵션 바에서 Pick Tool Mode(선택 도구 모드) : Path(패스, [Path]), Path operations(패스 작업) : Exclude Overlapping Shapes(모양 오버랩 제외)이나 Combine Shapes(모양 결합)로 지정한다.

2. 배경 레이어의 눈 아이콘(👁)을 Alt +클릭해 나머지 레이어의 눈을 끈다. (선택사항)

Plus@
배경 레이어를 선택하지는 않는다. 새 레이어 추가 시 맨 위로 생성되지 않기 때문이다.

3. 아래의 그림을 참고해 그린 다음 패스의 유실을 방지하기 위해 [Path(패스)] 패널을 선택한 후 Work Path(작업 패스) 이름을 더블클릭한다. Save Path(패스 저장)가 나오면 OK 를 누른다. (선택사항)

4. 레이어로 지정하기 위해 [Path(패스)] 패널 하단의 'Load as a selection(패스를 선택영역으로 지정, ▥)'을 클릭한다.

Plus@
[Path(패스)] 패널의 Path Thumbnail(패스 축소판)을 Ctrl 과 함께 클릭해도 선택영역으로 지정된다.

5. [Layers(레이어)] 패널로 이동해 하단의 Create a new layer(새 레이어, ➕, Ctrl + Shift + N)를 클릭해 추가한다.

6. 색을 채우기 위해 도구상자의 Set foreground color(전경색, ■)를 클릭한 후 #003300을 입력하고 OK 를 누른다. 전경색을 채우기 위해 Alt + Delete 를 누른다.

7. 패턴을 적용하기 위해 [Layers(레이어)] 패널 하단의 fx 를 눌러 Pattern Overlay(패턴 오버레이)를 선택한 후 Pattern(패턴)의 목록 단추를 클릭해 정의한 패턴을 선택한다.

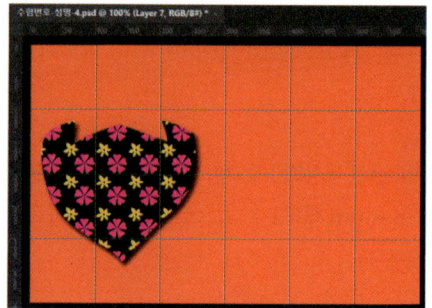

Plus@
패턴의 크기를 조절하고 싶다면 Scale(비율)을 조정해 출력형태를 참고해 맞춘다.

8. 레이어 스타일을 추가하기 위해 Drop Shadow(그림자 효과)를 선택해 적용하고 OK 를 누른다.

⑨ [Path(패스)] 패널을 선택한 후 Create new path(새 패스, ➕)를 클릭해 추가한다.

⑩ 아래의 그림을 참고하여 그린 다음 [Path(패스)] 패널 하단의 'Load as a selection(패스를 선택 영역으로 지정, ⬚)'을 클릭한다.

⑪ [Layers(레이어)] 패널로 이동해 하단의 Create a new layer(새 레이어, ➕, Ctrl + Shift + N)를 클릭해 추가한다.

⑫ 임의의 전경색을 채우기 위해 Alt + Delete 를 누른다.

⑬ 레이어 스타일을 적용하기 위해 [Layers(레이어)] 패널 하단의 fx 를 눌러 Gradient Overlay(그 레이디언트 오버레이)를 선택한 후 아래와 같이 값을 변경한다.
 • Opacity(불투명도) : 100%
 • Style(스타일) : Reflected(반사)
 • Angle(각도) : 90°
 • Scale(비율) : 100%
 • Reverse(반전) : 체크

⑭ Gradient(그레이디언트) 편집 창(▬▬▬)을 클릭한 후 Color Stop(색상 정지점)을 더블클릭하여 좌측 : #006633, 우측 : #ffff99로 값을 변경하고 OK 를 누른다.

⑮ 레이어 스타일을 추가하기 위해 Drop Shadow(그림자 효과)를 선택해 적용하고 OK 를 누른다.

⑯ 선택영역을 해제하기 위해 [Select(선택)]-[Deselect(해제)](Ctrl + D)를 누른다.

⑰ 모든 레이어의 눈을 켜기 위해 레이어의 눈 아이콘(👁)에서 마우스 오른쪽 클릭 후 'Show/hide all other layers(다른 모든 레이어 표시/숨기기)'를 클릭한다.

06 모양 지정 및 레이어 스타일

1 Custom Shape Tool(사용자 정의 모양,)을 선택한 후 옵션 바에서 Pick Tool Mode(선택 도구 모드) : Shape(모양, Shape), Stroke(획) : 색상 없음( )으로 설정한다. 모양 선택( )을 눌러 아래의 모양을 찾아 그린다.
Ornaments(장식) - 장식 7( )

2 Ctrl + T 로 회전/크기/위치를 조절하고 Enter 를 누른다.

3 색을 적용하기 위해 [Layers(레이어)] 패널의 Layer Thumbnail(레이어 축소판,)을 더블클릭한 후 #cc6600을 입력하고 OK 를 누른다.

4 레이어 스타일을 적용하기 위해 Inner Shadow(내부 그림자)를 선택해 적용하고 OK 를 누른다.

5 불투명도를 조정하기 위해 [Layers(레이어)] 패널의 Opacity(불투명도)를 70%로 설정한다.

6 다른 모양을 추가하기 위해 아래의 모양을 찾아 그린다.
Web(웹) - 우편( )

7 색을 적용하기 위해 [Layers(레이어)] 패널의 Layer Thumbnail(레이어 축소판,)을 더블클릭한 후 #993333을 입력하고 OK 를 누른다.

8 레이어 스타일을 추가하기 위해 Stroke(획)를 선택한 후 아래와 같이 값을 변경하고 OK 를 누른다.
- Size(크기) : 2px
- Position(위치) : Outside(바깥쪽)
- Fill Type(칠 유형) : Color(색상)
- 색상값 : #ffffff

9 메뉴 부분을 만들기 위해 아래의 모양을 찾아 그린다.
Banners and Awards(배너 및 상장) - 배너 3 ( )

10 레이어 스타일을 적용하기 위해 [Layers(레이어)] 패널 하단의 fx 를 눌러 Gradient Overlay(그레이디언트 오버레이)를 선택한 후 아래와 같이 값을 변경한다.
- Opacity(불투명도) : 100%
- Style(스타일) : Reflected(반사)
- Angle(각도) : 90°
- Scale(비율) : 100%

11 Gradient(그레이디언트) 편집 창( )을 클릭한 후 Color Stop(색상 정지점)을 더블클릭하여 좌측 : #ffffff, 우측 : #996699로 값을 변경하고 OK 를 누른다.

12 레이어 스타일을 추가하기 위해 Stroke(획)를 선택한 후 아래와 같이 값을 변경하고 OK 를 누른다.
- Size(크기) : 2px
- Position(위치) : Outside(바깥쪽)
- Fill Type(칠 유형) : Color(색상)
- 색상값 : #663366

13 메뉴에 텍스트를 입력하기 위해 Type Tool(수평 문자, T)을 선택한 후 Shift +클릭하여 한과를 입력하고 Ctrl + Enter 를 눌러 완료한다.

Plus@
Shift +클릭 후 입력하는 이유는 모양이 선택된 상태에서 텍스트를 입력하면 영역 안에 글자가 입력되기 때문이다.

14 옵션 바나 [Character(문자)] 패널에서 바탕, 18pt, 오른쪽 정렬, #000000으로 설정한다.

15 레이어 스타일을 적용하기 위해 [Layers(레이어)] 패널 하단의 fx 를 눌러 Stroke(획)를 선택한 후 아래와 같이 값을 변경하고 OK 를 누른다.
- Size(크기) : 2px
- Position(위치) : Outside(바깥쪽)
- Fill Type(칠 유형) : Color(색상)
- 색상값 : #ffffff

16 메뉴를 복제하기 위해 배너 모양과 텍스트 레이어를 Shift 로 함께 클릭하고 Move Tool(이동, ⊕)을 선택한 후 Alt 와 함께 아래 방향으로 드래그하여 두 번 복제한다.

17 두 번째의 텍스트를 수정하기 위해 [Layers(레이어)] 패널의 Indicates Text Layer(텍스트 레이어, T)를 더블클릭한 후 디저트를 입력하고 Ctrl + Enter 를 눌러 완료한다.

18 세 번째 텍스트도 17과 같은 방법으로 플레이팅으로 수정한다.

19 두 번째 모양의 Stroke(획) 부분을 더블클릭한 후 아래와 같이 값을 변경한다.
- Size(크기) : 2px
- Position(위치) : Outside(바깥쪽)
- Fill Type(칠 유형) : Color(색상)
- 색상값 : #336633

20 Gradient Overlay(그레이디언트 오버레이)를 선택한 후 아래와 같이 값을 변경한다.
- Opacity(불투명도) : 100%
- Style(스타일) : Reflected(반사)
- Angle(각도) : 90°
- Scale(비율) : 100%

21 Gradient(그레이디언트) 편집 창( )을 클릭한 후 Color Stop(색상 정지점)을 더블클릭하여 좌측 : #ffffff, 우측 : #669966으로 값을 변경하고 OK 를 누른다.

22 Move Tool(이동, ⊕)로 각 모양을 선택한 후 Ctrl + T 로 길이를 조절한다.

07 문자 효과

1. Type Tool(수평 문자, T)을 선택한 후 빈 공간을 클릭한다. Seoul Dessert Fair를 입력한 후 Ctrl + Enter 를 눌러 완료한다.

2. 옵션 바 또는 [Character(문자)] 패널에서 Arial, Regular, 22pt, #ff66cc로 설정한 후 S, D, F만 선택하여 35pt로 변경한다.

3. 레이어 스타일을 적용하기 위해 [Layers(레이어)] 패널 하단의 fx를 눌러 Stroke(획)를 선택한 후 아래와 같이 값을 변경하고 OK 를 누른다.
   - Size(크기) : 2px
   - Position(위치) : Outside(바깥쪽)
   - Fill Type(칠 유형) : Gradient(그레이디언트)
   - Style(스타일) : Linear(선형)
   - Angle(각도) : 0°

4. Gradient(그레이디언트) 편집 창( )을 클릭한 후 Color Stop(색상 정지점)을 더블클릭하여 좌측 : #ccffff, 우측 : #ffff00으로 값을 변경하고 OK 를 누른다.

5. 텍스트를 뒤틀기 위해 Type Tool(수평 문자, T)을 선택한 후 옵션 바의 Create warped text(뒤틀어진 텍스트 만들기, T)를 클릭한다. Style(스타일) : Flag(깃발), Bend(구부리기) : +50%로 값을 변경하고 OK 를 누른다.

6. Type Tool(수평 문자, T)을 선택한 후 빈 공간을 클릭한다. 서울 디저트 페어를 입력한 후 Ctrl + Enter 를 눌러 완료한다.

7. 옵션 바나 [Character(문자)] 패널에서 굴림, 48pt로 설정한다.

8. 레이어 스타일을 적용하기 위해 [Layers(레이어)] 패널 하단의 fx를 눌러 Gradient Overlay(그레이디언트 오버레이)를 선택한 후 아래와 같이 값을 변경한다.
   - Opacity(불투명도) : 100%
   - Style(스타일) : Linear(선형)
   - Angle(각도) : 0°
   - Scale(비율) : 100%

9. Gradient(그레이디언트) 편집 창( )을 클릭한 후 Color Stop(색상 정지점)을 더블클릭하여 좌측 : #0000cc, 중간 : #006600, 우측 : #ff6600으로 값을 변경하고 OK 를 누른다.

10. 레이어 스타일을 추가하기 위해 Stroke(획)를 선택한 후 아래와 같이 값을 변경하고 OK 를 누른다.
    - Size(크기) : 2px
    - Position(위치) : Outside(바깥쪽)
    - Fill Type(칠 유형) : Color(색상)
    - 색상값 : #ccffff

11. 텍스트를 뒤틀기 위해 Type Tool(수평 문자, T)을 선택한 후 옵션 바의 Create warped text(뒤틀어진 텍스트 만들기, T)를 클릭한다. Style(스타일) : Fish(물고기), Bend(구부리기) : +50%로 값을 변경한 후 OK 를 누른다.

12. Type Tool(수평 문자, T)을 선택한 후 빈 공간을 클릭한다. 참가 신청을 입력한 후 Ctrl + Enter 를 눌러 완료한다.

⑬ 옵션 바나 [Character(문자)] 패널에서 궁서, 18pt, #993333으로 설정한다.

⑭ 레이어 스타일을 추가하기 위해 [Layers(레이어)] 패널 하단의 fx를 눌러 Stroke(획)를 선택한 후 아래와 같이 값을 변경하고 OK 를 누른다.
- Size(크기) : 2px
- Position(위치) : Outside(바깥쪽)
- Fill Type(칠 유형) : Color(색상)
- 색상값 : #ffffff

08 PSD, JPG 형식으로 저장하기

① [File(파일)]-[Save(저장)](Ctrl + S)를 선택한 후 기존 파일에 덮어쓰기 한다.

② JPG 파일 형식으로 저장하기 위해 [File(파일)]-[Save as(다른 이름으로 저장)](Shift + Ctrl + S)를 선택한 후 파일 형식을 클릭해 JPEG로 선택한다. '내 PC₩문서₩GTQ' 폴더에 '수험번호-성명-4'로 입력한 후 [저장]을 누른다.

③ PSD 파일의 사이즈를 1/10로 줄이기 위해 [Image(이미지)]-[Image Size(이미지 크기)](Alt + Ctrl + I)를 선택한 후 단위 : Pixel, Width(폭) : 60px, Height(높이) : 40px, Resolution(해상도) : 72Pixels/Inch로 설정 후 OK 를 누른다.

④ [File(파일)]-[Save(저장)](Ctrl + S)를 선택한 후 작은 사이즈로 최종 저장한다.

⑤ 완성된 파일을 확인하기 위해 파일 탐색기를 열어 '내 PC₩문서₩GTQ' 폴더에서 확인한다.

⑥ 시험장의 작업표시줄에 나타나는 'Koas 수험자용'을 클릭해 우측의 답안 전송 을 클릭한 후 해당하는 번호에 체크한다. 하단의 답안 전송 을 클릭한 후 닫기 를 누르면 최종 전송된 답안으로 채점이 이루어진다.

Check Point !

		O	X
공통	• 제시된 크기(px)와 해상도(72pixels/inch)로 파일을 만들었나요? • '수험번호-성명-문제번호.psd'로 저장했나요? • 그리드(Ctrl+')와 눈금자(Ctrl+R)를 표시했나요? • 시험지에도 자를 이용해 100픽셀씩 그리드를 그려주었나요?		
문제1번	• 만든 패스를 저장했나요? • 클리핑 마스크를 적용했나요? • 각 이미지와 Shape(모양)에 레이어 스타일과 필터를 적용했나요?		
문제2번	• 제시된 색상으로 보정했나요? • 각 이미지와 Shape(모양)에 레이어 스타일과 필터를 적용했나요?		
문제3번	• 배경에 색을 적용했나요? • Blending Mode(혼합모드)를 적용했나요? • 레이어 마스크의 방향을 맞게 적용했나요? • 제시된 색상으로 보정했나요? • 각 이미지와 Shape(모양)에 레이어 스타일과 필터를 적용했나요?		
문제4번	• 배경에 색을 적용했나요? • 패턴을 제작하여 등록하였나요? • Blending Mode(혼합모드)를 적용했나요? • 레이어 마스크의 방향을 맞게 적용했나요? • 제시된 색상으로 보정했나요? • 1급-17.jpg를 제외한 이미지와 Shape(모양)에 레이어 스타일과 필터를 적용했나요? • 펜 도구를 이용하여 오브젝트를 그려 패턴으로 적용하였나요?		
공통	• '수험번호-성명-문제번호.jpg'로 저장했나요? • 1/10로 줄여 '수험번호-성명-문제번호.psd'로 저장했나요?		

※ 시험장에서는 반드시 전송까지 실행해 주세요.

CHAPTER 03

제3회 기출유형문제 [S/W:포토샵]

급수	문제유형	시험시간	수험번호	성명
1급	A	90분		

수험자 유의사항

- 수험자는 문제지를 받는 즉시 응시하고자 하는 과목 및 급수가 맞는지 확인한 후 수험번호와 성명을 작성합니다.
- 파일명은 본인의 "수험번호-성명-문제번호"로 공백 없이 정확히 입력하고 답안폴더(내 PC₩문서₩GTQ)에 jpg 파일과 psd 파일의 2가지 포맷으로 저장해야 하며, jpg 파일과 psd 파일의 내용이 상이할 경우 0점 처리됩니다. 답안문서 파일명이 "수험번호-성명-문제번호"와 일치하지 않거나, 답안 파일을 전송하지 않아 미제출로 처리될 경우 불합격 처리됩니다.
- 문제의 세부조건은 '영문(한글)' 형식으로 표기되어 있으니 유의하시기 바랍니다.
- 수험자 정보와 저장한 파일명, 저장 위치가 다를 경우 전송이 되지 않으므로, 주의하시기 바랍니다.
- 답안 작성 중에도 주기적으로 '저장'과 '답안 전송'을 이용하여 감독위원 PC로 답안을 전송하셔야 합니다.
  (※ 작업한 내용을 저장하지 않고 전송할 경우 이전의 저장내용이 전송되오니 이점 반드시 유념하시기 바랍니다.)
- 답안문서는 지정된 경로 외의 다른 보조기억장치에 저장하는 행위, 지정된 시험 시간 외에 작성된 파일을 활용한 행위, 기타 허용되지 않은 프로그램(이메일, 메신저, 게임, 네트워크 등) 이용 시 부정행위로 간주되어 자격기본법 제32조에 의거 본 시험 및 국가공인 자격시험을 2년간 응시할 수 없습니다.
- 시험 중 부주의 또는 고의로 시스템을 파손한 경우와 〈수험자 유의사항〉에 기재된 방법대로 이행하지 않아 생기는 불이익은 수험자의 책임임을 알려 드립니다.
- 시험을 완료한 수험자는 최종적으로 저장한 답안 파일이 전송되었는지 확인한 후 감독위원의 지시에 따라 문제지를 제출하고 퇴실합니다.

답안 작성요령

- 온라인 답안 작성 절차
  수험자 등록 ⇒ 시험 시작 ⇒ 답안 파일 저장 ⇒ 답안 전송 ⇒ 시험 종료
- 내 PC₩문서₩GTQ₩Image 폴더에 있는 그림 원본파일을 사용하여 답안을 작성하시고 최종답안을 답안폴더(내 PC₩문서₩GTQ)에 저장하여 답안을 전송하시고, 이미지의 크기가 다른 경우 감점 처리됩니다.
- 배점은 총 100점으로 이루어지며, 점수는 각 문제별로 차등 배분됩니다.
- 각 문제는 주어진 〈조건〉에 따라 작성하고, 언급하지 않은 조건은 《출력형태》와 같이 작성합니다.
- 배치 등의 편의를 위해 주어진 눈금자의 단위는 '픽셀'입니다.
- 그 외는 출력형태(효과, 이미지, 문자, 색상, 레이아웃, 규격 등)와 같이 작업하십시오.
- 문제 조건에 서체의 지정이 없을 경우 한글은 굴림이나 돋움, 영문은 Arial로 작업하십시오. (단, 그 외에 제시되지 않은 문자 속성을 기본값으로 작성하지 않은 경우는 감점 처리됩니다.)
- Image Mode(이미지 모드)는 별도의 처리조건이 없을 경우에는 RGB(8비트)로 작업하십시오.
- 모든 답안 파일은 해상도 72pixels/inch로 작업하십시오.
- Layer(레이어)는 각 기능별로 분할해야 하며, 임의로 합칠 경우나 각 기능에 대한 속성을 해지할 경우 해당 요소는 0점 처리됩니다.

문제 1 [기능평가] 고급 Tool(도구) 활용

20점

다음의 《조건》에 따라 아래의 《출력형태》와 같이 작업하시오.

조건

원본이미지	문서₩GTQ₩Image₩1급-1.jpg, 1급-2.jpg, 1급-3.jpg		
파일 저장 규칙	JPG	파일명	문서₩GTQ₩수험번호-성명-1.jpg
		크기	400 × 500 pixels
	PSD	파일명	문서₩GTQ₩수험번호-성명-1.psd
		크기	40 × 50 pixels

1. 그림 효과
   ① 1급-1.jpg : 필터 - Texturizer(텍스처화)
   ② Save Path(패스 저장) : 배
   ③ Mask(마스크) : 배 모양, 1급-2.jpg를 이용하여 작성
      레이어 스타일 - Stroke(선/획)(3px, 그레이디언트(#ffff33, #cc33cc)), Inner Shadow(내부 그림자)
   ④ 1급-3.jpg : 레이어 스타일 - Outer Glow(외부 광선)
   ⑤ Shape Tool(모양 도구) :
      - 물결 모양 (#99ff99, #33ffff, 레이어 스타일 - Drop Shadow(그림자 효과))
      - 타깃 모양 (#666699, 레이어 스타일 - Stroke(선/획)(2px, #ffffff))

2. 문자 효과
   ① Play Ocean (Arial, Regular, 50pt, 레이어 스타일 - 그레이디언트 오버레이(#660066, #336633), Stroke(선/획)(3px, #ffffcc))

출력형태

문제 2 [기능평가] 사진편집 응용

20점

다음의 《조건》에 따라 아래의 《출력형태》와 같이 작업하시오.

조건

원본이미지	문서₩GTQ₩Image₩1급-4.jpg, 1급-5.jpg, 1급-6.jpg		
파일 저장 규칙	JPG	파일명	문서₩GTQ₩수험번호-성명-2.jpg
		크기	400 × 500 pixels
	PSD	파일명	문서₩GTQ₩수험번호-성명-2.psd
		크기	40 × 50 pixels

1. 그림 효과
   ① 1급-4.jpg : 필터 - Lens Flare(렌즈 플레어)
   ② 색상 보정 : 1급-5.jpg - 파란색, 보라색 계열로 보정
   ③ 1급-5.jpg : 레이어 스타일 - Outer Glow(외부 광선)
   ④ 1급-6.jpg : 레이어 스타일 - Drop Shadow(그림자 효과)
   ⑤ Shape Tool(모양 도구) :
      - 타일 모양 (#ccffff, Opacity(불투명도)(60%))
      - 새 모양 (#ffcc99, #66ccff, 레이어 스타일 - Drop Shadow(그림자 효과))

2. 문자 효과
   ① 우리가 보호해야 할 (궁서, 36pt, 레이어 스타일 - 그레이디언트 오버레이(#ff6600, #ffff99), Stroke(선/획)(2px, #333366))

출력형태

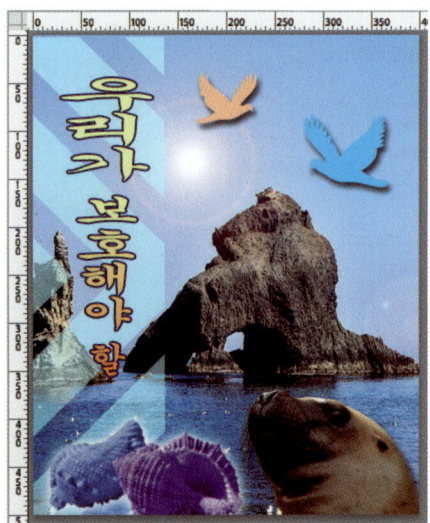

문제 3 [실무응용] 포스터 제작
25점

다음의 《조건》에 따라 아래의 《출력형태》와 같이 작업하시오.

조건

원본이미지	문서₩GTQ₩Image₩1급-7.jpg, 1급-8.jpg, 1급-9.jpg, 1급-10.jpg, 1급-11.jpg		
파일 저장 규칙	JPG	파일명	문서₩GTQ₩수험번호-성명-3.jpg
		크기	600 × 400 pixels
	PSD	파일명	문서₩GTQ₩수험번호-성명-3.psd
		크기	60 × 40 pixels

1. 그림 효과
   ① 배경 : #6633cc
   ② 1급-7.jpg : Blending Mode(혼합모드) - Screen(스크린), Opacity(불투명도)(80%)
   ③ 1급-8.jpg : 필터 - Crosshatch(그물눈), 레이어 마스크 - 가로 방향으로 흐릿하게
   ④ 1급-9.jpg : 필터 - Glass(유리)
   ⑤ 1급-10.jpg : 레이어 스타일 - Outer Glow(외부 광선)
   ⑥ 1급-11.jpg : 색상 보정 - 녹색 계열로 보정, 레이어 스타일 - Stroke(선/획)(4px, 그레이디언트(#ffff00, #66cccc))
   ⑦ 그 외 《출력형태》 참조

2. 문자 효과
   ① World Ocean's Day (Arial, 54pt, 레이어 스타일 - 그레이디언트 오버레이(#99ff33, #ff99ff, #66ffff), Stroke(선/획)(2px, #000000), Drop Shadow(그림자 효과))
   ② 5월 31일 바다 식목일 (굴림, 22pt, #ffffff, 레이어 스타일 - Stroke(선/획)(2px, #3399ff))
   ③ 소중한 바다 함께 지켜요 (궁서, 18pt, 레이어 스타일 - 그레이디언트 오버레이(#ffccff, #ffffff), Stroke(선/획)(2px, #0033cc))
   ④ ▶ 환경 사진전 ▶ 어린 물고기 방류 (궁서, 16pt, #000000, #339999, 레이어 스타일 - Stroke(선/획)(2px, #ffffff))

출력형태

Shape Tool(모양 도구) 사용
레이어 스타일 - 그레이디언트 오버레이(#cc6666, #ffcccc),
Drop Shadow(그림자 효과)

Shape Tool(모양 도구) 사용
#33ffff, 레이어 스타일 -
Inner Shadow(내부 그림자)

Shape Tool(모양 도구) 사용
#33ffff, #0066cc, 레이어 스타일 -
Drop Shadow(그림자 효과),
Opacity(불투명도)(80%)

문제 4 [실무응용] 웹 페이지 제작
35점

다음의 《조건》에 따라 아래의 《출력형태》와 같이 작업하시오.

조건

원본이미지	문서\GTQ\Image\1급-12.jpg, 1급-13.jpg, 1급-14.jpg, 1급-15.jpg, 1급-16.jpg, 1급-17.jpg		
파일 저장 규칙	JPG	파일명	문서\GTQ\수험번호-성명-4.jpg
		크기	600 × 400 pixels
	PSD	파일명	문서\GTQ\수험번호-성명-4.psd
		크기	60 × 40 pixels

1. 그림 효과
 ① 배경 : #99ccff
 ② 패턴(물고기, 꽃 장식 모양) : #ffcc33, #ffffff
 ③ 1급-12.jpg : Blending Mode(혼합모드) - Hard Light(하드 라이트), 레이어 마스크 - 가로 방향으로 흐릿하게
 ④ 1급-13.jpg : 필터 - Texturizer(텍스처화), 레이어 마스크 - 대각선 방향으로 흐릿하게
 ⑤ 1급-14.jpg : 레이어 스타일 - Bevel and Emboss(경사와 엠보스), Outer Glow(외부 광선)
 ⑥ 1급-15.jpg : 필터 - Film Grain(필름 그레인), 레이어 스타일 - Inner Shadow(내부 그림자)
 ⑦ 1급-16.jpg : 색상 보정 - 빨간색 계열로 보정, 레이어 스타일 - Drop Shadow(그림자 효과)
 ⑧ 그 외 《출력형태》 참조

2. 문자 효과
 ① Let's Protect the sea (Times New Roman, Bold, 17pt, 27pt, #ffffff, 레이어 스타일 - Stroke(선/획)(2px, 그레이디언트(#0066ff, #cc33cc)))
 ② 해양생물 자원관 씨큐리움 (굴림, 36pt, 레이어 스타일 - 그레이디언트 오버레이(#99cc00, #ffff99, #99ccff), Stroke(선/획)(2px, #333399))
 ③ 해양생물 다양성 전시 (궁서, 15pt, #0099cc, 레이어 스타일 - Stroke(선/획)(2px, #ffffff))
 ④ 관람안내 전시해설 편의시설 (돋움, 16pt, #ffffff, 레이어 스타일 - Stroke(선/획)(2px, #3366cc, #9966cc))

출력형태

Shape Tool(모양 도구) 사용
레이어 스타일 - 그레이디언트
오버레이(#99ffff, #0066cc),
Stroke(선/획)(2px, #339999,
#9966cc)

Shape Tool(모양 도구) 사용
#66ffff, #ffff99,
레이어 스타일 -
Inner Shadow(내부 그림자)

Shape Tool(모양 도구) 사용
#ff6633, 레이어 스타일 -
Inner Shadow(내부 그림자),
Opacity(불투명도)(80%)

Pen Tool(펜 도구) 사용
#669966, #003300,
레이어 스타일 - Drop Shadow(그림자 효과)

문제 1 [기능평가] 고급 Tool(도구) 활용 20점

사용 이미지 미리보기

1급-1.jpg

1급-2.jpg

1급-3.jpg

사용자 정의 모양 미리보기

사용 기능

필터	[Filter(필터)]-[Filter Gallery(필터 갤러리)]-[Texture(텍스처)]-[Texturizer(텍스처화)]
클리핑 마스크	Create Clipping Mask(클리핑 마스크 만들기, Alt + Ctrl + G)
이미지 추출	Quick Selection Tool(빠른 선택,)
이미지 사이즈	[Image(이미지)]-[Image Size(이미지 크기)](Alt + Ctrl + I)

01 새 캔버스 생성 및 필터

1 [File(파일)]-[New(새로 만들기)](Ctrl + N)를 선택한 후 아래의 조건으로 설정한 다음 [Create(만들기)]를 누른다.
- PRESET DETAILS(사전 설정 세부정보)
  : 수험번호-성명-1
- 단위 : Pixels
- Width(폭) : 400
- Height(높이) : 500
- Resolution(해상도) : 72Pixels/Inch
- Color Mode(색상모드) : RGB
- Backgound Contents(배경색) : White

2 [Edit(편집)]-[Preferences(속성)]-[Guides, Grid & Slices(안내선, 격자 및 분할 영역)](Ctrl + K)를 선택한 후 'Grid(격자)'의 Gridline Every(격자 간격) : 100Pixels, Subdivisions(세분) : 1로 설정한 다음 OK 를 누른다.

3 [View(보기)]-[Show(표시)]-[Grid(격자)](Ctrl + ')와 [View(보기)]-[Rulers(눈금자)](Ctrl + R)를 나타낸다.

4 [File(파일)]-[Save As(다른 이름으로 저장)](Shift + Ctrl + S)를 클릭한 후 '내 PC₩문서₩GTQ' 폴더에 '수험번호-성명-1.psd'로 입력한 후 [저장]을 누른다.

5 [File(파일)]-[Open(열기)](Ctrl + O)을 선택한 후 '1급-1.jpg'를 불러온다.

6 Ctrl + A 로 전체 선택한 후 Ctrl + C 로 복사하고 작업파일을 선택한 후 Ctrl + V 로 붙여넣기 한다.

7 Ctrl + T 로 크기/위치를 조절하고 Enter 를 누른다.

8 [Filter(필터)]-[Filter Gallery(필터 갤러리)]-[Texture(텍스처)]-[Texturizer(텍스처화)] 필터를 적용하고 OK 를 누른다.

02 패스 제작 및 패스 저장

1 Pen Tool(펜, ⟋)을 선택한 후 옵션 바에서 Pick Tool Mode(선택 도구 모드) : Path(패스, Path), Path operations(패스 작업) : Exclude Overlapping Shapes(모양 오버랩 제외, ▣)로 지정한다.

2 Layer 1(배경 이미지)의 눈 아이콘(◉)을 클릭해 숨기게 한 다음 패스를 그리기 위해 [Path(패스)] 패널을 누른다. (선택사항)

3 다음과 같이 Pen Tool(펜,)로 그린다. 곡선을 그리다가 방향선을 끊고 싶다면 기준점을 Alt +클릭한다.

4 드래그, Alt +클릭하여 사이사이 넉넉하게 간격을 두어 그려야 출력형태와 유사하다.

5 패스를 저장하기 위해 [Path(패스)] 패널의 Work Path(작업 패스) 이름을 더블클릭한 후 Save Path(패스 저장) 대화상자가 나오면 배를 입력하고 OK 를 누른다.

6 패스를 선택영역으로 지정하기 위해 Ctrl +Path Thumbnail(패스 축소판)을 클릭한 후 선택영역이 생기면 [Layers(레이어)] 패널을 선택하여 하단의 Create a new layer(새 레이어, , Shift + Ctrl + N)를 클릭해 추가한다.

7 임의의 색을 채우기 위해 Alt + Delete 를 눌러 전경색( )을 채운다.

8 선택영역을 해제하기 위해 [Select(선택)]-[Deselect(해제)](Ctrl + D)를 누른다.

9 배경 이미지의 눈 아이콘( )을 클릭해 보이게 한다.

10 레이어 스타일을 적용하기 위해 [Layers(레이어)] 패널 하단의 를 눌러 Stroke(획)를 선택한 후 아래와 같이 값을 변경한다.
- Size(크기) : 3px
- Position(위치) : Outside(바깥쪽)
- Fill Type(칠 유형) : Gradient(그레이디언트)
- Style(스타일) : Linear(선형)
- Angle(각도) : 0°

> **Plus α**
>
> [Layers(레이어)] 패널에서 해당 레이어의 회색 영역을 더블클릭해도 적용할 수 있다.

11 Gradient(그레이디언트) 편집 창(　　)을 클릭한 후 Color Stop(색상 정지점)을 더블클릭하여 좌측 : #ffff33, 우측 : #cc33cc로 값을 변경하고 OK 를 누른다.

12 레이어 스타일을 추가하기 위해 Inner Shadow(내부 그림자)를 선택해 적용하고 OK 를 누른다.

03 클리핑 마스크 및 레이어 스타일 적용

1 [File(파일)]-[Open(열기)](Ctrl + O)을 선택한 후 '1급-2.jpg'를 불러온다.

2 Ctrl + A 로 전체 선택한 후 Ctrl + C 로 복사하고 작업파일을 선택한 후 Ctrl + V 로 붙여넣기 한다.

3 Ctrl + T 로 크기/위치를 조절하고 Enter 를 누른다.

4 클리핑 마스크를 적용하기 위해 [Layers(레이어)] 패널의 Layer 3(어부)에서 마우스 오른쪽 클릭 후 Create Clipping Mask(클리핑 마스크 만들기, Alt + Ctrl + G)를 선택한다.

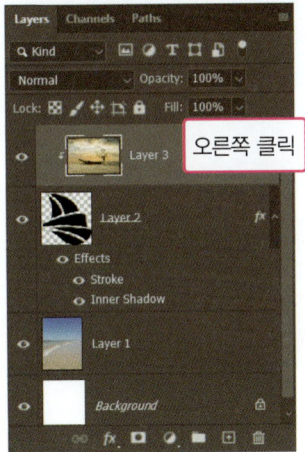

> **Plus α**
>
> Layer 2와 Layer 3의 위치를 조절하고 싶다면 Shift 와 함께 선택한 후 Ctrl + T 로 크기/위치를 조절하고 Enter 를 누른다.

5 [File(파일)]-[Open(열기)](Ctrl + O)을 선택한 후 '1급-3.jpg'를 불러온다.

6 Quick Selection Tool(빠른 선택, 　　)로 선택영역을 지정한다.

7 Ctrl + C 로 복사하고 작업파일을 선택한 후 Ctrl + V 로 붙여넣기 한다.

8 Ctrl + T 로 좌우대칭하기 위해 조절점 안쪽에서 마우스 오른쪽 클릭 후 Flip Horizontal(가로로 뒤집기)을 선택한다. 크기/위치를 조절한 후 Enter 를 누른다.

9 레이어 스타일을 적용하기 위해 [Layers(레이어)] 패널 하단의 fx 를 눌러 Outer Glow(외부 광선)를 선택해 적용하고 OK 를 누른다.

04 ▶ 모양 지정 및 레이어 스타일

1 Custom Shape Tool(사용자 정의 모양,)을 선택한 후 옵션 바에서 Pick Tool Mode(선택 도구 모드) : Shape(모양, Shape), Stroke(획) : 색상 없음( )으로 설정한다. 모양 선택(Shape: →)을 눌러 아래의 모양을 찾아 그린다.
 • 기본 경로 : Legacy Shapes and More(레거시 모양 및 기타) – All Legacy Default Shapes(모든 레거시 기본 모양)
 • Nature(자연) – 파형( )

2 색을 적용하기 위해 [Layers(레이어)] 패널의 Layer Thumbnail(레이어 축소판,)을 더블클릭한 후 #99ff99를 입력하고 OK 를 누른다.

3 레이어 스타일을 적용하기 위해 [Layers(레이어)] 패널 하단의 fx 를 눌러 Drop Shadow(그림자 효과)를 선택해 적용하고 OK 를 누른다.

4 Ctrl + J 를 눌러 복제한다.

> **Plus @**
> Move Tool(이동)을 선택한 후 Shape(모양)을 Alt 와 함께 드래그하여 이동복사 할 수 있다.

5 Ctrl + T 로 크기/위치를 조절하고 Enter 를 누른다.

6 색을 적용하기 위해 [Layers(레이어)] 패널의 물결 copy Layer Thumbnail(레이어 축소판,)을 더블클릭한 후 #33ffff를 입력하고 OK 를 누른다.

7 다른 모양을 추가하기 위해 아래의 모양을 찾아 그린다.
 Symbols(기호) – 등록 대상 1( )

8 색을 적용하기 위해 [Layers(레이어)] 패널의 Layer Thumbnail(레이어 축소판,)을 더블클릭한 후 #666699를 입력하고 OK 를 누른다.

9 레이어 스타일을 적용하기 위해 [Layers(레이어)] 패널 하단의 fx를 눌러 Stroke(획)를 선택한 후 아래와 같이 값을 변경한다.
- Size(크기) : 2px
- Position(위치) : Outside(바깥쪽)
- Fill Type(칠 유형) : Color(색상)
- 색상값 : #ffffff

4 Gradient(그레이디언트) 편집 창(   )을 클릭한 후 Color Stop(색상 정지점)을 더블클릭하여 좌측 : #660066, 우측 : #336633으로 값을 변경하고 OK 를 누른다.

5 레이어 스타일을 적용하기 위해 [Layers(레이어)] 패널 하단의 fx를 눌러 Stroke(획)를 선택한 후 아래와 같이 값을 변경한다.
- Size(크기) : 3px
- Position(위치) : Outside(바깥쪽)
- Fill Type(칠 유형) : Color(색상)
- 색상값 : #ffffcc

6 텍스트를 뒤틀기 위해 Type Tool(수평 문자, T)을 선택한 후 옵션 바의 Create warped text(뒤틀어진 텍스트 만들기, T)를 클릭한다. Style(스타일) : Bulge(돌출), Bend(구부리기) : +40%로 값을 변경한 후 OK 를 누른다.

05 문자 효과

1 Type Tool(수평 문자)을 선택한 후 빈 캔버스를 클릭한다. Play Ocean을 입력한 후 Ctrl + Enter 를 눌러 완료한다.

2 옵션 바나 [Character(문자)] 패널에서 Arial, Regular, 50pt로 설정한다.

3 레이어 스타일을 추가하기 위해 Gradient Overlay(그레이디언트 오버레이)를 선택한 후 아래와 같이 값을 변경한다.
- Opacity(불투명도) : 100%
- Style(스타일) : Linear(선형)
- Angle(각도) : 0°
- Scale(비율) : 100%

06 ▶ PSD, JPG 형식으로 저장하기

1 [File(파일)]-[Save(저장)](Ctrl+S)를 선택한 후 기존 파일에 덮어쓰기 한다.

2 JPG 파일 형식으로 저장하기 위해 [File(파일)]-[Save as(다른 이름으로 저장)](Shift+Ctrl+S)를 선택한 후 파일 형식을 클릭해 JPEG로 선택한다. '내 PC₩문서₩GTQ' 폴더에 '수험번호-성명-1'로 입력한 후 [저장]을 누른다.

3 PSD 파일의 사이즈를 1/10로 줄이기 위해 [Image(이미지)]-[Image Size(이미지 크기)](Alt+Ctrl+I)를 선택한 후 단위 : Pixel, Width(폭) : 40px, Height(높이) : 50px, Resolution(해상도) : 72Pixels/Inch로 설정하고 OK 를 누른다.

4 [File(파일)]-[Save(저장)](Ctrl+S)를 선택한 후 작은 사이즈로 최종 저장한다.

5 완성된 파일을 확인하기 위해 파일 탐색기를 열어 '내 PC₩문서₩GTQ' 폴더에서 확인한다.

6 시험장의 작업표시줄에 나타나는 'Koas 수험자용'을 클릭해 우측의 답안 전송 을 클릭한 후 해당하는 번호에 체크한다. 하단의 답안 전송 을 클릭한 후 닫기 를 누르면 최종 전송된 답안으로 채점이 이루어진다.

문제 2 [기능평가] 사진편집 응용 20점

사용 이미지 미리보기

1급-4.jpg

1급-5.jpg

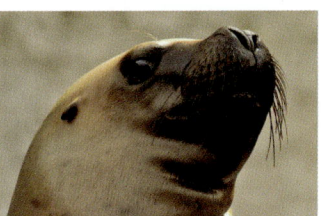
1급-6.jpg

사용자 정의 모양 미리보기

사용 기능

필터	[Filter(필터)]-[Render(렌더)]-[Lens Flare(렌즈 플레어)]
색상 조정	[Image(이미지)]-[Adjustment(조정)]-[Hue/Saturation(색조/채도)](Ctrl + U)
이미지 추출	Quick Selection Tool(빠른 선택,)
이미지 사이즈	[Image(이미지)]-[Image Size(이미지 크기)](Alt + Ctrl + I)

01 새 캔버스 생성 및 필터

1 [File(파일)]-[New(새로 만들기)](Ctrl+N)를 선택한 후 아래의 조건으로 설정한 다음 [Create(만들기)]를 누른다.
  - PRESET DETAILS(사전 설정 세부정보) : 수험번호-성명-2
  - 단위 : Pixels
  - Width(폭) : 400
  - Height(높이) : 500
  - Resolution(해상도) : 72Pixels/Inch
  - Color Mode(색상모드) : RGB
  - Backgound Contents(배경색) : White

2 [Edit(편집)]-[Preferences(속성)]-[Guides, Grid & Slices(안내선, 격자 및 분할 영역)](Ctrl+K)를 선택한 후 'Grid(격자)'의 Gridline Every(격자 간격) : 100Pixels, Subdivisions(세분) : 1로 설정하고 OK 를 누른다.

3 [View(보기)]-[Show(표시)]-[Grid(격자)](Ctrl+')와 [View(보기)]-[Rulers(눈금자)](Ctrl+R)를 나타낸다.

4 [File(파일)]-[Save As(다른 이름으로 저장)](Shift+Ctrl+S)를 클릭한 후 '내 PC₩문서₩GTQ' 폴더에 '수험번호-성명-2.psd'로 입력하고 [저장]을 누른다.

5 [File(파일)]-[Open(열기)](Ctrl+O)을 선택한 후 '1급-4.jpg'를 불러온다.

6 Ctrl+A 로 전체 선택한 후 Ctrl+C 로 복사하고 작업파일을 선택한 후 Ctrl+V 로 붙여넣기 한다.

7 Ctrl+T 로 크기/위치를 조절하고 Enter 를 누른다.

8 [Filter(필터)]-[Render(렌더)]-[Lens Flare(렌즈 플레어)] 필터를 선택한 후 출력형태를 참고하여 빛의 위치를 클릭한 다음 OK 를 누른다.

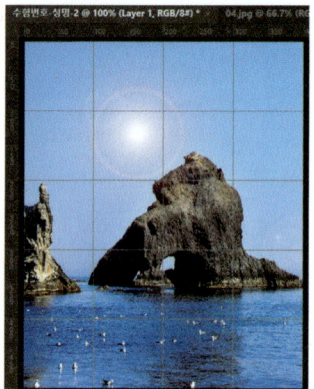

02 이미지 추출 및 색상 보정

1 [File(파일)]-[Open(열기)](Ctrl+O)을 선택한 후 '1급-5.jpg'를 불러온다.

2 Quick Selection Tool(빠른 선택,)로 선택영역을 지정한다.

3 Ctrl + C 로 복사하고 작업파일을 선택한 후 Ctrl + V 로 붙여넣기 한다.

4 Ctrl + T 로 크기/위치를 조절하고 Enter 를 누른다.

5 파란색 계열로 보정하기 위해 Quick Selection Tool(빠른 선택,)로 선택영역(좌측 소라 부분)을 지정한 후 [Image(이미지)]–[Adjustments(조정)]–[Hue/Saturation(색조/채도)](Ctrl + U)을 선택한다.

6 Colorize(색상화)에 체크한 후 Hue(색조) : 220, Saturation(채도) : 50으로 값을 변경하고 OK 를 누른다.

7 선택영역을 해제하기 위해 [Select(선택)]–[Deselect(해제)](Ctrl + D)를 누른다.

8 보라색 계열로 보정하기 위해 Quick Selection Tool(빠른 선택,)로 선택영역(우측 소라 부분)을 지정한 후 [Image(이미지)]–[Adjustments(조정)]–[Hue/Saturation(색조/채도)](Ctrl + U)을 선택한다.

9 Colorize(색상화)에 체크한 후 Hue(색조) : 270, Saturation(채도) : 50으로 값을 변경하고 OK 를 누른다.

Plus@
제시된 색상 계열로 보이면 되므로 값은 조절 가능하다.

10 선택영역을 해제하기 위해 [Select(선택)]–[Deselect(해제)](Ctrl + D)를 누른다.

11 레이어 스타일을 적용하기 위해 [Layers(레이어)] 패널 하단의 fx 를 눌러 Outer Glow(외부 광선)를 선택해 적용하고 OK 를 누른다.

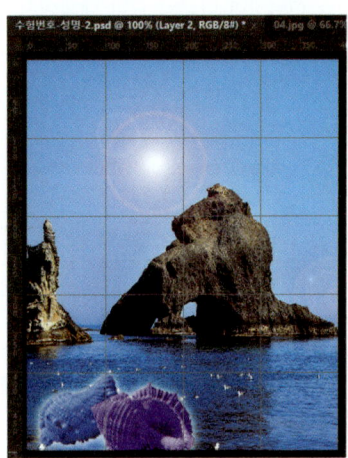

03 이미지 추출 및 레이어 스타일

1 [File(파일)]–[Open(열기)](Ctrl + O)을 선택한 후 '1급–6.jpg'를 불러온다.

2 수염까지 선택영역으로 지정하기 위해 Magic Wand Tool(자동 선택,)을 선택한 후 옵션바의 Tolerance(허용치)를 32, Contiguous(인접)에 체크를 해제한 다음 배경을 클릭한다. Shift 와 함께 복수의 배경을 클릭해 모두 지정한다.

Plus α

옵션 바의 값을 초기화시키려면 'Current Tool(현재 도구)' 아이콘에서 마우스 오른쪽 클릭 후 'Reset Tool(도구 재설정)' 또는 'Reset All Tools(모든 도구 재설정)'을 선택하여 아래와 같이 대화상자가 뜨면 OK 를 누른다.

3 선택영역을 반전하기 위해 [Select(선택)]-[Inverse(반전)](Shift + Ctrl + I)를 누른다.

4 Quick Selection Tool(빠른 선택,)로 물개를 추가로 선택한다.

5 Ctrl + C 로 복사하고 작업파일을 선택한 후 Ctrl + V 로 붙여넣기 한다.

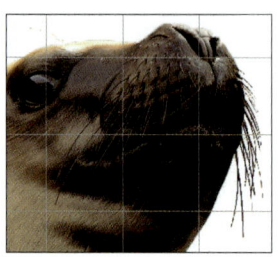

6 Ctrl + T 로 좌우대칭하기 위해 조절점 안쪽에서 마우스 오른쪽 클릭 후 Flip Horizontal(가로로 뒤집기)을 선택한다. 크기/위치를 조절한 후 Enter 를 누른다.

7 레이어 스타일을 적용하기 위해 Drop Shadow(그림자 효과)를 선택해 적용하고 OK 를 누른다.

04 모양 지정 및 레이어 스타일

1 Custom Shape Tool(사용자 정의 모양,)을 선택한 후 옵션 바에서 Pick Tool Mode(선택 도구 모드) : Shape(모양, Shape), Stroke(획) : 색상 없음( )으로 설정한다. 모양 선택(Shape:)을 눌러 아래의 모양을 찾아 그린다.
Tiles(타일) - 타일 1( )

2 Ctrl + T 로 조절점 안쪽에서 마우스 오른쪽 클릭 후 Rotate 90° Clockwise(시계방향 90°)을 선택한다. 크기/위치를 조절하고 Enter 를 누른다.

3 색을 적용하기 위해 [Layers(레이어)] 패널의 Layer Thumbnail(레이어 축소판,)을 더블 클릭한 후 #ccffff를 입력하고 OK 를 누른다.

4 불투명도를 조정하기 위해 [Layers(레이어)] 패널 상단의 Opacity(불투명도)를 60%로 설정한다.

5 다른 모양을 추가하기 위해 아래의 모양을 찾아 그린다.
Aniamals(동물) - 새 2(◥)

6 색을 적용하기 위해 [Layers(레이어)] 패널의 Layer Thumbnail(레이어 축소판, ▦)을 더블클릭한 후 #ffcc99를 입력하고 OK 를 누른다.

7 레이어 스타일을 적용하기 위해 [Layers(레이어)] 패널 하단의 fx.를 눌러 Drop Shadow(그림자 효과)를 선택해 적용하고 OK 를 누른다.

8 Ctrl + J 를 눌러 복제한다.

9 색을 적용하기 위해 [Layers(레이어)] 패널의 '새 2 copy' Layer Thumbnail(레이어 축소판, ▦)을 더블클릭한 후 #66ccff를 입력하고 OK 를 누른다.

10 Ctrl + T 로 좌우대칭하기 위해 조절점 안쪽에서 마우스 오른쪽 클릭 후 Flip Horizontal(가로로 뒤집기)을 선택한다. 회전/크기/위치를 조절한 후 Enter 를 누른다.

05 문자 효과

1 Vertical Type Tool(수직 문자, IT)을 선택한 후 빈 공간을 클릭한다. 우리가 보호해야 할을 입력한 후 Ctrl + Enter 를 눌러 완료한다.

Plus@

가로로 입력한 경우 옵션 바의 Toggle Text Orientation(텍스트 방향 켜기/끄기, ⟲)으로 변경할 수 있다.

2 옵션 바나 [Character(문자)] 패널에서 궁서, 36pt로 설정한다.

3 레이어 스타일을 적용하기 위해 [Layers(레이어)] 패널 하단의 fx.를 눌러 Gradient Overlay(그레이디언트 오버레이)를 선택한 후 아래와 같이 값을 변경한다.
- Opacity(불투명도) : 100%
- Style(스타일) : Linear(선형)
- Angle(각도) : 90°
- Scale(비율) : 100%

4 Gradient(그레이디언트) 편집 창(▭)을 클릭한 후 Color Stop(색상 정지점)을 더블클릭하여 좌측 : #ff6600, 우측 : #ffff99로 값을 변경하고 OK 를 누른다.

5 Stroke(획)를 선택한 후 아래와 같이 값을 변경하고 OK 를 누른다.
- Size(크기) : 2px
- Position(위치) : Outside(바깥쪽)
- Fill Type(칠 유형) : Color(색상)
- 색상값 : #333366

6 텍스트를 뒤틀기 위해 Type Tool(수평 문자, T)을 선택한 후 옵션 바의 Create warped text(뒤틀어진 텍스트 만들기, T)를 클릭한다. Style(스타일) : Arc(부채꼴), Horizontal 체크, Bend(구부리기) : +5%로 값을 변경한 후 OK 를 누른다.

7 Layer 2(소라)를 장식 모양보다 위로 올라오게 하기 위해 그림과 같이 레이어를 이동한다.

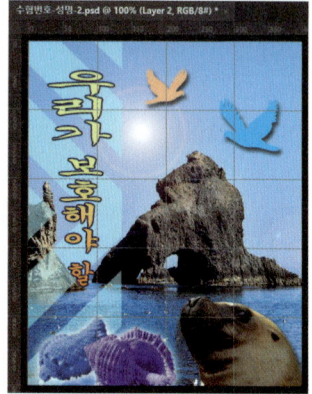

06 PSD, JPG 형식으로 저장하기

1 [File(파일)]-[Save(저장)](Ctrl + S)를 선택한 후 기존 파일에 덮어쓰기 한다.

2 JPG 파일 형식으로 저장하기 위해 [File(파일)]-[Save as(다른 이름으로 저장)](Shift + Ctrl + S)를 선택한 후 파일 형식을 클릭해 JPEG로 선택한다. '내 PC₩문서₩GTQ' 폴더에 '수험번호-성명-2'로 입력한 후 [저장]을 누른다.

3 PSD 파일의 사이즈를 1/10로 줄이기 위해 [Image(이미지)]-[Image Size(이미지 크기)](Alt + Ctrl + I)를 선택한 후 단위 : Pixel, Width(폭) : 40px, Height(높이) : 50px, Resolution(해상도) : 72Pixels/Inch로 설정하고 OK 를 누른다.

4 [File(파일)]-[Save(저장)](Ctrl + S)를 선택한 후 작은 사이즈로 최종 저장한다.

5 완성된 파일을 확인하기 위해 파일 탐색기를 열어 '내 PC₩문서₩GTQ' 폴더에서 확인한다.

6 시험장의 작업표시줄에 나타나는 'Koas 수험자용'을 클릭해 우측의 답안 전송 을 클릭한 후 해당하는 번호에 체크한다. 하단의 답안 전송 을 클릭한 후 닫기 를 누르면 최종 전송된 답안으로 채점이 이루어진다.

문제 3 [실무응용] 포스터 제작   25점

사용 이미지 미리보기

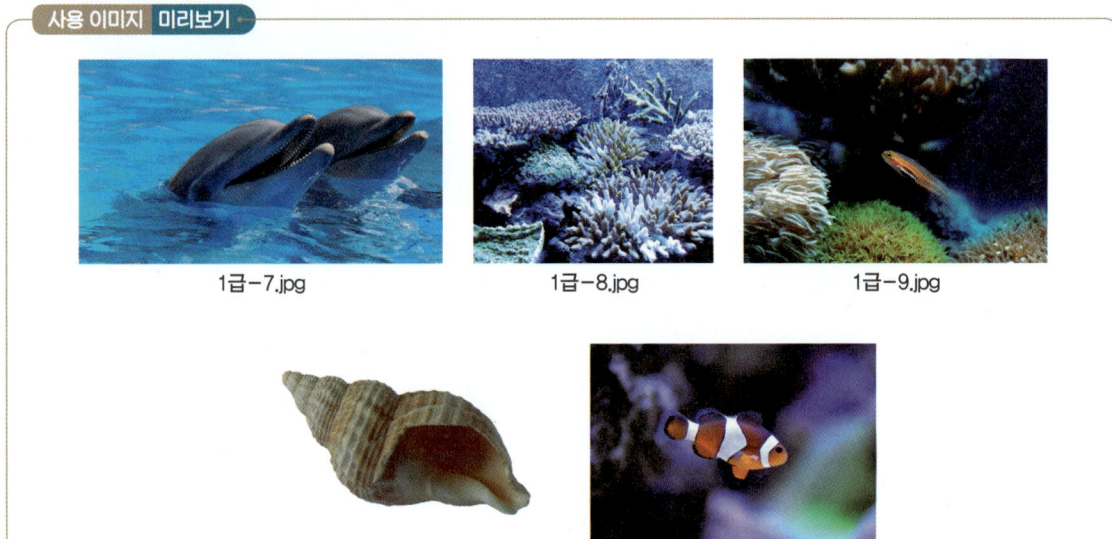

1급-7.jpg   1급-8.jpg   1급-9.jpg

1급-10.jpg   1급-11.jpg

사용자 정의 모양 미리보기

사용 기능

혼합모드	Screen(스크린)
색상 조정	[Image(이미지)]-[Adjustment(조정)]-[Hue/Saturation(색조/채도)](Ctrl + U)
필터	• [Filter(필터)]-[Filter Gallery(필터 갤러리)]-[Brush Strokes(브러시 획)]-[Crosshatch(그물눈)] • [Filter(필터)]-[Filter Gallery(필터 갤러리)]-[Distort(왜곡)]-[Glass(유리)]
이미지 추출	Magic Wand Tool(자동 선택,)
레이어 마스크	Add layer mask(레이어 마스크 추가,)
클리핑 마스크	Create Clipping Mask(클리핑 마스크 만들기, Alt + Ctrl + G)
이미지 사이즈	[Image(이미지)]-[Image Size(이미지 크기)](Alt + Ctrl + I)

01 새 캔버스 생성 및 배경에 색 채우기

1 [File(파일)]-[New(새로 만들기)](Ctrl + N)를 선택한 후 아래의 조건으로 설정한 다음 [Create(만들기)]를 누른다.
- PRESET DETAILS(사전 설정 세부정보)
  : 수험번호-성명-3
- 단위 : Pixels
- Width(폭) : 600
- Height(높이) : 400
- Resolution(해상도) : 72Pixels/Inch
- Color Mode(색상모드) : RGB
- Backgound Contents(배경색) : White

2 [Edit(편집)]-[Preferences(속성)]-[Guides, Grid & Slices(안내선, 격자 및 분할 영역)](Ctrl + K)를 선택한 후 'Grid(격자)'의 Gridline Every(격자 간격) : 100Pixels, Subdivisions(세분) : 1로 설정하고 OK 를 누른다.

3 [View(보기)]-[Show(표시)]-[Grid(격자)](Ctrl + ')와 [View(보기)]-[Rulers(눈금자)](Ctrl + R)를 나타낸다.

4 [File(파일)]-[Save As(다른 이름으로 저장)](Shift + Ctrl + S)를 클릭한 후 '내 PC₩문서₩GTQ' 폴더에 '수험번호-성명-3.psd'로 입력하고 [저장]을 누른다.

5 배경에 색을 채우기 위해 도구상자의 Set foreground color(전경색, ■)를 클릭한 후 #6633cc를 입력하고 OK 를 누른다. 전경색을 채우기 위해 Alt + Delete 를 누른다.

02 혼합모드 및 레이어 마스크

1 [File(파일)]-[Open(열기)](Ctrl + O)을 선택한 후 '1급-7.jpg'를 불러온다.

2 Ctrl + A 로 전체 선택한 후 Ctrl + C 로 복사하고 작업파일을 선택한 후 Ctrl + V 로 붙여넣기 한다.

3 Ctrl + T 로 크기/위치를 조절한 후 Enter 를 누른다.

4 혼합모드를 적용하기 위해 [Layers(레이어)] 패널의 Blending Mode(혼합모드, Normal)를 Screen(스크린)으로 선택한다.

5 불투명도를 조정하기 위해 [Layers(레이어)] 패널 상단의 Opacity(불투명도)를 80%로 설정한다.

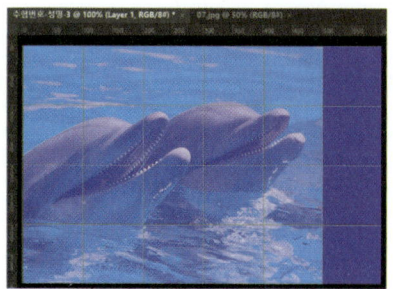

6 [File(파일)]-[Open(열기)](Ctrl+O)을 선택한 후 '1급-8.jpg'를 불러온다.

7 Ctrl+A로 전체 선택한 후 Ctrl+C로 복사하고 작업파일을 선택한 후 Ctrl+V로 붙여넣기 한다.

8 Ctrl+T로 크기/위치를 조절하고 Enter를 누른다.

9 [Filter(필터)]-[Filter Gallery(필터 갤러리)]-[Brush Strokes(브러시 획)]-[Crosshatch(그물눈)] 필터를 적용한 후 OK를 누른다.

10 레이어 마스크를 적용하기 위해 [Layers(레이어)] 패널 하단의 Add layer mask(레이어 마스크 추가, ◉)를 클릭한다.

11 도구상자에서 Gradient Tool(그레이디언트, ▨)을 선택한 후 옵션 바에서 Gradient Presets(그레이디언트 사전 설정)을 클릭해 Basics(기본 사항)-'Black & White(검정, 흰색)'를 선택한다.

12 그림과 같이 가로 방향으로 드래그한다.

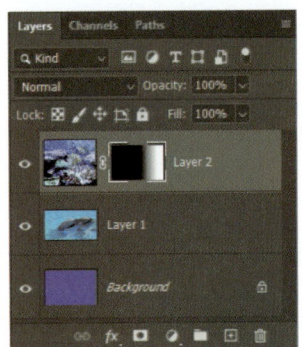

03 클리핑 마스크 및 레이어 스타일 적용

1 [File(파일)]-[Open(열기)](Ctrl+O)을 선택한 후 '1급-9.jpg', '1급-10.jpg'를 불러온다.

2 먼저 '1급-10.jpg'를 Magic Wand Tool(자동 선택, ✶)을 선택한 후 옵션 바의 Tolerance(허용치)를 32, Contiguous(인접)에 체크한 다음 배경을 클릭한다.

3 선택영역을 반전하기 위해 [Select(선택)]-[Inverse(반전)](Shift+Ctrl+I)를 누른다.

4 Ctrl+C로 복사하고 작업파일을 선택한 후 Ctrl+V로 붙여넣기 한다.

5 Ctrl + T 로 크기/위치를 조절하고 Enter 를 누른다.

6 레이어 스타일을 적용하기 위해 [Layers(레이어)] 패널 하단의 fx 를 눌러 Outer Glow(외부 광선)를 선택해 적용하고 OK 를 누른다.

7 '1급-9.jpg'로 이동해 Ctrl + A 로 전체 선택한 후 Ctrl + C 로 복사하고 작업파일을 선택한 후 Ctrl + V 로 붙여넣기 한다.

8 Ctrl + T 로 크기/위치를 조절하고 Enter 를 누른다.

9 [Filter(필터)]-[Filter Gallery(필터 갤러리)]-[Distort(왜곡)]-[Glass(유리)] 필터를 적용한 후 OK 를 누른다.

10 클리핑 마스크를 적용하기 위해 [Layers(레이어)] 패널의 Layer 4(물고기)에서 마우스 오른쪽 클릭 후 Create Clipping Mask(클리핑 마스크 만들기, Alt + Ctrl + G)를 선택한다.

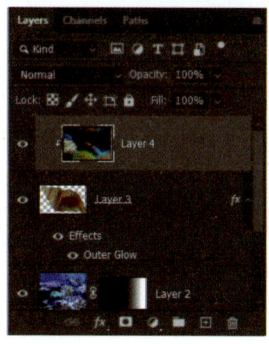

04 이미지 추출 및 색상 보정

1 [File(파일)]-[Open(열기)](Ctrl + O)을 선택한 후 '1급-11.jpg'를 불러온다.

2 Magnetic Lasso Tool(자석 올가미,)을 선택한 후 옵션 바의 Frequency를 100으로 설정한다. 첫 점을 클릭하여 이미지의 형태를 따라 추출한다.

Plus@

수정할 부분은 Shift 와 함께 영역을 추가할 수 있고 Alt 와 함께 영역을 제외할 수 있다.

3 Ctrl + C 로 복사하고 작업파일을 선택한 후 Ctrl + V 로 붙여넣기 한다.

4 Ctrl + T 로 좌우대칭하기 위해 조절점 안쪽에서 마우스 오른쪽 클릭 후 Flip Horizontal(가로로 뒤집기)을 선택한다. 크기/위치를 조절한 후 Enter 를 누른다.

5 녹색 계열로 보정하기 위해 [Image(이미지)]-[Adjustments(조정)]-[Hue/Saturation(색조/채도)](Ctrl + U)을 선택한다.

6 대화상자가 나오면 우측 하단의 Colorize(색상화)에 체크한 후 Hue(색조) : 110, Satuation(채도) : 50으로 값을 변경하고 OK 를 누른다.

7 레이어 스타일을 적용하기 위해 [Layers(레이어)] 패널 하단의 fx를 눌러 Stroke(획)를 선택한 후 아래와 같이 값을 변경한다.
- Size(크기) : 4px
- Position(위치) : Outside(바깥쪽)
- Fill Type(칠 유형) : Gradient(그레이디언트)
- Style(스타일) : Linear(선형)
- Angle(각도) : 0°

8 Gradient(그레이디언트) 편집 창(　　)을 클릭한 후 Color Stop(색상 정지점)을 더블클릭하여 좌측 : #ffff00, 우측 : #66cccc으로 값을 변경하고 OK 를 누른다.

05 모양 지정 및 레이어 스타일

1 Custom Shape Tool(사용자 정의 모양, 　)을 선택한 후 옵션 바에서 Pick Tool Mode(선택 도구 모드) : Shape(모양, Shape), Stroke(획) : 색상 없음(　)으로 설정한다. 모양 선택(Shape: 　)을 눌러 아래의 모양을 찾아 그린다.
Aniamals(동물) − 물고기(　)

2 색을 적용하기 위해 [Layers(레이어)] 패널의 Layer Thumbnail(레이어 축소판, 　)을 더블클릭한 후 #33ffff를 입력하고 OK 를 누른다.

3 불투명도를 조정하기 위해 [Layers(레이어)] 패널의 Opacity(불투명도)를 80%로 설정한다.

4 레이어 스타일을 적용하기 위해 Drop Shadow(그림자 효과)를 선택해 적용하고 OK 를 누른다.

5 Ctrl + J 를 눌러 복제한다.

6 Ctrl + T 로 크기/위치를 조절하고 Enter 를 누른다.

7 색을 적용하기 위해 [Layers(레이어)] 패널의 '물고기 copy' Layer Thumbnail(레이어 축소판, 　)을 더블클릭한 후 #0066cc를 입력하고 OK 를 누른다.

8 다른 모양을 추가하기 위해 아래의 모양을 찾아 그린다.
Objects(물건) − 왼손(　)

9 레이어 스타일을 적용하기 위해 [Layers(레이어)] 패널 하단의 fx를 눌러 Gradient Overlay(그레이디언트 오버레이)를 선택한 후 아래와 같이 값을 변경한다.
- Opacity(불투명도) : 100%
- Style(스타일) : Linear(선형)
- Angle(각도) : 90°
- Scale(비율) : 100%

10 Gradient(그레이디언트) 편집 창(　　)을 클릭한 후 Color Stop(색상 정지점)을 더블클릭하여 좌측 : #cc6666, 우측 : #ffcccc로 값을 변경하고 OK 를 누른다.

11 레이어 스타일을 적용하기 위해 Drop Shadow(그림자 효과)를 선택해 적용하고 OK 를 누른다.

12 다른 모양을 추가하기 위해 아래의 모양을 찾아 그린다.
Talk bubbles(말풍선) − 대화 1(💬)

13 색을 적용하기 위해 [Layers(레이어)] 패널의 Layer Thumbnail(레이어 축소판, 🔲)을 더블클릭한 후 #33ffff를 입력하고 OK 를 누른다.

14 레이어 스타일을 적용하기 위해 [Layers(레이어)] 패널 하단의 fx 를 눌러 Inner Shadow(내부 그림자)를 선택해 적용하고 OK 를 누른다.

06 문자 효과

1 Type Tool(수평 문자, T)을 선택한 후 빈 공간을 클릭한다. World Ocean's Day를 입력한 후 Ctrl + Enter 를 눌러 완료한다.

2 옵션 바나 [Character(문자)] 패널에서 Arial, Regular, 54pt로 설정한다.

3 레이어 스타일을 적용하기 위해 [Layers(레이어)] 패널 하단의 fx 를 눌러 Gradient Overlay(그레이디언트 오버레이)를 선택한 후 아래와 같이 값을 변경한다.
- Opacity(불투명도) : 100%
- Style(스타일) : Linear(선형)
- Angle(각도) : 0°
- Scale(비율) : 100%

4 Gradient(그레이디언트) 편집 창(▬▬▬)을 클릭한 후 Color Stop(색상 정지점)을 더블클릭하여 좌측 : #99ff33, 중간 : #ff99ff, 우측 : #66ffff로 값을 변경하고 OK 를 누른다.

5 레이어 스타일을 추가하기 위해 Stroke(획)를 선택한 후 아래와 같이 값을 변경한다.
- Size(크기) : 2px
- Position(위치) : Outside(바깥쪽)
- Fill Type(칠 유형) : Color(색상)
- 색상값 : #000000

6 레이어 스타일을 추가하기 위해 Drop Shadow(그림자 효과)를 선택해 적용하고 OK 를 누른다.

7 텍스트를 뒤틀기 위해 Type Tool(수평 문자, T)을 선택한 후 옵션 바의 Create warped text(뒤틀어진 텍스트 만들기, T)를 클릭한다. Style(스타일) : Rise(상승), Bend(구부리기) : +50%로 값을 변경한 후 OK 를 누른다.

⑧ Type Tool(수평 문자, T)을 선택한 후 빈 공간을 클릭한다. 5월 31일 바다 식목일을 입력한 후 Ctrl + Enter를 눌러 완료한다.

⑨ 옵션 바나 [Character(문자)] 패널에서 굴림, 22pt, #ffffff, 가운데 정렬로 설정한다.

⑩ 레이어 스타일을 적용하기 위해 [Layers(레이어)] 패널 하단의 fx.를 눌러 Stroke(획)를 선택한 후 아래와 같이 값을 변경한다.
- Size(크기) : 2px
- Position(위치) : Outside(바깥쪽)
- Fill Type(칠 유형) : Color(색상)
- 색상값 : #3399ff

⑪ 텍스트를 뒤틀기 위해 Type Tool(수평 문자, T)을 선택한 후 옵션 바의 Create warped text(뒤틀어진 텍스트 만들기, ⊥)를 클릭한다. Style(스타일) : Arc Upper(위 부채꼴), Bend(구부리기) : +50%로 값을 변경한 후 OK 를 누른다.

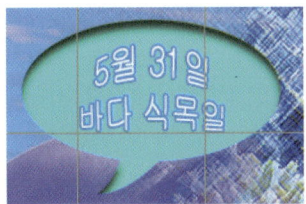

⑫ Type Tool(수평 문자, T)을 선택한 후 빈 공간을 클릭한다. 소중한 바다 함께 지켜요를 입력한 후 Ctrl + Enter를 눌러 완료한다.

⑬ 옵션 바나 [Character(문자)] 패널에서 궁서, 18pt으로 설정한다.

⑭ 레이어 스타일을 적용하기 위해 [Layers(레이어)] 패널 하단의 fx.를 눌러 Gradient Overlay(그레이디언트 오버레이)를 선택한 후 아래와 같이 값을 변경한다.
- Opacity(불투명도) : 100%
- Style(스타일) : Linear(선형)
- Angle(각도) : 90°
- Scale(비율) : 100%

⑮ Gradient(그레이디언트) 편집 창(   )을 클릭한 후 Color Stop(색상 정지점)을 더블클릭하여 좌측 : #ffccff, 우측 : #ffffff로 값을 변경하고 OK 를 누른다.

⑯ 레이어 스타일을 추가하기 위해 Stroke(획)를 선택한 후 아래와 같이 값을 변경하고 OK 를 누른다.
- Size(크기) : 2px
- Position(위치) : Outside(바깥쪽)
- Fill Type(칠 유형) : Color(색상)
- 색상값 : #0033cc

⑰ Type Tool(수평 문자, T)을 선택한 후 빈 공간을 클릭한다. ▶ 환경 사진전, ▶ 어린 물고기 방류를 입력한 후 Ctrl + Enter를 눌러 완료한다.

⑱ 옵션 바나 [Character(문자)] 패널에서 궁서, 16pt, #000000로 설정한 후 ▶만 선택하여 #339999로 변경한다.

⑲ 레이어 스타일을 적용하기 위해 [Layers(레이어)] 패널 하단의 fx 를 눌러 Stroke(획)를 선택한 후 아래와 같이 값을 변경한다.
- Size(크기) : 2px
- Position(위치) : Outside(바깥쪽)
- Fill Type(칠 유형) : Color(색상)
- 색상값 : #ffffff

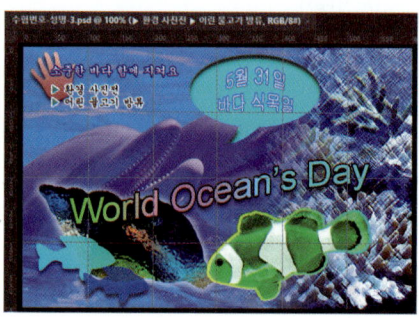

07 PSD, JPG 형식으로 저장하기

1 [File(파일)]－[Save(저장)](Ctrl + S)를 선택한 후 기존 파일에 덮어쓰기 한다.

2 JPG 파일 형식으로 저장하기 위해 [File(파일)]－[Save as(다른 이름으로 저장)](Shift + Ctrl + S)를 선택한 후 파일 형식을 클릭해 JPEG로 선택한다. '내 PC₩문서₩GTQ' 폴더에 '수험번호－성명－3'으로 입력한 후 [저장]을 누른다.

3 PSD 파일의 사이즈를 1/10로 줄이기 위해 [Image(이미지)]－[Image Size(이미지 크기)](Alt + Ctrl + I)를 선택한 후 단위 : Pixel, Width(폭) : 60px, Height(높이) : 40px, Resolution(해상도) : 72Pixels/Inch로 설정하고 OK 를 누른다.

4 [File(파일)]－[Save(저장)](Ctrl + S)를 선택한 후 작은 사이즈로 최종 저장한다.

5 완성된 파일을 확인하기 위해 파일 탐색기를 열어 '내 PC₩문서₩GTQ' 폴더에서 확인한다.

6 시험장의 작업표시줄에 나타나는 'Koas 수험자용'을 클릭해 우측의 답안 전송 을 클릭한 후 해당하는 번호에 체크한다. 하단의 답안 전송 을 클릭한 후 닫기 를 누르면 최종 전송된 답안으로 채점이 이루어진다.

문제 4 [실무응용] 웹 페이지 제작 35점

사용 이미지 미리보기

1급-12.jpg

1급-13.jpg

1급-14.jpg

1급-15.jpg

1급-16.jpg

1급-17.jpg

사용자 정의 모양 미리보기

사용 기능

패턴 정의 및 적용	• [Edit(편집)]-[Define Pattern(패턴 정의)] • 레이어 스타일 : Pattern Overlay(패턴 오버레이)
혼합모드	Hard Light(하드 라이트)
색상 조정	[Image(이미지)]-[Adjustment(조정)]-[Hue/Saturation(색조/채도)](Ctrl + U)
필터	• [Filter(필터)]-[Filter Gallery(필터 갤러리)]-[Texture(텍스처)]-[Texturizer(텍스처화)] • [Filter(필터)]-[Filter Gallery(필터 갤러리)]-[Artistic(예술효과)]-[Film Grain(필름 그레인)]
이미지 추출	• Quick Selection Tool(빠른 선택,) • Magnetic Lasso Tool(자석 올가미,)
레이어 마스크	Add layer mask(레이어 마스크 추가,)
이미지 사이즈	[Image(이미지)]-[Image Size(이미지 크기)](Alt + Ctrl + I)

01 새 캔버스 생성 및 배경에 색 채우기

1 [File(파일)]-[New(새로 만들기)]([Ctrl]+[N])를 선택한 후 아래의 조건으로 설정한 다음 [Create(만들기)]를 누른다.
- PRESET DETAILS(사전 설정 세부 정보) : 수험번호-성명-4
- 단위 : Pixels
- Width(폭) : 600
- Height(높이) : 400
- Resolution(해상도) : 72Pixels/Inch
- Color Mode(색상모드) : RGB
- Backgound Contents(배경색) : White

2 [Edit(편집)]-[Preferences(속성)]-[Guides, Grid & Slices(안내선, 격자 및 분할 영역)]([Ctrl]+[K])를 선택한 후 'Grid(격자)'의 Gridline Every(격자 간격) : 100Pixels, Subdivisions(세분) : 1로 설정하고 [OK]를 누른다.

3 [View(보기)]-[Show(표시)]-[Grid(격자)]([Ctrl]+[']))와 [View(보기)]-[Rulers(눈금자)]([Ctrl]+[R])를 나타낸다.

4 [File(파일)]-[Save As(다른 이름으로 저장)]([Shift]+[Ctrl]+[S])를 클릭한 후 '내 PC\문서\GTQ' 폴더에 '수험번호-성명-4.psd'로 입력한 후 [저장]을 누른다.

5 배경에 색을 채우기 위해 도구상자의 Set foreground color(전경색, ■)를 클릭한 후 #99ccff를 입력하고 [OK]를 누른다. 전경색을 채우기 위해 [Alt]+[Delete]를 누른다.

02 패턴 제작 및 등록

1 Pattern(패턴)을 만들기 위해 [File(파일)]-[New(새로 만들기)]([Ctrl]+[N])를 선택한 후 아래의 조건으로 설정한 다음 [Create(만들기)]를 누른다.
- 단위 : Pixels
- Width(폭) : 40
- Height(높이) : 20
- Resolution(해상도) : 72Pixels/Inch
- Color Mode(색상모드) : RGB
- Backgound Contents(배경색) : White

2 Custom Shape Tool(사용자 정의 모양,)을 선택한 후 옵션 바에서 Pick Tool Mode(선택 도구 모드) : Shape(모양, Shape), Stroke(획) : 색상 없음(□)으로 설정한 다음 아래의 모양을 찾아 그린다.
Aniamals(동물) - 물고기()

3 색을 적용하기 위해 [Layers(레이어)] 패널의 Layer Thumbnail(레이어 축소판,)을 더블 클릭한 후 #ffcc33을 입력하고 [OK]를 누른다.

4 [Layers(레이어)] 패널 하단의 Background(배경)의 눈 아이콘( )을 클릭해 해제한다.

5 다른 모양을 추가하기 위해 아래의 모양을 찾아 그린다.
Ornaments(장식) - 꽃 장식 4( )

6 색을 적용하기 위해 [Layers(레이어)] 패널의 Layer Thumbnail(레이어 축소판,)을 더블 클릭한 후 #ffffff를 입력하고 OK 를 누른다.

7 패턴을 정의하기 위해 [Edit(편집)]-[Define Pattern(패턴 정의)]를 눌러 확인 후 OK 를 누른다.

03 혼합모드 및 레이어 마스크

1 [File(파일)]-[Open(열기)](Ctrl + O)을 선택한 후 '1급-12.jpg'를 불러온다.

2 Ctrl + A 로 전체 선택한 후 Ctrl + C 로 복사하고 작업파일을 선택한 후 Ctrl + V 로 붙여넣기 한다.

3 Ctrl + T 로 크기/위치를 조절하고 Enter 를 누른다.

4 혼합모드를 적용하기 위해 [Layers(레이어)] 패널의 Blending Mode(혼합모드,)를 'Hard Light(하드 라이트)'로 선택한다.

5 레이어 마스크를 적용하기 위해 [Layers(레이어)] 패널 하단의 Add layer mask(레이어 마스크 추가,)를 클릭한다.

6 도구상자에서 Gradient Tool(그레이디언트,)을 선택한 후 옵션 바에서 Gradient Presets(그레이디언트 사전 설정)을 클릭해 Basics(기본 사항)-'Black & White(검정, 흰색)'를 선택한다.

7 그림과 같이 가로 방향으로 드래그한다.

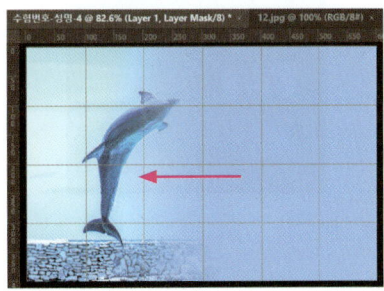

8 [File(파일)]-[Open(열기)](Ctrl + O)을 선택한 후 '1급-13.jpg'를 불러온다.

9 Ctrl + A 로 전체 선택한 후 Ctrl + C 로 복사하고 작업파일을 선택한 후 Ctrl + V 로 붙여넣기 한다.

⑩ Ctrl + T 로 좌우대칭하기 위해 조절점 안쪽에서 마우스 오른쪽 클릭 후 Flip Horizontal(가로로 뒤집기)을 선택한다. 크기/위치를 조절하고 Enter 를 누른다.

⑪ [Filter(필터)]−[Filter Gallery(필터 갤러리)]−[Texture(텍스처)]−[Texturizer(텍스처화)] 필터를 적용하고 OK 를 누른다.

⑫ ⑤~⑥을 참고해 레이어 마스크를 적용하여 대각선 방향으로 드래그한다.

04 이미지 추출 및 색상 보정

① [File(파일)]−[Open(열기)](Ctrl + O)을 선택한 후 '1급−14.jpg'를 불러온다.

② Quick Selection Tool(빠른 선택,)로 선택영역을 지정한다.

③ Ctrl + C 로 복사하고 작업파일을 선택한 후 Ctrl + V 로 붙여넣기 한다.

④ Ctrl + T 로 크기/위치를 조절하고 Enter 를 누른다.

⑤ 레이어 스타일을 적용하기 위해 [Layers(레이어)] 패널 하단의 fx 를 눌러 Bevel and Emboss(경사와 엠보스)를 선택해 적용한다.

⑥ 레이어 스타일을 추가하기 위해 Outer Glow(외부 광선)를 선택해 적용하고 OK 를 누른다.

⑦ [File(파일)]−[Open(열기)](Ctrl + O)을 선택한 후 '1급−15.jpg'를 불러온다.

⑧ Quick Selection Tool(빠른 선택,)로 선택한 후 제외할 부분은 Alt 와 함께 선택한다.

⑨ Ctrl + C 로 복사하고 작업파일을 선택한 후 Ctrl + V 로 붙여넣기 한다.

⑩ Ctrl + T 로 크기/위치를 조절하고 Enter 를 누른다.

⑪ [Filter(필터)]−[Filter Gallery(필터 갤러리)]−[Artistic(예술효과)]−[Film Grain(필름 그레인)] 필터를 적용한 다음 OK 를 누른다.

12 레이어 스타일을 적용하기 위해 [Layers(레이어)] 패널 하단의 fx.를 눌러 Inner Shadow(내부 그림자)를 선택해 적용하고 OK 를 누른다.

13 Move Tool(이동, ✥)로 Layer 3(펭귄)을 선택한 후 Layer 4(거북이)보다 위로 이동한다.

14 [File(파일)]-[Open(열기)](Ctrl + O)을 선택한 후 '1급-16.jpg'를 불러온다.

15 Quick Selection Tool(빠른 선택, ✎)로 배경을 선택한 후 반전하기 위해 [Select(선택)]-[Inverse(반전)](Shift + Ctrl + I)를 누른다.

16 Ctrl + C 로 복사하고 작업파일을 선택한 후 Ctrl + V 로 붙여넣기 한다.

17 Ctrl + T 로 회전/크기/위치를 조절하고 Enter 를 누른다.

18 빨간색 계열로 보정하기 위해 [Image(이미지)]-[Adjustments(조정)]-[Hue/Saturation(색조/채도)](Ctrl + U)을 선택한다.

19 Colorize(색상화)에 체크한 후 Hue(색조) : 0, Saturation(채도) : 50으로 값을 변경하고 OK 를 누른다.

20 레이어 스타일을 적용하기 위해 [Layers(레이어)] 패널 하단의 fx.를 눌러 Drop Shadow(그림자 효과)를 선택해 적용하고 OK 를 누른다.

21 [File(파일)]-[Open(열기)](Ctrl + O)을 선택한 후 '1급-17.jpg'를 불러온다.

22 Magnetic Lasso Tool(자석 올가미, ✦)을 선택한 후 옵션 바의 Frequency를 100으로 설정한 다음 첫 점을 클릭하여 이미지의 형태를 따라 추출한다.

Plus@
수정할 부분은 Shift 와 함께 영역을 추가할 수 있고 Alt 와 함께 영역을 제외할 수 있다.

23 Ctrl + C 로 복사하고 작업파일을 선택한 후 Ctrl + V 로 붙여넣기 한다.

24 Ctrl + T 로 크기/위치를 조절하고 Enter 를 누른다.

05 패스 제작 및 패턴 적용

1 Pen Tool(펜,)을 선택한 후 옵션 바에서 Pick Tool Mode(선택 도구 모드) : Path(패스,), Path operations(패스 작업) : Exclude Overlapping Shapes(모양 오버랩 제외,)로 지정한다.

2 배경 레이어의 눈 아이콘( )을 Alt + 클릭해 나머지 레이어의 눈을 끈다. (선택사항)

> **Plus@**
> 배경 레이어를 선택하지는 않는다. 새 레이어 추가 시 맨 위로 생성되지 않기 때문이다.

3 아래 그림을 참고해 그린 다음 패스의 유실을 방지하기 위해 [Path(패스)] 패널을 선택한 후 Work Path(작업 패스) 이름 부분을 더블클릭한다. Save Path(패스 저장)가 나오면 OK 를 누른다. (선택사항)

4 눈은 Ellipse Tool(타원,)을 선택한 후 옵션 바에서 Pick Tool Mode(선택 도구 모드) : Path(패스), Path operations(패스 작업) : Exclude Overlapping Shapes(모양 오버랩 제외)로 선택한 다음 그림과 같이 그린다.

5 레이어로 지정하기 위해 [Path(패스)] 패널 하단의 'Load as a selection(패스를 선택영역으로 지정,)'을 클릭한다.

> **Plus@**
> [Path(패스)] 패널의 Path Thumbnail(패스 축소판)을 Ctrl 과 함께 클릭해도 선택영역으로 지정된다.

6 [Layers(레이어)] 패널로 이동해 하단의 Create a new layer(새 레이어, , Ctrl + Shift + N)를 클릭해 추가한다.

7 색을 채우기 위해 도구상자의 Set foreground color(전경색,)를 클릭한 후 #669966을 입력하고 OK 를 누른다. 전경색을 채우기 위해 Alt + Delete 를 누른다.

8 패턴을 적용하기 위해 [Layers(레이어)] 패널 하단의 fx를 눌러 Pattern Overlay(패턴 오버레이)를 선택한 후 Pattern(패턴)의 목록 단추를 클릭해 정의한 패턴을 선택한다.

Plus@

패턴의 크기를 조절하고 싶다면 Scale(비율)을 조정한 후 출력형태를 참고해 맞춘다.

9 레이어 스타일을 추가하기 위해 Drop Shadow(그림자 효과)를 선택해 적용하고 OK 를 누른다.

10 [Path(패스)] 패널을 선택한 후 Create new path(새 패스, ➕)를 클릭해 추가한다.

11 아래의 그림을 참고해 그린 다음 [Path(패스)] 패널 하단의 'Load as a selection(패스를 선택영역으로 지정, ⬚)'을 클릭한다.

12 [Layers(레이어)] 패널로 이동한 후 하단의 Create a new layer(새 레이어, ➕, Ctrl + Shift + N)를 클릭해 추가한다.

13 색을 채우기 위해 도구상자의 Set foreground color(전경색, ■)를 클릭한 후 #003300을 입력하고 OK 를 누른다. 전경색을 채우기 위해 Alt + Delete 를 누른다.

14 레이어 스타일을 적용하기 위해 Drop Shadow(그림자 효과)를 선택해 적용하고 OK 를 누른다.

15 선택영역을 해제하기 위해 [Select(선택)]-[Deselect(해제)](Ctrl + D)를 누른다.

16 모든 레이어의 눈을 켜기 위해 레이어의 눈 아이콘(👁)에서 마우스 오른쪽 클릭 후 'Show/hide all other layers(다른 모든 레이어 표시/숨기기)'를 클릭한다.

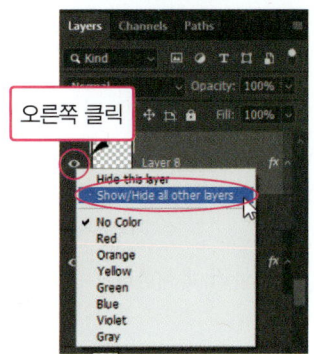

06 ▶ 모양 지정 및 레이어 스타일

1 Custom Shape Tool(사용자 정의 모양,)을 선택한 후 옵션 바에서 Pick Tool Mode(선택 도구 모드) : Shape(모양, Shape), Stroke(획) : 색상 없음( )으로 설정한다. 모양 선택( )을 눌러 아래의 모양을 찾아 그린다.
Nature(자연) – 눈송이 2( )

2 색을 적용하기 위해 [Layers(레이어)] 패널의 Layer Thumbnail(레이어 축소판,)을 더블클릭한 후 #ff6633을 입력하고 OK 를 누른다.

3 레이어 스타일을 적용하기 위해 [Layers(레이어)] 패널 하단의 fx 를 눌러 Inner Shadow(내부 그림자)를 선택해 적용하고 OK 를 누른다.

4 불투명도를 조정하기 위해 [Layers(레이어)] 패널의 Opacity(불투명도)를 80%로 설정한다.

5 다른 모양을 추가하기 위해 아래의 모양을 찾아 그린다.
Nature(자연) – 풀 3( )

6 색을 적용하기 위해 [Layers(레이어)] 패널의 Layer Thumbnail(레이어 축소판,)을 더블클릭한 후 #66ffff를 입력하고 OK 를 누른다.

7 레이어 스타일을 적용하기 위해 [Layers(레이어)] 패널 하단의 fx 를 눌러 Inner Shadow(내부 그림자)를 선택해 적용하고 OK 를 누른다.

8 Ctrl + J 를 눌러 복제한다.

9 Ctrl + T 로 회전/크기/위치를 조절하고 Enter 를 누른다.

10 색을 적용하기 위해 [Layers(레이어)] 패널의 '풀 3 copy' Layer Thumbnail(레이어 축소판,)을 더블클릭한 후 #ffff99를 입력하고 OK 를 누른다.

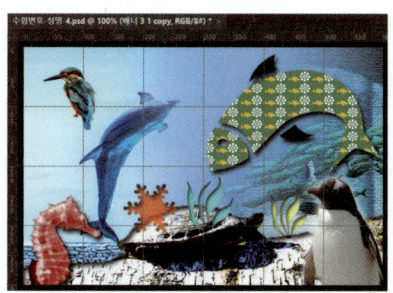

11 메뉴 부분을 만들기 위해 아래의 모양을 찾아 그린다.
Banners and Awards(배너 및 상장) – 배너 3
( )

12 레이어 스타일을 적용하기 위해 [Layers(레이어)] 패널 하단의 fx 를 눌러 Gradient Overlay(그레이디언트 오버레이)를 선택한 후 아래와 같이 값을 변경한다.
- Opacity(불투명도) : 100%
- Style(스타일) : Linear(선형)
- Angle(각도) : 90°
- Scale(비율) : 100%
- Reverse(반전) : 체크

13 Gradient(그레이디언트) 편집 창( )을 클릭한 후 Color Stop(색상 정지점)을 더블클릭하여 좌측 : #99ffff, 우측 : #0066cc로 값을 변경하고 OK 를 누른다.

14 레이어 스타일을 추가하기 위해 Stroke(획)를 선택한 후 아래와 같이 값을 변경하고 OK 를 누른다.
- Size(크기) : 2px
- Position(위치) : Outside(바깥쪽)
- Fill Type(칠 유형) : Color(색상)
- 색상값 : #339999

15 메뉴에 텍스트를 입력하기 위해 Type Tool(수평 문자, T)을 선택한 후 Shift +클릭하여 관람안내를 입력하고 Ctrl + Enter 하여 완료한다.

Plus α
Shift +클릭 후 입력하는 이유는 모양이 선택된 상태에서 텍스트를 입력하면 영역 안에 글자가 입력되기 때문이다.

16 옵션 바나 [Character(문자)] 패널에서 돋움, 16pt, 왼쪽 정렬, #ffffff로 설정한다.

17 레이어 스타일을 적용하기 위해 [Layers(레이어)] 패널 하단의 fx 를 눌러 Stroke(획)를 선택한 후 아래와 같이 값을 변경하고 OK 를 누른다.
- Size(크기) : 2px
- Position(위치) : Outside(바깥쪽)
- Fill Type(칠 유형) : Color(색상)
- 색상값 : #3366cc

18 메뉴를 복제하기 위해 배너 모양과 텍스트 레이어를 Shift 로 클릭한다. Move Tool(이동,)을 선택한 후 Alt 와 함께 아래 방향으로 드래그하여 두 번 복제한다.

19 두 번째의 텍스트를 수정하기 위해 [Layers(레이어)] 패널의 Indicates text layer(텍스트 레이어, T)를 더블클릭한 후 전시해설을 입력하고 Ctrl + Enter 를 눌러 완료한다.

20 세 번째 텍스트도 19와 같은 방법으로 편의시설로 수정한다.

21 전시해설 레이어의 Stroke(획) 부분을 더블클릭한 후 아래와 같이 값을 변경하고 OK 를 누른다.
- Size(크기) : 2px
- Position(위치) : Outside(바깥쪽)
- Fill Type(칠 유형) : Color(색상)
- 색상값 : #9966cc

22 두 번째 모양의 Stroke(획) 부분을 더블클릭한 후 아래와 같이 값을 변경하고 OK 를 누른다.
- Size(크기) : 2px
- Position(위치) : Outside(바깥쪽)
- Fill Type(칠 유형) : Color(색상)
- 색상값 : #9966cc

23 마지막으로 Layer 6(새) 레이어를 맨 위로 올리기 위해 Alt + Shift + J 를 누른다.

07 문자 효과

1 Type Tool(수평 문자, T)을 선택한 후 빈 공간을 클릭한다. Let's Protect the sea를 입력한 후 Ctrl + Enter 를 눌러 완료한다.

2 옵션 바 또는 [Character(문자)] 패널에서 Times New Roman, Bold, 17pt, #ffffff로 설정한다. Protect만 선택하여 27pt으로 변경한다.

3 레이어 스타일을 적용하기 위해 [Layers(레이어)] 패널 하단의 fx를 눌러 Stroke(획)를 선택한 후 아래와 같이 값을 변경하고 OK 를 누른다.
- Size(크기) : 2px
- Position(위치) : Outside(바깥쪽)
- Fill Type(칠 유형) : Gradient(그레이디언트)
- Style(스타일) : Linear(선형)
- Angle(각도) : 90°
- Reverse(반전) : 체크

4 Gradient(그레이디언트) 편집 창( )을 클릭한 후 Color Stop(색상 정지점)을 더블클릭하여 좌측 : #0066ff, 우측: #cc33cc로 값을 변경하고 OK 를 누른다.

5 텍스트를 뒤틀기 위해 Type Tool(수평 문자, T)을 선택한 후 옵션 바의 Create warped text(뒤틀어진 텍스트 만들기,)를 클릭하여 Style(스타일) : Arc(부채꼴), Bend(구부리기) : +50%로 값을 변경하고 OK 를 누른다.

6 Type Tool(수평 문자, T)을 선택한 후 빈 공간을 클릭한다. 해양생물 다양성 전시를 입력한 후 Ctrl + Enter 를 눌러 완료한다.

7 옵션 바나 [Character(문자)] 패널에서 궁서, 15pt, #0099cc로 설정한다.

8 레이어 스타일을 적용하기 위해 Stroke(획)를 선택한 후 아래와 같이 값을 변경하고 OK 를 누른다.
- Size(크기) : 2px
- Position(위치) : Outside(바깥쪽)
- Fill Type(칠 유형) : Color(색상)
- 색상값 : #ffffff

9 Type Tool(수평 문자, T)을 선택한 후 빈 공간을 클릭한다. 해양생물 자원관 씨큐리움을 입력한 후 Ctrl + Enter 를 눌러 완료한다.

10 옵션 바나 [Character(문자)] 패널에서 굴림, 36pt로 설정한다.

11 레이어 스타일을 적용하기 위해 Gradient Overlay(그레이디언트 오버레이)를 선택한 후 아래와 같이 값을 변경하고 OK 를 누른다.
- Opacity(불투명도) : 100%
- Style(스타일) : Linear(선형)
- Angle(각도) : 0°
- Scale(비율) : 100%

12 Gradient(그레이디언트) 편집 창(　　　　)을 클릭한 후 Color Stop(색상 정지점)을 더블클릭하여 좌측 : #99cc00, 중간 : #ffff99, 우측 : #99ccff로 값을 변경하고 OK 를 누른다.

13 레이어 스타일을 추가하기 위해 Stroke(획)를 선택한 후 아래와 같이 값을 변경하고 OK 를 누른다.
- Size(크기) : 2px
- Position(위치) : Outside(바깥쪽)
- Fill Type(칠 유형) : Color(색상)
- 색상값 : #333399

14 텍스트를 뒤틀기 위해 Type Tool(수평 문자, T)을 선택한 후 옵션 바의 Create warped text(뒤틀어진 텍스트 만들기,)를 클릭한다. Style(스타일) : Arc Upper(위 부채꼴), Bend(구부리기) : +30%로 값을 변경하고 OK 를 누른다.

08 PSD, JPG 형식으로 저장하기

1 [File(파일)]-[Save(저장)](Ctrl + S)를 선택한 후 기존 파일에 덮어쓰기 한다.

2 JPG 파일 형식으로 저장하기 위해 [File(파일)]-[Save as(다른 이름으로 저장)](Shift + Ctrl + S)를 선택한 후 파일 형식을 클릭해 JPEG로 선택한다. '내 PC₩문서₩GTQ' 폴더에 '수험번호-성명-4'로 입력한 후 [저장]을 누른다.

3 PSD 파일의 사이즈를 1/10로 줄이기 위해 [Image(이미지)]-[Image Size(이미지 크기)](Alt + Ctrl + I)를 선택한 후 단위 : Pixel, Width(폭) : 60px, Height(높이) : 40px, Resolution(해상도) : 72Pixels/Inch로 설정하고 OK 를 누른다.

4 [File(파일)]-[Save(저장)](Ctrl + S)를 선택한 후 작은 사이즈로 최종 저장한다.

5 완성된 파일을 확인하기 위해 파일 탐색기를 열어 '내 PC₩문서₩GTQ' 폴더에서 확인한다.

6 시험장의 작업표시줄에 나타나는 'Koas 수험자용'을 클릭해 우측 답안 전송 을 클릭한 후 해당하는 번호에 체크한다. 하단의 답안 전송 을 클릭한 후 닫기 를 누르면 최종 전송된 답안으로 채점이 이루어진다.

✓ Check Point !

		O	X
공통	• 제시된 크기(px)와 해상도(72pixels/inch)로 파일을 만들었나요? • '수험번호-성명-문제번호.psd'로 저장했나요? • 그리드(Ctrl + ')와 눈금자(Ctrl + R)를 표시했나요? • 시험지에도 자를 이용해 100픽셀씩 그리드를 그려주었나요?		
문제1번	• 만든 패스를 저장했나요? • 클리핑 마스크를 적용했나요? • 각 이미지와 Shape(모양)에 레이어 스타일과 필터를 적용했나요?		
문제2번	• 제시된 색상으로 보정했나요? • 각 이미지와 Shape(모양)에 레이어 스타일과 필터를 적용했나요?		
문제3번	• 배경에 색을 적용했나요? • Blending Mode(혼합모드)를 적용했나요? • 레이어 마스크의 방향을 맞게 적용했나요? • 제시된 색상으로 보정했나요? • 각 이미지와 Shape(모양)에 레이어 스타일과 필터를 적용했나요?		
문제4번	• 배경에 색을 적용했나요? • 패턴을 제작하여 등록하였나요? • Blending Mode(혼합모드)를 적용했나요? • 레이어 마스크의 방향을 맞게 적용했나요? • 제시된 색상으로 보정했나요? • 1급-17.jpg를 제외한 이미지와 Shape(모양)에 레이어 스타일과 필터를 적용했나요? • 펜 도구를 이용하여 오브젝트를 그려 패턴으로 적용하였나요?		
공통	• '수험번호-성명-문제번호.jpg'로 저장했나요? • 1/10로 줄여 '수험번호-성명-문제번호.psd'로 저장했나요?		

※ 시험장에서는 반드시 전송까지 실행해 주세요.

CHAPTER 04

제4회 기출유형문제 [S/W:포토샵]

급수	문제유형	시험시간	수험번호	성명
1급	A	90분		

수험자 유의사항

- 수험자는 문제지를 받는 즉시 응시하고자 하는 과목 및 급수가 맞는지 확인한 후 수험번호와 성명을 작성합니다.
- 파일명은 본인의 "수험번호-성명-문제번호"로 공백 없이 정확히 입력하고 답안폴더(내 PC₩문서₩GTQ)에 jpg 파일과 psd 파일의 2가지 포맷으로 저장해야 하며, jpg 파일과 psd 파일의 내용이 상이할 경우 0점 처리됩니다. 답안문서 파일명이 "수험번호-성명-문제번호"와 일치하지 않거나, 답안 파일을 전송하지 않아 미제출로 처리될 경우 불합격 처리됩니다.
- 문제의 세부조건은 '영문(한글)' 형식으로 표기되어 있으니 유의하시기 바랍니다.
- 수험자 정보와 저장한 파일명, 저장 위치가 다를 경우 전송이 되지 않으므로, 주의하시기 바랍니다.
- 답안 작성 중에도 주기적으로 '저장'과 '답안 전송'을 이용하여 감독위원 PC로 답안을 전송하셔야 합니다.
  (※ 작업한 내용을 저장하지 않고 전송할 경우 이전의 저장내용이 전송되오니 이점 반드시 유념하시기 바랍니다.)
- 답안문서는 지정된 경로 외의 다른 보조기억장치에 저장하는 행위, 지정된 시험 시간 외에 작성된 파일을 활용한 행위, 기타 허용되지 않은 프로그램(이메일, 메신저, 게임, 네트워크 등) 이용 시 부정행위로 간주되어 자격기본법 제32조에 의거 본 시험 및 국가공인 자격시험을 2년간 응시할 수 없습니다.
- 시험 중 부주의 또는 고의로 시스템을 파손한 경우와 〈수험자 유의사항〉에 기재된 방법대로 이행하지 않아 생기는 불이익은 수험자의 책임임을 알려 드립니다.
- 시험을 완료한 수험자는 최종적으로 저장한 답안 파일이 전송되었는지 확인한 후 감독위원의 지시에 따라 문제지를 제출하고 퇴실합니다.

답안 작성요령

- 온라인 답안 작성 절차
  수험자 등록 ⇒ 시험 시작 ⇒ 답안 파일 저장 ⇒ 답안 전송 ⇒ 시험 종료
- 내 PC₩문서₩GTQ₩Image 폴더에 있는 그림 원본파일을 사용하여 답안을 작성하시고 최종답안을 답안폴더(내 PC₩문서₩GTQ)에 저장하여 답안을 전송하시고, 이미지의 크기가 다른 경우 감점 처리됩니다.
- 배점은 총 100점으로 이루어지며, 점수는 각 문제별로 차등 배분됩니다.
- 각 문제는 주어진 〈조건〉에 따라 작성하고, 언급하지 않은 조건은 《출력형태》와 같이 작성합니다.
- 배치 등의 편의를 위해 주어진 눈금자의 단위는 '픽셀'입니다.
- 그 외는 출력형태(효과, 이미지, 문자, 색상, 레이아웃, 규격 등)와 같이 작업하십시오.
- 문제 조건에 서체의 지정이 없을 경우 한글은 굴림이나 돋움, 영문은 Arial로 작업하십시오. (단, 그 외에 제시되지 않은 문자 속성을 기본값으로 작성하지 않은 경우는 감점 처리됩니다.)
- Image Mode(이미지 모드)는 별도의 처리조건이 없을 경우에는 RGB(8비트)로 작업하십시오.
- 모든 답안 파일은 해상도 72pixels/inch로 작업하십시오.
- Layer(레이어)는 각 기능별로 분할해야 하며, 임의로 합칠 경우나 각 기능에 대한 속성을 해지할 경우 해당 요소는 0점 처리됩니다.

문제 1 [기능평가] 고급 Tool(도구) 활용
20점

다음의 《조건》에 따라 아래의 《출력형태》와 같이 작업하시오.

[조건]

원본이미지			문서₩GTQ₩Image₩1급-1.jpg, 1급-2.jpg, 1급-3.jpg
파일 저장 규칙	JPG	파일명	문서₩GTQ₩수험번호-성명-1.jpg
		크기	400 × 500 pixels
	PSD	파일명	문서₩GTQ₩수험번호-성명-1.psd
		크기	40 × 50 pixels

1. 그림 효과
   ① 1급-1.jpg : 필터 - Angled Strokes(각진 선/획)
   ② Save Path(패스 저장) : 도자기 모양
   ③ Mask(마스크) : 도자기 모양, 1급-2.jpg를 이용하여 작성
      레이어 스타일 - Stroke(선/획)(4px, 그레이디언트(#cccc66, #cc3366)), Drop Shadow(그림자 효과)
   ④ 1급-3.jpg : 레이어 스타일 - Drop Shadow(그림자 효과)
   ⑤ Shape Tool(모양 도구) :
      - 풀 모양 (#cc3366, #999933, 레이어 스타일 - Inner Shadow(내부 그림자))
      - 장식 모양 (#996666, 레이어 스타일 - Stroke(선/획)(2px, #ffcccc))

2. 문자 효과
   ① 전통 나들이 (궁서, 48pt, 레이어 스타일 - 그레이디언트 오버레이(#ff9966, #663300), Stroke(선/획)(2px, #ffffcc))

[출력형태]

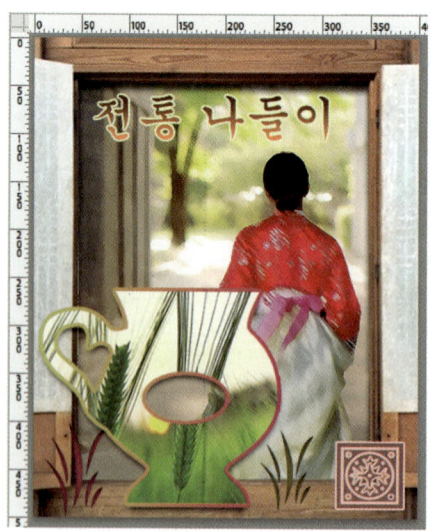

문제 2 [기능평가] 사진편집 응용
20점

다음의 《조건》에 따라 아래의 《출력형태》와 같이 작업하시오.

조건

원본이미지		문서₩GTQ₩Image₩1급-4.jpg, 1급-5.jpg, 1급-6.jpg	
파일 저장 규칙	JPG	파일명	문서₩GTQ₩수험번호-성명-2.jpg
		크기	400 × 500 pixels
	PSD	파일명	문서₩GTQ₩수험번호-성명-2.psd
		크기	40 × 50 pixels

1. 그림 효과
   ① 1급-4.jpg : 필터 - Crosshatch(그물눈)
   ② 색상 보정 : 1급-5.jpg - 노란색, 파란색 계열로 보정
   ③ 1급-5.jpg : 레이어 스타일 - Drop Shadow(그림자 효과)
   ④ 1급-6.jpg : 레이어 스타일 - Bevel and Emboss(경사와 엠보스)
   ⑤ Shape Tool(모양 도구) :
      - 장식 모양 (#cc6666, 레이어 스타일 - Inner Shadow(내부 그림자))
      - 꽃 모양 (#cc6600, #663333,
      레이어 스타일 - Bevel and Emboss(경사와 엠보스)

2. 문자 효과
   ① Oneday Class (Arial, Regular, 72pt, 레이어 스타일 - 그레이디언트 오버레이(#ffcc99, #663300), Stroke(선/획)(2px,#ffffff), Drop Shadow(그림자 효과))

출력형태

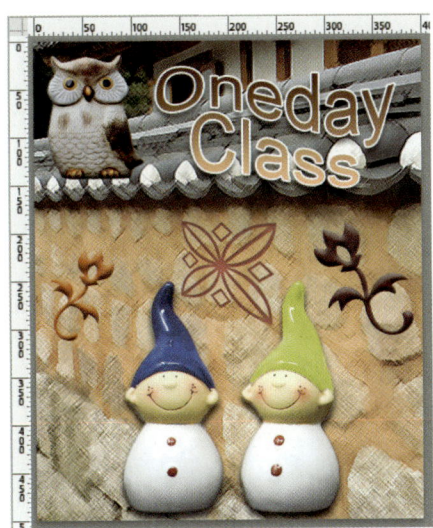

문제 3 [실무응용] 포스터 제작
25점

다음의 《조건》에 따라 아래의 《출력형태》와 같이 작업하시오.

조건

원본이미지	문서₩GTQ₩Image₩1급-7.jpg, 1급-8.jpg, 1급-9.jpg, 1급-10.jpg, 1급-11.jpg		
파일 저장 규칙	JPG	파일명	문서₩GTQ₩수험번호-성명-3.jpg
		크기	600 × 400 pixels
	PSD	파일명	문서₩GTQ₩수험번호-성명-3.psd
		크기	60 × 40 pixels

1. 그림 효과
   ① 배경 : #003366
   ② 1급-7.jpg : Blending Mode(혼합모드) - Screen(스크린), Opacity(불투명도)(80%)
   ③ 1급-8.jpg : 필터 - Film Grain(필름 그레인), 레이어 마스크 - 가로 방향으로 흐릿하게
   ④ 1급-9.jpg : 필터 - Paint Daubs(페인트 덥스/페인트 바르기)
   ⑤ 1급-10.jpg : 레이어 스타일 - Outer Glow(외부 광선), Drop Shadow(그림자 효과)
   ⑥ 1급-11.jpg : 색상 보정 - 파란색 계열로 보정, 레이어 스타일 - Stroke(선/획)(4px, 그레이디언트(#00cccc, 투명으로))
   ⑦ 그 외 《출력형태》 참조

2. 문자 효과
   ① 도예체험학습 (궁서, 38pt, 55pt, 레이어 스타일 - 그레이디언트 오버레이(#ffff66, #33cc33, #ff6600), Drop Shadow(그림자 효과))
   ② Pottery Experience Learning (Times New Roman, Bold, 22pt, #003366, 레이어 스타일 - Stroke(선/획)(2px, #ffffff))
   ③ 특별한 추억쌓기 (궁서, 18pt, #ffffff, #cccc00, 레이어 스타일 - Stroke(선/획)(2px, #333333))
   ④ 전통지킴이 (굴림, 20pt, 레이어 스타일 - 그레이디언트 오버레이(#ffff00, #ff6600), Stroke(선/획)(2px, #333333))

출력형태

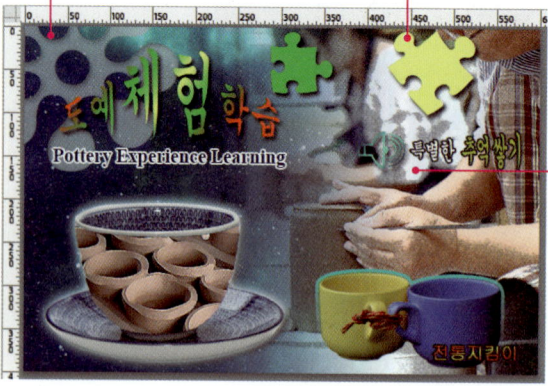

Shape Tool(모양 도구) 사용
#cccccc, 레이어 스타일
- Inner Shadow(내부 그림자),
Opacity(불투명도)(70%)

Shape Tool(모양 도구) 사용
#ffff66, #33cc33, 레이어 스타일
- Drop Shadow(그림자 효과)

Shape Tool(모양 도구) 사용
레이어 스타일 - 그레이디언트
오버레이(#66ffcc, #003366),
Drop Shadow(그림자 효과)

문제 4 [실무응용] 웹 페이지 제작
35점

다음의 《조건》에 따라 아래의 《출력형태》와 같이 작업하시오.

조건

원본이미지			문서₩GTQ₩Image₩1급-12.jpg, 1급-13.jpg, 1급-14.jpg, 1급-15.jpg, 1급-16.jpg, 1급-17.jpg
파일 저장 규칙	JPG	파일명	문서₩GTQ₩수험번호-성명-4.jpg
		크기	600 × 400 pixels
	PSD	파일명	문서₩GTQ₩수험번호-성명-4.psd
		크기	60 × 40 pixels

1. 그림 효과
① 배경 : #669999
② 패턴(물결, 해 모양) : #ffffff, #cc33cc, #333366
③ 1급-12.jpg : Blending Mode(혼합모드) - Hard Light(하드 라이트), 레이어 마스크 - 가로 방향으로 흐릿하게
④ 1급-13.jpg : 필터 - Crosshatch(그물눈), 레이어 마스크 - 대각선 방향으로 흐릿하게
⑤ 1급-14.jpg : 레이어 스타일 - Bevel and Emboss(경사와 엠보스), Drop Shadow(그림자 효과)
⑥ 1급-15.jpg : 필터 - Accented Edges(강조된 가장자리), 레이어 스타일 - Drop Shadow(그림자 효과)
⑦ 1급-16.jpg : 색상 보정 - 녹색 계열로 보정, 레이어 스타일 - Outer Glow(외부 광선)
⑧ 그 외 《출력형태》 참조

2. 문자 효과
① 군자의 풍모를 닮다 (궁서, 45pt, 레이어 스타일 - 그레이디언트 오버레이(#ffcc00, #66cccc), Stroke(선/획)(2px, #333333))
② A collection of Luxury Goods (Times New Roman, Bold, 36pt, 24pt, #ffffff, 레이어 스타일 - Stroke(선/획)(2px, 그레이디언트(#ff3300, #009999)))
③ 조선의 백자전 (돋움, 18pt, #009999, 레이어 스타일 - Stroke(선/획)(2px, #ffffff))
④ 전시공간 소장품 프로그램 (돋움, 18pt, #003366, 레이어 스타일 - Stroke(선/획)(2px, #ffff99, #ffffff))

출력형태

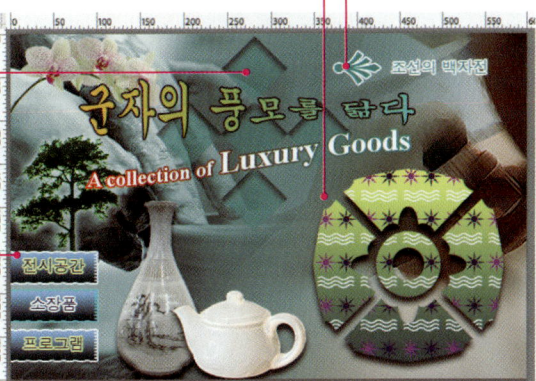

Pen Tool(펜 도구) 사용
레이어 스타일 - 그레이디언트 오버레이(#ffff66, #336666), Drop Shadow(그림자 효과)

Shape Tool(모양 도구) 사용 #009999, 레이어 스타일 - Stroke(선/획)(2px, #ffffff)

Shape Tool(모양 도구) 사용 #339999, 레이어 스타일 - Inner Shadow(내부 그림자), Opacity(불투명도)(60%)

Shape Tool(모양 도구) 사용 레이어 스타일 - 그레이디언트 오버레이(#003333, #99ccff), Stroke(선/획)(2px, #ffffff, #00ffff)

문제 1 [기능평가] 고급 Tool(도구) 활용   20점

사용 이미지 미리보기

1급-1.jpg

1급-2.jpg

1급-3.jpg

사용자 정의 모양 미리보기

사용 기능

필터	[Filter(필터)]-[Filter Gallery(필터 갤러리)]-[Brush Strokes(브러시 획)]-[Angled Strokes(각진 선/획)]
클리핑 마스크	Create Clipping Mask(클리핑 마스크 만들기, Alt + Ctrl + G)
이미지 추출	Polygonal Lasso Tool(다각형 올가미,)
이미지 사이즈	[Image(이미지)]-[Image Size(이미지 크기)](Alt + Ctrl + I)

01 새 캔버스 생성 및 필터

1 [File(파일)]-[New(새로 만들기)](Ctrl + N)를 선택한 후 아래의 조건으로 설정한 다음 [Create(만들기)]를 누른다.
- PRESET DETAILS(사전 설정 세부 정보)
  : 수험번호-성명-1
- 단위 : Pixels
- Width(폭) : 400
- Height(높이) : 500
- Resolution(해상도) : 72Pixels/Inch
- Color Mode(색상모드) : RGB
- Backgound Contents(배경색) : White

2 [Edit(편집)]-[Preferences(속성)]-[Guides, Grid & Slices(안내선, 격자 및 분할 영역)](Ctrl + K)를 선택한 후 'Grid(격자)'의 Gridline Every(격자 간격) : 100Pixels, Subdivisions(세분) : 1로 설정하고 OK 를 누른다.

3 [View(보기)]-[Show(표시)]-[Grid(격자)](Ctrl + ')와 [View(보기)]-[Rulers(눈금자)](Ctrl + R)를 나타낸다.

4 [File(파일)]-[Save as(다른 이름으로 저장)](Shift + Ctrl + S)를 클릭한 후 '내 PC\문서\GTQ' 폴더에 '수험번호-성명-1.psd'로 입력한 후 [저장]을 누른다.

5 [File(파일)]-[Open(열기)](Ctrl + O)을 선택한 후 '1급-1.jpg'를 불러온다.

6 Ctrl + A 로 전체 선택한 후 Ctrl + C 로 복사하고 작업파일을 선택한 후 Ctrl + V 로 붙여넣기 한다.

7 Ctrl + T 로 크기/위치를 조절하고 Enter 를 누른다.

8 [Filter(필터)]-[Filter Gallery(필터 갤러리)]-[Brush Strokes(브러시 획)]-[Angled Strokes(각진 선/획)] 필터를 적용한 다음 OK 를 누른다.

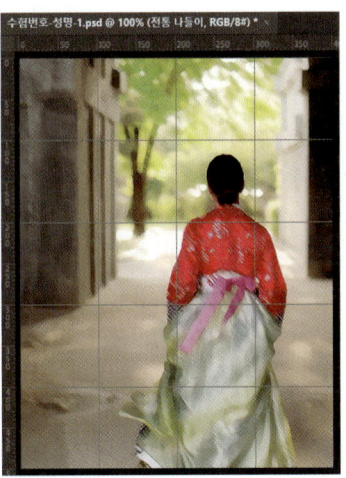

02 패스 제작 및 패스 저장

1 Pen Tool(펜, ⌀)을 선택한 후 옵션 바에서 Pick Tool Mode(선택 도구 모드) : Path(패스, Path), Path Operations(패스 작업) : Combine Shapes(모양 결합, ▭)로 지정한다.

2 Layer 1(배경 이미지)의 눈 아이콘(◉)을 클릭해 숨기게 한 다음 패스를 그리기 위해 [Path(패스)] 패널을 누른다. (선택사항)

3 곡선을 그리다 직선으로 변경하고 싶으면 기준점을 `Alt`+클릭해 방향선을 끊은 다음 그린다.

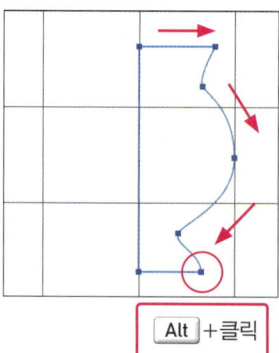

4 Path Selection Tool(패스 선택,)로 모두 드래그하여 선택한 후 `Alt`와 함께 드래그해 복제한다.

5 `Ctrl`+`T`로 조절점 안쪽에서 마우스 오른쪽 클릭 후 Flip Horizontal(가로로 뒤집기)을 선택하여 배치하고 `Enter`를 누른다.

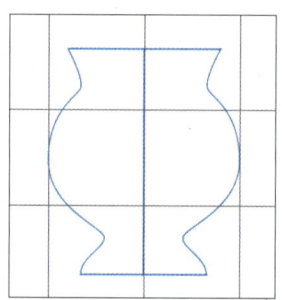

6 하나의 모양으로 합치기 위해 두 개의 패스를 모두 선택한 후 옵션 바에서 Path Operations(패스 작업)을 Merge Shape Components(모양 병합 구성 요소)로 선택한다. (생략 가능)

7 손잡이는 Pen Tool(펜,)을 이용해 그림과 같이 두 번에 걸쳐 그린다. Path Selection Tool (패스 선택,)로 패스1은 옵션 바에서 Path Operations(패스 작업)을 Combine Shapes(모양 결합,)로 선택하고 패스2는 Subtract Front Shape(전면 모양 빼기,)로 선택한다.

8 Ellipse Tool(타원, ◯)을 선택한 후 옵션 바에서 Pick Tool Mode(선택 도구 모드) : Path (패스, Path)로 지정한 후 [Path(패스)] 패널에서 도자기 모양 레이어를 선택해 그림과 같이 그린다.

9 Path Selection Tool(패스 선택, ▶)로 옵션 바에서 Path operations(패스 작업)을 Subtract Front Shape(전면 모양 빼기, ▣)로 선택한다.

10 패스를 저장하기 위해 [Path(패스)] 패널의 Work Path(작업 패스) 이름 부분을 더블클릭한 후 Save Path(패스 저장) 대화상자가 나오면 도자기 모양을 입력하고 OK 를 누른다.

11 패스를 선택영역으로 지정하기 위해 Ctrl +Path Thumbnail(패스 축소판)을 클릭한 후 선택영역이 생기면 [Layers(레이어)] 패널을 선택하여 하단의 Create a new layer(새 레이어, ▣), Shift + Ctrl + N)를 클릭해 추가한다.

12 임의의 색을 추가하기 위해 Alt + Delete 를 눌러 전경색(■)을 추가한다.

13 선택영역을 해제하기 위해 [Select(선택)]-[Deselect(해제)](Ctrl + D)를 누른다.

14 배경 이미지의 눈 아이콘(👁)을 클릭해 보이게 한다.

15 레이어 스타일을 적용하기 위해 [Layers(레이어)] 패널 하단의 fx 를 눌러 Stroke(획)를 선택한 후 아래와 같이 값을 변경한다.
• Size(크기) : 4px
• Position(위치) : Outside(바깥쪽)
• Fill Type(칠 유형) : Gradient(그레이디언트)
• Style(스타일) : Linear(선형)
• Angle(각도) : 0°

Plus @

[Layers(레이어)] 패널에서 해당 레이어의 회색 영역을 더블클릭해도 적용할 수 있다.

16 Gradient(그레이디언트) 편집 창(▬▬▬)을 클릭한 후 Color Stop(색상 정지점)을 더블클릭하여 좌측 : #cccc66, 우측 : #cc3366으로 값을 변경하고 OK 를 누른다.

17 레이어 스타일을 추가하기 위해 Drop Shadow(그림자 효과)를 선택해 적용하고 OK 를 누른다.

03 클리핑 마스크 및 레이어 스타일 적용

1 [File(파일)]-[Open(열기)](Ctrl+O)을 선택한 후 '1급-2.jpg'를 불러온다.

2 Ctrl+A로 전체 선택한 후 Ctrl+C로 복사하고 작업파일을 선택한 후 Ctrl+V로 붙여넣기 한다.

3 Ctrl+T로 크기/위치를 조절하고 Enter를 누른다.

4 클리핑 마스크를 적용하기 위해 [Layers(레이어)] 패널의 Layer 3(보리)에서 마우스 오른쪽 클릭 후 Create Clipping Mask(클리핑 마스크 만들기, Alt+Ctrl+G)를 선택한다.

Plus@
Layer 2와 Layer 3의 위치를 조절하고 싶다면 Shift 와 함께 선택한 후 Ctrl+T로 크기/위치를 조절하고 Enter를 누른다.

5 [File(파일)]-[Open(열기)](Ctrl+O)을 선택한 후 '1급-3.jpg'를 불러온다.

6 Polygonal Lasso Tool(다각형 올가미,)로 안쪽 부분을 직사각형의 형태로 선택한 후 반전하기 위해 [Select(선택)]-[Inverse(반전)](Shift+Ctrl+I)를 누른다.

7 Ctrl+C로 복사하고 작업파일을 선택한 후 Ctrl+V로 붙여넣기 한다.

8 Ctrl+T로 크기/위치를 조절하고 Enter를 누른다.

9 Layer 4(문)를 패스보다 아래로 이동하기 위해 그림과 같이 레이어를 이동한다.

10 레이어 스타일을 적용하기 위해 [Layers(레이어)] 패널 하단의 fx를 눌러 Drop Shadow(그림자 효과)를 선택해 적용하고 OK를 누른다.

04 모양 지정 및 레이어 스타일

① Custom Shape Tool(사용자 정의 모양,)을 선택한 후 옵션 바에서 Pick Tool Mode(선택 도구 모드) : Shape(모양, Shape), Stroke(획) : 색상 없음( )으로 설정한다. 모양 선택( )을 눌러 아래의 모양을 찾아 그린다.
- 기본 경로 : Legacy Shapes and More(레거시 모양 및 기타) – All Legacy Default Shapes (모든 레거시 기본 모양)
- Nature(자연) – 풀 2( )

② 색을 적용하기 위해 [Layers(레이어)] 패널의 Layer Thumbnail(레이어 축소판,)을 더블클릭한 후 #cc3366을 입력하고 OK 를 누른다.

③ 레이어 스타일을 적용하기 위해 [Layers(레이어)] 패널 하단의 fx 를 눌러 Inner Shadow(내부 그림자)를 선택해 적용하고 OK 를 누른다.

④ Ctrl + J 를 눌러 복제한다.

⑤ 색을 적용하기 위해 [Layers(레이어)] 패널의 '풀 2 copy' Layer Thumbnail(레이어 축소판,)을 더블클릭한 후 #999933을 입력하고 OK 를 누른다.

⑥ 다른 모양을 추가하기 위해 아래의 모양을 찾아 그린다.
Ornaments(장식) – 장식 2( )

⑦ 색을 적용하기 위해 [Layers(레이어)] 패널의 Layer Thumbnail(레이어 축소판,)을 더블클릭한 후 #996666을 입력하고 OK 를 누른다.

⑧ 레이어 스타일을 추가하기 위해 Stroke(획)를 선택한 후 아래와 같이 값을 변경하고 OK 를 누른다.
- Size(크기) : 2px
- Position(위치) : Outside(바깥쪽)
- Fill Type(칠 유형) : Color(색상)
- 색상값 : #ffcccc

05 문자 효과

① Type Tool(수평 문자)을 선택한 후 빈 캔버스를 클릭한다. 전통 나들이를 입력한 후 Ctrl + Enter 를 눌러 완료한다.

② 옵션 바나 [Character(문자)] 패널에서 궁서, 48pt로 변경한다.

❸ 레이어 스타일을 추가하기 위해 Gradient Overlay(그레이디언트 오버레이)를 선택한 후 아래와 같이 값을 변경한다.
- Opacity(불투명도) : 100%
- Style(스타일) : Linear(선형)
- Angle(각도) : 90°
- Scale(비율) : 100%

❹ Gradient(그레이디언트) 편집 창(　　)을 클릭한 후 Color Stop(색상 정지점)을 더블클릭하여 좌측 : #ff9966, 우측 : #663300으로 값을 변경하고 OK 를 누른다.

❺ 레이어 스타일을 적용하기 위해 [Layers(레이어)] 패널 하단의 fx. 를 눌러 Stroke(획)를 선택한 후 아래와 같이 값을 변경하고 OK 를 누른다.
- Size(크기) : 2px
- Position(위치) : Outside(바깥쪽)
- Fill Type(칠 유형) : Color(색상)
- 색상값 : #ffffcc

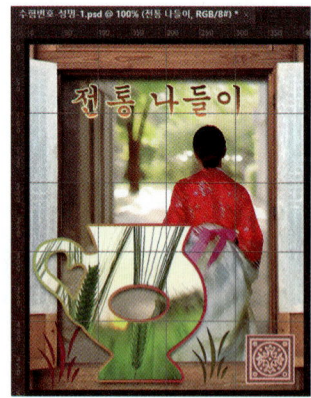

06 PSD, JPG 형식으로 저장하기

❶ [File(파일)]−[Save(저장)](Ctrl + S)를 선택한 후 기존 파일에 덮어쓰기 한다.

❷ JPG 파일 형식으로 저장하기 위해 [File(파일)]−[Save as(다른 이름으로 저장)](Shift + Ctrl + S)를 선택한 후 파일 형식을 클릭해 JPEG로 선택한다. '내 PC₩문서₩GTQ' 폴더에 '수험번호−성명−1'로 입력한 후 [저장]을 누른다.

❸ PSD 파일의 사이즈를 1/10로 줄이기 위해 [Image(이미지)]−[Image Size(이미지 크기)](Alt + Ctrl + I)를 선택한 후 단위 : Pixel, Width(폭) : 40px, Height(높이) : 50px, Resolution(해상도) : 72Pixels/Inch로 설정하고 OK 를 누른다.

❹ [File(파일)]−[Save(저장)](Ctrl + S)를 선택한 후 작은 사이즈로 최종 저장한다.

❺ 완성된 파일을 확인하기 위해 파일 탐색기를 열어 '내 PC₩문서₩GTQ' 폴더에서 확인한다.

❻ 시험장의 작업표시줄에 나타나는 'Koas 수험자용'을 클릭해 우측의 답안 전송 을 클릭한 후 해당하는 번호에 체크한다. 하단의 답안 전송 을 클릭한 후 닫기 를 누르면 최종 전송된 답안으로 채점이 이루어진다.

문제 2 [기능평가] 사진편집 응용   20점

사용 이미지 미리보기

1급-4.jpg

1급-5.jpg

1급-6.jpg

사용자 정의 모양 미리보기

사용 기능

필터	[Filter(필터)]-[Filter Gallery(필터 갤러리)]-[Brush Strokes(브러시 획)]-[Crosshatch(그물눈)]
색상 조정	[Image(이미지)]-[Adjustment(조정)]-[Hue/Saturation(색조/채도)](Ctrl + U)
이미지 추출	• Quick Selection Tool(빠른 선택,) • Magic Wand Tool(자동 선택,)
이미지 사이즈	[Image(이미지)]-[Image Size(이미지 크기)](Alt + Ctrl + I)

01 새 캔버스 생성 및 필터

1 [File(파일)]-[New(새로 만들기)](Ctrl + N)를 선택한 후 아래의 조건으로 설정한 다음 [Create(만들기)]를 누른다.
- PRESET DETAILS(사전 설정 세부 정보)
  : 수험번호-성명-2
- 단위 : Pixels
- Width(폭) : 400
- Height(높이) : 500
- Resolution(해상도) : 72Pixels/Inch
- Color Mode(색상모드) : RGB
- Backgound Contents(배경색) : White

2 [Edit(편집)]-[Preferences(속성)]-[Guides, Grid & Slices(안내선, 격자 및 분할 영역)](Ctrl + K)를 선택한 후 'Grid(격자)'의 Gridline Every(격자 간격) : 100Pixels, Subdivisions(세분) : 1로 설정하고 OK 를 누른다.

3 [View(보기)]-[Show(표시)]-[Grid(격자)](Ctrl + ')와 [View(보기)]-[Rulers(눈금자)](Ctrl + R)를 나타낸다.

4 [File(파일)]-[Save as(다른 이름으로 저장)](Shift + Ctrl + S)를 클릭한 후 '내 PC₩문서₩GTQ' 폴더에 '수험번호-성명-2.psd'로 입력하고 [저장]을 누른다.

5 [File(파일)]-[Open(열기)](Ctrl + O)을 선택한 후 '1급-4.jpg'를 불러온다.

6 Ctrl + A 로 전체 선택한 후 Ctrl + C 로 복사하고 작업파일을 선택한 후 Ctrl + V 로 붙여넣기 한다.

7 Ctrl + T 로 크기/위치를 조절하고 Enter 를 누른다.

8 [Filter(필터)]-[Filter Gallery(필터 갤러리)]-[Brush Strokes(브러시 획)]-[Crosshatch(그물눈)] 필터를 적용한 다음 OK 를 누른다.

02 이미지 추출 및 색상 보정

1 [File(파일)]-[Open(열기)](Ctrl + O)을 선택한 후 '1급-5.jpg'를 불러온다.

2 Quick Selection Tool(빠른 선택,)로 선택영역을 지정한다.

3 Ctrl + C 로 복사하고 작업파일을 선택한 후 Ctrl + V 로 붙여넣기 한다.

4 Ctrl + T 로 크기/위치를 조절하고 Enter 를 누른다.

5 오른쪽 인형 모자 부분만 노란색 계열로 보정하기 위해 Quick Selection Tool(빠른 선택,)로 지정한 후 [Image(이미지)]−[Adjustments(조정)]−[Hue/Saturation(색조/채도)](Ctrl + U)을 선택한다.

6 Colorize(색상화)에 체크한 후 Hue(색조) : 60, Saturation(채도) : 70으로 값을 변경하고 OK 를 누른다.

7 선택영역을 해제하기 위해 [Select(선택)]−[Deselect(해제)](Ctrl + D)를 누른다.

8 파란색 계열로 보정하기 위해 Quick Selection Tool(빠른 선택,)로 선택영역(좌측 모자 부분)을 지정한 후 [Image(이미지)]−[Adjustment(조정)]−[Hue/Saturation(색조/채도)](Ctrl + U)을 선택한다.

9 Colorize(색상화)에 체크한 후 Hue(색조) : 220, Saturation(채도) : 50으로 값을 변경하고 OK 를 누른다.

10 선택영역을 해제하기 위해 [Select(선택)]−[Deselect(해제)](Ctrl + D)를 누른다.

Plus@

선택영역을 해제하지 않고 반대쪽 영역을 선택하면 그림과 같이 복수의 영역 모두 파란색으로 보정된다.

Plus@

제시된 색상 계열로 보이면 되므로 값은 조절 가능하다.

11 레이어 스타일을 적용하기 위해 [Layers(레이어)] 패널 하단의 fx 를 눌러 Drop Shadow(그림자 효과)를 선택해 적용하고 OK 를 누른다.

03 이미지 추출 및 레이어 스타일

1 [File(파일)]−[Open(열기)](Ctrl + O)을 선택한 후 '1급−6.jpg'를 불러온다.

2 Magic Wand Tool(자동 선택,)을 선택한 후 옵션 바의 Tolerance(허용치)를 10, Contiguous(인접)에 체크한 다음 배경을 클릭한다.

3 선택영역을 반전하기 위해 [Select(선택)]−[Inverse(반전)](Shift + Ctrl + I)를 누른다.

4 Ctrl + C 로 복사하고 작업파일을 선택한 후 Ctrl + V 로 붙여넣기 한다.

5 Ctrl + T 로 크기/위치를 조절하고 Enter 를 누른다.

6 레이어 스타일을 적용하기 위해 [Layers(레이어)] 패널 하단의 fx 를 눌러 Bevel and Emboss (경사와 엠보스)를 선택해 적용하고 OK 를 누른다.

04 모양 지정 및 레이어 스타일

1 Custom Shape Tool(사용자 정의 모양,)을 선택한 후 옵션 바에서 Pick Tool Mode(선택 도구 모드) : Shape(모양, Shape), Stroke(획) : 색상 없음( )으로 설정한다. 모양 선택(Shape:)을 눌러 아래의 모양을 찾아 그린다.
Ornaments(장식) — 장식 8( )

2 색을 적용하기 위해 [Layers(레이어)] 패널의 Layer Thumbnail(레이어 축소판,)을 더블클릭한 후 #cc6666을 입력하고 OK 를 누른다.

3 Ctrl + T 로 조절점 안쪽에서 마우스 오른쪽 클릭 후 Distort(왜곡)를 선택한다. 꼭짓점을 이동해 출력형태를 참고하여 모양을 만든 다음 Enter 를 누른다.

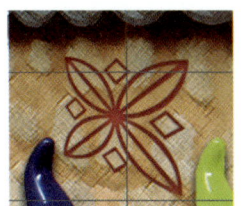

4 레이어 스타일을 적용하기 위해 [Layers(레이어)] 패널 하단의 fx 를 눌러 Inner Shadow(내부 그림자)를 선택해 적용하고 OK 를 누른다.

5 다른 모양을 추가하기 위해 아래의 모양을 찾아 그린다.
Ornaments(장식) — 꽃 장식 3( )

6 색을 적용하기 위해 [Layers(레이어)] 패널의 Layer Thumbnail(레이어 축소판,)을 더블클릭한 후 #cc6600을 입력하고 OK 를 누른다.

7 레이어 스타일을 적용하기 위해 [Layers(레이어)] 패널 하단의 fx 를 눌러 Bevel and Emboss (경사와 엠보스)를 선택해 적용하고 OK 를 누른다.

8 Ctrl + J 를 눌러 복제한다.

9 색을 적용하기 위해 [Layers(레이어)] 패널의 '꽃 장식 3 copy' Layer Thumbnail(레이어 축소판,)을 더블클릭한 후 #663333을 입력하고 OK 를 누른다.

10 Ctrl + T 로 회전/크기/위치를 조절하고 Enter 를 누른다.

05 문자 효과

1. Type Tool(수평 문자, T)을 선택한 후 빈 공간을 클릭한다. Oneday Class를 입력한 후 Ctrl + Enter 를 눌러 완료한다.

2. 옵션 바나 [Character(문자)] 패널에서 Arial, Regular, 72pt, 가운데 정렬, Set laeding(줄 간격) : 60pt로 변경한다.

3. 레이어 스타일을 적용하기 위해 [Layers(레이어)] 패널 하단의 fx 를 눌러 Gradient Overlay(그 레이디언트 오버레이)를 선택한 후 아래와 같이 값을 변경한다.
   - Opacity(불투명도) : 100%
   - Angle(각도) : 90°
   - Scale(비율) : 100%

4. Gradient 편집 창( )을 클릭한 후 Color Stop(색상 정지점)을 더블클릭하여 좌측 : #ffcc99, 우측 : #663300으로 값을 변경하고 OK 를 누른다.

5. 레이어 스타일을 추가하기 위해 Stroke(획)를 선택한 후 아래와 같이 값을 변경한다.
   - Size(크기) : 2px
   - Position(위치) : Outside(바깥쪽)
   - Fill Type(칠 유형) : Color(색상)
   - 색상값 : #ffffff

6. 레이어 스타일을 추가하기 위해 Drop Shadow(그림자 효과)를 선택해 적용하고 OK 를 누른다.

7. 텍스트를 뒤틀기 위해 Type Tool(수평 문자, T)을 선택한 후 옵션 바의 Create warped text(뒤틀어진 텍스트 만들기,)를 클릭하여 Style(스타일) : Wave(파형), Bend(구부리기) : -40%로 값을 변경하고 OK 를 누른다.

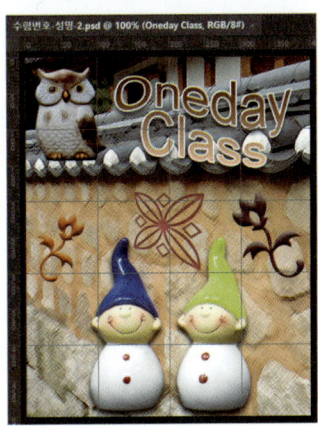

06 PSD, JPG 형식으로 저장하기

1. [File(파일)]-[Save(저장)](Ctrl + S)를 선택한 후 기존 파일에 덮어쓰기 한다.

2. JPG 파일 형식으로 저장하기 위해 [File(파일)]-[Save as(다른 이름으로 저장)](Shift + Ctrl + S)를 선택한 후 파일 형식을 클릭해 JPEG로 선택한다. '내 PC₩문서₩GTQ' 폴더에 '수험번호-성명-2'로 입력한 후 [저장]을 누른다.

③ PSD 파일의 사이즈를 1/10로 줄이기 위해 [Image(이미지)]-[Image Size(이미지 크기)](Alt + Ctrl + I)를 선택한 후 단위 : Pixel, Width(폭) : 40px, Height(높이) : 50px, Resolution(해상도) : 72Pixels/Inch로 설정하고 OK 를 누른다.

④ [File(파일)]-[Save(저장)](Ctrl + S)를 선택한 후 작은 사이즈로 최종 저장한다.

⑤ 완성된 파일을 확인하기 위해 파일 탐색기를 열어 '내 PC₩문서₩GTQ' 폴더에서 확인한다.

⑥ 시험장의 작업표시줄에 나타나는 'Koas 수험자용'을 클릭해 우측의 답안 전송 을 클릭한 후 해당하는 번호에 체크한다. 하단의 답안 전송 을 클릭한 후 닫기 를 누르면 최종 전송된 답안으로 채점이 이루어진다.

문제 3 [실무응용] 포스터 제작   25점

사용 이미지 미리보기

1급-7.jpg

1급-8.jpg

1급-9.jpg

1급-10.jpg

1급-11.jpg

사용자 정의 모양 미리보기

사용 기능

혼합모드	Screen(스크린)
색상 조정	[Image(이미지)]-[Adjustment(조정)]-[Hue/Saturation(색조/채도)](Ctrl + U)
필터	• [Filter(필터)]-[Filter Gallery(필터 갤러리)]-[Artistic(예술 효과)]-[Film Grain(필름 그레인)] • [Filter(필터)]-[Filter Gallery(필터 갤러리)]-[Artistic(예술효과)]-[Paint Daubs(페인트 덥스/페인트 바르기)]
이미지 추출	• Pen Tool(펜,) • Magnetic Lasso Tool(자석 올가미,) • Quick Selection Tool(빠른 선택,)
레이어 마스크	Add layer mask(레이어 마스크 추가,)
클리핑 마스크	Create Clipping Mask(클리핑 마스크 만들기, Alt + Ctrl + G)
이미지 사이즈	[Image(이미지)]-[Image Size(이미지 크기)](Alt + Ctrl + I)

01 새 캔버스 생성 및 배경에 색 채우기

1 [File(파일)]-[New(새로 만들기)](Ctrl+N)를 선택한 후 아래의 조건으로 설정한 다음 [Create(만들기)]를 누른다.
- PRESET DETAILS(사전 설정 세부 정보)
  : 수험번호-성명-3
- 단위 : Pixels
- Width(폭) : 600
- Height(높이) : 400
- Resolution(해상도) : 72Pixels/Inch
- Color Mode(색상모드) : RGB
- Backgound Contents(배경색) : White

2 [Edit(편집)]-[Preferences(속성)]-[Guides, Grid & Slices(안내선, 격자 및 분할 영역)](Ctrl+K)를 선택한 후 'Grid(격자)'의 Gridline Every(격자 간격) : 100Pixels, Subdivisions(세분) : 1로 설정하고 OK를 누른다.

3 [View(보기)]-[Show(표시)]-[Grid(격자)](Ctrl+')와 [View(보기)]-[Rulers(눈금자)](Ctrl+R)를 나타낸다.

4 [File(파일)]-[Save as(다른 이름으로 저장)](Shift+Ctrl+S)를 클릭한 후 '내 PC\문서\GTQ' 폴더에 '수험번호-성명-3.psd'로 입력하고 [저장]을 누른다.

5 배경에 색을 채우기 위해 도구상자의 Set foreground color(전경색, ■)를 클릭한 후 #003366을 입력하고 OK를 누른다. 전경색을 채우기 위해 Alt+Delete를 누른다.

02 혼합모드 및 레이어 마스크

1 [File(파일)]-[Open(열기)](Ctrl+O)을 선택한 후 '1급-7.jpg'를 불러온다.

2 Ctrl+A로 전체 선택한 후 Ctrl+C로 복사하고 작업파일을 선택한 후 Ctrl+V로 붙여넣기 한다.

3 Ctrl+T로 크기/위치를 조절하고 Enter를 누른다.

4 혼합모드를 적용하기 위해 [Layers(레이어)] 패널의 Blending Mode(혼합모드, Normal)를 'Screen(스크린)'으로 선택한다.

5 불투명도를 조정하기 위해 [Layers(레이어)] 패널의 Opacity(불투명도)를 80%로 설정한다.

6 [File(파일)]-[Open(열기)](Ctrl + O)을 선택한 후 '1급-8.jpg'를 불러온다.

7 Ctrl + A 로 전체 선택한 후 Ctrl + C 로 복사하고 작업파일을 선택한 후 Ctrl + V 로 붙여넣기 한다.

8 Ctrl + T 로 좌우대칭하기 위해 조절점 안쪽에서 마우스 오른쪽 클릭 후 Flip Horizontal(가로로 뒤집기)을 선택한다. 크기/위치를 조절하고 Enter 를 누른다.

9 [Filter(필터)]-[Filter Gallery(필터 갤러리)]-[Artistic(예술 효과)]-[Film Grain(필름 그레인)] 필터를 적용한 다음 OK 를 누른다.

10 레이어 마스크를 적용하기 위해 [Layers(레이어)] 패널 하단의 Add layer mask(레이어 마스크 추가, ◉)를 클릭한다.

11 도구상자에서 Gradient Tool(그레이디언트, ▢)을 선택한 후 옵션 바에서 Gradient Presets(그레이디언트 사전 설정)을 클릭해 Basics(기본 사항)-'Black & White(검정, 흰색)'를 선택한다.

12 그림과 같이 가로 방향으로 드래그한다.

03 선택영역 안에 붙여넣기 및 필터

1 [File(파일)]-[Open(열기)](Ctrl + O)을 선택한 후 '1급-9.jpg', '1급-10.jpg'를 불러온다.

2 먼저 '1급-10.jpg'에서 Pen Tool(펜, ✒)을 선택한 후 옵션 바에서 Pick Tool Mode(선택 도구 모드) : Path(패스), Path Operations(패스 작업) : Exclude Overlapping Shapes(모양 오버랩 제외)나 Combine Shapes(모양 결합)로 지정한다.

3 이미지의 형태를 따라 짧게 짧게 드래그하여 곡선을 만들면서 추출한다. 진행되는 방향선을 끊고 싶다면 Alt +기준점 클릭한다.

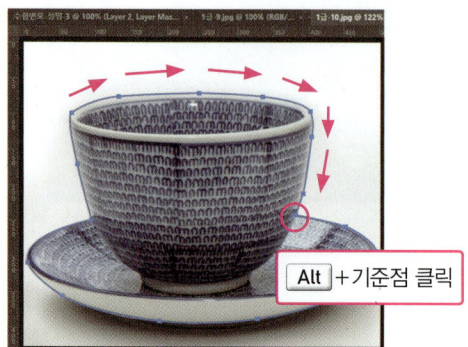

Plus@

그리드로 인해 선택에 지장이 있다면 Alt + ' 를 눌러 숨기거나 [View(보기)]-[Snap To(스냅 옵션)]-[Grid(그리드)]의 선택을 해제하면 그리드의 영향을 받지 않는다.

4 이미지를 추출하기 위해 [Path(패스)] 패널의 Path Thumbnail(패스 축소판)을 Ctrl 과 함께 클릭해 선택영역을 지정한다.

5 [Layers(레이어)] 패널을 선택한 후 Ctrl + C 로 복사하고 작업파일을 선택한 후 Ctrl + V 로 붙여넣기 한다.

6 Ctrl + T 로 크기/위치를 조절하고 Enter 를 누른다.

7 Quick Selection Tool(빠른 선택,)로 안쪽의 선택영역을 지정한다.

8 '1급-9.jpg'로 이동한 후 Ctrl + A 로 전체 선택하고 Ctrl + C 로 복사한다. 작업파일을 선택한 후 [Edit(편집)]-[Paste Special(특수 붙여넣기)]-[Paste Into(안쪽에 붙여넣기)](Alt + Ctrl + Shift + V)를 누른다.

9 Ctrl + T 로 크기/위치를 조절하고 Enter 를 누른다.

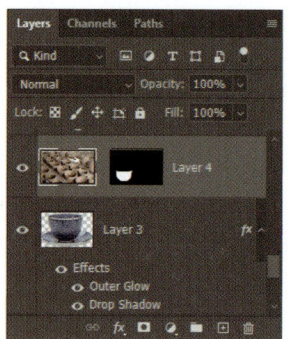

10 [Filter(필터)]-[Filter Gallery(필터 갤러리)]-[Artistic(예술효과)]-[Paint Daubs(페인트 덥스/페인트 바르기)] 필터를 적용한 다음 OK 를 누른다.

11 레이어 스타일을 적용하기 위해 [Layers(레이어)] 패널의 'Layer 3(찻잔)'을 선택한 후 하단의 fx 를 눌러 Outer Glow(외부 광선)를 선택해 적용한다.

12 레이어 스타일을 추가하기 위해 Drop Shadow(그림자 효과)를 선택해 적용하고 OK 를 누른다.

04 이미지 추출 및 색상 보정

1. [File(파일)]-[Open(열기)](Ctrl+O)을 선택한 후 '1급-11.jpg'를 불러온다.

2. Magnetic Lasso Tool(자석 올가미,)을 선택한 후 옵션 바의 Frequency를 100으로 설정한 다음 첫 점을 클릭하여 이미지의 형태를 따라 추출한다.

3. Ctrl+C로 복사하고 작업파일을 선택한 후 Ctrl+V로 붙여넣기 한다.

4. Ctrl+T로 크기/위치를 조절하고 Enter를 누른다.

5. 파란색 계열로 보정하기 위해 Quick Selection Tool(빠른 선택,)로 선택영역(우측 컵)을 지정한 후 [Image(이미지)]-[Adjustments(조정)]-[Hue/Saturation(색조/채도)](Ctrl+U)을 선택한다.

6. Colorize(색상화)에 체크한 후 Hue(색조) : 220, Saturation(채도) : 50으로 값을 변경하고 OK를 누른다.

7. 선택영역을 해제하기 위해 [Select(선택)]-[Deselect(해제)](Ctrl+D)를 누른다.

8. 레이어 스타일을 적용하기 위해 [Layers(레이어)] 패널 하단의 fx를 눌러 Stroke(획)를 선택한 후 아래와 같이 값을 변경한다.
   - Size(크기) : 4px
   - Position(위치) : Outside(바깥쪽)
   - Fill Type(칠 유형) : Gradient(그레이디언트)
   - Style(스타일) : Linear(선형)
   - Angle(각도) : 90°
   - Reverse(반전) : 체크

9. Gradient(그레이디언트) 편집 창( )을 클릭한 후 Color Stop(색상 정지점)을 더블클릭하여 좌측 : #00cccc, 우측의 Opacity Stop(불투명도 정지점) : 0%로 변경하고 OK를 누른다.

05 모양 지정 및 레이어 스타일

1. Custom Shape Tool(사용자 정의 모양,)을 선택한 후 옵션 바에서 Pick Tool Mode(선택 도구 모드) : Shape(모양, Shape), Stroke(획) : 색상 없음( )으로 설정한다. 모양 선택( )을 눌러 아래의 모양을 찾아 그린다.
   Ornaments(장식) - 꽃 장식 4( )

2. Ctrl+T로 크기/위치를 조절하고 Enter를 누른다.

3 색을 적용하기 위해 [Layers(레이어)] 패널의 Layer Thumbnail(레이어 축소판,)을 더블클릭한 후 #cccccc를 입력하고 OK 를 누른다.

4 불투명도를 조정하기 위해 [Layers(레이어)] 패널의 Opacity(불투명도)를 70%로 설정한다.

5 레이어 스타일을 적용하기 위해 [Layers(레이어)] 패널 하단의 fx.를 눌러 Inner Shadow(내부 그림자)를 선택해 적용하고 OK 를 누른다.

6 다른 모양을 추가하기 위해 아래의 모양을 찾아 그린다.
Objects(물건) – 퍼즐 4( )

7 Ctrl + T 로 회전/크기/위치를 조절하고 Enter 를 누른다.

8 색을 적용하기 위해 [Layers(레이어)] 패널의 Layer Thumbnail(레이어 축소판,)을 더블클릭한 후 #ffff66을 입력하고 OK 를 누른다.

9 레이어 스타일을 적용하기 위해 Drop Shadow(그림자 효과)를 선택해 적용하고 OK 를 누른다.

10 Ctrl + J 를 눌러 복제한다.

11 Ctrl + T 로 회전/크기/위치를 조절하고 Enter 를 누른다.

12 색을 적용하기 위해 [Layers(레이어)] 패널의 '퍼즐 4 copy' Layer Thumbnail(레이어 축소판,)을 더블클릭한 후 #33cc33을 입력하고 OK 를 누른다.

13 다른 모양을 추가하기 위해 아래의 모양을 찾아 그린다.
Web(웹) – 볼륨( )

14 레이어 스타일을 적용하기 위해 [Layers(레이어)] 패널 하단의 fx.를 눌러 Gradient Overlay(그레이디언트 오버레이)를 선택한 후 아래와 같이 값을 변경한다.
• Opacity(불투명도) : 100%
• Style(스타일) : Reflected(반사)
• Angle(각도) : −40°
• Scale(비율) : 100%

15 Gradient(그레이디언트) 편집 창( )을 클릭한 후 Color Stop(색상 정지점)을 더블클릭하여 좌측 : #66ffcc, 우측 : #003366으로 변경하고 OK 를 누른다.

16 레이어 스타일을 추가하기 위해 Drop Shadow(그림자 효과)를 선택해 적용하고 OK 를 누른다.

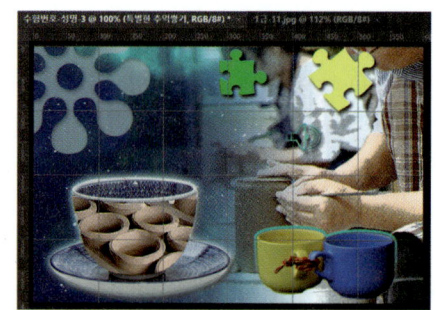

06 문자 효과

1. Type Tool(수평 문자, T)을 선택한 후 빈 공간을 클릭한다. 도예체험학습을 입력한 후 Ctrl + Enter를 눌러 완료한다.

2. 옵션 바 또는 [Character(문자)] 패널에서 궁서, 38pt로 설정한 후 체험만 선택하여 55pt로 변경한다.

3. 레이어 스타일을 적용하기 위해 [Layers(레이어)] 패널 하단의 fx를 눌러 Gradient Overlay(그레이디언트 오버레이)를 선택한 후 아래와 같이 값을 변경한다.
   - Opacity(불투명도) : 100%
   - Style(스타일) : Reflected(반사)
   - Angle(각도) : −40°
   - Scale(비율) : 100%

4. Gradient 편집 창(　　　)을 클릭한 후 Color Stop(색상 정지점)을 더블클릭하여 좌측 : #ffff66, 중간 : #33cc33, 우측 : #ff6600으로 값을 변경하고 OK를 누른다.

5. 레이어 스타일을 추가하기 위해 Drop Shadow(그림자 효과)를 선택해 적용하고 OK를 누른다.

6. 텍스트를 뒤틀기 위해 Type Tool(수평 문자, T)을 선택한 후 옵션 바의 Create warped text(뒤틀어진 텍스트 만들기, ⊥)를 클릭한다. Style(스타일) : Arc Upper(위 부채꼴), Bend(구부리기) : +50%로 값을 변경하고 OK를 누른다.

7. Type Tool(수평 문자, T)을 선택한 후 빈 공간을 클릭한다. Pottery Experience Learning을 입력한 후 Ctrl + Enter를 눌러 완료한다.

8. 옵션 바나 [Character(문자)] 패널에서 Times New Roman, Bold, 22pt, #003366으로 변경한다.

9. 레이어 스타일을 적용하기 위해 [Layers(레이어)] 패널 하단의 fx를 눌러 Stroke(획)를 선택한 후 아래와 같이 값을 변경한다.
   - Size(크기) : 2px
   - Position(위치) : Outside(바깥쪽)
   - Fill Type(칠 유형) : Color(색상)
   - 색상값 : #ffffff

10. Type Tool(수평 문자, T)을 선택한 후 빈 공간을 클릭한다. 특별한 추억쌓기를 입력한 후 Ctrl + Enter를 눌러 완료한다.

11. 옵션 바 또는 [Character(문자)] 패널에서 궁서, 18pt, #ffffff로 설정한 후 추억쌓기만 선택하여 #cccc00으로 변경한다.

12. 레이어 스타일을 적용하기 위해 [Layers(레이어)] 패널 하단의 fx를 눌러 Stroke(획)를 선택한 후 아래와 같이 값을 변경한다.
    - Size(크기) : 2px
    - Position(위치) : Outside(바깥쪽)
    - Fill Type(칠 유형) : Color(색상)
    - 색상값 : #333333

13. 텍스트를 뒤틀기 위해 Type Tool(수평 문자, T)을 선택한 후 옵션 바의 Create warped text(뒤틀어진 텍스트 만들기, ⊥)를 클릭하여 Style(스타일) : Arc(부채꼴), Vertical, Bend(구부리기) : −7%로 값을 변경하고 OK를 누른다.

⑭ Type Tool(수평 문자, T)을 선택한 후 빈 공간을 클릭한다. 전통지킴이를 입력한 후 Ctrl + Enter 를 눌러 완료한다.

⑮ 옵션 바 또는 [Character(문자)] 패널에서 굴림, 20pt로 변경한다.

⑯ 레이어 스타일을 적용하기 위해 [Layers(레이어)] 패널 하단의 fx 를 눌러 Gradient Overlay(그레이디언트 오버레이)를 선택한 후 아래와 같이 값을 변경한다.
- Opacity(불투명도) : 100%
- Style(스타일) : Reflected(반사)
- Angle(각도) : −70°
- Scale(비율) : 100%

⑰ Gradient 편집 창( )을 클릭한 후 Color Stop(색상 정지점)을 더블클릭하여 좌측 : #ffff00, 우측 : #ff6600으로 값을 변경하고 OK 를 누른다.

⑱ 레이어 스타일을 추가하기 위해 Stroke(획)를 선택한 후 아래와 같이 값을 변경한다.
- Size(크기) : 2px
- Position(위치) : Outside(바깥쪽)
- Fill Type(칠 유형) : Color(색상)
- 색상값 : #333333

07 PSD, JPG 형식으로 저장하기

① [File(파일)]−[Save(저장)](Ctrl + S)를 선택한 후 기존 파일에 덮어쓰기 한다.

② JPG 파일 형식으로 저장하기 위해 [File(파일)]−[Save as(다른 이름으로 저장)](Shift + Ctrl + S)를 선택한 후 파일 형식을 클릭해 JPEG로 선택한다. '내 PC₩문서₩GTQ' 폴더에 '수험번호−성명−3'으로 입력한 후 [저장]을 누른다.

③ PSD 파일의 사이즈를 1/10로 줄이기 위해 [Image(이미지)]−[Image Size(이미지 크기)](Alt + Ctrl + I)를 선택한 후 단위 : Pixel, Width(폭) : 60px, Height(높이) : 40px, Resolution(해상도) : 72Pixels/Inch로 설정 후 OK 를 누른다.

④ [File(파일)]−[Save(저장)](Ctrl + S)를 선택한 후 작은 사이즈로 최종 저장한다.

⑤ 완성된 파일을 확인하기 위해 파일 탐색기를 열어 '내 PC₩문서₩GTQ' 폴더에서 확인한다.

⑥ 시험장의 작업표시줄에 나타나는 'Koas 수험자용'을 클릭해 우측 답안 전송 을 클릭한 후 해당하는 번호에 체크한다. 하단의 답안 전송 을 클릭한 후 닫기 를 누르면 최종 전송된 답안으로 채점이 이루어진다.

문제 4 [실무응용] 웹 페이지 제작 35점

사용 이미지 미리보기

1급-12.jpg

1급-13.jpg

1급-14.jpg

1급-15.jpg

1급-16.jpg

1급-17.jpg

사용자 정의 모양 미리보기

사용 기능

패턴 정의 및 적용	• [Edit(편집)]-[Define Pattern(패턴 정의)] • [Edit(편집)]-[Fill(칠)]
혼합모드	Hard Light(하드 라이트)
색상 조정	[Image(이미지)]-[Adjustment(조정)]-[Hue/Saturation(색조/채도)](Ctrl + U)
필터	• [Filter(필터)]-[Filter Gallery(필터 갤러리)]-[Brush Strokes(브러시 획)]-[Crosshatch(그물눈)] • [Filter(필터)]-[Filter Gallery(필터 갤러리)]-[Brush Strokes(브러시 획)]-[Accented Edges(강조된 가장자리)]
이미지 추출	• Quick Selection Tool(빠른 선택,) • Magnetic Lasso Tool(자석 올가미,) • Magic Wand Tool(자동 선택,)
레이어 마스크	Add layer mask(레이어 마스크 추가,)
이미지 사이즈	[Image(이미지)]-[Image Size(이미지 크기)](Alt + Ctrl + I)

01 새 캔버스 생성 및 배경에 색 채우기

1 [File(파일)]-[New(새로 만들기)](Ctrl+N)를 선택한 후 아래의 조건으로 설정한 다음 [Create(만들기)]를 누른다.
- PRESET DETAILS(사전 설정 세부 정보)
  : 수험번호-성명-4
- 단위 : Pixels
- Width(폭) : 600
- Height(높이) : 400
- Resolution(해상도) : 72Pixels/Inch
- Color Mode(색상모드) : RGB
- Backgound Contents(배경색) : White

2 [Edit(편집)]-[Preferences(속성)]-[Guides, Grid & Slices(안내선, 격자 및 분할 영역)](Ctrl+K)를 선택한 후 'Grid(격자)'의 Gridline Every(격자 간격) : 100Pixels, Subdivisions(세분) : 1로 설정하고 OK 를 누른다.

3 [View(보기)]-[Show(표시)]-[Grid(격자)](Ctrl+')와 [View(보기)]-[Rulers(눈금자)](Ctrl+R)를 나타낸다.

4 [File(파일)]-[Save as(다른 이름으로 저장)](Shift+Ctrl+S)를 클릭한 후 '내 PC₩문서₩GTQ' 폴더에 '수험번호-성명-4.psd'로 입력하고 [저장]을 누른다.

5 배경에 색을 채우기 위해 도구상자의 Set foreground color(전경색,)를 클릭한 후 #669999를 입력하고 OK 를 누른다. 전경색을 채우기 위해 Alt+Delete 를 누른다.

02 패턴 제작 및 등록

1 Pattern(패턴)을 만들기 위해 [File(파일)]-[New(새로 만들기)](Ctrl+N)를 선택한 후 아래의 조건으로 설정한 다음 [Create(만들기)]를 누른다.
- 단위 : Pixels
- Width(폭) : 50
- Height(높이) : 50
- Resolution(해상도) : 72Pixels/Inch
- Color Mode(색상모드) : RGB
- Backgound Contents(배경색) : White

2 Custom Shape Tool(사용자 정의 모양,)을 선택한 후 옵션 바에서 Pick Tool Mode(선택 도구 모드) : Shape(모양, Shape), Stroke(획) : 색상 없음( )으로 설정한 다음 아래의 모양을 찾아 그린다.
Nature(자연) - 해 2( )

3 색을 적용하기 위해 [Layers(레이어)] 패널의 Layer Thumbnail(레이어 축소판,)을 더블 클릭한 후 #cc33cc를 입력하고 OK 를 누른다.

4 Move Tool(이동,)을 선택한 후 Alt 와 함께 오른쪽 방향으로 드래그하여 복제한다.

5 색을 적용하기 위해 [Layers(레이어)] 패널의 '해 2 copy' Layer Thumbnail(레이어 축소판,)을 더블클릭한 후 #333366을 입력하고 OK 를 누른다.

6 [Layers(레이어)] 패널 하단 Background(배경)의 눈 아이콘( )을 클릭해 해제한다.

7 다른 모양을 추가하기 위해 아래의 모양을 찾아 그린다.
Nature(자연) - 파형( )

8 색을 적용하기 위해 [Layers(레이어)] 패널의 Layer Thumbnail(레이어 축소판,)을 더블클릭한 후 #ffffff를 입력하고 OK 를 누른다.

9 패턴을 정의하기 위해 [Edit(편집)]-[Define Pattern(패턴 정의)]를 눌러 확인 후 OK 를 누른다.

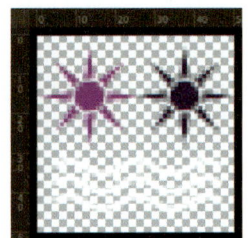

03 혼합모드 및 레이어 마스크

1 [File(파일)]-[Open(열기)](Ctrl + O)을 선택한 후 '1급-12.jpg'를 불러온다.

2 Ctrl + A 로 전체 선택한 후 Ctrl + C 로 복사하고 작업파일을 선택한 후 Ctrl + V 로 붙여넣기 한다.

3 Ctrl + T 로 크기/위치를 조절하고 Enter 를 누른다.

4 혼합모드를 적용하기 위해 [Layers(레이어)] 패널의 Blending Mode(혼합모드,)를 'Hard Light(하드 라이트)'로 선택한다.

5 레이어 마스크를 적용하기 위해 [Layers(레이어)] 패널 하단의 Add layer mask(레이어 마스크 추가,)를 클릭한다.

6 도구상자에서 Gradient(그레이디언트,)를 선택한 후 옵션 바에서 Gradient Presets(그레이디언트 사전 설정)을 클릭해 Basics(기본 사항)-'Black & White(검정, 흰색)'를 선택한다.

7 그림과 같이 가로 방향으로 드래그한다.

8 [File(파일)]-[Open(열기)](Ctrl + O)을 선택한 후 '1급-13.jpg'를 불러온다.

⑨ Ctrl + A 로 전체 선택한 후 Ctrl + C 로 복사하고 작업파일을 선택한 후 Ctrl + V 로 붙여넣기 한다.

⑩ Ctrl + T 로 좌우대칭하기 위해 조절점 안쪽에서 마우스 오른쪽 클릭 후 Flip Horizontal(가로로 뒤집기)을 선택한다. 크기/위치를 조절한 후 Enter 를 누른다.

⑪ [Filter(필터)]−[Filter Gallery(필터 갤러리)]−[Brush Strokes(브러시 획)]−[Crosshatch(그물눈)] 필터를 적용한 다음 OK 를 누른다.

⑫ ⑤~⑥을 참고해 레이어 마스크를 적용하여 대각선 방향으로 드래그한다.

04 이미지 추출 및 색상 보정

① [File(파일)]−[Open(열기)](Ctrl + O)을 선택한 후 '1급−14.jpg'를 불러온다.

② Quick Selection Tool(빠른 선택,)로 선택영역을 지정한다.

③ Ctrl + C 로 복사하고 작업파일을 선택한 후 Ctrl + V 로 붙여넣기 한다.

④ Ctrl + T 로 크기/위치를 조절하고 Enter 를 누른다.

⑤ 레이어 스타일을 적용하기 위해 [Layers(레이어)] 패널 하단의 fx 를 눌러 Bevel and Emboss(경사와 엠보스)를 선택해 적용한다.

⑥ 레이어 스타일을 추가하기 위해 Drop Shadow(그림자 효과)를 선택해 적용하고 OK 를 누른다.

⑦ [File(파일)]−[Open(열기)](Ctrl + O)을 선택한 후 '1급−15.jpg'를 불러온다.

⑧ Magnetic Lasso Tool(자석 올가미,)을 선택한 후 옵션 바의 Frequency를 100으로 설정한다. 첫 점을 클릭하여 이미지의 형태를 따라 추출하고 손잡이 안쪽 부분은 Alt 와 함께 선택하여 제외한다.

⑨ Ctrl + C 로 복사하고 작업파일을 선택한 후 Ctrl + V 로 붙여넣기 한다.

⑩ Ctrl + T 로 좌우대칭하기 위해 조절점 안쪽에서 마우스 오른쪽 클릭해 Flip Horizontal(가로로 뒤집기)을 선택한 후 크기/위치를 조절하고 Enter 를 누른다.

⑪ [Filter(필터)]-[Filter Gallery(필터 갤러리)]-[Brush Strokes(브러시 획)]-[Accented Edges(강조된 가장자리)] 필터를 적용한 다음 OK 를 누른다.

⑫ 레이어 스타일을 추가하기 위해 Drop Shadow(그림자 효과)를 선택해 적용하고 OK 를 누른다.

⑬ [File(파일)]-[Open(열기)](Ctrl + O)을 선택한 후 '1급-16.jpg'를 불러온다.

⑭ Magic Wand Tool(자동 선택,)을 선택한 후 옵션 바의 Tolerance(허용치)를 32, Contiguous(인접)에 체크를 해제한 다음 배경을 클릭한다.

⑮ 선택영역을 반전하기 위해 [Select(선택)]-[Inverse(반전)](Shift + Ctrl + I)를 누른다.

⑯ Ctrl + C 로 복사하고 작업파일을 선택한 후 Ctrl + V 로 붙여넣기 한다.

⑰ Ctrl + T 로 크기/위치를 조절하고 Enter 를 누른다.

⑱ 녹색 계열로 보정하기 위해 [Image(이미지)]-[Adjustments(조정)]-[Hue/Saturation(색조/채도)](Ctrl + U)을 선택한다.

⑲ Colorize(색상화)에 체크한 후 Hue(색조) : 110, Satulation(채도) : 50으로 값을 변경하고 OK 를 누른다.

⑳ 레이어 스타일을 적용하기 위해 [Layers(레이어)] 패널 하단의 fx 를 눌러 Outer Glow(외부 광선)를 선택해 적용하고 OK 를 누른다.

㉑ [File(파일)]-[Open(열기)](Ctrl + O)을 선택한 후 '1급-17.jpg'를 불러온다.

㉒ Magic Wand Tool(자동 선택,)을 선택한 후 옵션 바의 Tolerance(허용치)를 10, Contiguous(인접)에 체크한 다음 배경을 클릭한다.

㉓ 선택영역을 반전하기 위해 [Select(선택)]-[Inverse(반전)](Shift + Ctrl + I)를 누른다.

㉔ Ctrl + C 로 복사하고 작업파일을 선택한 후 Ctrl + V 로 붙여넣기 한다.

㉕ Ctrl + T 로 크기/위치를 조절하고 Enter 를 누른다.

05 패스 제작 및 패턴 적용

❶ Pen Tool(펜,)을 선택한 후 옵션 바에서 Pick Tool Mode(선택 도구 모드) : Path(패스, Path), Path Operations(패스 작업) : Exclude Overlapping Shapes(모양 오버랩 제외,)로 지정한다.

❷ 배경 레이어의 눈 아이콘(👁)을 Alt +클릭해 나머지 레이어의 눈을 끈다. (선택사항)

Plus@
배경 레이어를 선택하지는 않는다. 새 레이어 추가 시 맨 위로 생성되지 않기 때문이다.

❸ 그림을 참고해 1/4만 그린 다음 패스의 유실을 방지하기 위해 [Path(패스)] 패널을 선택한 후 Work Path(작업 패스) 이름 부분을 더블클릭한다. Save Path(패스 저장)가 나오면 OK 를 누른다.

❹ Path Selection Tool(패스 선택, ▶)로 Alt 와 함께 드래그해 복제한다.

❺ Ctrl + T 로 조절점 안쪽에서 마우스 오른쪽 클릭해 Flip Horizontal(가로로 뒤집기)을 선택한 후 배치하고 Enter 를 누른다.

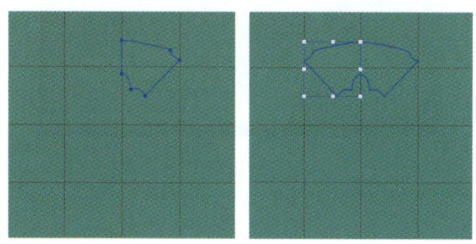

❻ ❹~❺번을 반복해 Flip Vertical(세로로 뒤집기)을 선택한 후 배치하고 Enter 를 누른다.

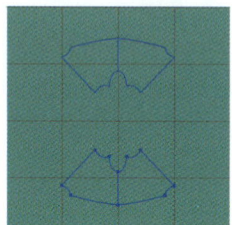

❼ ❹~❺번을 반복해 Rotate 90° Clockwise를 선택한 후 배치하고 Enter 를 누른다.

❽ Ellipse Tool(타원, ◯)을 선택한 후 옵션 바에서 Pick Tool Mode(선택 도구 모드) : Path(패스, Path ▾), Path Operations(패스 작업) : Exclude Overlapping Shapes(모양 오버랩 제외, ▣)로 선택한 다음 그림과 같이 그린다.

 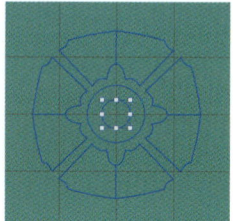

Plus@
만약 기존 패스가 사라졌다면 [Path(패스)] 패널의 작업 패스를 클릭하면 작업 중인 패스가 나타난다.

❾ 레이어로 지정하기 위해 [Path(패스)] 패널 하단의 Load as a selection(패스를 선택영역으로 지정, ⊙)을 클릭한다.

❿ [Layers(레이어)] 패널로 이동해 하단의 Create a new layer(새 레이어, ➕, Ctrl + Shift + N)를 클릭해 추가한다.

11 임의의 색을 채우기 위해 Alt + Delete 를 눌러 전경색(■)을 채운다.

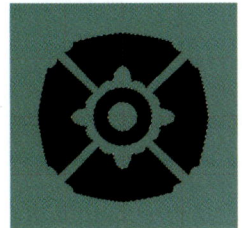

12 레이어 스타일을 적용하기 위해 [Layers(레이어)] 패널 하단의 fx.를 눌러 Gradient Overlay(그 레이디언트 오버레이)를 선택한 후 다음과 같이 값을 변경한다.
- Opacity(불투명도) : 100%
- Style(스타일) : Linear(선형)
- Angle(각도) : 90°
- Scale(비율) : 100%
- Reverse(반전) : 체크

13 Gradient(그레이디언트) 편집 창(▬▬▬)을 클릭한 후 Color Stop(색상 정지점)을 더블클 릭하여 좌측 : #ffff66, 우측 : #336666으로 값을 변경하고 OK 를 누른다.

14 레이어 스타일을 추가하기 위해 Drop Shadow(그 림자 효과)를 선택해 적용하고 OK 를 누른다.

15 패턴을 적용하기 위해 Layer 7(문양)의 Layer Thumbnail(레이어 축소판)을 Ctrl 과 함께 클릭 해 선택영역으로 지정한 후 하단의 Create a new layer(새 레이어, ■, Ctrl + Shift + N) 를 클릭해 추가한다.

16 [Edit(편집)]-[Fill(칠)]을 선택한 후 Contents (내용) : Pattern(패턴)으로 변경한다. Custom Pattern(사용자 정의 패턴)에서 만들어 놓은 패 턴을 선택한 다음 OK 를 누른다.

17 선택영역을 해제하기 위해 [Select(선택)]- [Deselect(해제)](Ctrl + D)를 누른다.

Plus@

패턴의 크기를 조절하고 싶다면 앞서 만들어 놓은 패 턴 파일에서 [Image(이미지)]-[Image Size(이미지 크기)] (Alt + Ctrl + I)를 조절해 재등록하여 채운다.

⑱ 모든 레이어의 눈을 켜기 위해 레이어의 눈 아이콘(👁)에서 마우스 오른쪽 클릭 후 'Show/hide all other layers(다른 모든 레이어 표시/숨기기)'를 클릭한다.

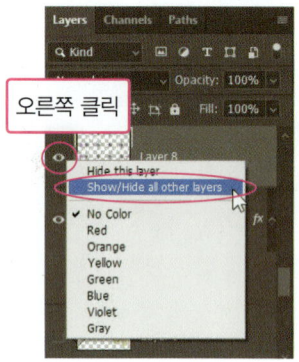

06 모양 지정 및 레이어 스타일

① Custom Shape Tool(사용자 정의 모양,)을 선택한 후 옵션 바에서 Pick Tool Mode(선택 도구 모드) : Shape(모양, Shape), Stroke(획) : 색상 없음(▱)으로 설정한다. 모양 선택(Shape: →)을 눌러 아래의 모양을 찾아 그린다.
Ornaments(장식) — 장식 4()

② 색을 적용하기 위해 [Layers(레이어)] 패널의 Layer Thumbnail(레이어 축소판,)을 더블 클릭한 후 #339999를 입력하고 OK 를 누른다.

③ 레이어 스타일을 적용하기 위해 [Layers(레이어)] 패널 하단의 fx를 눌러 Inner Shadow(내부 그림자)를 선택해 적용하고 OK 를 누른다.

④ 불투명도를 조정하기 위해 [Layers(레이어)] 패널의 Opacity(불투명도)를 60%로 설정한다.

⑤ 다른 모양을 추가하기 위해 아래의 모양을 찾아 그린다.
Ornaments(장식) — 장식 7()

⑥ 색을 적용하기 위해 [Layers(레이어)] 패널의 Layer Thumbnail(레이어 축소판,)을 더블 클릭한 후 #009999를 입력하고 OK 를 누른다.

⑦ 레이어 스타일을 적용하기 위해 [Layers(레이어)] 패널 하단의 fx를 눌러 Stroke(획)를 선택한 후 아래와 같이 값을 변경하고 OK 를 누른다.
• Size(크기) : 2px
• Position(위치) : Outside(바깥쪽)
• Fill Type(칠 유형) : Color(색상)
• 색상값 : #ffffff

⑧ 메뉴 부분을 만들기 위해 아래의 모양을 찾아 그린다.
Objects(물건) - 도장 1(▢)

⑨ 레이어 스타일을 적용하기 위해 [Layers(레이어)] 패널 하단의 fx 를 눌러 Gradient Overlay(그레이디언트 오버레이)를 선택한 후 아래와 같이 값을 변경한다.
- Opacity(불투명도) : 100%
- Style(스타일) : Linear(선형)
- Angle(각도) : 90°
- Scale(비율) : 100%

⑩ Gradient(그레이디언트) 편집 창(▭)을 클릭한 후 Color Stop(색상 정지점)을 더블클릭하여 좌측 : #003333, 우측 : #99ccff로 값을 변경하고 OK 를 누른다.

⑪ 레이어 스타일을 추가하기 위해 Stroke(획)를 선택한 후 아래와 같이 값을 변경하고 OK 를 누른다.
- Size(크기) : 2px
- Position(위치) : Outside(바깥쪽)
- Fill Type(칠 유형) : Color(색상)
- 색상값 : #ffffff

⑫ 메뉴에 텍스트를 입력하기 위해 Type Tool(수평 문자, T)을 선택한 후 Shift +클릭하여 전시공간을 입력하고 Ctrl + Enter 를 눌러 완료한다.

Plus@
Shift +클릭 후 입력하는 이유는 모양이 선택된 상태에서 텍스트를 입력하면 영역 안에 글자가 입력되기 때문이다.

⑬ 옵션 바나 [Character(문자)] 패널에서 돋움, 18pt, 가운데 정렬, #003366으로 설정한다.

⑭ 레이어 스타일을 적용하기 위해 [Layers(레이어)] 패널 하단의 fx 를 눌러 Stroke(획)를 선택한 후 아래와 같이 값을 변경하고 OK 를 누른다.
- Size(크기) : 2px
- Position(위치) : Outside(바깥쪽)
- Fill Type(칠 유형) : Color(색상)
- 색상값 : #ffff99

⑮ 메뉴를 복제하기 위해 배너 모양과 텍스트 레이어를 Shift 를 누른 상태로 함께 클릭한다. Move Tool(이동, ✥)을 선택한 후 Alt 와 함께 아래 방향으로 드래그하여 두 번 복제한다.

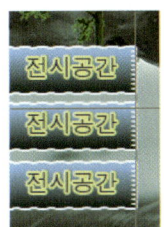

⑯ 두 번째의 텍스트를 수정하기 위해 [Layers(레이어)] 패널의 Indicates text layer(텍스트 레이어, T)를 더블클릭한 후 소장품을 입력하고 Ctrl + Enter 를 눌러 완료한다.

⑰ 세 번째 텍스트도 ⑯과 같은 방법으로 프로그램으로 수정한다.

⑱ 소장품 레이어의 Stroke(획) 부분을 더블클릭한 후 아래와 같이 값을 변경하고 OK 를 누른다.
- Size(크기) : 2px
- Position(위치) : Outside(바깥쪽)
- Fill Type(칠 유형) : Color(색상)
- 색상값 : #ffffff

⑲ 두 번째 모양의 Stroke(획) 부분을 더블클릭한 후 아래와 같이 값을 변경하고 OK 를 누른다.
- Size(크기) : 2px
- Position(위치) : Outside(바깥쪽)
- Fill Type(칠 유형) : Color(색상)
- 색상값 : #00ffff

07 문자 효과

① Type Tool(수평 문자, T)을 선택한 후 빈 공간을 클릭한다. 군자의 풍모를 닮다를 입력한 후 Ctrl + Enter 를 눌러 완료한다.

② 옵션 바나 [Character(문자)] 패널에서 궁서, 45pt로 설정한다.

③ 레이어 스타일을 적용하기 위해 [Layers(레이어)] 패널 하단의 fx 를 눌러 Gradient Overlay(그레이디언트 오버레이)를 선택한 후 아래와 같이 값을 변경한다.
- Opacity(불투명도) : 100%
- Style(스타일) : Linear(선형)
- Angle(각도) : 0°
- Scale(비율) : 100%

④ Gradient 편집 창( )을 클릭한 후 Color Stop(색상 정지점)을 더블클릭하여 좌측 : #ffcc00, 우측 : #66cccc로 값을 변경하고 OK 를 누른다.

⑤ 레이어 스타일을 추가하기 위해 Stroke(획)를 선택한 후 아래와 같이 값을 변경하고 OK 를 누른다.
- Size(크기) : 2px
- Position(위치) : Outside(바깥쪽)
- Fill Type(칠 유형) : Color(색상)
- 색상값 : #333333

⑥ 텍스트를 뒤틀기 위해 Type Tool(수평 문자, T)을 선택한 후 옵션 바의 Create warped text(뒤틀어진 텍스트 만들기,)를 클릭하여 Style(스타일) : Fish(물고기), Bend(구부리기) : +50%로 값을 변경하고 OK 를 누른다.

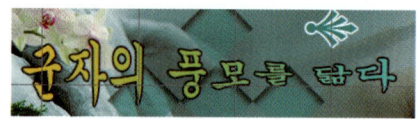

⑦ Type Tool(수평 문자, T)을 선택한 후 빈 공간을 클릭한다. A collection of Luxury Goods를 입력한 후 Ctrl + Enter 를 눌러 완료한다.

⑧ 옵션 바 또는 [Character(문자)] 패널에서 Times New Roman, Bold, 24pt, #ffffff로 설정한 후 Luxury Goods만 선택하여 36pt로 변경한다.

⑨ 레이어 스타일을 적용하기 위해 [Layers(레이어)] 패널 하단의 fx 를 눌러 Stroke(획)를 선택한 후 아래와 같이 값을 변경하고 OK 를 누른다.
- Size(크기) : 2px
- Position(위치) : Outside(바깥쪽)
- Fill Type(칠 유형) : Gradient(그레이디언트)
- Style(스타일) : Linear(선형)
- Angle(각도) : 0°

⑩ Gradient(그레이디언트) 편집 창(▭)을 클릭한 후 Color Stop(색상 정지점)을 더블클릭하여 좌측 : #ff3300, 우측 : #009999로 변경하고 OK 를 누른다.

⑪ 텍스트를 뒤틀기 위해 Type Tool(수평 문자, T)을 선택한 후 옵션 바의 Create warped text(뒤틀어진 텍스트 만들기, ⏉)를 클릭하여 Style(스타일) : Rise(상승), Bend(구부리기) : +50%로 값을 변경하고 OK 를 누른다.

⑫ Type Tool(수평 문자, T)을 선택한 후 빈 공간을 클릭한다. 조선의 백자전을 입력한 후 Ctrl + Enter 를 눌러 완료한다.

⑬ 옵션 바나 [Character(문자)] 패널에서 돋움, 18pt, #009999로 설정한다.

⑭ 레이어 스타일을 적용하기 위해 [Layers(레이어)] 패널 하단의 fx 를 눌러 Stroke(획)를 선택한 후 아래와 같이 값을 변경하고 OK 를 누른다.
 • Size(크기) : 2px
 • Position(위치) : Outside(바깥쪽)
 • Fill Type(칠 유형) : Color(색상)
 • 색상값 : #ffffff

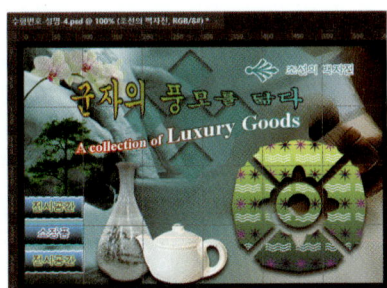

08 PSD, JPG 형식으로 저장하기

① [File(파일)]-[Save(저장)](Ctrl + S)를 선택한 후 기존 파일에 덮어쓰기 한다.

② JPG 파일 형식으로 저장하기 위해 [File(파일)]-[Save as(다른 이름으로 저장)](Shift + Ctrl + S)를 선택한 후 파일 형식을 클릭해 JPEG로 선택한다. '내 PC₩문서₩GTQ' 폴더에 '수험번호-성명-4'로 입력한 후 [저장]을 누른다.

③ PSD 파일의 사이즈를 1/10로 줄이기 위해 [Image(이미지)]-[Image Size(이미지 크기)](Alt + Ctrl + I)를 선택한 후 단위 : Pixel, Width(폭) : 60px, Height(높이) : 40px, Resolution(해상도) : 72Pixels/Inch로 설정 후 OK 를 누른다.

④ [File(파일)]-[Save(저장)](Ctrl + S)를 선택한 후 작은 사이즈로 최종 저장한다.

⑤ 완성된 파일을 확인하기 위해 파일 탐색기를 열어 '내 PC₩문서₩GTQ' 폴더에서 확인한다.

⑥ 시험장의 작업표시줄에 나타나는 'Koas 수험자용'을 클릭해 우측의 답안 전송 을 클릭한 후 해당하는 번호에 체크한다. 하단의 답안 전송 을 클릭한 후 닫기 를 누르면 최종 전송된 답안으로 채점이 이루어진다.

Check Point !

공통	• 제시된 크기(px)와 해상도(72Pixels/Inch)로 파일을 만들었나요? • '수험번호-성명-문제번호.psd'로 저장했나요? • 그리드(Ctrl + ')와 눈금자(Ctrl + R)를 표시했나요? • 시험지에도 자를 이용해 100픽셀씩 그리드를 그려주었나요?	○	×
문제1번	• 만든 패스를 저장했나요? • 클리핑 마스크를 적용했나요? • 각 이미지와 Shape(모양)에 레이어 스타일과 필터를 적용했나요?		
문제2번	• 제시된 색상으로 보정했나요? • 각 이미지와 Shape(모양)에 레이어 스타일과 필터를 적용했나요?		
문제3번	• 배경에 색을 적용했나요? • Blending Mode(혼합모드)를 적용했나요? • 레이어 마스크의 방향을 맞게 적용했나요? • 제시된 색상으로 보정했나요? • 각 이미지와 Shape(모양)에 레이어 스타일과 필터를 적용했나요?		
문제4번	• 배경에 색을 적용했나요? • 패턴을 제작하여 등록하였나요? • Blending Mode(혼합모드)를 적용했나요? • 레이어 마스크의 방향을 맞게 적용했나요? • 제시된 색상으로 보정했나요? • 1급-17.jpg를 제외한 이미지와 Shape(모양)에 레이어 스타일과 필터를 적용했나요? • 펜 도구를 이용하여 오브젝트를 그려 패턴으로 적용하였나요?		
공통	• '수험번호-성명-문제번호.jpg'로 저장했나요? • 1/10로 줄여 '수험번호-성명-문제번호.psd'로 저장했나요?		

※ 시험장에서는 반드시 전송까지 실행해 주세요.

CHAPTER 05

제5회 기출유형문제 [S/W:포토샵]

급수	문제유형	시험시간	수험번호	성명
1급	A	90분		

수험자 유의사항

- 수험자는 문제지를 받는 즉시 응시하고자 하는 과목 및 급수가 맞는지 확인한 후 수험번호와 성명을 작성합니다.
- 파일명은 본인의 "수험번호-성명-문제번호"로 공백 없이 정확히 입력하고 답안폴더(내 PC₩문서₩GTQ)에 jpg 파일과 psd 파일의 2가지 포맷으로 저장해야 하며, jpg 파일과 psd 파일의 내용이 상이할 경우 0점 처리됩니다. 답안문서 파일명이 "수험번호-성명-문제번호"와 일치하지 않거나, 답안 파일을 전송하지 않아 미제출로 처리될 경우 불합격 처리됩니다.
- 문제의 세부조건은 '영문(한글)' 형식으로 표기되어 있으니 유의하시기 바랍니다.
- 수험자 정보와 저장한 파일명, 저장 위치가 다를 경우 전송이 되지 않으므로, 주의하시기 바랍니다.
- 답안 작성 중에도 주기적으로 '저장'과 '답안 전송'을 이용하여 감독위원 PC로 답안을 전송하셔야 합니다.
 (※ 작업한 내용을 저장하지 않고 전송할 경우 이전의 저장내용이 전송되오니 이점 반드시 유념하시기 바랍니다.)
- 답안문서는 지정된 경로 외의 다른 보조기억장치에 저장하는 행위, 지정된 시험 시간 외에 작성된 파일을 활용한 행위, 기타 허용되지 않은 프로그램(이메일, 메신저, 게임, 네트워크 등) 이용 시 부정행위로 간주되어 자격기본법 제32조에 의거 본 시험 및 국가공인 자격시험을 2년간 응시할 수 없습니다.
- 시험 중 부주의 또는 고의로 시스템을 파손한 경우와 〈수험자 유의사항〉에 기재된 방법대로 이행하지 않아 생기는 불이익은 수험자의 책임임을 알려 드립니다.
- 시험을 완료한 수험자는 최종적으로 저장한 답안 파일이 전송되었는지 확인한 후 감독위원의 지시에 따라 문제지를 제출하고 퇴실합니다.

답안 작성요령

- 온라인 답안 작성 절차
 수험자 등록 ⇒ 시험 시작 ⇒ 답안 파일 저장 ⇒ 답안 전송 ⇒ 시험 종료
- 내 PC₩문서₩GTQ₩Image 폴더에 있는 그림 원본파일을 사용하여 답안을 작성하시고 최종답안을 답안폴더(내 PC₩문서₩GTQ)에 저장하여 답안을 전송하시고, 이미지의 크기가 다른 경우 감점 처리됩니다.
- 배점은 총 100점으로 이루어지며, 점수는 각 문제별로 차등 배분됩니다.
- 각 문제는 주어진 〈조건〉에 따라 작성하고, 언급하지 않은 조건은 《출력형태》와 같이 작성합니다.
- 배치 등의 편의를 위해 주어진 눈금자의 단위는 '픽셀'입니다.
- 그 외는 출력형태(효과, 이미지, 문자, 색상, 레이아웃, 규격 등)와 같이 작업하십시오.
- 문제 조건에 서체의 지정이 없을 경우 한글은 굴림이나 돋움, 영문은 Arial로 작업하십시오. (단, 그 외에 제시되지 않은 문자 속성을 기본값으로 작성하지 않은 경우는 감점 처리됩니다.)
- Image Mode(이미지 모드)는 별도의 처리조건이 없을 경우에는 RGB(8비트)로 작업하십시오.
- 모든 답안 파일은 해상도 72pixels/inch로 작업하십시오.
- Layer(레이어)는 각 기능별로 분할해야 하며, 임의로 합칠 경우나 각 기능에 대한 속성을 해지할 경우 해당 요소는 0점 처리됩니다.

문제 1 [기능평가] 고급 Tool(도구) 활용

20점

다음의 《조건》에 따라 아래의 《출력형태》와 같이 작업하시오.

조건

원본이미지	문서₩GTQ₩Image₩1급-1.jpg, 1급-2.jpg, 1급-3.jpg		
파일 저장 규칙	JPG	파일명	문서₩GTQ₩수험번호-성명-1.jpg
		크기	400 × 500 pixels
	PSD	파일명	문서₩GTQ₩수험번호-성명-1.psd
		크기	40 × 50 pixels

1. 그림 효과
   ① 1급-1.jpg : 필터 - Underpainting(언더페인팅)
   ② Save Path(패스 저장) : 하트당근
   ③ Mask(마스크) : 하트당근 모양, 1급-2.jpg를 이용하여 작성
      레이어 스타일 - Stroke(선/획)(5px, 그레이디언트(#cc33ff, #99ff66)), Inner Shadow(내부 그림자)
   ④ 1급-3.jpg : 레이어 스타일 - Bevel and Emboss(경사와 엠보스)
   ⑤ Shape Tool(모양 도구) :
      - 나뭇잎 모양 (#99cc66, #ccccff, 레이어 스타일 - Inner Glow(내부 광선))
      - 전구 모양 (#ffff00, 레이어 스타일 - Drop Shadow(그림자 효과))

2. 문자 효과
   ① 건강한 한끼 (궁서, 48pt, 레이어 스타일 - 그레이디언트 오버레이(#33cc00, #ff6600), Stroke(선/획)(3px, #ffffff))

출력형태

문제 2 [기능평가] 사진편집 응용
20점

다음의 《조건》에 따라 아래의 《출력형태》와 같이 작업하시오.

조건

원본이미지	문서₩GTQ₩Image₩1급-4.jpg, 1급-5.jpg, 1급-6.jpg		
파일 저장 규칙	JPG	파일명	문서₩GTQ₩수험번호-성명-2.jpg
		크기	400 × 500 pixels
	PSD	파일명	문서₩GTQ₩수험번호-성명-2.psd
		크기	40 × 50 pixels

1. 그림 효과
    ① 1급-4.jpg : 필터 - Texturizer(텍스처화)
    ② 색상 보정 : 1급-5.jpg - 빨간색, 파란색 계열로 보정
    ③ 1급-5.jpg : 레이어 스타일 - Drop Shadow(그림자 효과)
    ④ 1급-6.jpg : 레이어 스타일 - Outer Glow(외부 광선)
    ⑤ Shape Tool(모양 도구) :
        - 도넛 모양 (#ffffff, 레이어 스타일 - Inner Shadow(내부 그림자), Opacity(불투명도)(60%))
        - 해 모양 (#ffff33, 레이어 스타일 - Drop Shadow(그림자 효과))

2. 문자 효과
    ① Healthy Meal (Times New Roman, Bold, 50pt, 레이어 스타일 - 그레이디언트 오버레이(#33cc99, #ffff99), Drop Shadow(그림자 효과))

출력형태

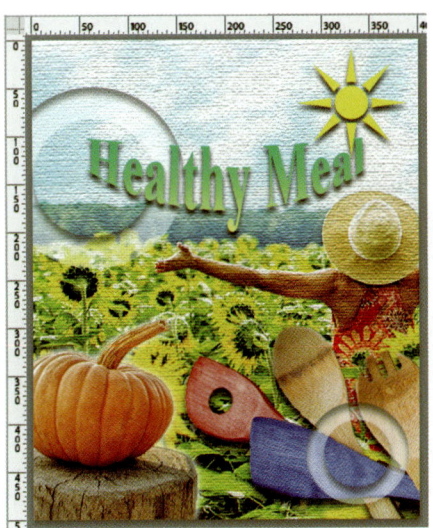

문제 3 [실무응용] 포스터 제작 (25점)

다음의 《조건》에 따라 아래의 《출력형태》와 같이 작업하시오.

조건

원본이미지	문서\GTQ\Image\1급-7.jpg, 1급-8.jpg, 1급-9.jpg, 1급-10.jpg, 1급-11.jpg		
파일 저장 규칙	JPG	파일명	문서\GTQ\수험번호-성명-3.jpg
		크기	600 × 400 pixels
	PSD	파일명	문서\GTQ\수험번호-성명-3.psd
		크기	60 × 40 pixels

1. 그림 효과
   ① 배경 : #99cc99
   ② 1급-7.jpg : Blending Mode(혼합모드) – Hard Light(하드 라이트), Opacity(불투명도)(80%), 레이어 마스크 – 가로 방향으로 흐릿하게
   ③ 1급-8.jpg : 필터 – Crosshatch(그물눈), 레이어 마스크 – 대각선 방향으로 흐릿하게
   ④ 1급-9.jpg : 필터 – Facet(단면화), 레이어 스타일 – Inner Shadow(내부 그림자)
   ⑤ 1급-10.jpg : 레이어 스타일 – Outer Glow(외부 광선)
   ⑥ 1급-11.jpg : 색상 보정 – 녹색 계열로 보정, 레이어 스타일 – Stroke(선/획)(5px, 그레이디언트(#339900, 투명으로))
   ⑦ 그 외 《출력형태》 참조

2. 문자 효과
   ① 우리집의 웰빙 라이프 (궁서, 45pt, 레이어 스타일 – 그레이디언트 오버레이(#ff6633, #009933, #cc00cc), Stroke(선/획)(2px, #ffffff), Drop Shadow(그림자 효과))
   ② Healthy Food Healthy Life (Arial, Regular, 20pt, #ffffcc, 레이어 스타일 – Stroke(선/획)(2px, #993399))
   ③ 특강일시 : 2024년 9월 28일(토) (궁서, 18pt, 레이어 스타일 – 그레이디언트 오버레이(#cc6600, #330033), Stroke(선/획)(2px, #ffffff)))
   ④ 아기 이유식 / 학생 도시락 (돋움, 18pt, #ff6600, #33ff00, 레이어 스타일 – Stroke(선/획)(2px, #333333))

출력형태

Shape Tool(모양 도구) 사용
#ff6600, #ffcc99, 레이어 스타일 –
Drop Shadow(그림자 효과)

Shape Tool(모양 도구) 사용
레이어 스타일 – 그레이디언트
오버레이(#ffcc33, #ff3300),
Drop Shadow(그림자 효과)

Shape Tool(모양 도구) 사용
#ffffff, Opacity(불투명도)(70%)

문제 4 [실무응용] 웹 페이지 제작

35점

다음의 《조건》에 따라 아래의 《출력형태》와 같이 작업하시오.

조건

원본이미지	문서₩GTQ₩Image₩1급-12.jpg, 1급-13.jpg, 1급-14.jpg, 1급-15.jpg, 1급-16.jpg, 1급-17.jpg		
파일 저장 규칙	JPG	파일명	문서₩GTQ₩수험번호-성명-4.jpg
		크기	600 × 400 pixels
	PSD	파일명	문서₩GTQ₩수험번호-성명-4.psd
		크기	60 × 40 pixels

1. 그림 효과
① 배경 : #ccffcc
② 패턴(별, 나뭇잎 모양) : #996699, #ffffff
③ 1급-12.jpg : Blending Mode(혼합모드) - Linear Light(선형 라이트), 레이어 마스크 - 세로 방향으로 흐릿하게
④ 1급-13.jpg : 필터 - Rough Pastels(거친 파스텔), 레이어 마스크 - 세로 방향으로 흐릿하게, Opacity(불투명도)(70%)
⑤ 1급-14.jpg : 레이어 스타일 - Bevel and Emboss(경사와 엠보스)
⑥ 1급-15.jpg : 필터 - Poster Edges(포스터 가장자리), 레이어 스타일 - Outer Glow(외부 광선)
⑦ 1급-16.jpg : 색상 보정 - 파란색 계열로 보정, 레이어 스타일 - Stroke(선/획)(2px, #ff99ff)
⑧ 그 외 《출력형태》 참조

2. 문자 효과
① 웰빙 건강 박람회 (돋움, 43pt, 레이어 스타일 - 그레이디언트 오버레이(#ff00ff, #66ccff), Stroke(선/획)(3px, #ffffff))
② Well-being Health Fair (Arial, Regular, 20pt, #cc00cc, 레이어 스타일 - Stroke(선/획)(2px, #ffffff))
③ 이벤트 바로가기 (궁서, 20pt, #ffffff, 레이어 스타일 - Stroke(선/획)(2px, #3333ff))
④ 사전등록 현장구매 문의사항 (돋움, 20pt, #003399, #cc0000, 레이어 스타일 - Stroke(선/획)(2px, #ffffff))

출력형태

문제 1 [기능평가] 고급 Tool(도구) 활용 20점

사용 이미지 미리보기

1급-1.jpg   1급-2.jpg   1급-3.jpg

사용자 정의 모양 미리보기

사용 기능

필터	[Filter(필터)]-[Filter Gallery(필터 갤러리)]-[Artistic(예술효과)]-[Underpainting(언더페인팅)]
클리핑 마스크	Create Clipping Mask(클리핑 마스크 만들기, Alt + Ctrl + G)
이미지 추출	Magic Wand Tool(자동 선택,)
이미지 사이즈	[Image(이미지)]-[Image Size(이미지 크기)](Alt + Ctrl + I)

01 새 캔버스 생성 및 필터

1 [File(파일)]-[New(새로 만들기)](Ctrl + N)를 선택한 후 아래의 조건으로 설정한 다음 [Create (만들기)]를 누른다.
- PRESET DETAILS(사전 설정 세부 정보)
  : 수험번호-성명-1
- 단위 : Pixels
- Width(폭) : 400
- Height(높이) : 500
- Resolution(해상도) : 72Pixels/Inch
- Color Mode(색상모드) : RGB
- Background Contents(배경색) : White

2 [Edit(편집)]-[Preferences(속성)]-[Guides, Grid & Slices(안내선, 격자 및 분할 영역)] (Ctrl + K)를 선택한 후 'Grid(격자)'의 Gridline Every(격자 간격) : 100Pixels, Subdivisions(세분) : 1로 설정하고 OK 를 누른다.

3 [View(보기)]-[Show(표시)]-[Grid(격자)] (Ctrl + ')와 [View(보기)]-[Rulers(눈금자)](Ctrl + R)를 나타낸다.

4 [File(파일)]-[Save as(다른 이름으로 저장)] (Shift + Ctrl + S)를 클릭한 후 '내 PC₩문서 ₩GTQ' 폴더에 '수험번호-성명-1.psd'로 입력하고 [저장]을 누른다.

5 [File(파일)]-[Open(열기)](Ctrl + O)을 선택한 후 '1급-1.jpg'를 불러온다.

6 Ctrl + A 로 전체 선택한 후 Ctrl + C 로 복사하고 작업파일을 선택한 후 Ctrl + V 로 붙여넣기 한다.

7 Ctrl + T 로 크기/위치를 조절하고 Enter 를 누른다.

8 [Filter(필터)]-[Filter Gallery(필터 갤러리)]-[Artistic(예술효과)]-[Underpainting(언더페인팅)] 필터를 적용한 다음 OK 를 누른다.

02 패스 제작 및 패스 저장

1 Pen Tool(펜, ✏️)을 선택한 후 옵션 바에서 Pick Tool Mode(선택 도구 모드) : Path(패스, Path), Path Operations(패스 작업) : Exclude Overlapping Shapes(모양 오버랩 제외, ■)로 지정한다.

2 Layer 1(배경 이미지)의 눈 아이콘(👁)을 클릭해 숨기게 한 다음 패스를 그리기 위해 [Path(패스)] 패널을 누른다. (선택사항)

3 아래의 그림과 같이 그린다.

> **Plus@**
> CS6에서는 Rounded Rectangle(모서리가 둥근 직사각형, ▭)을 이용한다.

5 패스를 저장하기 위해 [Path(패스)] 패널의 Work Path(작업 패스) 이름 부분을 더블클릭한다. Save Path(패스 저장) 대화상자가 나오면 하트당근을 입력한 다음 OK 를 누른다.

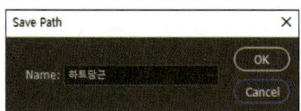

> **Plus@**
> 그리드로 인해 선택에 지장이 있다면 Alt + ' 를 눌러 숨기거나 [View(보기)]-[Snap To(스냅 옵션)]-[Grid(그리드)]의 선택을 해제하면 그리드의 영향을 받지 않는다.

6 패스를 선택영역으로 지정하기 위해 Ctrl +Path Thumbnail(패스 축소판)을 클릭한 후 선택영역이 생기면 [Layers(레이어)] 패널을 선택하여 하단의 Create a new layer(새 레이어, ⊞, Shift + Ctrl + N)를 클릭해 추가한다.

7 임의의 색을 추가하기 위해 Alt + Delete 를 눌러 전경색(■)을 추가한다.

4 당근 안쪽 영역을 빼기 위해 Rectangle Tool(사각 도형, ▭)을 선택한 후 옵션 바에서 Pick Tool Mode(선택 도구 모드) : Path(패스), Path Operations(패스 작업) : Exclude Overlapping Shapes(모양 오버랩 제외, ▣), 곡률 : 20px로 지정한 다음 출력형태를 참고해 그린다.

8 선택영역을 해제하기 위해 [Select(선택)]-[Deselect(해제)](Ctrl + D)를 누른다.

9 배경 이미지의 눈 아이콘(👁)을 클릭해 보이게 한다.

10 레이어 스타일을 적용하기 위해 [Layers(레이어)] 패널 하단의 fx 를 눌러 Stroke(획)를 선택한 후 아래와 같이 값을 변경한다.
- Size(크기) : 5px
- Position(위치) : Outside(바깥쪽)
- Fill Type(칠 유형) : Gradient(그레이디언트)
- Style(스타일) : Linear(선형)
- Angle(각도) : 90°

Plus @
[Layers(레이어)] 패널에서 해당 레이어의 회색 영역을 더블클릭해도 적용할 수 있다.

11 Gradient(그레이디언트) 편집 창( )을 클릭한 후 Color Stop(색상 정지점)을 더블클릭하여 좌측 : #cc33ff, 우측 : #99ff66으로 값을 변경하고 OK 를 누른다.

12 레이어 스타일을 적용하기 위해 [Layers(레이어)] 패널 하단의 fx 를 눌러 Inner Shadow(내부 그림자)를 선택해 적용하고 OK 를 누른다.

03 클리핑 마스크 및 레이어 스타일 적용

1 [File(파일)]-[Open(열기)](Ctrl + O)을 선택한 후 '1급-2.jpg'를 불러온다.

2 Ctrl + A 로 전체 선택한 후 Ctrl + C 로 복사하고 작업파일을 선택한 후 Ctrl + V 로 붙여넣기 한다.

3 Ctrl + T 로 크기/위치를 조절하고 Enter 를 누른다.

4 클리핑 마스크를 적용하기 위해 [Layers(레이어)] 패널의 Layer 3(딸기)에서 마우스 오른쪽 클릭 후 Create Clipping Mask(클리핑 마스크 만들기, Alt + Ctrl + G)를 선택한다.

Plus @
Layer 2와 Layer 3의 위치를 조절하고 싶다면 Shift 와 함께 선택한 후 Ctrl + T 로 크기/위치를 조절하고 Enter 를 누른다.

⑤ [File(파일)]-[Open(열기)](Ctrl + O)을 선택한 후 '1급-3.jpg'를 불러온다.

⑥ Magic Wand Tool(자동 선택,)을 선택한 후 옵션 바의 Tolerance(허용치)를 32, Contiguous(인접)에 체크한 다음 배경을 클릭한다. 복수의 영역은 Shift 와 함께 선택한다.

⑦ 선택영역을 반전하기 위해 [Select(선택)]-[Inverse(반전)](Shift + Ctrl + I)를 누른다.

⑧ Ctrl + C 로 복사하고 작업파일을 선택한 후 Ctrl + V 로 붙여넣기 한다.

⑨ Ctrl + T 로 좌우대칭하기 위해 조절점 안쪽에서 마우스 오른쪽 클릭 후 Flip Horizontal(가로로 뒤집기)을 선택한다. 크기/위치를 조절하고 Enter 를 누른다.

⑩ 레이어 스타일을 적용하기 위해 [Layers(레이어)] 패널 하단의 fx 를 눌러 Bevel and Emboss(경사와 엠보스)를 선택해 적용하고 OK 를 누른다.

04 모양 지정 및 레이어 스타일

① Custom Shape Tool(사용자 정의 모양,)을 선택한 후 옵션 바에서 Pick Tool Mode(선택 도구 모드) : Shape(모양, Shape), Stroke(획) : 색상 없음( )으로 설정한다. 모양 선택(Shape:)을 눌러 아래의 모양을 찾아 그린다.
  • 기본 경로 : Legacy Shapes and More(레거시 모양 및 기타) - All Legacy Default Shapes(모든 레거시 기본 모양)
  • Nature(자연) - 나뭇잎 1( )

② 색을 적용하기 위해 [Layers(레이어)] 패널의 Layer Thumbnail(레이어 축소판,)을 더블클릭한 후 #99cc66을 입력하고 OK 를 누른다.

③ 레이어 스타일을 적용하기 위해 [Layers(레이어)] 패널 하단의 fx 를 눌러 Inner Glow(내부 광선)를 선택해 적용하고 OK 를 누른다.

④ Ctrl + J 를 눌러 복제한다.

> **Plus@**
> Move Tool(이동)을 선택한 후 Shape(모양)를 Alt 와 함께 드래그하여 이동복사 할 수 있다.

⑤ Ctrl + T 로 좌우대칭하기 위해 조절점 안쪽에서 마우스 오른쪽 클릭 후 Flip Horizontal(가로로 뒤집기)을 선택한다. 크기/위치를 조절하고 Enter 를 누른다.

⑥ 색을 적용하기 위해 [Layers(레이어)] 패널의 Layer Thumbnail(레이어 축소판,)을 더블클릭한 후 #ccccff를 입력하고 OK 를 누른다.

7 다른 모양을 추가하기 위해 아래의 모양을 찾아 그린다.
LightBulb(백열 전구) – 백열전구 3()

8 색을 적용하기 위해 [Layers(레이어)] 패널의 Layer Thumbnail(레이어 축소판,)을 더블클릭한 후 #ffff00을 입력하고 OK 를 누른다.

9 레이어 스타일을 적용하기 위해 [Layers(레이어)] 패널 하단의 fx.를 눌러 Drop Shadow(그림자 효과)를 선택해 적용하고 OK 를 누른다.

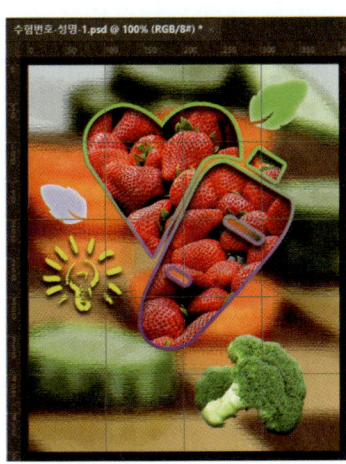

05 문자 효과

1 Vertical Type Tool(수직 문자,)을 선택한 후 빈 캔버스를 클릭한다. 건강한 한끼를 입력한 후 Ctrl + Enter 를 눌러 완료한다.

Plus@

가로로 입력한 다음 옵션 바에서 Toggle text orientation( )으로 변경할 수 있다.

2 옵션 바나 [Character(문자)] 패널에서 궁서, 48pt로 변경한다.

3 레이어 스타일을 추가하기 위해 Gradient Overlay(그레이디언트 오버레이)를 선택한 후 아래와 같이 값을 변경한다.
- Opacity(불투명도) : 100%
- Style(스타일) : Linear(선형)
- Angle(각도) : 90°
- Scale(비율) : 100%

4 Gradient(그레이디언트) 편집 창( )을 클릭한 후 Color Stop(색상 정지점)을 더블클릭하여 좌측 : #33cc00, 우측 : #ff6600으로 값을 변경하고 OK 를 누른다.

5 레이어 스타일을 적용하기 위해 [Layers(레이어)] 패널 하단의 fx.를 눌러 Stroke(획)를 선택한 후 아래와 같이 값을 변경하고 OK 를 누른다.
- Size(크기) : 3px
- Position(위치) : Outside(바깥쪽)
- Fill Type(칠 유형) : Color(색상)
- 색상값 : #ffffff

6 텍스트를 뒤틀기 위해 Type Tool(수평 문자, T)을 선택한 후 옵션 바의 Create warped text(뒤틀어진 텍스트 만들기, T)를 클릭하여 Style(스타일) : Flag(깃발), Vertical(세로)에 체크, Bend(구부리기) : +50%로 값을 변경하고 OK 를 누른다.

06 ▶ PSD, JPG 형식으로 저장하기

1 [File(파일)]−[Save(저장)](Ctrl + S)를 선택한 후 기존 파일에 덮어쓰기 한다.

2 JPG 파일 형식으로 저장하기 위해 [File(파일)]−[Save as(다른 이름으로 저장)](Shift + Ctrl + S)를 선택한 후 파일 형식을 클릭해 JPEG로 선택한다. '내 PC₩문서₩GTQ' 폴더에 '수험번호−성명−2'로 입력한 후 [저장]을 누른다.

3 PSD 파일의 사이즈를 1/10로 줄이기 위해 [Image(이미지)]−[Image Size(이미지 크기)](Alt + Ctrl + I)를 선택한 후 단위 : Pixel, Width(폭) : 40px, Height(높이) : 50px, Resolution(해상도) : 72Pixels/Inch로 설정 후 OK 를 누른다.

4 [File(파일)]−[Save(저장)](Ctrl + S)를 선택한 후 작은 사이즈로 최종 저장한다.

5 완성된 파일을 확인하기 위해 파일 탐색기를 열어 '내 PC₩문서₩GTQ' 폴더에서 확인한다.

6 시험장의 작업표시줄에 나타나는 'Koas 수험자용'을 클릭해 우측의 답안 전송 을 클릭한 후 해당하는 번호에 체크한다. 하단의 답안 전송 을 클릭한 후 닫기 를 누르면 최종 전송된 답안으로 채점이 이루어진다.

문제 2 [기능평가] 사진편집 응용 20점

사용 이미지 미리보기

1급-4.jpg 1급-5.jpg 1급-6.jpg

사용자 정의 모양 미리보기

사용 기능

필터	[Filter(필터)]-[Filter Gallery(필터 갤러리)]-[Texture(텍스처)]-[Texturizer(텍스처화)](Ctrl + U)
색상 조정	[Create new fill or adjustment layer(조정 레이어, ⬤)]-[Hue/Saturation(색조/채도)]
이미지 추출	Quick Selection Tool(빠른 선택, ✎)
이미지 사이즈	[Image(이미지)]-[Image Size(이미지 크기)](Alt + Ctrl + I)

01 새 캔버스 생성 및 필터

1 [File(파일)]－[New(새로 만들기)](Ctrl + N)를 선택한 후 아래의 조건으로 설정한 다음 [Create(만들기)]를 누른다.
- PRESET DETAILS(사전 설정 세부 정보)
  ： 수험번호－성명－2
- 단위 ： Pixels
- Width(폭) ： 400
- Height(높이) ： 500
- Resolution(해상도) ： 72Pixels/Inch
- Color Mode(색상모드) ： RGB
- Backgound Contents(배경색) ： White

2 [Edit(편집)]－[Preferences(속성)]－[Guides, Grid & Slices(안내선, 격자 및 분할 영역)](Ctrl + K)를 선택한 후 'Grid(격자)'의 Gridline Every(격자 간격) ： 100Pixels, Subdivisions(세분) ： 1로 설정하고 (OK)를 누른다.

3 [View(보기)]－[Show(표시)]－[Grid(격자)](Ctrl + ')와 [View(보기)]－[Rulers(눈금자)](Ctrl + R)를 나타낸다.

4 [File(파일)]－[Save as(다른 이름으로 저장)](Shift + Ctrl + S)를 클릭한 후 '내 PC₩문서₩GTQ' 폴더에 '수험번호－성명－2.psd'로 입력하고 [저장]을 누른다.

5 [File(파일)]－[Open(열기)](Ctrl + O)을 선택한 후 '1급－4.jpg'를 불러온다.

6 Ctrl + A 로 전체 선택한 후 Ctrl + C 로 복사하고 작업파일을 선택한 후 Ctrl + V 로 붙여넣기 한다.

7 Ctrl + T 로 크기/위치를 조절하고 Enter 를 누른다.

8 [Filter(필터)]－[Filter Gallery(필터 갤러리)]－[Texture(텍스처)]－[Texturizer(텍스처화)] 필터를 적용한 다음 (OK)를 누른다.

02 이미지 추출 및 색상 보정

1 [File(파일)]－[Open(열기)](Ctrl + O)을 선택한 후 '1급－5.jpg'를 불러온다.

2 Quick Selection Tool(빠른 선택,)로 배경을 선택영역으로 지정한다.

3 선택영역을 반전하기 위해 [Select(선택)]－[Inverse(반전)](Shift + Ctrl + I)를 누른다.

4 Ctrl + C 로 복사하고 작업파일을 선택한 후 Ctrl + V 로 붙여넣기 한다.

5 Ctrl + T 로 회전/크기/위치를 조절하고 Enter 를 누른다.

6 빨간색 계열로 보정하기 위해 Layer 2를 선택한 후 Quick Selection Tool(빠른 선택,)로 선택영역을 지정한다. [Layers(레이어)] 패널 하단의 Create new fill or adjustment layer(조정 레이어,)를 클릭한 후 [Hue/Saturation(색조/채도)]을 선택한다.

7 Colorize(색상화)에 체크한 후 아래와 같이 값을 변경하고 OK 를 누른다.
- Hue(색조) : 0
- Saturation(채도) : 60
- Lightness : −10

8 파란색 계열로 보정하기 위해 Layer 2를 선택한 후 Quick Selection Tool(빠른 선택,)로 선택영역을 지정한다. [Layers(레이어)] 패널 하단의 Create new fill or adjustment layer(조정 레이어,)를 클릭한 후 [Hue/Saturation(색조/채도)]을 선택한다.

9 Colorize(색상화)에 체크한 후 아래와 같이 값을 변경하고 OK 를 누른다.
- Hue(색조) : 230
- Saturation(채도) : 50
- Lightness(밝기) : −10

10 레이어 스타일을 적용하기 위해 [Layers(레이어)] 패널의 Layer 2를 선택한 후 하단의 fx 를 눌러 Drop Shadow(그림자 효과)를 선택해 적용하고 OK 를 누른다.

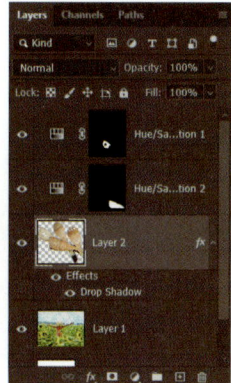

03 이미지 추출 및 레이어 스타일

1 [File(파일)]−[Open(열기)](Ctrl + O)을 선택한 후 '1급−6.jpg'를 불러온다.

2 Quick Selection Tool(빠른 선택,)로 선택영역을 지정한다.

3 Ctrl + C 로 복사하고 작업파일을 선택한 후 맨 위의 레이어에 클릭하고 Ctrl + V 로 붙여넣기 한다.

4 Ctrl + T 로 좌우대칭하기 위해 조절점 안쪽에서 마우스 오른쪽 클릭 후 Flip Horizontal(가로로 뒤집기)을 선택한다. 크기/위치를 조절하고 Enter 를 누른다.

5 레이어 스타일을 적용하기 위해 [Layers(레이어)] 패널 하단의 fx를 눌러 Outer Glow(외부 광선)를 선택해 적용하고 OK 를 누른다.

04 모양 지정 및 레이어 스타일

1 Custom Shape Tool(사용자 정의 모양,)을 선택한 후 옵션 바에서 Pick Tool Mode(선택 도구 모드) : Shape(모양), Stroke(획) : 색상 없음( )으로 설정한다. 모양 선택(Shape: →)을 눌러 아래의 모양을 찾아 그린다.
Nature(자연) - 해 2( )

2 색을 적용하기 위해 [Layers(레이어)] 패널의 Layer Thumbnail(레이어 축소판,)을 더블 클릭한 후 #ffff33을 입력하고 OK 를 누른다.

3 레이어 스타일을 적용하기 위해 [Layers(레이어)] 패널의 Layer 2를 선택한 후 하단의 fx를 눌러 Drop Shadow(그림자 효과)를 선택해 적용하고 OK 를 누른다.

4 다른 모양을 추가하기 위해 아래의 모양을 찾아 그린다.
Shapes(모양) - 도넛( )

5 색을 적용하기 위해 [Layers(레이어)] 패널의 Layer Thumbnail(레이어 축소판,)을 더블 클릭한 후 #ffffff를 입력하고 OK 를 누른다.

6 불투명도를 조정하기 위해 [Layers(레이어)] 패널의 Opacity(불투명도)를 60%로 설정한다.

7 레이어 스타일을 적용하기 위해 [Layers(레이어)] 패널 하단의 fx를 눌러 Inner Shadow(내부 그림자)를 선택해 적용하고 OK 를 누른다.

8 Ctrl + J 를 눌러 복제한다.

9 Ctrl + T 로 크기/위치를 조절하고 Enter 를 누른다.

05 문자 효과

1 Type Tool(수평 문자, T)을 선택한 후 빈 공간을 클릭한다. Healthy Meal을 입력한 후 Ctrl + Enter 를 눌러 완료한다.

2 옵션 바 또는 [Character(문자)] 패널에서 Times New Roman, Bold, 50pt로 설정한다.

③ 레이어 스타일을 적용하기 위해 [Layers(레이어)] 패널 하단의 fx 를 눌러 Gradient Overlay(그레이디언트 오버레이)를 선택한 후 아래와 같이 값을 변경한다.
- Opacity(불투명도) : 100%
- Style(스타일) : Linear(선형)
- Angle(각도) : 90°
- Scale(비율) : 100%
- Reverse(반전) : 체크

④ Gradient 편집 창( )을 클릭한 후 Color Stop(색상 정지점)을 더블클릭하여 좌측 : #33cc99, 우측 : #ffff99로 값을 변경하고 OK 를 누른다.

⑤ 레이어 스타일을 적용하기 위해 Drop Shadow(그림자 효과)를 선택해 적용하고 OK 를 누른다.

⑥ 텍스트를 뒤틀기 위해 Type Tool(수평 문자, T)을 선택한 후 옵션 바의 Create warped text(뒤틀어진 텍스트 만들기,)를 클릭하여 Style(스타일) : Arc Lower(아래 부채꼴), Bend(구부리기) : +50%로 값을 변경하고 OK 를 누른다.

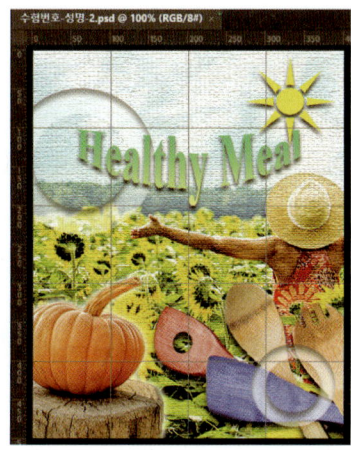

06 PSD, JPG 형식으로 저장하기

① [File(파일)]-[Save(저장)](Ctrl + S)를 선택한 후 기존 파일에 덮어쓰기 한다.

② JPG 파일 형식으로 저장하기 위해 [File(파일)]-[Save as(다른 이름으로 저장)](Shift + Ctrl + S)를 선택한 후 파일 형식을 클릭해 JPEG로 선택한다. '내 PC₩문서₩GTQ' 폴더에 '수험번호-성명-2'로 입력한 후 [저장]을 누른다.

③ PSD 파일의 사이즈를 1/10로 줄이기 위해 [Image(이미지)]-[Image Size(이미지 크기)](Alt + Ctrl + I)를 선택한 후 단위 : Pixel, Width(폭) : 40px, Height(높이) : 50px, Resolution(해상도) : 72Pixels/Inch로 설정하고 OK 를 누른다.

④ [File(파일)]-[Save(저장)](Ctrl + S)를 선택한 후 작은 사이즈로 최종 저장한다.

⑤ 완성된 파일을 확인하기 위해 파일 탐색기를 열어 '내 PC₩문서₩GTQ' 폴더에서 확인한다.

⑥ 시험장의 작업표시줄에 나타나는 'Koas 수험자용'을 클릭해 우측의 답안 전송 을 클릭한 후 해당하는 번호에 체크한다. 하단의 답안 전송 을 클릭한 후 닫기 를 누르면 최종 전송된 답안으로 채점이 이루어진다.

문제 3 [실무응용] 포스터 제작 25점

사용 이미지 미리보기

1급-7.jpg

1급-8.jpg

1급-9.jpg

1급-10.jpg

1급-11.jpg

사용자 정의 모양 미리보기

사용 기능

혼합모드	Hard Light(하드 라이트)
색상 조정	[Image(이미지)]-[Adjustment(조정)]-[Hue/Saturation(색조/채도)](Ctrl + U)
필터	• [Filter(필터)]-[Filter Gallery(필터 갤러리)]-[Brush Strokes(브러시 획)]-[Crosshatch(그물눈)] • [Filter(필터)]-[Pixelate(픽셀화)]-[Facet(단면화)]
이미지 추출	• Quick Selection Tool(빠른 선택,) • Magnetic Lasso Tool(자석 올가미,)
레이어 마스크	Add layer mask(레이어 마스크 추가,)
선택영역 안쪽에 붙여넣기	[Edit(편집)]-[Paste Special(특수 붙여넣기)]-[Paste Into(안쪽에 붙여넣기)](Alt + Ctrl + Shift + V)
이미지 사이즈	[Image(이미지)]-[Image Size(이미지 크기)](Alt + Ctrl + I)

01 새 캔버스 생성 및 배경에 색 채우기

1 [File(파일)]-[New(새로 만들기)](Ctrl + N)를 선택한 후 아래의 조건으로 설정하고 [Create(만들기)]를 누른다.
- PRESET DETAILS(사전 설정 세부 정보)
  : 수험번호-성명-3
- 단위 : Pixels
- Width(폭) : 600
- Height(높이) : 400
- Resolution(해상도) : 72Pixels/Inch
- Color Mode(색상모드) : RGB
- Backgound Contents(배경색) : White

2 [Edit(편집)]-[Preferences(속성)]-[Guides, Grid & Slices(안내선, 격자 및 분할 영역)](Ctrl + K)를 선택한 후 'Grid(격자)'의 Gridline Every(격자 간격) : 100Pixels, Subdivisions(세분) : 1로 설정하고 OK 를 누른다.

3 [View(보기)]-[Show(표시)]-[Grid(격자)](Ctrl + ')와 [View(보기)]-[Rulers(눈금자)](Ctrl + R)를 나타낸다.

4 [File(파일)]-[Save As(다른 이름으로 저장)](Shift + Ctrl + S)를 클릭한 후 '내 PC\문서\GTQ' 폴더에 '수험번호-성명-3.psd'로 입력한 후 [저장]을 누른다.

5 배경에 색을 채우기 위해 도구상자의 Set foreground color(전경색, ■)를 클릭한 후 #99cc99를 입력하고 OK 를 누른다. 전경색을 채우기 위해 Alt + Delete 를 누른다.

02 혼합모드 및 레이어 마스크

1 [File(파일)]-[Open(열기)](Ctrl + O)을 선택한 후 '1급-7.jpg'를 불러온다.

2 Ctrl + A 로 전체 선택한 후 Ctrl + C 로 복사하고 작업파일을 선택한 후 Ctrl + V 로 붙여넣기 한다.

3 Ctrl + T 로 크기/위치를 조절하고 Enter 를 누른다.

4 혼합모드를 적용하기 위해 [Layers(레이어)] 패널의 Blending Mode(혼합모드, [Normal ▼])를 'Hard Light(하드 라이트)'로 선택한다.

5 불투명도를 조정하기 위해 [Layers(레이어)] 패널 상단의 Opacity(불투명도)를 80%로 설정한다.

6 레이어 마스크를 적용하기 위해 [Layers(레이어)] 패널 하단의 Add layer mask(레이어 마스크 추가, ◉)를 클릭한다.

7 도구상자에서 Gradient Tool(그레이디언트, ▯)을 선택한 후 옵션 바에서 Gradient Presets(그레이디언트 사전 설정)을 클릭해 Basics(기본 사항)-'Black & White(검정, 흰색)'를 선택한다.

8 그림과 같이 가로 방향으로 드래그한다.

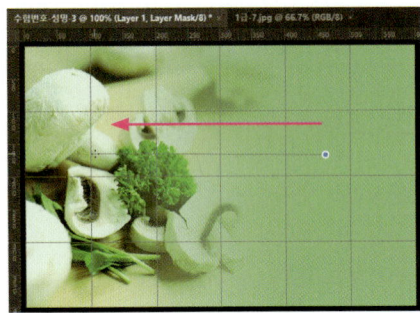

9 [File(파일)]-[Open(열기)](Ctrl + O)을 선택한 후 '1급-8.jpg'를 불러온다.

10 Ctrl + A 로 전체 선택한 후 Ctrl + C 로 복사하고 작업파일을 선택한 후 Ctrl + V 로 붙여넣기 한다.

11 Ctrl + T 로 좌우대칭하기 위해 조절점 안쪽에서 마우스 오른쪽 클릭 후 Flip Horizontal(가로로 뒤집기)을 선택한다. 크기/위치를 조절하고 Enter 를 누른다.

12 [Filter(필터)]-[Filter Gallery(필터 갤러리)]-[Brush Strokes(브러시 획)]-[Crosshatch(그물눈)] 필터를 적용한 다음 OK 를 누른다.

13 6~7을 참고해 레이어 마스크를 적용한다.

14 그림과 같이 대각선 방향으로 드래그한다.

03 선택영역 안에 붙여넣기 및 필터

1 [File(파일)]-[Open(열기)](Ctrl + O)을 선택한 후 '1급-9.jpg', '1급-10.jpg'를 불러온다.

2 먼저 '1급-10.jpg'에서 Quick Selection Tool(빠른 선택, ▯)로 배경을 선택한 다음 제외할 부분은 Alt 와 함께 선택한다.

3 선택영역을 반전하기 위해 [Select(선택)]-[Inverse(반전)](Shift + Ctrl + I)를 누른다.

4 Ctrl + C 로 복사하고 작업파일을 선택한 후 Ctrl + V 로 붙여넣기 한다.

5 Ctrl + T 로 크기/위치를 조절하고 Enter 를 누른다.

6 Quick Selection Tool(빠른 선택,)로 화이트 크림 부분을 선택영역으로 지정한다.

7 '1급-9.jpg'로 이동한 후 Ctrl + A 로 전체 선택하고 Ctrl + C 로 복사한다. 작업파일을 선택한 후 [Edit(편집)]-[Paste Special(특수 붙여넣기)]-[Paste Into(안쪽에 붙여넣기)](Alt + Ctrl + Shift + V)를 누른다.

8 Ctrl + T 로 크기/위치를 조절하고 Enter 를 누른다.

9 [Filter(필터)]-[Pixelate(픽셀화)]-[Facet(단면화)] 필터를 적용한 다음 OK 를 누른다.

10 레이어 스타일을 적용하기 위해 [Layers(레이어)] 패널 하단의 fx 를 눌러 Inner Shadow(내부 그림자)를 선택해 적용하고 OK 를 누른다.

11 레이어 스타일을 적용하기 위해 [Layers(레이어)] 패널의 Layer 3(딸기 타르트)을 선택한 후 하단의 fx 를 눌러 Outer Glow(외부 광선)를 선택해 적용하고 OK 를 누른다.

04 이미지 추출 및 색상 보정

1 [File(파일)]-[Open(열기)](Ctrl + O)을 선택한 후 '1급-11.jpg'를 불러온다.

2 Magnetic Lasso Tool(자석 올가미,)을 선택한 후 옵션 바의 Frequency를 100으로 설정한다. 첫 점을 클릭하여 이미지의 형태를 따라 추출한다.

3 Ctrl + C 로 복사한 후 작업파일을 선택하고 맨 위의 레이어를 선택한 후 Ctrl + V 로 붙여넣기 한다.

4 Ctrl + T 로 크기/위치를 조절하고 Enter 를 누른다.

5 녹색 계열로 보정하기 위해 Quick Selection Tool(빠른 선택,)로 선택영역(좌측 액체 부분)을 지정한 후 [Image(이미지)]-[Adjustments(조정)]-[Hue/Saturation(색조/채도)](Ctrl + U)을 선택한다.

6 Colorize(색상화)에 체크한 후 Hue(색조) : 120, Saturation(채도) : 50으로 값을 변경하고 OK 를 누른다.

7 Ctrl + D 를 눌러 선택영역을 해제한다.

8 레이어 스타일을 적용하기 위해 [Layers(레이어)] 패널의 Layer 5(병)를 선택한다. 하단의 fx를 눌러 Stroke(획)를 선택한 후 아래와 같이 값을 변경한다.
- Size(크기) : 5px
- Position(위치) : Outside(바깥쪽)
- Fill Type(칠 유형) : Gradient(그레이디언트)
- Style(스타일) : Linear(선형)
- Angle(각도) : 90°

9 Gradient(그레이디언트) 편집 창( )을 클릭한 후 Color Stop(색상 정지점)을 더블클릭하여 좌측 : #339900, 우측 : Opacity Stop(불투명도 정지점) 0%로 값을 변경하고 OK 를 누른다.

05 ▶ 모양 지정 및 레이어 스타일

1 Custom Shape Tool(사용자 정의 모양,)을 선택한 후 옵션 바에서 Pick Tool Mode(선택 도구 모드) : Shape(모양, Shape), Stroke(획) : 색상 없음( )으로 설정한다. 모양 선택(Shape:)을 눌러 아래의 모양을 찾아 그린다.
Arrows(화살표) — 화살표 17( )

2 색을 적용하기 위해 [Layers(레이어)] 패널의 Layer Thumbnail(레이어 축소판,)을 더블클릭한 후 #ff6600을 입력하고 OK 를 누른다.

3 레이어 스타일을 적용하기 위해 [Layers(레이어)] 패널 하단의 fx 를 눌러 Drop Shadow(그림자 효과)를 선택해 적용하고 OK 를 누른다.

4 Ctrl + J 를 눌러 복제한다.

5 Ctrl + T 로 크기/위치를 조절하고 Enter 를 누른다.

6 색을 적용하기 위해 [Layers(레이어)] 패널의 '화살표 17 copy' Layer Thumbnail(레이어 축소판,)을 더블클릭한 후 #ffcc99를 입력하고 OK 를 누른다.

7 다른 모양을 추가하기 위해 아래의 모양을 찾아 그린다.
Symbols(기호) — 반짝이는 별( )

8 레이어 스타일을 적용하기 위해 [Layers(레이어)] 패널 하단의 fx.를 눌러 Gradient Overlay(그 레이디언트 오버레이)를 선택한 후 아래와 같이 값을 변경한다.
- Opacity(불투명도) : 100%
- Style(스타일) : Linear(선형)
- Angle(각도) : 90°
- Scale(비율) : 100%

9 Gradient 편집 창(　　)을 클릭한 후 Color Stop(색상 정지점)을 더블클릭하여 좌측 : #ffcc33, 우측 : #ff3300으로 값을 변경하고 OK 를 누른다.

10 레이어 스타일을 추가하기 위해 Drop Shadow(그림자 효과)를 선택해 적용하고 OK 를 누른다.

11 다른 모양을 추가하기 위해 아래의 모양을 찾아 그린다.
Symbols(기호) – 등록 대상 2(　)

12 색을 적용하기 위해 [Layers(레이어)] 패널의 Layer Thumbnail(레이어 축소판, 　)을 더블클릭한 후 #ffffff를 입력하고 OK 를 누른다.

13 불투명도를 조정하기 위해 [Layers(레이어)] 패널 상단의 Opacity(불투명도)를 70%로 설정한다.

14 [Layers(레이어)] 패널에서 Layer 5(병)보다 아래로 이동한다.

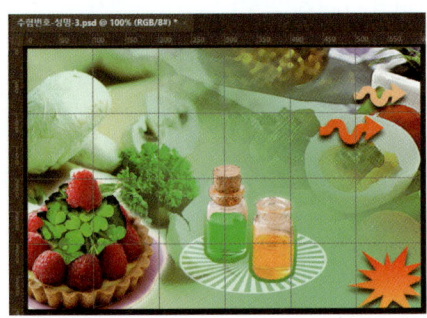

06 문자 효과

1 Type Tool(수평 문자, T)을 선택한 후 빈 공간을 클릭한다. 우리집의 웰빙 라이프를 입력하고 Ctrl + Enter 를 눌러 완료한다.

2 옵션 바나 [Character(문자)] 패널에서 궁서, 45pt로 설정한다.

3 레이어 스타일을 적용하기 위해 [Layers(레이어)] 패널 하단의 fx.를 눌러 Gradient Overlay(그레이디언트 오버레이)를 선택한 후 아래와 같이 값을 변경한다.
- Opacity(불투명도) : 100%
- Style(스타일) : Linear(선형)
- Angle(각도) : 0°
- Scale(비율) : 100%

4 Gradient 편집 창(　　)을 클릭한 후 Color Stop(색상 정지점)을 더블클릭하여 좌측 : #ff6633, 중간 : #009933, 우측 : #cc00cc로 값을 변경하고 OK 를 누른다.

5 레이어 스타일을 추가하기 위해 Stroke(획)를 선택한 후 아래와 같이 값을 변경한다.
- Size(크기) : 2px
- Position(위치) : Outside(바깥쪽)
- Fill Type(칠 유형) : Color(색상)
- 색상값 : #ffffff

6 레이어 스타일을 추가하기 위해 Drop Shadow(그림자 효과)를 선택해 적용하고 OK 를 누른다.

7 텍스트를 뒤틀기 위해 Type Tool(수평 문자, T)을 선택한 후 옵션 바의 Create warped text(뒤틀어진 텍스트 만들기, ⊥)를 클릭한다. Style(스타일) : Flag(깃발), Bend(구부리기) : +50%, Horizontal Distortion(가로 왜곡) : -40%로 값을 변경하고 OK 를 누른다.

8 Type Tool(수평 문자, T)을 선택한 후 빈 공간을 클릭한다. Healthy Food Healthy Life를 입력하고 Ctrl + Enter 를 눌러 완료한다.

9 옵션 바나 [Character(문자)] 패널에서 Arial, Regular, 20pt, #ffffcc로 설정한다.

10 레이어 스타일을 적용하기 위해 [Layers(레이어)] 패널 하단의 fx를 눌러 Stroke(획)를 선택한 후 아래와 같이 값을 변경한다.
- Size(크기) : 2px
- Position(위치) : Outside(바깥쪽)
- Fill Type(칠 유형) : Color(색상)
- 색상값 : #993399

11 텍스트를 뒤틀기 위해 Type Tool(수평 문자, T)을 선택한 후 옵션 바의 Create warped text(뒤틀어진 텍스트 만들기, ⊥)를 클릭하여 Style(스타일) : Flag(깃발), Bend(구부리기) : +50%로 값을 변경하고 OK 를 누른다.

12 Type Tool(수평 문자, T)을 선택한 후 빈 공간을 클릭한다. 특강일시 : 2024년 9월 28(토)를 입력하고 Ctrl + Enter 를 눌러 완료한다.

13 옵션 바 또는 [Character(문자)] 패널에서 궁서, 18pt로 설정한다.

14 레이어 스타일을 적용하기 위해 [Layers(레이어)] 패널 하단의 fx를 눌러 Gradient Overlay(그레이디언트 오버레이)를 선택한 후 아래와 같이 값을 변경한다.
- Opacity(불투명도) : 100%
- Style(스타일) : Linear(선형)
- Angle(각도) : 90°
- Scale(비율) : 100%

15 Gradient 편집 창(　　　)을 클릭한 후 Color Stop(색상 정지점)을 더블클릭하여 좌측 : #cc6600, 우측 : #330033으로 값을 변경하고 OK 를 누른다.

16 레이어 스타일을 추가하기 위해 Stroke(획)를 선택한 후 아래와 같이 값을 변경한다.
- Size(크기) : 2px
- Position(위치) : Outside(바깥쪽)
- Fill Type(칠 유형) : Color(색상)
- 색상값 : #ffffff

17 Type Tool(수평 문자, T)을 선택한 후 빈 공간을 클릭한다. 아기 이유식 / 학생 도시락을 입력하고 Ctrl + Enter 를 눌러 완료한다.

⑱ 옵션 바 또는 [Character(문자)] 패널에서 돋움, 18pt, #ff6600으로 설정한 후 학생 도시락만 선택하여 #33ff00으로 변경한다.

⑲ 레이어 스타일을 적용하기 위해 [Layers(레이어)] 패널 하단의 fx.를 눌러 Stroke(획)를 선택한 후 아래와 같이 값을 변경한다.
- Size(크기) : 2px
- Position(위치) : Outside(바깥쪽)
- Fill Type(칠 유형) : Color(색상)
- 색상값 : #333333

③ PSD 파일의 사이즈를 1/10로 줄이기 위해 [Image(이미지)]-[Image Size(이미지 크기)](Alt + Ctrl + I)를 선택한 후 단위 : Pixel, Width(폭) : 60px, Height(높이) : 40px, Resolution(해상도) : 72Pixels/Inch로 설정하고 OK 를 누른다.

④ [File(파일)]-[Save(저장)](Ctrl + S)를 선택한 후 작은 사이즈로 최종 저장한다.

⑤ 완성된 파일을 확인하기 위해 파일 탐색기를 열어 '내 PC₩문서₩GTQ' 폴더에서 확인한다.

⑥ 시험장의 작업표시줄에 나타나는 'Koas 수험자용'을 클릭해 우측의 답안 전송 을 클릭한 후 해당하는 번호에 체크한다. 하단의 답안 전송 을 클릭한 후 닫기 를 누르면 최종 전송된 답안으로 채점이 이루어진다.

07 PSD, JPG 형식으로 저장하기

① [File(파일)]-[Save(저장)](Ctrl + S)를 선택한 후 기존 파일에 덮어쓰기 한다.

② JPG 파일 형식으로 저장하기 위해 [File(파일)]-[Save as(다른 이름으로 저장)](Shift + Ctrl + S)를 선택한 후 파일 형식을 클릭해 JPEG로 선택한다. '내 PC₩문서₩GTQ' 폴더에 '수험번호-성명-3'으로 입력한 후 [저장]을 누른다.

문제 4 [실무응용] 웹 페이지 제작 35점

사용 이미지 미리보기

1급-12.jpg

1급-13.jpg

1급-14.jpg

1급-15.jpg

1급-16.jpg

1급-17.jpg

사용자 정의 모양 미리보기

사용 기능

패턴 정의 및 적용	• [Edit(편집)]-[Define Pattern(패턴 정의)] • Pattern Stamp Tool(패턴 도장,)
혼합모드	Linear Light(선형 라이트)
색상 조정	[Create new fill or adjustment layer(조정 레이어,)]-[Hue/Saturation(색조/채도)]
필터	• [Filter(필터)]-[Filter Gallery(필터 갤러리)]-[Brush Strokes(브러시 획)]-[Rough Pastels(거친 파스텔)] • [Filter(필터)]-[Filter Gallery(필터 갤러리)]-[Artistic(예술효과)]-[Poster Edges(포스터 가장자리)]
이미지 추출	• Quick Selection Tool(빠른 선택,) • Magic Wand Tool(자동 선택,)
레이어 마스크	Add layer mask(레이어 마스크 추가,)
이미지 사이즈	[Image(이미지)]-[Image Size(이미지 크기)](Alt + Ctrl + I)

01 새 캔버스 생성 및 배경에 색 채우기

1 [File(파일)]-[New(새로 만들기)](Ctrl + N)를 선택한 후 아래의 조건으로 설정하고 [Create(만들기)]를 누른다.
  - PRESET DETAILS(사전 설정 세부 정보)
    : 수험번호-성명-4
  - 단위 : Pixels
  - Width(폭) : 600
  - Height(높이) : 400
  - Resolution(해상도) : 72Pixels/Inch
  - Color Mode(색상모드) : RGB
  - Backgound Contents(배경색) : White

2 [Edit(편집)]-[Preferences(속성)]-[Guides, Grid & Slices(안내선, 격자 및 분할 영역)](Ctrl + K)를 선택한 후 'Grid(격자)'의 Gridline Every(격자 간격) : 100Pixels, Subdivisions(세분) : 1로 설정하고 OK 를 누른다.

3 [View(보기)]-[Show(표시)]-[Grid(격자)](Ctrl + ')와 [View(보기)]-[Rulers(눈금자)](Ctrl + R)를 나타낸다.

4 [File(파일)]-[Save as(다른 이름으로 저장)](Shift + Ctrl + S)를 클릭한 후 '내 PC₩문서₩GTQ' 폴더에 '수험번호-성명-4.psd'로 입력하고 [저장]을 누른다.

5 배경에 색을 채우기 위해 도구상자의 Set foreground color(전경색, ■)를 클릭한 후 #ccffcc를 입력하고 OK 를 누른다. 전경색을 채우기 위해 Alt + Delete 를 누른다.

02 패턴 제작 및 등록

1 Pattern(패턴)을 만들기 위해 [File(파일)]-[New(새로 만들기)](Ctrl + N)를 선택한 후 아래의 조건으로 설정하고 [Create(만들기)]를 누른다.
  - 단위 : Pixels
  - Width(폭) : 40
  - Height(높이) : 40
  - Resolution(해상도) : 72Pixels/Inch
  - Color Mode(색상모드) : RGB
  - Backgound Contents(배경색) : White

2 Custom Shape Tool(사용자 정의 모양, ▨)을 선택한 후 옵션 바에서 Pick Tool Mode(선택 도구 모드) : Shapes(모양, Shape ⌄), Stroke(획) : 색상 없음(▨)으로 설정한 다음 아래의 모양을 찾아 그린다.
Shape(모양) - 5포인트 별(★)

3 색을 적용하기 위해 [Layers(레이어)] 패널의 Layer Thumbnail(레이어 축소판, ▨)을 더블 클릭한 후 #996699를 입력하고 OK 를 누른다.

4 [Layers(레이어)] 패널 하단의 Background(배경)의 눈 아이콘(👁)을 클릭해 해제한다.

5 다른 모양을 추가하기 위해 아래의 모양을 찾아 그린다.
Ornaments(장식) – 나뭇잎 장식 2(🌿)

6 색을 적용하기 위해 [Layers(레이어)] 패널의 Layer Thumbnail(레이어 축소판, 🔲)을 더블 클릭한 후 #ffffff를 입력하고 OK 를 누른다.

7 패턴을 정의하기 위해 [Edit(편집)]–[Define Pattern(패턴 정의)]을 눌러 확인 후 OK 를 누른다.

03 혼합모드 및 레이어 마스크

1 [File(파일)]–[Open(열기)](Ctrl + O)을 선택한 후 '1급-12.jpg'를 불러온다.

2 Ctrl + A 로 전체 선택한 후 Ctrl + C 로 복사하고 작업파일을 선택한 후 Ctrl + V 로 붙여넣기 한다.

3 Ctrl + T 로 크기/위치를 조절하고 Enter 를 누른다.

4 혼합모드를 적용하기 위해 [Layers(레이어)] 패널의 Blending Mode(혼합모드, Normal)를 'Linear Light(선형 라이트)'로 선택한다.

5 레이어 마스크를 적용하기 위해 [Layers(레이어)] 패널 하단의 Add layer mask(레이어 마스크 추가, ◻)를 클릭한다.

6 도구상자에서 Gradient Tool(그레이디언트, ▭)을 선택한 후 옵션 바에서 Gradient Presets(그레이디언트 사전 설정)을 클릭해 Basics(기본 사항)–'Black & White(검정, 흰색)'를 선택한다.

7 그림과 같이 세로 방향으로 드래그한다.

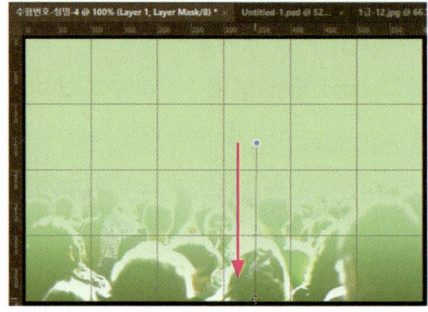

8 [File(파일)]–[Open(열기)](Ctrl + O)을 선택한 후 '1급-13.jpg'를 불러온다.

9 Ctrl + A 로 전체 선택한 후 Ctrl + C 로 복사하고 작업파일을 선택한 후 Ctrl + V 로 붙여넣기 한다.

10 Ctrl + T 로 크기/위치를 조절하고 Enter 를 누른다.

⑪ [Filter(필터)]-[Filter Gallery(필터 갤러리)]-[Artistic(예술효과)]-[Rough Pastels(거친 파스텔)] 필터를 적용한 다음 OK 를 누른다.

⑫ 불투명도를 조정하기 위해 [Layers(레이어)] 패널의 Opacity(불투명도)를 70%로 설정한다.

⑬ ⑤~⑥을 참고해 레이어 마스크를 적용하여 세로 방향으로 드래그한다.

04 이미지 추출 및 색상 보정

① [File(파일)]-[Open(열기)](Ctrl + O)을 선택한 후 '1급-14.jpg'를 불러온다.

② Magic Wand Tool(자동 선택,)을 선택한 후 옵션 바의 Tolerance(허용치)를 32, Contiguous(인접)에 체크한 다음 배경을 클릭한다.

③ 선택영역을 반전하기 위해 [Select(선택)]-[Inverse(반전)](Shift + Ctrl + I)를 누른다.

④ Ctrl + C 로 복사하고 작업파일을 선택한 후 Ctrl + V 로 붙여넣기 한다.

⑤ Ctrl + T 로 좌우대칭하기 위해 조절점 안쪽에서 마우스 오른쪽 클릭 후 Flip Horizontal(가로로 뒤집기)을 선택한다. 크기/위치를 조절하고 Enter 를 누른다.

⑥ 레이어 스타일을 적용하기 위해 [Layers(레이어)] 패널 하단의 fx 를 눌러 Bevel and Emboss(경사와 엠보스)를 선택해 적용하고 OK 를 누른다.

⑦ [File(파일)]-[Open(열기)](Ctrl + O)을 선택한 후 '1급-15.jpg'를 불러온다.

⑧ Quick Selection Tool(빠른 선택,)로 선택영역을 지정한다.

⑨ Ctrl + C 로 복사하고 작업파일을 선택한 후 Ctrl + V 로 붙여넣기 한다.

⑩ Ctrl + T 로 크기/위치를 조절하고 Enter 를 누른다.

⑪ [Filter(필터)]-[Filter Gallery(필터 갤러리)]-[Artistic(예술효과)]-[Poster Edges(포스터 가장자리)] 필터를 적용한 다음 OK 를 누른다.

⑫ 레이어 스타일을 적용하기 위해 [Layers(레이어)] 패널 하단의 fx를 눌러 Outer Glow(외부 광선)를 선택해 적용하고 OK 를 누른다.

⑬ [File(파일)]-[Open(열기)](Ctrl + O)을 선택한 후 '1급-16.jpg'를 불러온다.

⑭ Magic Wand Tool(자동 선택,) 을 선택한 후 옵션 바의 Tolerance(허용치)를 40, Contiguous(인접)에 체크한 다음 배경을 클릭한다. Shift 와 함께 추가영역을 클릭해 지정한다.

⑮ 선택영역을 반전하기 위해 [Select(선택)]-[Inverse(반전)](Shift + Ctrl + I)를 누른다.

⑯ Ctrl + C 로 복사하고 작업파일을 선택한 후 Ctrl + V 로 붙여넣기 한다.

⑰ Ctrl + T 로 크기/위치를 조절하고 Enter 를 누른다.

⑱ 파란색 계열로 보정하기 위해 Quick Selection Tool(빠른 선택,)로 선택영역(맨 왼쪽 과일)을 지정한다. [Layers(레이어)] 패널 하단의 Create new fill or adjustment layer(조정 레이어,)에서 Hue/Saturation(색조/채도, Ctrl + U)을 선택한다.

⑲ [Properties(속성)] 패널의 [Hue/Saturation(색조/채도)]에서 Colorize(색상화)에 체크한 후 Hue(색조) : 230, Saturation(채도) : 60으로 값을 변경하고 OK 를 누른다.

⑳ 레이어 스타일을 적용하기 위해 [Layers(레이어)] 패널의 Layer 5(과일)를 선택한다. 하단의 fx를 눌러 Stroke(획)를 선택한 후 아래와 같이 값을 변경하고 OK 를 누른다.
• Size(크기) : 2px
• Position(위치) : Outside(바깥쪽)
• Fill Type(칠 유형) : Color(색상)
• 색상값 : #ff99ff

㉑ [File(파일)]-[Open(열기)](Ctrl + O)을 선택한 후 '1급-17.jpg'를 불러온다.

㉒ Quick Selection Tool(빠른 선택,)로 선택영역을 지정한다.

㉓ Polygonal Lasso Tool(다각형 올가미,)로 추가할 영역은 Shift 와 함께, 제외할 영역은 Alt 와 함께 선택한다.

㉔ Ctrl + C 로 복사하고 작업파일을 선택한 후 Ctrl + V 로 붙여넣기 한다.

㉕ Ctrl + T 로 크기/위치를 조절하고 Enter 를 누른다.

05 패스 제작 및 패턴 적용

1 Pen Tool(펜,)을 선택한 후 옵션 바에서 Pick Tool Mode(선택 도구 모드) : Path(패스, Path), Path operations(패스 작업) : Exclude Overlapping Shapes(모양 오버랩 제외,)로 지정한다.

2 배경 레이어의 눈 아이콘( )을 Alt +클릭해 나머지 레이어의 눈을 끈다. (선택사항)

> **Plus@**
> 배경 레이어를 선택하지는 않는다. 새 레이어 추가 시 맨 위로 생성되지 않기 때문이다.

3 아래의 그림을 참고해 그린 다음 패스의 유실을 방지하기 위해 [Path(패스)] 패널을 선택하여 Work Path(작업 패스) 이름 부분을 더블클릭한다. Save Path(패스 저장)가 나오면 OK 를 누른다.

4 나머지 부분도 그린다.

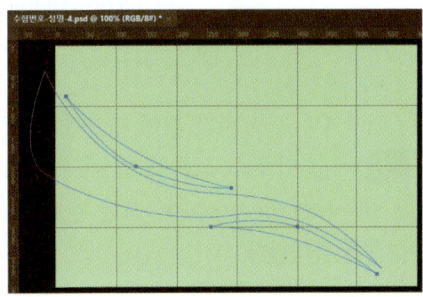

5 Direct Selection Tool(직접 선택,)로 기준점과 기준선 등을 수정하여 마무리한다.

6 레이어로 지정하기 위해 [Path(패스)] 패널 하단의 Load as a selection(패스를 선택영역으로 지정,)을 클릭한다.

7 [Layers(레이어)] 패널로 이동한 후 하단의 Create a new layer(새 레이어, , Ctrl + Shift + N)를 클릭해 추가한다.

8 전경색( )을 #993399로 변경한 후 Alt + Delete 를 눌러 채운다.

9 Ctrl + D 를 눌러 선택영역을 해제한다.

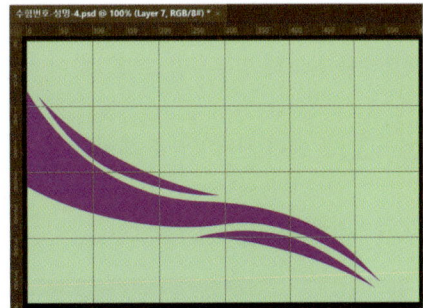

⑩ 레이어 스타일을 적용하기 위해 [Layers(레이어)] 패널 하단의 fx를 눌러 Drop Shadow(그림자 효과)를 선택해 적용하고 OK를 누른다.

⑪ 모든 레이어의 눈을 켜기 위해 레이어의 눈 아이콘(👁)에서 마우스 오른쪽 클릭 후 'Show/hide all other layers(다른 모든 레이어 표시/숨기기)'를 클릭한다.

⑫ 패턴을 Layer 7의 일부분에만 적용하기 위해 Ctrl과 함께 Layer Thumbnail(레이어 축소판, 🔲)을 클릭해 선택영역으로 지정한다. Create a new layer(새 레이어, ➕, Ctrl + Shift + N)를 클릭해 추가한다.

⑬ Pattern Stamp Tool(패턴 도장, 🖌)을 선택한 후 옵션 바에서 브러시의 크기를 60px 정도로 설정하고 패턴 피커에서 저장된 패턴을 선택한다.

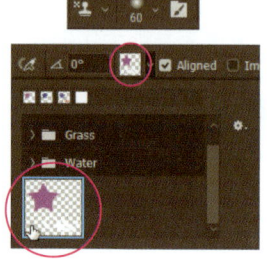

⑭ 출력형태를 참고해 일부분만 드래그하여 채운다.

⑮ Ctrl + D를 눌러 선택영역을 해제한다.

⑯ 과일 레이어를 맨 위로 이동한다.

06 모양 지정 및 레이어 스타일

❶ Custom Shape Tool(사용자 정의 모양, 🎨)을 선택한 후 옵션 바에서 Pick Tool Mode(선택 도구 모드) : Shape(모양, Shape), Stroke(획) : 색상 없음(⊘)으로 설정한다. 모양 선택(Shape: →)을 눌러 아래의 모양을 찾아 그린다.
Nature(자연) – 나뭇잎 3(🍃)

❷ 색을 적용하기 위해 [Layers(레이어)] 패널의 Layer Thumbnail(레이어 축소판, 🔲)을 더블클릭한 후 #33cc00을 입력하고 OK를 누른다.

❸ Ctrl + T로 회전/크기/위치를 조절하고 Enter를 누른다.

❹ 레이어 스타일을 적용하기 위해 [Layers(레이어)] 패널 하단의 fx를 눌러 Outer Glow(외부 광선)를 선택해 적용하고 OK를 누른다.

❺ Ctrl + J를 눌러 복제한다.

❻ Ctrl + T로 회전/크기/위치를 조절하고 Enter를 누른다.

❼ 색을 적용하기 위해 [Layers(레이어)] 패널의 Layer Thumbnail(레이어 축소판, 🔲)을 더블클릭한 후 #339900을 입력하고 OK를 누른다.

❽ 다른 모양을 추가하기 위해 아래의 모양을 찾아 그린다.
Talk Bubbles(말풍선) – 대화 10(💬)

9 Ctrl + T 로 좌우대칭하기 위해 조절점 안쪽에서 마우스 오른쪽 클릭 후 Flip Horizontal(가로로 뒤집기)을 선택한다. 크기/위치를 조절하고 Enter 를 누른다.

10 색을 적용하기 위해 [Layers(레이어)] 패널의 Layer Thumbnail(레이어 축소판,)을 더블클릭한 후 #33ccff를 입력하고 OK 를 누른다.

11 레이어 스타일을 적용하기 위해 [Layers(레이어)] 패널 하단의 fx 를 눌러 Drop Shadow(그림자 효과)를 선택해 적용하고 OK 를 누른다.

12 메뉴 부분을 만들기 위해 아래의 모양을 찾아 그린다.
Banners and Awards(배너 및 상장) – 배너 4

13 레이어 스타일을 적용하기 위해 [Layers(레이어)] 패널 하단의 fx 를 눌러 Gradient Overlay(그레이디언트 오버레이)를 선택한 후 아래와 같이 값을 변경한다.
• Opacity(불투명도) : 100%
• Style(스타일) : Linear(선형)
• Angle(각도) : -90°
• Scale(비율) : 100%

14 Gradient(그레이디언트) 편집 창( )을 클릭한 후 Color Stop(색상 정지점)을 더블클릭하여 좌측 : #ffffff, 우측 : #cc66ff로 값을 변경하고 OK 를 누른다.

15 레이어 스타일을 추가하기 위해 Stroke(획)를 선택한 후 아래와 같이 값을 변경하고 OK 를 누른다.
• Size(크기) : 2px
• Position(위치) : Outside(바깥쪽)
• Fill Type(칠 유형) : Color(색상)
• 색상값 : #3366ff

16 메뉴에 텍스트를 입력하기 위해 Type Tool(수평 문자, T)을 선택한 후 Shift +클릭하여 사전등록을 입력하고 Ctrl + Enter 를 눌러 완료한다.

Plus@
Shift +클릭 후 입력하는 이유는 모양이 선택된 상태에서 텍스트를 입력하면 영역 안에 글자가 입력되기 때문이다.

17 옵션 바 또는 [Character(문자)] 패널에서 돋움, 20pt, 왼쪽 정렬, #003399로 설정한다.

18 레이어 스타일을 적용하기 위해 [Layers(레이어)] 패널 하단의 fx 를 눌러 Stroke(획)를 선택한 후 아래와 같이 값을 변경하고 OK 를 누른다.
• Size(크기) : 2px
• Position(위치) : Outside(바깥쪽)
• Fill Type(칠 유형) : Color(색상)
• 색상값 : #ffffff

19 메뉴를 복제하기 위해 '배너 모양'과 '텍스트 레이어'를 Shift 와 함께 클릭한 후 Move Tool(이동,)을 선택해 Alt 와 함께 아래 방향으로 드래그하여 두 번 복제한다.

20 두 번째의 텍스트를 수정하기 위해 [Layers(레이어)] 패널의 Indicates text layer(텍스트 레이어, T)를 더블클릭한 후 현장구매를 입력하고 Ctrl + Enter 를 눌러 완료한다.

㉑ 옵션 바 또는 [Character(문자)] 패널에서 #cc0000으로 변경한다.

㉒ 세 번째 텍스트도 ⑳과 같은 방법으로 문의사항으로 수정한다.

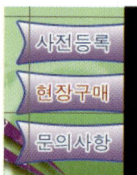

07 문자 효과

① Type Tool(수평 문자, T)을 선택한 후 빈 공간을 클릭한다. 웰빙 건강 박람회를 입력하고 Ctrl + Enter 를 눌러 완료한다.

② 옵션 바 또는 [Character(문자)] 패널에서 돋움, 43pt로 설정한다.

③ 레이어 스타일을 적용하기 위해 [Layers(레이어)] 패널 하단의 fx를 눌러 Gradient Overlay(그 레이디언트 오버레이)를 선택한 후 아래와 같이 값을 변경한다.
- Opacity(불투명도) : 100%
- Style(스타일) : Reflected(반사)
- Angle(각도) : 90°
- Scale(비율) : 100%
- Reverse(반전) : 체크

④ Gradient 편집 창(　　　)을 클릭한 후 Color Stop(색상 정지점)을 더블클릭하여 좌측 : #ff00ff, 우측 : #66ccff로 값을 변경하고 OK 를 누른다.

⑤ 레이어 스타일을 추가하기 위해 Stroke(획)를 선택한 후 아래와 같이 값을 변경하고 OK 를 누른다.
- Size(크기) : 3px
- Position(위치) : Outside(바깥쪽)
- Fill Type(칠 유형) : Color(색상)
- 색상값 : #ffffff

⑥ 텍스트를 뒤틀기 위해 Type Tool(수평 문자, T)을 선택한 후 옵션 바의 Create warped text(뒤틀어진 텍스트 만들기,)를 클릭하여 Style(스타일) : Arc Lower(아래 부채꼴), Bend(구부리기) : +40%로 값을 변경하고 OK 를 누른다.

⑦ Type Tool(수평 문자, T)을 선택한 후 빈 공간을 클릭한다. Well-being Health Fair를 입력하고 Ctrl + Enter 를 눌러 완료한다.

⑧ 옵션 바 또는 [Character(문자)] 패널에서 Arial, Regular, 20pt, #cc00cc로 설정한다.

⑨ 레이어 스타일을 적용하기 위해 [Layers(레이어)] 패널 하단의 fx를 눌러 Stroke(획)를 선택한 후 아래와 같이 값을 변경하고 OK 를 누른다.
- Size(크기) : 2px
- Position(위치) : Outside(바깥쪽)
- Fill Type(칠 유형) : Color(색상)
- 색상값 : #ffffff

❿ 텍스트를 뒤틀기 위해 Type Tool(수평 문자, T)을 선택한 후 옵션 바의 Create warped text(뒤틀어진 텍스트 만들기, T)를 클릭하여 Style(스타일) : Arc Upper(위 부채꼴), Bend(구부리기) : +30%로 값을 변경하고 OK 를 누른다.

⓫ Type Tool(수평 문자, T)을 선택한 후 빈 공간을 클릭한다. 이벤트 바로가기를 입력하고 Ctrl + Enter 를 눌러 완료한다.

⓬ 옵션 바 또는 [Character(문자)] 패널에서 궁서, 20pt, #ffffff로 설정한다.

⓭ 레이어 스타일을 적용하기 위해 [Layers(레이어)] 패널 하단의 fx를 눌러 Stroke(획)를 선택한 후 아래와 같이 값을 변경하고 OK 를 누른다.
• Size(크기) : 2px
• Position(위치) : Outside(바깥쪽)
• Fill Type(칠 유형) : Color(색상)
• 색상값 : #3333ff

08 PSD, JPG 형식으로 저장하기

❶ [File(파일)]−[Save(저장)](Ctrl + S)를 선택한 후 기존 파일에 덮어쓰기 한다.

❷ JPG 파일 형식으로 저장하기 위해 [File(파일)]−[Save as(다른 이름으로 저장)](Shift + Ctrl + S)를 선택한 후 파일 형식을 클릭해 JPEG로 선택한다. '내 PC₩문서₩GTQ' 폴더에 '수험번호−성명−4'로 입력한 후 [저장]을 누른다.

❸ PSD 파일의 사이즈를 1/10로 줄이기 위해 [Image(이미지)]−[Image Size(이미지 크기)](Alt + Ctrl + I)를 선택한 후 단위 : Pixel, Width(폭) : 60px, Height(높이) : 40px, Resolution(해상도) : 72Pixels/Inch로 설정 후 OK 를 누른다.

❹ [File(파일)]−[Save(저장)](Ctrl + S)를 선택한 후 작은 사이즈로 최종 저장한다.

❺ 완성된 파일을 확인하기 위해 파일 탐색기를 열어 '내 PC₩문서₩GTQ' 폴더에서 확인한다.

❻ 시험장의 작업표시줄에 나타나는 'Koas 수험자용'을 클릭해 우측의 답안 전송 을 클릭한 후 해당하는 번호에 체크한다. 하단의 답안 전송 을 클릭한 후 닫기 를 누르면 최종 전송된 답안으로 채점이 이루어진다.

✓ Check Point !

		O	X
공통	• 제시된 크기(px)와 해상도(72Pixels/Inch)로 파일을 만들었나요? • '수험번호-성명-문제번호.psd'로 저장했나요? • 그리드(Ctrl+')와 눈금자(Ctrl+R)를 표시했나요? • 시험지에도 자를 이용해 100픽셀씩 그리드를 그려주었나요?		
문제1번	• 만든 패스를 저장했나요? • 클리핑 마스크를 적용했나요? • 각 이미지와 Shape(모양)에 레이어 스타일과 필터를 적용했나요?		
문제2번	• 제시된 색상으로 보정했나요? • 각 이미지와 Shape(모양)에 레이어 스타일과 필터를 적용했나요?		
문제3번	• 배경에 색을 적용했나요? • Blending Mode(혼합모드)를 적용했나요? • 레이어 마스크의 방향을 맞게 적용했나요? • 제시된 색상으로 보정했나요? • 각 이미지와 Shape(모양)에 레이어 스타일과 필터를 적용했나요?		
문제4번	• 배경에 색을 적용했나요? • 패턴을 제작하여 등록하였나요? • Blending Mode(혼합모드)를 적용했나요? • 레이어 마스크의 방향을 맞게 적용했나요? • 제시된 색상으로 보정했나요? • 1급-17.jpg를 제외한 이미지와 Shape(모양)에 레이어 스타일과 필터를 적용했나요? • 펜 도구를 이용하여 오브젝트를 그려 패턴으로 적용하였나요?		
공통	• '수험번호-성명-문제번호.jpg'로 저장했나요? • 1/10로 줄여 '수험번호-성명-문제번호.psd'로 저장했나요?		

※ 시험장에서는 반드시 전송까지 실행해 주세요.

PART 5
실전 모의고사

CHAPTER 01 제1회 실전 모의고사
CHAPTER 02 제2회 실전 모의고사
CHAPTER 03 제3회 실전 모의고사
CHAPTER 04 제4회 실전 모의고사
CHAPTER 05 제5회 실전 모의고사

※ 본문에서는 일부 레이어 스타일의 값을 아래와 같이 적용하였으니 참고하시기 바랍니다.

Bevel and Emboss(경사와 엠보스)
- Style(스타일) : Inner Bevel(내부 경사)
- Depth(깊이) : 100%
- Size(크기) : 7px

Plus α

Style(스타일) : Pillow Emboss(쿠션 엠보스)의 효과가 출제될 경우도 있으니 출력형태를 반드시 확인하고 적용한다.

▲ Inner Bevel   ▲ Pillow Emboss

Inner Shadow(내부 그림자)
- Opacity(불투명도) : 60~70%
- Angle(각도) : 90~120°
- Distance(거리) : 5~7px
- Choke(경계 감소) : 0%
- Size(크기) : 5~7px

Inner Glow(내부 광선)
- Opacity(불투명도) : 60~70%
- Choke(경계 감소) : 0%
- Size(크기) : 10~15px

Outer Glow(외부 광선)
- Opacity(불투명도) : 60~70%
- Spread(스프레드) : 0~10%
- Size(크기) : 10~15px

Drop Shadow(그림자 효과)
- Opacity(불투명도) : 60~70%
- Angle(각도) : 90~120°
- Distance(거리) : 5~7px
- Spread(스프레드) : 0~10%
- Size(크기) : 5~7px

Plus α

Angle(각도) 부분이 기존의 각도와 다를 수 있으니 출력형태를 반드시 확인하고 적용한다.

▲ 기본 Angle(각도) : 120°

▲ Angle(각도) : 45°, Use Global Light(전체 조명 사용) 체크 해제

CHAPTER 01

제1회 실전 모의고사 [S/W:포토샵]

급수	문제유형	시험시간	수험번호	성명
1급	A	90분		

수험자 유의사항

- 수험자는 문제지를 받는 즉시 응시하고자 하는 과목 및 급수가 맞는지 확인한 후 수험번호와 성명을 작성합니다.
- 파일명은 본인의 "수험번호-성명-문제번호"로 공백 없이 정확히 입력하고 답안폴더(내 PC₩문서₩GTQ)에 jpg 파일과 psd 파일의 2가지 포맷으로 저장해야 하며, jpg 파일과 psd 파일의 내용이 상이할 경우 0점 처리됩니다. 답안문서 파일명이 "수험번호-성명-문제번호"와 일치하지 않거나, 답안 파일을 전송하지 않아 미제출로 처리될 경우 불합격 처리됩니다.
- 문제의 세부조건은 '영문(한글)' 형식으로 표기되어 있으니 유의하시기 바랍니다.
- 수험자 정보와 저장한 파일명, 저장 위치가 다를 경우 전송이 되지 않으므로, 주의하시기 바랍니다.
- 답안 작성 중에도 주기적으로 '저장'과 '답안 전송'을 이용하여 감독위원 PC로 답안을 전송하셔야 합니다.
  (※ 작업한 내용을 저장하지 않고 전송할 경우 이전의 저장내용이 전송되오니 이점 반드시 유념하시기 바랍니다.)
- 답안문서는 지정된 경로 외의 다른 보조기억장치에 저장하는 행위, 지정된 시험 시간 외에 작성된 파일을 활용한 행위, 기타 허용되지 않은 프로그램(이메일, 메신저, 게임, 네트워크 등) 이용 시 부정행위로 간주되어 자격기본법 제32조에 의거 본 시험 및 국가공인 자격시험을 2년간 응시할 수 없습니다.
- 시험 중 부주의 또는 고의로 시스템을 파손한 경우와 〈수험자 유의사항〉에 기재된 방법대로 이행하지 않아 생기는 불이익은 수험자의 책임임을 알려 드립니다.
- 시험을 완료한 수험자는 최종적으로 저장한 답안 파일이 전송되었는지 확인한 후 감독위원의 지시에 따라 문제지를 제출하고 퇴실합니다.

답안 작성요령

- 온라인 답안 작성 절차
  수험자 등록 ⇒ 시험 시작 ⇒ 답안 파일 저장 ⇒ 답안 전송 ⇒ 시험 종료
- 내 PC₩문서₩GTQ₩Image 폴더에 있는 그림 원본파일을 사용하여 답안을 작성하시고 최종답안을 답안폴더(내 PC₩문서₩GTQ)에 저장하여 답안을 전송하시고, 이미지의 크기가 다른 경우 감점 처리됩니다.
- 배점은 총 100점으로 이루어지며, 점수는 각 문제별로 차등 배분됩니다.
- 각 문제는 주어진 〈조건〉에 따라 작성하고, 언급하지 않은 조건은 《출력형태》와 같이 작성합니다.
- 배치 등의 편의를 위해 주어진 눈금자의 단위는 '픽셀'입니다.
- 그 외는 출력형태(효과, 이미지, 문자, 색상, 레이아웃, 규격 등)와 같게 작업하십시오.
- 문제 조건에 서체의 지정이 없을 경우 한글은 굴림이나 돋움, 영문은 Arial로 작업하십시오. (단, 그 외에 제시되지 않은 문자 속성을 기본값으로 작성하지 않은 경우는 감점 처리됩니다.)
- Image Mode(이미지 모드)는 별도의 처리조건이 없을 경우에는 RGB(8비트)로 작업하십시오.
- 모든 답안 파일은 해상도 72pixels/inch로 작업하십시오.
- Layer(레이어)는 각 기능별로 분할해야 하며, 임의로 합칠 경우나 각 기능에 대한 속성을 해지할 경우 해당 요소는 0점 처리됩니다.

문제 1 [기능평가] 고급 Tool(도구) 활용
20점

다음의 《조건》에 따라 아래의 《출력형태》와 같이 작업하시오.

조건

원본이미지	문서\GTQ\Image\1급-1.jpg, 1급-2.jpg, 1급-3.jpg		
파일 저장 규칙	JPG	파일명	문서\GTQ\수험번호-성명-1.jpg
		크기	400 × 500 pixels
	PSD	파일명	문서\GTQ\수험번호-성명-1.psd
		크기	40 × 50 pixels

1. 그림 효과
   ① 1급-1.jpg : 필터 – Water Paper(물 종이/젖은 종이)
   ② Save Path(패스 저장) : 장바구니 모양
   ③ Mask(마스크) : 장바구니 모양, 1급-2.jpg를 이용하여 작성
      레이어 스타일 – Stroke(선/획)(4px, 그레이디언트(#9966cc, #ff99ff)), Inner Shadow(내부 그림자)
   ④ 1급-3.jpg : 레이어 스타일 – Drop Shadow(그림자 효과)
   ⑤ Shape Tool(모양 도구) :
      – 카트 모양 (#ff3399, 레이어 스타일 – Outer Glow(외부 광선))
      – 고양이 모양 (#6699ff, 레이어 스타일 – Outer Glow(외부 광선))
      – 강아지 모양 (#ff9900, 레이어 스타일 – Inner Shadow(내부 그림자))

2. 문자 효과
   ① 반려용품 플리마켓 (궁서, 48pt, 레이어 스타일 – 그레이디언트 오버레이(#3366cc, #ff66ff), Stroke(선/획)(2px, #ffffff), Drop Shadow(그림자 효과))

출력형태

문제 2 [기능평가] 사진편집 응용
20점

다음의 《조건》에 따라 아래의 《출력형태》와 같이 작업하시오.

조건

원본이미지	문서₩GTQ₩Image₩1급-4.jpg, 1급-5.jpg, 1급-6.jpg		
파일 저장 규칙	JPG	파일명	문서₩GTQ₩수험번호-성명-2.jpg
		크기	400 × 500 pixels
	PSD	파일명	문서₩GTQ₩수험번호-성명-2.psd
		크기	40 × 50 pixels

1. 그림 효과
   ① 1급-4.jpg : 필터 - Cutout(오려내기)
   ② 색상 보정 : 1급-5.jpg - 파란색 계열로 보정
   ③ 1급-5.jpg : 레이어 스타일 - Outer Glow(외부 광선)
   ④ 1급-6.jpg : 레이어 스타일 - Stroke(선/획)(3px, #6699ff)
   ⑤ Shape Tool(모양 도구) :
      - 꽃 장식 모양 (#ffff33, #ccff99, 레이어 스타일 - Bevel and Emboss(경사와 엠보스), Opacity(불투명도)(80%))
      - 지구본 모양 (#66ccff, 레이어 스타일 - Drop Shadow(그림자 효과))

2. 문자 효과
   ① 같이 ♥ 가치 (궁서, 57pt, 레이어 스타일 - 그레이디언트 오버레이(#993300, #6666ff), Stroke(선/획)(3px, #ffffff))

출력형태

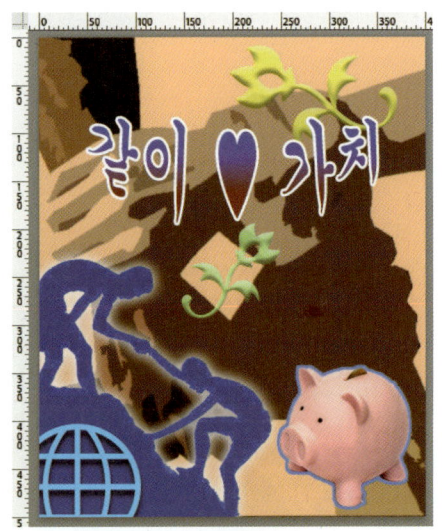

문제 3 [실무응용] 포스터 제작
25점

다음의 《조건》에 따라 아래의 《출력형태》와 같이 작업하시오.

조건

원본이미지	문서₩GTQ₩Image₩1급-7.jpg, 1급-8.jpg, 1급-9.jpg, 1급-10.jpg, 1급-11.jpg		
파일 저장 규칙	JPG	파일명	문서₩GTQ₩수험번호-성명-3.jpg
		크기	600 × 400 pixels
	PSD	파일명	문서₩GTQ₩수험번호-성명-3.psd
		크기	60 × 40 pixels

1. 그림 효과
   ① 배경 : #ffffcc
   ② 1급-7.jpg : Blending Mode(혼합모드) - Linear Burn(선형 번), Opacity(불투명도)(70%), 레이어 마스크 - 세로 방향으로 흐릿하게
   ③ 1급-8.jpg : 필터 - Facet(단면화), 레이어 마스크 - 가로 방향으로 흐릿하게
   ④ 1급-9.jpg : 필터 - Add Noise(노이즈 추가)
   ⑤ 1급-10.jpg : 레이어 스타일 - Stroke(선/획)(5px, 그레이디언트(#339933, 투명으로)
   ⑥ 1급-11.jpg : 색상 보정 - 녹색 계열로 보정, 레이어 스타일 - Outer Glow(외부 광선)
   ⑦ 그 외 《출력형태》 참조

2. 문자 효과
   ① International Volunteer Day (Times New Roman, Bold, 48pt, 레이어 스타일 - 그레이디언트 오버레이(#ffcc33, #ffffff, #66ccff), Stroke(선/획)(3px, #333333), Drop Shadow(그림자 효과))
   ② Volunteer Charity Event (Arial, Regular, 18pt, #ffffff, #99ffff 레이어 스타일 - Stroke(선/획)(2px, 그레이디언트(#9999cc, #003399))
   ③ Read More (Arial, Regular, 18pt, #ffffff, Stroke(선/획)(2px, #333333))
   ④ ♣ 모임소개 ♣ 프로그램 ♣ 문의하기 (돋움, 18pt, #993399, #3300ff, 레이어 스타일 - Stroke(선/획)(2px, #ffffff))

출력형태

문제 4 [실무응용] 웹 페이지 제작
35점

다음의 《조건》에 따라 아래의 《출력형태》와 같이 작업하시오.

조건

원본이미지	문서₩GTQ₩Image₩1급-12.jpg, 1급-13.jpg, 1급-14.jpg, 1급-15.jpg, 1급-16.jpg, 1급-17.jpg		
파일 저장 규칙	JPG	파일명	문서₩GTQ₩수험번호-성명-4.jpg
		크기	600 × 400 pixels
	PSD	파일명	문서₩GTQ₩수험번호-성명-4.psd
		크기	60 × 40 pixels

1. 그림 효과
   ① 배경 : #99cccc
   ② 패턴(불, 물방울 모양) : #ff6666, #ffffff
   ③ 1급-12.jpg : Blending Mode(혼합모드) - Soft Light(소프트 라이트), 레이어 마스크 - 세로 방향으로 흐릿하게
   ④ 1급-13.jpg : 필터 - Film Grain(필름 그레인), 레이어 마스크 - 가로 방향으로 흐릿하게
   ⑤ 1급-14.jpg : 레이어 스타일 - Drop Shadow(그림자 효과)
   ⑥ 1급-15.jpg : 필터 - Dry Brush(드라이 브러시), 레이어 스타일 - Bevel and Emboss(경사와 엠보스)
   ⑦ 1급-16.jpg : 색상 보정 - 파란색 계열로 보정, 레이어 스타일 - Outer Glow(외부 광선)
   ⑧ 그 외 《출력형태》 참조

2. 문자 효과
   ① 국제소방 안전박람회 (궁서, 60pt, 레이어 스타일 - 그레이디언트 오버레이(#330066, #cc6666), Stroke(선/획)(2px, #ffffff))
   ② 사람을 살리는 '사람들' (궁서, 20pt, #ffffff, 레이어 스타일 - Stroke(선/획)(2px, 그레이디언트(#ff3333, #333399))
   ③ 11월 9일 소방의 날 (굴림, 18pt, #ffffff, #fff66, 레이어 스타일 - Stroke(선/획)(2px, #333333))
   ④ 행사개요 참여업체 사전신청 (굴림, 18pt, #0000ff, 레이어 스타일 - Stroke(선/획)(2px, #ffffff))

출력형태

Shape Tool(모양 도구) 사용
#ff6666, 레이어 스타일 - Drop Shadow(그림자 효과)

Shape Tool(모양 도구) 사용
#ffffff, Opacity(불투명도)(60%)

Pen Tool(펜 도구) 사용
#0099ff, #cc3333, 레이어 스타일 - Drop Shadow(그림자 효과)

Shape Tool(모양 도구) 사용
#ff33ff, 레이어 스타일 - Bevel and Emboss(경사와 엠보스)

문제 1 [기능평가] 고급 Tool(도구) 활용 20점

사용 이미지 미리보기

1급-1.jpg

1급-2.jpg

1급-3.jpg

사용자 정의 모양 미리보기

사용 기능

필터	[Filter(필터)]-[Filter Gallery(필터 갤러리)]-[Sketch(스케치 효과)]-[Water Paper(물 종이/젖은 종이)]
클리핑 마스크	Create Clipping Mask(클리핑 마스크 만들기, Alt + Ctrl + G)
이미지 추출	Quick Selection Tool(빠른 선택,)
이미지 사이즈	[Image(이미지)]-[Image Size(이미지 크기)](Alt + Ctrl + I)

01 새 캔버스 생성 및 필터

1. [File(파일)]-[New(새로 만들기)](Ctrl+N)를 선택한 후 아래의 조건으로 설정하고 [Create(만들기)]를 누른다.
   - PRESET DETAILS(사전 설정 세부 정보)
     : 수험번호-성명-1
   - 단위 : Pixels
   - Width(폭) : 400
   - Height(높이) : 500
   - Resolution(해상도) : 72Pixels/Inch
   - Color Mode(색상모드) : RGB
   - Backgound Contents(배경색) : White

2. [Edit(편집)]-[Preferences(속성)]-[Guides, Grid & Slices(안내선, 격자 및 분할 영역)] (Ctrl+K)를 선택한 후 'Grid(격자)'의 Gridline Every(격자 간격) : 100Pixels, Subdivisions(세분) : 1로 설정하고 OK를 누른다.

3. [View(보기)]-[Show(표시)]-[Grid(격자)] (Ctrl+')와 [View(보기)]-[Rulers(눈금자)](Ctrl+R)를 나타낸다.

   Plus@
   CS6 버전 이하에서는 눈금자에서 마우스 오른쪽 클릭 후 단위를 px로 변경한다.

4. [File(파일)]-[Save as(다른 이름으로 저장)] (Shift+Ctrl+S)를 클릭한 후 '내 PC₩문서 ₩GTQ' 폴더에 '수험번호-성명-1.psd'로 입력하고 [저장]을 누른다.

5. [File(파일)]-[Open(열기)](Ctrl+O)을 선택한 후 '1급-1.jpg'를 불러온다.

6. Ctrl+A로 전체 선택한 후 Ctrl+C로 복사하고 작업파일을 선택한 후 Ctrl+V로 붙여넣기 한다.

7. Ctrl+T로 크기/위치를 조절하고 Enter를 누른다.

8. [Filter(필터)]-[Filter Gallery(필터 갤러리)]-[Sketch(스케치 효과)]-[Water Paper(물 종이/젖은 종이)] 필터를 적용하고 OK를 누른다.

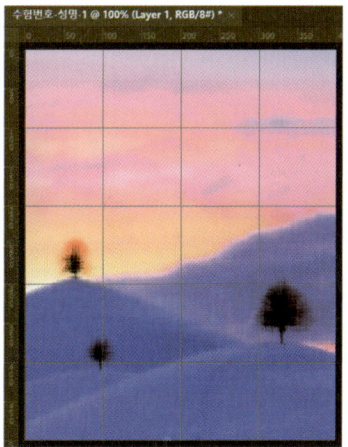

02 패스 제작 및 패스 저장

1. Rectangle Tool(사각 도형, ▭)을 선택한 후 옵션 바에서 Pick Tool Mode(선택 도구 모드) : Path(패스, Path), Path operations(패스 작업) : Combine Shapes(모양 결합, ▣)로 지정한다.

2. Layer 1(배경 이미지)의 눈 아이콘(👁)을 클릭해 숨기게 한 다음 패스를 그리기 위해 [Path(패스)] 패널을 누른다. (선택사항)

3 곡률 조정을 위해 옵션 바에서 곡률을 10px로 설정한다.

> **Plus α**
> CS6 버전에서는 Rounded Rectangle Tool(모서리가 둥근 직사각형, ▢)을 이용한다.

4 그리드를 참고해 그림과 같이 그린다.

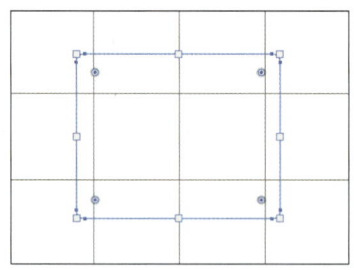

5 Direct Selection Tool(직접 선택, ▶)을 선택한 후 그림과 같이 두 포인트를 드래그해 선택하고 방향키를 안쪽으로 이동한다.

6 이때 일반 도형 패스로의 변경 여부를 물으면 [Yes(예)]를 누른다.

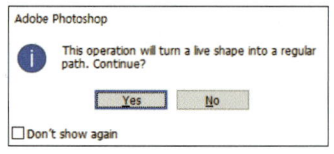

7 1을 참고하여 Rectangle Tool(사각 도형, ▢)을 선택한 후 옵션 바에서 곡률을 0px로 설정한 다음 그림을 참고해 그린다.

8 Path Selection Tool(패스 선택, ▶)로 직전 패스를 선택한 후 옵션 바에서 Path Operations(패스 작업) : Subtract Front Shape(전면 모양 빼기, ▢)로 지정한다.

9 [Alt]와 함께 드래그해 복제한다.

10 [Ctrl]+[T]로 조절점 안쪽에서 마우스 오른쪽 클릭 후 Flip Horizontal(가로로 뒤집기)을 선택한다. 회전 배치한 후 [Enter]를 누른다.

11 이와 같이 Alt 와 함께 복제한 후 Ctrl + T 를 눌러 시계방향으로 90° 회전하여 아래와 같이 만든다.

Plus⊕

만약 기존 패스가 사라졌을 경우 패스 레이어를 클릭하면 작업 중인 패스가 나타난다.

12 나머지는 Pen Tool(펜, ⬚)과 모서리 둥근 사각형으로 아래의 그림과 같이 만든다. Path Selection Tool(패스 선택, ⬚)을 선택한 후 Path Operations(패스 작업) : Combine Shapes(모양 결합, ⬚)로 지정한다. 모든 패스를 드래그로 선택한 다음 Ctrl + T 를 눌러 회전/크기/위치를 조절하고 Enter 를 누른다.

13 패스를 저장하기 위해 [Path(패스)] 패널의 Work Path(작업 패스) 이름 부분을 더블클릭한 후 Save Path(패스 저장) 대화상자가 나오면 장바구니 모양을 입력하고 OK 를 누른다.

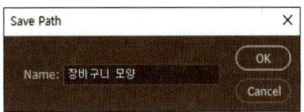

14 패스를 선택영역으로 지정하기 위해 Ctrl +Path Thumbnail(패스 축소판)을 클릭한 후 선택영역이 생기면 [Layers(레이어)] 패널을 선택하여 하단의 Create a new layer(새 레이어, ⬚, Shift + Ctrl + N)를 클릭해 추가한다.

15 임의의 색을 추가하기 위해 Alt + Delete 를 눌러 색(전경색, ⬚)을 추가한다.

16 선택영역을 해제하기 위해 [Select(선택)]−[Deselect(해제)](Ctrl + D)를 누른다.

17 배경 이미지의 눈 아이콘(⬚)을 클릭해 보이게 한다.

18 레이어 스타일을 적용하기 위해 [Layers(레이어)] 패널 하단의 fx를 눌러 Stroke(획)를 선택한 후 아래와 같이 값을 변경한다.
- Size(크기) : 4px
- Position(위치) : Outside(바깥쪽)
- Fill Type(칠 유형) : Gradient(그레이디언트)
- Style(스타일) : Linear(선형)
- Angle(각도) : 90°

19 Gradient(그레이디언트) 편집 창( )을 클릭한 후 Color Stop(색상 정지점)을 더블클릭하여 좌측 : #9966cc, 우측 : #ff99ff로 값을 변경하고 OK 를 누른다.

20 레이어 스타일을 추가하기 위해 Inner Shadow(내부 그림자)를 선택해 적용하고 OK 를 누른다.

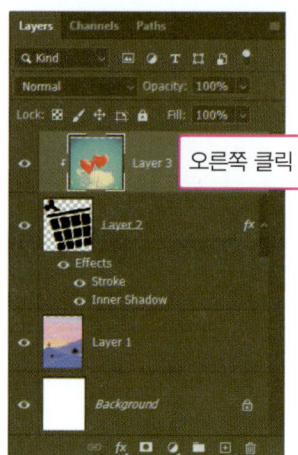

03 클리핑 마스크 및 레이어 스타일 적용

1 [File(파일)]−[Open(열기)](Ctrl + O)을 선택한 후 '1급−2.jpg'를 불러온다.

2 Ctrl + A 로 전체 선택한 후 Ctrl + C 로 복사하고 작업파일을 선택한 후 Ctrl + V 로 붙여넣기 한다.

3 Ctrl + T 로 크기/위치를 조절하고 Enter 를 누른다.

4 클리핑 마스크를 적용하기 위해 [Layers(레이어)] 패널의 Layer 3에서 마우스 오른쪽 클릭 후 Create Clipping Mask(클리핑 마스크 만들기, Alt + Ctrl + G)를 선택한다.

5 [File(파일)]−[Open(열기)](Ctrl + O)을 선택한 후 '1급−3.jpg'를 불러온다.

6 Quick Selection Tool(빠른 선택,)로 선택영역을 지정한다.

7 Ctrl + C 로 복사하고 작업파일을 선택한 후 Ctrl + V 로 붙여넣기 한다.

8 Ctrl + T 로 크기/위치를 조절하고 Enter 를 누른다.

9 레이어 스타일을 적용하기 위해 [Layers(레이어)] 패널 하단의 fx를 눌러 Drop Shadow(그림자 효과)를 선택해 적용하고 OK 를 누른다.

04 모양 지정 및 레이어 스타일

1 Custom Shape Tool(사용자 정의 모양,)을 선택한 후 옵션 바에서 Pick Tool Mode(선택 도구 모드) : Shape(모양, Shape), Stroke(획) : 색상 없음( )으로 설정한다. 모양 선택(Shape:)을 눌러 아래의 모양을 찾아 그린다.
- 기본 경로 : Legacy Shapes and More(레거시 모양 및 기타) – All Legacy Default Shapes (모든 레거시 기본 모양)
- Web(웹) – 쇼핑 바구니( )

2 색을 적용하기 위해 [Layers(레이어)] 패널의 Layer Thumbnail(레이어 축소판,)을 더블클릭한 후 #ff3399를 입력하고 OK 를 누른다.

3 레이어 스타일을 적용하기 위해 [Layers(레이어)] 패널 하단의 fx를 눌러 Outer Glow(외부 광선)를 선택해 적용하고 OK 를 누른다.

4 다른 모양을 추가하기 위해 아래의 모양을 찾아 그린다.
Aniamals(동물) – 고양이( )

5 Ctrl + T 로 좌우대칭하기 위해 조절점 안쪽에서 마우스 오른쪽 클릭 후 Flip Horizontal(가로로 뒤집기)을 선택한다. 크기/위치를 조절하고 Enter 를 누른다.

6 색을 적용하기 위해 [Layers(레이어)] 패널의 Layer Thumbnail(레이어 축소판,)을 더블클릭한 후 #6699ff를 입력하고 OK 를 누른다.

7 레이어 스타일을 적용하기 위해 [Layers(레이어)] 패널 하단의 fx를 눌러 Outer Glow(외부 광선)를 선택해 적용하고 OK 를 누른다.

8 다른 모양을 추가하기 위해 아래의 모양을 찾아 그린다.
Aniamals(동물) – 개( )

9 색을 적용하기 위해 [Layers(레이어)] 패널의 Layer Thumbnail(레이어 축소판,)을 더블클릭한 후 #ff9900을 입력하고 OK 를 누른다.

🔟 레이어 스타일을 적용하기 위해 [Layers(레이어)] 패널 하단의 fx를 눌러 Inner Shadow(내부 그림자)를 선택해 적용하고 OK 를 누른다.

05 문자 효과

1️⃣ Type Tool(수평 문자)을 선택한 후 빈 캔버스를 클릭한다. 반려용품 플리마켓을 입력한 후 Ctrl + Enter 를 눌러 완료한다.

2️⃣ 옵션 바나 [Character(문자)] 패널에서 궁서, 48pt로 설정한다.

3️⃣ 레이어 스타일을 적용하기 위해 [Layers(레이어)] 패널 하단의 fx를 눌러 Gradient Overlay(그레이디언트 오버레이)를 선택한 후 아래와 같이 값을 변경한다.
   • Opacity(불투명도) : 100%
   • Style(스타일) : Linear(선형)
   • Angle(각도) : 90°
   • Scale(비율) : 100%

4️⃣ Gradient(그레이디언트) 편집 창( )을 클릭한 후 Color Stop(색상 정지점)을 더블클릭하여 좌측 : #3366cc, 우측 : #ff66ff로 값을 변경하고 OK 를 누른다.

5️⃣ 레이어 스타일을 추가하기 위해 Stroke(획)를 선택한 후 아래와 같이 값을 변경한다.
   • Size(크기) : 2px
   • Position(위치) : Outside(바깥쪽)
   • Fill Type(칠 유형) : Color(색상)
   • 색상값 : #ffffff

6️⃣ 레이어 스타일을 추가하기 위해 Drop Shadow(그림자 효과)를 선택해 적용하고 OK 를 누른다.

7 텍스트를 뒤틀기 위해 Type Tool(수평 문자, T)을 선택한 후 옵션 바의 Create warped text(뒤틀어진 텍스트 만들기,)를 클릭한다. Style(스타일) : Shell Lower(아래가 넓은 조개), Bend(구부리기) : +50%로 값을 변경하고 OK 를 누른다.

Plus@

CS6 버전에서는 줄 간격이 넓게 보일 수 있으므로 줄 간격의 값을 제시된 텍스트 크기보다 약간 크게 조절하면 출력형태와 유사하다.

06 PSD, JPG 형식으로 저장하기

1 [File(파일)]-[Save(저장)](Ctrl + S)를 선택한 후 기존 파일에 덮어쓰기 한다.

2 JPG 파일 형식으로 저장하기 위해 [File(파일)]-[Save as(다른 이름으로 저장)](Shift + Ctrl + S)를 선택한 후 파일 형식을 클릭해 JPEG로 선택한다. '내 PC₩문서₩GTQ' 폴더에 '수험번호-성명-1'로 입력한 후 [저장]을 누른다.

3 PSD 파일의 사이즈를 1/10로 줄이기 위해 [Image(이미지)]-[Image Size(이미지 크기)](Alt + Ctrl + I)를 선택한 후 단위 : Pixel, Width(폭) : 40px, Height(높이) : 50px, Resolution(해상도) : 72Pixels/Inch로 설정하고 OK 를 누른다.

4 [File(파일)]-[Save(저장)](Ctrl + S)를 선택한 후 작은 사이즈로 최종 저장한다.

5 완성된 파일을 확인하기 위해 파일 탐색기를 열어 '내 PC₩문서₩GTQ' 폴더에서 확인한다.

6 시험장의 작업표시줄에 나타나는 'Koas 수험자용'을 클릭해 우측의 답안 전송 을 클릭한 후 해당하는 번호에 체크한다. 하단의 답안 전송 을 클릭한 후 닫기 를 누르면 최종 전송된 답안으로 채점이 이루어진다.

문제 2 [기능평가] 사진편집 응용   20점

사용 이미지 미리보기

1급-4.jpg

1급-5.jpg

1급-6.jpg

사용자 정의 모양 미리보기

사용 기능

필터	[Filter(필터)]-[Filter Gallery(필터 갤러리)]-[Artistic(예술효과)]-[Cutout(오려내기)]
색상 조정	[Image(이미지)]-[Adjustment(조정)]-[Hue/Saturation(색조/채도)](Ctrl + U)
이미지 추출	• Quick Selection Tool(빠른 선택,) • Magic Wand Tool(자동 선택,)
이미지 사이즈	[Image(이미지)]-[Image Size(이미지 크기)](Alt + Ctrl + I)

01 새 캔버스 생성 및 필터

1 [File(파일)]−[New(새로 만들기)]([Ctrl]+[N])를 선택한 후 아래의 조건으로 설정하고 [Create(만들기)]를 누른다.
- PRESET DETAILS(사전 설정 세부 정보)
  : 수험번호−성명−2
- 단위 : Pixels
- Width(폭) : 400
- Height(높이) : 500
- Resolution(해상도) : 72Pixels/Inch
- Color Mode(색상모드) : RGB
- Backgound Contents(배경색) : White

2 [Edit(편집)]−[Preferences(속성)]−[Guides, Grid & Slices(안내선, 격자 및 분할 영역)]([Ctrl]+[K])를 선택한 후 'Grid(격자)'의 Gridline Every(격자 간격) : 100Pixels, Subdivisions(세분) : 1로 설정하고 [OK]를 누른다.

3 [View(보기)]−[Show(표시)]−[Grid(격자)]([Ctrl]+[']))와 [View(보기)]−[Rulers(눈금자)]([Ctrl]+[R])를 나타낸다.

4 [File(파일)]−[Save as(다른 이름으로 저장)]([Shift]+[Ctrl]+[S])를 클릭한 후 '내 PC\문서\GTQ' 폴더에 '수험번호−성명−2.psd'로 입력한 후 [저장]을 누른다.

5 [File(파일)]−[Open(열기)]([Ctrl]+[O])을 선택한 후 '1급−4.jpg'를 불러온다.

6 [Ctrl]+[A]로 전체 선택한 후 [Ctrl]+[C]로 복사하고 작업파일을 선택한 후 [Ctrl]+[V]로 붙여넣기 한다.

7 [Ctrl]+[T]로 크기/위치를 조절하고 [Enter]를 누른다.

8 [Filter(필터)]−[Filter Gallery(필터 갤러리)]−[Artistic(예술효과)]−[Cutout(오려내기)] 필터를 적용한 다음 [OK]를 누른다.

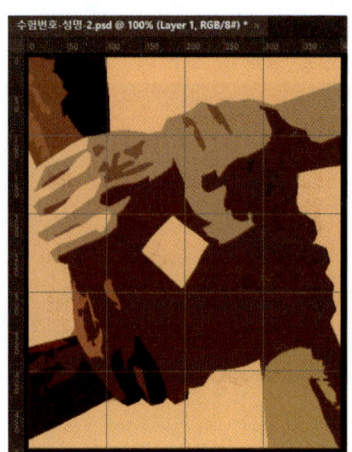

02 이미지 추출 및 색상 보정

1 [File(파일)]−[Open(열기)]([Ctrl]+[O])을 선택한 후 '1급−5.jpg'를 불러온다.

2 Magic Wand Tool(자동 선택,)을 선택한 후 옵션 바의 Tolerance(허용치)를 60으로 변경한 다음 선택영역을 지정한다.

3 [Ctrl]+[C]로 복사하고 작업파일을 선택한 후 [Ctrl]+[V]로 붙여넣기 한다.

4 [Ctrl]+[T]로 크기/위치를 조절하고 [Enter]를 누른다.

5 파란색 계열로 보정하기 위해 [Image(이미지)]-[Adjustmens(조정)]-[Hue/Saturation(색조/채도)](Ctrl+U)을 선택한다.

6 Colorize(색상화)에 체크한 후 Hue(색조) : 240, Saturation(채도) : 80, Lightness(밝기) : 50으로 값을 변경하고 OK 를 누른다.

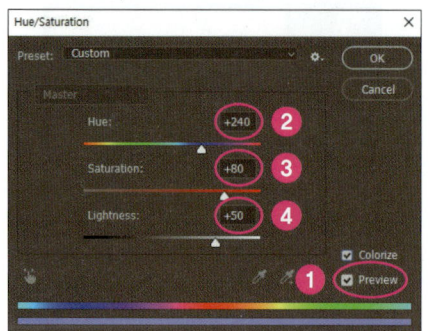

Plus@

제시된 색상 계열로 보이면 되기 때문에 값은 조절 가능하다.

7 레이어 스타일을 적용하기 위해 [Layers(레이어)] 패널 하단의 fx 를 눌러 Outer Glow(외부 광선)를 선택해 적용하고 OK 를 누른다.

03 이미지 추출 및 레이어 스타일

1 [File(파일)]-[Open(열기)](Ctrl+O)을 선택한 후 '1급-6.jpg'를 불러온다.

2 Quick Selection Tool(빠른 선택,)로 선택영역을 지정한다.

3 Ctrl+C 로 복사하고 작업파일을 선택한 후 Ctrl+V 로 붙여넣기 한다.

4 Ctrl+T 로 좌우대칭하기 위해 조절점 안쪽에서 마우스 오른쪽 클릭 후 Flip Horizontal(가로로 뒤집기)을 선택한다. 크기/위치를 조절하고 Enter 를 누른다.

5 레이어 스타일을 적용하기 위해 [Layers(레이어)] 패널 하단의 fx 를 눌러 Stroke(획)를 선택한 후 아래와 같이 값을 변경하고 OK 를 누른다.
- Size(크기) : 3px
- Position(위치) : Outside(바깥쪽)
- Fill Type(칠 유형) : Color(색상)
- 색상값 : #6699ff

04 모양 지정 및 레이어 스타일

1 Custom Shape Tool(사용자 정의 모양,)을 선택한 후 옵션 바에서 Pick Tool Mode(선택 도구 모드) : Shape(모양), Stroke(획) : 색상 없음( )으로 설정한다. 모양 선택( )을 눌러 아래의 모양을 찾아 그린다.
Ornaments(장식) — 꽃 장식 3( )

2 색을 적용하기 위해 [Layers(레이어)] 패널의 Layer Thumbnail(레이어 축소판,)을 더블클릭한 후 #ffff33을 입력하고 OK 를 누른다.

3 레이어 스타일을 적용하기 위해 [Layers(레이어)] 패널 하단의 fx 를 눌러 Bevel and Emboss(경사와 엠보스)를 선택해 적용하고 OK 를 누른다.

4 불투명도를 조정하기 위해 [Layers(레이어)] 패널의 Opacity(불투명도)를 80%로 설정한다.

5 Ctrl + J 를 눌러 복제한다.

6 Ctrl + T 로 좌우대칭하기 위해 조절점 안쪽에서 마우스 오른쪽 클릭 후 Flip Horizontal(가로로 뒤집기)을 선택한다. 회전/크기/위치를 조절하고 Enter 를 누른다.

7 색을 적용하기 위해 [Layers(레이어)] 패널의 '꽃 장식 3 copy' Layer Thumbnail(레이어 축소판,)을 더블클릭한 후 #ccff99를 입력하고 OK 를 누른다.

8 다른 모양을 추가하기 위해 아래의 모양을 찾아 그린다.
Web(웹) — WWW( )

9 색을 적용하기 위해 [Layers(레이어)] 패널의 Layer Thumbnail(레이어 축소판,)을 더블클릭한 후 #66ccff를 입력하고 OK 를 누른다.

10 레이어 스타일을 적용하기 위해 Drop Shadow(그림자 효과)를 선택해 적용하고 OK 를 누른다.

05 문자 효과

1 Type Tool(수평 문자, T)을 선택한 후 빈 공간을 클릭한다. 같이 ♥ 가치를 입력한 후 Ctrl + Enter 를 눌러 완료한다.

> **Plus@**
> ♥ 모양은 한글 자음 'ㅁ'+ 한자 를 눌러 적용한다.

2 옵션 바나 [Character(문자)] 패널에서 궁서, 57pt로 설정한다.

3 레이어 스타일을 적용하기 위해 [Layers(레이어)] 패널 하단의 fx.를 눌러 Gradient Overlay(그 레이디언트 오버레이)를 선택한 후 아래와 같이 값을 변경한다.
- Opacity(불투명도) : 100%
- Style(스타일) : Linear(선형)
- Angle(각도) : 90°
- Scale(비율) : 100%

4 Gradient 편집 창( )을 클릭한 후 Color Stop(색상 정지점)을 더블클릭하여 좌측 : #993300, 우측 : #6666ff로 값을 변경하고 OK 를 누른다.

5 Stroke(획)를 선택한 후 아래와 같이 값을 변경 하고 OK 를 누른다.
- Size(크기) : 3px
- Position(위치) : Outside(바깥쪽)
- Fill Type(칠 유형) : Color(색상)
- 색상값 : #ffffff

6 텍스트를 뒤틀기 위해 Type Tool(수평 문자, T)을 선택한 후 옵션 바의 Create warped text(뒤틀어진 텍스트 만들기, ㅗ)를 클릭한다. Style(스타일) : Arc Lower(아래 부채꼴), Bend(구부리기) : +50%로 값을 변경하고 OK 를 누른다.

06 PSD, JPG 형식으로 저장하기

1 [File(파일)]−[Save(저장)](Ctrl + S)를 선택한 후 기존 파일에 덮어쓰기 한다.

2 JPG 파일 형식으로 저장하기 위해 [File(파일)]−[Save as(다른 이름으로 저장)](Shift + Ctrl + S)를 선택한 후 파일 형식을 클릭해 JPEG 로 선택한다. '내 PC₩문서₩GTQ' 폴더에 '수험번호−성명−2'로 입력한 후 [저장]을 누른다.

3 PSD 파일의 사이즈를 1/10로 줄이기 위해 [Image(이미지)]−[Image Size(이미지 크기)](Alt + Ctrl + I)를 선택한 후 단위 : Pixel, Width(폭) : 40px, Height(높이) : 50px, Resolution(해상도) : 72Pixels/Inch로 설정하고 OK 를 누른다.

4 [File(파일)]−[Save(저장)](Ctrl + S)를 선택한 후 작은 사이즈로 최종 저장한다.

5 완성된 파일을 확인하기 위해 파일 탐색기를 열어 '내 PC₩문서₩GTQ' 폴더에서 확인한다.

6 시험장의 작업표시줄에 나타나는 'Koas 수험자용'을 클릭해 우측의 답안 전송 을 클릭한 후 해당하는 번호에 체크한다. 하단의 답안 전송 을 클릭한 후 닫기 를 누르면 최종 전송된 답안으로 채점이 이루어진다.

문제 3 [실무응용] 포스터 제작   25점

사용 이미지 미리보기

1급-7.jpg

1급-8.jpg

1급-9.jpg

1급-10.jpg

1급-11.jpg

사용자 정의 모양 미리보기

사용 기능

혼합모드	Linear Burn(선형 번)
색상 조정	[Image(이미지)]-[Adjustment(조정)]-[Hue/Saturation(색조/채도)](Ctrl + U)
필터	• [Filter(필터)]-[Pixelate(픽셀화)]-[Facet(단면화)] • [Filter(필터)]-[Noise(노이즈)]-[Add Noise(노이즈 추가)]
이미지 추출	• Magic Wand Tool(자동 선택,) • Quick Selection Tool(빠른 선택,)
레이어 마스크	Add Layer Mask(레이어 마스크 추가,)
선택영역 안쪽에 붙여넣기	[Edit(편집)]-[Paste Special(특수 붙여넣기)]-[Paste Into(안쪽에 붙여넣기)](Alt + Ctrl + Shift + V)
이미지 사이즈	[Image(이미지)]-[Image Size(이미지 크기)](Alt + Ctrl + I)

01 새 캔버스 생성 및 배경에 색 채우기

1 [File(파일)]−[New(새로 만들기)](Ctrl+N)를 선택한 후 아래의 조건으로 설정하고 [Create(만들기)]를 누른다.
- PRESET DETAILS(사전 설정 세부 정보) : 수험번호−성명−3
- 단위 : Pixels
- Width(폭) : 600
- Height(높이) : 400
- Resolution(해상도) : 72Pixels/Inch
- Color Mode(색상모드) : RGB
- Backgound Contents(배경색) : White

2 [Edit(편집)]−[Preferences(속성)]−[Guides, Grid & Slices(안내선, 격자 및 분할 영역)](Ctrl+K)를 선택한 후 'Grid(격자)'의 Gridline Every(격자 간격) : 100Pixels, Subdivisions(세분) : 1로 설정하고 OK 를 누른다.

3 [View(보기)]−[Show(표시)]−[Grid(격자)](Ctrl+')와 [View(보기)]−[Rulers(눈금자)](Ctrl+R)를 나타낸다.

4 [File(파일)]−[Save As(다른 이름으로 저장)](Shift+Ctrl+S)를 클릭한 후 '내 PC₩문서₩GTQ' 폴더에 '수험번호−성명−3.psd'로 입력하고 [저장]을 누른다.

5 배경에 색을 채우기 위해 도구상자의 Set foreground color(전경색,)를 클릭한 후 #ffffcc를 입력하고 OK 를 누른다. 전경색을 채우기 위해 Alt+Delete 를 누른다.

02 혼합모드 및 레이어 마스크

1 [File(파일)]−[Open(열기)](Ctrl+O)을 선택한 후 '1급−7.jpg'를 불러온다.

2 Ctrl+A로 전체 선택한 후 Ctrl+C로 복사하고 작업파일을 선택한 후 Ctrl+V로 붙여넣기 한다.

3 Ctrl+T로 크기/위치를 조절하고 Enter를 누른다.

4 혼합모드를 적용하기 위해 [Layers(레이어)] 패널의 Blending Mode(혼합모드,)를 'Linear Burn(선형 번)'으로 선택한다.

5 불투명도를 조정하기 위해 [Layers(레이어)] 패널 상단의 Opacity(불투명도)를 70%로 설정한다.

6 레이어 마스크를 적용하기 위해 [Layers(레이어)] 패널 하단의 Add Layer Mask(레이어 마스크 추가,)를 클릭한다.

7 도구상자에서 Gradient Tool(그레이디언트,)을 선택한 후 옵션 바에서 Gradient Presets(그레이디언트 사전 설정)을 클릭해 Basics(기본 사항)–'Black & White(검정, 흰색)'를 선택한다.

8 그림과 같이 세로 방향으로 드래그한다.

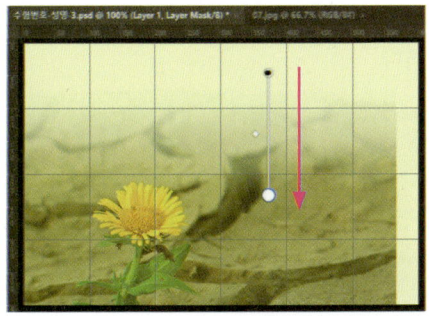

9 [File(파일)]–[Open(열기)](Ctrl+O)을 선택한 후 '1급-8.jpg'를 불러온다.

10 Ctrl+A로 전체 선택한 후 Ctrl+C로 복사하고 작업파일을 선택한 후 Ctrl+V로 붙여넣기 한다.

11 [Filter(필터)]–[Pixelate(픽셀화)]–[Facet(단면화)] 필터를 적용한 다음 OK 를 누른다.

12 6~7을 참고해 레이어 마스크를 적용한다.

13 그림과 같이 가로 방향으로 드래그한다.

03 선택영역 안에 붙여넣기 및 필터

1 [File(파일)]–[Open(열기)](Ctrl+O)을 선택한 후 '1급-9.jpg', '1급-10.jpg'를 불러온다.

2 먼저 '1급-10.jpg'에서 Magic Wand Tool(자동 선택,)을 선택한 후 옵션 바의 Tolerance(허용치)를 32, Contiguous(인접)에 체크한 다음 배경을 클릭한다.

3 선택영역을 반전하기 위해 [Select(선택)]–[Inverse(반전)](Shift+Ctrl+I)를 누른다.

4 Ctrl+C로 복사하고 작업파일을 선택한 후 Ctrl+V로 붙여넣기 한다.

5 Ctrl + T 로 크기/위치를 조절하고 Enter 를 누른다.

6 Quick Selection Tool(빠른 선택,)로 오른쪽 손 부분을 선택영역으로 지정한다.

7 '1급－9.jpg'로 이동한 후 Ctrl + A 로 전체 선택하고 Ctrl + C 로 복사한다. 작업파일을 선택한 후 [Edit(편집)]－[Paste Special(특수 붙여넣기)]－[Paste Into(안쪽에 붙여넣기)](Alt + Ctrl + Shift + V)를 누른다.

8 Ctrl + T 로 크기/위치를 조절하고 Enter 를 누른다.

9 [Filter(필터)]－[Noise(노이즈)]－[Add Noise(노이즈 추가)] 필터를 적용한 다음 OK 를 누른다.

10 레이어 스타일을 적용하기 위해 [Layers(레이어)] 패널의 Layer 3(손)을 선택한다. 하단의 fx 를 눌러 Stroke(획)를 선택한 후 아래와 같이 값을 변경한다.
  • Size(크기) : 5px
  • Position(위치) : Outside(바깥쪽)
  • Fill Type(칠 유형) : Gradient(그레이디언트)
  • Style(스타일) : Linear(선형)
  • Angle(각도) : 90°
  • Reverse(반전) : 체크

11 Gradient(그레이디언트) 편집 창()을 클릭한 후 Color Stop(색상 정지점)을 더블클릭하여 좌측 : #339933, 우측 : Opacity Stop(불투명도 정지점) 0%로 값을 변경하고 OK 를 누른다.

04 이미지 추출 및 색상 보정

1. [File(파일)]-[Open(열기)](Ctrl + O)을 선택한 후 '1급-11.jpg'를 불러온다.

2. Magic Wand Tool(자동 선택,)을 선택한 후 옵션 바의 Tolerance(허용치)를 32로 변경한 다음 배경을 클릭한다.

3. 선택영역을 반전하기 위해 [Select(선택)]-[Inverse(반전)](Shift + Ctrl + I)를 누른다.

4. Ctrl + C로 복사하고 작업파일을 선택한 후 Ctrl + V로 붙여넣기 한다.

5. Ctrl + T로 크기/위치를 조절하고 Enter를 누른다.

6. 우산을 녹색 계열로 보정하기 위해 [Image(이미지)]-[Adjustments(조정)]-[Hue/Saturation(색조/채도)](Ctrl + U)을 선택한다.

7. Colorize(색상화)에 체크한 후 Hue(색조) : 110, Satulation(채도) : 50으로 값을 변경하고 OK 를 누른다.

8. 레이어 스타일을 적용하기 위해 [Layers(레이어)] 패널 하단의 fx를 눌러 Outer Glow(외부 광선)를 선택해 적용하고 OK 를 누른다.

05 모양 지정 및 레이어 스타일

1. Custom Shape Tool(사용자 정의 모양,)을 선택한 후 옵션 바에서 Pick Tool Mode(선택 도구 모드) : Shape(모양, Shape), Stroke(획) : 색상 없음( )으로 설정한다. 모양 선택(Shape:)을 눌러 아래의 모양을 찾아 그린다.
Symbols(기호) - 학교( )

2. 레이어 스타일을 적용하기 위해 [Layers(레이어)] 패널 하단의 fx를 눌러 Gradient Overlay(그레이디언트 오버레이)를 선택한 후 아래와 같이 값을 변경한다.
   - Opacity(불투명도) : 100%
   - Style(스타일) : Linear(선형)
   - Angle(각도) : 90°
   - Scale(비율) : 100%

3. Gradient(그레이디언트) 편집 창( )을 클릭한 후 Color Stop(색상 정지점)을 더블클릭하여 좌측 : #6666cc, 우측 : #ffcc66으로 변경하고 OK 를 누른다.

4. 레이어 스타일을 추가하기 위해 Drop Shadow(그림자 효과)를 선택해 적용하고 OK 를 누른다.

5. 다른 모양을 추가하기 위해 아래의 모양을 찾아 그린다.
Objects(물건) - 왕관 4( )

6 레이어 스타일을 적용하기 위해 [Layers(레이어)] 패널 하단의 fx,를 눌러 Gradient Overlay(그레이디언트 오버레이)를 선택한 후 아래와 같이 값을 변경한다.
- Opacity(불투명도) : 100%
- Style(스타일) : Linear(선형)
- Angle(각도) : 90°
- Scale(비율) : 100%

7 Gradient(그레이디언트) 편집 창( )을 클릭한 후 Color Stop(색상 정지점)을 더블클릭하여 좌측 : #cc0000, 우측 : #006633으로 값을 변경하고 OK 를 누른다.

8 레이어 스타일을 추가하기 위해 Stroke(획)를 선택한 후 아래와 같이 값을 변경한다.
- Size(크기) : 2px
- Position(위치) : Outside(바깥쪽)
- Fill Type(칠 유형) : Color(색상)
- 색상값 : #ffffcc

9 다른 모양을 추가하기 위해 아래의 모양을 찾아 그린다.
Banners and Awards(배너 및 상장) - 벽걸이 융단( )

10 색을 적용하기 위해 [Layers(레이어)] 패널의 Layer Thumbnail(레이어 축소판,)을 더블클릭한 후 #ffcc99를 입력하고 OK 를 누른다.

11 레이어 스타일을 적용하기 위해 Drop Shadow(그림자 효과)를 선택해 적용하고 OK 를 누른다.

12 다른 모양을 추가하기 위해 Rectangle Tool(사각 도형,)을 선택한 후 옵션 바의 곡률(50 px)을 50px로 입력한 다음 출력형태를 참고해 그린다.

Plus@
CS6 버전에서는 Rounded Rectangle Tool(모서리가 둥근 직사각형,)을 이용한다.

13 색을 적용하기 위해 [Layers(레이어)] 패널의 Layer Thumbnail(레이어 축소판,)을 더블클릭한 후 #66ccff를 입력하고 OK 를 누른다.

14 레이어 스타일을 적용하기 위해 Drop Shadow(그림자 효과)를 선택해 적용하고 OK 를 누른다.

06 문자 효과

1. Type Tool(수평 문자, T)을 선택한 후 빈 공간을 클릭한다. International Volunteer Day를 입력한 후 Ctrl + Enter를 눌러 완료한다.

2. 옵션 바 또는 [Character(문자)] 패널에서 Times New Roman, Bold, 48pt로 설정한다.

> **Plus@**
> CS6 버전에서는 줄 간격이 넓게 보일 수 있으므로 줄 간격의 값을 제시된 텍스트 크기보다 약간 크게 조절하면 출력형태와 유사하다.

3. 레이어 스타일을 적용하기 위해 [Layers(레이어)] 패널 하단의 fx를 눌러 Gradient Overlay(그레이디언트 오버레이)를 선택한 후 아래와 같이 값을 변경한다.
   - Opacity(불투명도) : 100%
   - Style(스타일) : Linear(선형)
   - Angle(각도) : 0°
   - Scale(비율) : 100%

4. Gradient(그레이디언트) 편집 창( )을 클릭한 후 Color Stop(색상 정지점)을 더블클릭하여 좌측 : #ffcc33, 중간 : #ffffff, 우측 : #66ccff로 값을 변경하고 OK 를 누른다.

5. 레이어 스타일을 추가하기 위해 Stroke(획)를 선택한 후 아래와 같이 값을 변경한다.
   - Size(크기) : 3px
   - Position(위치) : Outside(바깥쪽)
   - Fill Type(칠 유형) : Color(색상)
   - 색상값 : #333333

6. 레이어 스타일을 추가하기 위해 Drop Shadow(그림자 효과)를 선택해 적용하고 OK 를 누른다.

7. 텍스트를 뒤틀기 위해 Type Tool(수평 문자, T)을 선택한 후 옵션 바의 Create warped text(뒤틀어진 텍스트 만들기,)를 클릭한다. Style(스타일) : Bulge(돌출), Bend(구부리기) : +50%로 값을 변경하고 OK 를 누른다.

8. Type Tool(수평 문자, T)을 선택한 후 빈 공간을 클릭한다. Read More를 입력한 후 Ctrl + Enter를 눌러 완료한다.

9. 옵션 바 또는 [Character(문자)] 패널에서 Arial, Regular, 18pt, 가운데 정렬, #ffffff로 설정한다.

10. 레이어 스타일을 적용하기 위해 [Layers(레이어)] 패널 하단의 fx를 눌러 Stroke(획)를 선택한 후 아래와 같이 값을 변경한다.
    - Size(크기) : 2px
    - Position(위치) : Outside(바깥쪽)
    - Fill Type(칠 유형) : Color(색상)
    - 색상값 : #333333

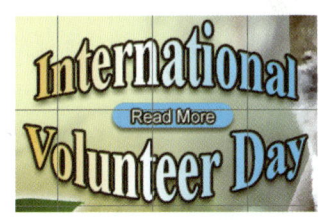

11. Type Tool(수평 문자, T)을 선택한 후 빈 공간을 클릭한다. Volunteer Charity Event를 입력한 후 Ctrl + Enter를 눌러 완료한다.

⑫ 옵션 바 또는 [Character(문자)] 패널에서 Arial, Regular, 18pt, #ffffff로 설정한 후 Event만 선택하여 #99ffff로 변경한다.

⑬ 레이어 스타일을 적용하기 위해 [Layers(레이어)] 패널 하단의 fx를 눌러 Stroke(획)를 선택한 후 아래와 같이 값을 변경한다.
- Size(크기) : 2px
- Position(위치) : Outside(바깥쪽)
- Fill Type(칠 유형) : Gradient(그레이디언트)
- Style(스타일) : Linear(선형)
- Angle(각도) : 90°

⑭ Gradient(그레이디언트) 편집 창( )을 클릭한 후 Color Stop(색상 정지점)을 더블클릭하여 좌측 : #9999cc, 우측 : #003399로 값을 변경하고 OK 를 누른다.

⑮ 텍스트를 뒤틀기 위해 Type Tool(수평 문자, T)을 선택한 후 옵션 바의 Create warped text(뒤틀어진 텍스트 만들기,)를 클릭한다. Style(스타일) : Arc(부채꼴), Bend(구부리기) : +40%로 값을 변경하고 OK 를 누른다.

⑯ Ctrl + T 로 회전/위치를 조절해 배치한다.

⑰ Type Tool(수평 문자, T)을 선택한 후 Shift +클릭하여 ♣ 모임소개, ♣ 프로그램, ♣ 문의하기를 입력하고 Ctrl + Enter 를 눌러 완료한다.

⑱ 옵션 바나 [Character(문자)] 패널에서 돋움, 18pt, #993399로 설정한 후 ♣ 프로그램만 선택하여 #3300ff로 변경한다.

⑲ 레이어 스타일을 적용하기 위해 [Layers(레이어)] 패널 하단의 fx를 눌러 Stroke(획)를 선택한 후 아래와 같이 값을 변경한다.
- Size(크기) : 2px
- Position(위치) : Outside(바깥쪽)
- Fill Type(칠 유형) : Color(색상)
- 색상값 : #ffffff

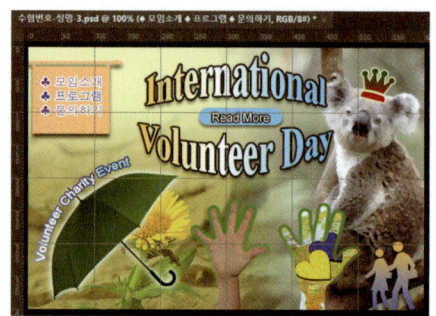

07 ▶ PSD, JPG 형식으로 저장하기

1 [File(파일)]−[Save(저장)](Ctrl+S)를 선택한 후 기존 파일에 덮어쓰기 한다.

2 JPG 파일 형식으로 저장하기 위해 [File(파일)]−[Save as(다른 이름으로 저장)](Shift+Ctrl+S)를 선택한 후 파일 형식을 클릭해 JPEG로 선택한다. '내 PC₩문서₩GTQ' 폴더에 '수험번호−성명−3'으로 입력한 후 [저장]을 누른다.

3 PSD 파일의 사이즈를 1/10로 줄이기 위해 [Image(이미지)]−[Image Size(이미지 크기)](Alt+Ctrl+I)를 선택한 후 단위 : Pixel, Width(폭) : 60px, Height(높이) : 40px, Resolution(해상도) : 72Pixels/Inch로 설정 후 OK를 누른다.

4 [File(파일)]−[Save(저장)](Ctrl+S)를 선택한 후 작은 사이즈로 최종 저장한다.

5 완성된 파일을 확인하기 위해 파일 탐색기를 열어 '내 PC₩문서₩GTQ' 폴더에서 확인한다.

6 시험장의 작업표시줄에 나타나는 'Koas 수험자용'을 클릭해 우측의 답안 전송 을 클릭한 후 해당하는 번호에 체크한다. 하단의 답안 전송 을 클릭한 후 닫기 를 누르면 최종 전송된 답안으로 채점이 이루어진다.

문제 4 [실무응용] 웹 페이지 제작 35점

사용 이미지 미리보기

1급-12.jpg

1급-13.jpg

1급-14.jpg

1급-15.jpg

1급-16.jpg

1급-17.jpg

사용자 정의 모양 미리보기

사용 기능

패턴 정의 및 적용	• [Edit(편집)]-[Define Pattern(패턴 정의)] • 레이어 스타일 : Pattern Overlay(패턴 오버레이)
혼합모드	Soft Light(소프트 라이트)
색상 조정	[Image(이미지)]-[Adjustment(조정)]-[Hue/Saturation(색조/채도)](Ctrl + U)
필터	• [Filter(필터)]-[Filter Gallery(필터 갤러리)]-[Artistic(예술효과)]-[Film Grain(필름 그레인)] • [Filter(필터)]-[Filter Gallery(필터 갤러리)]-[Artistic(예술효과)]-[Dry Brush(드라이 브러시)]
이미지 추출	• Quick Selection Tool(빠른 선택,) • Magnetic Lasso Tool(자석 올가미,) • Magic Wand Tool(자동 선택,)
레이어 마스크	Add layer mask(레이어 마스크 추가,)
이미지 사이즈	[Image(이미지)]-[Image Size(이미지 크기)](Alt + Ctrl + I)

01 새 캔버스 생성 및 배경에 색 채우기

1 [File(파일)]−[New(새로 만들기)](Ctrl + N)를 선택한 후 아래의 조건으로 설정하고 [Create(만들기)]를 누른다.
- PRESET DETAILS(사전 설정 세부 정보) : 수험번호−성명−4
- 단위 : Pixels
- Width(폭) : 600
- Height(높이) : 400
- Resolution(해상도) : 72Pixels/Inch
- Color Mode(색상모드) : RGB
- Backgound Contents(배경색) : White

2 [Edit(편집)]−[Preferences(속성)]−[Guides, Grid & Slices(안내선, 격자 및 분할 영역)](Ctrl + K)를 선택한 후 'Grid(격자)'의 Gridline Every(격자 간격) : 100Pixels, Subdivisions(세분) : 1로 설정하고 OK 를 누른다.

3 [View(보기)]−[Show(표시)]−[Grid(격자)](Ctrl + ')와 [View(보기)]−[Rulers(눈금자)](Ctrl + R)를 나타낸다.

4 [File(파일)]−[Save as(다른 이름으로 저장)](Shift + Ctrl + S)를 클릭한 후 '내 PC\문서\GTQ' 폴더에 '수험번호−성명−4.psd'로 입력하고 [저장]을 누른다.

5 배경에 색을 채우기 위해 도구상자의 Set foreground color(전경색, ■)를 클릭한 후 #99cccc를 입력하고 OK 를 누른다. 전경색을 채우기 위해 Alt + Delete 를 누른다.

02 패턴 제작 및 등록

1 Pattern(패턴)을 만들기 위해 [File(파일)]−[New(새로 만들기)](Ctrl + N)를 선택한 후 아래의 조건으로 설정하고 [Create(만들기)]를 누른다.
- 단위 : Pixels
- Width(폭) : 50
- Height(높이) : 50
- Resolution(해상도) : 72Pixels/Inch
- Color Mode(색상모드) : RGB
- Backgound Contents(배경색) : White

2 Custom Shape Tool(사용자 정의 모양, ▨)을 선택한 후 옵션 바에서 Pick Tool Mode(선택 도구 모드) : Shape(모양, Shape ▾), Stroke(획) : 색상 없음(▨)으로 설정하고 아래의 모양을 찾아 그린다.
Nature(자연) − 불(▨)

3 색을 적용하기 위해 [Layers(레이어)] 패널의 Layer Thumbnail(레이어 축소판, ▨)을 더블 클릭한 후 #ff6666을 입력하고 OK 를 누른다.

4 [Layers(레이어)] 패널 하단 Background(배경)의 눈 아이콘(◉)을 클릭해 해제한다.

5 다른 모양을 추가하기 위해 아래의 모양을 찾아 그린다.
Nature(자연) - 빗방울(💧)

6 색을 적용하기 위해 [Layers(레이어)] 패널의 Layer Thumbnail(레이어 축소판, 🔲)을 더블클릭한 후 #ffffff를 입력하고 OK 를 누른다.

7 패턴을 정의하기 위해 [Edit(편집)]-[Define Pattern(패턴 정의)]을 눌러 확인 후 OK 를 누른다.

03 혼합모드 및 레이어 마스크

1 [File(파일)]-[Open(열기)](Ctrl + O)을 선택한 후 '1급-12.jpg'를 불러온다.

2 Ctrl + A 로 전체 선택한 후 Ctrl + C 로 복사하고 작업파일을 선택한 후 Ctrl + V 로 붙여넣기 한다.

3 Ctrl + T 로 크기/위치를 조절하고 Enter 를 누른다.

4 혼합모드를 적용하기 위해 [Layers(레이어)] 패널의 Blending Mode(혼합모드, Normal)를 'Soft Light(소프트 라이트)'로 선택한다.

5 레이어 마스크를 적용하기 위해 [Layers(레이어)] 패널 하단의 Add layer mask(레이어 마스크 추가, ⬛)를 클릭한다.

6 도구상자에서 Gradient Tool(그레이디언트, ⬛)을 선택한 후 옵션 바에서 Gradient Presets(그레이디언트 사전 설정)을 클릭해 Basics(기본 사항)-'Black & White(검정, 흰색)'를 선택한다.

7 그림과 같이 세로 방향으로 드래그한다.

8 [File(파일)]-[Open(열기)](Ctrl + O)을 선택한 후 '1급-13.jpg'를 불러온다.

9 Ctrl + A 로 전체 선택한 후 Ctrl + C 로 복사하고 작업파일을 선택한 후 Ctrl + V 로 붙여넣기 한다.

10 Ctrl + T 로 크기/위치를 조절하고 Enter 를 누른다.

⑪ [Filter(필터)]-[Filter Gallery(필터 갤러리)]-[Artistic(예술효과)]-[Film Grain(필름 그레인)] 필터를 적용한 다음 OK 를 누른다.

⑫ ⑤~⑥을 참고해 레이어 마스크를 적용하여 가로 방향으로 드래그한다.

04 이미지 추출 및 색상 보정

① [File(파일)]-[Open(열기)](Ctrl + O)을 선택한 후 '1급-14.jpg'를 불러온다.

② Magic Wand Tool(자동 선택,)을 선택한 후 옵션 바의 Tolerance(허용치)를 32, Contiguous(인접)에 체크를 해제한 다음 배경을 클릭한다.

③ 추가로 선택할 영역이 있다면 Shift 와 함께 클릭하여 선택영역으로 지정한다.

④ 선택영역을 반전하기 위해 [Select(선택)]-[Inverse(반전)](Shift + Ctrl + I)를 누른다.

⑤ Ctrl + C 로 복사하고 작업파일을 선택한 후 Ctrl + V 로 붙여넣기 한다.

⑥ Ctrl + T 로 좌우대칭하기 위해 조절점 안쪽에서 마우스 오른쪽 클릭 후 Flip Horizontal(가로로 뒤집기)을 선택한다. 크기/위치를 조절하고 Enter 를 누른다.

⑦ 레이어 스타일을 적용하기 위해 [Layers(레이어)] 패널 하단의 fx 를 눌러 Drop Shadow(그림자 효과)를 선택해 적용하고 OK 를 누른다.

⑧ [File(파일)]-[Open(열기)](Ctrl + O)을 선택한 후 '1급-15.jpg'를 불러온다.

⑨ Quick Selection Tool(빠른 선택,)로 배경을 선택한 후 제외할 부분은 Alt 와 함께 선택한다.

⑩ 선택영역을 반전하기 위해 [Select(선택)]-[Inverse(반전)](Shift + Ctrl + I)를 누른다.

⑪ Ctrl + C 로 복사하고 작업파일을 선택한 후 Ctrl + V 로 붙여넣기 한다.

⑫ Ctrl + T 로 크기/위치를 조절하고 Enter 를 누른다.

⑬ [Filter(필터)]-[Filter Gallery(필터 갤러리)]-[Artistic(예술효과)]-[Dry Brush(드라이 브러시)] 필터를 적용한 다음 OK 를 누른다.

⑭ 레이어 스타일을 적용하기 위해 [Layers(레이어)] 패널 하단의 fx를 눌러 Bevel and Emboss(경사와 엠보스)를 선택해 적용하고 OK 를 누른다.

⑮ [File(파일)]−[Open(열기)](Ctrl + O)을 선택한 후 '1급−16.jpg'를 불러온다.

⑯ Magnetic Lasso Tool(자석 올가미,)을 선택한 후 옵션 바의 Frequency를 100으로 설정한 다음 첫 점을 클릭하여 이미지의 형태를 따라 추출한다.

⑰ Ctrl + C 로 복사하고 작업파일을 선택한 후 Ctrl + V 로 붙여넣기 한다.

⑱ Ctrl + T 로 크기/위치를 조절하고 Enter 를 누른다.

Plus @

수정할 부분은 Lasso Tool(올가미,)이나 Polygonal Lasso Tool(다각형 올가미,) 등을 이용해 Shift 와 함께 영역을 추가할 수 있고 Alt 와 함께 영역을 제외할 수 있다.

⑲ 파란색 계열로 보정하기 위해 Quick Selection Tool(빠른 선택,)로 선택영역(헬멧 부분)을 지정한 후 [Image(이미지)]−[Adjustments(조정)]−[Hue/Saturation(색조/채도)](Ctrl + U)을 선택한다.

⑳ Colorize(색상화)에 체크한 후 Hue(색조) : 200, Satuation(채도) : 50으로 값을 변경하고 OK 를 누른다.

㉑ Ctrl + D 로 선택영역을 해제한다.

㉒ 레이어 스타일을 적용하기 위해 [Layers(레이어)] 패널 하단의 fx를 눌러 Outer Glow(외부 광선)를 선택해 적용하고 OK 를 누른다.

㉓ [File(파일)]−[Open(열기)](Ctrl + O)을 선택한 후 '1급−17.jpg'를 불러온다.

㉔ Magic Wand Tool(자동 선택,)을 선택한 후 옵션 바의 Tolerance(허용치)를 32, Contiguous(인접)에 체크하고 배경을 클릭한다.

㉕ 추가로 선택할 영역이 있다면 Shift 와 함께 클릭하여 선택영역으로 지정한다.

㉖ 선택영역을 반전하기 위해 [Select(선택)]−[Inverse(반전)](Shift + Ctrl + I)를 누른다.

㉗ Ctrl + C 로 복사하고 작업파일을 선택한 후 Ctrl + V 로 붙여넣기 한다.

㉘ Ctrl + T 로 크기/위치를 조절하고 Enter 를 누른다.

05 패스 제작 및 패턴 적용

1 Pen Tool(펜, ✒️)을 선택한 후 옵션 바에서 Pick Tool Mode(선택 도구 모드) : Path(패스, `Path`), Path Operations(패스 작업) : Combine Shapes(모양 결합, ▣)로 지정한다.

2 배경 레이어의 눈 아이콘(👁)을 `Alt`+클릭해 나머지 레이어의 눈을 끈다. (선택사항)

Plus@
배경 레이어를 선택하지는 않는다. 새 레이어 추가 시 맨 위로 생성되지 않기 때문이다.

3 세로 눈금자에서 드래그해 가이드를 만든 후 아래의 그림을 참고해 반만 그린다.

4 Path Selection Tool(패스 선택, ▶)로 선택한 후 `Alt`와 함께 드래그해 복제한다.

5 `Ctrl`+`T`로 조절점 안쪽에서 마우스 오른쪽 클릭 후 Flip Horizontal(가로로 뒤집기)을 선택하고 배치한 다음 `Enter`를 누른다.

6 패스의 유실을 방지하기 위해 [Path(패스)] 패널을 선택한 후 Work Path(작업 패스)의 이름 부분을 더블클릭한다. Save Path(패스 저장)가 나오면 `OK`를 누른다.

7 하나의 모양으로 합치기 위해 옵션 바에서 Path Operations(패스 작업)을 Merge Shape Components(모양 병합 구성 요소)로 선택한다.

8 안쪽을 빼기 위해 `Ctrl`+`C`로 복사하고 `Ctrl`+`V`로 붙여넣기 한다.

⑨ Ctrl + T 로 Alt 와 함께 꼭짓점에서 드래그해 작게 조절하고 Enter 를 누른다.

⑩ 옵션 바의 Path Operations(패스 작업)을 Subtract Front Shape(전면 모양 빼기, ▣)로 선택한다.

⑪ 레이어로 지정하기 위해 모두 선택 후 [Path(패스)] 패널 하단의 Load as a selection(패스를 선택영역으로 지정, ▣)을 클릭한다.

> **Plus@**
> [Path(패스)] 패널의 Path Thumbnail(패스 축소판)을 Ctrl 과 함께 클릭해도 선택영역으로 지정된다.

⑫ [Layers(레이어)] 패널로 이동한 후 맨 위 레이어를 클릭하고 하단의 Create a new layer(새 레이어, ▣, Ctrl + Shift + N)를 클릭해 추가한다.

⑬ 전경색(▣)을 #0099ff로 변경한 후 Alt + Delete 를 눌러 색을 채운다.

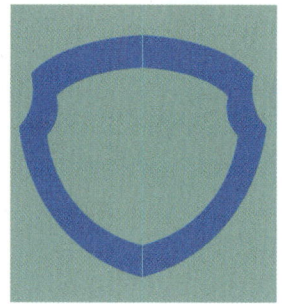

⑭ 불 모양을 그리기 위해 [Path(패스)] 패널을 선택한 후 하단의 Create new path(새 패스, ▣)를 누른다.

⑮ Pen Tool(펜, ▣)을 선택한 후 ①~⑩을 참고해 아래와 같이 그린다.

⑯ 레이어로 지정하기 위해 불 모양을 모두 선택한 후 [Path(패스)] 패널 하단의 Load as a selection(패스를 선택영역으로 지정, ▨)을 클릭한다.

⑰ 전경색(▣)을 #cc3333으로 변경한 후 Alt + Delete 를 눌러 색을 채운다.

⑱ 레이어 스타일을 추가하기 위해 [Layers(레이어)] 패널 하단의 fx 를 눌러 Layer 7, 8에 각각 Drop Shadow(그림자 효과)를 선택해 적용하고 OK 를 누른다.

Plus@
레이어 스타일을 복제하기 위해 'Drop Shadow(바깥 그림자)'만 Alt 를 먼저 누른 상태에서 해당 레이어로 드래그하여 복제할 수 있다.

⑲ Layer 7, 8을 Shift 와 함께 선택한 후 Ctrl + T 를 눌러 회전/크기/위치를 조절하고 Enter 를 누른다.

⑳ 모든 레이어의 눈을 켜기 위해 레이어의 눈 아이콘(👁)에서 마우스 오른쪽 클릭 후 'Show/hide all other layers(다른 모든 레이어 표시/숨기기)'를 선택한다.

㉑ 패턴을 적용하기 위해 [Layers(레이어)] 패널에서 Layer 7(마크) 레이어를 선택한 후 하단의 fx 를 눌러 Pattern Overlay(패턴 오버레이)를 선택한다. Pattern(패턴)의 목록 단추를 클릭해 정의한 패턴을 선택한 후 Scale(비율)을 조정한다.

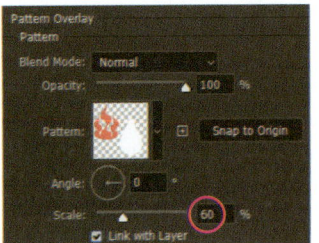

㉒ [Layers(레이어)] 패널에서 Layer 4(소화전)를 맨 위로 배치한다.

06 모양 지정 및 레이어 스타일

❶ Custom Shape Tool(사용자 정의 모양,)을 선택한 후 옵션 바에서 Pick Tool Mode(선택 도구 모드) : Shape(모양, Shape), Stroke(획) : 색상 없음( )으로 설정한다. 모양 선택( )을 눌러 아래의 모양을 찾아 그린다.
- 기본 경로 : Legacy Shapes and More(레거시 모양 및 기타) - All Legacy Default Shapes (모든 레거시 기본 모양)
- Symbols(기호) - 기호 5( )

❷ 색을 적용하기 위해 [Layers(레이어)] 패널의 Layer Thumbnail(레이어 축소판,)을 더블 클릭한 후 #ff6666을 입력하고 OK 를 누른다.

❸ 레이어 스타일을 적용하기 위해 [Layers(레이어)] 패널 하단의 를 눌러 Drop Shadow(그림자 효과)를 선택해 적용하고 OK 를 누른다.

❹ 다른 모양을 추가하기 위해 아래의 모양을 찾아 그린다.
Symbols(기호) - 과녁( )

❺ 색을 적용하기 위해 [Layers(레이어)] 패널의 Layer Thumbnail(레이어 축소판,)을 더블 클릭한 후 #ffffff를 입력하고 OK 를 누른다.

❻ 불투명도를 조정하기 위해 [Layers(레이어)] 패널의 Opacity(불투명도)를 60%로 설정한다.

❼ 레이어를 헬리콥터보다 아래로 드래그하여 위치한다.

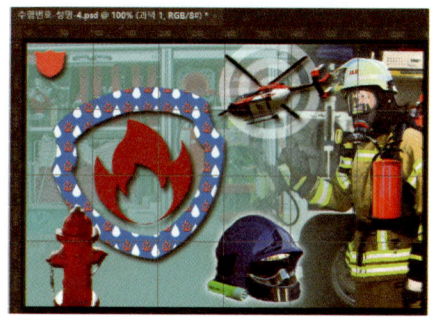

❽ 다른 모양을 추가하기 위해 아래의 모양을 찾아 그린다.
Web(웹) - 앞으로( )

❾ 색을 적용하기 위해 [Layers(레이어)] 패널의 Layer Thumbnail(레이어 축소판,)을 더블 클릭한 후 #ff33ff를 입력하고 OK 를 누른다.

❿ 레이어 스타일을 적용하기 위해 [Layers(레이어)] 패널 하단의 를 눌러 Bevel and Emboss(경사와 엠보스)를 선택해 적용하고 OK 를 누른다.

11 메뉴에 텍스트를 입력하기 위해 Type Tool(수평 문자, T)을 선택한 후 빈 공간을 클릭한다. 행사개요를 입력한 후 Ctrl + Enter 를 눌러 완료한다.

12 옵션 바 또는 [Character(문자)] 패널에서 굴림, 18pt, 왼쪽 정렬, #0000ff로 설정한다.

13 레이어 스타일을 적용하기 위해 [Layers(레이어)] 패널 하단의 fx 를 눌러 Stroke(획)를 선택한 후 아래와 같이 값을 변경하고 OK 를 누른다.
 • Size(크기) : 2px
 • Position(위치) : Outside(바깥쪽)
 • Fill Type(칠 유형) : Color(색상)
 • 색상값 : #ffffff

14 메뉴를 복제하기 위해 화살표 모양과 텍스트 레이어를 Shift 로 클릭한 다음 Move Tool(이동, ✥)을 선택해 Alt 와 함께 아래 방향으로 드래그하여 두 번 복제한다.

15 두 번째의 텍스트를 수정하기 위해 [Layers(레이어)] 패널의 Indicates Text Layer(텍스트 레이어, T)를 더블클릭한 후 참여업체를 입력하고 Ctrl + Enter 를 눌러 완료한다.

16 세 번째 텍스트도 15와 같은 방법으로 사전신청으로 수정한다.

07 문자 효과

1 Type Tool(수평 문자, T)을 선택한 후 빈 공간을 클릭한다. 국제소방 안전박람회를 입력한 후 Ctrl + Enter 를 눌러 완료한다.

2 옵션 바 또는 [Character(문자)] 패널에서 궁서, 60pt, 가운데 정렬로 설정한다.

3 레이어 스타일을 적용하기 위해 [Layers(레이어)] 패널 하단의 fx 를 눌러 Gradient Overlay(그레이디언트 오버레이)를 선택한 후 아래와 같이 값을 변경한다.
 • Opacity(불투명도) : 100%
 • Style(스타일) : Linear(선형)
 • Angle(각도) : 90°
 • Scale(비율) : 100%

4 Gradient(그레이디언트) 편집 창을 클릭한 후 Color Stop(색상 정지점)을 더블클릭하여 좌측 : #330066, 우측 : #cc6666으로 값을 변경하고 OK 를 누른다.

5 레이어 스타일을 추가하기 위해 Stroke(획)를 선택한 후 아래와 같이 값을 변경하고 OK 를 누른다.
 • Size(크기) : 2px
 • Position(위치) : Outside(바깥쪽)
 • Fill Type(칠 유형) : Color(색상)
 • 색상값 : #ffffff

6 텍스트를 뒤틀기 위해 Type Tool(수평 문자, T)을 선택한 후 옵션 바의 Create warped text(뒤틀어진 텍스트 만들기,)를 클릭한다. Style(스타일) : Arc Upper(위 부채꼴), Bend(구부리기) : −40%로 값을 변경하고 OK 를 누른다.

7 Type Tool(수평 문자, T)을 선택한 후 빈 공간을 클릭한다. 사람을 살리는 '사람들'을 입력하고 Ctrl + Enter 를 눌러 완료한다.

8 옵션 바 또는 [Character(문자)] 패널에서 궁서, 20pt, #ffffff로 설정한다.

9 레이어 스타일을 적용하기 위해 [Layers(레이어)] 패널 하단의 fx 를 눌러 Stroke(획)를 선택한 후 아래와 같이 값을 변경하고 OK 를 누른다.
  • Size(크기) : 2px
  • Position(위치) : Outside(바깥쪽)
  • Fill Type(칠 유형) : Gradient(그레이디언트)
  • Style(스타일) : Linear(선형)
  • Angle(각도) : 0°

10 Gradient(그레이디언트) 편집 창( )을 클릭한 후 Color Stop(색상 정지점)을 더블클릭하여 좌측 : #ff3333, 우측: #333399로 값을 변경하고 OK 를 누른다.

11 텍스트를 뒤틀기 위해 Type Tool(수평 문자, T)을 선택한 후 옵션 바의 Create warped text(뒤틀어진 텍스트 만들기,)를 클릭한다. Style(스타일) : Arch(아치), Bend(구부리기) : −35%로 값을 변경하고 OK 를 누른다.

12 Type Tool(수평 문자, T)을 선택한 후 빈 공간을 클릭한다. 11월 9일 소방의 날을 입력하고 Ctrl + Enter 를 눌러 완료한다.

13 옵션 바 또는 [Character(문자)] 패널에서 굴림, 18pt, 왼쪽 정렬, #ffffff로 설정한 후 소방의 날만 선택하여 #ffff66으로 변경한다.

14 레이어 스타일을 추가하기 위해 [Layers(레이어)] 패널 하단의 fx 를 눌러 Stroke(획)를 선택한 후 아래와 같이 값을 변경하고 OK 를 누른다.
  • Size(크기) : 2px
  • Position(위치) : Outside(바깥쪽)
  • Fill Type(칠 유형) : Color(색상)
  • 색상값 : #333333

08 ▶ PSD, JPG 형식으로 저장하기

1 [File(파일)]−[Save(저장)](Ctrl+S)를 선택한 후 기존 파일에 덮어쓰기 한다.

2 JPG 파일 형식으로 저장하기 위해 [File(파일)]−[Save as(다른 이름으로 저장)](Shift+Ctrl+S)를 선택하여 파일 형식을 클릭해 JPEG로 선택한다. '내 PC₩문서₩GTQ' 폴더에 '수험번호−성명−4'로 입력한 후 [저장]을 누른다.

3 PSD 파일의 사이즈를 1/10로 줄이기 위해 [Image(이미지)]−[Image Size(이미지 크기)](Alt+Ctrl+I)를 선택한 후 단위 : Pixel, Width(폭) : 60px, Height(높이) : 40px, Resolution(해상도) : 72Pixels/Inch로 설정하고 OK 를 누른다.

4 [File(파일)]−[Save(저장)](Ctrl+S)를 선택한 후 작은 사이즈로 최종 저장한다.

5 완성된 파일을 확인하기 위해 파일 탐색기를 열어 '내 PC₩문서₩GTQ' 폴더에서 확인한다.

6 시험장의 작업표시줄에 나타나는 'Koas 수험자용'을 클릭해 우측의 답안 전송 을 클릭한 후 해당하는 번호에 체크한다. 하단의 답안 전송 을 클릭한 후 닫기 를 누르면 최종 전송된 답안으로 채점이 이루어진다.

✓ Check Point !

		O	X
공통	• 제시된 크기(px)와 해상도(72Pixels/Inch)로 파일을 만들었나요? • '수험번호-성명-문제번호.psd'로 저장했나요? • 그리드(Ctrl + ')와 눈금자(Ctrl + R)를 표시했나요? • 시험지에도 자를 이용해 100픽셀씩 그리드를 그려주었나요?		
문제1번	• 만든 패스를 저장했나요? • 클리핑 마스크를 적용했나요? • 각 이미지와 Shape(모양)에 레이어 스타일과 필터를 적용했나요?		
문제2번	• 제시된 색상으로 보정했나요? • 각 이미지와 Shape(모양)에 레이어 스타일과 필터를 적용했나요?		
문제3번	• 배경에 색을 적용했나요? • Blending Mode(혼합모드)를 적용했나요? • 레이어 마스크의 방향을 맞게 적용했나요? • 제시된 색상으로 보정했나요? • 각 이미지와 Shape(모양)에 레이어 스타일과 필터를 적용했나요?		
문제4번	• 배경에 색을 적용했나요? • 패턴을 제작하여 등록하였나요? • Blending Mode(혼합모드)를 적용했나요? • 레이어 마스크의 방향을 맞게 적용했나요? • 제시된 색상으로 보정했나요? • 1급-17.jpg를 제외한 이미지와 Shape(모양)에 레이어 스타일과 필터를 적용했나요? • 펜 도구를 이용하여 오브젝트를 그려 패턴으로 적용하였나요?		
공통	• '수험번호-성명-문제번호.jpg'로 저장했나요? • 1/10로 줄여 '수험번호-성명-문제번호.psd'로 저장했나요?		

※ 시험장에서는 반드시 전송까지 실행해 주세요.

CHAPTER 02

제2회 실전 모의고사
[S/W:포토샵]

급수	문제유형	시험시간	수험번호	성명
1급	A	90분		

수험자 유의사항

- 수험자는 문제지를 받는 즉시 응시하고자 하는 과목 및 급수가 맞는지 확인한 후 수험번호와 성명을 작성합니다.
- 파일명은 본인의 "수험번호-성명-문제번호"로 공백 없이 정확히 입력하고 답안폴더(내 PC\문서\GTQ)에 jpg 파일과 psd 파일의 2가지 포맷으로 저장해야 하며, jpg 파일과 psd 파일의 내용이 상이할 경우 0점 처리됩니다. 답안문서 파일명이 "수험번호-성명-문제번호"와 일치하지 않거나, 답안 파일을 전송하지 않아 미제출로 처리될 경우 불합격 처리됩니다.
- 문제의 세부조건은 '영문(한글)' 형식으로 표기되어 있으니 유의하시기 바랍니다.
- 수험자 정보와 저장한 파일명, 저장 위치가 다를 경우 전송이 되지 않으므로, 주의하시기 바랍니다.
- 답안 작성 중에도 주기적으로 '저장'과 '답안 전송'을 이용하여 감독위원 PC로 답안을 전송하셔야 합니다.
  (※ 작업한 내용을 저장하지 않고 전송할 경우 이전의 저장내용이 전송되오니 이점 반드시 유념하시기 바랍니다.)
- 답안문서는 지정된 경로 외의 다른 보조기억장치에 저장하는 행위, 지정된 시험 시간 외에 작성된 파일을 활용한 행위, 기타 허용되지 않은 프로그램(이메일, 메신저, 게임, 네트워크 등) 이용 시 부정행위로 간주되어 자격기본법 제32조에 의거 본 시험 및 국가공인 자격시험을 2년간 응시할 수 없습니다.
- 시험 중 부주의 또는 고의로 시스템을 파손한 경우와 〈수험자 유의사항〉에 기재된 방법대로 이행하지 않아 생기는 불이익은 수험자의 책임임을 알려 드립니다.
- 시험을 완료한 수험자는 최종적으로 저장한 답안 파일이 전송되었는지 확인한 후 감독위원의 지시에 따라 문제지를 제출하고 퇴실합니다.

답안 작성요령

- 온라인 답안 작성 절차
  수험자 등록 ⇒ 시험 시작 ⇒ 답안 파일 저장 ⇒ 답안 전송 ⇒ 시험 종료
- 내 PC\문서\GTQ\Image 폴더에 있는 그림 원본파일을 사용하여 답안을 작성하시고 최종답안을 답안폴더(내 PC\문서\GTQ)에 저장하여 답안을 전송하시고, 이미지의 크기가 다른 경우 감점 처리됩니다.
- 배점은 총 100점으로 이루어지며, 점수는 각 문제별로 차등 배분됩니다.
- 각 문제는 주어진 〈조건〉에 따라 작성하고, 언급하지 않은 조건은 《출력형태》와 같이 작성합니다.
- 배치 등의 편의를 위해 주어진 눈금자의 단위는 '픽셀'입니다.
- 그 외는 출력형태(효과, 이미지, 문자, 색상, 레이아웃, 규격 등)와 같게 작업하십시오.
- 문제 조건에 서체의 지정이 없을 경우 한글은 굴림이나 돋움, 영문은 Arial로 작업하십시오. (단, 그 외에 제시되지 않은 문자 속성을 기본값으로 작성하지 않은 경우는 감점 처리됩니다.)
- Image Mode(이미지 모드)는 별도의 처리조건이 없을 경우에는 RGB(8비트)로 작업하십시오.
- 모든 답안 파일은 해상도 72pixels/inch로 작업하십시오.
- Layer(레이어)는 각 기능별로 분할해야 하며, 임의로 합칠 경우나 각 기능에 대한 속성을 해지할 경우 해당 요소는 0점 처리됩니다.

문제 1 [기능평가] 고급 Tool(도구) 활용
20점

다음의 《조건》에 따라 아래의 《출력형태》와 같이 작업하시오.

[조건]

원본이미지			문서\GTQ\Image\1급-1.jpg, 1급-2.jpg, 1급-3.jpg
파일 저장 규칙	JPG	파일명	문서\GTQ\수험번호-성명-1.jpg
		크기	400 × 500 pixels
	PSD	파일명	문서\GTQ\수험번호-성명-1.psd
		크기	40 × 50 pixels

1. 그림 효과
   ① 1급-1.jpg : 필터 - Texturizer(텍스처화)
   ② Save Path(패스 저장) : 전구 모양
   ③ Mask(마스크) : 전구 모양, 1급-2.jpg를 이용하여 작성
      레이어 스타일 - Stroke(선/획)(3px, 그레이디언트(#99ff33, #ff9933)), Drop Shadow(그림자 효과)
   ④ 1급-3.jpg : 레이어 스타일 - Outer Glow(외부 광선)
   ⑤ Shape Tool(모양 도구) :
      - 꽃 모양 (#33ffcc, ccffff, 레이어 스타일 - Drop Shadow(그림자 효과))
      - 발자국 모양 (#ffcc99, 레이어 스타일 - Inner Shadow(내부 그림자))

2. 문자 효과
   ① Green New Deal (Times New Roman, Regular, 42pt, 레이어 스타일 - 그레이디언트 오버레이(#ffffff, #99ff00), Stroke(선/획)(3px, #003300))

[출력형태]

문제 2 [기능평가] 사진편집 응용
20점

다음의 《조건》에 따라 아래의 《출력형태》와 같이 작업하시오.

[조건]

원본이미지	문서₩GTQ₩Image₩1급-4.jpg, 1급-5.jpg, 1급-6.jpg		
파일 저장 규칙	JPG	파일명	문서₩GTQ₩수험번호-성명-2.jpg
		크기	400 × 500 pixels
	PSD	파일명	문서₩GTQ₩수험번호-성명-2.psd
		크기	40 × 50 pixels

1. 그림 효과
   ① 1급-4.jpg : 필터 – Angled Strokes(각진 획)
   ② 색상 보정 : 1급-5.jpg – 녹색 계열로 보정
   ③ 1급-5.jpg : 레이어 스타일 – Outer Glow(외부 광선)
   ④ 1급-6.jpg : 레이어 스타일 – Drop Shadow(그림자 효과)
   ⑤ Shape Tool(모양 도구) :
      – 발바닥 모양 (#cc9966, #996633, 레이어 스타일 – Outer Glow(외부 광선), Opacity(불투명도)(80%))
      – 철로 모양 (#cccccc, 레이어 스타일 – Drop Shadow(그림자 효과))

2. 문자 효과
   ① Check! Carbon Footprint (Arial, Bold, 30pt, 레이어 스타일 – 그레이디언트 오버레이(#ff9900, #ffff33, #00cccc), Stroke(선/획)(3px, #666633))

[출력형태]

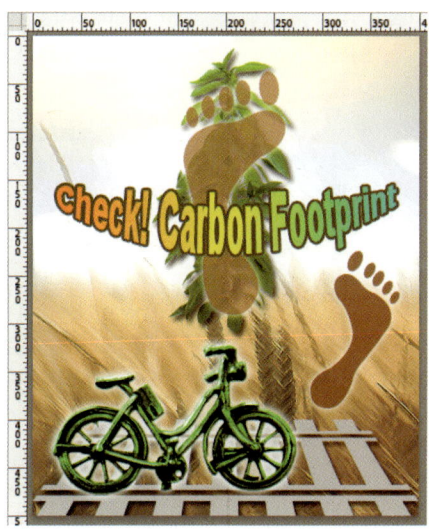

문제 3 [실무응용] 포스터 제작
25점

다음의 《조건》에 따라 아래의 《출력형태》와 같이 작업하시오.

조건

원본이미지	문서₩GTQ₩Image₩1급-7.jpg, 1급-8.jpg, 1급-9.jpg, 1급-10.jpg, 1급-11.jpg		
파일 저장 규칙	JPG	파일명	문서₩GTQ₩수험번호-성명-3.jpg
		크기	600 × 400 pixels
	PSD	파일명	문서₩GTQ₩수험번호-성명-3.psd
		크기	60 × 40 pixels

1. 그림 효과
① 배경 : #ccffcc
② 1급-7.jpg : Blending Mode(혼합모드) - Linear Burn(선형 번), Opacity(불투명도)(80%), 레이어 마스크 - 세로 방향으로 흐릿하게
③ 1급-8.jpg : 필터 - Paint Daubs(페인트 덥스/페인트 바르기), 레이어 마스크 - 세로 방향으로 흐릿하게
④ 1급-9.jpg : 필터 - Crystallize(수정화), 레이어 스타일 - Stroke(선/획)(4px, 그레이디언트(#339900, 투명으로))
⑤ 1급-10.jpg : 레이어 스타일 - Outer Glow(외부 광선)
⑥ 1급-11.jpg : 색상 보정 - 녹색 계열로 보정, 레이어 스타일 - Outer Glow(외부 광선)
⑦ 그 외 《출력형태》 참조

2. 문자 효과
① 생활 속 탄소중립 실천하기 (굴림, 45pt, 레이어 스타일 - 그레이디언트 오버레이(#99ff66, #ffffff), Stroke(선/획)(2px, #336633), Drop Shadow(그림자 효과))
② 이메일 1통에 CO_2 4g (궁서, 20pt, #ffffff, 레이어 스타일 - Stroke(선/획)(2px, #666666))
③ 바로 지금, 나부터! 더 늦기전에 2050! (돋움, 18pt, #ffff99, 레이어 스타일 - Stroke(선/획)(2px, 그레이디언트(#6633cc, #cc6600))
④ 웹메일 정리하기 모니터 밝기 줄이기 (돋움, 18pt, #ff0000, #333399, 레이어 스타일 - Stroke(선/획)(2px, #ffffff))

출력형태

Shape Tool(모양 도구) 사용
#ffff99
레이어 스타일 -
Drop Shadow(그림자 효과)

Shape Tool(모양 도구) 사용
#339900
레이어 스타일 -
Outer Glow(외부 광선)

Shape Tool(모양 도구) 사용
레이어 스타일 - 그레이디언트
오버레이(#660066, #ff66ff),
Bevel and Emboss(경사와 엠보스)

문제 4 [실무응용] 웹 페이지 제작

35점

다음의 《조건》에 따라 아래의 《출력형태》와 같이 작업하시오.

조건

원본이미지			문서₩GTQ₩Image₩1급-12.jpg, 1급-13.jpg, 1급-14.jpg, 1급-15.jpg, 1급-16.jpg, 1급-17.jpg
파일 저장 규칙	JPG	파일명	문서₩GTQ₩수험번호-성명-4.jpg
		크기	600 × 400 pixels
	PSD	파일명	문서₩GTQ₩수험번호-성명-4.psd
		크기	60 × 40 pixels

1. 그림 효과
   ① 배경 : #ccffff
   ② 패턴(재활용, 기호 모양) : #ffff00, #ffffff
   ③ 1급-12.jpg : Blending Mode(혼합모드) – Luminosity(광도), 레이어 마스크 – 대각선 방향으로 흐릿하게
   ④ 1급-13.jpg : 필터 – Rough Pastels(거친 파스텔), 레이어 마스크 – 가로 방향으로 흐릿하게
   ⑤ 1급-14.jpg : 레이어 스타일 – Inner Glow(내부 광선)
   ⑥ 1급-15.jpg : 필터 – Angled Strokes(각진 선/획), 레이어 스타일 – Inner Shadow(내부 그림자)
   ⑦ 1급-16.jpg : 색상 보정 – 빨간색 계열로 보정, 레이어 스타일 – Outer Glow(외부 광선)
   ⑧ 그 외 《출력형태》 참조

2. 문자 효과
   ① 2050 탄소중립 프로그램(궁서, 46pt, 레이어 스타일 – 그레이디언트 오버레이(#00cc33, #3333ff, #cc00ff), Stroke(선/획)(3px, #ffffcc))
   ② Carbon Neutral (Times New Roman, Regular, 24pt, #ffff99, #99ff33, 레이어 스타일 – Stroke(선/획)(3px, #336600))
   ③ 그린뉴딜 프로젝트 (궁서, 20pt, #99ff33, 레이어 스타일 – Drop Shadow(그림자 효과))
   ④ 기후변화 통계연구 기후소식 (돋움, 18pt, #000000, 레이어 스타일 – Stroke(선/획)(2px, #ffffff))

출력형태

Shape Tool(모양 도구) 사용
레이어 스타일 – 그레이디언트
오버레이(#99cc00, #99ffff, #ffffff),
Stroke(선/획)(2px, #66cc00,
#33cccc)

Shape Tool(모양 도구) 사용
#66ff33
레이어 스타일 –
Drop Shadow(그림자 효과)

Pen Tool(펜 도구) 사용
#3366cc, 레이어 스타일 –
Drop Shadow(그림자 효과)

Shape Tool(모양 도구) 사용
#99ff33, 레이어 스타일 –
Inner Shadow(내부 그림자)

문제 1 [기능평가] 고급 Tool(도구) 활용   20점

사용 이미지 미리보기

1급-1.jpg

1급-2.jpg

1급-3.jpg

사용자 정의 모양 미리보기

사용 기능

필터	[Filter(필터)]-[Filter Gallery(필터 갤러리)]-[Texture(텍스처)]-[Texturizer(텍스처화)]
클리핑 마스크	Create Clipping Mask(클리핑 마스크 만들기, Alt + Ctrl + G)
이미지 추출	Magic Wand Tool(자동 선택,)
이미지 사이즈	[Image(이미지)]-[Image Size(이미지 크기)](Alt + Ctrl + I)

01 새 캔버스 생성 및 필터

1 [File(파일)]-[New(새로 만들기)]([Ctrl]+[N])를 선택한 후 아래의 조건으로 설정하고 [Create(만들기)]를 누른다.
- PRESET DETAILS(사전 설정 세부 정보)
  : 수험번호-성명-1
- 단위 : Pixels
- Width(폭) : 400
- Height(높이) : 500
- Resolution(해상도) : 72Pixels/Inch
- Color Mode(색상모드) : RGB
- Backgound Contents(배경색) : White

2 [Edit(편집)]-[Preferences(속성)]-[Guides, Grid & Slices(안내선, 격자 및 분할 영역)] ([Ctrl]+[K])를 선택한 후 'Grid(격자)'의 Gridline Every(격자 간격) : 100Pixels, Subdivisions(세분) : 1로 설정하고 [OK]를 누른다.

3 [View(보기)]-[Show(표시)]-[Grid(격자)] ([Ctrl]+[']))와 [View(보기)]-[Rulers(눈금자)]([Ctrl]+[R])를 나타낸다.

> **Plus@**
> CS6 버전 이하에서는 눈금자에서 마우스 오른쪽 클릭 후 단위를 px로 변경한다.

4 [File(파일)]-[Save as(다른 이름으로 저장)] ([Shift]+[Ctrl]+[S])를 클릭한 후 '내 PC₩문서₩GTQ' 폴더에 '수험번호-성명-1.psd'로 입력하고 [저장]을 누른다.

5 [File(파일)]-[Open(열기)]([Ctrl]+[O])을 선택한 후 '1급-1.jpg'를 불러온다.

6 [Ctrl]+[A]로 전체 선택한 후 [Ctrl]+[C]로 복사하고 작업파일을 선택한 후 [Ctrl]+[V]로 붙여넣기 한다.

7 [Ctrl]+[T]로 크기/위치를 조절하고 [Enter]를 누른다.

8 [Filter(필터)]-[Filter Gallery(필터 갤러리)]-[Texture(텍스처)]-[Texturizer(텍스처화)] 필터를 적용하고 [OK]를 누른다.

02 패스 제작 및 패스 저장

1 Pen Tool(펜, ⬚)을 선택한 후 옵션 바에서 Pick Tool Mode(선택 도구 모드) : Path(패스, ⬚ Path ⬚), Path Operations(패스 작업) : Combine Shapes(모양 결합, ⬚)로 지정한다.

2 Layer 1(배경 이미지)의 눈 아이콘(⬚)을 클릭해 숨기게 한 다음 패스를 그리기 위해 [Path(패스)] 패널을 누른다. (선택사항)

3 그림을 참고해 반만 그린다.

4 Path Selection Tool(패스 선택,)로 선택한 다음 Alt 와 함께 드래그해 복제한다.

5 Ctrl + T 로 조절점 안쪽에서 마우스 오른쪽 클릭한다. Flip Horizontal(가로로 뒤집기)을 선택하고 배치한 후 Enter 를 누른다.

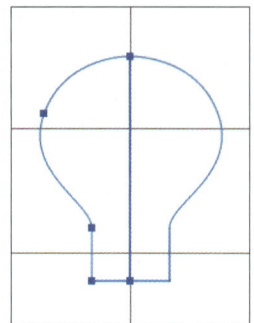

6 하이라이트 부분도 이와 같이 그린다.

7 옵션 바의 Path Operations(패스 작업)을 Subtract Front Shape(전면 모양 빼기,)로 변경한다.

8 Rectangle Tool(사각 도형,)을 선택한 후 옵션 바에서 Pick Tool Mode(선택 도구 모드) : Path(패스,), Path Operations(패스 작업) : Combine Shapes(모양 결합,)로 지정한다.

9 곡률 조정을 위해 옵션 바에서 곡률을 10px로 설정한다.

Plus@

CS6 버전에서는 Rounded Rectangle Tool(모서리가 둥근 직사각형,)을 이용한다.

10 Path Selection Tool(패스 선택,)로 선택한 후 Alt 와 함께 드래그해 복제하고 Ctrl + T 로 회전/위치를 조절해 배치한다.

11 좌측 두 개의 도형을 선택한 후 Alt 와 함께 드래그한다. Ctrl + T 를 눌러 조절점 안쪽에서 마우스 오른쪽 클릭 후 Flip Horizontal(가로로 뒤집기)을 선택하고 배치한 다음 Enter 를 누른다.

12 하단의 소켓 부분도 이와 같이 완성한다.

13 패스를 저장하기 위해 [Path(패스)] 패널의 Work Path(작업 패스) 이름 부분을 더블클릭한다. Save Path(패스 저장) 대화상자가 나오면 전구 모양을 입력하고 OK 를 누른다.

14 패스를 선택영역으로 지정하기 위해 Ctrl + Path Thumbnail(패스 축소판)을 클릭한다. 선택영역이 생기면 [Layers(레이어)] 패널을 선택한 후 하단의 Create a new layer(새 레이어, ➕, Shift + Ctrl + N)를 클릭해 추가한다.

15 임의의 색을 추가하기 위해 Alt + Delete 를 눌러 전경색(⬛)을 추가한다.

16 선택영역을 해제하기 위해 [Select(선택)] − [Deselect(해제)](Ctrl + D)를 누른다.

17 Ctrl + T 로 회전/크기 위치를 조절하고 Enter 를 누른다.

18 배경 이미지의 눈 아이콘(👁)을 클릭해 보이게 한다.

19 레이어 스타일을 적용하기 위해 [Layers(레이어)] 패널 하단의 *fx* 를 눌러 Stroke(획)를 선택한 후 아래와 같이 값을 변경한다.
 • Size(크기) : 3px
 • Position(위치) : Outside(바깥쪽)
 • Fill Type(칠 유형) : Gradient(그레이디언트)
 • Style(스타일) : Linear(선형)
 • Angle(각도) : 90°

> **Plus α**
> [Layers(레이어)] 패널에서 해당 레이어의 회색 영역을 더블클릭해도 적용할 수 있다.

⑳ Gradient(그레이디언트) 편집 창(　　　)을 클릭한 후 Color Stop(색상 정지점)을 더블클릭하여 좌측 : #99ff33, 우측 : #ff9933으로 값을 변경하고 OK 를 누른다.

㉑ 레이어 스타일을 추가하기 위해 Drop Shadow(그림자 효과)를 선택해 적용하고 OK 를 누른다.

03 클리핑 마스크 및 레이어 스타일 적용

1 [File(파일)]-[Open(열기)](Ctrl + O)을 선택한 후 '1급-2.jpg'를 불러온다.

2 Ctrl + A 로 전체 선택한 후 Ctrl + C 로 복사하고 작업파일을 선택한 후 Ctrl + V 로 붙여넣기 한다.

3 Ctrl + T 로 크기/위치를 조절하고 Enter 를 누른다.

4 클리핑 마스크를 적용하기 위해 [Layers(레이어)] 패널의 Layer 3(나비)에서 마우스 오른쪽 클릭 후 Create Clipping Mask(클리핑 마스크 만들기, Alt + Ctrl + G)를 선택한다.

5 [File(파일)]-[Open(열기)](Ctrl + O)을 선택한 후 '1급-3.jpg'를 불러온다.

6 Magic Wand Tool(자동 선택, 　)을 선택한 후 옵션 바의 Tolerance(허용치)를 40, Contiguous(인접)에 체크한 다음 배경을 클릭한다. Shift 와 함께 배경을 클릭해 모두 지정한다.

7 선택영역을 반전하기 위해 [Select(선택)]-[Inverse(반전)](Shift + Ctrl + I)를 누른다.

8 Ctrl + C 로 복사하고 작업파일을 선택한 후 Ctrl + V 로 붙여넣기 한다.

9 Ctrl + T 로 좌우대칭하기 위해 조절점 안쪽에서 마우스 오른쪽 클릭 후 Flip Horizontal(가로로 뒤집기)을 선택한다. 크기/위치를 조절하고 Enter 를 누른다.

10 레이어 스타일을 적용하기 위해 [Layers(레이어)] 패널 하단의 fx 를 눌러 Outer Glow(외부광선)를 선택해 적용하고 OK 를 누른다.

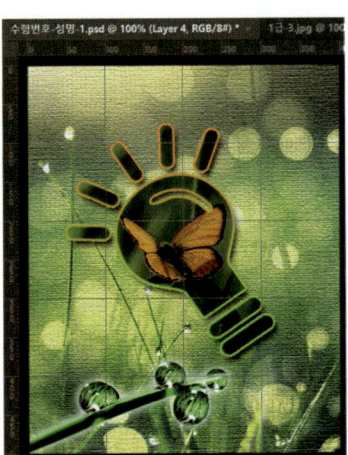

04 모양 지정 및 레이어 스타일

1 Custom Shape Tool(사용자 정의 모양,)을 선택한 후 옵션 바에서 Pick Tool Mode(선택 도구 모드) : Shape(모양, Shape), Stroke(획) : 색상 없음( )으로 설정한다. 모양 선택(Shape: →)을 눌러 아래의 모양을 찾아 그린다.
  • 기본 경로 : Legacy Shapes and More(레거시 모양 및 기타) – All Legacy Default Shapes(모든 레거시 기본 모양)
  • Nature(자연) – 꽃 2( )

2 색을 적용하기 위해 [Layers(레이어)] 패널의 Layer Thumbnail(레이어 축소판,)을 더블클릭한 후 #33ffcc를 입력하고 OK 를 누른다.

3 레이어 스타일을 적용하기 위해 [Layers(레이어)] 패널 하단의 fx 를 눌러 Drop Shadow(그림자 효과)를 선택해 적용하고 OK 를 누른다.

4 Ctrl + J 를 눌러 복제한다.

> **Plus@**
> Move Tool(이동)을 선택한 후 Shape(모양)를 Alt 와 함께 드래그하여 이동복사 할 수 있다.

5 Ctrl + T 로 좌우대칭하기 위해 조절점 안쪽에서 마우스 오른쪽 클릭 후 Flip Horizontal(가로로 뒤집기)을 선택한다. 크기/위치를 조절하고 Enter 를 누른다.

6 색을 적용하기 위해 [Layers(레이어)] 패널의 '꽃 copy' Layer Thumbnail(레이어 축소판,)을 더블클릭한 후 #ccffff를 입력하고 OK 를 누른다.

7 다른 모양을 추가하기 위해 아래의 모양을 찾아 그린다.
Animals(동물) – 고양이 발자국( )

8 색을 적용하기 위해 [Layers(레이어)] 패널의 Layer Thumbnail(레이어 축소판,)을 더블클릭한 후 #ffcc99를 입력하고 OK 를 누른다.

9 레이어 스타일을 적용하기 위해 [Layers(레이어)] 패널 하단의 fx 를 눌러 Inner Shadow(내부 그림자)를 선택해 적용하고 OK 를 누른다.

05 문자 효과

1 Type Tool(수평 문자, T)을 선택한 후 빈 공간을 클릭한다. Green New Deal을 입력한 후 Ctrl + Enter 를 눌러 완료한다.

2 옵션 바 또는 [Character(문자)] 패널에서 Times New Roman, Regular, 42pt로 설정한다.

3 레이어 스타일을 적용하기 위해 [Layers(레이어)] 패널 하단의 fx 를 눌러 Gradient Overlay(그레이디언트 오버레이)를 선택한 후 아래와 같이 값을 변경한다.
• Opacity(불투명도) : 100%
• Style(스타일) : Reflected(반사)
• Angle(각도) : 45°
• Scale(비율) : 100%

4 Gradient 편집 창( )을 클릭한 후 Color Stop(색상 정지점)을 더블클릭하여 좌측 : #ffffff, 우측 : #99ff00으로 값을 변경하고 OK 를 누른다.

5 Stroke(획)를 선택한 후 아래와 같이 값을 변경하고 OK 를 누른다.
• Size(크기) : 3px
• Position(위치) : Outside(바깥쪽)
• Fill Type(칠 유형) : Color(색상)
• 색상값 : #003300

❻ 텍스트를 뒤틀기 위해 Type Tool(수평 문자, T)을 선택한 후 옵션 바의 Create warped text(뒤틀어진 텍스트 만들기, ⊥)를 클릭한다. Style(스타일) : Shell Upper(위가 넓은 조개), Bend(구부리기) : +50%로 값을 변경하고 OK 를 누른다.

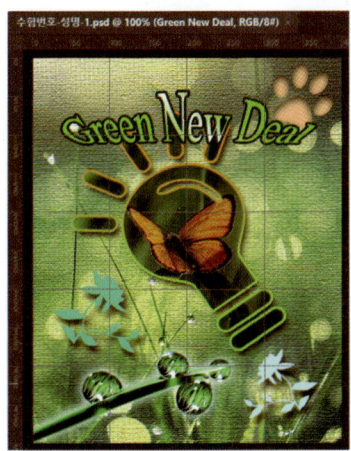

06 PSD, JPG 형식으로 저장하기

❶ [File(파일)]-[Save(저장)](Ctrl + S)를 선택한 후 기존 파일에 덮어쓰기 한다.

❷ JPG 파일 형식으로 저장하기 위해 [File(파일)]-[Save as(다른 이름으로 저장)](Shift + Ctrl + S)를 선택한 후 파일 형식을 클릭해 JPEG로 선택한다. '내 PC₩문서₩GTQ' 폴더에 '수험번호-성명-2'로 입력한 후 [저장]을 누른다.

❸ PSD 파일의 사이즈를 1/10로 줄이기 위해 [Image(이미지)]-[Image Size(이미지 크기)](Alt + Ctrl + I)를 선택한 후 단위 : Pixel, Width(폭) : 40px, Height(높이) : 50px, Resolution(해상도) : 72Pixels/Inch로 설정 후 OK 를 누른다.

❹ [File(파일)]-[Save(저장)](Ctrl + S)를 선택한 후 작은 사이즈로 최종 저장한다.

❺ 완성된 파일을 확인하기 위해 파일 탐색기를 열어 '내 PC₩문서₩GTQ' 폴더에서 확인한다.

❻ 시험장의 작업표시줄에 나타나는 'Koas 수험자용'을 클릭해 우측의 답안 전송 을 클릭한 후 해당하는 번호에 체크한다. 하단의 답안 전송 을 클릭한 후 닫기 를 누르면 최종 전송된 답안으로 채점이 이루어진다.

문제 2 [기능평가] 사진편집 응용   20점

사용 이미지 미리보기

1급-4.jpg   1급-5.jpg   1급-6.jpg

사용자 정의 모양 미리보기

사용 기능

필터	[Filter(필터)]-[Filter Gallery(필터 갤러리)]-[Brush Strokes(브러시 획)]-[Angled Strokes(각진 획)]
색상 조정	[Image(이미지)]-[Adjustment(조정)]-[Hue/Saturation(색조/채도)](Ctrl + U)
이미지 추출	• Quick Selection Tool(빠른 선택,) • Magic Wand Tool(자동 선택,)
이미지 사이즈	[Image(이미지)]-[Image Size(이미지 크기)](Alt + Ctrl + I)

01 새 캔버스 생성 및 필터

1 [File(파일)]-[New(새로 만들기)](Ctrl + N)를 선택한 후 아래의 조건으로 설정하고 [Create(만들기)]를 누른다.
- PRESET DETAILS(사전 설정 세부 정보) : 수험번호-성명-2
- 단위 : Pixels
- Width(폭) : 400
- Height(높이) : 500
- Resolution(해상도) : 72Pixels/Inch
- Color Mode(색상모드) : RGB
- Background Contents(배경색) : White

2 [Edit(편집)]-[Preferences(속성)]-[Guides, Grid & Slices(안내선, 격자 및 분할 영역)](Ctrl + K)를 선택한 후 'Grid(격자)'의 Gridline Every(격자 간격) : 100Pixels, Subdivisions(세분) : 1로 설정하고 OK 를 누른다.

3 [View(보기)]-[Show(표시)]-[Grid(격자)](Ctrl + ')와 [View(보기)]-[Rulers(눈금자)](Ctrl + R)를 나타낸다.

4 [File(파일)]-[Save as(다른 이름으로 저장)](Shift + Ctrl + S)를 클릭한 후 '내 PC\문서\GTQ' 폴더에 '수험번호-성명-2.psd'로 입력하고 [저장]을 누른다.

5 [File(파일)]-[Open(열기)](Ctrl + O)을 선택한 후 '1급-4.jpg'를 불러온다.

6 Ctrl + A 로 전체 선택한 후 Ctrl + C 로 복사하고 작업파일을 선택한 후 Ctrl + V 로 붙여넣기 한다.

7 Ctrl + T 로 크기/위치를 조절하고 Enter 를 누른다.

8 [Filter(필터)]-[Filter Gallery(필터 갤러리)]-[Brush Strokes(브러시 획)]-[Angled Strokes(각진 획)] 필터를 적용한 다음 OK 를 누른다.

02 이미지 추출 및 색상 보정

1 [File(파일)]-[Open(열기)](Ctrl + O)을 선택한 후 '1급-5.jpg'를 불러온다.

2 Quick Selection Tool(빠른 선택,)로 선택영역을 지정한 후 제외할 부분은 Alt 와 함께 선택한다.

> **Plus@**
>
> 수정할 부분은 Lasso Tool(올가미,)이나 Polygonal Lasso Tool(다각형 올가미,) 등을 이용한다. Shift 와 함께 영역을 추가할 수 있고, Alt 와 함께 영역을 제외할 수 있다.

3 `Ctrl`+`C`로 복사하고 작업파일을 선택한 후 `Ctrl`+`V`로 붙여넣기 한다.

4 `Ctrl`+`T`로 크기/위치를 조절하고 `Enter`를 누른다.

5 녹색 계열로 보정하기 위해 [Image(이미지)]-[Adjustments(조정)]-[Hue/Saturation(색조/채도)](`Ctrl`+`U`)을 선택한다.

6 Colorize(색상화)에 체크한 후 Hue(색조) : 110, Saturation(채도) : 50으로 값을 변경하고 `OK`를 누른다.

Plus@
제시된 색상 계열로 보이면 되기 때문에 값은 조절 가능하다.

7 레이어 스타일을 적용하기 위해 [Layers(레이어)] 패널 하단의 `fx`를 눌러 Outer Glow(외부 광선)를 선택해 적용하고 `OK`를 누른다.

03 이미지 추출 및 레이어 스타일

1 [File(파일)]-[Open(열기)](`Ctrl`+`O`)을 선택한 후 '1급-6.jpg'를 불러온다.

2 Magic Wand Tool(자동 선택,)을 선택한 후 옵션 바의 Tolerance(허용치)를 32, Contiguous(인접)에 체크를 해제한 다음 배경을 클릭한다.

3 선택영역을 반전하기 위해 [Select(선택)]-[Inverse(반전)](`Shift`+`Ctrl`+`I`)를 누른다.

4 `Ctrl`+`C`로 복사하고 작업파일을 선택한 후 `Ctrl`+`V`로 붙여넣기 한다.

5 `Ctrl`+`T`로 크기/위치를 조절하고 `Enter`를 누른다.

6 레이어 스타일을 적용하기 위해 [Layers(레이어)] 패널 하단의 `fx`를 눌러 Drop Shadow(그림자 효과)를 선택해 적용하고 `OK`를 누른다.

04 모양 지정 및 레이어 스타일

1. Custom Shape Tool(사용자 정의 모양,)을 선택한 후 옵션 바에서 Pick Tool Mode(선택 도구 모드) : Shape(모양), Stroke(획) : 색상 없음( )으로 설정한다. 모양 선택( )을 눌러 아래의 모양을 찾아 그린다.
   Objects(물건) - 왼발( )

2. 색을 적용하기 위해 [Layers(레이어)] 패널의 Layer Thumbnail(레이어 축소판,)을 더블클릭한 후 #cc9966을 입력하고 OK 를 누른다.

3. 레이어 스타일을 적용하기 위해 [Layers(레이어)] 패널 하단의 fx 를 눌러 Outer Glow(외부 광선)를 선택해 적용하고 OK 를 누른다.

4. 불투명도를 조정하기 위해 [Layers(레이어)] 패널의 Opacity(불투명도)를 80%로 설정한다.

5. Ctrl + T 로 크기/위치를 조절하고 Enter 를 누른다.

6. Ctrl + J 를 눌러 복제한다.

7. Ctrl + T 로 좌우대칭하기 위해 조절점 안쪽에서 마우스 오른쪽 클릭 후 Flip Horizontal(가로로 뒤집기)을 선택한다. 회전/크기/위치를 조절하고 Enter 를 누른다.

8. 색을 적용하기 위해 [Layers(레이어)] 패널의 '발바닥 copy' Layer Thumbnail(레이어 축소판,)을 더블클릭한 후 #996633을 입력하고 OK 를 누른다.

9. 다른 모양을 추가하기 위해 아래의 모양을 찾아 그린다.
   Tiles(타일) - 철로( )

10. 색을 적용하기 위해 [Layers(레이어)] 패널의 Layer Thumbnail(레이어 축소판,)을 더블클릭한 후 #cccccc를 입력하고 OK 를 누른다.

11. Ctrl + T 로 원근감을 표현하기 위해 조절점 안쪽에서 마우스 오른쪽 클릭 후 Perspective(원근감)를 선택한다. 그림과 같이 안쪽으로 드래그해 조절한 다음 Enter 를 누른다.

12. 레이어 스타일을 적용하기 위해 Drop Shadow(그림자 효과)를 선택해 적용하고 OK 를 누른다.

13. [Layers(레이어)] 패널에서 자전거 레이어보다 아래로 이동해 배치한다.

05 문자 효과

1 Type Tool(수평 문자, T)을 선택한 후 빈 공간을 클릭한다. Check! Carbon Footprint를 입력하고 Ctrl + Enter 를 눌러 완료한다.

2 옵션 바 또는 [Character(문자)] 패널에서 Arial, Bold, 30pt로 설정한다.

3 레이어 스타일을 적용하기 위해 [Layers(레이어)] 패널 하단의 fx.를 눌러 Gradient Overlay(그레이디언트 오버레이)를 선택한 후 아래와 같이 값을 변경한다.
- Opacity(불투명도) : 100%
- Style(스타일) : Linear(선형)
- Angle(각도) : 0°
- Scale(비율) : 100%

4 Gradient 편집 창(   )을 클릭한 후 Color Stop(색상 정지점)을 더블클릭하여 좌측 : #ff9900, 중간 : #ffff33, 우측 : #00cccc로 값을 변경하고 OK 를 누른다.

5 레이어 스타일을 추가하기 위해 Stroke(획)를 선택한 후 아래와 같이 값을 변경하고 OK 를 누른다.
- Size(크기) : 3px
- Position(위치) : Outside(바깥쪽)
- Fill Type(칠 유형) : Color(색상)
- 색상값 : #666633

6 텍스트를 뒤틀기 위해 Type Tool(수평 문자, T)을 선택한 후 옵션 바의 Create warped text(뒤틀어진 텍스트 만들기, T)를 클릭한다. Style(스타일) : Arc Lower(아래 부채꼴), Bend(구부리기) : +50%로 값을 변경하고 OK 를 누른다.

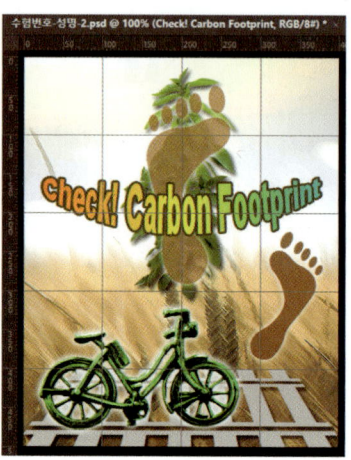

06 PSD, JPG 형식으로 저장하기

1 [File(파일)]−[Save(저장)](Ctrl + S)를 선택한 후 기존 파일에 덮어쓰기 한다.

2 JPG 파일 형식으로 저장하기 위해 [File(파일)]−[Save as(다른 이름으로 저장)](Shift + Ctrl + S)를 선택한 후 파일 형식을 클릭해 JPEG로 선택한다. '내 PC₩문서₩GTQ' 폴더에 '수험번호−성명−2'로 입력한 후 [저장]을 누른다.

3 PSD 파일의 사이즈를 1/10로 줄이기 위해 [Image(이미지)]−[Image Size(이미지 크기)](Alt + Ctrl + I)를 선택한 후 단위 : Pixel, Width(폭) : 40px, Height(높이) : 50px, Resolution(해상도) : 72Pixels/Inch로 설정하고 OK 를 누른다.

4 [File(파일)]−[Save(저장)](Ctrl + S)를 선택한 후 작은 사이즈로 최종 저장한다.

5 완성된 파일을 확인하기 위해 파일 탐색기를 열어 '내 PC₩문서₩GTQ' 폴더에서 확인한다.

6 시험장의 작업표시줄에 나타나는 'Koas 수험자용'을 클릭해 우측의 답안 전송 을 클릭한 후 해당하는 번호에 체크한다. 하단의 답안 전송 을 클릭한 후 닫기 를 누르면 최종 전송된 답안으로 채점이 이루어진다.

문제 3 [실무응용] 포스터 제작 25점

사용 이미지 미리보기

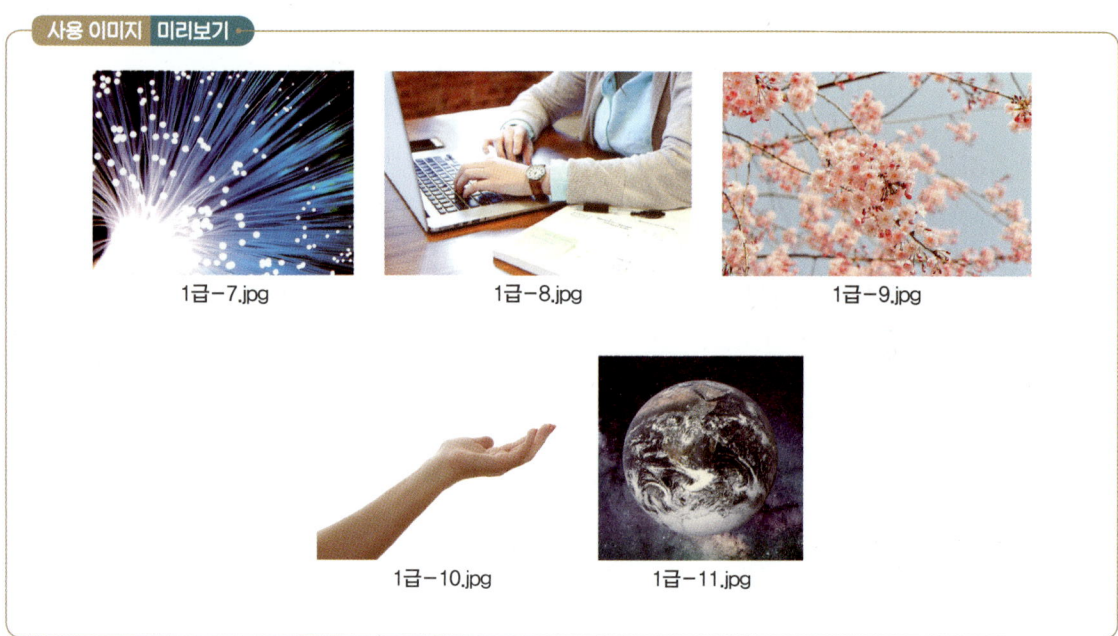

1급-7.jpg　　1급-8.jpg　　1급-9.jpg

1급-10.jpg　　1급-11.jpg

사용자 정의 모양 미리보기

사용 기능

혼합모드	Linear Burn(선형 번)
색상 조정	[Image(이미지)]-[Adjustment(조정)]-[Hue/Saturation(색조/채도)](Ctrl + U)
필터	• [Filter(필터)]-[Filter Gallery(필터 갤러리)]-[Artistic(예술효과)]-[Paint Daubs(페인트 덥스/페인트 바르기)] • [Filter(필터)]-[Pixelate(픽셀화)]-[Crystallize(수정화)]
이미지 추출	• Magic Wand Tool(자동 선택,) • Elliptical Marquee Tool(원형 선택,)
레이어 마스크	Add Layer Mask(레이어 마스크 추가,)
클리핑 마스크	Create Clipping Mask(클리핑 마스크 만들기, Alt + Ctrl + G)
이미지 사이즈	[Image(이미지)]-[Image Size(이미지 크기)](Alt + Ctrl + I)

01 새 캔버스 생성 및 배경에 색 채우기

1 [File(파일)]-[New(새로 만들기)](Ctrl+N)를 선택한 후 아래의 조건으로 설정하고 [Create(만들기)]를 누른다.
- PRESET DETAILS(사전 설정 세부 정보)
  : 수험번호-성명-3
- 단위 : Pixels
- Width(폭) : 600
- Height(높이) : 400
- Resolution(해상도) : 72Pixels/Inch
- Color Mode(색상모드) : RGB
- Backgound Contents(배경색) : White

2 [Edit(편집)]-[Preferences(속성)]-[Guides, Grid & Slices(안내선, 격자 및 분할 영역)](Ctrl+K)를 선택한 후 'Grid(격자)'의 Gridline Every(격자 간격) : 100Pixels, Subdivisions(세분) : 1로 설정하고 OK 를 누른다.

3 [View(보기)]-[Show(표시)]-[Grid(격자)](Ctrl+')와 [View(보기)]-[Rulers(눈금자)](Ctrl+R)를 나타낸다.

4 [File(파일)]-[Save as(다른 이름으로 저장)](Shift+Ctrl+S)를 클릭한 후 '내 PC\문서\GTQ' 폴더에 '수험번호-성명-3.psd'로 입력하고 [저장]을 누른다.

5 배경에 색을 채우기 위해 도구상자의 Set foreground color(전경색, ▇)를 클릭한 후 #ccffcc를 입력하고 OK 를 누른다. 전경색을 채우기 위해 Alt+Delete 를 누른다.

02 혼합모드 및 레이어 마스크

1 [File(파일)]-[Open(열기)](Ctrl+O)을 선택한 후 '1급-7.jpg'를 불러온다.

2 Ctrl+A 로 전체 선택한 후 Ctrl+C 로 복사하고 작업파일을 선택한 후 Ctrl+V 로 붙여넣기 한다.

3 Ctrl+T 로 크기/위치를 조절하고 Enter 를 누른다.

4 혼합모드를 적용하기 위해 [Layers(레이어)] 패널의 Blending Mode(혼합모드, Normal)를 'Linear Burn(선형 번)'으로 선택한다.

5 불투명도를 조정하기 위해 [Layers(레이어)] 패널의 Opacity(불투명도)를 80%로 설정한다.

6 레이어 마스크를 적용하기 위해 [Layers(레이어)] 패널 하단의 Add Layer Mask(레이어 마스크 추가, ▣)를 클릭한다.

7 도구상자에서 Gradient Tool(그레이디언트, ▭)을 선택한 후 옵션 바에서 Gradient Presets(그레이디언트 사전 설정)을 클릭하고 Basics(기본 사항)-'Black & White(검정, 흰색)'를 선택한다.

8 그림과 같이 세로 방향으로 드래그한다.

9 [File(파일)]-[Open(열기)](Ctrl + O)을 선택한 후 '1급-8.jpg'를 불러온다.

10 Ctrl + A 로 전체 선택한 후 Ctrl + C 로 복사하고 작업파일을 선택한 후 Ctrl + V 로 붙여넣기 한다.

11 Ctrl + T 로 좌우대칭하기 위해 조절점 안쪽에서 마우스 오른쪽 클릭 후 Flip Horizontal(가로로 뒤집기)을 선택한다. 크기/위치를 조절하고 Enter 를 누른다.

12 [Filter(필터)]-[Filter Gallery(필터 갤러리)]-[Artistic(예술효과)]-[Paint Daubs(페인트 덥스/페인트 바르기)] 필터를 적용한 다음 OK 를 누른다.

13 6~7을 참고해 레이어 마스크를 적용한다.

14 그림과 같이 세로 방향으로 드래그한다.

03 클리핑 마스크 및 필터

1. Custom Shape Tool(사용자 정의 모양,)을 선택한 후 옵션 바에서 Pick Tool Mode(선택 도구 모드) : Shape(모양, Shape), Stroke(획) : 색상 없음( )으로 설정한다. 모양 선택(Shape: →)을 눌러 아래의 모양을 찾아 그린다.
Nature(자연) - 나무( )

2. 레이어 스타일을 적용하기 위해 [Layers(레이어)] 패널 하단의 fx 를 눌러 Stroke(획)를 선택한 후 값을 변경하고 OK 를 누른다.
   - Size(크기) : 4px
   - Position(위치) : Outside(바깥쪽)
   - Fill Type(칠 유형) : Gradient(그레이디언트)
   - Style(스타일) : Linear(선형)
   - Angle(각도) : 90°
   - Reverse(반전) : 체크

3. Gradient(그레이디언트) 편집 창( )을 클릭한 후 Color Stop(색상 정지점)을 더블클릭하여 좌측 : #339900, 우측 Opacity Stop(불투명도 정지점) : 0%로 값을 변경하고 OK 를 누른다.

4. [File(파일)]-[Open(열기)](Ctrl + O)을 선택한 후 '1급-9.jpg'를 불러온다.

5. Ctrl + A 로 전체 선택한 후 Ctrl + C 로 복사하고 작업파일을 선택한 후 Ctrl + V 로 붙여넣기 한다.

6. Ctrl + T 로 크기/위치를 조절하고 Enter 를 누른다.

7. [Filter(필터)]-[Pixelate(픽셀화)]-[Crystallize(수정화)]를 선택한 후 Cell Size : 15 정도로 값을 입력하고 OK 를 누른다.

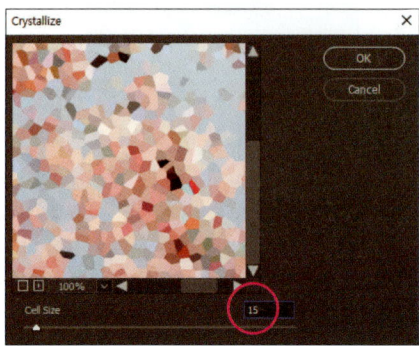

8 클리핑 마스크를 적용하기 위해 [Layers(레이어)] 패널의 Layer 3(꽃)에서 마우스 오른쪽 클릭 후 Create Clipping Mask(클리핑 마스크 만들기, Alt + Ctrl + G)를 선택한다.

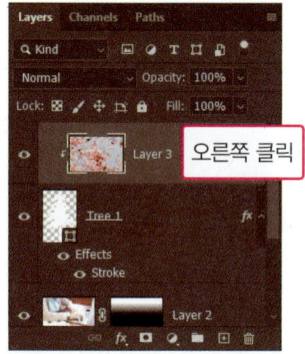

9 [File(파일)]-[Open(열기)](Ctrl + O)을 선택한 후 '1급-10.jpg'를 불러온다.

10 Magic Wand Tool(자동 선택,)을 선택한 후 옵션 바의 Tolerance(허용치)를 10으로 변경하고 배경을 클릭한다.

11 선택영역을 반전하기 위해 [Select(선택)]-[Inverse(반전)](Shift + Ctrl + I)를 누른다.

12 Ctrl + C 로 복사하고 작업파일을 선택한 후 Ctrl + V 로 붙여넣기 한다.

13 Ctrl + T 로 좌우대칭하기 위해 조절점 안쪽에서 마우스 오른쪽 클릭 후 Flip Horizontal(가로로 뒤집기)을 선택한다. 크기/위치를 조절하고 Enter 를 누른다.

14 레이어 스타일을 적용하기 위해 [Layers(레이어)] 패널 하단의 fx 를 눌러 Outer Glow(외부 광선)를 선택해 적용하고 OK 를 누른다.

04 이미지 추출 및 색상 보정

1 [File(파일)]-[Open(열기)](Ctrl + O)을 선택한 후 '1급-11.jpg'를 불러온다.

2 Elliptical Marquee Tool(원형 선택,)을 선택한 후 지구본의 중심에서부터 Alt + Shift 를 누르면서 드래그하여 중심에서부터 정원으로 선택영역을 지정한다.

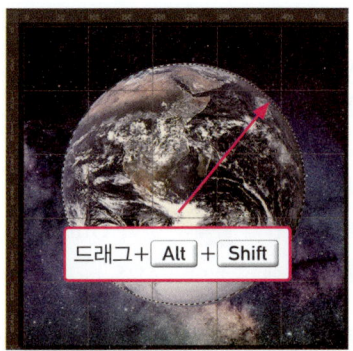

Plus@

선택영역 안쪽에서 마우스로 드래그하여 이동할 수 있다. 선택영역의 크기를 변경하고 싶다면 [Select]-[Transform Selection]을 이용할 수 있다.

3 Ctrl + C 로 복사하고 작업파일을 선택한 후 Ctrl + V 로 붙여넣기 한다.

4 Ctrl + T 로 크기/위치를 조절하고 Enter 를 누른다.

5 녹색 계열로 보정하기 위해 Quick Selection Tool(빠른 선택,)로 지정한 후 [Image(이미지)]-[Adjustments(조정)]-[Hue/Saturation(색조/채도)](Ctrl + U)을 선택한다.

6 Colorize(색상화)에 체크한 후 Hue(색조) : 110, Saturation(채도) : 30으로 값을 변경하고 OK 를 누른다.

7 선택영역을 해제하기 위해 [Select(선택)]-[Deselect(해제)](Ctrl + D)를 누른다.

8 레이어 스타일을 적용하기 위해 [Layers(레이어)] 패널 하단의 fx 를 눌러 Outer Glow(외부 광선)를 선택해 적용하고 OK 를 누른다.

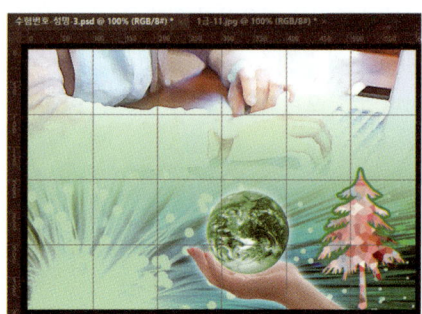

05 모양 지정 및 레이어 스타일

1 Custom Shape Tool(사용자 정의 모양,)을 선택한 후 옵션 바에서 Pick Tool Mode(선택 도구 모드) : Shape(모양, Shape), Stroke(획) : 색상 없음( )으로 설정한다. 모양 선택(Shape:)을 눌러 아래의 모양을 찾아 그린다.
Symbols(기호) – 확인란( )

2 레이어 스타일을 적용하기 위해 [Layers(레이어)] 패널 하단의 fx 를 눌러 Gradient Overlay(그레이디언트 오버레이)를 선택한 후 아래와 같이 값을 변경한다.
- Opacity(불투명도) : 100%
- Style(스타일) : Linear(선형)
- Angle(각도) : 90°
- Scale(비율) : 100%

3 Gradient(그레이디언트) 편집 창( )을 클릭한 후 Color Stop(색상 정지점)을 더블클릭하여 좌측 : #660066, 우측 : #ff66ff로 값을 변경하고 OK 를 누른다.

4 레이어 스타일을 추가하기 위해 Bevel and Emboss(경사와 엠보스)를 선택해 적용하고 OK 를 누른다.

5 다른 모양을 추가하기 위해 아래의 모양을 찾아 그린다.
Web(웹) – 우편( )

6 색을 적용하기 위해 [Layers(레이어)] 패널의 Layer Thumbnail(레이어 축소판,)을 더블클릭한 후 #ffff99를 입력하고 OK 를 누른다.

7 레이어 스타일을 적용하기 위해 Drop Shadow(그림자 효과)를 선택해 적용하고 OK 를 누른다.

8 다른 모양을 추가하기 위해 아래의 모양을 찾아 그린다.
Objects(물건) – 클립( )

9 Ctrl + T 로 회전/크기/위치를 조절하고 Enter 를 누른다.

10 색을 적용하기 위해 [Layers(레이어)] 패널의 Layer Thumbnail(레이어 축소판,)을 더블클릭한 후 #339900을 입력하고 OK 를 누른다.

11 레이어 스타일을 적용하기 위해 [Layers(레이어)] 패널 하단의 fx 를 눌러 Outer Glow(외부 광선)를 선택해 적용하고 OK 를 누른다.

06 문자 효과

1 Type Tool(수평 문자, T)을 선택한 후 빈 공간을 클릭한다. 생활 속 탄소중립 실천하기를 입력하고 Ctrl + Enter 를 눌러 완료한다.

2 옵션 바 또는 [Character(문자)] 패널에서 굴림, 45pt, 왼쪽 정렬로 설정한다.

3 레이어 스타일을 적용하기 위해 [Layers(레이어)] 패널 하단의 fx를 눌러 Gradient Overlay(그레이디언트 오버레이)를 선택한 후 아래와 같이 값을 변경한다.
- Opacity(불투명도) : 100%
- Style(스타일) : Linear(선형)
- Angle(각도) : 90°
- Scale(비율) : 100%

4 Gradient 편집 창(　　　　)을 클릭한 후 Color Stop(색상 정지점)을 더블클릭하여 좌측 : #99ff66, 우측 : #ffffff로 값을 변경하고 OK 를 누른다.

5 레이어 스타일을 추가하기 위해 Stroke(획)를 선택한 후 아래와 같이 값을 변경한다.
- Size(크기) : 2px
- Position(위치) : Outside(바깥쪽)
- Fill Type(칠 유형) : Color(색상)
- 색상값 : #336633

6 레이어 스타일을 추가하기 위해 Drop Shadow(그림자 효과)를 선택해 적용하고 OK 를 누른다.

7 텍스트를 뒤틀기 위해 Type Tool(수평 문자, T)을 선택한 후 옵션 바의 Create warped text(뒤틀어진 텍스트 만들기,)를 클릭한다. Style(스타일) : Fish(물고기), Bend(구부리기) : +50%로 값을 변경하고 OK 를 누른다.

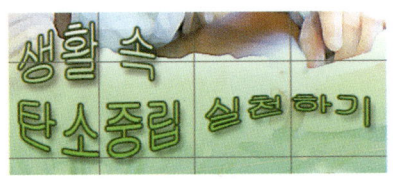

8 Type Tool(수평 문자, T)을 선택한 후 빈 공간을 클릭한다. 이메일 1통에 CO_2 4g을 입력하고 Ctrl + A 를 눌러 전체 선택한다.

9 [Character(문자)] 패널에서 궁서, 20pt, #ffffff, 왼쪽 정렬로 설정한 후 2만 블록 지정하고 아래첨자( )를 적용한다.

10 레이어 스타일을 적용하기 위해 [Layers(레이어)] 패널 하단의 fx를 눌러 Stroke(획)를 선택한 후 아래와 같이 값을 변경한다.
- Size(크기) : 2px
- Position(위치) : Outside(바깥쪽)
- Fill Type(칠 유형) : Color(색상)
- 색상값 : #666666

11 텍스트를 뒤틀기 위해 Type Tool(수평 문자, T)을 선택한 후 옵션 바의 Create warped text(뒤틀어진 텍스트 만들기,)를 클릭한다. Style(스타일) : Arc(부채꼴), Bend(구부리기) : 60%로 값을 변경하고 OK 를 누른다.

12 Type Tool(수평 문자, T)을 선택한 후 빈 공간을 클릭한다. 바로 지금, 나부터! 더 늦기전에 2050!을 입력하고 Ctrl + Enter 를 눌러 완료한다.

13 옵션 바 또는 [Character(문자)] 패널에서 돋움, 18pt, #ffff99, 왼쪽 정렬로 설정한다.

Plus@

CS6 버전 사용자는 만약 텍스트가 작게 느껴진다면 윗부분의 아래첨자 기능이 적용되었을 수 있으므로 해제해 준다.

⑭ 레이어 스타일을 적용하기 위해 [Layers(레이어)] 패널 하단의 fx를 눌러 Stroke(획)를 선택한 후 아래와 같이 값을 변경하고 OK 를 누른다.
- Size(크기) : 2px
- Position(위치) : Outside(바깥쪽)
- Fill Type(칠 유형) : Gradient(그레이디언트)
- Style(스타일) : Linear(선형)
- Angle(각도) : 0°

⑮ Gradient(그레이디언트) 편집 창(　)을 클릭한 후 Color Stop(색상 정지점)을 더블클릭하여 좌측 : #6633cc, 우측 : #cc6600으로 값을 변경하고 OK 를 누른다.

⑯ Type Tool(수평 문자, T)을 선택한 후 빈 공간을 클릭한다. 웹메일 정리하기, 모니터 밝기 줄이기를 입력하고 Ctrl + A 를 눌러 전체 선택한다.

⑰ 옵션 바 또는 [Character(문자)] 패널에서 돋움, 18pt, #ff0000, 가운데 정렬로 설정한 후 모니터 밝기 줄이기만 선택해 #333399로 변경한다.

⑱ 레이어 스타일을 적용하기 위해 [Layers(레이어)] 패널 하단의 fx를 눌러 Stroke(획)를 선택한 후 아래와 같이 값을 변경한다.
- Size(크기) : 2px
- Position(위치) : Outside(바깥쪽)
- Fill Type(칠 유형) : Color(색상)
- 색상값 : #ffffff

07 PSD, JPG 형식으로 저장하기

1 [File(파일)]-[Save(저장)](Ctrl + S)를 선택한 후 기존 파일에 덮어쓰기 한다.

2 JPG 파일 형식으로 저장하기 위해 [File(파일)]-[Save as(다른 이름으로 저장)](Shift + Ctrl + S)를 선택한 후 파일 형식을 클릭해 JPEG로 선택한다. '내 PC₩문서₩GTQ' 폴더에 '수험번호-성명-3'으로 입력한 후 [저장]을 누른다.

3 PSD 파일의 사이즈를 1/10로 줄이기 위해 [Image(이미지)]-[Image Size(이미지 크기)](Alt + Ctrl + I)를 선택한 후 단위 : Pixel, Width(폭) : 60px, Height(높이) : 40px, Resolution(해상도) : 72Pixels/Inch로 설정하고 OK 를 누른다.

4 [File(파일)]-[Save(저장)](Ctrl + S)를 선택한 후 작은 사이즈로 최종 저장한다.

5 완성된 파일을 확인하기 위해 파일 탐색기를 열어 '내 PC₩문서₩GTQ' 폴더에서 확인한다.

6 시험장의 작업표시줄에 나타나는 'Koas 수험자용'을 클릭해 우측의 답안 전송 을 클릭한 후 해당하는 번호에 체크한다. 하단의 답안 전송 을 클릭한 후 닫기 를 누르면 최종 전송된 답안으로 채점이 이루어진다.

문제 4 [실무응용] 웹 페이지 제작 (35점)

사용이미지 미리보기

1급-12.jpg

1급-13.jpg

1급-14.jpg

1급-15.jpg

1급-16.jpg

1급-17.jpg

사용자 정의 모양 미리보기

사용 기능

구분	내용
패턴 정의 및 적용	• [Edit(편집)]-[Define Pattern(패턴 정의)] • Pattern Stamp Tool(패턴 도장,)
혼합모드	Luminosity(광도)
색상 조정	[Create new fill or adjustment layer(조정 레이어,)]-[Hue/Saturation(색조/채도)]
필터	• [Filter(필터)]-[Filter Gallery(필터 갤러리)]-[Artistic(예술효과)]-[Rough Pastels(거친 파스텔)] • [Filter(필터)]-[Filter Gallery(필터 갤러리)]-[Brush Strokes(브러시 획)]-[Angled Strokes(각진 선/획)]
이미지 추출	• Magnetic Lasso Tool(자석 올가미,) • Quick Selection Tool(빠른 선택,) • Magic Wand Tool(자동 선택,) • Lasso Tool(올가미,)
레이어 마스크	Add layer mask(레이어 마스크 추가,)
이미지 사이즈	[Image(이미지)]-[Image Size(이미지 크기)](Alt + Ctrl + I)

01 새 캔버스 생성 및 배경에 색 채우기

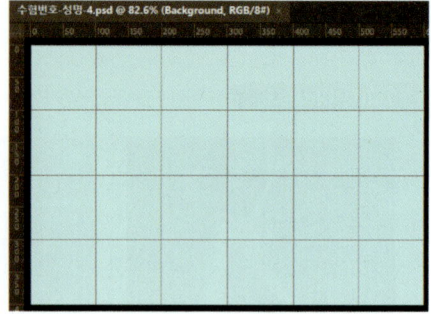

1 [File(파일)]-[New(새로 만들기)](Ctrl+N)를 선택한 후 아래의 조건으로 설정하고 [Create(만들기)]를 누른다.
- PRESET DETAILS(사전 설정 세부 정보)
  : 수험번호-성명-4
- 단위 : Pixels
- Width(폭) : 600
- Height(높이) : 400
- Resolution(해상도) : 72Pixels/Inch
- Color Mode(색상모드) : RGB
- Backgound Contents(배경색) : White

2 [Edit(편집)]-[Preferences(속성)]-[Guides, Grid & Slices(안내선, 격자 및 분할 영역)](Ctrl+K)를 선택한 후 'Grid(격자)'의 Gridline Every(격자 간격) : 100Pixels, Subdivisions(세분) : 1로 설정하고 OK를 누른다.

3 [View(보기)]-[Show(표시)]-[Grid(격자)](Ctrl+')와 [View(보기)]-[Rulers(눈금자)](Ctrl+R)를 나타낸다.

4 [File(파일)]-[Save as(다른 이름으로 저장)](Shift+Ctrl+S)를 클릭한 후 '내 PC₩문서₩GTQ' 폴더에 '수험번호-성명-4.psd'로 입력하고 [저장]을 누른다.

5 배경에 색을 채우기 위해 도구상자의 Set foreground color(전경색, ■)를 클릭한 후 #ccffff를 입력하고 OK를 누른다. 전경색을 채우기 위해 Alt+Delete를 누른다.

02 패턴 제작 및 등록

1 Pattern(패턴)을 만들기 위해 [File(파일)]-[New(새로 만들기)](Ctrl+N)를 선택한 후 아래의 조건으로 설정하고 [Create(만들기)]를 누른다.
- 단위 : Pixels
- Width(폭) : 50
- Height(높이) : 50
- Resolution(해상도) : 72Pixels/Inch
- Color Mode(색상모드) : RGB
- Backgound Contents(배경색) : White

2 Custom Shape Tool(사용자 정의 모양, ✪)을 선택한 후 옵션 바에서 Pick Tool Mode(선택 도구 모드) : Shape(모양, Shape ▼), Stroke(획) : 색상 없음(∅)으로 설정하고 아래의 모양을 찾아 그린다.
Symbols(기호) - 순환 2(♺)

3 색을 적용하기 위해 [Layers(레이어)] 패널의 Layer Thumbnail(레이어 축소판, ▦)을 더블 클릭한 후 #ffff00을 입력하고 OK를 누른다.

4 [Layers(레이어)] 패널 하단 Background(배경)의 눈 아이콘(◉)을 클릭해 해제한다.

5 다른 모양을 추가하기 위해 아래의 모양을 찾아 그린다.
Shapes(모양) - 스페이드 모양 카드(♠)

6 색을 적용하기 위해 [Layers(레이어)] 패널의 Layer Thumbnail(레이어 축소판,)을 더블 클릭한 후 #ffffff를 입력하고 OK 를 누른다.

7 패턴을 정의하기 위해 [Edit(편집)]-[Define Pattern(패턴 정의)]를 눌러 확인 후 OK 를 누른다.

03 혼합모드 및 레이어 마스크

1 [File(파일)]-[Open(열기)](Ctrl + O)을 선택한 후 '1급-12.jpg'를 불러온다.

2 Ctrl + A 로 전체 선택한 후 Ctrl + C 로 복사하고 작업파일을 선택한 후 Ctrl + V 로 붙여넣기 한다.

3 Ctrl + T 로 크기/위치를 조절하고 Enter 를 누른다.

4 혼합모드를 적용하기 위해 [Layers(레이어)] 패널의 Blending Mode(혼합모드, Normal)를 'Luminosity(광도)'로 선택한다.

5 레이어 마스크를 적용하기 위해 [Layers(레이어)] 패널 하단의 Add Layer Mask(레이어 마스크 추가,)를 클릭한다.

6 도구상자에서 Gradient Tool(그레이디언트,)을 선택한 후 옵션 바에서 Gradient Presets(그레이디언트 사전 설정)을 클릭해 Basics(기본 사항)-'Black & White(검정, 흰색)'를 선택한다.

7 그림과 같이 대각선 방향으로 드래그한다.

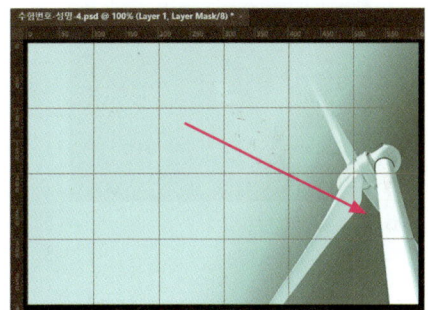

8 [File(파일)]-[Open(열기)](Ctrl + O)을 선택한 후 '1급-13.jpg'를 불러온다.

9 Ctrl + A 로 전체 선택한 후 Ctrl + C 로 복사하고 작업파일을 선택한 후 Ctrl + V 로 붙여넣기 한다.

10 Ctrl + T 로 크기/위치를 조절하고 Enter 를 누른다.

⓫ [Filter(필터)]-[Filter Gallery(필터 갤러리)]-[Artistic(예술효과)]-[Rough Pastels(거친 파스텔)] 필터를 적용한 다음 OK 를 누른다.

⓬ ❺~❻을 참고해 레이어 마스크를 적용하고 가로 방향으로 드래그한다.

04 이미지 추출 및 색상 보정

❶ [File(파일)]-[Open(열기)](Ctrl + O)을 선택한 후 '1급-14.jpg'를 불러온다.

❷ Magnetic Lasso Tool(자석 올가미,)을 선택한 후 옵션 바의 Frequency를 100으로 설정한 다음 첫 점을 클릭하여 이미지의 형태를 따라 추출한다.

Plus@
수정할 부분은 Shift 와 함께 영역을 추가할 수 있고, Alt 와 함께 영역을 제외할 수 있다.

❸ Ctrl + C 로 복사하고 작업파일을 선택한 후 Ctrl + V 로 붙여넣기 한다.

❹ Ctrl + T 로 회전/크기/위치를 조절하고 Enter 를 누른다.

❺ 레이어 스타일을 적용하기 위해 [Layers(레이어)] 패널 하단의 fx 를 눌러 Inner Glow(내부 광선)를 선택해 적용하고 OK 를 누른다.

❻ [File(파일)]-[Open(열기)](Ctrl + O)을 선택한 후 '1급-15.jpg'를 불러온다.

❼ Quick Selection Tool(빠른 선택,)로 선택영역을 지정한다.

❽ Ctrl + C 로 복사하고 작업파일을 선택한 후 Ctrl + V 로 붙여넣기 한다.

❾ Ctrl + T 로 크기/위치를 조절하고 Enter 를 누른다.

⑩ [Filter(필터)]-[Filter Gallery(필터 갤러리)]-[Brush Strokes(브러시 획)]-[Angled Strokes(각진 선/획)] 필터를 적용한 다음 OK 를 누른다.

⑪ 레이어 스타일을 적용하기 위해 [Layers(레이어)] 패널 하단의 fx 를 눌러 Inner Shadow(내부 그림자)를 선택해 적용하고 OK 를 누른다.

⑫ [File(파일)]-[Open(열기)](Ctrl + O)을 선택한 후 '1급-16.jpg'를 불러온다.

⑬ Quick Selection Tool(빠른 선택,)로 선택영역을 지정한다.

⑭ Ctrl + C 로 복사하고 작업파일을 선택한 후 Ctrl + V 로 붙여넣기 한다.

⑮ Ctrl + T 로 좌우대칭하기 위해 조절점 안쪽에서 마우스 오른쪽 클릭 후 Flip Horizontal(가로로 뒤집기)을 선택한다. 크기/위치를 조절하고 Enter 를 누른다.

⑯ 빨간색 계열로 보정하기 위해 Quick Selection Tool(빠른 선택,)로 선택영역(녹색 부분)을 지정한 후 [Layers(레이어)] 패널 하단의 Create new fill or adjustment layer(조정 레이어,)를 선택한다.

⑰ Create new fill or adjustment layer(조정 레이어,)에서 [Hue/Saturation(색조/채도)](Ctrl + U)을 선택한다.

⑱ Colorize(색상화)에 체크한 후 Hue(색조) : 0, Saturation(채도) : 50으로 값을 변경하고 OK 를 누른다.

⑲ 레이어 스타일을 적용하기 위해 [Layers(레이어)] 패널에서 Layer 5(전기차)를 선택한 후 하단의 fx 를 눌러 Outer Glow(외부 광선)를 선택해 적용하고 OK 를 누른다.

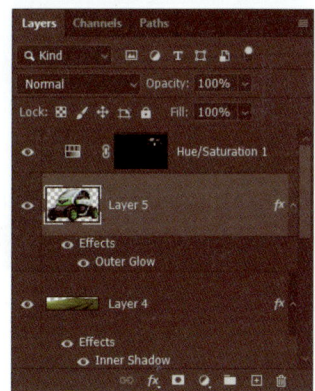

⑳ [File(파일)]-[Open(열기)](Ctrl + O)을 선택한 후 '1급-17.jpg'를 불러온다.

㉑ Magic Wand Tool(자동 선택,)을 선택한 후 옵션 바의 Tolerance(허용치)를 20, Contiguous(인접)에 체크한 다음 배경을 클릭한다.

㉒ Lasso Tool(올가미,) 등을 선택한 후 Alt 와 함께 제외할 영역을, Shift 와 함께 추가할 영역을 지정한다. 선택영역을 반전하기 위해 [Select(선택)]-[Inverse(반전)](Shift + Ctrl + I)를 누른다.

㉓ Ctrl + C 로 복사하고 작업파일을 선택한 후 Ctrl + V 로 붙여넣기 한다.

㉔ Ctrl + T 로 크기/위치를 조절하고 Enter 를 누른다.

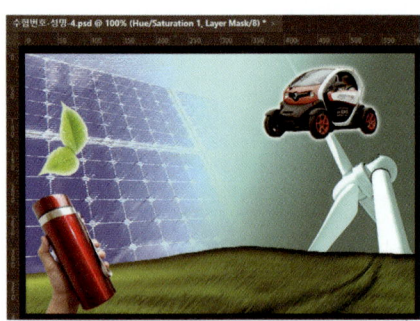

05 패스 제작 및 패턴 적용

❶ Pen Tool(펜,)을 선택한 후 옵션 바에서 Pick Tool Mode(선택 도구 모드) : Path(패스, Path), Path Operations(패스 작업) : Combine Shapes(모양 결합,)로 지정한다.

❷ 배경 레이어의 눈 아이콘( )을 Alt +클릭해 나머지 레이어의 눈을 끈다. (선택사항)

> **Plus@**
> 배경 레이어를 선택하지는 않는다. 새 레이어 추가 시 맨 위로 생성되지 않기 때문이다.

❸ 그림을 참고해 드래그하며 패스를 그린다.

❹ 진행되는 곡선을 끊어야 하는 지점에서는 기준점을 Alt 와 함께 클릭한다.

❺ 직선 부분에서는 Shift 와 함께 클릭하며 패스를 그린다.

❻ 안쪽 부분도 이와 마찬가지로 그린다.

7 Direct Selection Tool(직접 선택,)을 선택한 후 기준점과 방향선을 이용해 모양을 수정한다.

8 플러그 부분은 Rectangle Tool(사각 도형,)을 선택한 후 옵션 바에서 Pick Tool Mode(선택 도구 모드) : Path(패스,), Path Operations(패스 작업) : Combine Shapes(모양 결합,)로 지정한다.

9 곡률 조정을 위해 옵션 바에서 곡률을 50px로 설정한 다음 그림과 같이 그린다.

> Plus@
> CS6 버전에서는 Rounded Rectangle Tool(모서리가 둥근 직사각형,)을 이용한다.

10 우측 부분을 삭제하기 위해 Direct Selection Tool(직접 선택,)을 선택한다. 그림과 같이 두 포인트를 드래그한 후 Delete 를 눌러 삭제한다.

11 이때 일반 도형 패스로의 변경 여부를 물으면 [Yes(예)]를 누른다.

12 나머지 부분도 이와 같이 그린다.

> Plus@
> [Path(패스)] 패널에서 Ctrl +Path Thumbnail(패스 축소판)을 클릭해 중간중간 모양을 확인한 후 선택을 해제(Ctrl + D)한다.

13 바퀴도 Ellipse Tool(타원,)을 선택해 그려 넣는다.

⓮ Path Selection Tool(패스 선택, ▶)로 바퀴를 선택한 후 Alt 와 함께 드래그해 복제한다.

⓯ 패스의 유실을 방지하기 위해 [Path(패스)] 패널을 선택한 후 Work Path(작업 패스) 이름 부분을 더블클릭한다. Save Path(패스 저장)가 나오면 OK 를 누른다. (선택사항)

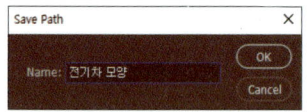

⓰ 패스를 선택영역으로 지정하기 위해 Ctrl +Path Thumbnail(패스 축소판)을 클릭한다. 선택영역이 생기면 [Layers(레이어)] 패널을 선택한 후 하단의 Create a new layer(새 레이어, ➕), Shift + Ctrl + N)를 클릭해 추가한다.

⓱ 전경색(■)을 #3366cc로 변경한 후 Alt + Delete 를 눌러 채운다.

⓲ Ctrl + D 로 선택영역을 해제한다.

⓳ 레이어 스타일을 적용하기 위해 [Layers(레이어)] 패널 하단의 fx 를 눌러 Drop Shadow(그림자 효과)를 선택해 적용하고 OK 를 누른다.

⓴ 모든 레이어의 눈을 켜기 위해 레이어의 눈 아이콘(👁)에서 마우스 오른쪽 클릭 후 'Show/hide all other layers(다른 모든 레이어 표시/숨기기)'를 클릭한다.

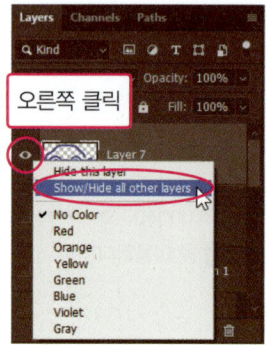

㉑ 패턴을 전기차 뒤쪽 부분에 적용하기 위해 Create a new layer(새 레이어, ➕, Ctrl + Shift + N)를 클릭해 추가한 후 Layer 7(전기차)보다 아래로 이동한다.

22 Pattern Stamp Tool(패턴 도장,)을 선택한 후 옵션 바에서 브러시의 크기를 60px 정도로 설정하고 패턴 피커에서 저장된 패턴을 선택한다.

23 출력형태를 참고해 드래그하여 채운다.

06 모양 지정 및 레이어 스타일

1 Custom Shape Tool(사용자 정의 모양,)을 선택한 후 옵션 바에서 Pick Tool Mode(선택 도구 모드) : Shape(모양, Shape), Stroke(획) : 색상 없음( )으로 설정한다. 모양 선택( )을 눌러 아래의 모양을 찾아 그린다.
Symbols(기호) – 세계( )

2 색을 적용하기 위해 [Layers(레이어)] 패널의 Layer Thumbnail(레이어 축소판,)을 더블 클릭한 후 #66ff33을 입력하고 OK 를 누른다.

3 레이어 스타일을 적용하기 위해 [Layers(레이어)] 패널 하단의 fx 를 눌러 Drop Shadow(그림자 효과)를 선택해 적용하고 OK 를 누른다.

4 다른 모양을 추가하기 위해 아래의 모양을 찾아 그린다.
Nature(자연) – 나뭇잎 1( )

5 색을 적용하기 위해 [Layers(레이어)] 패널의 Layer Thumbnail(레이어 축소판,)을 더블 클릭한 후 #99ff33을 입력하고 OK 를 누른다.

6 레이어 스타일을 추가하기 위하여 Inner Shadow(내부 그림자)를 선택해 적용하고 OK 를 누른다.

7 메뉴 부분을 만들기 위해 아래의 모양을 찾아 그린다.
Banners and Awards(배너 및 상장) – 배너 3
( )

8 레이어 스타일을 적용하기 위해 [Layers(레이어)] 패널 하단의 fx 를 눌러 Gradient Overlay(그레이디언트 오버레이)를 선택한 후 아래와 같이 값을 변경한다.
• Opacity(불투명도) : 100%
• Style(스타일) : Reflected(반사)
• Angle(각도) : 90°
• Scale(비율) : 100%
• Reverse(반전) : 체크

⑨ Gradient(그레이디언트) 편집 창(▭)을 클릭한 후 Color Stop(색상 정지점)을 더블클릭하여 좌측 : #99cc00, 우측 : #ffffff로 값을 변경하고 OK 를 누른다.

⑩ 레이어 스타일을 추가하기 위해 Stroke(획)를 선택한 후 아래와 같이 값을 변경하고 OK 를 누른다.
- Size(크기) : 2px
- Position(위치) : Outside(바깥쪽)
- Fill Type(칠 유형) : Color(색상)
- 색상값 : #66cc00

⑪ 메뉴에 텍스트를 입력하기 위해 Type Tool(수평 문자, T)을 선택한 후 Shift +클릭하여 기후변화를 입력하고 Ctrl + Enter 를 눌러 완료한다.

⑫ 옵션 바 또는 [Character(문자)] 패널에서 돋움, 18pt, 왼쪽 정렬, #000000으로 설정한다.

⑬ 레이어 스타일을 적용하기 위해 [Layers(레이어)] 패널 하단의 fx 를 눌러 Stroke(획)를 선택한 후 아래와 같이 값을 변경하고 OK 를 누른다.
- Size(크기) : 2px
- Position(위치) : Outside(바깥쪽)
- Fill Type(칠 유형) : Color(색상)
- 색상값 : #ffffff

⑭ 메뉴를 복제하기 위해 배너 모양과 텍스트 레이어를 Shift 로 클릭한다. Move Tool(이동, ✥)을 선택한 후 Alt 와 함께 오른쪽 방향으로 드래그하여 두 번 복제한다.

⑮ 두 번째의 텍스트를 수정하기 위해 [Layers(레이어)] 패널의 Indicates Text Layer(텍스트 레이어, T)를 더블클릭한 후 통계연구를 입력하고 Ctrl + Enter 를 눌러 완료한다.

⑯ 세 번째 텍스트도 ⑮와 같은 방법으로 기후소식으로 수정한다.

⑰ 두 번째 모양의 Stroke(획) 부분을 더블클릭한 후 아래와 같이 값을 변경한다.
- Size(크기) : 2px
- Position(위치) : Outside(바깥쪽)
- Fill Type(칠 유형) : Color(색상)
- 색상값 : #33cccc

⑱ 두 번째 모양의 Gradient Overlay(그레이디언트 오버레이)를 선택한 후 아래와 같이 값을 변경한다.
- Opacity(불투명도) : 100%
- Style(스타일) : Reflected(반사)
- Angle(각도) : 90°
- Scale(비율) : 100%
- Reverse(반전) : 체크

⑲ Gradient(그레이디언트) 편집 창(▭)을 클릭한 후 Color Stop(색상 정지점)을 더블클릭하여 좌측 : #99ffff, 우측 : #ffffff로 값을 변경하고 OK 를 누른다.

07 문자 효과

1 Type Tool(수평 문자, T)을 선택한 후 빈 공간을 클릭한다. 2050 탄소중립 프로그램을 입력하고 Ctrl + Enter 를 눌러 완료한다.

2 옵션 바 또는 [Character(문자)] 패널에서 궁서, 46pt, 왼쪽 정렬로 설정한다.

> **Plus@**
> CS6 버전에서는 줄 간격이 넓게 보일 수 있으니 줄 간격의 값을 제시된 텍스트 크기보다 약간 크게 조절하면 출력형태와 유사하다.

3 레이어 스타일을 적용하기 위해 [Layers(레이어)] 패널 하단의 fx 를 눌러 Gradient Overlay(그레이디언트 오버레이)를 선택한 후 아래와 같이 값을 변경한다.
- Opacity(불투명도) : 100%
- Style(스타일) : Linear(선형)
- Angle(각도) : 90°
- Scale(비율) : 100%

4 Gradient 편집 창(　　　)을 클릭한 후 Color Stop(색상 정지점)을 더블클릭하여 좌측 : #00cc33, 중간 : #3333ff, 우측 : #cc00ff로 값을 변경하고 OK 를 누른다.

5 레이어 스타일을 추가하기 위해 Stroke(획)를 선택한 후 값을 변경하고 OK 를 누른다.
- Size(크기) : 3px
- Position(위치) : Outside(바깥쪽)
- Fill Type(칠 유형) : Color(색상)
- 색상값 : #ffffcc

6 텍스트를 뒤틀기 위해 Type Tool(수평 문자, T)을 선택한 후 옵션 바의 Create warped text(뒤틀어진 텍스트 만들기,)를 클릭하여 아래와 같이 값을 변경하고 OK 를 누른다.
- Style(스타일) : Arc(부채꼴)
- Bend(구부리기) : 0%
- Horizontal Distortion(가로 왜곡) : 40

7 Type Tool(수평 문자, T)을 선택한 후 빈 공간을 클릭한다. Carbon Neutral을 입력하고 Ctrl + A 를 눌러 전체 선택한다.

8 옵션 바 또는 [Character(문자)] 패널에서 Times New Roman, Regular, 24pt, #ffff99, 왼쪽 정렬로 설정한 후 Neutral만 선택하여 #99ff33으로 변경한다.

⑨ 레이어 스타일을 적용하기 위해 [Layers(레이어)] 패널 하단의 fx를 눌러 Stroke(획)를 선택한 후 아래와 같이 값을 변경하고 OK 를 누른다.
- Size(크기) : 3px
- Position(위치) : Outside(바깥쪽)
- Fill Type(칠 유형) : Color(색상)
- 색상값 : #336600

⑩ 텍스트를 뒤틀기 위해 Type Tool(수평 문자, T)을 선택한 후 옵션 바의 Create warped text(뒤틀어진 텍스트 만들기, T)를 클릭하여 Style(스타일) : Arc(부채꼴), Bend(구부리기) : 30%로 값을 변경하고 OK 를 누른다.

⑪ Type Tool(수평 문자, T)을 선택한 후 빈 공간을 클릭한다. 그린뉴딜 프로젝트를 입력하고 Ctrl + Enter 를 눌러 완료한다.

⑫ 옵션 바 또는 [Character(문자)] 패널에서 궁서, 20pt, #99ff33으로 설정한다.

⑬ 레이어 스타일을 적용하기 위해 [Layers(레이어)] 패널 하단의 fx를 눌러 Drop Shadow(그림자 효과)를 선택해 적용한 후 OK 를 누른다.

08 PSD, JPG 형식으로 저장하기

① [File(파일)]-[Save(저장)](Ctrl + S)를 선택한 후 기존 파일에 덮어쓰기 한다.

② JPG 파일 형식으로 저장하기 위해 [File(파일)]-[Save as(다른 이름으로 저장)](Shift + Ctrl + S)를 선택한 후 파일 형식을 클릭해 JPEG로 선택한다. '내 PC₩문서₩GTQ' 폴더에 '수험번호-성명-4'로 입력한 후 [저장]을 누른다.

③ PSD 파일의 사이즈를 1/10로 줄이기 위해 [Image(이미지)]-[Image Size(이미지 크기)](Alt + Ctrl + I)를 선택한 후 단위 : Pixel, Width(폭) : 60px, Height(높이) : 40px, Resolution(해상도) : 72Pixels/Inch로 설정하고 OK 를 누른다.

④ [File(파일)]-[Save(저장)](Ctrl + S)를 선택한 후 작은 사이즈로 최종 저장한다.

⑤ 완성된 파일을 확인하기 위해 파일 탐색기를 열어 '내 PC₩문서₩GTQ' 폴더에서 확인한다.

⑥ 시험장의 작업표시줄에 나타나는 'Koas 수험자용'을 클릭해 우측의 답안 전송 을 클릭한 후 해당하는 번호에 체크한다. 하단의 답안 전송 을 클릭한 후 닫기 를 누르면 최종 전송된 답안으로 채점이 이루어진다.

Check Point !

		○	×
공통	• 제시된 크기(px)와 해상도(72Pixels/Inch)로 파일을 만들었나요? • '수험번호-성명-문제번호.psd'로 저장했나요? • 그리드(Ctrl + ')와 눈금자(Ctrl + R)를 표시했나요? • 시험지에도 자를 이용해 100픽셀씩 그리드를 그려주었나요?		
문제1번	• 만든 패스를 저장했나요? • 클리핑 마스크를 적용했나요? • 각 이미지와 Shape(모양)에 레이어 스타일과 필터를 적용했나요?		
문제2번	• 제시된 색상으로 보정했나요? • 각 이미지와 Shape(모양)에 레이어 스타일과 필터를 적용했나요?		
문제3번	• 배경에 색을 적용했나요? • Blending Mode(혼합모드)를 적용했나요? • 레이어 마스크의 방향을 맞게 적용했나요? • 제시된 색상으로 보정했나요? • 각 이미지와 Shape(모양)에 레이어 스타일과 필터를 적용했나요?		
문제4번	• 배경에 색을 적용했나요? • 패턴을 제작하여 등록하였나요? • Blending Mode(혼합모드)를 적용했나요? • 레이어 마스크의 방향을 맞게 적용했나요? • 제시된 색상으로 보정했나요? • 1급-17.jpg를 제외한 이미지와 Shape(모양)에 레이어 스타일과 필터를 적용했나요? • 펜 도구를 이용하여 오브젝트를 그려 패턴으로 적용하였나요?		
공통	• '수험번호-성명-문제번호.jpg'로 저장했나요? • 1/10로 줄여 '수험번호-성명-문제번호.psd'로 저장했나요?		

※ 시험장에서는 반드시 전송까지 실행해 주세요.

CHAPTER 03

제3회 실전 모의고사 [S/W:포토샵]

급수	문제유형	시험시간	수험번호	성명
1급	A	90분		

수험자 유의사항

- 수험자는 문제지를 받는 즉시 응시하고자 하는 과목 및 급수가 맞는지 확인한 후 수험번호와 성명을 작성합니다.
- 파일명은 본인의 "수험번호-성명-문제번호"로 공백 없이 정확히 입력하고 답안폴더(내 PC₩문서₩GTQ)에 jpg 파일과 psd 파일의 2가지 포맷으로 저장해야 하며, jpg 파일과 psd 파일의 내용이 상이할 경우 0점 처리됩니다. 답안문서 파일명이 "수험번호-성명-문제번호"와 일치하지 않거나, 답안 파일을 전송하지 않아 미제출로 처리될 경우 불합격 처리됩니다.
- 문제의 세부조건은 '영문(한글)' 형식으로 표기되어 있으니 유의하시기 바랍니다.
- 수험자 정보와 저장한 파일명, 저장 위치가 다를 경우 전송이 되지 않으므로, 주의하시기 바랍니다.
- 답안 작성 중에도 주기적으로 '저장'과 '답안 전송'을 이용하여 감독위원 PC로 답안을 전송하셔야 합니다.
  (※ 작업한 내용을 저장하지 않고 전송할 경우 이전의 저장내용이 전송되오니 이점 반드시 유념하시기 바랍니다.)
- 답안문서는 지정된 경로 외의 다른 보조기억장치에 저장하는 행위, 지정된 시험 시간 외에 작성된 파일을 활용한 행위, 기타 허용되지 않은 프로그램(이메일, 메신저, 게임, 네트워크 등) 이용 시 부정행위로 간주되어 자격기본법 제32조에 의거 본 시험 및 국가공인 자격시험을 2년간 응시할 수 없습니다.
- 시험 중 부주의 또는 고의로 시스템을 파손한 경우와 〈수험자 유의사항〉에 기재된 방법대로 이행하지 않아 생기는 불이익은 수험자의 책임임을 알려 드립니다.
- 시험을 완료한 수험자는 최종적으로 저장한 답안 파일이 전송되었는지 확인한 후 감독위원의 지시에 따라 문제지를 제출하고 퇴실합니다.

답안 작성요령

- 온라인 답안 작성 절차
  수험자 등록 ⇒ 시험 시작 ⇒ 답안 파일 저장 ⇒ 답안 전송 ⇒ 시험 종료
- 내 PC₩문서₩GTQ₩Image 폴더에 있는 그림 원본파일을 사용하여 답안을 작성하시고 최종답안을 답안폴더(내 PC₩문서₩GTQ)에 저장하여 답안을 전송하시고, 이미지의 크기가 다른 경우 감점 처리됩니다.
- 배점은 총 100점으로 이루어지며, 점수는 각 문제별로 차등 배분됩니다.
- 각 문제는 주어진 〈조건〉에 따라 작성하고, 언급하지 않은 조건은 《출력형태》와 같이 작성합니다.
- 배치 등의 편의를 위해 주어진 눈금자의 단위는 '픽셀'입니다.
- 그 외는 출력형태(효과, 이미지, 문자, 색상, 레이아웃, 규격 등)와 같게 작업하십시오.
- 문제 조건에 서체의 지정이 없을 경우 한글은 굴림이나 돋움, 영문은 Arial로 작업하십시오. (단, 그 외에 제시되지 않은 문자 속성을 기본값으로 작성하지 않은 경우는 감점 처리됩니다.)
- Image Mode(이미지 모드)는 별도의 처리조건이 없을 경우에는 RGB(8비트)로 작업하십시오.
- 모든 답안 파일은 해상도 72pixels/inch로 작업하십시오.
- Layer(레이어)는 각 기능별로 분할해야 하며, 임의로 합칠 경우나 각 기능에 대한 속성을 해지할 경우 해당 요소는 0점 처리됩니다.

문제 1 [기능평가] 고급 Tool(도구) 활용

20점

다음의 《조건》에 따라 아래의 《출력형태》와 같이 작업하시오.

조건

원본이미지			문서₩GTQ₩Image₩1급-1.jpg, 1급-2.jpg, 1급-3.jpg
파일 저장 규칙	JPG	파일명	문서₩GTQ₩수험번호-성명-1.jpg
		크기	400 × 500 pixels
	PSD	파일명	문서₩GTQ₩수험번호-성명-1.psd
		크기	40 × 50 pixels

1. 그림 효과
   ① 1급-1.jpg : 필터 - Film Grain(필름 그레인)
   ② Save Path(패스 저장) : 요가 모양
   ③ Mask(마스크) : 요가 모양, 1급-2.jpg를 이용하여 작성
      레이어 스타일 - Stroke(선/획)(4px, 그레이디언트(#ffff00, #ff99cc)), Drop Shadow(그림자 효과)
   ④ 1급-3.jpg : 레이어 스타일 - Outer Glow(외부 광선)
   ⑤ Shape Tool(모양 도구) :
      - 기호 모양 (#ffffff, 레이어 스타일 - Stroke(선/획)(2px, #ff9933, #3399ff))
      - 동심원 모양 (#3399ff, 레이어 스타일 - Outer Glow(외부 광선))

2. 문자 효과
   ① Mindfulness Meditation (Times New Roman, Regular, 38pt, #cccccc, 레이어 스타일 - Stroke(선/획)(2px, 그레이디언트(#3399ff, #000000, #ff0000))

출력형태

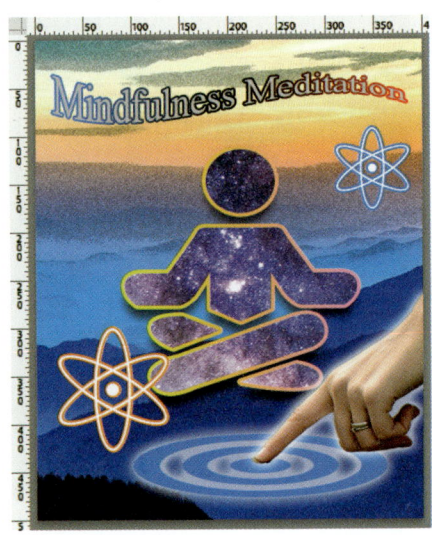

문제 2 [기능평가] 사진편집 응용 (20점)

다음의 《조건》에 따라 아래의 《출력형태》와 같이 작업하시오.

조건

원본이미지			문서\GTQ\Image\1급-4.jpg, 1급-5.jpg, 1급-6.jpg
파일 저장 규칙	JPG	파일명	문서\GTQ\수험번호-성명-2.jpg
		크기	400 × 500 pixels
	PSD	파일명	문서\GTQ\수험번호-성명-2.psd
		크기	40 × 50 pixels

1. 그림 효과
   ① 1급-4.jpg : 필터 - Rough Pastels(거친 파스텔)
   ② 색상 보정 : 1급-5.jpg - 빨간색 계열로 보정
   ③ 1급-5.jpg : 레이어 스타일 - Inner Glow(내부 광선)
   ④ 1급-6.jpg : 레이어 스타일 - Outer Glow(외부 광선)
   ⑤ Shape Tool(모양 도구) :
      - 사람 모양 (#ffcccc, #ffffcc, 레이어 스타일 - Drop Shadow(그림자 효과))
      - 프레임 모양 (#cccccc, 레이어 스타일 - Drop Shadow(그림자 효과))

2. 문자 효과
   ① 청년마음건강 지원사업 (궁서, 45pt, 60pt, 레이어 스타일 - 그레이디언트 오버레이(#0099cc, #cc66ff), Stroke(선/획)(3px, #ffffff)

출력형태

문제 3 [실무응용] 포스터 제작
25점

유선배 강의

다음의 《조건》에 따라 아래의 《출력형태》와 같이 작업하시오.

조건

원본이미지			문서₩GTQ₩Image₩1급-7.jpg, 1급-8.jpg, 1급-9.jpg, 1급-10.jpg, 1급-11.jpg
파일 저장 규칙	JPG	파일명	문서₩GTQ₩수험번호-성명-3.jpg
		크기	600 × 400 pixels
	PSD	파일명	문서₩GTQ₩수험번호-성명-3.psd
		크기	60 × 40 pixels

1. 그림 효과
   ① 배경 : #ffffcc
   ② 1급-7.jpg : Blending Mode(혼합모드) - Luminosity(광도), Opacity(불투명도)(60%), 레이어 마스크 - 세로 방향으로 흐릿하게
   ③ 1급-8.jpg : 필터 - Poster Edges(포스터 가장자리), 레이어 마스크 - 가로 방향으로 흐릿하게
   ④ 1급-9.jpg : 필터 - Texturizer(텍스처화)
   ⑤ 1급-10.jpg : 레이어 스타일 - Drop Shadow(그림자 효과)
   ⑥ 1급-11.jpg : 색상 보정 - 파란색 계열로 보정, 레이어 스타일 - Stroke(선/획)(4px, 그레이디언트(#cc3300, 투명으로))
   ⑦ 그 외 《출력형태》 참조

2. 문자 효과
   ① 미술심리치료 (돋움, 46pt, 레이어 스타일 - 그레이디언트 오버레이(#00ccff, #6633ff), Stroke(선/획)(2px, #ffffff))
   ② 인성발달 | 사회성 형성 (궁서, 22pt, #330000, 레이어 스타일 - Stroke(선/획)(2px, #ffff99))
   ③ 그림속에 숨겨진 마음을 읽는 미술치료사 (궁서, 20pt, #ffffff, 레이어 스타일 - Stroke(선/획)(2px, 그레이디언트(#336600, #00cccc))
   ④ One Day Class (Arial, Bold, 26pt, #ff0033, #0066ff, Stroke(선/획)(2px, #ffffff))

출력형태

Shape Tool(모양 도구) 사용
#ffcc00, 레이어 스타일 -
Drop Shadow(그림자 효과),
Opacity(불투명도)(80%)

Shape Tool(모양 도구) 사용
레이어 스타일 - 그레이디언트
오버레이(#6600cc, #cc3399),
Outer Glow(외부 광선)

Shape Tool(모양 도구) 사용
#ffff33, 레이어 스타일 -
Outer Glow(외부 광선)

문제 4 [실무응용] 웹 페이지 제작 (35점)

다음의 《조건》에 따라 아래의 《출력형태》와 같이 작업하시오.

조건

원본이미지	문서₩GTQ₩Image₩1급-12.jpg, 1급-13.jpg, 1급-14.jpg, 1급-15.jpg, 1급-16.jpg, 1급-17.jpg		
파일 저장 규칙	JPG	파일명	문서₩GTQ₩수험번호-성명-4.jpg
		크기	600 × 400 pixels
	PSD	파일명	문서₩GTQ₩수험번호-성명-4.psd
		크기	60 × 40 pixels

1. 그림 효과
   ① 배경 : #ccccff
   ② 패턴(나비, 달 모양) : #ffff99, #ff99ff, Opacity(불투명도)(80%)
   ③ 1급-12.jpg : Blending Mode(혼합모드) - Luminosity(광도), Opacity(불투명도)(80%), 레이어 마스크 - 대각선 방향으로 흐릿하게
   ④ 1급-13.jpg : 필터 - Lens Flare(렌즈 플레어), 레이어 마스크 - 가로 방향으로 흐릿하게
   ⑤ 1급-14.jpg : 레이어 스타일 - Outer Glow(외부 광선)
   ⑥ 1급-15.jpg : 필터 - Poster Edges(포스터 가장자리), 레이어 스타일 - Inner Glow(내부 광선)
   ⑦ 1급-16.jpg : 색상 보정 - 파란색 계열로 보정, 레이어 스타일 - Bevel and Emboss(경사와 엠보스)
   ⑧ 그 외 《출력형태》 참조

2. 문자 효과
   ① 나를 깨우는 시간 (궁서, 50pt, 레이어 스타일 - 그레이디언트 오버레이(#ffff00, #ff9999), Stroke(선/획)(3px, #666699))
   ② Miracle Morning (Arial, Regular, 24pt, #6666ff, 레이어 스타일 - Outer Glow(외부 광선))
   ③ 명상 / 요가 / 다도 (굴림, 18pt, #000000, 레이어 스타일 - Stroke(선/획)(2px, #ffffff))
   ④ 생활명상 둘러보기 회원모집 (궁서, 18pt, #ffffff, 레이어 스타일 - Stroke(선/획)(2px, #336600))

출력형태

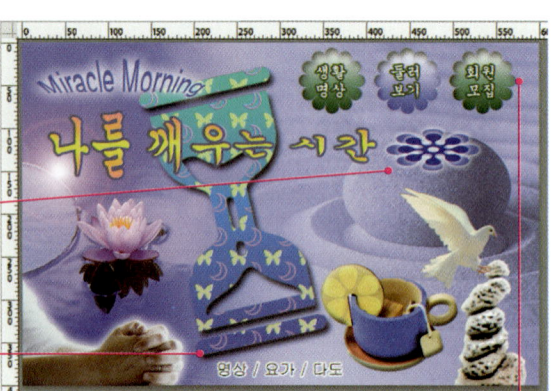

Shape Tool(모양 도구) 사용
#6666ff, #333399, 레이어 스타일 -
Outer Glow(외부 광선)

Pen Tool(펜 도구) 사용,
레이어 스타일 - 그레이디언트
오버레이(#6666ff, #33cccc),
Drop Shadow(그림자 효과)

Shape Tool(모양 도구) 사용
레이어 스타일 - Inner Shadow(내부 그림자),
그레이디언트 오버레이(#ffffff, #006633, #6666ff)

문제 1 [기능평가] 고급 Tool(도구) 활용 20점

사용이미지 미리보기

1급-1.jpg

1급-2.jpg

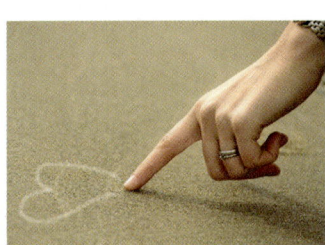
1급-3.jpg

사용자 정의 모양 미리보기

사용 기능

필터	[Filter(필터)]-[Filter Gallery(필터 갤러리)]-[Artistic(예술효과)]-[Film Grain(필름 그레인)]
클리핑 마스크	Create Clipping Mask(클리핑 마스크 만들기, Alt + Ctrl + G)
이미지 추출	Quick Selection Tool(빠른 선택,)
이미지 사이즈	[Image(이미지)]-[Image Size(이미지 크기)](Alt + Ctrl + I)

01 새 캔버스 생성 및 필터

1 [File(파일)]-[New(새로 만들기)](Ctrl + N)를 선택한 후 아래의 조건으로 설정하고 [Create(만들기)]를 누른다.
- PRESET DETAILS(사전 설정 세부 정보) : 수험번호-성명-1
- 단위 : Pixels
- Width(폭) : 400
- Height(높이) : 500
- Resolution(해상도) : 72Pixels/Inch
- Color Mode(색상모드) : RGB
- Backgound Contents(배경색) : White

2 [Edit(편집)]-[Preferences(속성)]-[Guides, Grid & Slices(안내선, 격자 및 분할 영역)](Ctrl + K)를 선택한 후 'Grid(격자)'의 Gridline Every(격자 간격) : 100Pixels, Subdivisions(세분) : 1로 설정하고 OK 를 누른다.

3 [View(보기)]-[Show(표시)]-[Grid(격자)](Ctrl + ')와 [View(보기)]-[Rulers(눈금자)](Ctrl + R)를 나타낸다.

> **Plus @**
> CS6 버전 이하에서는 눈금자에서 마우스 오른쪽 클릭 후 단위를 px로 변경한다.

4 [File(파일)]-[Save as(다른 이름으로 저장)](Shift + Ctrl + S)를 클릭한 후 '내 PC\문서\GTQ' 폴더에 '수험번호-성명-1.psd'로 입력하고 [저장]을 누른다.

5 [File(파일)]-[Open(열기)](Ctrl + O)을 선택한 후 '1급-1.jpg'를 불러온다.

6 Ctrl + A 로 전체 선택한 후 Ctrl + C 로 복사하고 작업파일을 선택한 후 Ctrl + V 로 붙여넣기 한다.

7 Ctrl + T 로 크기/위치를 조절하고 Enter 를 누른다.

8 [Filter(필터)]-[Filter Gallery(필터 갤러리)]-[Artistic(예술효과)]-[Film Grain(필름 그레인)] 필터를 적용하고 OK 를 누른다.

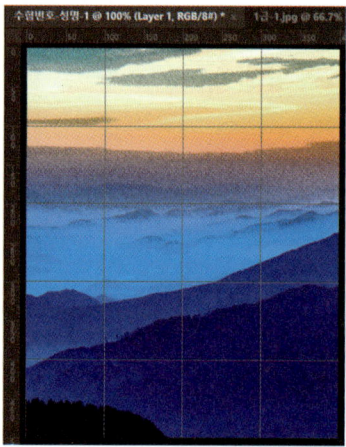

02 패스 제작 및 패스 저장

1 Ellipse Tool(타원, ◯)을 선택한 후 옵션 바에서 Pick Tool Mode(선택 도구 모드) : Path (패스, Path), Path Operations(패스 작업) : Combine Shapes(모양 결합, ◻)로 지정한다.

❷ Layer 1(배경 이미지)의 눈 아이콘(👁)을 클릭해 숨긴 다음 패스를 그리기 위해 [Path(패스)] 패널을 누른다. (선택사항)

❸ 그림을 참고해 타원을 그린다.

❹ Pen Tool(펜, ✒)을 선택한 후 옵션 바에서 Pick Tool Mode(선택 도구 모드) : Path(패스, `Path`), Path Operations(패스 작업) : Combine Shapes(모양 결합, ▣)로 지정한다.

❺ 그림을 참고해 반만 그린다.

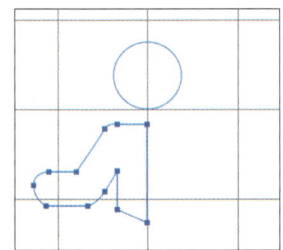

❻ Path Selection Tool(패스 선택, ▶)로 `Alt`와 함께 드래그해 복제한다.

❼ `Ctrl`+`T`로 조절점 안쪽에서 마우스 오른쪽 클릭 후 Flip Horizontal(가로로 뒤집기)을 선택하여 배치하고 `Enter`를 누른다.

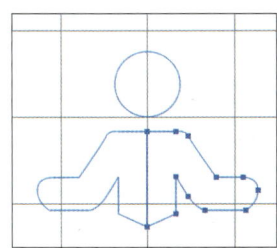

❽ 다리 부분도 그림과 같이 그린다.

❾ 패스를 저장하기 위해 [Path(패스)] 패널의 Work Path(작업 패스) 이름 부분을 더블클릭한 후 Save Path(패스 저장) 대화상자가 나오면 요가 모양을 입력하고 `OK`를 누른다.

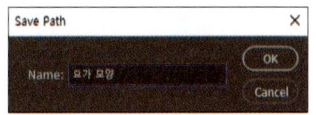

❿ Path Selection Tool(패스 선택, ▶)로 모두 선택한다. `Ctrl`+`T`를 눌러 크기와 위치 등을 조절한 후 `Enter`를 누른다.

⓫ 패스를 선택영역으로 지정하기 위해 `Ctrl`+Path Thumbnail(패스 축소판)을 클릭한다. 선택영역이 생기면 [Layers(레이어)] 패널을 선택한 후 하단의 Create a new layer(새 레이어, ➕, `Shift`+`Ctrl`+`N`)를 클릭해 추가한다.

12 임의의 색을 추가하기 위해 Alt + Delete 를 눌러 전경색(■)을 추가한다.

13 배경 이미지의 눈 아이콘(◉)을 클릭해 보이게 한다.

14 레이어 스타일을 적용하기 위해 [Layers(레이어)] 패널 하단의 fx 를 눌러 Stroke(획)를 선택한 후 아래와 같이 값을 변경한다.
- Size(크기) : 4px
- Position(위치) : Outside(바깥쪽)
- Fill Type(칠 유형) : Gradient(그레이디언트)
- Style(스타일) : Linear(선형)
- Angle(각도) : 0°

Plus@
[Layers(레이어)] 패널에서 해당 레이어의 회색 영역을 더블클릭해도 적용할 수 있다.

15 Gradient(그레이디언트) 편집 창(▬▬)을 클릭한 후 Color Stop(색상 정지점)을 더블클릭하여 좌측 : #ffff00, 우측 : #ff99cc로 값을 변경하고 OK 를 누른다.

16 레이어 스타일을 추가하기 위해 Drop Shadow(그림자 효과)를 선택해 적용하고 OK 를 누른다.

03 클리핑 마스크 및 레이어 스타일 적용

1 [File(파일)]−[Open(열기)](Ctrl + O)을 선택한 후 '1급−2.jpg'를 불러온다.

2 Ctrl + A 로 전체 선택한 후 Ctrl + C 로 복사하고 작업파일을 선택한 후 Ctrl + V 로 붙여넣기 한다.

3 Ctrl + T 로 크기/위치를 조절하고 Enter 를 누른다.

4 클리핑 마스크를 적용하기 위해 [Layers(레이어)] 패널의 Layer 3(우주)에서 마우스 오른쪽 클릭 후 Create Clipping Mask(클리핑 마스크 만들기, Alt + Ctrl + G)를 선택한다.

5 [File(파일)]−[Open(열기)](Ctrl + O)을 선택한 후 '1급−3.jpg'를 불러온다.

6 Quick Selection Tool(빠른 선택,)로 선택영역을 지정한다.

7 Ctrl + C로 복사하고 작업파일을 선택한 후 Ctrl + V로 붙여넣기 한다.

8 Ctrl + T로 크기/위치를 조절하고 Enter를 누른다.

9 레이어 스타일을 적용하기 위해 [Layers(레이어)] 패널 하단의 fx를 눌러 Outer Glow(외부 광선)를 선택해 적용하고 OK를 누른다.

04 모양 지정 및 레이어 스타일

1 Custom Shape Tool(사용자 정의 모양,)을 선택한 후 옵션 바에서 Pick Tool Mode(선택 도구 모드) : Shape(모양, Shape), Stroke(획) : 색상 없음( )으로 설정한다. 모양 선택( )을 눌러 아래의 모양을 찾아 그린다.
 • 기본 경로 : Legacy Shapes and More(레거시 모양 및 기타) − All Legacy Default Shapes (모든 레거시 기본 모양)
 • Symbols(기호) − 핵( )

2 색을 적용하기 위해 [Layers(레이어)] 패널의 Layer Thumbnail(레이어 축소판,)을 더블클릭한 후 #ffffff를 입력하고 OK를 누른다.

3 레이어 스타일을 적용하기 위해 [Layers(레이어)] 패널 하단의 fx를 눌러 Stroke(획)를 선택한 후 아래와 같이 값을 변경하고 OK를 누른다.
 • Size(크기) : 2px
 • Position(위치) : Outside(바깥쪽)
 • Fill Type(칠 유형) : Color(색상)
 • 색상값 : #ff9933

4 Ctrl + J를 눌러 복제한다.

5 레이어 스타일을 수정하기 위해 [Layers(레이어)] 패널의 '핵 1 복사' 레이어에 적용된 Stroke를 더블클릭한 후 색을 #3399ff로 설정하고 OK를 누른다.

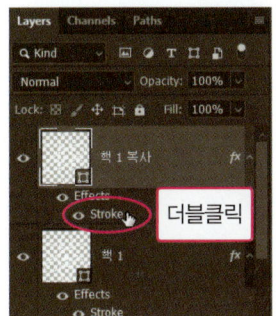

6 다른 모양을 추가하기 위해 아래의 모양을 찾아 그린다.
 Symbols(기호) − 과녁( )

7 Ctrl + T로 Shift와 함께 높이를 조절하고 Enter를 누른다.

> **Plus@**
> CS6 버전 이하에서는 Shift를 사용하지 않아도 된다.

8 색을 적용하기 위해 [Layers(레이어)] 패널의 '과녁 1' Layer Thumbnail(레이어 축소판,)을 더블클릭한 후 #3399ff를 입력하고 OK 를 누른다.

9 Layer 4(손)보다 아래쪽으로 배치하기 위해 드래그하여 이동한다.

10 레이어 스타일을 적용하기 위해 [Layers(레이어)] 패널 하단의 fx 를 눌러 Outer Glow(외부 광선)를 선택해 적용하고 OK 를 누른다.

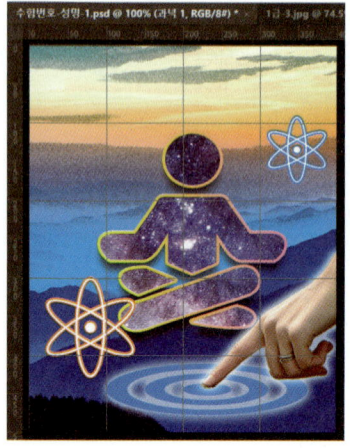

05 문자 효과

1 Type Tool(수평 문자)을 선택한 후 빈 캔버스를 클릭한다. Mindfulness Meditation을 입력하고 Ctrl + Enter 를 눌러 완료한다.

2 옵션 바 또는 [Character(문자)] 패널에서 Times New Roman, Regular, 38pt, #cccccc로 변경한다.

3 레이어 스타일을 적용하기 위해 [Layers(레이어)] 패널 하단의 fx 를 눌러 Stroke(획)를 선택한 후 아래와 같이 값을 변경한다.
- Size(크기) : 2px
- Position(위치) : Outside(바깥쪽)
- Fill Type(칠 유형) : Gradient(그레이디언트)
- Style(스타일) : Linear(선형)
- Angle(각도) : 0°

Plus@

[Layers(레이어)] 패널에서 해당 레이어의 회색 영역을 더블클릭해도 적용할 수 있다.

4 Gradient(그레이디언트) 편집 창( )을 클릭한 후 Color Stop(색상 정지점)을 더블클릭하여 좌측 : #3399ff, 중간 : #000000, 우측 : #ff0000으로 값을 변경하고 OK 를 누른다.

5 텍스트를 뒤틀기 위해 Type Tool(수평 문자, T)을 선택한 후 옵션 바의 Create warped text(뒤틀어진 텍스트 만들기, I)를 클릭한다. Style(스타일) : Flag(깃발), Bend(구부리기) : −50%, Horizontal Distortion(가로 왜곡) : −50%로 값을 변경하고 OK 를 누른다.

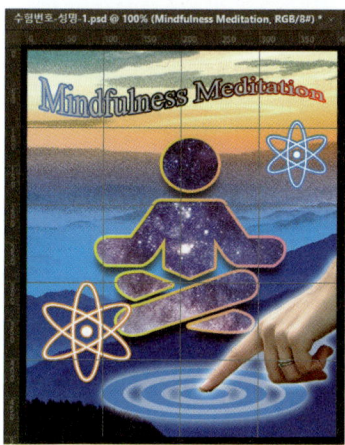

06 PSD, JPG 형식으로 저장하기

1 [File(파일)]−[Save(저장)](Ctrl + S)를 선택한 후 기존 파일에 덮어쓰기 한다.

2 JPG 파일 형식으로 저장하기 위해 [File(파일)]−[Save as(다른 이름으로 저장)](Shift + Ctrl + S)를 선택한 후 파일 형식을 클릭해 JPEG로 선택한다. '내 PC₩문서₩GTQ' 폴더에 '수험번호−성명−2'로 입력한 후 [저장]을 누른다.

3 PSD 파일의 사이즈를 1/10로 줄이기 위해 [Image(이미지)]−[Image Size(이미지 크기)](Alt + Ctrl + I)를 선택한 후 단위 : Pixel, Width(폭) : 40px, Height(높이) : 50px, Resolution(해상도) : 72Pixels/Inch로 설정하고 OK 를 누른다.

4 [File(파일)]−[Save(저장)](Ctrl + S)를 선택한 후 작은 사이즈로 최종 저장한다.

5 완성된 파일을 확인하기 위해 파일 탐색기를 열어 '내 PC₩문서₩GTQ' 폴더에서 확인한다.

6 시험장의 작업표시줄에 나타나는 'Koas 수험자용'을 클릭해 우측의 답안 전송 을 클릭한 후 해당하는 번호에 체크한다. 하단의 답안 전송 을 클릭한 후 닫기 를 누르면 최종 전송된 답안으로 채점이 이루어진다.

문제 2 [기능평가] 사진편집 응용　　20점

사용이미지 미리보기

1급-4.jpg

1급-5.jpg

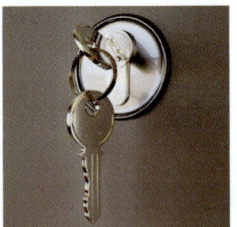
1급-6.jpg

사용자 정의 모양 미리보기

사용 기능

필터	[Filter(필터)]-[Filter Gallery(필터 갤러리)]-[Artistic(예술효과)]-[Rough Pastels(거친 파스텔)]
색상 조정	[Image(이미지)]-[Adjustment(조정)]-[Hue/Saturation(색조/채도)](Ctrl + U)
이미지 추출	• Magic Wand Tool(자동 선택,) • Quick Selection Tool(빠른 선택,)
이미지 사이즈	[Image(이미지)]-[Image Size(이미지 크기)](Alt + Ctrl + I)

01 새 캔버스 생성 및 필터

1. [File(파일)]-[New(새로 만들기)](Ctrl + N)를 선택한 후 아래의 조건으로 설정하고 [Create(만들기)]를 누른다.
   - PRESET DETAILS(사전 설정 세부 정보) : 수험번호-성명-2
   - 단위 : Pixels
   - Width(폭) : 400
   - Height(높이) : 500
   - Resolution(해상도) : 72Pixels/Inch
   - Color Mode(색상모드) : RGB
   - Backgound Contents(배경색) : White

2. [Edit(편집)]-[Preferences(속성)]-[Guides, Grid & Slices(안내선, 격자 및 분할 영역)](Ctrl + K)를 선택해 'Grid(격자)'의 Gridline Every(격자 간격) : 100Pixels, Subdivisions(세분) : 1로 설정하고 OK 를 누른다.

3. [View(보기)]-[Show(표시)]-[Grid(격자)](Ctrl + ')와 [View(보기)]-[Rulers(눈금자)](Ctrl + R)를 나타낸다.

4. [File(파일)]-[Save as(다른 이름으로 저장)](Shift + Ctrl + S)를 클릭한 후 '내 PC₩문서₩GTQ' 폴더에 '수험번호-성명-2.psd'로 입력하고 [저장]을 누른다.

5. [File(파일)]-[Open(열기)](Ctrl + O)을 선택한 후 '1급-4.jpg'를 불러온다.

6. Ctrl + A 로 전체 선택한 후 Ctrl + C 로 복사하고 작업파일을 선택한 후 Ctrl + V 로 붙여넣기 한다.

7. Ctrl + T 로 크기/위치를 조절하고 Enter 를 누른다.

8. [Filter(필터)]-[Filter Gallery(필터 갤러리)]-[Artistic(예술효과)]-[Rough Pastels(거친 파스텔)] 필터를 적용한 다음 OK 를 누른다.

02 이미지 추출 및 색상 보정

1. [File(파일)]-[Open(열기)](Ctrl + O)을 선택한 후 '1급-5.jpg'를 불러온다.

2. Magic Wand Tool(자동 선택,)을 선택한 후 옵션 바의 Tolerance(허용치)를 32, Contiguous(인접)에 체크하고 배경을 클릭한다.

3. 선택영역을 반전하기 위해 [Select(선택)]-[Inverse(반전)](Shift + Ctrl + I)를 누른다.

4. Ctrl + C 로 복사하고 작업파일을 선택한 후 Ctrl + V 로 붙여넣기 한다.

5 Ctrl + T로 회전/크기/위치를 조절하고 Enter를 누른다.

6 빨간색 계열로 보정하기 위해 [Layers(레이어)] 패널 하단의 [Create new fill or adjustment layer(조정 레이어,)]에서 [Hue/Saturation(색조/채도)](Ctrl + U)을 선택한다.

7 Colorize(색상화)에 체크한 후 Hue(색조) : 0, Saturation(채도) : 50으로 값을 변경한다.

8 Hue/Saturation Layer에서 마우스 오른쪽 클릭 후 Create Clipping Mask(클리핑 마스크 만들기, Alt + Ctrl + G)를 선택하면 Layer 2에만 색상 조정이 적용된다.

Plus α

[Create new fill or adjustment layer(조정 레이어,)]를 이용하여 색상을 조정하면 별도의 레이어가 생성되어 차후에 수정이 용이하다.

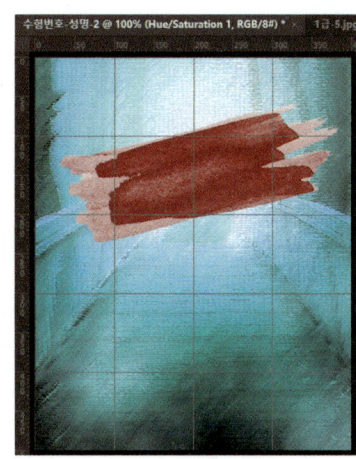

9 Layer 2(붓 터치)를 선택한 후 레이어 스타일을 적용하기 위해 [Layers(레이어)] 패널 하단의 fx를 눌러 Inner Glow(내부 광선)를 선택해 적용하고 OK 를 누른다.

03 이미지 추출 및 레이어 스타일

1 [File(파일)]-[Open(열기)](Ctrl + O)을 선택한 후 '1급-6.jpg'를 불러온다.

2 Magic Wand Tool(자동 선택,)을 선택한 후 옵션 바의 Tolerance(허용치)를 20, Contiguous(인접)에 체크하고 배경을 클릭한다.

3 선택영역을 반전하기 위해 [Select(선택)]-[Inverse(반전)](Shift + Ctrl + I)를 누른다.

4 선택영역을 추가하려면 Quick Selection Tool(빠른 선택,)로 브러시를 조절해 선택 영역을 추가로 선택한다.

5 Ctrl + C 로 복사하고 작업파일을 선택한 후 맨 위 레이어를 선택한 다음 Ctrl + V 로 붙여넣기 한다.

Plus@

만약 클리핑 마스크 안쪽으로 이미지가 들어올 경우 출력형태와 같이 나타난다. 이것을 해결하기 위해서는 열쇠 레이어를 맨 위로 올린 다음 마우스 오른쪽 클릭 후 [Release Clipping Mask(클리핑 마스크 해제)]를 선택한다.

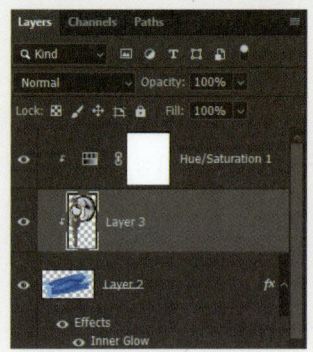

6 Ctrl + T 로 좌우대칭하기 위해 조절점 안쪽에서 마우스 오른쪽 클릭 후 Flip Horizontal(가로로 뒤집기)을 선택한다. 크기/위치를 조절하고 Enter 를 누른다.

7 레이어 스타일을 적용하기 위해 [Layers(레이어)] 패널 하단의 fx 를 눌러 Outer Glow(외부 광선)를 선택해 적용하고 OK 를 누른다.

04 모양 지정 및 레이어 스타일

1 Custom Shape Tool(사용자 정의 모양,)을 선택한 후 옵션 바에서 Pick Tool Mode(선택 도구 모드) : Shape(모양, Shape), Stroke(획) : 색상 없음( )으로 설정한다. 모양 선택(Shape:)을 눌러 아래의 모양을 찾아 그린다.
• Symbols(기호) - 보행자( )

2 색을 적용하기 위해 [Layers(레이어)] 패널의 Layer Thumbnail(레이어 축소판,)을 더블 클릭한 후 #ffcccc를 입력하고 OK 를 누른다.

3 레이어 스타일을 적용하기 위해 [Layers(레이어)] 패널 하단의 fx 를 눌러 Drop Shadow(그림자 효과)를 선택해 적용하고 OK 를 누른다.

4 Ctrl + J 를 눌러 복제한다.

5 Ctrl + T 로 좌우대칭하기 위해 조절점 안쪽에서 마우스 오른쪽 클릭 후 Flip Horizontal(가로로 뒤집기)을 선택한다. 크기/위치를 조절하고 Enter 를 누른다.

6 색을 적용하기 위해 [Layers(레이어)] 패널의 '사람 copy' Layer Thumbnail(레이어 축소판,)을 더블클릭한 후 #ffffcc를 입력하고 OK 를 누른다.

7 다른 모양을 추가하기 위해 아래의 모양을 찾아 그린다.
Shapes(모양) - 얇은 사각형 프레임( )

8 색을 적용하기 위해 [Layers(레이어)] 패널의 Layer Thumbnail(레이어 축소판,)을 더블클릭한 후 #cccccc를 입력하고 OK 를 누른다.

9 레이어 스타일을 적용하기 위해 [Layers(레이어)] 패널 하단의 fx 를 눌러 Drop Shadow(그림자 효과)를 선택해 적용하고 OK 를 누른다.

10 [Layers(레이어)] 패널에서 Layer 2(붓터치)보다 아래로 이동해 배치한다.

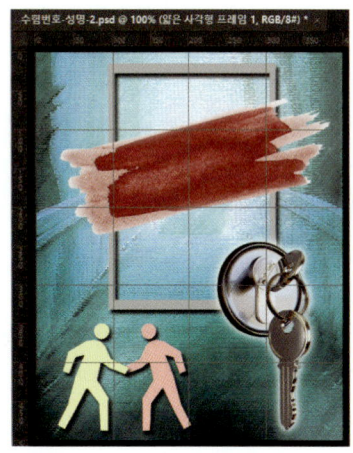

05 문자 효과

1 Type Tool(수평 문자, T)을 선택한 후 빈 공간을 클릭한다. 청년마음건강 지원사업을 입력하고 Ctrl + Enter 를 눌러 완료한다.

2 옵션 바 또는 [Character(문자)] 패널에서 궁서, 45pt, 가운데 정렬로 설정한 후 지원사업만 선택하여 60pt로 변경한다.

3 레이어 스타일을 적용하기 위해 [Layers(레이어)] 패널 하단의 fx 를 눌러 Gradient Overlay(그레이디언트 오버레이)를 선택한 후 아래와 같이 값을 변경한다.
- Opacity(불투명도) : 100%
- Style(스타일) : Linear(선형)
- Angle(각도) : 0°
- Scale(비율) : 100%

4 Gradient 편집 창( )을 클릭한 후 Color Stop(색상 정지점)을 더블클릭하여 좌측 : #0099cc, 우측 : #cc66ff로 값을 변경하고 OK 를 누른다.

5 레이어 스타일을 추가하기 위해 Stroke(획)를 선택한 후 아래와 같이 값을 변경하고 OK 를 누른다.
- Size(크기) : 3px
- Position(위치) : Outside(바깥쪽)
- Fill Type(칠 유형) : Color(색상)
- 색상값 : #ffffff

6 텍스트를 뒤틀기 위해 Type Tool(수평 문자, T)을 선택한 후 옵션 바의 Create warped text(뒤틀어진 텍스트 만들기, T)를 클릭한다. Style(스타일) : Arc Lower(아래 부채꼴), Bend (구부리기) : +50%로 값을 변경하고 OK 를 누른다.

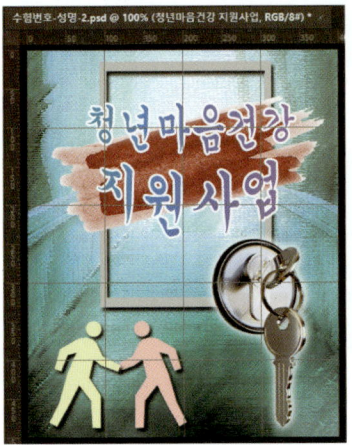

06 PSD, JPG 형식으로 저장하기

1 [File(파일)]−[Save(저장)](Ctrl + S)를 선택한 후 기존 파일에 덮어쓰기 한다.

2 JPG 파일 형식으로 저장하기 위해 [File(파일)]−[Save as(다른 이름으로 저장)](Shift + Ctrl + S)를 선택한 후 파일 형식을 클릭해 JPEG 로 선택한다. '내 PC₩문서₩GTQ' 폴더에 '수험번호−성명−2'로 입력한 후 [저장]을 누른다.

3 PSD 파일의 사이즈를 1/10로 줄이기 위해 [Image(이미지)]−[Image Size(이미지 크기)] (Alt + Ctrl + I)를 선택한 후 단위 : Pixel, Width(폭) : 40px, Height(높이) : 50px, Resolution(해상도) : 72Pixels/Inch로 설정하고 OK 를 누른다.

4 [File(파일)]−[Save(저장)](Ctrl + S)를 선택한 후 작은 사이즈로 최종 저장한다.

5 완성된 파일을 확인하기 위해 파일 탐색기를 열어 '내 PC₩문서₩GTQ' 폴더에서 확인한다.

6 시험장의 작업표시줄에 나타나는 'Koas 수험자용'을 클릭해 우측의 답안 전송 을 클릭한 후 해당하는 번호에 체크한다. 하단의 답안 전송 을 클릭한 후 닫기 를 누르면 최종 전송된 답안으로 채점이 이루어진다.

문제 3 [실무응용] 포스터 제작 25점

사용 이미지 미리보기

1급-7.jpg

1급-8.jpg

1급-9.jpg

1급-10.jpg

1급-11.jpg

사용자 정의 모양 미리보기

사용 기능

혼합모드	Luminosity(광도)
색상 조정	[Create new fill or adjustment layer(조정 레이어,)]-[Hue/Saturation(색조/채도)]
필터	• [Filter(필터)]-[Filter Gallery(필터 갤러리)]-[Artistic(예술효과)]-[Poster Edges(포스터 가장자리)] • [Filter(필터)]-[Filter Gallery(필터 갤러리)]-[Texture(텍스처)]-[Texturizer(텍스처화)]
이미지 추출	• Quick Selection Tool(빠른 선택,) • Polygonal Lasso Tool(다각형 올가미,)
레이어 마스크	Add layer mask(레이어 마스크 추가,)
선택영역 안쪽에 붙여넣기	[Edit(편집)]-[Paste Special(특수 붙여넣기)]-[Paste Into(안쪽에 붙여넣기)](Alt + Ctrl + Shift + V)
이미지 사이즈	[Image(이미지)]-[Image Size(이미지 크기)](Alt + Ctrl + I)

01 새 캔버스 생성 및 배경에 색 채우기

1 [File(파일)]−[New(새로 만들기)](Ctrl + N)를 선택한 후 아래의 조건으로 설정하고 [Create(만들기)]를 누른다.
- PRESET DETAILS(사전 설정 세부 정보)
  : 수험번호−성명−3
- 단위 : Pixels
- Width(폭) : 600
- Height(높이) : 400
- Resolution(해상도) : 72Pixels/Inch
- Color Mode(색상모드) : RGB
- Backgound Contents(배경색) : White

2 [Edit(편집)]−[Preferences(속성)]−[Guides, Grid & Slices(안내선, 격자 및 분할 영역)](Ctrl + K)를 선택한 후 'Grid(격자)'의 Gridline Every(격자 간격) : 100Pixels, Subdivisions(세분) : 1로 설정하고 OK 를 누른다.

3 [View(보기)]−[Show(표시)]−[Grid(격자)](Ctrl + ')와 [View(보기)]−[Rulers(눈금자)](Ctrl + R)를 나타낸다.

4 [File(파일)]−[Save As(다른 이름으로 저장)](Shift + Ctrl + S)를 클릭한 후 '내 PC\문서\GTQ' 폴더에 '수험번호−성명−3.psd'로 입력하고 [저장]을 누른다.

5 배경에 색을 채우기 위해 도구상자의 Set foreground color(전경색, ■)를 클릭한 후 #ffffcc를 입력하고 OK 를 누른다. 전경색을 채우기 위해 Alt + Delete 를 누른다.

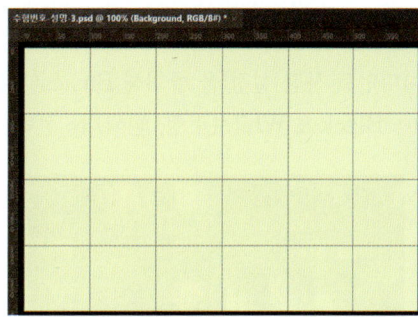

02 혼합모드 및 레이어 마스크

1 [File(파일)]−[Open(열기)](Ctrl + O)을 선택한 후 '1급−7.jpg'를 불러온다.

2 Ctrl + A 로 전체 선택한 후 Ctrl + C 로 복사하고 작업파일을 선택한 후 Ctrl + V 로 붙여넣기 한다.

3 Ctrl + T 로 크기/위치를 조절하고 Enter 를 누른다.

4 혼합모드를 적용하기 위해 [Layers(레이어)] 패널의 Blending Mode(혼합모드, Normal)를 'Luminosity(광도)'로 선택한다.

5 불투명도를 조정하기 위해 [Layers(레이어)] 패널 상단의 Opacity(불투명도)를 60%로 설정한다.

6 레이어 마스크를 적용하기 위해 [Layers(레이어)] 패널 하단의 Add Layer Mask(레이어 마스크 추가, ▢)를 클릭한다.

7 도구상자에서 Gradient Tool(그레이디언트, ▢)을 선택한 후 옵션 바에서 Gradient Presets(그레이디언트 사전 설정)을 클릭해 Basics(기본 사항)-'Black & White(검정, 흰색)'를 선택한다.

8 그림과 같이 세로 방향으로 드래그한다.

9 [File(파일)]-[Open(열기)](Ctrl + O)을 선택한 후 '1급-8.jpg'를 불러온다.

10 Ctrl + A 로 전체 선택한 후 Ctrl + C 로 복사하고 작업파일을 선택한 후 Ctrl + V 로 붙여넣기 한다.

11 Ctrl + T 로 크기/위치를 조절하고 Enter 를 누른다.

12 [Filter(필터)]-[Filter Gallery(필터 갤러리)]-[Artistic(예술효과)]-[Poster Edges(포스터 가장자리)] 필터를 적용한 다음 OK 를 누른다.

13 6~7을 참고해 레이어 마스크를 적용한다.

14 그림과 같이 가로 방향으로 드래그한다.

03 선택영역 안에 붙여넣기 및 필터

1 [File(파일)]-[Open(열기)](Ctrl + O)을 선택한 후 '1급-9.jpg', '1급-10.jpg'를 불러온다.

2 먼저 '1급-10.jpg'를 Quick Selection Tool(빠른 선택, ▢)로 선택영역을 지정한다.

3 Ctrl + C 로 복사하고 작업파일을 선택한 후 Ctrl + V 로 붙여넣기 한다.

4 Ctrl + T 로 크기/위치를 조절하고 Enter 를 누른다.

5 Quick Selection Tool(빠른 선택, 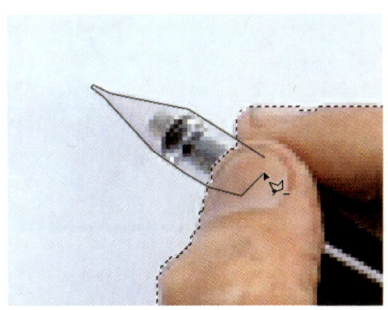)로 안쪽(도화지 부분)의 선택영역을 지정한다.

6 볼펜 앞부분을 추가로 추출하기 위해 Polygonal Lasso Tool(다각형 올가미,)을 이용해 Alt 와 함께 영역을 제외한다.

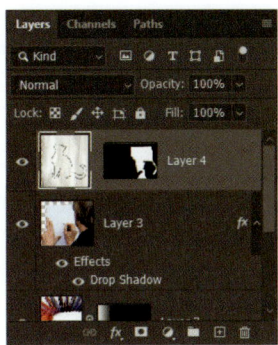

7 '1급-9.jpg'로 이동한 후 Ctrl + A 로 전체 선택하고 Ctrl + C 로 복사한다. 작업파일을 선택한 후 [Edit(편집)]-[Paste Special(특수 붙여넣기)]-[Paste Into(안쪽에 붙여넣기)](Alt + Ctrl + Shift + V)를 누른다.

8 Ctrl + T 로 크기/위치를 조절하고 Enter 를 누른다.

9 [Filter(필터)]-[Filter Gallery(필터 갤러리)]-[Texture(텍스처)]-[Texturizer(텍스처화)] 필터를 적용한 다음 OK 를 누른다.

10 레이어 스타일을 적용하기 위해 [Layers(레이어)] 패널의 Layer 3(화가)을 선택한 후 하단의 fx 를 눌러 Drop Shadow(그림자 효과)를 선택해 적용하고 OK 를 누른다.

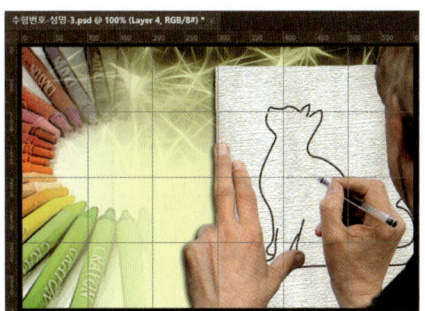

04 이미지 추출 및 색상 보정

1 [File(파일)]-[Open(열기)](Ctrl + O)을 선택한 후 '1급-11.jpg'를 불러온다.

2 Quick Selection Tool(빠른 선택,)로 선택영역을 지정한다.

3 Ctrl + C 로 복사하고 작업파일을 선택한 후 Ctrl + V 로 붙여넣기 한다.

4 Ctrl + T 로 크기/위치를 조절하고 Enter 를 누른다.

5 파란색 계열로 보정하기 위해 Quick Selection Tool(빠른 선택,)로 선택영역(하트)을 지정한다. [Layers(레이어)] 패널 하단의 Create new fill or adjustment layer(조정 레이어,)에서 Hue/Saturation(색조/채도, Ctrl + U)을 선택한다.

6 [Properties(속성)] 패널의 [Hue/Saturation(색조/채도)]에서 Colorize(색상화)에 체크한 후 Hue(색조) : 230, Saturation(채도) : 50으로 값을 변경하고 OK 를 누른다.

> **Plus@**
> 제시된 색상 계열로 보여지면 되기 때문에 값은 조절 가능하다.

7 레이어 스타일을 적용하기 위해 [Layers(레이어)] 패널의 Layer 5(블록)를 선택한다. 하단의 fx 를 눌러 Stroke(획)를 선택한 후 아래와 같이 값을 변경하고 OK 를 누른다.
  • Size(크기) : 4px
  • Position(위치) : Outside(바깥쪽)
  • Fill Type(칠 유형) : Gradient(그레이디언트)
  • Style(스타일) : Linear(선형)
  • Angle(각도) : 0°
  • Reverse(반전) : 체크

8 Gradient(그레이디언트) 편집 창(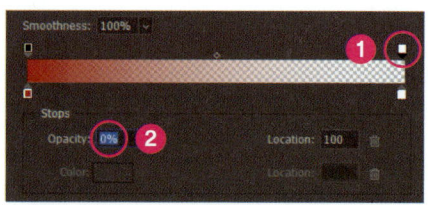)을 클릭한 후 Color Stop(색상 정지점)을 더블클릭하여 좌측 : #cc3300, 우측 Opacity Stop(불투명도 정지점) : 0%로 변경하고 OK 를 누른다.

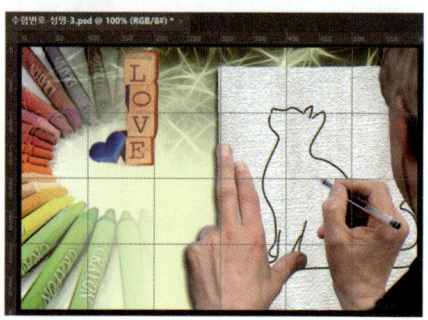

05 모양 지정 및 레이어 스타일

1 Rectangle Tool(사각 도형,)을 선택한 후 옵션 바에서 Pick Tool Mode(선택 도구 모드) : Shape(모양, Shape), Stroke(획) : 색상 없음( )으로 설정한다. 곡률 조정을 위해 옵션 바에서 곡률을 20px로 설정한 후 그린다.

> **Plus@**
> CS6 버전에서는 Rounded Rectangle Tool(모서리가 둥근 직사각형,)을 이용한다.

2 레이어 스타일을 적용하기 위해 [Layers(레이어)] 패널 하단의 fx를 눌러 Gradient Overlay(그레이디언트 오버레이)를 선택한 후 아래와 같이 값을 변경한다.
- Opacity(불투명도) : 100%
- Style(스타일) : Linear(선형)
- Angle(각도) : 90°
- Scale(비율) : 100%

3 Gradient(그레이디언트) 편집 창(   )을 클릭한 후 Color Stop(색상 정지점)을 더블클릭하여 좌측 : #6600cc, 우측 : #cc3399로 변경하고 OK 를 누른다.

4 레이어 스타일을 추가하기 위해 Outer Glow(외부 광선)를 선택해 적용하고 OK 를 누른다.

5 다른 모양을 추가하기 위해 Custom Shape Tool(사용자 정의 모양,   )을 선택한 후 옵션 바에서 Pick Tool Mode(선택 도구 모드) : Shape(모양, Shape), Stroke(획) : 색상 없음(   )으로 설정한다. 모양 선택(Shape:)을 눌러 아래의 모양을 찾아 그린다.
Symbols(기호) – 반짝이는 별(   )

6 색을 적용하기 위해 [Layers(레이어)] 패널의 Layer Thumbnail(레이어 축소판,   )을 더블 클릭한 후 #ffcc00을 입력하고 OK 를 누른다.

7 레이어 스타일을 적용하기 위해 Drop Shadow(그림자 효과)를 선택해 적용하고 OK 를 누른다.

8 불투명도를 조정하기 위해 [Layers(레이어)] 패널의 Opacity(불투명도)를 80%로 설정한다.

9 다른 모양을 추가하기 위해 아래의 모양을 찾아 그린다.
Objects(물건) – 백열전구 2(   )

10 색을 적용하기 위해 [Layers(레이어)] 패널의 Layer Thumbnail(레이어 축소판,   )을 더블 클릭한 후 #ffff33을 입력하고 OK 를 누른다.

11 레이어 스타일을 적용하기 위해 [Layers(레이어)] 패널 하단의 fx를 눌러 Outer Glow(외부 광선)를 선택해 적용하고 OK 를 누른다.

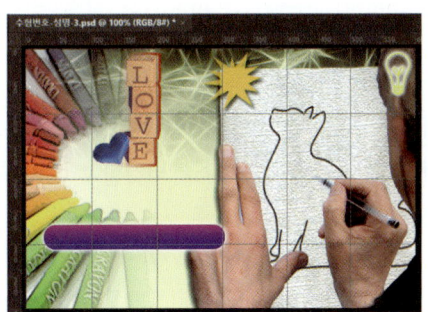

06 문자 효과

1 Type Tool(수평 문자,   )을 선택한 후 빈 공간을 클릭한다. 미술심리치료를 입력하고 Ctrl + Enter 를 눌러 완료한다.

2 옵션 바 또는 [Character(문자)] 패널에서 돋움, 46pt로 설정한다.

③ 레이어 스타일을 적용하기 위해 [Layers(레이어)] 패널 하단의 fx를 눌러 Gradient Overlay(그레이디언트 오버레이)를 선택한 후 아래와 같이 값을 변경한다.
- Opacity(불투명도) : 100%
- Style(스타일) : Linear(선형)
- Angle(각도) : 90°
- Scale(비율) : 100%

④ Gradient 편집 창( )을 클릭한 후 Color Stop(색상 정지점)을 더블클릭하여 좌측 : #00ccff, 우측 : #6633ff로 값을 변경하고 OK 를 누른다.

⑤ 레이어 스타일을 추가하기 위해 Stroke(획)를 선택한 후 아래와 같이 값을 변경하고 OK 를 누른다.
- Size(크기) : 2px
- Position(위치) : Outside(바깥쪽)
- Fill Type(칠 유형) : Color(색상)
- 색상값 : #ffffff

⑥ 텍스트를 뒤틀기 위해 Type Tool(수평 문자, T)을 선택한 후 옵션 바의 Create warped text(뒤틀어진 텍스트 만들기,)를 클릭한다. Style(스타일) : Arc Upper(위 부채꼴), Bend(구부리기) : +30%로 값을 변경하고 OK 를 누른다.

⑦ Type Tool(수평 문자, T)을 선택한 후 빈 공간을 클릭한다. 인성발달 | 사회성 형성을 입력하고 Ctrl + Enter 를 눌러 완료한다.

⑧ 옵션 바 또는 [Character(문자)] 패널에서 궁서, 22pt, #330000으로 설정한다.

⑨ 레이어 스타일을 적용하기 위해 [Layers(레이어)] 패널 하단의 fx를 눌러 Stroke(획)를 선택한 후 아래와 같이 값을 변경한다.
- Size(크기) : 2px
- Position(위치) : Outside(바깥쪽)
- Fill Type(칠 유형) : Color(색상)
- 색상값 : #ffff99

⑩ Type Tool(수평 문자, T)을 선택한 후 빈 공간을 클릭한다. 그림속에 숨겨진 마음을 읽는 미술치료사를 입력하고 Ctrl + Enter 를 눌러 완료한다.

⑪ 옵션 바 또는 [Character(문자)] 패널에서 궁서, 20pt, #ffffff, 왼쪽 정렬로 설정한다.

⑫ 레이어 스타일을 적용하기 위해 [Layers(레이어)] 패널 하단의 fx를 눌러 Stroke(획)를 선택한 후 아래와 같이 값을 변경하고 OK 를 누른다.
- Size(크기) : 2px
- Position(위치) : Outside(바깥쪽)
- Fill Type(칠 유형) : Gradient(그레이디언트)
- Style(스타일) : Linear(선형)
- Angle(각도) : 0°

⑬ Gradient(그레이디언트) 편집 창( )을 클릭한 후 Color Stop(색상 정지점)을 더블클릭하여 좌측 : #336600, 우측 : #00cccc로 값을 변경하고 OK 를 누른다.

⑭ 텍스트를 뒤틀기 위해 Type Tool(수평 문자, T)을 선택한 후 옵션 바의 Create warped text(뒤틀어진 텍스트 만들기,)를 클릭한다. Style(스타일) : Flag(깃발), Bend(구부리기) : +50%로 값을 변경하고 OK 를 누른다.

⓯ Type Tool(수평 문자, T)을 선택한 후 빈 공간을 클릭한다. One Day Class를 입력하고 Ctrl+Enter를 눌러 완료한다.

⓰ 옵션 바 또는 [Character(문자)] 패널에서 Arial, Bold, 26pt, #ff0033으로 설정한 후 Class만 선택하여 #0066ff로 변경한다.

⓱ 레이어 스타일을 적용하기 위해 [Layers(레이어)] 패널 하단의 fx를 눌러 Stroke(획)를 선택한 후 아래와 같이 값을 변경한다.
- Size(크기) : 2px
- Position(위치) : Outside(바깥쪽)
- Fill Type(칠 유형) : Color(색상)
- 색상값 : #ffffff

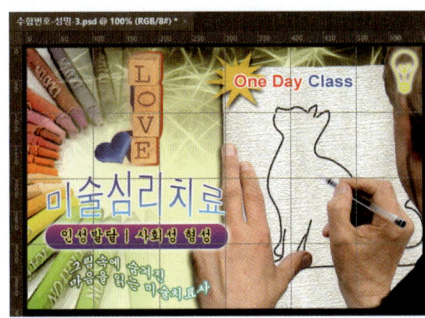

07 ▶ PSD, JPG 형식으로 저장하기

❶ [File(파일)]-[Save(저장)](Ctrl+S)를 선택한 후 기존 파일에 덮어쓰기 한다.

❷ JPG 파일 형식으로 저장하기 위해 [File(파일)]-[Save as(다른 이름으로 저장)](Shift+Ctrl+S)를 선택한 후 파일 형식을 클릭해 JPEG로 선택한다. '내 PC₩문서₩GTQ' 폴더에 '수험번호-성명-3'으로 입력한 후 [저장]을 누른다.

❸ PSD 파일의 사이즈를 1/10로 줄이기 위해 [Image(이미지)]-[Image Size(이미지 크기)](Alt+Ctrl+I)를 선택한 후 단위 : Pixel, Width(폭) : 60px, Height(높이) : 40px, Resolution(해상도) : 72Pixels/Inch로 설정하고 OK를 누른다.

❹ [File(파일)]-[Save(저장)](Ctrl+S)를 선택한 후 작은 사이즈로 최종 저장한다.

❺ 완성된 파일을 확인하기 위해 파일 탐색기를 열어 '내 PC₩문서₩GTQ' 폴더에서 확인한다.

❻ 시험장의 작업표시줄에 나타나는 'Koas 수험자용'을 클릭해 우측의 답안 전송을 클릭한 후 해당하는 번호에 체크한다. 하단의 답안 전송을 클릭한 후 닫기를 누르면 최종 전송된 답안으로 채점이 이루어진다.

문제 4 [실무응용] 웹 페이지 제작 35점

사용 이미지 미리보기

1급-12.jpg

1급-13.jpg

1급-14.jpg

1급-15.jpg

1급-16.jpg

1급-17.jpg

사용자 정의 모양 미리보기

사용 기능

패턴 정의 및 적용	• [Edit(편집)]-[Define Pattern(패턴 정의)] • [Edit(편집)]-[Fill(칠)]
혼합모드	Luminosity(광도)
색상 조정	[Create new fill or adjustment layer(조정 레이어, ⬤)]-[Hue/Saturation(색조/채도)]
필터	• [Filter(필터)]-[Render(렌더)]-[Lens Flare(렌즈 플레어)] • [Filter(필터)]-[Filter Gallery(필터 갤러리)]-[Artistic(예술효과)]-[Poster Edges(포스터 가장자리)]
이미지 추출	• Quick Selection Tool(빠른 선택,) • Magnetic Lasso Tool(자석 올가미,)
레이어 마스크	Add Layer Mask(레이어 마스크 추가,)
이미지 사이즈	[Image(이미지)]-[Image Size(이미지 크기)](Alt + Ctrl + I)

01 새 캔버스 생성 및 배경에 색 채우기

1 [File(파일)]-[New(새로 만들기)](Ctrl + N)를 선택한 후 아래의 조건으로 설정하고 [Create(만들기)]를 누른다.
- PRESET DETAILS(사전 설정 세부 정보)
  : 수험번호-성명-4
- 단위 : Pixels
- Width(폭) : 600
- Height(높이) : 400
- Resolution(해상도) : 72Pixels/Inch
- Color Mode(색상모드) : RGB
- Backgound Contents(배경색) : White

2 [Edit(편집)]-[Preferences(속성)]-[Guides, Grid & Slices(안내선, 격자 및 분할 영역)](Ctrl + K)를 선택한 후 'Grid(격자)'의 Gridline Every(격자 간격) : 100Pixels, Subdivisions(세분) : 1로 설정하고 OK 를 누른다.

3 [View(보기)]-[Show(표시)]-[Grid(격자)](Ctrl + ')와 [View(보기)]-[Rulers(눈금자)](Ctrl + R)를 나타낸다.

4 [File(파일)]-[Save as(다른 이름으로 저장)](Shift + Ctrl + S)를 클릭한 후 '내 PC\문서\GTQ' 폴더에 '수험번호-성명-4.psd'로 입력하고 [저장]을 누른다.

5 배경에 색을 채우기 위해 도구상자의 Set foreground color(전경색, ■)를 클릭한 후 #ccccff를 입력하고 OK 를 누른다. 전경색을 채우기 위해 Alt + Delete 를 누른다.

02 패턴 제작 및 등록

1 Pattern(패턴)을 만들기 위해 [File(파일)]-[New(새로 만들기)](Ctrl + N)를 선택한 후 아래의 조건으로 설정하고 [Create(만들기)]를 누른다.
- 단위 : Pixels
- Width(폭) : 40
- Height(높이) : 40
- Resolution(해상도) : 72Pixels/Inch
- Color Mode(색상모드) : RGB
- Backgound Contents(배경색) : White

2 Custom Shape Tool(사용자 정의 모양, ✿)을 선택한 후 옵션 바에서 Pick Tool Mode(선택 도구 모드) : Shape(모양, Shape ⌄), Stroke(획) : 색상 없음(☒)으로 설정하고 아래의 모양을 찾아 그린다.
Nature(자연) - 나비(🦋)

3 색을 적용하기 위해 [Layers(레이어)] 패널의 Layer Thumbnail(레이어 축소판, ▦)을 더블 클릭한 후 #ffff99를 입력하고 OK 를 누른다.

4 [Layers(레이어)] 패널 하단 Background(배경)의 눈 아이콘(👁)을 클릭해 해제한다.

5 다른 모양을 추가하기 위해 아래의 모양을 찾아 그린다.
Shapes(모양) - 초승달 프레임(🌙)

6 색을 적용하기 위해 [Layers(레이어)] 패널의 Layer Thumbnail(레이어 축소판, ▨)을 더블 클릭한 후 #ff99ff를 입력하고 OK 를 누른다.

7 패턴을 정의하기 위해 [Edit(편집)]-[Define Pattern(패턴 정의)]을 눌러 확인 후 OK 를 누른다.

03 혼합모드 및 레이어 마스크

1 [File(파일)]-[Open(열기)](Ctrl + O)을 선택한 후 '1급-12.jpg'를 불러온다.

2 Ctrl + A 로 전체 선택한 후 Ctrl + C 로 복사하고 작업파일을 선택한 후 Ctrl + V 로 붙여넣기 한다.

3 Ctrl + T 로 크기/위치를 조절하고 Enter 를 누른다.

4 혼합모드를 적용하기 위해 [Layers(레이어)] 패널의 Blending Mode(혼합모드, Normal)를 'Luminosity(광도)'로 선택한다.

5 레이어 마스크를 적용하기 위해 [Layers(레이어)] 패널 하단의 Add Layer Mask(레이어 마스크 추가, ▣)를 클릭한다.

6 도구상자에서 Gradient Tool(그레이디언트, ▨)을 선택한 후 옵션 바에서 Gradient Presets(그레이디언트 사전 설정)을 클릭해 Basics(기본 사항)-'Black & White(검정, 흰색)'를 선택한다.

7 그림과 같이 대각선 방향으로 드래그한다.

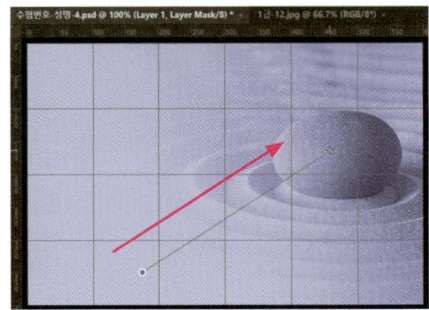

8 불투명도를 조정하기 위해 [Layers(레이어)] 패널 상단의 Opacity(불투명도)를 80%로 설정한다.

9 [File(파일)]-[Open(열기)](Ctrl + O)을 선택한 후 '1급-13.jpg'를 불러온다.

10 Ctrl + A 로 전체 선택한 후 Ctrl + C 로 복사하고 작업파일을 선택한 후 Ctrl + V 로 붙여넣기 한다.

11 Ctrl + T 로 크기/위치를 조절하고 Enter 를 누른다.

12 [Filter(필터)]-[Render(렌더)]-[Lens Flare(렌즈 플레어)] 필터를 선택한 후 출력형태를 참고해 빛의 위치를 클릭한 다음 OK 를 누른다.

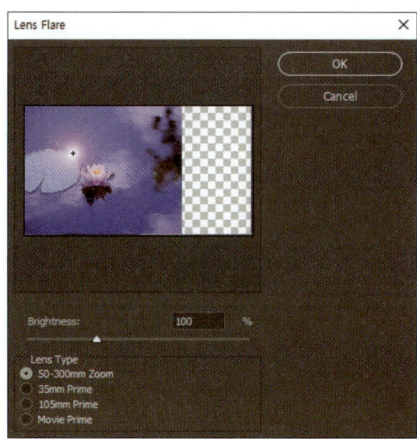

13 5~6을 참고해 레이어 마스크를 적용하여 가로 방향으로 드래그한다.

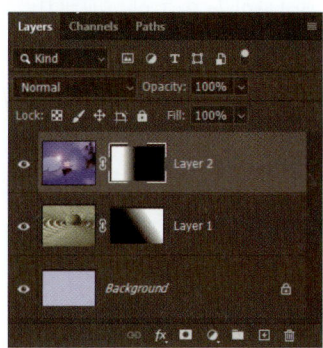

04 이미지 추출 및 색상 보정

1 [File(파일)]-[Open(열기)](Ctrl + O)을 선택한 후 '1급-14.jpg'를 불러온다.

2 Quick Selection Tool(빠른 선택,)로 선택영역을 지정한다.

3 Ctrl + C 로 복사하고 작업파일을 선택한 후 Ctrl + V 로 붙여넣기 한다.

4 Ctrl + T 로 좌우대칭하기 위해 조절점 안쪽에서 마우스 오른쪽 클릭 후 Flip Horizontal(가로로 뒤집기)을 선택한다. 크기/위치를 조절하고 Enter 를 누른다.

5 레이어 스타일을 적용하기 위해 [Layers(레이어)] 패널 하단의 fx 를 눌러 Outer Glow(외부광선)를 선택해 적용하고 OK 를 누른다.

6 [File(파일)]-[Open(열기)](Ctrl + O)을 선택한 후 '1급-15.jpg'를 불러온다.

7 Magnetic Lasso Tool(자석 올가미,)을 선택한 후 옵션 바의 Frequency를 100으로 설정한다. 첫 점을 클릭하여 이미지의 형태를 따라 추출하고 손잡이 안쪽 부분은 Alt 와 함께 선택하여 제외한다.

8 Ctrl + C 로 복사하고 작업파일을 선택한 후 Ctrl + V 로 붙여넣기 한다.

9 Ctrl + T 로 크기/위치를 조절하고 Enter 를 누른다.

⑩ [Filter(필터)]-[Filter Gallery(필터 갤러리)]-[Artistic(예술효과)]-[Poster Edges(포스터 가장자리)] 필터를 적용한 다음 OK 를 누른다.

⑪ 레이어 스타일을 적용하기 위해 [Layers(레이어)] 패널 하단의 fx를 눌러 Inner Glow(내부 광선)를 선택해 적용하고 OK 를 누른다.

⑫ [File(파일)]-[Open(열기)](Ctrl + O)을 선택한 후 '1급-16.jpg'를 불러온다.

⑬ Magnetic Lasso Tool(자석 올가미,)을 선택한 후 옵션 바의 Frequency를 100으로 설정한다. 첫 점을 클릭하여 이미지의 형태를 따라 추출하고 손잡이 안쪽 부분은 Alt 와 함께 선택하여 제외한다.

⑭ Ctrl + C 로 복사하고 작업파일을 선택한 후 Ctrl + V 로 붙여넣기 한다.

⑮ 파란색 계열로 보정하기 위해 Quick Selection Tool(빠른 선택,)로 선택영역(컵)을 지정한다. [Layers(레이어)] 패널 하단의 Create new fill or adjustment layer(조정 레이어,)에서 Hue/Saturation(색조/채도, Ctrl + U)을 선택한다.

⑯ [Properties(속성)] 패널의 [Hue/Saturation(색조/채도)]에서 Colorize(색상화)에 체크한 후 Hue(색조) : 230, Saturation(채도) : 50으로 값을 변경하고 OK 를 누른다.

⑰ 레이어 스타일을 적용하기 위해 [Layers(레이어)] 패널의 Layer 5(컵)를 선택한 후 하단의 fx를 눌러 Bevel and Emboss(경사와 엠보스)를 선택해 적용하고 OK 를 누른다.

⑱ [File(파일)]-[Open(열기)](Ctrl + O)을 선택한 후 '1급-17.jpg'를 불러온다.

⑲ Quick Selection Tool(빠른 선택,)로 선택영역을 지정한다.

⑳ Ctrl + T 로 회전/크기/위치를 조절하고 Enter 를 누른다.

05 패스 제작 및 패턴 적용

① Pen Tool(펜,)을 선택한 후 옵션 바에서 Pick Tool Mode(선택 도구 모드) : Path(패스, Path), Path Operations(패스 작업) : Exclude Overlapping Shapes(모양 오버랩 제외,)로 지정한다.

② 배경 레이어의 눈 아이콘( )을 Alt +클릭해 나머지 레이어의 눈을 끈다. (선택사항)

Plus@

배경 레이어를 선택하지는 않는다. 새 레이어 추가 시 맨 위로 생성되지 않기 때문이다.

3 그림을 참고해 1/4만 그린 다음 패스의 유실을 방지하기 위해 [Path(패스)] 패널을 선택한다. Work Path(작업 패스) 이름 부분을 더블클릭한 다음 Save Path(패스 저장)가 나오면 OK 를 누른다.

4 Path Selection Tool(패스 선택,)로 Alt 와 함께 드래그해 복제한다.

5 Ctrl + T 로 조절점 안쪽에서 마우스 오른쪽 클릭해 Flip Horizontal(가로로 뒤집기)을 선택한 후 배치하여 Enter 를 누른다.

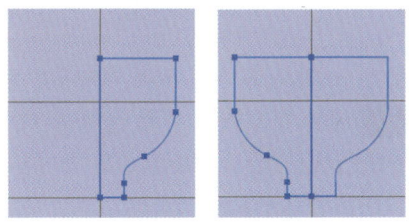

6 4~5번을 반복해 Flip Vertical(세로로 뒤집기)을 선택한 후 배치하고 Enter 를 누른다.

7 Pen Tool(펜,)을 선택하여 안쪽 부분을 그린다.

8 Rectangle Tool(사각 도형,)을 선택한 후 옵션 바에서 Pick Tool Mode(선택 도구 모드) : Path(패스, Path), Path Operations(패스 작업) : Exclude Overlapping Shapes(모양 오버랩 제외,)로 선택한다. 곡률 조정을 위해 옵션 바에서 곡률을 20px로 설정한 후 그린다.

> **Plus@**
> 만약 기존 패스가 사라졌을 경우 패스 레이어를 클릭하면 작업 중인 패스가 나타난다.

⑨ 상단과 하단도 모서리 둥근 사각형으로 마무리한다.

Plus@

CS6 버전에서는 Rounded Rectangle Tool(모서리가 둥근 직사각형, ▢)을 이용한다.

⑩ 레이어로 지정하기 위해 [Path(패스)] 패널 하단의 Load as a selection(패스를 선택영역으로 지정, ⬚)을 클릭한다.

Plus@

[Path(패스)] 패널의 Path Thumbnail(패스 축소판)을 Ctrl 과 함께 클릭해도 선택영역으로 지정된다.

⑪ [Layers(레이어)] 패널로 이동한 후 하단의 Create a new layer(새 레이어, ➕, Ctrl + Shift + N)를 클릭해 추가한다.

⑫ 임의의 색을 채우기 위해 Alt + Delete 를 눌러 전경색(■)을 채운다.

⑬ 선택영역을 해제하기 위해 [Select(선택)]－[Deselect(해제)](Ctrl + D)를 누른다.

⑭ 모든 레이어의 눈을 켜기 위해 레이어의 눈 아이콘(👁)에서 마우스 오른쪽 클릭 후 'Show/hide all other layers(다른 모든 레이어 표시/숨기기)'를 클릭한다.

⑮ 모래시계를 회전하기 위해 Ctrl + T 로 회전/크기/위치를 조절하고 Enter 를 누른다.

Plus@

패스의 잔상이 남아 있다면 [Path(패스)] 패널에서 여백을 클릭하면 사라진다.

⑯ 레이어 스타일을 적용하기 위해 [Layers(레이어)] 패널 하단의 fx.를 눌러 Gradient Overlay(그레이디언트 오버레이)를 선택한 후 아래와 같이 값을 변경한다.
- Opacity(불투명도) : 100%
- Style(스타일) : Linear(선형)
- Angle(각도) : 90°
- Scale(비율) : 100%

⑰ Gradient(그레이디언트) 편집 창(   )을 클릭한 후 Color Stop(색상 정지점)을 더블클릭하여 좌측 : #6666ff, 우측 : #33cccc로 값을 변경하고 OK 를 누른다.

⑱ 레이어 스타일을 추가하기 위해 Drop Shadow(그림자 효과)를 선택해 적용하고 OK 를 누른다.

⑲ 패턴을 적용하기 위해 Layer 7(모래시계)의 Layer Thumbnail(레이어 축소판)을 Ctrl 과 함께 클릭해 선택영역으로 지정한 후 하단의 Create a new layer(새 레이어, ⊞, Ctrl + Shift + N)를 클릭해 추가한다.

⑳ [Edit(편집)]-[Fill(칠)]을 선택한 후 Contents(내용) : Pattern(패턴)으로 변경한다. Custom Pattern(사용자 정의 패턴)에서 만들어 놓은 패턴을 선택한 다음 OK 를 누른다.

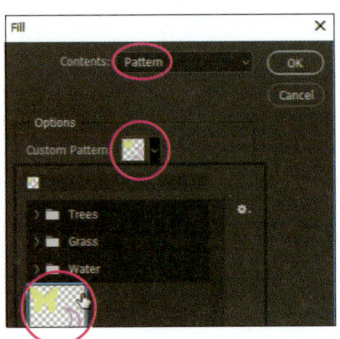

Plus@

패턴의 크기를 조절하고 싶다면 앞서 만들어 놓은 패턴 파일에서 [Image(이미지)]-[Image Size(이미지 크기)](Alt + Ctrl + I)를 조절해 재등록하여 채운다.

㉑ 선택영역을 해제하기 위해 [Select(선택)]-[Deselect(해제)](Ctrl + D)를 누른다.

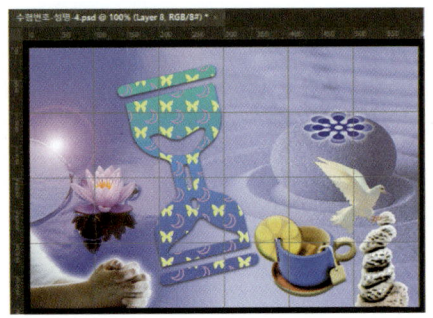

㉒ 불투명도를 조정하기 위해 [Layers(레이어)] 패널에서 패턴이 적용된 레이어의 Opacity(불투명도)를 80%로 설정해 마무리한다.

06 ▶ 모양 지정 및 레이어 스타일

① Custom Shape Tool(사용자 정의 모양,)을 선택한 후 옵션 바에서 Pick Tool Mode(선택 도구 모드) : Shape(모양, Shape), Stroke(획) : 색상 없음( )으로 설정한다. 모양 선택(Shape →)을 눌러 아래의 모양을 찾아 그린다.
- 기본 경로 : Legacy Shapes and More(레거시 모양 및 기타) - All Legacy Default Shapes(모든 레거시 기본 모양)
- Ornaments(장식) - 꽃 장식 4( )

> **Plus@**
> 가로로 넓게 그린다. CC2020 버전 이상에서는 Ctrl + T 로 상단 조절점에서 Shift 와 함께 높이를 줄여도 된다.

2 색을 적용하기 위해 [Layers(레이어)] 패널의 Layer Thumbnail(레이어 축소판,)을 더블클릭한 후 #6666ff를 입력하고 OK 를 누른다.

3 레이어 스타일을 적용하기 위해 [Layers(레이어)] 패널 하단의 fx 를 눌러 Outer Glow(외부 광선)를 선택해 적용하고 OK 를 누른다.

4 Ctrl + J 를 눌러 복제한다.

5 Ctrl + T 를 누른 후 모서리에서 Alt + Shift 와 함께 줄이고 Enter 를 누른다.

6 색을 적용하기 위해 [Layers(레이어)] 패널의 Layer Thumbnail(레이어 축소판,)을 더블클릭한 후 #333399를 입력하고 OK 를 누른다.

7 메뉴 부분을 만들기 위해 아래의 모양을 찾아 그린다.
Nature(자연) - 꽃 6( )

8 레이어 스타일을 적용하기 위해 [Layers(레이어)] 패널 하단의 fx 를 눌러 Gradient Overlay(그레이디언트 오버레이)를 선택한 후 아래와 같이 값을 변경한다.
- Opacity(불투명도) : 100%
- Style(스타일) : Linear(선형)
- Angle(각도) : 90°
- Scale(비율) : 100%
- Reverse(반전) : 체크

9 Gradient(그레이디언트) 편집 창( )을 클릭한 후 Color Stop(색상 정지점)을 더블클릭하여 좌측 : #ffffff, 우측 : #006633으로 값을 변경하고 OK 를 누른다.

10 레이어 스타일을 추가하기 위해 Inner Shadow(내부 그림자)를 선택해 적용하고 OK 를 누른다.

11 메뉴에 텍스트를 입력하기 위해 Type Tool(수평 문자, T)을 선택한다. Shift +클릭 후 생활명상을 입력하고 Ctrl + Enter 를 눌러 완료한다.

> **Plus@**
> Shift +클릭 후 입력하는 이유는 모양이 선택된 상태에서 텍스트를 입력하면 영역 안에 글자가 입력되기 때문이다.

12 옵션 바 또는 [Character(문자)] 패널에서 궁서, 18pt, #ffffff로 설정한다.

> **Plus@**
> CS6 버전에서는 줄 간격이 넓게 보일 수 있으므로 줄 간격의 값을 제시된 텍스트 크기보다 약간 크게 조절하면 출력형태와 유사하다.

13 레이어 스타일을 적용하기 위해 [Layers(레이어)] 패널 하단의 fx 를 눌러 Stroke(획)를 선택한 후 아래와 같이 값을 변경하고 OK 를 누른다.
- Size(크기) : 2px
- Position(위치) : Outside(바깥쪽)
- Fill Type(칠 유형) : Color(색상)
- 색상값 : #336600

14 메뉴를 복제하기 위해 꽃 모양과 텍스트 레이어를 Shift 를 누르면서 클릭한다. Move Tool(이동,)을 선택한 후 Alt 와 함께 오른쪽 방향으로 드래그하여 두 번 복제한다.

15 두 번째의 텍스트를 수정하기 위해 [Layers(레이어)] 패널의 Indicates text layer(텍스트 레이어, T)를 더블클릭한 후 둘러보기를 입력하고 Ctrl + Enter 를 눌러 완료한다.

16 세 번째 텍스트도 15과 같은 방법으로 회원모집으로 수정한다.

17 두 번째 모양의 Gradient Overlay(그레이디언트 오버레이)를 더블클릭한 후 아래와 같이 값을 변경한다.
- Opacity(불투명도) : 100%
- Style(스타일) : Linear(선형)
- Angle(각도) : 90°
- Scale(비율) : 100%

18 Gradient(그레이디언트) 편집 창( )을 클릭한 후 Color Stop(색상 정지점)을 더블클릭하여 좌측 : #ffffff, 우측 : #6666ff로 값을 변경하고 OK 를 누른다.

07 문자 효과

1 Type Tool(수평 문자, T)을 선택한 후 빈 공간을 클릭한다. 나를 깨우는 시간을 입력하고 Ctrl + Enter 를 눌러 완료한다.

2 옵션 바 또는 [Character(문자)] 패널에서 궁서, 50pt로 설정한다.

3 레이어 스타일을 적용하기 위해 [Layers(레이어)] 패널 하단의 fx 를 눌러 Gradient Overlay(그레이디언트 오버레이)를 선택한 후 아래와 같이 값을 변경한다.
- Opacity(불투명도) : 100%
- Style(스타일) : Reflected(반사)
- Angle(각도) : 90°
- Scale(비율) : 100%

4 Gradient 편집 창( )을 클릭한 후 Color Stop(색상 정지점)을 더블클릭하여 좌측 : #ffff00, 우측 : #ff9999로 값을 변경하고 OK 를 누른다.

5 레이어 스타일을 추가하기 위해 Stroke(획)를 선택한 후 아래와 같이 값을 변경하고 OK 를 누른다.
- Size(크기) : 3px
- Position(위치) : Outside(바깥쪽)
- Fill Type(칠 유형) : Color(색상)
- 색상값 : #666699

6 텍스트를 뒤틀기 위해 Type Tool(수평 문자, T)을 선택한 후 옵션 바의 Create warped text(뒤틀어진 텍스트 만들기,)를 클릭한다. Style(스타일) : Fish(물고기), Bend(구부리기) : +50%로 값을 변경하고 OK 를 누른다.

7 Type Tool(수평 문자, T)을 선택한 후 빈 공간을 클릭한다. Miracle Morning을 입력하고 Ctrl + Enter 를 눌러 완료한다.

8 옵션 바 또는 [Character(문자)] 패널에서 Arial, Regular, 24pt, #6666ff로 설정한다.

9 레이어 스타일을 적용하기 위해 [Layers(레이어)] 패널 하단의 fx를 눌러 Outer Glow(외부 광선)를 선택해 적용하고 OK 를 누른다.

10 텍스트를 뒤틀기 위해 Type Tool(수평 문자, T)을 선택한 후 옵션 바의 Create warped text(뒤틀어진 텍스트 만들기, ⊥)를 클릭한다. Style(스타일) : Shell Upper(위가 넓은 조개), Bend(구부리기) : +50%로 값을 변경하고 OK 를 누른다.

11 Type Tool(수평 문자, T)을 선택한 후 빈 공간을 클릭한다. 명상 / 요가 / 다도를 입력하고 Ctrl + Enter 를 눌러 완료한다.

12 옵션 바 또는 [Character(문자)] 패널에서 굴림, 18pt, #000000으로 설정한다.

13 레이어 스타일을 적용하기 위해 Stroke(획)를 선택한 후 아래와 같이 값을 변경하고 OK 를 누른다.
- Size(크기) : 2px
- Position(위치) : Outside(바깥쪽)
- Fill Type(칠 유형) : Color(색상)
- 색상값 : #ffffff

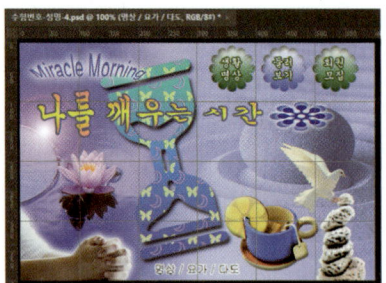

08 PSD, JPG 형식으로 저장하기

1 [File(파일)]−[Save(저장)](Ctrl + S)를 선택한 후 기존 파일에 덮어쓰기 한다.

2 JPG 파일 형식으로 저장하기 위해 [File(파일)]−[Save as(다른 이름으로 저장)](Shift + Ctrl + S)를 선택한 후 파일 형식을 클릭해 JPEG로 선택한다. '내 PC₩문서₩GTQ' 폴더에 '수험번호−성명−4'로 입력한 후 [저장]을 누른다.

3 PSD 파일의 사이즈를 1/10로 줄이기 위해 [Image(이미지)]−[Image Size(이미지 크기)](Alt + Ctrl + I)를 선택한 후 단위 : Pixel, Width(폭) : 60px, Height(높이) : 40px, Resolution(해상도) : 72Pixels/Inch로 설정하고 OK 를 누른다.

4 [File(파일)]−[Save(저장)](Ctrl + S)를 선택한 후 작은 사이즈로 최종 저장한다.

5 완성된 파일을 확인하기 위해 파일 탐색기를 열어 '내 PC₩문서₩GTQ' 폴더에서 확인한다.

6 시험장의 작업표시줄에 나타나는 'Koas 수험자용'을 클릭해 우측의 답안 전송 을 클릭한 후 해당하는 번호에 체크한다. 하단의 답안 전송 을 클릭한 후 닫기 를 누르면 최종 전송된 답안으로 채점이 이루어진다.

✓ Check Point !

구분	항목	O	X
공통	• 제시된 크기(px)와 해상도(72Pixels/Inch)로 파일을 만들었나요? • '수험번호-성명-문제번호.psd'로 저장했나요? • 그리드(Ctrl + ')와 눈금자(Ctrl + R)를 표시했나요? • 시험지에도 자를 이용해 100픽셀씩 그리드를 그려주었나요?		
문제1번	• 만든 패스를 저장했나요? • 클리핑 마스크를 적용했나요? • 각 이미지와 Shape(모양)에 레이어 스타일과 필터를 적용했나요?		
문제2번	• 제시된 색상으로 보정했나요? • 각 이미지와 Shape(모양)에 레이어 스타일과 필터를 적용했나요?		
문제3번	• 배경에 색을 적용했나요? • Blending Mode(혼합모드)를 적용했나요? • 레이어 마스크의 방향을 맞게 적용했나요? • 제시된 색상으로 보정했나요? • 각 이미지와 Shape(모양)에 레이어 스타일과 필터를 적용했나요?		
문제4번	• 배경에 색을 적용했나요? • 패턴을 제작하여 등록하였나요? • Blending Mode(혼합모드)를 적용했나요? • 레이어 마스크의 방향을 맞게 적용했나요? • 제시된 색상으로 보정했나요? • 1급-17.jpg를 제외한 이미지와 Shape(모양)에 레이어 스타일과 필터를 적용했나요? • 펜 도구를 이용하여 오브젝트를 그려 패턴으로 적용하였나요?		
공통	• '수험번호-성명-문제번호.jpg'로 저장했나요? • 1/10로 줄여 '수험번호-성명-문제번호.psd'로 저장했나요?		

※ 시험장에서는 반드시 전송까지 실행해 주세요.

CHAPTER 04

제4회 실전 모의고사 [S/W:포토샵]

급수	문제유형	시험시간	수험번호	성명
1급	A	90분		

수험자 유의사항

- 수험자는 문제지를 받는 즉시 응시하고자 하는 과목 및 급수가 맞는지 확인한 후 수험번호와 성명을 작성합니다.
- 파일명은 본인의 "수험번호-성명-문제번호"로 공백 없이 정확히 입력하고 답안폴더(내 PC₩문서₩GTQ)에 jpg 파일과 psd 파일의 2가지 포맷으로 저장해야 하며, jpg 파일과 psd 파일의 내용이 상이할 경우 0점 처리됩니다. 답안문서 파일명이 "수험번호-성명-문제번호"와 일치하지 않거나, 답안 파일을 전송하지 않아 미제출로 처리될 경우 불합격 처리됩니다.
- 문제의 세부조건은 '영문(한글)' 형식으로 표기되어 있으니 유의하시기 바랍니다.
- 수험자 정보와 저장한 파일명, 저장 위치가 다를 경우 전송이 되지 않으므로, 주의하시기 바랍니다.
- 답안 작성 중에도 주기적으로 '저장'과 '답안 전송'을 이용하여 감독위원 PC로 답안을 전송하셔야 합니다.
  (※ 작업한 내용을 저장하지 않고 전송할 경우 이전의 저장내용이 전송되오니 이점 반드시 유념하시기 바랍니다.)
- 답안문서는 지정된 경로 외의 다른 보조기억장치에 저장하는 행위, 지정된 시험 시간 외에 작성된 파일을 활용한 행위, 기타 허용되지 않은 프로그램(이메일, 메신저, 게임, 네트워크 등) 이용 시 부정행위로 간주되어 자격기본법 제32조에 의거 본 시험 및 국가공인 자격시험을 2년간 응시할 수 없습니다.
- 시험 중 부주의 또는 고의로 시스템을 파손한 경우와 〈수험자 유의사항〉에 기재된 방법대로 이행하지 않아 생기는 불이익은 수험자의 책임임을 알려 드립니다.
- 시험을 완료한 수험자는 최종적으로 저장한 답안 파일이 전송되었는지 확인한 후 감독위원의 지시에 따라 문제지를 제출하고 퇴실합니다.

답안 작성요령

- 온라인 답안 작성 절차
  수험자 등록 ⇒ 시험 시작 ⇒ 답안 파일 저장 ⇒ 답안 전송 ⇒ 시험 종료
- 내 PC₩문서₩GTQ₩Image 폴더에 있는 그림 원본파일을 사용하여 답안을 작성하시고 최종답안을 답안폴더(내 PC₩문서₩GTQ)에 저장하여 답안을 전송하시고, 이미지의 크기가 다른 경우 감점 처리됩니다.
- 배점은 총 100점으로 이루어지며, 점수는 각 문제별로 차등 배분됩니다.
- 각 문제는 주어진 〈조건〉에 따라 작성하고, 언급하지 않은 조건은 《출력형태》와 같이 작성합니다.
- 배치 등의 편의를 위해 주어진 눈금자의 단위는 '픽셀'입니다.
- 그 외는 출력형태(효과, 이미지, 문자, 색상, 레이아웃, 규격 등)와 같이 작업하십시오.
- 문제 조건에 서체의 지정이 없을 경우 한글은 굴림이나 돋움, 영문은 Arial로 작업하십시오. (단, 그 외에 제시되지 않은 문자 속성을 기본값으로 작성하지 않은 경우는 감점 처리됩니다.)
- Image Mode(이미지 모드)는 별도의 처리조건이 없을 경우에는 RGB(8비트)로 작업하십시오.
- 모든 답안 파일은 해상도 72pixels/inch로 작업하십시오.
- Layer(레이어)는 각 기능별로 분할해야 하며, 임의로 합칠 경우나 각 기능에 대한 속성을 해지할 경우 해당 요소는 0점 처리됩니다.

문제 1 [기능평가] 고급 Tool(도구) 활용

20점

다음의 《조건》에 따라 아래의 《출력형태》와 같이 작업하시오.

조건

원본이미지	문서₩GTQ₩Image₩1급-1.jpg, 1급-2.jpg, 1급-3.jpg		
파일저장규칙	JPG	파일명	문서₩GTQ₩수험번호-성명-1.jpg
		크기	400 × 500 pixels
	PSD	파일명	문서₩GTQ₩수험번호-성명-1.psd
		크기	40 × 50 pixels

1. 그림 효과
   ① 1급-1.jpg : 필터 – Paint Daubs(페인트 덥스/페인트 바르기)
   ② Save Path(패스 저장) : 모자 모양
   ③ Mask(마스크) : 모자 모양, 1급-2.jpg를 이용하여 작성
      레이어 스타일 – Stroke(선/획)(4px, 그레이디언트(#ff9900, #0033cc)), Inner Shadow(내부 그림자)
   ④ 1급-3.jpg : 레이어 스타일 – Inner Glow(내부 광선)
   ⑤ Shape Tool(모양 도구) :
      – 꽃 장식 모양 (#66ffff, #ffffff, 레이어 스타일 – Drop Shadow(그림자 효과))
      – 사람들 모양 (#ffcc99, 레이어 스타일 – Inner Shadow(내부 그림자))

2. 문자 효과
   ① 휴가를 부탁해 (굴림, 45pt, 레이어 스타일 – 그레이디언트 오버레이(#33ffff, #ffffff), Stroke(선/획)(2px, #0033ff))

출력형태

문제 2 [기능평가] 사진편집 응용 (20점)

다음의 《조건》에 따라 아래의 《출력형태》와 같이 작업하시오.

조건

원본이미지			문서₩GTQ₩Image₩1급-4.jpg, 1급-5.jpg, 1급-6.jpg
파일 저장 규칙	JPG	파일명	문서₩GTQ₩수험번호-성명-2.jpg
		크기	400 × 500 pixels
	PSD	파일명	문서₩GTQ₩수험번호-성명-2.psd
		크기	40 × 50 pixels

1. 그림 효과
   ① 1급-4.jpg : 필터 - Crosshatch(그물눈)
   ② 색상 보정 : 1급-5.jpg - 파란색 계열로 보정
   ③ 1급-5.jpg : 레이어 스타일 - Inner Glow(내부 광선)
   ④ 1급-6.jpg : 레이어 스타일 - Drop Shadow(그림자 효과)
   ⑤ Shape Tool(모양 도구) :
     - 잎 모양 (#ff9933, #66ccff, 레이어 스타일 - Inner Shadow(내부 그림자))
     - 해 모양 (ff9900, 레이어 스타일 - Outer Glow(외부 광선), Opacity(불투명도)(80%))

2. 문자 효과
   ① Healing Point (Times New Roman, Regular, 60pt, 레이어 스타일 - 그레이디언트 오버레이(#6699ff, #cc66ff), Outer Glow(외부 광선))

출력형태

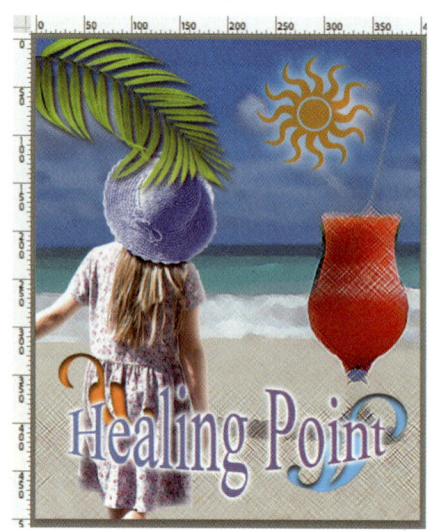

문제 3 [실무응용] 포스터 제작
25점

다음의 《조건》에 따라 아래의 《출력형태》와 같이 작업하시오.

조건

원본이미지	문서₩GTQ₩Image₩1급-7.jpg, 1급-8.jpg, 1급-9.jpg, 1급-10.jpg, 1급-11.jpg	
파일 저장 규칙	JPG	파일명	문서₩GTQ₩수험번호-성명-3.jpg
		크기	600 × 400 pixels
	PSD	파일명	문서₩GTQ₩수험번호-성명-3.psd
		크기	60 × 40 pixels

1. 그림 효과
   ① 배경 : #cc9966
   ② 1급-7.jpg : Blending Mode(혼합모드) – Multiply(곱하기), Opacity(불투명도)(80%)
   ③ 1급-8.jpg : 필터 – Texturizer(텍스처화), 레이어 마스크 – 가로 방향으로 흐릿하게
   ④ 1급-9.jpg : 필터 – Wind(바람), 레이어 스타일 – Inner Shadow(내부 그림자)
   ⑤ 1급-10.jpg : 레이어 스타일 – Stroke(선/획)(5px, 그레이디언트(#ffcc66, 투명으로))
   ⑥ 1급-11.jpg : 색상 보정 – 녹색, 파란색 계열로 보정, 레이어 스타일 – Drop Shadow(그림자 효과)
   ⑦ 그 외 《출력형태》 참조

2. 문자 효과
   ① 두근두근 인생여행 (궁서, 30pt, 45pt, 레이어 스타일 – 그레이디언트 오버레이(#3300ff, #339966, #ff6600), Stroke(선/획)(2px, #ffffff), Drop Shadow(그림자 효과))
   ② Enjoy Your Life (Times New Roman, Bold, 23pt, #993300, 레이어 스타일 – Stroke(선/획)(2px, #ffffcc))
   ③ 공항 체크인 꿀팁! (돋움, 16pt, #ffffff, 레이어 스타일 – Stroke(선/획)(2px, #993366))
   ④ GO! (Arial, Bold, 30pt, 레이어 스타일 – 그레이디언트 오버레이(#333333, #ff0066), Stroke(선/획)(2px, #ffffcc))

출력형태

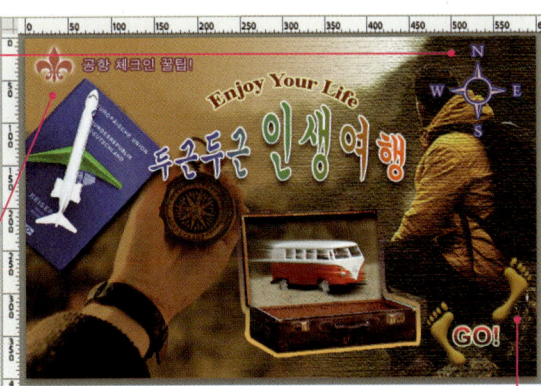

Shape Tool(모양 도구) 사용 #ffcccc, 레이어 스타일 – Stroke(선/획)(2px, #0033cc)

Shape Tool(모양 도구) 사용 #cc6666, 레이어 스타일 – Outer Glow(외부 광선)

Shape Tool(모양 도구) 사용 #cc9900, 레이어 스타일 – Bevel and Emboss (경사와 엠보스)

문제 4 [실무응용] 웹 페이지 제작
35점

다음의 《조건》에 따라 아래의 《출력형태》와 같이 작업하시오.

조건

원본이미지		문서₩GTQ₩Image₩1급-12.jpg, 1급-13.jpg, 1급-14.jpg, 1급-15.jpg, 1급-16.jpg, 1급-17.jpg
파일 저장 규칙	JPG	파일명	문서₩GTQ₩수험번호-성명-4.jpg
		크기	600 × 400 pixels
	PSD	파일명	문서₩GTQ₩수험번호-성명-4.psd
		크기	60 × 40 pixels

1. 그림 효과
   ① 배경 : #ccffff
   ② 패턴(지구본, 음표 모양) : #3399ff, #ff9900
   ③ 1급-12.jpg : Blending Mode(혼합모드) - Linear Burn(선형 번), 레이어 마스크 - 대각선 방향으로 흐릿하게
   ④ 1급-13.jpg : 필터 - Texturizer(텍스처화), 레이어 마스크 - 세로 방향으로 흐릿하게
   ⑤ 1급-14.jpg : 레이어 스타일 - Inner Glow(내부 광선), Stroke(선/획)(3px, #333333)
   ⑥ 1급-15.jpg : 필터 - Crosshatch(그물눈), 레이어 스타일 - Outer Glow(외부 광선)
   ⑦ 1급-16.jpg : 색상 보정 - 빨간색 계열로 보정, 레이어 스타일 - Bevel and Emboss(경사와 엠보스)
   ⑧ 그 외 《출력형태》 참조

2. 문자 효과
   ① 지구촌 여행박람회 (돋움, 45pt, 레이어 스타일 - 그레이디언트 오버레이(#0066ff, #cc66ff, #ff9900), Stroke(선/획)(2px, #ffffff))
   ② A Global Travel Fair (Times New Roman, Bold, 20pt, #ffffff, 레이어 스타일 - Stroke(선/획)(2px, 그레이디언트(#6633cc, #cc6600)))
   ③ 여행상품확인 (굴림, 20pt, #333399, #ff0000, 레이어 스타일 - Stroke(선/획)(2px, #ffffff))
   ④ 참가안내 사전등록 전시안내 (돋움, 18pt, #ffffff, 레이어 스타일 - Stroke(선/획)(2px, #6699ff, #cc33ff))

출력형태

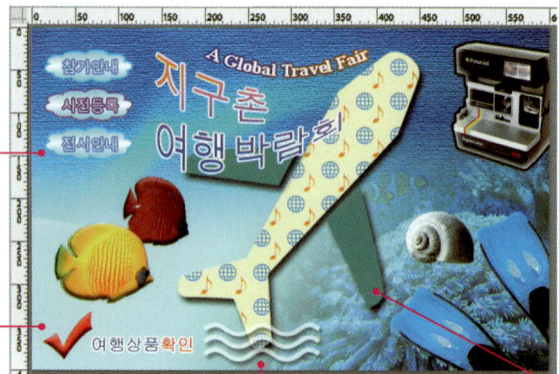

Shape Tool(모양 도구) 사용
레이어 스타일 - Stroke(선/획)(2px, #00ccff, #cc66ff),
그레이디언트 오버레이(#99ffff, #ffffff)

Shape Tool(모양 도구) 사용
#ff3333, 레이어 스타일 -
Bevel and Emboss(경사와 엠보스)

Shape Tool(모양 도구) 사용
#ffffff, 레이어 스타일 -
Drop Shadow(그림자 효과),
Opacity(불투명도)(70%)

Pen Tool(펜 도구) 사용
#ffffcc, #339999,
레이어 스타일 -
Drop Shadow(그림자 효과)

문제 1 [기능평가] 고급 Tool(도구) 활용 20점

사용 이미지 미리보기

1급-1.jpg　　　　　1급-2.jpg　　　　　1급-3.jpg

사용자 정의 모양 미리보기

사용 기능

필터	[Filter(필터)]-[Filter Gallery(필터 갤러리)]-[Artistic(예술효과)]-[Paint Daubs(페인트 덥스/페인트 바르기)]
클리핑 마스크	Create Clipping Mask(클리핑 마스크 만들기, Alt + Ctrl + G)
이미지 추출	Quick Selection Tool(빠른 선택,)
이미지 사이즈	[Image(이미지)]-[Image Size(이미지 크기)](Alt + Ctrl + I)

01 새 캔버스 생성 및 필터

1 [File(파일)]-[New(새로 만들기)](Ctrl + N)를 선택한 후 아래의 조건으로 설정하고 [Create(만들기)]를 누른다.
- PRESET DETAILS(사전 설정 세부 정보) : 수험번호-성명-1
- 단위 : Pixels
- Width(폭) : 400
- Height(높이) : 500
- Resolution(해상도) : 72Pixels/Inch
- Color Mode(색상모드) : RGB
- Backgound Contents(배경색) : White

2 [Edit(편집)]-[Preferences(속성)]-[Guides, Grid & Slices(안내선, 격자 및 분할 영역)](Ctrl + K)를 선택한 후 'Grid(격자)'의 Gridline Every(격자 간격) : 100Pixels, Subdivisions(세분) : 1로 설정하고 OK 를 누른다.

3 [View(보기)]-[Show(표시)]-[Grid(격자)] Ctrl + ' 와 [View(보기)]-[Rulers(눈금자)] Ctrl + R 를 나타낸다.

> **Plus@**
> CS6 버전 이하에서는 눈금자에서 마우스 오른쪽 클릭 후 단위를 px로 변경한다.

4 [File(파일)]-[Save as(다른 이름으로 저장)](Shift + Ctrl + S)를 클릭한 다음 '내 PC₩문서₩GTQ' 폴더에 "수험번호-성명-1.psd"로 입력한 후 [저장]을 누른다.

5 [File(파일)]-[Open(열기)](Ctrl + O)을 선택한 후 '1급-1.jpg'를 불러온다.

6 Ctrl + A 로 전체 선택한 후 Ctrl + C 로 복사하고 작업파일을 선택한 후 Ctrl + V 로 붙여넣기 한다.

7 Ctrl + T 로 크기/위치를 조절하고 Enter 를 누른다.

8 [Filter(필터)]-[Filter Gallery(필터 갤러리)]-[Artistic(예술효과)]-[Paint Daubs(페인트 덥스/페인트 바르기)] 필터를 적용한 다음 OK 를 누른다.

02 패스 제작 및 패스 저장

1 Pen Tool(펜, ✒)을 선택한 후 옵션 바에서 Pick Tool Mode(선택 도구 모드) : Path(패스, Path ⌄), Path Operations(패스 작업) : Exclude Overlapping Shapes(모양 오버랩 제외, ▫)로 지정한다.

2 Layer 1(배경 이미지)의 눈 아이콘(👁)을 클릭해 숨기게 한 다음 패스를 그리기 위해 [Path(패스)] 패널을 누른다. (선택사항)

③ 그리드를 가이드로 이용해 그림과 같이 그린다.

④ Direct Selection Tool(직접 선택, ▶)을 선택한 후 기준점을 선택해 수정하여 마무리한다.

⑤ 패스를 저장하기 위해 [Path(패스)] 패널의 Work Path(작업 패스) 이름 부분을 더블클릭한 후 Save Path(패스 저장) 대화상자가 나오면 모자 모양을 입력하고 OK 를 누른다.

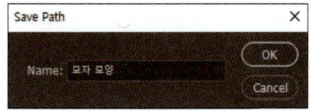

⑥ 패스를 선택영역으로 지정하기 위해 Ctrl+Path Thumbnail(패스 축소판)을 클릭한 후 선택영역이 생기면 [Layers(레이어)] 패널을 선택하여 하단의 Create a new layer(새 레이어, ➕, Shift + Ctrl + N)를 클릭해 추가한다.

⑦ 임의의 색을 추가하기 위해 Alt + Delete 를 눌러 전경색(■)을 추가한다.

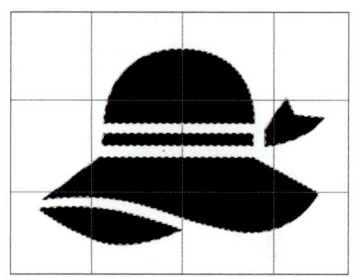

⑧ 선택영역을 해제하기 위해 [Select(선택)] - [Deselect(해제)](Ctrl + D)를 누른다.

⑨ 배경 이미지의 눈 아이콘(👁)을 클릭해 보이게 한다.

⑩ 레이어 스타일을 적용하기 위해 [Layers(레이어)] 패널 하단의 fx 를 눌러 Stroke(획)를 선택한 후 값을 변경한다.
• Size(크기) : 4px
• Position(위치) : Outside(바깥쪽)
• Fill Type(칠 유형) : Gradient(그레이디언트)
• Style(스타일) : Linear(선형)
• Angle(각도) : 0°

⑪ Gradient(그레이디언트) 편집 창(▭)을 클릭한 후 Color Stop(색상 정지점)을 더블클릭하여 좌측 : #ff9900, 우측 : #0033cc로 값을 변경하고 OK 를 누른다.

⑫ 레이어 스타일을 추가하기 위해 Inner Shadow(내부 그림자)를 선택해 적용하고 OK 를 누른다.

03 클리핑 마스크 및 레이어 스타일 적용

① [File(파일)]−[Open(열기)](Ctrl + O)을 선택한 후 '1급−2.jpg'를 불러온다.

② Ctrl + A 로 전체 선택한 후 Ctrl + C 로 복사하고 작업파일을 선택한 후 Ctrl + V 로 붙여넣기 한다.

③ Ctrl + T 로 크기/위치를 조절하고 Enter 를 누른다.

④ 클리핑 마스크를 적용하기 위해 [Layers(레이어)] 패널의 Layer 3(석양)에서 마우스 오른쪽 클릭 후 Create Clipping Mask(클리핑 마스크 만들기, Alt + Ctrl + G)를 선택한다.

⑤ [File(파일)]−[Open(열기)](Ctrl + O)을 선택한 후 '1급−3.jpg'를 불러온다.

⑥ Quick Selection Tool(빠른 선택,)로 배경을 선택한 후 제외할 부분은 Alt 와 함께 선택한다.

⑦ 선택영역을 반전하기 위해 [Select(선택)]−[Inverse(반전)](Shift + Ctrl + I)를 누른다.

⑧ Ctrl + C 로 복사하고 작업파일을 선택한 후 Ctrl + V 로 붙여넣기 한다.

⑨ Ctrl + T 로 좌우대칭하기 위해 조절점 안쪽에서 마우스 오른쪽 클릭 후 Flip Horizontal(가로로 뒤집기)을 선택한다. 크기/위치를 조절하고 Enter 를 누른다.

🔟 레이어 스타일을 적용하기 위해 [Layers(레이어)] 패널 하단의 fx를 눌러 Inner Glow(내부 광선)를 선택해 적용하고 OK 를 누른다.

04 모양 지정 및 레이어 스타일

1️⃣ Custom Shape Tool(사용자 정의 모양,)을 선택한 후 옵션 바에서 Pick Tool Mode(선택 도구 모드) : Shape(모양, Shape), Stroke(획) : 색상 없음( )으로 설정한다. 모양 선택(shape:)을 눌러 아래의 모양을 찾아 그린다.
- 기본 경로 : Legacy Shapes and More(레거시 모양 및 기타) – All Legacy Default Shapes(모든 레거시 기본 모양)
- Ornaments(장식) – 꽃 장식 4( )

2️⃣ 색을 적용하기 위해 [Layers(레이어)] 패널의 Layer Thumbnail(레이어 축소판,)을 더블 클릭한 후 #66ffff를 입력하고 OK 를 누른다.

3️⃣ 레이어 스타일을 추가하기 위해 [Layers(레이어)] 패널 하단의 fx를 눌러 Drop Shadow(그림자 효과)를 선택해 적용하고 OK 를 누른다.

4️⃣ Ctrl + J 를 눌러 복제한다.

Plus@
Move Tool(이동)을 선택한 후 Shape(모양)를 Alt 와 함께 드래그하여 이동복사 할 수 있다.

5️⃣ Ctrl + T 로 크기/위치를 조절하고 Enter 를 누른다.

6️⃣ 색을 적용하기 위해 [Layers(레이어)] 패널의 Layer thumbnail(레이어 축소판,)을 더블 클릭한 후 #ffffff를 입력하고 OK 를 누른다.

7️⃣ 다른 모양을 추가하기 위해 아래의 모양을 찾아 그린다.
Symbols(기호) – 학교( )

8️⃣ 색을 적용하기 위해 [Layers(레이어)] 패널의 Layer Thumbnail(레이어 축소판,)을 더블 클릭한 후 #ffcc99를 입력하고 OK 를 누른다.

9️⃣ Ctrl + T 로 좌우대칭하기 위해 조절점 안쪽에서 마우스 오른쪽 클릭 후 Flip Horizontal(가로로 뒤집기)을 선택한다. 크기/위치를 조절하고 Enter 를 누른다.

⑩ 레이어 스타일을 적용하기 위해 [Layers(레이어)] 패널 하단의 fx를 눌러 Inner Shadow(내부 그림자)를 선택해 적용하고 OK 를 누른다.

05 문자 효과

① Type Tool(수평 문자, T)을 선택한 후 빈 공간을 클릭한다. 휴가를 부탁해를 입력하고 Ctrl + Enter 를 눌러 완료한다.

② 옵션 바 또는 [Character(문자)] 패널에서 굴림, 45pt로 설정한다.

③ 레이어 스타일을 적용하기 위해 [Layers(레이어)] 패널 하단의 fx를 눌러 Gradient Overlay(그레이디언트 오버레이)를 선택한 후 아래와 같이 값을 변경한다.
- Opacity(불투명도) : 100%
- Style(스타일) : Linear(선형)
- Angle(각도) : 90°
- Scale(비율) : 100%

④ Gradient 편집 창(   )을 클릭한 후 Color Stop(색상 정지점)을 더블클릭하여 좌측 : #33ffff, 우측 : #ffffff로 값을 변경하고 OK 를 누른다.

⑤ 레이어 스타일을 추가하기 위해 Stroke(획)를 선택한 후 아래와 같이 값을 변경한다.
- Size(크기) : 2px
- Position(위치) : Outside(바깥쪽)
- Fill Type(칠 유형) : Color(색상)
- 색상값 : #0033ff

⑥ 텍스트를 뒤틀기 위해 Type Tool(수평 문자, T)을 선택한 후 옵션 바의 Create warped text(뒤틀어진 텍스트 만들기, I)를 클릭한다. Style(스타일) : Shell Lower(아래가 넓은 조개), Bend(구부리기) : +40%로 값을 변경하고 OK 를 누른다.

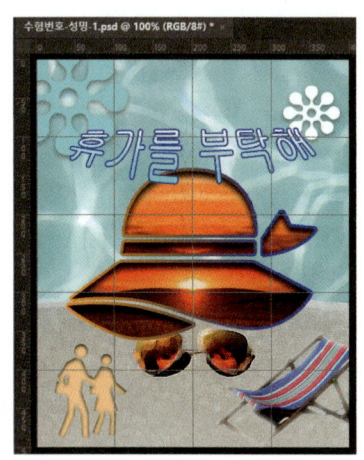

06 PSD, JPG 형식으로 저장하기

1 [File(파일)]-[Save(저장)](Ctrl + S)를 선택한 후 기존 파일에 덮어쓰기 한다.

2 JPG 파일 형식으로 저장하기 위해 [File(파일)]-[Save as(다른 이름으로 저장)](Shift + Ctrl + S)를 선택한 후 파일 형식을 클릭해 JPEG로 선택한다. '내 PC₩문서₩GTQ' 폴더에 '수험번호-성명-2'로 입력한 후 [저장]을 누른다.

3 PSD 파일의 사이즈를 1/10로 줄이기 위해 [Image(이미지)]-[Image Size(이미지 크기)](Alt + Ctrl + I)를 선택한 후 단위 : Pixel, Width(폭) : 40px, Height(높이) : 50px, Resolution(해상도) : 72Pixels/Inch로 설정하고 OK 를 누른다.

4 [File(파일)]-[Save(저장)](Ctrl + S)를 선택한 후 작은 사이즈로 최종 저장한다.

5 완성된 파일을 확인하기 위해 파일 탐색기를 열어 '내 PC₩문서₩GTQ' 폴더에서 확인한다.

6 시험장의 작업표시줄에 나타나는 'Koas 수험자용'을 클릭해 우측의 답안 전송 을 클릭한 후 해당하는 번호에 체크한다. 하단의 답안 전송 을 클릭한 후 닫기 를 누르면 최종 전송된 답안으로 채점이 이루어진다.

문제 2 [기능평가] 사진편집 응용 20점

사용 이미지 미리보기

1급-4.jpg

1급-5.jpg

1급-6.jpg

사용자 정의 모양 미리보기

사용 기능

필터	[Filter(필터)]-[Filter Gallery(필터 갤러리)]-[Brush Strokes(브러시 획)]-[Crosshatch(그물눈)]
색상 조정	[Create new fill or adjustment layer(조정 레이어,)]-[Hue/Saturation(색조/채도)](Ctrl + U)
이미지 추출	• Magnetic Lasso Tool(자석 올가미,) • Magic Wand Tool(자동 선택,)
이미지 사이즈	[Image(이미지)]-[Image Size(이미지 크기)](Alt + Ctrl + I)

01 새 캔버스 생성 및 필터

1 [File(파일)]-[New(새로 만들기)](Ctrl + N)를 선택한 후 아래의 조건으로 설정하고 [Create(만들기)]를 누른다.
- PRESET DETAILS(사전 설정 세부 정보) : 수험번호-성명-2
- 단위 : Pixels
- Width(폭) : 400
- Height(높이) : 500
- Resolution(해상도) : 72Pixels/Inch
- Color Mode(색상모드) : RGB
- Backgound Contents(배경색) : White

2 [Edit(편집)]-[Preferences(속성)]-[Guides, Grid & Slices(안내선, 격자 및 분할 영역)](Ctrl + K)를 선택한 후 'Grid(격자)'의 Gridline Every(격자 간격) : 100Pixels, Subdivisions(세분) : 1로 설정하고 OK 를 누른다.

3 [View(보기)]-[Show(표시)]-[Grid(격자)](Ctrl + ')와 [View(보기)]-[Rulers(눈금자)](Ctrl + R)를 나타낸다.

4 [File(파일)]-[Save as(다른 이름으로 저장)](Shift + Ctrl + S)를 클릭한 후 '내 PC₩문서₩GTQ' 폴더에 '수험번호-성명-2.psd'로 입력한 후 [저장]을 누른다.

5 [File(파일)]-[Open(열기)](Ctrl + O)을 선택한 후 '1급-4.jpg'를 불러온다.

6 Ctrl + A 로 전체 선택한 후 Ctrl + C 로 복사하고 작업파일을 선택한 후 Ctrl + V 로 붙여넣기 한다.

7 Ctrl + T 로 크기/위치를 조절하고 Enter 를 누른다.

8 [Filter(필터)]-[Filter Gallery(필터 갤러리)]-[Brush Strokes(브러시 획)]-[Crosshatch(그물눈)] 필터를 적용한 다음 OK 를 누른다.

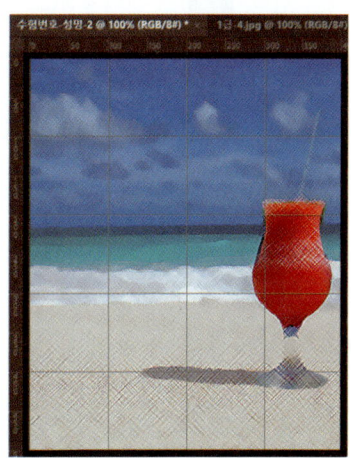

02 이미지 추출 및 색상 보정

1 [File(파일)]-[Open(열기)](Ctrl + O)을 선택한 후 '1급-5.jpg'를 불러온다.

2 Magnetic Lasso Tool(자석 올가미,)을 선택한 후 옵션 바의 Frequency를 100으로 설정한 다음 첫 점을 클릭하여 이미지의 형태를 따라 추출한다.

3 Ctrl + C 로 복사하고 작업파일을 선택한 후 Ctrl + V 로 붙여넣기 한다.

4 Ctrl + T 로 좌우대칭하기 위해 조절점 안쪽에서 마우스 오른쪽 클릭 후 Flip Horizontal(가로로 뒤집기)을 선택한다. 크기/위치를 조절하고 Enter 를 누른다.

5 파란색 계열로 보정하기 위해 Quick Selection Tool(빠른 선택, ▨)로 선택영역(모자)을 지정한다. [Layers(레이어)] 패널 하단의 [Create new fill or adjustment layer(조정 레이어, ◐)]에서 [Hue/Saturation(색조/채도)](Ctrl + U)을 선택한다.

6 Colorize(색상화)에 체크한 후 Hue(색조) : 230, Saturation(채도) : 60으로 값을 변경한다.

Plus α
제시된 색상 계열로 보이면 되기 때문에 값은 조절 가능하다.

7 레이어 스타일을 적용하기 위해 [Layers(레이어)] 패널의 Layer 2(소녀)를 선택한 후 하단의 fx 를 눌러 Inner Glow(내부 광선)를 선택해 적용하고 OK 를 누른다.

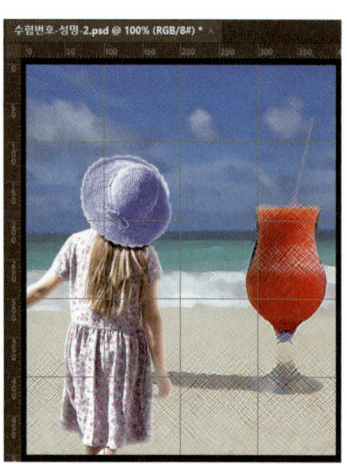

03 이미지 추출 및 레이어 스타일

1 [File(파일)]−[Open(열기)](Ctrl + O)을 선택한 후 '1급−6.jpg'를 불러온다.

2 Magic Wand Tool(자동 선택,)을 선택한 후 옵션 바의 Tolerance(허용치)를 32, Contiguous(인접)에 체크를 해제한 다음 배경을 클릭한다.

3 선택영역을 반전하기 위해 [Select(선택)]−[Inverse(반전)](Shift + Ctrl + I)를 누른다.

4 Ctrl + C 로 복사한 후 작업파일을 선택하고 맨 위 레이어를 선택한 다음 Ctrl + V 로 붙여넣기 한다.

Plus α
조정 레이어 아래에 이미지가 붙여넣기 되면 그림과 같이 파란색이 나뭇잎에 겹쳐져 보인다.

5 Ctrl + T 로 좌우대칭하기 위해 조절점 안쪽에서 마우스 오른쪽 클릭 후 Flip Vertical(세로로 뒤집기)을 선택한다. 회전/크기/위치를 조절하고 Enter 를 누른다.

6 레이어 스타일을 적용하기 위해 [Layers(레이어)] 패널 하단의 fx를 눌러 Drop Shadow(그림자 효과)를 선택해 적용하고 OK 를 누른다.

04 모양 지정 및 레이어 스타일

1 Custom Shape Tool(사용자 정의 모양,)을 선택한 후 옵션 바에서 Pick Tool Mode(선택 도구 모드) : Shape(모양), Stroke(획) : 색상 없음( )으로 설정한다. 모양 선택(Shape: ➡)을 눌러 아래의 모양을 찾아 그린다.
Ornaments(장식) — 나뭇잎 장식 2( )

2 Ctrl + T 로 회전/크기/위치를 조절하고 Enter 를 누른다.

3 색을 적용하기 위해 [Layers(레이어)] 패널의 Layer Thumbnail(레이어 축소판,)을 더블클릭한 후 #ff9933을 입력하고 OK 를 누른다.

4 레이어 스타일을 적용하기 위해 [Layers(레이어)] 패널 하단의 fx를 눌러 Inner Shadow(내부 그림자)를 선택해 적용하고 OK 를 누른다.

5 Ctrl + J 를 눌러 복제한다.

Plus @

Move Tool(이동)을 선택한 후 Shape(모양)를 Alt 와 함께 드래그하여 이동복사 할 수 있다.

6 Ctrl + T 로 좌우대칭하기 위해 조절점 안쪽에서 마우스 오른쪽 클릭 후 Flip Horizontal(가로로 뒤집기)을 선택한다. 크기/위치를 조절하고 Enter 를 누른다.

7 색을 적용하기 위해 [Layers(레이어)] 패널의 Layer Thumbnail(레이어 축소판,)을 더블클릭한 후 #66ccff를 입력하고 OK 를 누른다.

8 다른 모양을 추가하기 위해 아래의 모양을 찾아 그린다.
Nature(자연) — 해 1( )

9 색을 적용하기 위해 [Layers(레이어)] 패널의 Layer Thumbnail(레이어 축소판,)을 더블클릭한 후 #ff9900을 입력하고 OK 를 누른다.

❿ 레이어 스타일을 추가하기 위해 Outer Glow(외부 광선)를 선택해 적용하고 OK 를 누른다.

⓫ 불투명도를 조정하기 위해 [Layers(레이어)] 패널의 Opacity(불투명도)를 80%로 설정한 후 마무리한다.

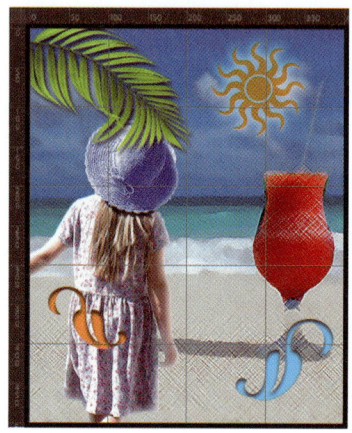

05 문자 효과

❶ Type Tool(수평 문자, T)을 선택한 후 빈 공간을 클릭한다. Healing Point를 입력하고 Ctrl + Enter 를 눌러 완료한다.

❷ 옵션 바 또는 [Character(문자)] 패널에서 Times New Roman, Regular, 60pt로 설정한다.

❸ 레이어 스타일을 적용하기 위해 [Layers(레이어)] 패널 하단의 fx를 눌러 Gradient Overlay(그레이디언트 오버레이)를 선택한 후 아래와 같이 값을 변경한다.
 • Opacity(불투명도) : 100%
 • Style(스타일) : Linear(선형)
 • Angle(각도) : 0°
 • Scale(비율) : 100%

❹ Gradient 편집 창( )을 클릭한 후 Color Stop(색상 정지점)을 더블클릭하여 좌측 : #6699ff, 우측 : #cc66ff로 값을 변경하고 OK 를 누른다.

❺ 레이어 스타일을 추가하기 위해 Outer Glow(외부 광선)를 선택해 적용하고 OK 를 누른다.

❻ 텍스트를 뒤틀기 위해 Type Tool(수평 문자, T)을 선택한 후 옵션 바의 Create warped text(뒤틀어진 텍스트 만들기,)를 클릭한다. Style(스타일) : Bulge(돌출), Bend(구부리기) : +30%로 값을 변경하고 OK 를 누른다.

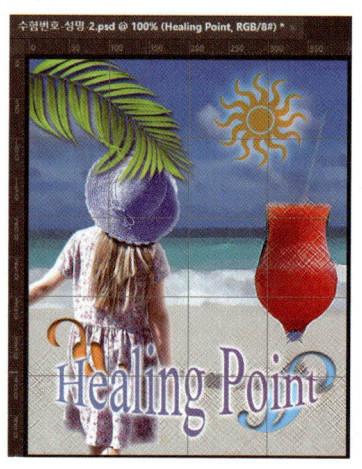

06 PSD, JPG 형식으로 저장하기

1 [File(파일)]-[Save(저장)](Ctrl + S)를 선택한 후 기존 파일에 덮어쓰기 한다.

2 JPG 파일 형식으로 저장하기 위해 [File(파일)]-[Save as(다른 이름으로 저장)](Shift + Ctrl + S)를 선택한 후 파일 형식을 클릭해 JPEG로 선택한다. '내 PC₩문서₩GTQ' 폴더에 '수험번호-성명-2'로 입력한 후 [저장]을 누른다.

3 PSD 파일의 사이즈를 1/10로 줄이기 위해 [Image(이미지)]-[Image Size(이미지 크기)](Alt + Ctrl + I)를 선택한 후 단위 : Pixel, Width(폭) : 40px, Height(높이) : 50px, Resolution(해상도) : 72Pixels/Inch로 설정하고 OK 를 누른다.

4 [File(파일)]-[Save(저장)](Ctrl + S)를 선택한 후 작은 사이즈로 최종 저장한다.

5 완성된 파일을 확인하기 위해 파일 탐색기를 열어 '내 PC₩문서₩GTQ' 폴더에서 확인한다.

6 시험장의 작업표시줄에 나타나는 'Koas 수험자용'을 클릭해 우측의 답안 전송 을 클릭한 후 해당하는 번호에 체크한다. 하단의 답안 전송 을 클릭한 후 닫기 를 누르면 최종 전송된 답안으로 채점이 이루어진다.

문제 3 [실무응용] 포스터 제작 25점

사용 이미지 미리보기

1급-7.jpg

1급-8.jpg

1급-9.jpg

1급-10.jpg

1급-11.jpg

사용자 정의 모양 미리보기

혼합모드	Multiply(곱하기)
색상 조정	Create new fill or adjustment layer(조정 레이어, ◐) – Hue/Saturation(색조/채도, Ctrl + U)
필터	• [Filter(필터)]-[Filter Gallery(필터 갤러리)]-[Texture(텍스처)]-[Texturizer(텍스처화)] • [Filter(필터)]-[Stylize(스타일화)]-[Wind(바람)]
이미지 추출	• Polygonal Lasso Tool(다각형 올가미, ▨) • Quick Selection Tool(빠른 선택, ▨)
레이어 마스크	Add Layer Mask(레이어 마스크 추가, ▨)
선택영역 안쪽에 붙여넣기	[Edit(편집)]-[Paste Special(특수 붙여넣기)]-[Paste Into(안쪽에 붙여넣기)](Alt + Ctrl + Shift + V)
이미지 사이즈	[Image(이미지)]-[Image Size(이미지 크기)](Alt + Ctrl + I)

01 새 캔버스 생성 및 배경에 색 채우기

1 [File(파일)]−[New(새로 만들기)](Ctrl+N)를 선택한 후 아래의 조건으로 설정하고 [Create(만들기)]를 누른다.
- PRESET DETAILS(사전 설정 세부 정보)
  : 수험번호−성명−3
- 단위 : Pixels
- Width(폭) : 600
- Height(높이) : 400
- Resolution(해상도) : 72Pixels/Inch
- Color Mode(색상모드) : RGB
- Backgound Contents(배경색) : White

2 [Edit(편집)]−[Preferences(속성)]−[Guides, Grid & Slices(안내선, 격자 및 분할 영역)](Ctrl+K)를 선택한 후 'Grid(격자)'의 Gridline Every(격자 간격) : 100Pixels, Subdivisions(세분) : 1로 설정하고 OK를 누른다.

3 [View(보기)]−[Show(표시)]−[Grid(격자)](Ctrl+')와 [View(보기)]−[Rulers(눈금자)](Ctrl+R)를 나타낸다.

4 [File(파일)]−[Save As(다른 이름으로 저장)](Shift+Ctrl+S)를 클릭한 후 '내 PC\문서\GTQ' 폴더에 '수험번호−성명−3.psd'로 입력한 후 [저장]을 누른다.

5 배경에 색을 채우기 위해 도구상자의 Set foreground color(전경색, ■)를 클릭한 후 #cc9966을 입력하고 OK를 누른다. 전경색을 채우기 위해 Alt+Delete를 누른다.

02 혼합모드 및 레이어 마스크

1 [File(파일)]−[Open(열기)](Ctrl+O)을 선택한 후 '1급−7.jpg'를 불러온다.

2 Ctrl+A로 전체 선택한 후 Ctrl+C로 복사하고 작업파일을 선택한 후 Ctrl+V로 붙여넣기 한다.

3 Ctrl+T로 크기/위치를 조절하고 Enter를 누른다.

4 혼합모드를 적용하기 위해 [Layers(레이어)] 패널의 Blending Mode(혼합모드, Normal)를 'Multiply(곱하기)'로 선택한다.

5 불투명도를 조정하기 위해 [Layers(레이어)] 패널 상단의 Opacity(불투명도)를 80%로 설정한다.

6 [File(파일)]-[Open(열기)](Ctrl+O)을 선택한 후 '1급-8.jpg'를 불러온다.

7 Ctrl+A로 전체 선택한 후 Ctrl+C로 복사하고 작업파일을 선택한 후 Ctrl+V로 붙여넣기 한다.

8 Ctrl+T로 좌우대칭하기 위해 조절점 안쪽에서 마우스 오른쪽 클릭 후 Flip Horizontal(가로로 뒤집기)을 선택한다. 크기/위치를 조절하고 Enter를 누른다.

9 [Filter(필터)]-[Filter Gallery(필터 갤러리)]-[Texture(텍스처)]-[Texturizer(텍스처화)] 필터를 적용한 다음 OK를 누른다.

10 레이어 마스크를 적용하기 위해 [Layers(레이어)] 패널 하단의 Add Layer Mask(레이어 마스크 추가, ◻)를 클릭한다.

11 도구상자에서 Gradient Tool(그레이디언트, ▭)을 선택한 후 옵션 바에서 Gradient Presets(그레이디언트 사전 설정)을 클릭해 Basics(기본 사항)-'Black & White(검정, 흰색)'를 선택한다.

12 그림과 같이 가로 방향으로 드래그한다.

03 선택영역 안에 붙여넣기 및 필터

1 [File(파일)]-[Open(열기)](Ctrl+O)을 선택한 후 '1급-9.jpg', '1급-10.jpg'를 불러온다.

2 먼저 '1급-10.jpg'를 Polygonal Lasso Tool(다각형 올가미, ▭)로 가방 윗부분을 선택영역으로 지정한다.

3 '1급-9.jpg'로 이동한 후 Ctrl+A로 전체 선택하고 Ctrl+C로 복사한다. 작업파일을 선택한 후 [Edit(편집)]-[Paste Special(특수 붙여넣기)]-[Paste Into(안쪽에 붙여넣기)](Alt+Ctrl+Shift+V)를 누른다.

4 Ctrl + T 로 크기/위치를 조절하고 Enter 를 누른다.

5 [Filter(필터)]-[Stylize(스타일화)]-[Wind(바람)] 필터를 적용한 다음 OK 를 누른다.

6 레이어 스타일을 적용하기 위해 Inner Shadow(내부 그림자)를 선택해 적용하고 OK 를 누른다.

7 레이어 스타일을 적용하기 위해 [Layers(레이어)] 패널의 Layer 3(여행가방)을 선택한다. 하단의 fx 를 눌러 Stroke(획)를 선택한 후 아래와 같이 값을 변경한다.
 • Size(크기) : 5px
 • Position(위치) : Outside(바깥쪽)
 • Fill Type(칠 유형) : Gradient(그레이디언트)
 • Style(스타일) : Linear(선형)
 • Angle(각도) : -90°
 • Reverse(반전) : 체크

8 Gradient(그레이디언트) 편집 창( )을 클릭한 후 Color Stop(색상 정지점)을 더블클릭하여 좌측 : #ffcc66, 우측 Opacity Stop(불투명도 정지점) : 0%로 값을 변경하고 OK 를 누른다.

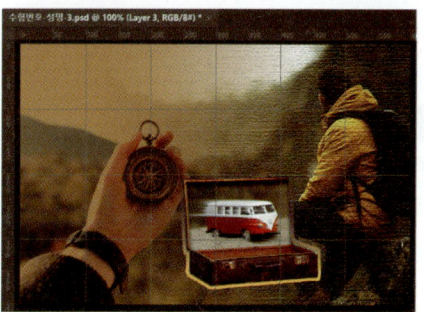

04 이미지 추출 및 색상 보정

1 [File(파일)]-[Open(열기)](Ctrl + O)을 선택한 후 '1급-11.jpg'를 불러온다.

2 Quick Selection Tool(빠른 선택,)로 선택영역을 지정한다.

3 Ctrl + C 로 복사하고 작업파일을 선택한 후 맨 위의 레이어를 선택한 다음 Ctrl + V 로 붙여넣기 한다.

4 Ctrl + T 로 회전/크기/위치를 조절하고 Enter 를 누른다.

5 녹색 계열로 보정하기 위해 Quick Selection Tool(빠른 선택,)로 선택영역(비행기 날개)을 지정한다. [Layers(레이어)] 패널 하단의 Create new fill or adjustment layer(조정 레이어,)에서 Hue/Saturation(색조/채도, Ctrl + U)을 선택한다.

6 [Properties(속성)] 패널의 [Hue/Saturation(색조/채도)]에서 Colorize(색상화)에 체크한 후 Hue(색조) : 110, Satulation(채도) : 50으로 값을 변경하고 OK 를 누른다.

7 파란색 계열로 보정하기 위해 Layer 5(여권)를 선택한 후 Quick Selection Tool(빠른 선택,)로 선택영역(여권)을 지정한다. [Layers(레이어)] 패널 하단의 Create new fill or adjustment layer(조정 레이어,)에서 Hue/Saturation(색조/채도, Ctrl + U)을 선택한 후 Hue(색조) : 230, Saturation(채도) : 50으로 값을 설정한다.

8 레이어 스타일을 적용하기 위해 [Layers(레이어)] 패널의 Layer 5(여권)를 선택한 후 하단의 fx 를 눌러 Drop Shadow(그림자 효과)를 선택해 적용하고 OK 를 누른다.

05 모양 지정 및 레이어 스타일

1 Custom Shape Tool(사용자 정의 모양,)을 선택한 후 옵션 바에서 Pick Tool Mode(선택 도구 모드) : Shape(모양, Shape), Stroke(획) : 색상 없음( )으로 설정한다. 모양 선택(Shape:)을 눌러 아래의 모양을 찾아 그린다.
Objects(물건) - 왼발( )

2 Ctrl + T 로 회전/크기/위치를 조절하고 Enter 를 누른다.

3 색을 적용하기 위해 [Layers(레이어)] 패널의 Layer Thumbnail(레이어 축소판,)을 더블 클릭한 후 #cc9900를 입력하고 OK 를 누른다.

4 레이어 스타일을 적용하기 위해 [Layers(레이어)] 패널 하단의 fx 를 눌러 Bevel and Emboss(경사와 엠보스)를 선택해 적용하고 OK 를 누른다.

5 Ctrl + J 를 눌러 복제한다.

6 Ctrl + T 로 좌우대칭하기 위해 조절점 안쪽에서 마우스 오른쪽 클릭 후 Flip Horizontal(가로로 뒤집기)을 선택한다. 크기/위치를 조절하고 Enter 를 누른다.

7 다른 모양을 추가하기 위해 아래의 모양을 찾아 그린다.
Symbols(기호) – 나침반( )

8 색을 적용하기 위해 [Layers(레이어)] 패널의 Layer Thumbnail(레이어 축소판,)을 더블 클릭한 후 #ffcccc를 입력하고 OK 를 누른다.

9 레이어 스타일을 적용하기 위해 [Layers(레이어)] 패널 하단의 fx 를 눌러 Stroke(획)를 선택한 후 아래와 같이 값을 변경하고 OK 를 누른다.
- Size(크기) : 2px
- Position(위치) : Outside(바깥쪽)
- Fill Type(칠 유형) : Color(색상)
- 색상값 : #0033cc

10 다른 모양을 추가하기 위해 아래의 모양을 찾아 그린다.
Ornaments(장식) – 백합( )

11 색을 적용하기 위해 [Layers(레이어)] 패널의 Layer Thumbnail(레이어 축소판,)을 더블 클릭한 후 #cc6666을 입력하고 OK 를 누른다.

12 레이어 스타일을 적용하기 위해 [Layers(레이어)] 패널 하단의 fx 를 눌러 Outer Glow(외부 광선)를 선택해 적용하고 OK 를 누른다.

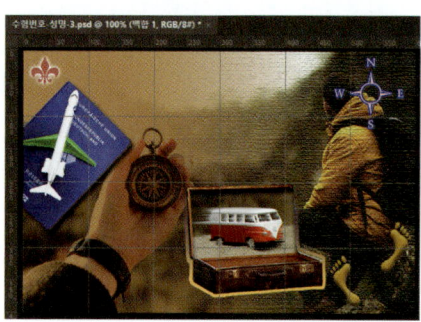

06 문자 효과

1 Type Tool(수평 문자, T)을 선택한 후 빈 공간을 클릭한다. 두근두근 인생여행을 입력하고 Ctrl + Enter 를 눌러 완료한다.

2 옵션 바 또는 [Character(문자)] 패널에서 궁서, 30pt로 설정한 후 인생여행만 선택하여 45pt로 변경한다.

3 레이어 스타일을 적용하기 위해 [Layers(레이어)] 패널 하단의 fx 를 눌러 Gradient Overlay(그레이디언트 오버레이)를 선택한 후 아래와 같이 값을 변경한다.
- Opacity(불투명도) : 100%
- Style(스타일) : Linear(선형)
- Angle(각도) : 0°
- Scale(비율) : 100%

4 Gradient 편집 창(　　　)을 클릭한 후 Color Stop(색상 정지점)을 더블클릭하여 좌측 : #3300ff, 중간 : #339966, 우측 : #ff6600으로 값을 변경하고 OK 를 누른다.

5 레이어 스타일을 추가하기 위해 [Layers(레이어)] 패널 하단의 fx를 눌러 Stroke(획)를 선택한 후 아래와 같이 값을 변경한다.
- Size(크기) : 2px
- Position(위치) : Outside(바깥쪽)
- Fill Type(칠 유형) : Color(색상)
- 색상값 : #ffffff

6 레이어 스타일을 추가하기 위해 Drop Shadow(그림자 효과)를 선택해 적용하고 OK 를 누른다.

7 텍스트를 뒤틀기 위해 Type Tool(수평 문자, T)을 선택한 후 옵션 바의 Create warped text(뒤틀어진 텍스트 만들기,)를 클릭한다. Style(스타일) : Arc Upper(부채꼴), Bend(구부리기) : +40%로 값을 변경하고 OK 를 누른다.

8 Type Tool(수평 문자, T)을 선택한 후 빈 공간을 클릭한다. Enjoy Your Life를 입력하고 Ctrl + Enter 를 눌러 완료한다.

9 옵션 바 또는 [Character(문자)] 패널에서 Times New Roman, Bold, 23pt, #993300으로 설정한다.

10 레이어 스타일을 적용하기 위해 [Layers(레이어)] 패널 하단의 fx를 눌러 Stroke(획)를 선택한 후 아래와 같이 값을 변경하고 OK 를 누른다.
- Size(크기) : 2px
- Position(위치) : Outside(바깥쪽)
- Fill Type(칠 유형) : Color(색상)
- 색상값 : #ffffcc

11 텍스트를 뒤틀기 위해 Type Tool(수평 문자, T)을 선택한 후 옵션 바의 Create warped text(뒤틀어진 텍스트 만들기,)를 클릭한다. Style(스타일) : Arc(부채꼴), Bend(구부리기) : 40%로 값을 변경하고 OK 를 누른다.

12 Type Tool(수평 문자, T)을 선택한 후 빈 공간을 클릭한다. 공항 체크인 꿀팁!을 입력한 후 Ctrl + Enter 를 눌러 완료한다.

13 옵션 바 또는 [Character(문자)] 패널에서 돋움, 16pt, #ffffff로 설정한다.

14 레이어 스타일을 적용하기 위해 [Layers(레이어)] 패널 하단의 fx를 눌러 Stroke(획)를 선택한 후 아래와 같이 값을 변경하고 OK 를 누른다.
- Size(크기) : 2px
- Position(위치) : Outside(바깥쪽)
- Fill Type(칠 유형) : Color(색상)
- 색상값 : #993366

15 Type Tool(수평 문자, T)을 선택한 후 빈 공간을 클릭한다. GO!를 입력하고 Ctrl + Enter 를 눌러 완료한다.

16 옵션 바 또는 [Character(문자)] 패널에서 Arial, Bold, 30pt로 설정한다.

⑰ 레이어 스타일을 적용하기 위해 [Layers(레이어)] 패널 하단의 fx 를 눌러 Gradient Overlay(그레이디언트 오버레이)를 선택한 후 아래와 같이 값을 변경한다.
- Opacity(불투명도) : 100%
- Style(스타일) : Linear(선형)
- Angle(각도) : 90°
- Scale(비율) : 100%

⑱ Gradient 편집 창(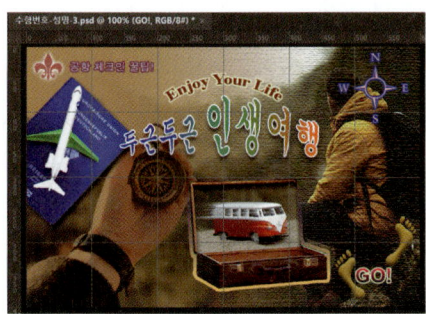)을 클릭한 후 Color Stop(색상 정지점)을 더블클릭하여 좌측 : #333333, 우측 : #ff0066으로 값을 변경하고 OK 를 누른다.

⑲ 레이어 스타일을 추가하기 위해 Stroke(획)를 선택한 후 아래와 같이 값을 변경하고 OK 를 누른다.
- Size(크기) : 2px
- Position(위치) : Outside(바깥쪽)
- Fill Type(칠 유형) : Color(색상)
- 색상값 : #ffffcc

07 PSD, JPG 형식으로 저장하기

1 [File(파일)]-[Save(저장)](Ctrl + S)를 선택한 후 기존 파일에 덮어쓰기 한다.

2 JPG 파일 형식으로 저장하기 위해 [File(파일)]-[Save as(다른 이름으로 저장)](Shift + Ctrl + S)를 선택한 후 파일 형식을 클릭해 JPEG로 선택한다. '내 PC₩문서₩GTQ' 폴더에 '수험번호-성명-3'으로 입력한 후 [저장]을 누른다.

3 PSD 파일의 사이즈를 1/10로 줄이기 위해 [Image(이미지)]-[Image Size(이미지 크기)](Alt + Ctrl + I)를 선택한 후 단위 : Pixel, Width(폭) : 60px, Height(높이) : 40px, Resolution(해상도) : 72Pixels/Inch로 설정하고 OK 를 누른다.

4 [File(파일)]-[Save(저장)](Ctrl + S)를 선택한 후 작은 사이즈로 최종 저장한다.

5 완성된 파일을 확인하기 위해 파일 탐색기를 열어 '내 PC₩문서₩GTQ' 폴더에서 확인한다.

6 시험장의 작업표시줄에 나타나는 'Koas 수험자용'을 클릭해 우측의 답안 전송 을 클릭한 후 해당하는 번호에 체크한다. 하단의 답안 전송 을 클릭한 후 닫기 를 누르면 최종 전송된 답안으로 채점이 이루어진다.

문제 4 [실무응용] 웹 페이지 제작 35점

사용 이미지 미리보기

1급-12.jpg

1급-13.jpg

1급-14.jpg

1급-15.jpg

1급-16.jpg

1급-17.jpg

사용자 정의 모양 미리보기

사용 기능

패턴 정의 및 적용	• [Edit(편집)]-[Define Pattern(패턴 정의)] • 레이어 스타일 : Pattern Overlay(패턴 오버레이)
혼합모드	Linear Burn(선형 번)
색상 조정	[Create new fill or adjustment layer(조정 레이어,)]-[Hue/Saturation(색조/채도)]
필터	• [Filter(필터)]-[Filter Gallery(필터 갤러리)]-[Texture(텍스처)]-[Texturizer(텍스처화)] • [Filter(필터)]-[Filter Gallery(필터 갤러리)]-[Brush Strokes(브러시 획)]-[Crosshatch(그물눈)]
이미지 추출	• Magic Wand Tool(자동 선택,) • Quick Selection Tool(빠른 선택,)
레이어 마스크	Add Layer Mask(레이어 마스크 추가,)
이미지 사이즈	[Image(이미지)]-[Image Size(이미지 크기)](Alt + Ctrl + I)

01 새 캔버스 생성 및 배경에 색 채우기

1 [File(파일)]-[New(새로 만들기)](Ctrl+N)를 선택한 후 아래의 조건으로 설정하고 [Create(만들기)]를 누른다.
- PRESET DETAILS(사전 설정 세부 정보)
  : 수험번호-성명-4
- 단위 : Pixels
- Width(폭) : 600
- Height(높이) : 400
- Resolution(해상도) : 72Pixels/Inch
- Color Mode(색상모드) : RGB
- Background Contents(배경색) : White

2 [Edit(편집)]-[Preferences(속성)]-[Guides, Grid & Slices(안내선, 격자 및 분할 영역)] (Ctrl+K)를 선택한 후 'Grid(격자)'의 Gridline Every(격자 간격) : 100Pixels, Subdivisions(세분) : 1로 설정하고 OK 를 누른다.

3 [View(보기)]-[Show(표시)]-[Grid(격자)] (Ctrl+')와 [View(보기)]-[Rulers(눈금자)](Ctrl+R)를 나타낸다.

4 [File(파일)]-[Save as(다른 이름으로 저장)] (Shift+Ctrl+S)를 클릭한 후 '내 PC₩문서₩GTQ' 폴더에 '수험번호-성명-4.psd'로 입력하고 [저장]을 누른다.

5 배경에 색을 채우기 위해 도구상자의 Set foreground color(전경색, ■)를 클릭한 후 #ccffff를 입력하고 OK 를 누른다. 전경색을 채우기 위해 Alt + Delete 를 누른다.

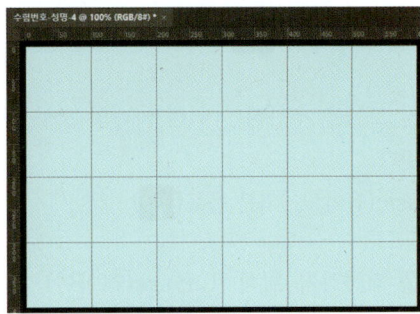

02 패턴 제작 및 등록

1 Pattern(패턴)을 만들기 위해 [File(파일)]-[New(새로 만들기)](Ctrl+N)를 선택한 후 아래의 조건으로 설정하고 [Create(만들기)]를 누른다.
- 단위 : Pixels
- Width(폭) : 40
- Height(높이) : 40
- Resolution(해상도) : 72Pixels/Inch
- Color Mode(색상모드) : RGB
- Background Contents(배경색) : White

2 Custom Shape Tool(사용자 정의 모양, ▨)을 선택한 후 옵션 바에서 Pick Tool Mode(선택 도구 모드) : Shape(모양, Shape), Stroke(획) : 색상 없음(▨)으로 설정하고 아래의 모양을 찾아 그린다.
Web(웹) - WWW(🌐)

3 색을 적용하기 위해 [Layers(레이어)] 패널의 Layer Thumbnail(레이어 축소판,)을 더블 클릭한 후 #3399ff를 입력하고 OK 를 누른다.

4 [Layers(레이어)] 패널 하단 Background(배경)의 눈 아이콘( )을 클릭해 해제한다.

5 다른 모양을 추가하기 위해 아래의 모양을 찾아 그린다.
Music(음악) − 8분 음표( )

6 색을 적용하기 위해 [Layers(레이어)] 패널의 Layer Thumbnail(레이어 축소판,)을 더블 클릭한 후 #ff9900을 입력하고 OK 를 누른다.

7 패턴을 정의하기 위해 [Edit(편집)]−[Define Pattern(패턴 정의)]을 눌러 확인 후 OK 를 누른다.

03 혼합모드 및 레이어 마스크

1 [File(파일)]−[Open(열기)](Ctrl + O)을 선택한 후 '1급−12.jpg'를 불러온다.

2 Ctrl + A 로 전체 선택한 후 Ctrl + C 로 복사하고 작업파일을 선택한 후 Ctrl + V 로 붙여넣기 한다.

3 Ctrl + T 로 크기/위치를 조절하고 Enter 를 누른다.

4 혼합모드를 적용하기 위해 [Layers(레이어)] 패널의 Blending Mode(혼합모드,)를 'Linear Burn(선형 번)'으로 선택한다.

5 레이어 마스크를 적용하기 위해 [Layers(레이어)] 패널 하단의 Add Layer Mask(레이어 마스크 추가,)를 클릭한다.

6 도구상자에서 Gradient Tool(그레이디언트,)을 선택한 후 옵션 바에서 Gradient Presets(그레이디언트 사전 설정)을 클릭해 Basics(기본 사항)−'Black & White(검정, 흰색)'를 선택한다.

7 그림과 같이 대각선 방향으로 드래그한다.

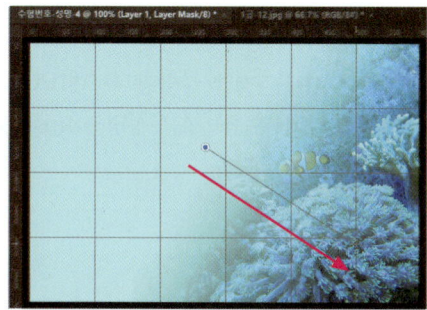

8 [File(파일)]−[Open(열기)](Ctrl + O)을 선택한 후 '1급−13.jpg'를 불러온다.

9 Ctrl + A 로 전체 선택한 후 Ctrl + C 로 복사하고 작업파일을 선택한 후 Ctrl + V 로 붙여넣기 한다.

10 Ctrl + T 로 크기/위치를 조절하고 Enter 를 누른다.

11 [Filter(필터)]-[Filter Gallery(필터 갤러리)]-[Texture(텍스처)]-[Texturizer(텍스처화)] 필터를 적용한 다음 OK 를 누른다.

12 5~6을 참고해 레이어 마스크를 적용하여 세로 방향으로 드래그한다.

04 이미지 추출 및 색상 보정

1 [File(파일)]-[Open(열기)](Ctrl + O)을 선택한 후 '1급-14.jpg'를 불러온다.

2 Magic Wand Tool(자동 선택,)을 선택한 후 옵션 바의 Tolerance(허용치)를 20, Contiguous(인접)에 체크한 다음 배경을 클릭한다. Shift 와 함께 복수의 배경을 클릭해 모두 지정한다.

3 선택영역을 반전하기 위해 [Select(선택)]-[Inverse(반전)](Shift + Ctrl + I)를 누른다.

4 Ctrl + C 로 복사하고 작업파일을 선택한 후 Ctrl + V 로 붙여넣기 한다.

5 Ctrl + T 로 크기/위치를 조절하고 Enter 를 누른다.

6 레이어 스타일을 적용하기 위해 [Layers(레이어)] 패널 하단의 fx 를 눌러 Inner Glow(내부 광선)를 선택해 적용한다.

7 레이어 스타일을 추가하기 위해 Stroke(획)를 선택한 후 아래와 같이 값을 변경하고 OK 를 누른다.
   • Size(크기) : 3px
   • Position(위치) : Outside(바깥쪽)
   • Fill Type(칠 유형) : Color(색상)
   • 색상값 : #333333

8 [File(파일)]-[Open(열기)](Ctrl + O)을 선택한 후 '1급-15.jpg'를 불러온다.

⑨ Quick Selection Tool(빠른 선택,)로 선택한 후 제외할 부분은 Alt 와 함께 선택한다.

⑩ Ctrl + C 로 복사하고 작업파일을 선택한 후 Ctrl + V 로 붙여넣기 한다.

⑪ Ctrl + T 로 회전/크기/위치를 조절하고 Enter 를 누른다.

⑫ [Filter(필터)]-[Filter Gallery(필터 갤러리)]-[Brush Strokes(브러시 획)]-[Crosshatch(그물눈)] 필터를 적용한 후 OK 를 누른다.

⑬ 레이어 스타일을 적용하기 위해 [Layers(레이어)] 패널 하단의 fx 를 눌러 Outer Glow(외부광선)를 선택해 적용하고 OK 를 누른다.

⑭ [File(파일)]-[Open(열기)](Ctrl + O)을 선택한 후 '1급-16.jpg'를 불러온다.

⑮ Quick Selection Tool(빠른 선택,)로 선택한다.

⑯ Ctrl + C 로 복사하고 작업파일을 선택한 후 Ctrl + V 로 붙여넣기 한다.

⑰ Ctrl + T 로 좌우대칭하기 위해 조절점 안쪽에서 마우스 오른쪽 클릭 후 Flip Horizontal(가로로 뒤집기)을 선택한다. 크기/위치를 조절하고 Enter 를 누른다.

⑱ 빨간색 계열로 보정하기 위해 Quick Selection Tool(빠른 선택,)로 선택영역(작은 물고기)을 지정한다. [Layers(레이어)] 패널 하단의 Create new fill or adjustment layer(조정 레이어,)에서 Hue/Saturation(색조/채도, Ctrl + U)을 선택한다.

⑲ [Properties(속성)] 패널의 [Hue/Saturation(색조/채도)]에서 Colorize(색상화)에 체크한 후 Hue(색조) : 0, Saturation(채도) : 50으로 값을 변경하고 OK 를 누른다.

⑳ 레이어 스타일을 적용하기 위해 [Layers(레이어)] 패널의 Layer 5(물고기)를 선택한 후 하단의 fx 를 눌러 Bevel and Emboss(경사와 엠보스)를 선택해 적용하고 OK 를 누른다.

㉑ [File(파일)]-[Open(열기)](Ctrl + O)을 선택한 후 '1급-17.jpg'를 불러온다.

㉒ Quick Selection Tool(빠른 선택,)로 선택영역을 지정한다.

㉓ Ctrl + T 로 회전/크기/위치를 조절하고 Enter 를 누른다.

05 패스 제작 및 패턴 적용

1 Pen Tool(펜,)을 선택한 후 옵션 바에서 Pick Tool Mode(선택 도구 모드) : Path(패스, Path), Path Operations(패스 작업) : Exclude Overlapping Shapes(모양 오버랩 제외,)로 지정한다.

2 배경 레이어의 눈 아이콘( )을 Alt +클릭해 나머지 레이어의 눈을 끈다. (선택사항)

> **Plus α**
> 배경 레이어를 선택하지는 않는다. 새 레이어 추가 시 맨 위로 생성되지 않기 때문이다.

3 그림을 참고해 1/2만 똑바르게 그린 다음 패스의 유실을 방지하기 위해 [Path(패스)] 패널을 선택한다. Work Path(작업 패스) 이름 부분을 더블클릭한 후 Save Path(패스 저장)가 나오면 OK 를 누른다.

4 Path Selection Tool(패스 선택,)로 Alt 와 함께 드래그해 복제한다.

5 Ctrl + T 로 조절점 안쪽에서 마우스 오른쪽 클릭 후 Flip Horizontal(가로로 뒤집기)을 선택하여 배치하고 Enter 를 누른다.

6 비행기 몸체만 레이어로 지정하기 위해 Path Selection Tool(패스 선택,)로 몸체만 선택한 후 [Path(패스)] 패널 하단의 Load as a selection(패스를 선택영역으로 지정,)을 클릭한다.

7 [Layers(레이어)] 패널로 이동한 후 하단의 Create a new layer(새 레이어, , Ctrl + Shift + N)를 클릭해 추가한다.

8 색을 채우기 위해 도구상자의 Set foreground color(전경색,)를 클릭한 후 #ffffcc를 입력하고 OK 를 누른다. 전경색을 채우기 위해 Alt + Delete 를 누른다.

❾ 비행기 날개만 레이어로 지정하기 위해 Path Selection Tool(패스 선택,)로 몸체만 선택한다. [Path(패스)] 패널 하단의 Load as a selection(패스를 선택영역으로 지정,)을 클릭한다.

❿ [Layers(레이어)] 패널로 이동한 후 하단의 Create a new layer(새 레이어, , Ctrl + Shift + N)를 클릭해 추가한다.

⓫ 색을 채우기 위해 도구상자의 Set foreground color(전경색,)를 클릭한 후 #339999를 입력하고 OK 를 누른다. 전경색을 채우기 위해 Alt + Delete 를 누른다.

⓬ 선택영역을 해제하기 위해 [Select(선택)]-[Deselect(해제)](Ctrl + D)를 누른다.

⓭ 레이어 스타일을 추가하기 위해 Drop Shadow(그림자 효과)를 선택해 적용하고 OK 를 누른다.

⓮ 모든 레이어의 눈을 켜기 위해 레이어의 눈 아이콘( )에서 마우스 오른쪽 클릭 후 'Show/hide all other layers(다른 모든 레이어 표시/숨기기)'를 클릭한다.

⓯ Shift 와 함께 Layer 7(비행기 몸체)을 복수로 선택한 후 Ctrl + T 로 회전/크기/위치를 조절하고 Enter 를 누른다.

Plus@

패스의 잔상이 남아 있다면 [Path(패스)] 패널에서 여백을 클릭하면 사라진다.

⓰ 패턴을 적용하기 위해 [Layers(레이어)] 패널의 Layer 7(몸체)을 선택한 후 하단의 fx 를 눌러 Pattern Overlay(패턴 오버레이)를 선택한다. Pattern(패턴)의 목록 단추를 클릭해 정의한 패턴을 선택한다.

Plus@

패턴의 크기를 조절하고 싶다면 Scale(비율)을 조정한 후 출력형태를 참고해 맞춘다.

⓱ 레이어 스타일을 추가하기 위해 Drop Shadow(그림자 효과)를 선택해 적용하고 OK 를 누른다.

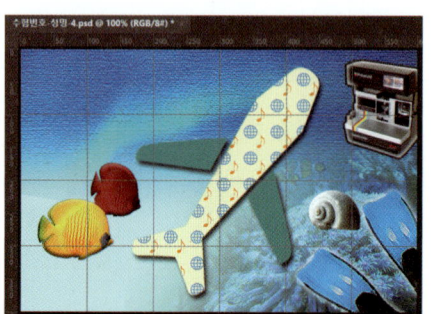

06 모양 지정 및 레이어 스타일

1 Custom Shape Tool(사용자 정의 모양,)을 선택한 후 옵션 바에서 Pick Tool Mode(선택 도구 모드) : Shape(모양,), Stroke(획) : 색상 없음( )으로 설정한다. 모양 선택( )을 눌러 아래의 모양을 찾아 그린다.
- 기본 경로 : Legacy Shapes and More(레거시 모양 및 기타) - All Legacy Default Shapes(모든 레거시 기본 모양)
- Symbols(기호) - 체크 표시( )

2 색을 적용하기 위해 [Layers(레이어)] 패널의 Layer Thumbnail(레이어 축소판,)을 더블클릭한 후 #ff3333을 입력하고 OK 를 누른다.

3 레이어 스타일을 적용하기 위해 [Layers(레이어)] 패널 하단의 fx를 눌러 Bevel and Emboss(경사와 엠보스)를 선택해 적용하고 OK 를 누른다.

4 다른 모양을 추가하기 위해 아래의 모양을 찾아 그린다.
Nature(자연) - 파형( )

5 색을 적용하기 위해 [Layers(레이어)] 패널의 Layer Thumbnail(레이어 축소판,)을 더블클릭한 후 #ffffff를 입력하고 OK 를 누른다.

6 레이어 스타일을 추가하기 위해 [Layers(레이어)] 패널 하단의 fx를 눌러 Drop Shadow(그림자 효과)를 선택해 적용하고 OK 를 누른다.

7 불투명도를 조정하기 위해 [Layers(레이어)] 패널의 Opacity(불투명도)를 70%로 설정한다.

8 메뉴 부분을 만들기 위해 아래의 모양을 찾아 그린다.
Nature(자연) - 구름 1( )

9 레이어 스타일을 적용하기 위해 [Layers(레이어)] 패널 하단의 fx를 눌러 Gradient Overlay(그레이디언트 오버레이)를 선택한 후 아래와 같이 값을 변경한다.
- Opacity(불투명도) : 100%
- Style(스타일) : Reflected(반사)
- Angle(각도) : 90°
- Scale(비율) : 100%
- Reverse(반전) : 체크

10 Gradient(그레이디언트) 편집 창( )을 클릭한 후 Color Stop(색상 정지점)을 더블클릭하여 좌측 : #99ffff, 우측 : #ffffff로 값을 변경하고 OK 를 누른다.

11 레이어 스타일을 추가하기 위해 Stroke(획)를 선택한 후 아래와 같이 값을 변경하고 OK 를 누른다.
- Size(크기) : 2px
- Position(위치) : Outside(바깥쪽)
- Fill Type(칠 유형) : Color(색상)
- 색상값 : #00ccff

12 메뉴에 텍스트를 입력하기 위해 Type Tool(수평 문자, T)을 선택한다. Shift +클릭 후 참가안내를 입력하고 Ctrl + Enter 를 눌러 완료한다.

Plus@

Shift +클릭 후 입력하는 이유는 모양이 선택된 상태에서 텍스트를 입력하면 영역 안에 글자가 입력되기 때문이다.

⑬ 옵션 바 또는 [Character(문자)] 패널에서 돋움, 18pt, #ffffff로 설정한다.

⑭ 레이어 스타일을 적용하기 위해 [Layers(레이어)] 패널 하단의 fx 를 눌러 Stroke(획)를 선택한 후 아래와 같이 값을 변경하고 OK 를 누른다.
  • Size(크기) : 2px
  • Position(위치) : Outside(바깥쪽)
  • Fill Type(칠 유형) : Color(색상)
  • 색상값 : #6699ff

⑮ 메뉴를 복제하기 위해 배너 모양과 텍스트 레이어를 Shift 로 클릭한 다음 Move Tool(이동,) 을 선택해 Alt 와 함께 아래쪽 방향으로 드래그하여 두 번 복제한다.

⑯ 두 번째의 텍스트를 수정하기 위해 [Layers(레이어)] 패널의 Indicates Text Layer(텍스트 레이어,)를 더블클릭한 후 사전등록을 입력하고 Ctrl + Enter 를 눌러 완료한다.

⑰ 세 번째 텍스트도 ⑯와 같은 방법으로 전시안내로 수정한다.

⑱ 사전등록 레이어의 Stroke(획) 부분을 더블클릭한 후 아래와 같이 값을 변경하고 OK 를 누른다.
  • Size(크기) : 2px
  • Position(위치) : Outside(바깥쪽)
  • Fill Type(칠 유형) : Color(색상)
  • 색상값 : #cc33ff

⑲ 두 번째 모양의 Stroke(획) 부분을 더블클릭한 후 아래와 같이 값을 변경한다.
  • Size(크기) : 2px
  • Position(위치) : Outside(바깥쪽)
  • Fill Type(칠 유형) : Color(색상)
  • 색상값 : #cc66ff

07 ▶ 문자 효과

1 Type Tool(수평 문자,)을 선택한 후 빈 공간을 클릭한다. 지구촌 여행박람회를 입력하고 Ctrl + Enter 를 눌러 완료한다.

2 옵션 바 또는 [Character(문자)] 패널에서 돋움, 45pt, 왼쪽 정렬로 설정한다.

> **Plus@**
> CS6 버전에서는 줄 간격이 넓게 보일 수 있으므로 줄 간격의 값을 제시된 텍스트 크기보다 약간 크게 조절하면 출력형태와 유사하다.

3 레이어 스타일을 적용하기 위해 [Layers(레이어)] 패널 하단의 fx 를 눌러 Gradient Overlay(그레이디언트 오버레이)를 선택한 후 아래와 같이 값을 변경한다.
  • Opacity(불투명도) : 100%
  • Style(스타일) : Linear(선형)
  • Angle(각도) : 90°
  • Scale(비율) : 100%

4 Gradient 편집 창(　　　)을 클릭한 후 Color Stop(색상 정지점)을 더블클릭하여 좌측 : #0066ff, 중간 : #cc66ff, 우측 : #ff9900으로 값을 변경하고 OK 를 누른다.

5 레이어 스타일을 추가하기 위해 Stroke(획)를 선택한 후 아래와 같이 값을 변경하고 OK 를 누른다.
- Size(크기) : 2px
- Position(위치) : Outside(바깥쪽)
- Fill Type(칠 유형) : Color(색상)
- 색상값 : #ffffff

6 텍스트를 뒤틀기 위해 Type Tool(수평 문자, T)을 선택한 후 옵션 바의 Create warped text(뒤틀어진 텍스트 만들기,)를 클릭하여 Style(스타일) : Arch(아치), Bend(구부리기) : −30%, Horizontal Distortion(가로 왜곡) : −50%로 값을 변경하고 OK 를 누른다.

7 Type Tool(수평 문자, T)을 선택한 후 빈 공간을 클릭한다. A Global Travel Fair를 입력하고 Ctrl + Enter 를 눌러 완료한다.

8 옵션 바 또는 [Character(문자)] 패널에서 Times New Roman, Bold, 20pt, #ffffff로 설정한다.

9 레이어 스타일을 적용하기 위해 [Layers(레이어)] 패널 하단의 fx 를 눌러 Stroke(획)를 선택한 후 아래와 같이 값을 변경하고 OK 를 누른다.
- Size(크기) : 2px
- Position(위치) : Outside(바깥쪽)
- Fill Type(칠 유형) : Gradient(그레이디언트)
- Style(스타일) : Linear(선형)
- Angle(각도) : 0°

10 Gradient(그레이디언트) 편집 창(　　　)을 클릭한 후 Color Stop(색상 정지점)을 더블클릭하여 좌측 : #6633cc, 우측 : #cc6600으로 값을 변경하고 OK 를 누른다.

11 텍스트를 뒤틀기 위해 Type Tool(수평 문자, T)을 선택한 후 옵션 바의 Create warped text(뒤틀어진 텍스트 만들기,)를 클릭하여 Style(스타일) : Arc(부채꼴), Bend(구부리기) : −30%로 값을 변경하고 OK 를 누른다.

12 Type Tool(수평 문자, T)을 선택한 후 빈 공간을 클릭한다. 여행상품확인을 입력하고 Ctrl + Enter 를 눌러 완료한다.

13 옵션 바 또는 [Character(문자)] 패널에서 굴림, 20pt, #333399로 설정한 후 확인만 선택하여 #ff0000으로 변경한다.

14 레이어 스타일을 적용하기 위해 Stroke(획)를 선택한 후 아래와 같이 값을 변경하고 OK 를 누른다.
- Size(크기) : 2px
- Position(위치) : Outside(바깥쪽)
- Fill Type(칠 유형) : Color(색상)
- 색상값 : #ffffff

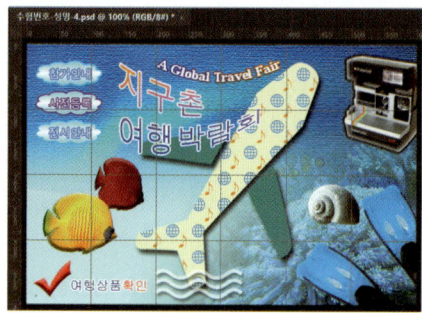

4 [File(파일)]−[Save(저장)](Ctrl + S)를 선택한 후 작은 사이즈로 최종 저장한다.

5 완성된 파일을 확인하기 위해 파일 탐색기를 열어 '내 PC₩문서₩GTQ' 폴더에서 확인한다.

6 시험장의 작업표시줄에 나타나는 'Koas 수험자용'을 클릭해 우측의 답안 전송 을 클릭한 후 해당하는 번호에 체크한다. 하단의 답안 전송 을 클릭한 후 닫기 를 누르면 최종 전송된 답안으로 채점이 이루어진다.

08 ▶ PSD, JPG 형식으로 저장하기

1 [File(파일)]−[Save(저장)](Ctrl + S)를 선택한 후 기존 파일에 덮어쓰기 한다.

2 JPG 파일 형식으로 저장하기 위해 [File(파일)]−[Save as(다른 이름으로 저장)](Shift + Ctrl + S)를 선택한 후 파일 형식을 클릭해 JPEG로 선택한다. '내 PC₩문서₩GTQ' 폴더에 '수험번호−성명−4'로 입력한 후 [저장]을 누른다.

3 PSD 파일의 사이즈를 1/10로 줄이기 위해 [Image(이미지)]−[Image Size(이미지 크기)](Alt + Ctrl + I)를 선택한 후 단위 : Pixel, Width(폭) : 60px, Height(높이) : 40px, Resolution(해상도) : 72Pixels/Inch로 설정하고 OK 를 누른다.

Check Point !

		O	X
공통	• 제시된 크기(px)와 해상도(72Pixels/Inch)로 파일을 만들었나요? • '수험번호-성명-문제번호.psd'로 저장했나요? • 그리드(Ctrl + ')와 눈금자(Ctrl + R)를 표시했나요? • 시험지에도 자를 이용해 100픽셀씩 그리드를 그려주었나요?		
문제1번	• 만든 패스를 저장했나요? • 클리핑 마스크를 적용했나요? • 각 이미지와 Shape(모양)에 레이어 스타일과 필터를 적용했나요?		
문제2번	• 제시된 색상으로 보정했나요? • 각 이미지와 Shape(모양)에 레이어 스타일과 필터를 적용했나요?		
문제3번	• 배경에 색을 적용했나요? • Blending Mode(혼합모드)를 적용했나요? • 레이어 마스크의 방향을 맞게 적용했나요? • 제시된 색상으로 보정했나요? • 각 이미지와 Shape(모양)에 레이어 스타일과 필터를 적용했나요?		
문제4번	• 배경에 색을 적용했나요? • 패턴을 제작하여 등록하였나요? • Blending Mode(혼합모드)를 적용했나요? • 레이어 마스크의 방향을 맞게 적용했나요? • 제시된 색상으로 보정했나요? • 1급-17.jpg를 제외한 이미지와 Shape(모양)에 레이어 스타일과 필터를 적용했나요? • 펜 도구를 이용하여 오브젝트를 그려 패턴으로 적용하였나요?		
공통	• '수험번호-성명-문제번호.jpg'로 저장했나요? • 1/10로 줄여 '수험번호-성명-문제번호.psd'로 저장했나요?		

※ 시험장에서는 반드시 전송까지 실행해 주세요.

CHAPTER 05
제5회 실전 모의고사 [S/W:포토샵]

급수	문제유형	시험시간	수험번호	성명
1급	A	90분		

수험자 유의사항

- 수험자는 문제지를 받는 즉시 응시하고자 하는 과목 및 급수가 맞는지 확인한 후 수험번호와 성명을 작성합니다.
- 파일명은 본인의 "수험번호-성명-문제번호"로 공백 없이 정확히 입력하고 답안폴더(내 PC\문서\GTQ)에 jpg 파일과 psd 파일의 2가지 포맷으로 저장해야 하며, jpg 파일과 psd 파일의 내용이 상이할 경우 0점 처리됩니다. 답안문서 파일명이 "수험번호-성명-문제번호"와 일치하지 않거나, 답안 파일을 전송하지 않아 미제출로 처리될 경우 불합격 처리됩니다.
- 문제의 세부조건은 '영문(한글)' 형식으로 표기되어 있으니 유의하시기 바랍니다.
- 수험자 정보와 저장한 파일명, 저장 위치가 다를 경우 전송이 되지 않으므로, 주의하시기 바랍니다.
- 답안 작성 중에도 주기적으로 '저장'과 '답안 전송'을 이용하여 감독위원 PC로 답안을 전송하셔야 합니다.
  (※ 작업한 내용을 저장하지 않고 전송할 경우 이전의 저장내용이 전송되오니 이점 반드시 유념하시기 바랍니다.)
- 답안문서는 지정된 경로 외의 다른 보조기억장치에 저장하는 행위, 지정된 시험 시간 외에 작성된 파일을 활용한 행위, 기타 허용되지 않은 프로그램(이메일, 메신저, 게임, 네트워크 등) 이용 시 부정행위로 간주되어 자격기본법 제32조에 의거 본 시험 및 국가공인 자격시험을 2년간 응시할 수 없습니다.
- 시험 중 부주의 또는 고의로 시스템을 파손한 경우와 〈수험자 유의사항〉에 기재된 방법대로 이행하지 않아 생기는 불이익은 수험자의 책임임을 알려 드립니다.
- 시험을 완료한 수험자는 최종적으로 저장한 답안 파일이 전송되었는지 확인한 후 감독위원의 지시에 따라 문제지를 제출하고 퇴실합니다.

답안 작성요령

- 온라인 답안 작성 절차
  수험자 등록 ⇒ 시험 시작 ⇒ 답안 파일 저장 ⇒ 답안 전송 ⇒ 시험 종료
- 내 PC\문서\GTQ\Image 폴더에 있는 그림 원본파일을 사용하여 답안을 작성하시고 최종답안을 답안폴더(내 PC\문서\GTQ)에 저장하여 답안을 전송하시고, 이미지의 크기가 다른 경우 감점 처리됩니다.
- 배점은 총 100점으로 이루어지며, 점수는 각 문제별로 차등 배분됩니다.
- 각 문제는 주어진 〈조건〉에 따라 작성하고, 언급하지 않은 조건은 《출력형태》와 같이 작성합니다.
- 배치 등의 편의를 위해 주어진 눈금자의 단위는 '픽셀'입니다.
- 그 외는 출력형태(효과, 이미지, 문자, 색상, 레이아웃, 규격 등)와 같게 작업하십시오.
- 문제 조건에 서체의 지정이 없을 경우 한글은 굴림이나 돋움, 영문은 Arial로 작업하십시오. (단, 그 외에 제시되지 않은 문자 속성을 기본값으로 작성하지 않은 경우는 감점 처리됩니다.)
- Image Mode(이미지 모드)는 별도의 처리조건이 없을 경우에는 RGB(8비트)로 작업하십시오.
- 모든 답안 파일은 해상도 72pixels/inch로 작업하십시오.
- Layer(레이어)는 각 기능별로 분할해야 하며, 임의로 합칠 경우나 각 기능에 대한 속성을 해지할 경우 해당 요소는 0점 처리됩니다.

문제 1 [기능평가] 고급 Tool(도구) 활용
20점

다음의 《조건》에 따라 아래의 《출력형태》와 같이 작업하시오.

조건

원본이미지	문서\GTQ\Image\1급-1.jpg, 1급-2.jpg, 1급-3.jpg		
파일 저장 규칙	JPG	파일명	문서\GTQ\수험번호-성명-1.jpg
		크기	400 × 500 pixels
	PSD	파일명	문서\GTQ\수험번호-성명-1.psd
		크기	40 × 50 pixels

1. 그림 효과
   ① 1급-1.jpg : 필터 - Dry Brush(드라이 브러시)
   ② Save Path(패스 저장) : 팔레트 모양
   ③ Mask(마스크) : 팔레트 모양, 1급-2.jpg를 이용하여 작성
      레이어 스타일 - Stroke(선/획)(4px, 그레이디언트(#3366ff, #cc66ff)), Inner Shadow(내부 그림자)
   ④ 1급-3.jpg : 레이어 스타일 - Outer Glow(외부 광선)
   ⑤ Shape Tool(모양 도구) :
      - 손바닥 모양 (#3366ff, #33cc00, 레이어 스타일 - Inner Glow(내부 광선))
      - 장식 모양 (#ffff33, 레이어 스타일 - Drop Shadow(그림자 효과))

2. 문자 효과
   ① Creative Art (Times New Roman, Regular, 50pt, #ffff99, 레이어 스타일 - Stroke(선/획)(3px, 그레이디언트(#9933ff, #0033ff))

출력형태

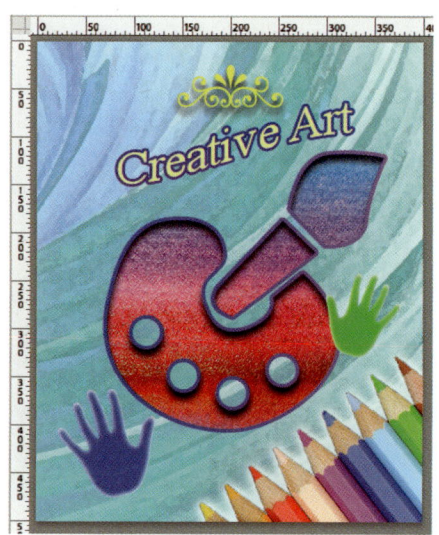

문제 2 [기능평가] 사진편집 응용
20점

다음의 《조건》에 따라 아래의 《출력형태》와 같이 작업하시오.

조건

원본이미지			문서₩GTQ₩Image₩1급-4.jpg, 1급-5.jpg, 1급-6.jpg
파일 저장 규칙	JPG	파일명	문서₩GTQ₩수험번호-성명-2.jpg
		크기	400 × 500 pixels
	PSD	파일명	문서₩GTQ₩수험번호-성명-2.psd
		크기	40 × 50 pixels

1. 그림 효과
  ① 1급-4.jpg : 필터 – Rough Pastels(거친 파스텔)
  ② 색상 보정 : 1급-5.jpg – 파란색, 녹색 계열로 보정
  ③ 1급-5.jpg : 레이어 스타일 – Bevel and Emboss(경사와 엠보스)
  ④ 1급-6.jpg : 레이어 스타일 – Outer Glow(외부 광선)
  ⑤ Shape Tool(모양 도구) :
    – 퍼즐 모양 (#66cc66, #9999ff, 레이어 스타일 – Inner Shadow(내부 그림자))
    – 지구본 모양 (#ff9933, 레이어 스타일 – Drop Shadow(그림자 효과), Opacity(불투명도)(70%))

2. 문자 효과
  ① 두뇌 회전 집중력 강화 (궁서, 40pt, 레이어 스타일 – 그레이디언트 오버레이(#000000, #ff0033), Stroke(선/획)(2px, #ffffff))

출력형태

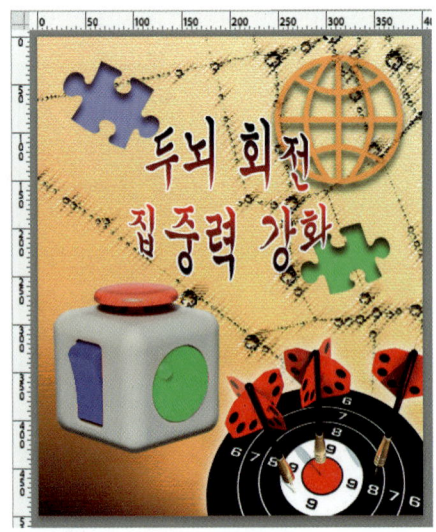

문제 3 [실무응용] 포스터 제작

25점

다음의 《조건》에 따라 아래의 《출력형태》와 같이 작업하시오.

조건

원본이미지	문서\GTQ\Image\1급-7.jpg, 1급-8.jpg, 1급-9.jpg, 1급-10.jpg, 1급-11.jpg		
파일 저장 규칙	JPG	파일명	문서\GTQ\수험번호-성명-3.jpg
		크기	600 × 400 pixels
	PSD	파일명	문서\GTQ\수험번호-성명-3.psd
		크기	60 × 40 pixels

1. 그림 효과
① 배경 : #6699cc
② 1급-7.jpg : Blending Mode(혼합모드) - Vivid Light(선명한 라이트), Opacity(불투명도)(70%), 레이어 마스크 - 가로 방향으로 흐릿하게
③ 1급-8.jpg : 필터 - Paint Daubs(페인트 덥스/페인트 바르기), 레이어 마스크 - 대각선 방향으로 흐릿하게
④ 1급-9.jpg : 필터 - Wind(바람), 레이어 스타일 - Inner Shadow(내부 그림자)
⑤ 1급-10.jpg : 레이어 스타일 - Stroke(선/획)(5px, 그레이디언트(#0033cc, 투명으로))
⑥ 1급-11.jpg : 색상 보정 - 녹색 계열로 보정, 레이어 스타일 - Bevel and Emboss(경사와 엠보스)
⑦ 그 외 《출력형태》 참조

2. 문자 효과
① 2025 체스 올림피아드 (궁서, 27pt, 레이어 스타일 - 그레이디언트 오버레이(#ffff00, #ff9999), Stroke(선/획)(2px, #660066), Drop Shadow(그림자 효과))
② 대표적인 마인드 스포츠 (돋움, 20pt, #000000, 레이어 스타일 - Stroke(선/획)(2px, #ffffcc))
③ 2025 Chess Olympiad (Arial, Regular, 16pt, #ffffff, 레이어 스타일 - Stroke(선/획)(2px, 그레이디언트(#339966, #cc00cc)))
④ http://www.chess.com (Arial, Bold, 15pt, #ff0000, 레이어 스타일 - Stroke(선/획)(2px, #ccffff))

출력형태

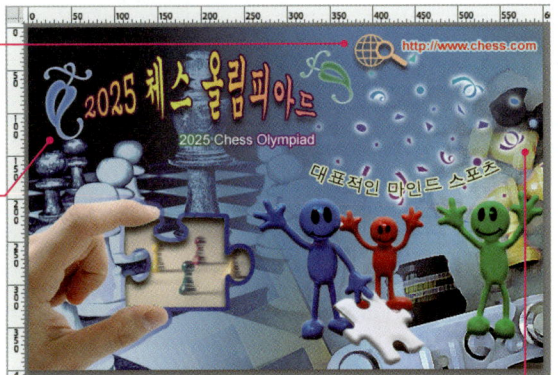

Shape Tool(모양 도구) 사용
#ffcc99
레이어 스타일 -
Drop Shadow(그림자 효과)

Shape Tool(모양 도구) 사용
#6699ff, #339966,
레이어 스타일 -
Inner Glow(내부 광선)

Shape Tool(모양 도구) 사용
레이어 스타일 - 그레이디언트
오버레이(#ff00ff, #00cccc),
Outer Glow(외부 광선)

문제 4 [실무응용] 웹 페이지 제작
35점

다음의 《조건》에 따라 아래의 《출력형태》와 같이 작업하시오.

조건

원본이미지	문서₩GTQ₩Image₩1급-12.jpg, 1급-13.jpg, 1급-14.jpg, 1급-15.jpg, 1급-16.jpg, 1급-17.jpg		
파일 저장 규칙	JPG	파일명	문서₩GTQ₩수험번호-성명-4.jpg
		크기	600 × 400 pixels
	PSD	파일명	문서₩GTQ₩수험번호-성명-4.psd
		크기	60 × 40 pixels

1. 그림 효과
   ① 배경 : #ffffcc
   ② 패턴(장식, 별 모양) : #336699, #ffffff
   ③ 1급-12.jpg : Blending Mode(혼합모드) - Multiply(곱하기), 레이어 마스크 - 대각선 방향으로 흐릿하게
   ④ 1급-13.jpg : 필터 - Angled Strokes(각진 획), 레이어 마스크 - 세로 방향으로 흐릿하게
   ⑤ 1급-14.jpg : 레이어 스타일 - Outer Glow(외부 광선)
   ⑥ 1급-15.jpg : 필터 - Film Grain(필름 그레인), 레이어 스타일 - Drop Shadow(그림자 효과)
   ⑦ 1급-16.jpg : 색상 보정 - 파란색 계열로 보정, 레이어 스타일 - Drop Shadow(그림자 효과)
   ⑧ 그 외 《출력형태》 참조

2. 문자 효과
   ① 유네스코 음악창의 도시 (궁서, 40pt, 레이어 스타일 - 그레이디언트 오버레이(#ffff99, #33cc99), Stroke(선/획)(2px, #0066cc))
   ② Music and Creativity (Arial, Regular, 24pt, 40pt, #0066cc, 레이어 스타일 - Stroke(선/획)(2px, #ffcc33))
   ③ 최근 활동 영상 (궁서, 18pt, #0066cc, 레이어 스타일 - Stroke(선/획)(2px, #ccffff))
   ④ 정책안내 커뮤니티 관련뉴스 (굴림, 18pt, #000000, 레이어 스타일 - Stroke(선/획)(2px, #33cccc, #ff9999))

출력형태

Shape Tool(모양 도구) 사용
#ccffcc, 레이어 스타일 -
Stroke(선/획)(2px, #6699ff)

Pen Tool(펜 도구) 사용
레이어 스타일 -
그레이디언트 오버레이
(#ff3300, #ffcc33),
Drop Shadow(그림자 효과)

Shape Tool(모양 도구) 사용
#cc9900, 레이어 스타일 -
Inner Shadow(내부 그림자)

Shape Tool(모양 도구) 사용
레이어 스타일 - 그레이디언트 오버레이(#ffffff,
#99cccc),
Stroke(선/획)(2px, #33cccc, #ff3300)

문제 1 [기능평가] 고급 Tool(도구) 활용   20점

사용 이미지 미리보기

1급-1.jpg

1급-2.jpg

1급-3.jpg

사용자 정의 모양 미리보기

사용 기능

필터	[Filter(필터)]-[Filter Gallery(필터 갤러리)]-[Artistic(예술효과)]-[Dry Brush(드라이 브러시)]
클리핑 마스크	Create Clipping Mask(클리핑 마스크 만들기, Alt + Ctrl + G)
이미지 추출	Quick Selection Tool(빠른 선택,)
이미지 사이즈	[Image(이미지)]-[Image Size(이미지 크기)](Alt + Ctrl + I)

01 새 캔버스 생성 및 필터

1 [File(파일)]−[New(새로 만들기)]([Ctrl]+[N])를 선택한 후 아래의 조건으로 설정하고 [Create(만들기)]를 누른다.
- PRESET DETAILS(사전 설정 세부 정보) : 수험번호−성명−1
- 단위 : Pixels
- Width(폭) : 400
- Height(높이) : 500
- Resolution(해상도) : 72Pixels/Inch
- Color Mode(색상모드) : RGB
- Background Contents(배경색) : White

2 [Edit(편집)]−[Preferences(속성)]−[Guides, Grid & Slices(안내선, 격자 및 분할 영역)]([Ctrl]+[K])를 선택한 후 'Grid(격자)'의 Gridline Every(격자 간격) : 100Pixels, Subdivisions(세분) : 1로 설정하고 [OK]를 누른다.

3 [View(보기)]−[Show(표시)]−[Grid(격자)]([Ctrl]+[′])와 [View(보기)]−[Rulers(눈금자)]([Ctrl]+[R])를 나타낸다.

4 [File(파일)]−[Save as(다른 이름으로 저장)]([Shift]+[Ctrl]+[S])를 클릭한 후 '내 PC₩문서₩GTQ' 폴더에 '수험번호−성명−1.psd'로 입력하고 [저장]을 누른다.

5 [File(파일)]−[Open(열기)]([Ctrl]+[O])을 선택한 후 '1급−1.jpg'를 불러온다.

6 [Ctrl]+[A]로 전체 선택한 후 [Ctrl]+[C]로 복사하고 작업파일을 선택한 후 [Ctrl]+[V]로 붙여넣기 한다.

7 [Ctrl]+[T]로 크기/위치를 조절하고 [Enter]를 누른다.

8 [Filter(필터)]−[Filter Gallery(필터 갤러리)]−[Artistic(예술효과)]−[Dry Brush(드라이 브러시)] 필터를 적용한 다음 [OK]를 누른다.

02 패스 제작 및 패스 저장

1 Pen Tool(펜, ⬬)을 선택한 후 옵션 바에서 Pick Tool Mode(선택 도구 모드) : Path(패스, Path), Path Operations(패스 작업) : Exclude Overlapping Shapes(모양 오버랩 제외, ⬛)로 지정한다.

2 Layer 1(배경 이미지)의 눈 아이콘(👁)을 클릭해 숨기게 한 다음 패스를 그리기 위해 [Path(패스)] 패널을 누른다. (선택사항)

3 그림과 같이 그린다.

4 Ellipse Tool(타원, ◯)을 선택한 후 옵션 바에서 Pick Tool Mode(선택 도구 모드) : Path (패스, Path), Path Operations(패스 작업) : Exclude Overlapping Shapes(모양 오버랩 제외, ▣)로 지정한다.

5 타원을 하나 그린 다음 Path Selection Tool(패스 선택, ▶)로 Alt 와 함께 드래그해 복제한다.

> **Plus@**
> 만약 기존 패스가 사라졌을 경우 Work Path(작업 패스) 레이어를 클릭하면 패스가 나타난다.

6 패스를 저장하기 위해 [Path(패스)] 패널의 Work Path(작업 패스) 이름 부분을 더블클릭한 후 Save Path(패스 저장) 대화상자가 나오면 팔레트 모양을 입력하고 OK 를 누른다.

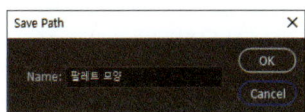

7 패스를 선택영역으로 지정하기 위해 Ctrl + Path Thumbnail(패스 축소판)을 클릭한 후 선택영역이 생기면 [Layers(레이어)] 패널을 선택하여 하단의 Create a new layer(새 레이어, ▣, Shift + Ctrl + N)를 클릭해 추가한다.

8 임의의 색을 추가하기 위해 Alt + Delete 를 눌러 전경색(■)을 추가한다.

9 선택영역을 해제하기 위해 [Select(선택)]－[Deselect(해제)](Ctrl + D)를 누른다.

10 배경 이미지의 눈 아이콘(◉)을 클릭해 보이게 한다.

11 레이어 스타일을 적용하기 위해 [Layers(레이어)] 패널 하단의 fx를 눌러 Stroke(획)를 선택한 후 아래와 같이 값을 변경한다.
- Size(크기) : 4px
- Position(위치) : Outside(바깥쪽)
- Fill Type(칠 유형) : Gradient(그레이디언트)
- Style(스타일) : Linear(선형)
- Angle(각도) : 0°

Plus@
[Layers(레이어)] 패널에서 해당 레이어의 회색 영역을 더블클릭해도 적용할 수 있다.

12 Gradient(그레이디언트) 편집 창( )을 클릭한 후 Color Stop(색상 정지점)을 더블클릭하여 좌측 : #3366ff, 우측 : #cc66ff로 값을 변경하고 OK 를 누른다.

13 레이어 스타일을 추가하기 위해 Inner Shadow(내부 그림자)를 선택해 적용하고 OK 를 누른다.

03 클리핑 마스크 및 레이어 스타일 적용

1 [File(파일)]-[Open(열기)](Ctrl + O)을 선택한 후 '1급-2.jpg'를 불러온다.

2 Ctrl + A 로 전체 선택한 후 Ctrl + C 로 복사하고 작업파일을 선택한 후 Ctrl + V 로 붙여넣기 한다.

3 Ctrl + T 로 크기/위치를 조절하고 Enter 를 누른다.

4 클리핑 마스크를 적용하기 위해 [Layers(레이어)] 패널의 Layer 3(물감)에서 마우스 오른쪽 클릭 후 Create Clipping Mask(클리핑 마스크 만들기, Alt + Ctrl + G)를 선택한다.

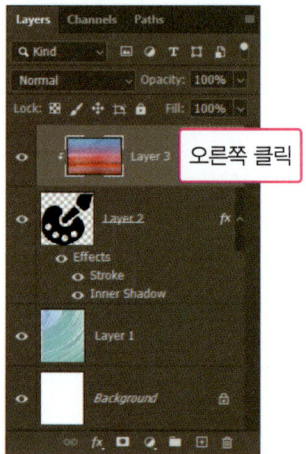

5 [File(파일)]-[Open(열기)](Ctrl + O)을 선택한 후 '1급-3.jpg'를 불러온다.

6 Quick Selection Tool(빠른 선택,)로 배경을 선택한 후 제외할 부분은 Alt 와 함께 선택한다.

7 선택영역을 반전하기 위해 [Select(선택)]-[Inverse(반전)](Shift+Ctrl+I)를 누른다.

8 Ctrl+C로 복사하고 작업파일을 선택한 후 Ctrl+V로 붙여넣기 한다.

9 Ctrl+T로 회전/크기/위치를 조절하고 Enter를 누른다.

10 레이어 스타일을 적용하기 위해 [Layers(레이어)] 패널 하단의 fx.를 눌러 Outer Glow(외부광선)를 선택해 적용하고 OK를 누른다.

04 모양 지정 및 레이어 스타일

1 Custom Shape Tool(사용자 정의 모양,)을 선택한 후 옵션 바에서 Pick Tool Mode(선택 도구 모드) : Shape(모양, Shape), Stroke(획) : 색상 없음( )으로 설정한다. 모양 선택(Shape:)을 눌러 아래의 모양을 찾아 그린다.
- 기본 경로 : Legacy Shapes and More(레거시 모양 및 기타) - All Legacy Default Shapes(모든 레거시 기본 모양)
- Objects(물건) - 왼손( )

2 색을 적용하기 위해 [Layers(레이어)] 패널의 Layer Thumbnail(레이어 축소판,)을 더블 클릭한 후 #3366ff를 입력하고 OK를 누른다.

3 레이어 스타일을 적용하기 위해 [Layers(레이어)] 패널 하단의 fx.를 눌러 Inner Glow(내부광선)를 선택해 적용하고 OK를 누른다.

4 Ctrl+J를 눌러 복제한다.

Plus@

Move Tool(이동)을 선택한 후 Shape(모양)를 Alt 와 함께 드래그하여 이동복사 할 수 있다.

5 Ctrl+T로 좌우대칭하기 위해 조절점 안쪽에서 마우스 오른쪽 클릭 후 Flip Horizontal(가로로 뒤집기)을 선택한다. 크기/위치를 조절하고 Enter를 누른다.

6 색을 적용하기 위해 [Layers(레이어)] 패널의 Layer Thumbnail(레이어 축소판,)을 더블 클릭한 후 #33cc00을 입력하고 OK를 누른다.

7 다른 모양을 추가하기 위해 아래의 모양을 찾아 그린다.
Ornaments(장식) - 장식 5( )

8 색을 적용하기 위해 [Layers(레이어)] 패널의 Layer Thumbnail(레이어 축소판,)을 더블 클릭한 후 #ffff33을 입력하고 OK를 누른다.

9 레이어 스타일을 적용하기 위해 [Layers(레이어)] 패널 하단의 fx.를 눌러 Drop Shadow(그림자 효과)를 선택해 적용하고 OK를 누른다.

05 문자 효과

1 Type Tool(수평 문자, T)을 선택한 후 빈 공간을 클릭한다. Creative Art를 입력하고 Ctrl + Enter를 눌러 완료한다.

2 옵션 바 또는 [Character(문자)] 패널에서 Times New Roman, Regular, 50pt, #ffff99로 설정한다.

3 레이어 스타일을 적용하기 위해 [Layers(레이어)] 패널 하단의 fx를 눌러 Stroke(획)를 선택한 후 아래와 같이 값을 변경한다.
- Size(크기) : 3px
- Position(위치) : Outside(바깥쪽)
- Fill Type(칠 유형) : Gradient(그레이디언트)
- Style(스타일) : Linear(선형)
- Angle(각도) : 90°

4 Gradient(그레이디언트) 편집 창( )을 클릭한 후 Color Stop(색상 정지점)을 더블클릭하여 좌측 : #9933ff, 우측 : #0033ff로 값을 변경하고 OK를 누른다.

5 텍스트를 뒤틀기 위해 Type Tool(수평 문자, T)을 선택한 후 옵션 바의 Create warped text(뒤틀어진 텍스트 만들기,)를 클릭한다. Style(스타일) : Rise(상승), Bend(구부리기) : +50%로 값을 변경하고 OK를 누른다.

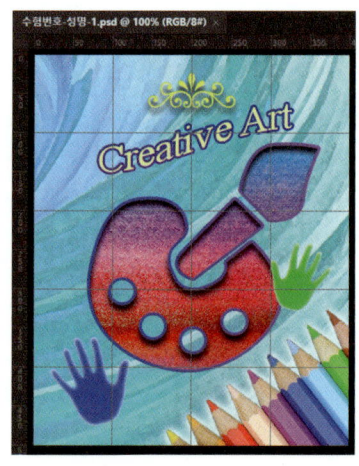

06 PSD, JPG 형식으로 저장하기

1 [File(파일)]-[Save(저장)](Ctrl+S)를 선택한 후 기존 파일에 덮어쓰기 한다.

2 JPG 파일 형식으로 저장하기 위해 [File(파일)]-[Save as(다른 이름으로 저장)](Shift+Ctrl+S)를 선택한 후 파일 형식을 클릭해 JPEG로 선택한다. '내 PC₩문서₩GTQ' 폴더에 '수험번호-성명-2'로 입력한 후 [저장]을 누른다.

3 PSD 파일의 사이즈를 1/10로 줄이기 위해 [Image(이미지)]-[Image Size(이미지 크기)](Alt+Ctrl+I)를 선택한 후 단위 : Pixel, Width(폭) : 40px, Height(높이) : 50px, Resolution(해상도) : 72Pixels/Inch로 설정하고 OK를 누른다.

4 [File(파일)]-[Save(저장)](Ctrl+S)를 선택한 후 작은 사이즈로 최종 저장한다.

5 완성된 파일을 확인하기 위해 파일 탐색기를 열어 '내 PC₩문서₩GTQ' 폴더에서 확인한다.

6 시험장의 작업표시줄에 나타나는 'Koas 수험자용'을 클릭해 우측의 답안 전송 을 클릭한 후 해당하는 번호에 체크한다. 하단의 답안 전송 을 클릭한 후 닫기 를 누르면 최종 전송된 답안으로 채점이 이루어진다.

문제 2 [기능평가] 사진편집 응용 20점

사용 이미지 미리보기

1급-4.jpg 1급-5.jpg 1급-6.jpg

사용자 정의 모양 미리보기

사용 기능

필터	[Filter(필터)]-[Filter Gallery(필터 갤러리)]-[Artistic(예술효과)]-[Rough Pastels(거친 파스텔)]
색상 조정	[Create new fill or adjustment layer(조정 레이어,)]-[Hue/Saturation(색조/채도)]
이미지 추출	• Magic Wand Tool(자동 선택,) • Quick Selection Tool(빠른 선택,)
이미지 사이즈	[Image(이미지)]-[Image Size(이미지 크기)](Alt + Ctrl + I)

01 새 캔버스 생성 및 필터

1 [File(파일)]-[New(새로 만들기)](Ctrl+N)를 선택한 후 아래의 조건으로 설정하고 [Create(만들기)]를 누른다.
- PRESET DETAILS(사전 설정 세부 정보)
  : 수험번호-성명-2
- 단위 : Pixels
- Width(폭) : 400
- Height(높이) : 500
- Resolution(해상도) : 72Pixels/Inch
- Color Mode(색상모드) : RGB
- Backgound Contents(배경색) : White

2 [Edit(편집)]-[Preferences(속성)]-[Guides, Grid & Slices(안내선, 격자 및 분할 영역)](Ctrl+K)를 선택해 'Grid(격자)'의 Gridline Every(격자 간격) : 100Pixels, Subdivisions(세분) : 1로 설정하고 OK 를 누른다.

3 [View(보기)]-[Show(표시)]-[Grid(격자)](Ctrl+')와 [View(보기)]-[Rulers(눈금자)](Ctrl+R)를 나타낸다.

Plus @
CS6 버전 이하에서는 눈금자에서 마우스 오른쪽 클릭 후 단위를 px로 변경한다.

4 [File(파일)]-[Save as(다른 이름으로 저장)](Shift+Ctrl+S)를 클릭한 후 '내 PC₩문서₩GTQ' 폴더에 '수험번호-성명-2.psd'로 입력한 후 [저장]을 누른다.

5 [File(파일)]-[Open(열기)](Ctrl+O)을 선택한 후 '1급-4.jpg'를 불러온다.

6 Ctrl+A로 전체 선택한 후 Ctrl+C로 복사하고 작업파일을 선택한 후 Ctrl+V로 붙여넣기 한다.

7 Ctrl+T로 크기/위치를 조절하고 Enter를 누른다.

8 [Filter(필터)]-[Filter Gallery(필터 갤러리)]-[Artistic(예술효과)]-[Rough Pastels(거친 파스텔)] 필터를 적용한 다음 OK 를 누른다.

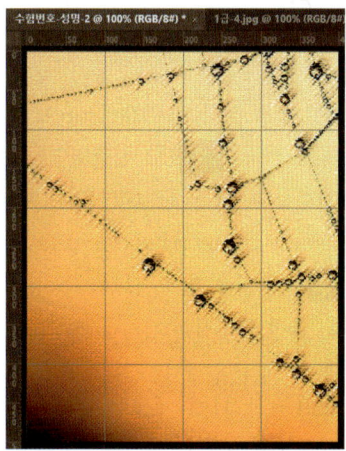

02 이미지 추출 및 색상 보정

1 [File(파일)]-[Open(열기)](Ctrl+O)을 선택한 후 '1급-5.jpg'를 불러온다.

2 Magic Wand Tool(자동 선택,)을 선택한 후 옵션 바의 Tolerance(허용치)를 32, Contiguous(인접)에 체크한 다음 배경을 클릭한다.

③ 추가적인 선택영역은 Polygonal Lasso Tool(다각형 올가미,) 등을 이용해 Shift 와 함께 선택영역을 추가한다.

④ 선택영역을 반전하기 위해 [Select(선택)]－[Inverse(반전)](Shift + Ctrl + I)를 누른다.

⑤ Ctrl + C 로 복사하고 작업파일을 선택한 후 Ctrl + V 로 붙여넣기 한다.

⑥ Ctrl + T 로 크기/위치를 조절하고 Enter 를 누른다.

⑦ 녹색 계열로 보정하기 위해 Quick Selection Tool(빠른 선택,)로 선택영역(우측 동그라미)을 지정한다. [Layers(레이어)] 패널 하단의 [Create new fill or adjustment layer(조정 레이어,)]를 클릭한 후 [Hue/Saturation(색조/채도)]을 선택한다.

⑧ Colorize(색상화)에 체크한 후 Hue(색조) : 130, Saturation(채도) : 50, Lightness : －20으로 값을 변경하고 OK 를 누른다.

⑨ 파란색 계열로 보정하기 위해 Layer 2를 선택하고 Quick Selection Tool(빠른 선택,)로 선택영역(좌측 스위치)을 지정한 후 [Layers(레이어)] 패널 하단의 [Create new fill or adjustment layer(조정 레이어,)]를 클릭해 [Hue/Saturation(색조/채도)]을 선택한다.

⑩ Colorize(색상화)에 체크한 후 Hue(색조) : 230, Saturation(채도) : 50, Lightness(밝기) : －20으로 값을 변경하고 OK 를 누른다.

Plus@
제시된 색상 계열로 보이면 되므로 값은 조절 가능하다.

⑪ 레이어 스타일을 적용하기 위해 [Layers(레이어)] 패널의 Layer 2(퍼즐)를 선택한 후 하단의 fx 를 눌러 Bevel and Emboss(경사와 엠보스)를 선택해 적용하고 OK 를 누른다.

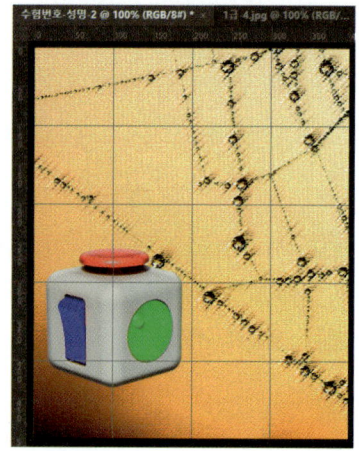

03 이미지 추출 및 레이어 스타일

1. [File(파일)]-[Open(열기)](Ctrl + O)을 선택한 후 '1급-6.jpg'를 불러온다.

2. Magic Wand Tool(자동 선택,)을 선택한 후 옵션 바의 Tolerance(허용치)를 32, Contiguous(인접)에 체크한 다음 배경을 클릭한다.

3. 선택영역을 반전하기 위해 [Select(선택)]-[Inverse(반전)](Shift + Ctrl + I)를 누른다.

4. Ctrl + C로 복사하고 작업파일을 선택해 맨 위의 레이어에 클릭한 후 Ctrl + V로 붙여넣기 한다.

5. Ctrl + T로 크기/위치를 조절하고 Enter를 누른다.

6. 레이어 스타일을 적용하기 위해 [Layers(레이어)] 패널 하단의 fx를 눌러 Outer Glow(외부 광선)를 선택해 적용하고 OK를 누른다.

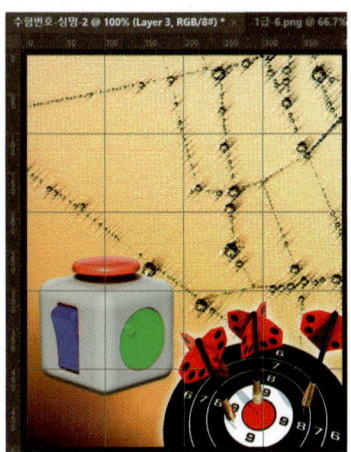

04 모양 지정 및 레이어 스타일

1. Custom Shape Tool(사용자 정의 모양,)을 선택한 후 옵션 바에서 Pick Tool Mode(선택 도구 모드) : Shape(모양, Shape), Stroke(획) : 색상 없음( )으로 설정한다. 모양 선택(Shape: →)을 눌러 아래의 모양을 찾아 그린다.
Objects(물건) - 퍼즐 1( )

2. Ctrl + T로 회전/크기/위치를 조절하고 Enter를 누른다.

3. 색을 적용하기 위해 [Layers(레이어)] 패널의 Layer Thumbnail(레이어 축소판,)을 더블 클릭한 후 #9999ff를 입력하고 OK를 누른다.

4. 레이어 스타일을 적용하기 위해 [Layers(레이어)] 패널 하단의 fx를 눌러 Inner Shadow(내부 그림자)를 선택해 적용하고 OK를 누른다.

5. Ctrl + J를 눌러 복제한다.

6. Ctrl + T로 회전/크기/위치를 조절하고 Enter를 누른다.

7. 색을 적용하기 위해 [Layers(레이어)] 패널의 Layer Thumbnail(레이어 축소판,)을 더블 클릭한 후 #66cc66을 입력하고 OK를 누른다.

8. 다른 모양을 추가하기 위해 아래의 모양을 찾아 그린다.
Symbols(기호) - 세계( )

9. 색을 적용하기 위해 [Layers(레이어)] 패널의 Layer Thumbnail(레이어 축소판,)을 더블 클릭한 후 #ff9933을 입력하고 OK를 누른다.

❿ 레이어 스타일을 적용하기 위해 [Layers(레이어)] 패널 하단의 fx 를 눌러 Drop Shadow(그림자 효과)를 선택해 적용하고 OK 를 누른다.

⓫ 불투명도를 조정하기 위해 [Layers(레이어)] 패널의 Opacity(불투명도)를 70%로 설정한다.

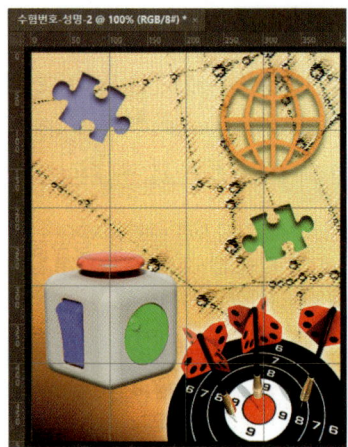

05 문자 효과

❶ Type Tool(수평 문자, T)을 선택한 후 빈 공간을 클릭한다. 두뇌 회전 집중력 강화를 입력하고 Ctrl + Enter 를 눌러 완료한다.

❷ 옵션 바 또는 [Character(문자)] 패널에서 궁서, 40pt, 가운데 정렬로 설정한다.

❸ 레이어 스타일을 적용하기 위해 [Layers(레이어)] 패널 하단의 fx 를 눌러 Gradient Overlay(그레이디언트 오버레이)를 선택한 후 아래와 같이 값을 변경한다.
- Opacity(불투명도) : 100%
- Style(스타일) : Reflected(반사)
- Angle(각도) : 90°
- Scale(비율) : 100%
- Reverse(반전) : 체크

❹ Gradient 편집 창( )을 클릭한 후 Color Stop(색상 정지점)을 더블클릭하여 좌측 : #000000, 우측 : #ff0033으로 값을 변경하고 OK 를 누른다.

❺ 레이어 스타일을 추가하기 위해 Stroke(획)를 선택한 후 아래와 같이 값을 변경하고 OK 를 누른다.
- Size(크기) : 2px
- Position(위치) : Outside(바깥쪽)
- Fill Type(칠 유형) : Color(색상)
- 색상값 : #ffffff

6 텍스트를 뒤틀기 위해 Type Tool(수평 문자, T)을 선택한 후 옵션 바의 Create warped text(뒤틀어진 텍스트 만들기,)를 클릭한다. Style(스타일) : Bulge(돌출), Bend(구부리기) : +50%로 값을 변경하고 OK 를 누른다.

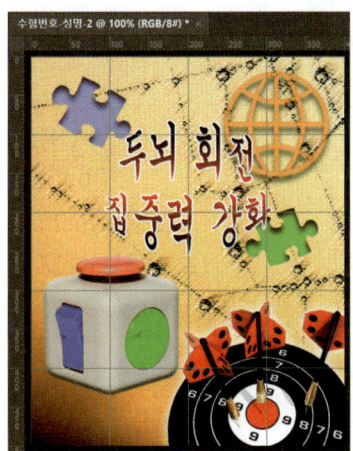

4 [File(파일)]-[Save(저장)](Ctrl + S)를 선택한 후 작은 사이즈로 최종 저장한다.

5 완성된 파일을 확인하기 위해 파일 탐색기를 열어 '내 PC₩문서₩GTQ' 폴더에서 확인한다.

6 시험장의 작업표시줄에 나타나는 'Koas 수험자용'을 클릭해 우측의 답안 전송 을 클릭한 후 해당하는 번호에 체크한다. 하단의 답안 전송 을 클릭한 후 닫기 를 누르면 최종 전송된 답안으로 채점이 이루어진다.

06 PSD, JPG 형식으로 저장하기

1 [File(파일)]-[Save(저장)](Ctrl + S)를 선택한 후 기존 파일에 덮어쓰기 한다.

2 JPG 파일 형식으로 저장하기 위해 [File(파일)]-[Save as(다른 이름으로 저장)](Shift + Ctrl + S)를 선택한 후 파일 형식을 클릭해 JPEG로 선택한다. '내 PC₩문서₩GTQ' 폴더에 '수험번호-성명-2'로 입력한 후 [저장]을 누른다.

3 PSD 파일의 사이즈를 1/10로 줄이기 위해 [Image(이미지)]-[Image Size(이미지 크기)](Alt + Ctrl + I)를 선택한 후 단위 : Pixel, Width(폭) : 40px, Height(높이) : 50px, Resolution(해상도) : 72Pixels/Inch로 설정하고 OK 를 누른다.

문제 3 [실무응용] 포스터 제작 25점

사용 이미지 미리보기

1급-7.jpg

1급-8.jpg

1급-9.jpg

1급-10.jpg

1급-11.jpg

사용자 정의 모양 미리보기

사용 기능

혼합모드	Vivid Light(선명한 라이트)
색상 조정	[Image(이미지)]-[Adjustment(조정)]-[Hue/Saturation(색조/채도)](Ctrl + U)
필터	• [Filter(필터)]-[Filter Gallery(필터 갤러리)]-[Artistic(예술효과)]-[Paint Daubs(페인트 덥스/페인트 바르기)] • [Filter(필터)]-[Stylize(스타일화)]-[Wind(바람)]
이미지 추출	• Magic Wand Tool(자동 선택,) • Quick Selection Tool(빠른 선택,)
레이어 마스크	Add Layer Mask(레이어 마스크 추가,)
선택영역 안쪽에 붙여넣기	[Edit(편집)]-[Paste Special(특수 붙여넣기)]-[Paste Into(안쪽에 붙여넣기)](Alt + Ctrl + Shift + V)
이미지 사이즈	[Image(이미지)]-[Image Size(이미지 크기)](Alt + Ctrl + I)

01 새 캔버스 생성 및 배경에 색 채우기

1 [File(파일)]-[New(새로 만들기)](Ctrl + N)를 선택한 후 아래의 조건으로 설정하고 [Create(만들기)]를 누른다.
- PRESET DETAILS(사전 설정 세부 정보)
  : 수험번호-성명-3
- 단위 : Pixels
- Width(폭) : 600
- Height(높이) : 400
- Resolution(해상도) : 72Pixels/Inch
- Color Mode(색상모드) : RGB
- Backgound Contents(배경색) : White

2 [Edit(편집)]-[Preferences(속성)]-[Guides, Grid & Slices(안내선, 격자 및 분할 영역)](Ctrl + K)를 선택한 후 'Grid(격자)'의 Gridline Every(격자 간격) : 100Pixels, Subdivisions(세분) : 1로 설정하고 OK 를 누른다.

3 [View(보기)]-[Show(표시)]-[Grid(격자)](Ctrl + ')와 [View(보기)]-[Rulers(눈금자)](Ctrl + R)를 나타낸다.

4 [File(파일)]-[Save As(다른 이름으로 저장)](Shift + Ctrl + S)를 클릭한 후 '내 PC₩문서₩GTQ' 폴더에 '수험번호-성명-3.psd'로 입력하고 [저장]을 누른다.

5 배경에 색을 채우기 위해 도구상자의 Set foreground color(전경색, ▣)를 클릭한 후 #6699cc를 입력하고 OK 를 누른다. 전경색을 채우기 위해 Alt + Delete 를 누른다.

02 혼합모드 및 레이어 마스크

1 [File(파일)]-[Open(열기)](Ctrl + O)을 선택한 후 '1급-7.jpg'를 불러온다.

2 Ctrl + A 로 전체 선택한 후 Ctrl + C 로 복사하고 작업파일을 선택한 후 Ctrl + V 로 붙여넣기 한다.

3 Ctrl + T 로 크기/위치를 조절하고 Enter 를 누른다.

4 혼합모드를 적용하기 위해 [Layers(레이어)] 패널의 Blending Mode(혼합모드, Normal)를 'Vivid Light(선명한 라이트)'로 선택한다.

5 불투명도를 조정하기 위해 [Layers(레이어)] 패널 상단의 Opacity(불투명도)를 70%로 설정한다.

6 레이어 마스크를 적용하기 위해 [Layers(레이어)] 패널 하단의 Add Layer Mask(레이어 마스크 추가, ◉)를 클릭한다.

7 도구상자에서 Gradient Tool(그레이디언트, ▢)을 선택한 후 옵션 바에서 Gradient Presets(그레이디언트 사전 설정)을 클릭해 Basics(기본 사항)-'Black & White(검정, 흰색)'를 선택한다.

8 그림과 같이 가로 방향으로 드래그한다.

9 [File(파일)]-[Open(열기)](Ctrl+O)을 선택한 후 '1급-8.jpg'를 불러온다.

10 Ctrl+A로 전체 선택한 후 Ctrl+C로 복사하고 작업파일을 선택한 후 Ctrl+V로 붙여넣기 한다.

11 Ctrl+T로 좌우대칭하기 위해 조절점 안쪽에서 마우스 오른쪽 클릭 후 Flip Horizontal(가로 뒤집기)을 선택한다. 크기/위치를 조절하고 Enter를 누른다.

12 [Filter(필터)]-[Filter Gallery(필터 갤러리)]-[Artistic(예술효과)]-[Paint Daubs(페인트 덥스/페인트 바르기)] 필터를 적용한 다음 OK를 누른다.

13 6~7을 참고해 레이어 마스크를 적용한다.

14 그림과 같이 대각선 방향으로 드래그한다.

03 ▶ 선택영역 안에 붙여넣기 및 필터

1. [File(파일)]-[Open(열기)](Ctrl + O)을 선택한 후 '1급-9.jpg', '1급-10.jpg'를 불러온다.

2. 먼저 '1급-10.jpg'에서 Magic Wand Tool(자동 선택,)을 선택한 후 옵션 바의 Tolerance(허용치)를 10, Contiguous(인접)에 체크한 다음 배경을 클릭한다.

3. 추가로 선택할 영역이 있다면 Shift 와 함께 클릭하여 선택영역으로 지정한다.

4. 선택영역을 반전하기 위해 [Select(선택)]-[Inverse(반전)](Shift + Ctrl + I)를 누른다.

5. Ctrl + C 로 복사하고 작업파일을 선택해 맨 위의 레이어에 클릭한 후 Ctrl + V 로 붙여넣기 한다.

6. Ctrl + T 로 크기/위치를 조절하고 Enter 를 누른다.

7. Quick Selection Tool(빠른 선택,)로 퍼즐 부분을 선택영역으로 지정한다.

8. '1급-9.jpg'로 이동한 후 Ctrl + A 로 전체 선택하고 Ctrl + C 로 복사한다. 작업파일을 선택한 후 [Edit(편집)]-[Paste Special(특수 붙여넣기)]-[Paste Into(안쪽에 붙여넣기)](Alt + Ctrl + Shift + V)를 누른다.

9. Ctrl + T 로 크기/위치를 조절하고 Enter 를 누른다.

10. [Filter(필터)]-[Stylize(스타일화)]-[Wind(바람)] 필터를 적용한 다음 OK 를 누른다.

11. 레이어 스타일을 적용하기 위해 [Layers(레이어)] 패널 하단의 fx 를 눌러 Inner Shadow(내부 그림자)를 선택해 적용하고 OK 를 누른다.

12. 레이어 스타일을 적용하기 위해 [Layers(레이어)] 패널의 Layer 3(퍼즐)을 선택한다. 하단의 fx 를 눌러 Stroke(획)를 선택한 후 아래와 같이 값을 변경한다.
    - Size(크기) : 5px
    - Position(위치) : Outside(바깥쪽)
    - Fill Type(칠 유형) : Gradient(그레이디언트)
    - Style(스타일) : Linear(선형)
    - Angle(각도) : 0°
    - Reverse(반전) : 체크

13. Gradient(그레이디언트) 편집 창( )을 클릭한 후 Color Stop(색상 정지점)을 더블클릭하여 좌측 : #0033cc, 우측 Opacity Stop(불투명도 정지점) : 0%로 값을 변경하고 OK 를 누른다.

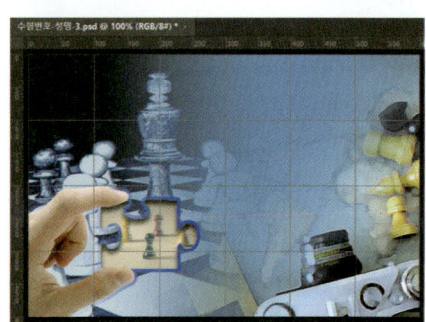

04 이미지 추출 및 색상 보정

1 [File(파일)]-[Open(열기)](Ctrl+O)을 선택한 후 '1급-11.jpg'를 불러온다.

2 Quick Selection Tool(빠른 선택,)로 배경을 선택한 후 제외할 부분은 Alt 와 함께 선택한다.

3 선택영역을 반전하기 위해 [Select(선택)]-[Inverse(반전)](Shift+Ctrl+I)를 누른다.

4 Ctrl+C로 복사하고 작업파일을 선택한 후 Ctrl+V로 붙여넣기 한다.

> **Plus@**
> 붙여넣기 했으나 추출되지 못한 배경이 남아 있다면 다시 선택하여 Delete 를 누른 후 Ctrl+D로 선택 해제한다.

5 Ctrl+T로 크기/위치를 조절하고 Enter 를 누른다.

6 녹색 계열로 보정하기 위해 Quick Selection Tool(빠른 선택,)로 선택영역(노란 인형)을 지정한다. [Layers(레이어)] 패널 하단의 Create new fill or adjustment layer(조정 레이어,)에서 Hue/Saturation(색조/채도, Ctrl+U)을 선택한다.

7 [Properties(속성)] 패널의 [Hue/Saturation(색조/채도)]에서 Colorize(색상화)에 체크한 후 Hue(색조) : 130, Saturation(채도) : 50, Lightness(밝기) : -20으로 값을 변경하고 OK 를 누른다.

8 레이어 스타일을 적용하기 위해 [Layers(레이어)] 패널의 Layer 5(인형)를 선택한 후 하단의 fx 를 눌러 Bevel and Emboss(경사와 엠보스)를 선택해 적용하고 OK 를 누른다.

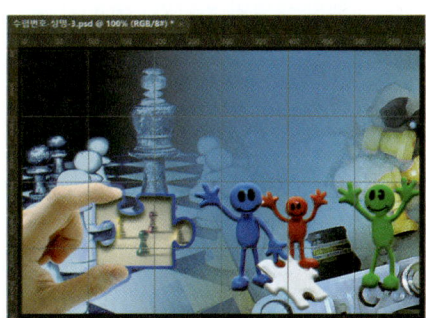

05 모양 지정 및 레이어 스타일

1 Custom Shape Tool(사용자 정의 모양,)을 선택한 후 옵션 바에서 Pick Tool Mode(선택 도구 모드) : Shape(모양, Shape), Stroke(획) : 색상 없음( )으로 설정한다. 모양 선택(Shape:)을 눌러 아래의 모양을 찾아 그린다.
Ornaments(장식) - 헤데라 3( )

2 색을 적용하기 위해 [Layers(레이어)] 패널의 Layer Thumbnail(레이어 축소판,)을 더블 클릭한 후 #6699ff를 입력하고 OK 를 누른다.

3 레이어 스타일을 적용하기 위해 [Layers(레이어)] 패널 하단의 fx를 눌러 Inner Glow(내부 광선)를 선택해 적용하고 OK 를 누른다.

4 Ctrl + J 를 눌러 복제한다.

5 Ctrl + T 로 좌우대칭하기 위해 조절점 안쪽에서 마우스 오른쪽 클릭 후 Flip Horizontal(가로로 뒤집기)을 선택한다. 회전/크기/위치를 조절하고 Enter 를 누른다.

6 색을 적용하기 위해 [Layers(레이어)] 패널의 Layer Thumbnail(레이어 축소판,)을 더블클릭한 후 #339966을 입력하고 OK 를 누른다.

7 다른 모양을 추가하기 위해 아래의 모양을 찾아 그린다.
Web(웹) - 웹 검색( )

8 색을 적용하기 위해 [Layers(레이어)] 패널의 Layer Thumbnail(레이어 축소판,)을 더블클릭한 후 #ffcc99를 입력하고 OK 를 누른다.

9 레이어 스타일을 적용하기 위해 [Layers(레이어)] 패널 하단의 fx를 눌러 Drop Shadow(그림자 효과)를 선택해 적용하고 OK 를 누른다.

10 다른 모양을 추가하기 위해 아래의 모양을 찾아 그린다.
Objects(물건) - 색종이 조각( )

11 레이어 스타일을 적용하기 위해 [Layers(레이어)] 패널 하단의 fx를 눌러 Gradient Overlay(그레이디언트 오버레이)를 선택한 후 아래와 같이 값을 변경한다.
- Opacity(불투명도) : 100%
- Style(스타일) : Linear(선형)
- Angle(각도) : 90°
- Scale(비율) : 100%

12 Gradient(그레이디언트) 편집 창( )을 클릭한 후 Color Stop(색상 정지점)을 더블클릭하여 좌측 : #ff00ff, 우측 : #00cccc로 값을 변경하고 OK 를 누른다.

13 레이어 스타일을 추가하기 위해 Outer Glow(외부 광선)를 선택해 적용하고 OK 를 누른다.

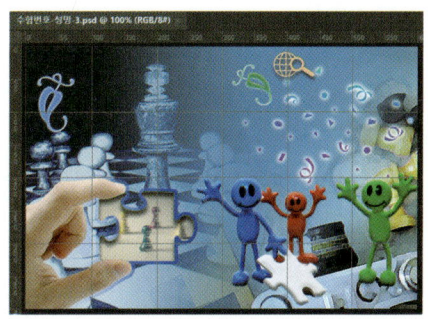

06 ▶ 문자 효과

1. Type Tool(수평 문자, T)을 선택한 후 빈 공간을 클릭한다. 2025 체스 올림피아드를 입력하고 Ctrl + Enter 를 눌러 완료한다.

2. 옵션 바 또는 [Character(문자)] 패널에서 궁서, 27pt, 왼쪽 정렬로 설정한다.

3. 레이어 스타일을 적용하기 위해 [Layers(레이어)] 패널 하단의 fx 를 눌러 Gradient Overlay(그레이디언트 오버레이)를 선택한 후 아래와 같이 값을 변경한다.
   - Opacity(불투명도) : 100%
   - Style(스타일) : Reflected(반사)
   - Angle(각도) : 0°
   - Scale(비율) : 100%

4. Gradient 편집 창(　　)을 클릭한 후 Color Stop(색상 정지점)을 더블클릭하여 좌측 : #ffff00, 우측 : #ff9999로 변경하고 OK 를 누른다.

5. 레이어 스타일을 적용하기 위해 [Layers(레이어)] 패널 하단의 fx 를 눌러 Stroke(획)를 선택한 후 아래와 같이 값을 변경한다.
   - Size(크기) : 2px
   - Position(위치) : Outside(바깥쪽)
   - Fill Type(칠 유형) : Color(색상)
   - 색상값 : #660066

6. 레이어 스타일을 추가하기 위해 Drop Shadow(그림자 효과)를 선택해 적용하고 OK 를 누른다.

7. 텍스트를 뒤틀기 위해 Type Tool(수평 문자, T)을 선택한 후 옵션 바의 Create warped text(뒤틀어진 텍스트 만들기,)를 클릭한다. Style(스타일) : Arc Upper(부채꼴), Bend(구부리기) : +50%로 값을 변경하고 OK 를 누른다.

8. Type Tool(수평 문자, T)을 선택한 후 빈 공간을 클릭한다. 대표적인 마인드 스포츠를 입력하고 Ctrl + Enter 를 눌러 완료한다.

9. 옵션 바 또는 [Character(문자)] 패널에서 돋움, 20pt, #000000으로 설정한다.

10. 레이어 스타일을 적용하기 위해 [Layers(레이어)] 패널 하단의 fx 를 눌러 Stroke(획)를 선택한 후 아래와 같이 값을 변경하고 OK 를 누른다.
    - Size(크기) : 2px
    - Position(위치) : Outside(바깥쪽)
    - Fill Type(칠 유형) : Color(색상)
    - 색상값 : #ffffcc

11. 텍스트를 뒤틀기 위해 Type Tool(수평 문자, T)을 선택한 후 옵션 바의 Create warped text(뒤틀어진 텍스트 만들기,)를 클릭한다. Style(스타일) : Arc(부채꼴), Bend(구부리기) : −30%로 값을 변경하고 OK 를 누른다.

12. Type Tool(수평 문자, T)을 선택한 후 빈 공간을 클릭한다. 2025 Chess Olympiad를 입력하고 Ctrl + Enter 를 눌러 완료한다.

13. 옵션 바 또는 [Character(문자)] 패널에서 Arial, Regular, 16pt, #ffffff로 설정한다.

14 레이어 스타일을 적용하기 위해 [Layers(레이어)] 패널 하단의 fx를 눌러 Stroke(획)를 선택한 후 아래와 같이 값을 변경하고 OK 를 누른다.
- Size(크기) : 2px
- Position(위치) : Outside(바깥쪽)
- Fill Type(칠 유형) : Gradient(그레이디언트)
- Style(스타일) : Linear(선형)
- Angle(각도) : 0°

15 Gradient 편집 창( )을 클릭한 후 Color Stop(색상 정지점)을 더블클릭하여 좌측 : #339966, 우측 : #cc00cc로 값을 변경하고 OK 를 누른다.

16 Type Tool(수평 문자, T)을 선택한 후 빈 공간을 클릭한다. http://www.chess.com을 입력하고 Ctrl + Enter 를 눌러 완료한다.

17 옵션 바 또는 [Character(문자)] 패널에서 Arial, Bold, 15pt, #ff0000으로 설정한다.

18 레이어 스타일을 적용하기 위해 [Layers(레이어)] 패널 하단의 fx를 눌러 Stroke(획)를 선택한 후 아래와 같이 값을 변경하고 OK 를 누른다.
- Size(크기) : 2px
- Position(위치) : Outside(바깥쪽)
- Fill Type(칠 유형) : Color(색상)
- 색상값 : #ccffff

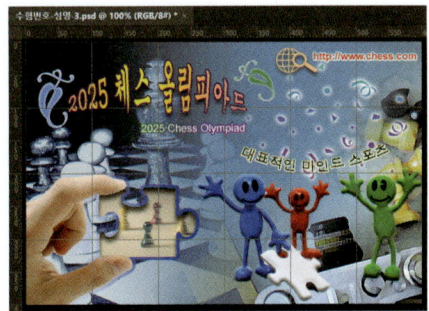

07 PSD, JPG 형식으로 저장하기

1 [File(파일)]-[Save(저장)](Ctrl + S)를 선택한 후 기존 파일에 덮어쓰기 한다.

2 JPG 파일 형식으로 저장하기 위해 [File(파일)]-[Save as(다른 이름으로 저장)](Shift + Ctrl + S)를 선택한 후 파일 형식을 클릭해 JPEG로 선택한다. '내 PC₩문서₩GTQ' 폴더에 '수험번호-성명-3'으로 입력한 후 [저장]을 누른다.

3 PSD 파일의 사이즈를 1/10로 줄이기 위해 [Image(이미지)]-[Image Size(이미지 크기)](Alt + Ctrl + I)를 선택한 후 단위 : Pixel, Width(폭) : 60px, Height(높이) : 40px, Resolution(해상도) : 72Pixels/Inch로 설정하고 OK 를 누른다.

4 [File(파일)]-[Save(저장)](Ctrl + S)를 선택한 후 작은 사이즈로 최종 저장한다.

5 완성된 파일을 확인하기 위해 파일 탐색기를 열어 '내 PC₩문서₩GTQ' 폴더에서 확인한다.

6 시험장의 작업표시줄에 나타나는 'Koas 수험자용'을 클릭해 우측의 답안 전송 을 클릭한 후 해당하는 번호에 체크한다. 하단의 답안 전송 을 클릭한 후 닫기 를 누르면 최종 전송된 답안으로 채점이 이루어진다.

문제 4 [실무응용] 웹 페이지 제작 35점

사용 이미지 미리보기

1급-12.jpg

1급-13.jpg

1급-14.jpg

1급-15.jpg

1급-16.jpg

1급-17.jpg

사용자 정의 모양 미리보기

사용 기능

패턴 정의 및 적용	• [Edit(편집)]-[Define Pattern(패턴 정의)] • [Edit(편집)]-[Fill(칠)]
혼합모드	Multiply(곱하기)
색상 조정	[Create new fill or adjustment layer(조정 레이어, ◐)]-[Hue/Saturation(색조/채도)]
필터	• [Filter(필터)]-[Filter Gallery(필터 갤러리)]-[Brush Strokes(브러시 획)]-[Angled Strokes(각진 선/획)] • [Filter(필터)]-[Filter Gallery(필터 갤러리)]-[Artistic(예술효과)]-[Film Grain(필름 그레인)]
이미지 추출	• Quick Selection Tool(빠른 선택, ⟡) • Polygonal Lasso Tool(다각형 올가미, ⟡)
레이어 마스크	Add Layer Mask(레이어 마스크 추가, ◐)
이미지 사이즈	[Image(이미지)]-[Image Size(이미지 크기)](Alt + Ctrl + I)

01 새 캔버스 생성 및 배경에 색 채우기

1 [File(파일)]−[New(새로 만들기)](Ctrl + N)를 선택한 후 아래의 조건으로 설정하고 [Create(만들기)]를 누른다.
- PRESET DETAILS(사전 설정 세부 정보)
  : 수험번호−성명−4
- 단위 : Pixels
- Width(폭) : 600
- Height(높이) : 400
- Resolution(해상도) : 72Pixels/Inch
- Color Mode(색상모드) : RGB
- Backgound Contents(배경색) : White

2 [Edit(편집)]−[Preferences(속성)]−[Guides, Grid & Slices(안내선, 격자 및 분할 영역)](Ctrl + K)를 선택한 후 'Grid(격자)'의 Gridline Every(격자 간격) : 100Pixels, Subdivisions(세분) : 1로 설정하고 OK 를 누른다.

3 [View(보기)]−[Show(표시)]−[Grid(격자)](Ctrl + ')와 [View(보기)]−[Rulers(눈금자)](Ctrl + R)를 나타낸다.

4 [File(파일)]−[Save as(다른 이름으로 저장)](Shift + Ctrl + S)를 클릭한 후 '내 PC₩문서₩GTQ' 폴더에 '수험번호−성명−4.psd'로 입력하고 [저장]을 누른다.

5 배경에 색을 채우기 위해 도구상자의 Set foreground color(전경색, ■)를 클릭한 후 #ffffcc를 입력하고 OK 를 누른다. 전경색을 채우기 위해 Alt + Delete 를 누른다.

02 패턴 제작 및 등록

1 Pattern(패턴)을 만들기 위해 [File(파일)]−[New(새로 만들기)](Ctrl + N)를 선택한 후 아래의 조건으로 설정하고 [Create(만들기)]를 누른다.
- 단위 : Pixels
- Width(폭) : 40
- Height(높이) : 40
- Resolution(해상도) : 72Pixels/Inch
- Color Mode(색상모드) : RGB
- Backgound Contents(배경색) : White

2 Custom Shape Tool(사용자 정의 모양, ✤)을 선택한 후 옵션 바에서 Pick Tool Mode(선택 도구 모드) : Shape(모양, Shape), Stroke(획) : 색상 없음(▧)으로 설정하고 아래의 모양을 찾아 그린다.
Ornaments(장식) − 백합(⚜)

③ 색을 적용하기 위해 [Layers(레이어)] 패널의 Layer Thumbnail(레이어 축소판, ▨)을 더블클릭한 후 #336699를 입력하고 OK 를 누른다.

④ [Layers(레이어)] 패널 하단의 Background(배경)의 눈 아이콘(👁)을 클릭해 해제한다.

⑤ 다른 모양을 추가하기 위해 아래의 모양을 찾아 그린다.
Shapes(모양) – 5포인트 별(⭐)

⑥ 색을 적용하기 위해 [Layers(레이어)] 패널의 Layer Thumbnail(레이어 축소판, ▨)을 더블클릭한 후 #ffffff를 입력하고 OK 를 누른다.

⑦ 패턴을 정의하기 위해 [Edit(편집)]-[Define Pattern(패턴 정의)]을 눌러 확인 후 OK 를 누른다.

03 혼합모드 및 레이어 마스크

❶ [File(파일)]-[Open(열기)](Ctrl + O)을 선택한 후 '1급-12.jpg'를 불러온다.

❷ Ctrl + A 로 전체 선택한 후 Ctrl + C 로 복사하고 작업파일을 선택한 후 Ctrl + V 로 붙여넣기 한다.

❸ Ctrl + T 로 크기/위치를 조절하고 Enter 를 누른다.

❹ 혼합모드를 적용하기 위해 [Layers(레이어)] 패널의 Blending Mode(혼합모드, Normal)를 'Multiply(곱하기)'로 선택한다.

❺ 레이어 마스크를 적용하기 위해 [Layers(레이어)] 패널 하단의 Add Layer Mask(레이어 마스크 추가, ▣)를 클릭한다.

❻ 도구상자에서 Gradient(그레이디언트, ▣)를 선택한 후 옵션 바에서 Gradient Presets(그레이디언트 사전 설정)을 클릭해 Basics(기본 사항)-'Black & White(검정, 흰색)'를 선택한다.

❼ 그림과 같이 대각선 방향으로 드래그한다.

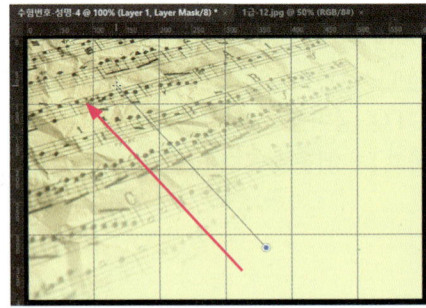

❽ [File(파일)]-[Open(열기)](Ctrl + O)을 선택한 후 '1급-13.jpg'를 불러온다.

9 Ctrl + A 로 전체 선택한 후 Ctrl + C 로 복사하고 작업파일을 선택한 후 Ctrl + V 로 붙여넣기 한다.

10 Ctrl + T 로 크기/위치를 조절하고 Enter 를 누른다.

11 [Filter(필터)]−[Filter Gallery(필터 갤러리)]−[Brush Strokes(브러시 획)]−[Angled Strokes(각진 선/획)] 필터를 적용한 다음 OK 를 누른다.

12 5~6을 참고해 레이어 마스크를 적용하여 세로 방향으로 드래그한다.

04 이미지 추출 및 색상 보정

1 [File(파일)]−[Open(열기)](Ctrl + O)을 선택한 후 '1급−14.jpg'를 불러온다.

2 Quick Selection Tool(빠른 선택,)로 선택영역을 지정한다.

3 Ctrl + C 로 복사하고 작업파일을 선택한 후 Ctrl + V 로 붙여넣기 한다.

4 Ctrl + T 로 좌우대칭하기 위해 조절점 안쪽에서 마우스 오른쪽 클릭 후 Flip Horizontal(가로로 뒤집기)을 선택한다. 회전/크기/위치를 조절하고 Enter 를 누른다.

5 레이어 스타일을 적용하기 위해 [Layers(레이어)] 패널 하단의 fx 를 눌러 Outer Glow(외부광선)를 선택해 적용하고 OK 를 누른다.

6 [File(파일)]−[Open(열기)](Ctrl + O)을 선택한 후 '1급−15.jpg'를 불러온다.

7 Polygonal Lasso Tool(다각형 올가미,)로 선택영역을 지정한다.

> **Plus@**
> 그리드로 인해 선택에 지장이 있다면 Alt + ' 를 눌러 숨기거나 [View(보기)]−[Snap To(스냅 옵션)]−[Grid(그리드)]의 선택을 해제하면 그리드의 영향을 받지 않는다.

8 Ctrl + C 로 복사하고 작업파일을 선택한 후 Ctrl + V 로 붙여넣기 한다.

9 Ctrl + T 로 크기/위치를 조절하고 Enter 를 누른다.

⑩ [Filter(필터)]-[Filter Gallery(필터 갤러리)]-[Artistic(예술효과)]-[Film Grain(필름 그레인)] 필터를 적용한 다음 OK 를 누른다.

⑪ 레이어 스타일을 적용하기 위해 [Layers(레이어)] 패널 하단의 fx 를 눌러 Drop Shadow(그림자 효과)를 선택해 적용하고 OK 를 누른다.

⑫ [File(파일)]-[Open(열기)](Ctrl + O)을 선택한 후 '1급-16.jpg'를 불러온다.

⑬ Quick Selection Tool(빠른 선택,)로 선택영역을 지정한다.

⑭ Ctrl + C 로 복사하고 작업파일을 선택한 후 Ctrl + V 로 붙여넣기 한다.

⑮ Ctrl + T 로 크기/위치를 조절하고 Enter 를 누른다.

⑯ 파란색 계열로 보정하기 위해 Quick Selection Tool(빠른 선택,)로 선택영역(앞부분)을 지정한다. [Layers(레이어)] 패널 하단의 Create new fill or adjustment layer(조정 레이어,)에서 Hue/Saturation(색조/채도, Ctrl + U)을 선택한다.

⑰ [Properties(속성)] 패널의 [Hue/Saturation(색조/채도)]에서 Colorize(색상화)에 체크한 후 Hue(색조) : 230, Saturation(채도) : 50으로 값을 변경하고 OK 를 누른다.

⑱ 레이어 스타일을 적용하기 위해 [Layers(레이어)] 패널의 Layer 5(오카리나)를 선택한 후 하단의 fx 를 눌러 Drop Shadow(그림자 효과)를 선택해 적용하고 OK 를 누른다.

⑲ [File(파일)]-[Open(열기)](Ctrl + O)을 선택한 후 '1급-17.jpg'를 불러온다.

⑳ Quick Selection Tool(빠른 선택,)로 배경을 선택영역으로 지정한 후 반전하기 위해 [Select(선택)]-[Inverse(반전)](Shift + Ctrl + I)를 누른다.

㉑ Ctrl + C 로 복사하고 작업파일을 선택한 후 맨 위의 레이어를 선택하고 Ctrl + V 로 붙여넣기 한다.

㉒ Ctrl + T 로 회전/크기/위치를 조절하고 Enter 를 누른다.

05 패스 제작 및 패턴 적용

1 Pen Tool(펜,)을 선택한 후 옵션 바에서 Pick Tool Mode(선택 도구 모드) : Path(패스, Path), Path Operations(패스 작업) : Combine Shapes(모양 결합,)로 지정한다.

2 배경 레이어의 눈 아이콘( )을 Alt +클릭 후 나머지 레이어의 눈을 끈다. (선택사항)

> **Plus@**
> 배경 레이어를 선택하지는 않는다. 새 레이어 추가 시 맨 위로 생성되지 않기 때문이다.

3 출력형태를 참고해 그린 다음 패스의 유실을 방지하기 위해 [Path(패스)] 패널을 선택한다. Work Path(작업 패스) 이름 부분을 더블클릭한 다음 Save Path(패스 저장)가 나오면 OK 를 누른다. (선택사항)

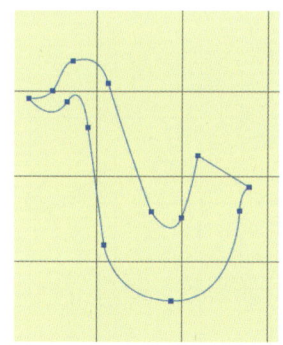

4 원의 모양만큼 빼기 위해 Ellipse Tool(타원,)을 선택한 후 옵션 바에서 Pick Tool Mode(선택 도구 모드) : Path(패스), Path Operations(패스 작업) : Subtract Front Shape(전면 모양 빼기,)로 지정한다.

> **Plus@**
> [Path(패스)] 패널에서 Ctrl +Path Thumbnail(패스 축소판)을 클릭해 중간중간 모양을 확인한 후 선택을 해제(Ctrl + D)한다.

> **Plus@**
> 만약 기존 패스가 사라졌을 경우 [Path(패스)] 패널의 작업 패스를 클릭하면 작업 중인 패스가 나타난다.

5 Path Selection Tool(패스 선택,)로 직전의 원을 선택한 후 Ctrl + C , Ctrl + V 로 복제한다.

6 Ctrl + T 로 Alt 와 함께 중심을 기준으로 줄인 다음 Enter 를 누른다.

7 작은 원을 보이게 하기 위해 옵션 바에서 Path Operations(패스 작업) : Combine Shapes(모양 결합, ▣)로 변경한다.

8 [Path(패스)] 패널의 Path Thumbnail(패스 축소판)을 Ctrl과 함께 클릭하여 선택영역을 확인한다.

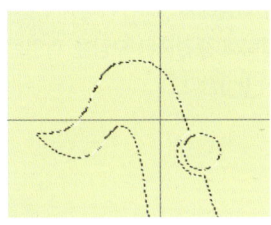

9 Path Selection Tool(패스 선택, ▶)로 Alt 와 함께 드래그해 복제한다.

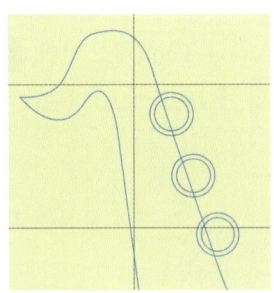

10 큰 원을 Alt 와 함께 드래그해 Ctrl + T 로 크기를 줄인 다음 아랫부분에 3개의 원을 출력형태를 참고하여 배치한다.

11 Rectangle Tool(사각 도형, ▣)을 선택한 후 옵션 바에서 Pick Tool Mode(선택 도구 모드) : Path(패스), Path Operations(패스 작업) : Combine Shapes(모양 결합, ▣), 곡률 : 20px로 지정한 다음 출력형태를 참고해 그린다.

12 패스를 선택영역으로 지정하기 위해 Ctrl + Path Thumbnail(패스 축소판)을 클릭한 후 선택영역이 생기면 [Layers(레이어)] 패널을 선택하여 하단의 Create a new layer(새 레이어, ▣, Shift + Ctrl + N)를 클릭해 추가한다.

⑬ 임의의 색을 추가하기 위해 Alt + Delete 를 누른 후 전경색(■)을 추가한다.

⑭ Ctrl + D 로 선택영역을 해제한다.

⑮ 레이어 스타일을 적용하기 위해 [Layers(레이어)] 패널 하단의 fx 를 눌러 Gradient Overlay(그 레이디언트 오버레이)를 선택한 후 아래와 같이 값을 변경한다.
- Opacity(불투명도) : 100%
- Style(스타일) : Linear(선형)
- Angle(각도) : 90°
- Scale(비율) : 100%

⑯ Gradient(그레이디언트) 편집 창(▬▬▬)을 클릭한 후 Color Stop(색상 정지점)을 더블클 릭하여 좌측 : #ff3300, 우측 : #ffcc33으로 값을 변경하고 OK 를 누른다.

⑰ 레이어 스타일을 추가하기 위해 Drop Shadow(그 림자 효과)를 선택해 적용하고 OK 를 누른다.

⑱ 패턴을 적용하기 위해 Layer 7(색소폰)의 Layer Thumbnail(레이어 축소판)을 Ctrl 과 함께 클릭해 선택영역으로 지정한다. 하단의 Create a new layer(새 레이어, ➕, Ctrl + Shift + N)를 클릭해 추가한다.

⑲ [Edit(편집)]–[Fill(칠)]을 선택한 후 Contents (내용) : Pattern(패턴)으로 변경한다. Custom Pattern(사용자 정의 패턴)에서 만들어 놓은 패 턴을 선택한 다음 OK 를 누른다.

⑳ 선택영역을 해제하기 위해 [Select(선택)]– [Deselect(해제)](Ctrl + D)를 누른다.

Plus@

패턴의 크기를 조절하고 싶다면 앞서 만들어 놓은 패턴 파일에서 [Image(이미지)]-[Image Size(이미지 크기)](Alt + Ctrl + I)를 조절해 재등록하여 채운다.

21 모든 레이어의 눈을 켜기 위해 레이어의 눈 아이콘(👁)에서 마우스 오른쪽 클릭 후 'Show/hide all other layers(다른 모든 레이어 표시/숨기기)'를 클릭한다.

06 모양 지정 및 레이어 스타일

1 Custom Shape Tool(사용자 정의 모양, ⭐)을 선택한 후 옵션 바에서 Pick Tool Mode(선택 도구 모드) : Shape(모양, Shape), Stroke(획) : 색상 없음(⊘)으로 설정한다. 모양 선택(Shape: →)을 눌러 아래의 모양을 찾아 그린다.
Web(웹) – 볼륨(🔊)

2 색을 적용하기 위해 [Layers(레이어)] 패널의 Layer Thumbnail(레이어 축소판, ▦)을 더블 클릭한 후 #ccffcc를 입력하고 (OK)를 누른다.

3 레이어 스타일을 적용하기 위해 [Layers(레이어)] 패널 하단의 fx 를 눌러 Stroke(획)를 선택한 후 아래와 같이 값을 변경하고 (OK)를 누른다.
- Size(크기) : 2px
- Position(위치) : Outside(바깥쪽)
- Fill Type(칠 유형) : Color(색상)
- 색상값 : #6699ff

4 다른 모양을 추가하기 위해 아래의 모양을 찾아 그린다.
Banners and Awards(배너 및 상장) – 트로피(🏆)

5 색을 적용하기 위해 [Layers(레이어)] 패널의 Layer Thumbnail(레이어 축소판, ▦)을 더블 클릭한 후 #cc9900을 입력하고 (OK)를 누른다.

6 레이어 스타일을 적용하기 위해 [Layers(레이어)] 패널 하단의 fx 를 눌러 Inner Shadow(내부 그림자)를 선택해 적용하고 (OK)를 누른다.

7 메뉴 부분을 만들기 위해 아래의 모양을 찾아 그린다.
Banners and Awards(배너 및 상장) – 배너3(▭)

8 레이어 스타일을 적용하기 위해 [Layers(레이어)] 패널 하단의 fx 를 눌러 Gradient Overlay(그레이디언트 오버레이)를 선택한 후 아래와 같이 값을 변경한다.
- Opacity(불투명도) : 100%
- Style(스타일) : Linear(선형)
- Angle(각도) : 90°
- Scale(비율) : 100%
- Reverse(반전) : 체크

⑨ Gradient(그레이디언트) 편집 창( )을 클릭한 후 Color Stop(색상 정지점)을 더블클릭하여 좌측 : #ffffff, 우측 : #99cccc로 값을 변경하고 OK 를 누른다.

⑩ 레이어 스타일을 추가하기 위해 Stroke(획)를 선택한 후 아래와 같이 값을 변경하고 OK 를 누른다.
- Size(크기) : 2px
- Position(위치) : Outside(바깥쪽)
- Fill Type(칠 유형) : Color(색상)
- 색상값 : #33cccc

⑪ 메뉴에 텍스트를 입력하기 위해 Type Tool(수평 문자, T)을 선택한다. Shift +클릭 후 정책안내를 입력하고 Ctrl + Enter 를 눌러 완료한다.

Plus⍺
Shift +클릭 후 입력하는 이유는 모양이 선택된 상태에서 텍스트를 입력하면 영역 안에 글자가 입력되기 때문이다.

⑫ 옵션 바 또는 [Character(문자)] 패널에서 굴림, 18pt, 왼쪽 정렬, #000000으로 설정한다.

⑬ 레이어 스타일을 적용하기 위해 [Layers(레이어)] 패널 하단의 fx를 눌러 Stroke(획)를 선택한 후 아래와 같이 값을 변경하고 OK 를 누른다.
- Size(크기) : 2px
- Position(위치) : Outside(바깥쪽)
- Fill Type(칠 유형) : Color(색상)
- 색상값 : #33cccc

⑭ 메뉴를 복제하기 위해 배너 모양과 텍스트 레이어를 Shift 로 클릭한다. Move Tool(이동, ✥)을 선택한 후 Alt 와 함께 오른쪽 방향으로 드래그하여 두 번 복제한다.

⑮ 두 번째의 텍스트를 수정하기 위해 [Layers(레이어)] 패널의 Indicates Text Layer(텍스트 레이어, T)를 더블클릭한 후 커뮤니티를 입력하고 Ctrl + Enter 를 눌러 완료한다.

⑯ 세 번째 텍스트도 ⑮와 같은 방법으로 관련뉴스로 수정한다.

⑰ 커뮤니티 레이어의 Stroke(획) 부분을 더블클릭한 후 아래와 같이 값을 변경하고 OK 를 누른다.
- Size(크기) : 2px
- Position(위치) : Outside(바깥쪽)
- Fill Type(칠 유형) : Color(색상)
- 색상값 : #ff9999

⑱ 두 번째 모양의 Stroke(획) 부분을 더블클릭한 후 아래와 같이 값을 변경하고 OK 를 누른다.
- Size(크기) : 2px
- Position(위치) : Outside(바깥쪽)
- Fill Type(칠 유형) : Color(색상)
- 색상값 : #ff3300

07 문자 효과

1 Type Tool(수평 문자, T)을 선택한 후 빈 공간을 클릭한다. 유네스코 음악창의 도시를 입력하고 Ctrl + Enter 를 눌러 완료한다.

2 옵션 바 또는 [Character(문자)] 패널에서 궁서, 40pt로 설정한다.

3 레이어 스타일을 적용하기 위해 [Layers(레이어)] 패널 하단의 fx 를 눌러 Gradient Overlay(그레이디언트 오버레이)를 선택한 후 아래와 같이 값을 변경한다.
- Opacity(불투명도) : 100%
- Style(스타일) : Linear(선형)
- Angle(각도) : 90°
- Scale(비율) : 100%
- Reverse(반전) : 체크

4 Gradient(그레이디언트) 편집 창( )을 클릭한 후 Color Stop(색상 정지점)을 더블클릭하여 좌측 : #ffff99, 우측 : #33cc99로 값을 변경하고 OK 를 누른다.

5 레이어 스타일을 추가하기 위해 Stroke(획)를 선택한 후 아래와 같이 값을 변경하고 OK 를 누른다.
- Size(크기) : 2px
- Position(위치) : Outside(바깥쪽)
- Fill Type(칠 유형) : Color(색상)
- 색상값 : #0066cc

6 텍스트를 뒤틀기 위해 Type Tool(수평 문자, T)을 선택한 후 옵션 바의 Create warped text(뒤틀어진 텍스트 만들기,)를 클릭한다. Style(스타일) : Arc Upper(부채꼴), Bend(구부리기) : +20%로 값을 변경하고 OK 를 누른다.

7 Type Tool(수평 문자, T)을 선택한 후 빈 공간을 클릭한다. Music and Creativity를 입력하고 Ctrl + Enter 를 눌러 완료한다.

8 옵션 바 또는 [Character(문자)] 패널에서 Arial, Regular, 24pt, #0066cc로 설정하고 M, C만 선택하여 40pt로 변경한다.

9 레이어 스타일을 적용하기 위해 [Layers(레이어)] 패널 하단의 fx 를 눌러 Stroke(획)를 선택한 후 아래와 같이 값을 변경하고 OK 를 누른다.
- Size(크기) : 2px
- Position(위치) : Outside(바깥쪽)
- Fill Type(칠 유형) : Color(색상)
- 색상값 : #ffcc33

10 텍스트를 뒤틀기 위해 Type Tool(수평 문자, T)을 선택한 후 옵션 바의 Create warped text(뒤틀어진 텍스트 만들기,)를 클릭한다. Style(스타일) : Arc(부채꼴), Bend(구부리기) : 20%로 값을 변경하고 OK 를 누른다.

11 Type Tool(수평 문자, T)을 선택한 후 빈 공간을 클릭한다. 최근 활동 영상을 입력하고 Ctrl + Enter 를 눌러 완료한다.

12 옵션 바 또는 [Character(문자)] 패널에서 궁서, 18pt, #0066cc로 설정한다.

13 레이어 스타일을 적용하기 위해 [Layers(레이어)] 패널 하단의 fx 를 눌러 Stroke(획)를 선택한 후 아래와 같이 값을 변경하고 OK 를 누른다.
- Size(크기) : 2px
- Position(위치) : Outside(바깥쪽)
- Fill Type(칠 유형) : Color(색상)
- 색상값 : #ccffff

08 PSD, JPG 형식으로 저장하기

1 [File(파일)]－[Save(저장)](Ctrl + S)를 선택한 후 기존 파일에 덮어쓰기 한다.

2 JPG 파일 형식으로 저장하기 위해 [File(파일)]－[Save as(다른 이름으로 저장)](Shift + Ctrl + S)를 선택한 후 파일 형식을 클릭해 JPEG로 선택한다. '내 PC₩문서₩GTQ' 폴더에 '수험번호-성명-4'로 입력한 후 [저장]을 누른다.

3 PSD 파일의 사이즈를 1/10로 줄이기 위해 [Image(이미지)]－[Image Size(이미지 크기)](Alt + Ctrl + I)를 선택한 후 단위 : Pixel, Width(폭) : 60px, Height(높이) : 40px, Resolution(해상도) : 72Pixels/Inch로 설정하고 OK 를 누른다.

4 [File(파일)]－[Save(저장)](Ctrl + S)를 선택한 후 작은 사이즈로 최종 저장한다.

5 완성된 파일을 확인하기 위해 파일 탐색기를 열어 '내 PC₩문서₩GTQ' 폴더에서 확인한다.

6 시험장의 작업표시줄에 나타나는 'Koas 수험자용'을 클릭해 우측의 답안 전송 을 클릭한 후 해당하는 번호에 체크한다. 하단의 답안 전송 을 클릭한 후 닫기 를 누르면 최종 전송된 답안으로 채점이 이루어진다.

✅ Check Point!

		○	✕
공통	• 제시된 크기(px)와 해상도(72Pixels/Inch)로 파일을 만들었나요? • '수험번호-성명-문제번호.psd'로 저장했나요? • 그리드(Ctrl + ')와 눈금자(Ctrl + R)를 표시했나요? • 시험지에도 자를 이용해 100픽셀씩 그리드를 그려주었나요?		
문제1번	• 만든 패스를 저장했나요? • 클리핑 마스크를 적용했나요? • 각 이미지와 Shape(모양)에 레이어 스타일과 필터를 적용했나요?		
문제2번	• 제시된 색상으로 보정했나요? • 각 이미지와 Shape(모양)에 레이어 스타일과 필터를 적용했나요?		
문제3번	• 배경에 색을 적용했나요? • Blending Mode(혼합모드)를 적용했나요? • 레이어 마스크의 방향을 맞게 적용했나요? • 제시된 색상으로 보정했나요? • 각 이미지와 Shape(모양)에 레이어 스타일과 필터를 적용했나요?		
문제4번	• 배경에 색을 적용했나요? • 패턴을 제작하여 등록하였나요? • Blending Mode(혼합모드)를 적용했나요? • 레이어 마스크의 방향을 맞게 적용했나요? • 제시된 색상으로 보정했나요? • 1급-17.jpg를 제외한 이미지와 Shape(모양)에 레이어 스타일과 필터를 적용했나요? • 펜 도구를 이용하여 오브젝트를 그려 패턴으로 적용하였나요?		
공통	• '수험번호-성명-문제번호.jpg'로 저장했나요? • 1/10로 줄여 '수험번호-성명-문제번호.psd'로 저장했나요?		

※ 시험장에서는 반드시 전송까지 실행해 주세요.

합격의 공식
시대에듀
SD EDU

우리 인생의 가장 큰 영광은
결코 넘어지지 않는 데 있는 것이 아니라
넘어질 때마다 일어서는 데 있다.

- 넬슨 만델라 -

합격의 공식 시대에듀

작은 기회로부터 종종 위대한 업적이 시작된다.
– 데모스테네스 –

좋은 책을 만드는 길, 독자님과 함께 하겠습니다.

유선배 GTQ 포토샵 1급 합격노트

개정2판1쇄 발행	2025년 10월 15일 (인쇄 2025년 08월 20일)
초 판 발 행	2024년 05월 10일 (인쇄 2024년 03월 28일)
발 행 인	박영일
책 임 편 집	이해욱
저 자	조인명
편 집 진 행	노윤재 · 유형곤
표지디자인	김도연
편집디자인	김예슬 · 고현준
발 행 처	(주)시대교육
공 급 처	(주)시대고시기획
출 판 등 록	제 10-1521호
주 소	서울시 마포구 큰우물로 75 [도화동 538 성지 B/D] 9F
전 화	1600-3600
팩 스	02-701-8823
홈 페 이 지	www.sdedu.co.kr
I S B N	979-11-383-9707-0(13000)
정 가	22,000원

※ 이 책은 저작권법의 보호를 받는 저작물이므로 동영상 제작 및 무단전재와 배포를 금합니다.
※ 잘못된 책은 구입하신 서점에서 바꾸어 드립니다.

유선배 과외!

자격증 다 덤벼!
나랑 한판 붙자

- ✓ 혼자 하기 어려운 공부, 도움이 필요한 학생들!
- ✓ 체계적인 커리큘럼으로 공부하고 싶은 학생들!
- ✓ 열심히는 하는데 성적이 오르지 않는 학생들!

유튜브 **무료 강의** 제공
핵심 내용만 쏙쏙! 개념 이해 수업

[자격증 합격은 유선배와 함께!]

맡겨주시면 결과로 보여드리겠습니다.

SQL개발자 (SQLD)	GTQ 포토샵 / GTQ 일러스트	웹디자인 개발기능사	컴퓨터그래픽 기능사	정보통신기사	경영정보시각화 능력

유튜브 선생님에게 배우는
유·선·배 시리즈!

▶ **유튜브** 동영상 강의 무료 제공

체계적인 커리큘럼의 온라인 강의를
무료로 듣고 싶어!

혼자 하기는 좀 어려운데…
이해하기 쉽게 설명해줄 선생님이 없을까?

문제에 적응이 잘 안 되는데
머리에 때려 박아주는
친절한 문제집은 없을까?

그래서 시대에듀가 준비했습니다!

유·선·배 시리즈로
그래픽 자격증도 정복!

▶ 유튜브 동영상 강의 무료 제공

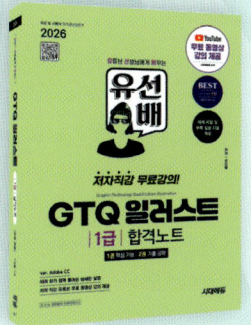

비전공자라 막막했는데
무료 동영상 강의가 있어서 걱정 없겠어!

다음 자격증 시험도
유선배 시리즈로 공부할 거야!

시대에듀가 안내하는 IT 자격증 합격의 지름길!

모든 자격증·공무원·취업의 합격정보

합격 구독
시대에듀

유튜브 구독하기 >

유튜브 선생님에게 배우는 유선배 GTQ 포토샵 |1급| 합격노트

상세하게 설명해 주셔서 반복해서 보고 많은 도움을 받았습니다. **구독자 @user-fr5yj5pl8h**

설명과 스킬 등을 정확히 알기 쉽게 설명하시는 것 같습니다. 늘 순서와 기술을 명료하게 제시해 주셔서 설명 보면서 유레카를 외칩니다. **구독자 @user-kz7rh8eh2g**

단축키 최강! 단축키를 통해 속도가 많이 빨라졌어요. **구독자 @user-mm6tr8zj8v**

가장 중요하고 핵심적인 사항들을 알려주시는군요! 정말 큰 도움이 되었습니다. **구독자 @dowondong**

학원에서도 안 가르쳐 주는 꿀팁 감사합니다. **구독자 @khs9799**

말씀하시는 속도가 느리지도 빠르지도 않게 템포가 딱이에요. 오늘도 귀에 쏙쏙 들어오는 강의 따라 해 보고 작업 속도가 많이 빨라졌어요! **구독자 @user-by6tz2id3m**

스마일컴쌤 수업은 최고의 명강의입니다. 실습을 하지 못하는 상황에서도 영상을 보면 이해가 쏙쏙 됩니다. **구독자 @user-wx8jv2ov1l**

도움이 많이 됐어요. 선생님 덕분에 시험에 대한 걱정을 덜었습니다. **구독자 @user-iu3cx6ly6b**